Arne-Patrik Heinze
Systematisches Fallrepetitorium Allgemeines Verwaltungsrecht
De Gruyter Studium

Arne-Patrik Heinze

Systematisches Fallrepetitorium Allgemeines Verwaltungsrecht

—

DE GRUYTER

ISBN 978-3-11-033212-4
e-ISBN 978-3-11-034195-9

Bibliografische Information der Deutschen Nationalbibliothek
Die Deutsche Nationalbibliothek verzeichnet diese Publikation in der Deutschen
Nationalbibliografie; detaillierte bibliografische Daten sind im Internet
über http://dnb.d-nb.de abrufbar.

© 2014 Walter de Gruyter GmbH, Berlin/Boston
Einbandabbildung: Luca Francesco Giovanni Bertolli/iStock/Thinkstock
Datenkonvertierung und Satz: jürgen ullrich typosatz, Nördlingen
Druck und Bindung: CPI books GmbH, Leck
♾ Gedruckt auf säurefreiem Papier
Printed in Germany

www.degruyter.com

Vorwort und Einführung zur 1. Auflage

Diese Lehrbuchreihe ist aus den Unterrichtsstunden heraus entwickelt worden und somit als Lehrmaterial erprobt. Sie ist in besonderem Maße zur eigenständigen Examensvorbereitung sowie als Unterrichtsgrundlage für Dozenten geeignet, die auf die erste juristische Prüfung vorbereiten möchten. Der Anlass für die Kreation einer neuen Lehrbuchreihe in drei Bänden war, dass es für notwendig erachtet wurde, eine Fallsammlung zu verfassen, in der nicht einzelne Fälle oder ehemalige Originalexamensfälle von unterschiedlichen Autoren zusammenhanglos aneinandergereiht werden. Es sollte eine systematische Lernfallsammlung entstehen. Ziel der Sammlung ist es, in drei Bänden – bestehend aus Band I (Verfassungs- und Europarecht), Band II (Allgemeines Verwaltungsrecht) und Band III (Besonderes Verwaltungsrecht) – das für die erste juristische Prüfung examensrelevante öffentliche Recht systematisch auf höchstem Niveau abzudecken. Die Fälle sind so konzipiert, dass durch Vernetzungen in allen drei Bänden eine einheitliche Struktur geschaffen wird. Dies wird anders als bei anderen Fallsammlungen dadurch gewährleistet, dass die Fälle von einem Autor stammen, so dass die systematischen Strukturen gebietsübergreifend wiederkennbar sind. Die Fallkonstellationen basieren zum Teil auf Gerichtsentscheidungen und sind zum Teil erfunden. Die drei Bände sind so ausgestaltet, dass eine darüber hinausgehende Literatur zur Examensvorbereitung im Grundsatz allenfalls punktuell erforderlich ist.

Die Konstruktion der Fälle ist so erfolgt, dass problematische Aspekte beim maßgeblichen Prüfungspunkt im Fallaufbau mit den notwendigen abstrakten Hintergründen der Materie gutachtlich in die Falllösung eingearbeitet worden sind. Derart sollte eine perfekte Examensklausur verfasst sein, da zumindest bei guten Prüfern mit wissenschaftlichem Anspruch die Erläuterung des Lösungsweges mit guten Noten belohnt wird – nicht hingegen die Reproduktion auswendig gelernter Schlagworte. Aus meiner anwaltlichen Praxis heraus ist mir jedoch bekannt, dass einige Prüfer bestimmte Formulierungen dennoch lesen möchten. Deshalb sind derartige Schlagworte in die Lösungen implementiert worden. Anfängerhafte Darstellungen in Form der Verwendung so genannter „Theorien" sind bewusst vermieden worden. Es geht nicht darum, auswendig Gelerntes – womöglich noch im falschen Zusammenhang – zu reproduzieren. Es geht vielmehr darum, in einem juristischen Denksystem – Jura ist schließlich eine Art Mathematik in Worten – eine plausible Lösung am Gesetzestext mittels der juristischen Methodik zu entwickeln. Streitstände und vertretbare Lösungen sind in dieser Fallsammlung in die methodische Argumentation aufgenommen worden.

Zudem wurden sprachliche Formulierungen vermieden, die einerseits von guten Prüfern zumindest unterbewusst oder bewusst als negativ erachtet werden, andererseits in juristischen Texten grundsätzlich ausgespart werden sollten. So gehören zum Beispiel Formulierungen wie „laut Sachverhalt" oder „vorliegend" regelmäßig nicht in gutachtliche Lösungen. Zudem wurde insoweit auf passive Formulierungen geachtet, als aktive Formulierungen fehlerhaft sind. So heißt es zum Beispiel nicht „Das Gesetz sagt ...", sondern „Im Gesetz steht ...". Ständige Wiederholungseffekte sind in die Sammlung absichtlich eingearbeitet worden, um durch die Zuordnung eines Problems an verschiedenen Stellen die Gesamtstruktur zu verdeutlichen. Auch Formulierungen sind bei ständig wiederkehrenden Prüfungsfolgen bewusst gleich formuliert, um die Leserinnen und Leser für bestimmte Ausdrucksweisen zu sensibilisieren.

Letztlich wird durch diese Fallsammlung eine Examensvorbereitung auf höchstem Niveau geboten, mittels derer strukturiertes Denken im öffentlichen Recht trainiert werden kann. Gleichzeitig kann sie aber als Nachschlagewerk herangezogen werden, weil die Fälle themenbezogen sind und es durch die dazugehörigen Fallgliederungen ermöglicht wird, einzelne Themengebiete gezielt zu suchen.

Für den verwaltungsrechtlichen Aufbau der Prozessstation wurde ein Aufsatz in der JURA 2012, 175 ff. zugrundegelegt, der von den Lesern zum Verständnis grundlegender prozessualer Zusammenhänge einmal intensiv gelesen werden sollte. Um es den Lesern zu ersparen, in der ohnehin begrenzten Examensvorbereitungszeit sämtliche Entscheidungen nachzulesen, sind wichtige Urteilspassagen mit dem Hinweis „zum Ganzen" und der entsprechenden abgeänderten Urteilspassage in die Falllösungen eingearbeitet worden.

Für sachdienliche Hinweise und Verbesserungsvorschläge bin ich stets dankbar. Ich wünsche einen großen Lernerfolg beim Lesen der Bücher.

Hamburg, Januar 2014   Arne-Patrik Heinze

Autor

Der Autor ist im Jahr 1978 als Sohn eines Griechen und einer Deutschen geboren worden. Er ist seit vielen Jahren bundesweit als Dozent im Öffentlichen Recht unter anderem im Bereich der Vorbereitung auf die juristischen Examina tätig. Zudem hat er Berufskolleginnen und Berufskollegen im Anwaltsbereich aus- und fortgebildet. Er war bis zum Jahr 2013 geschäftsführender Gesellschafter der BeckAkademie (Verlag C.H. Beck), die er als Gründungsgesellschafter mit Kollegen etabliert hat. Nunmehr ist er Professor für Öffentliches Recht in Niedersachsen.

Der Autor ist zudem selbst bundesweit als Rechtsanwalt mit Hauptsitz in Hamburg tätig. Als Rechtsanwalt ist er neben dem Allgemeinen Verwaltungsrecht, dem öffentlichen Wirtschaftsrecht mit Bezügen zum Verfassungs- und Europarecht insbesondere auf Hochschul- und Prüfungsrecht spezialisiert. Im Rahmen dieser Anwaltstätigkeit betreut er unter anderem Widerspruchsverfahren und gerichtliche Verfahren bezüglich der juristischen Examina und universitären Prüfungen.

Arne-Patrik Heinze
Rechtsanwälte Schneider Stein & Partner
www.anwaelte-schneider-stein.de
www.ah-rechtsanwaelte.de

Inhaltsverzeichnis

Allg. Verwaltungsrecht

Fallvarianten der Fälle **1**, **3**, **4**, **8**, **10** und **15** unter Berücksichtigung der Besonderheiten in **Berlin**, **Hamburg** und **Niedersachsen** finden sich auf der Homepage zum Buch unter degruyter.de [Stichwort: Systematisches Fallrepetitorium]. Das Passwort lautet: **Heinze2014.**

Allg. Verwaltungsrecht – Fall 1: „Zurück in die Schule (NRW)"

Die N ist eine Partei mit Sitz in der Stadt M in Nordrhein-Westfalen (NRW), die extreme nationale Standpunkte vertritt. Seit längerer Zeit steht sie im Verdacht, verfassungsfeindliches Gedankengut zu fördern und zu verbreiten. Ein vor einigen Jahren von der Bundesregierung betriebenes Verbotsverfahren vor dem Bundesverfassungsgericht blieb jedoch ohne Erfolg. Um bundesweit den Erfolg rechtsgerichteter Politik durch ein einheitliches Auftreten zu steigern, schloss sich die N im August dieses Jahres mit der D zusammen, die eine ähnliche Politik betreibt und in den letzten Jahren stetigen Zulauf von jungen Wählern abseits der Bildungsschicht verzeichnen konnte.

Den Zusammenschluss möchte die daraus entstandene „ND – Die Volksfusion" – ein rechtsfähiger Verein – entsprechend feiern. Dazu soll am 13.11. nächsten Jahres die Aula eines städtischen Gymnasiums in der Gemeinde G, in der sich die ND zukünftig verbreiten und auch niederlassen möchte, im Bundesland NRW organisiert werden, in der auch bereits andere Parteien Wahlkampfauftritte oder ähnliche Veranstaltungen abgehalten haben. Die ND soll bei der nächsten Bundestagswahl und auch auf Landesebene zur Wahl stehen, um über Fraktionen in den Parlamenten das Volk zu vertreten. Zugang, Verwaltung und Vermietung werden ausschließlich über G abgewickelt, ohne dass eine Person des Privatrechts eingebunden ist. Andere Veranstaltungen sind am 13.11. des nächsten Jahres nicht geplant, und weitere Anfragen für die Aula gibt es für diesen Tag nicht. Auf den entsprechenden unter Beachtung aller eventuell erforderlichen Formvorschriften gestellten Antrag reagiert die Mehrheit im zuständigen Gemeinderat allerdings mit Protest. Die G sei eine weltoffene und tolerante Gemeinde, in der rechtes Gedankengut keine Plattform finden dürfe. Durch einen mit Rechtsmittelbelehrungen versehenen Bescheid vom 18.10. dieses Jahres wird der Antrag der ND daher abgelehnt. Zur Begründung verweist der Bürgermeister als zuständige allgemeine Ordnungsbehörde auf die verfassungsfeindliche Tendenz der ND. Außerdem führt er aus, dass die lediglich internen Feierlichkeiten des Zusammenschlusses zur ND nicht unter das Parteienprivileg fielen und die Gemeinde schon deshalb nicht verpflichtet sei, der ND Zugang zu gewähren.

Die ND meint, sie sei in ihren Rechten verletzt und klagt nach erfolglos durchgeführtem Widerspruchsverfahren innerhalb von drei Wochen nach Bekanntgabe des Ablehnungsbescheides und einer Woche nach Bekanntgabe des Widerspruchsbescheides vor dem örtlich zuständigen Verwaltungsgericht auf eine verbindliche Zuteilung der Schulaula an dem gewünschten Tag. Mit Erfolg?

Abwandlung

Die ND möchte ihren nächsten Parteitag in einer Veranstaltungshalle in G – ebenfalls von anderen Parteien genutzt – abhalten, die von der E-GmbH betrieben wird. Hauptgesellschafterin ist die Gemeinde G, die nach dem Gesellschaftsvertrag berechtigt ist, über Zulassung oder Ablehnung von Veranstaltungen sowie über das Entgelt zu entscheiden. Mit der gleichen Begründung wie in der Vergangenheit, jedoch ohne ablehnenden Bescheid, wird der ND die Zulassung zu dem gewünschten Termin verweigert. Wieder möchte die ND gegen die Gemeinde in gleicher Weise klagen, ist sich aber nicht sicher, ob dies sinnvoll ist. Sind die Sachurteilsvoraussetzungen der Klage erfüllt, wenn nach Durchführung eines ordnungsgemäßen Widerspruchsverfahrens die Klagefrist eingehalten wird?

Zusatzfrage

Aufgrund der Entscheidung des Gerichts wird der ND das Abhalten des Parteitages in der Veranstaltungshalle erlaubt. Als die Veranstaltung beginnen soll, stellen die Gäste allerdings fest, dass keine der sanitären Anlagen benutzbar und außerdem die gesamte Elektronik funktionslos ist. Gegen wen und vor welchem Gericht kann die ND welchen Schadensersatzanspruch geltend machen?

Schwerpunkte
Aufbau Prozessstation
Zweistufigkeit
Zugang zu Einrichtungen

Vertiefung
OVG Berlin-Brandenburg, Beschluss vom 13.1.2011 – OVG 3 S 2.11

Gliederung

1. Komplex: Klage der ND
A. Sachurteilsvoraussetzungen (+)
    I.   Rechtsweg (+)
    II. Zuständigkeit (+)
    III. Beteiligte (+)
    IV. Statthafte Klageart
    V.   Besondere Sachurteilsvoraussetzungen (+)
        1.   Besondere Prozessführungsbefugnis (+)

Lösungsvorschlag

Die folgende Lösung ist als Lösungsvorschlag zu verstehen und ausführlicher, als es in der Klausurbearbeitung verlangt werden kann. Aufgrund der wissenschaftlichen Freiheit können andere Lösungswege vertreten werden, soweit sie dogmatisch begründbar sind. Die Nachweise aus Rechtsprechung und Literatur sowie die das Verständnis fördernden Randbemerkungen sind in der Examensklausur auszusparen. Die Abkürzung „Alt." steht für Alternativfall, nicht für Alternative.

1. Komplex: Klage der ND

Die Klage der ND hat jedenfalls Erfolg, soweit die Sachurteilsvoraussetzungen erfüllt sind und die Klage begründet ist.[1]

A. Sachurteilsvoraussetzungen[2]

Die Sachurteilsvoraussetzungen können erfüllt sein.

I. Rechtsweg

Der Verwaltungsrechtsweg kann mangels aufdrängender Sonderzuweisung gemäß § 40 Abs. 1 S. 1 VwGO eröffnet sein. Im Übrigen kommt ein Verweisungsbeschluss i.S.d. § 17a Abs. 2 GVG i.V.m. § 173 VwGO in Betracht. Der Verwaltungsrechtsweg ist eröffnet, wenn die streitentscheidende öffentlich-rechtliche Norm einen Hoheitsträger einseitig berechtigt oder verpflichtet bzw. wenn aufgrund typisch hoheitlichen Handelns zwischen den mutmaßlichen Beteiligten ein Subordinationsverhältnis besteht.

Aus der Organisationsform der Gemeinde als Gebietskörperschaft öffentlichen Rechts ergibt sich nicht, dass die Streitigkeit öffentlich-rechtlich ist, da juristische Personen des öffentlichen Rechts – namentlich Körperschaften, Anstalten und Stiftungen – nicht nur hoheitlich, sondern auch privatrechtlich in Form des fiskalischen Handelns tätig werden können, während juristische Personen des Privatrechts bei einer Beleihung i.S.d. Art. 33 Abs. 4 GG wiederum hoheitlich handeln können.

Aus der Handlungsform des Rechtsträgers kann sich allerdings ergeben, dass ein Subordinationsverhältnis und somit eine öffentlich-rechtliche Streitigkeit besteht mit der Folge, dass der Verwaltungsrechtsweg eröffnet wäre. Zwar ist die Versagung des Zuganges zur Aula durch einen Verwaltungsakt und somit durch ein typisch hoheitliches Handeln erfolgt, jedoch begehrt die ND den Zugang zur Aula, sodass der ablehnende Bescheid nur ein Indiz dafür darstellt,

---

1 Zum Prüfungsaufbau: Heinze/Starke JURA 2012, 175 ff.

2 **Hinweis:** Andere Aufbauvarianten werden vertreten (z.B. dreistufig oder Prüfung des Verwaltungsrechtsweges als Untergliederungspunkt der Zuständigkeit des Gerichts). Derartige Aufbauvarianten sind aber mit § 17a Abs. 2 GVG bzw. mit der Überschrift des 6. Abschnitts der VwGO sowie mit § 83 VwGO unvereinbar und daher bei exakter dogmatischer Zuordnung der Prüfungspunkte nicht zu empfehlen. Die Überschrift „Sachurteilsvoraussetzungen" anstelle der Überschrift „Zulässigkeit" ist sinnvoll, weil nach § 63 Nr. 3 VwGO auch der Beigeladene zu den Beteiligten gehört, das Fehlen einer notwendigen Beiladung i.S.d. § 65 Abs. 2 VwGO aber nur dazu führt, dass das Urteil keine materielle Rechtskraft entfaltet. Auch die objektive Klagehäufung i.S.d. § 44 VwGO ist z.B. keine Zulässigkeitsvoraussetzung.

dass auch die Leistung als Kehrseite durch einen Verwaltungsakt als typisch hoheitliches Handeln erfolgen wird.

Allerdings kommen als streitentscheidende Norm nur § 5 Abs. 1 S. 1 ParteiG bzw. § 8 Abs. 2 GO als Normen des öffentlichen Rechts in Betracht. Somit besteht eine öffentlich-rechtliche Streitigkeit, die mangels doppelter Verfassungsunmittelbarkeit nicht verfassungsrechtlicher Art ist. Da eine abdrängende Sonderzuweisung nicht ersichtlich ist, ist der Verwaltungsrechtsweg gemäß § 40 Abs. 1 S. 1 VwGO eröffnet.

II. Zuständigkeit

Das Verwaltungsgericht ist gemäß § 45 VwGO als Eingangsinstanz sachlich zuständig, soweit die Voraussetzungen abweichender Regelungen wie z.B. die §§ 47, 50 VwGO bei besonderen Verfahren nicht erfüllt sind. Das Verwaltungsgericht ist auch i.S.d. § 52 VwGO örtlich zuständig, sodass kein Verweisungsbeschluss gemäß § 17a Abs. 2 GVG i.V.m. § 83 VwGO gefasst werden wird.[3]

III. Beteiligte

Die ND und G als Körperschaft öffentlichen Rechts können Beteiligte des Verfahrens sein. Beteiligte sind nach § 63 Nr. 1, 2 VwGO unter anderem der Kläger und der Beklagte, beteiligungsfähig nach § 61 Nr. 1 Alt. 1, 2 VwGO natürliche und juristische Personen. Behörden sind gemäß § 61 Nr. 3 VwGO i.V.m. dem Landesrecht in Nordrhein-Westfalen nicht beteiligungsfähig, sodass insoweit denkbare Differenzierungen zwischen unmittelbarer Staatsverwaltung, zu der auch die Organleihe gehört, und mittelbarer Staatsverwaltung für die Beteiligten nicht maßgeblich sind. Die §§ 63, 61 VwGO könnten durch den § 3 ParteiG als Spezialregelung verdrängt sein. Unabhängig davon, dass § 3 ParteiG dem Wortlaut nach anders als § 61 VwGO formuliert ist, ergibt sich aus der gesetzlichen Überschrift, dass es sich insoweit um eine Norm handelt, in der die Aktiv-/Passivlegitimation und somit materiell-rechtliche Aspekte geregelt sind. Für Beteiligungsfähigkeit bleibt somit § 61 VwGO anwendbar. Als Klägerin ist die ND, die als rechtsfähiger Verein und somit als juristische Person organisiert ist, sodass es auf die Partei als Vereinigung i.S.d. § 61 Nr. 2 VwGO nicht ankommt,

---

3 Die örtliche Zuständigkeit ist nur anzusprechen, wenn es dafür im Sachverhalt Anhaltspunkte gibt. Gegebenenfalls ist die örtliche Zuständigkeit grundsätzlich im Anschluss an die sachliche Zuständigkeit zu prüfen. Ist sie jedoch gemäß § 52 Nr. 2 VwGO ausnahmsweise von der Klageart abhängig, sollte sie offen mit Verweis auf § 17a Abs. 2 GVG i.V.m. § 83 VwGO formuliert werden.

gemäß § 61 Nr. 1 Alt. 2 VwGO beteiligungsfähig. Für die Prozessfähigkeit ist gemäß § 62 Abs. 1, 3 VwGO auf deren Organwalter abzustellen, von deren Prozessfähigkeit auszugehen ist.

Als Beklagte ist G als Körperschaft des öffentlichen Rechts, vertreten durch die Behörde, gemäß den §§ 63 Nr. 2, 61 Nr. 1 Alt. 2 VwGO beteiligungs- und mangels Anhaltspunkten bezüglich des für die Behörde handelnden Organwalters gemäß § 62 Abs. 1, 3 VwGO prozessfähig.

IV. Statthafte Klageart

Die statthafte Klageart richtet sich i.S.d. § 88 VwGO nach dem klägerischen Begehren unter Berücksichtigung des Anwendungsvorrangs maßnahmespezifischer Rechtsschutzformen und des rechtsstaatlichen Grundsatzes der Effektivität des Rechtsschutzes. Dem klägerischen Begehren entspricht i.d.R. die effektivste Klageart, also nach Möglichkeit die Anfechtungsklage gemäß § 42 Abs. 1 Alt. 1 VwGO als Gestaltungsklage der Verwaltungsgerichtsordnung,[4] es sei denn, es gibt einen ausdrücklichen Antrag, der nicht überschritten werden darf. Voraussetzung der Anfechtungsklage ist, dass der Kläger die Aufhebung eines gegenwärtig wirkenden Verwaltungsaktes erstrebt. Ein Verwaltungsakt ist gemäß § 35 S. 1 VwVfG NRW jede Verfügung, Entscheidung oder andere hoheitliche Maßnahme, die eine Behörde zur Regelung eines Einzelfalls auf dem Gebiet des öffentlichen Rechts trifft und die auf unmittelbare Rechtswirkung nach außen gerichtet ist. Die ND könnte gegen den Versagungsbescheid vom 18.10. mit einer Anfechtungsklage vorgehen, jedoch entspricht dies nicht ihrem primären Klagebegehren, da sie eine verbindliche Zuteilung der Aula für den 13.11. nächsten Jahres anstrebt. Der ND kann es daher nur um eine Leistungsklage gehen. Da sie eine verbindliche Zuteilung erstrebt, handelt es sich um eine Regelung mit Außenwirkung, also einen Verwaltungsakt, sodass nicht die nur in der Verwaltungsgerichtsordnung mehrfach erwähnte und nicht ausdrücklich geregelte allgemeine Leistungsklage, sondern die Verpflichtungsklage nach § 42 Abs. 1 Alt. 2 VwGO dem Begehren der ND entspricht und somit statthaft ist.

V. Besondere Sachurteilsvoraussetzungen

Die besonderen Sachurteilsvoraussetzungen können erfüllt sein.

---

4 Die Anfechtungsklage ist z.B. besonders rechtsschutzintensiv, weil das Gericht als Judikative mittels einer Durchbrechung der Gewaltenteilung einen Verwaltungsakt als Rechtssetzungsakt der Exekutive aufhebt.

1. Besondere Prozessführungsbefugnis

Besonders prozessführungsbefugt ist gemäß § 78 Abs. 1 Nr. 1 VwGO die Gemeinde als Körperschaft öffentlichen Rechts und Rechtsträgerin der Schule, da im Landesrecht in Nordrhein-Westfalen keine Ausführungsvorschrift i.S.d. § 78 Abs. 1 Nr. 2 VwGO enthalten ist.[5]

2. Klagebefugnis

Die ND muss klagebefugt sein. Die Klagebefugnis nach § 42 Abs. 2 VwGO setzt die Möglichkeit der Verletzung eines subjektiven Rechts voraus. Subjektive Rechte leiten sich aus Sonderrechtsbeziehungen, einfachen Gesetzen, subsidiär aus Grundrechten ab, wobei jedenfalls aufgrund des weiten Schutzbereiches des Art. 2 Abs. 1 GG bei unmittelbaren Grundrechtseingriffen für das subjektive Recht direkt auf Grundrechte abgestellt werden kann. Die ND ist nicht offensichtlich Adressatin eines belastenden Verwaltungsaktes, weil ihr mit dem Zugang zur Aula lediglich eine Leistung versagt wird. Da eine Sonderrechtsbeziehung nicht ersichtlich ist, ergibt sich die Möglichkeit einer Rechtsverletzung durch die Versagung der Zuteilung zur Aula jedenfalls aus § 5 Abs. 1 S. 1 ParteiG, in welchem das grundgesetzlich gewährleistete derivative Leistungsrecht der Parteien aus Art. 21 Abs. 1 GG i.V.m. Art. 3 Abs. 1 GG verankert ist. Denkbar ist auch ein einfachgesetzliches subjektives Recht der ND aus § 8 Abs. 2 GO. Die ND ist klagebefugt.

---

5 Der Aufbau der Prozessstation darf in der Klausur nicht gesondert begründet werden. Es ist allenfalls möglich, einzelne Argumente anhand einzelner zu prüfender Tatbestandsmerkmale in Nebensätzen einzuarbeiten. Die Zuordnung des § 78 VwGO ist umstritten. § 78 VwGO enthält nach h.M. eine Regelung über die besondere Prozessführungsbefugnis, die von der Beteiligungsfähigkeit und der Passivlegitimation zu trennen ist (MA: § 78 VwGO als Sonderregelung der Passivlegitimation, die aber in der Sachstation, also der Begründetheit, zu prüfen ist, da Passivlegitimation der Terminus für den materiell richtigen Klagegegner ist). Die besondere Prozessführungsbefugnis ist ein Unterpunkt bei den besonderen Sachurteilsvoraussetzungen und wird teilweise (vertretbar aber bzgl. der materiell-rechtlichen Passivlegitimation verwechslungsfähig) mit „Klagegegner" überschrieben.
    Einige Argumente für die h.M.:
– § 78 VwGO steht systematisch bei besonderen Sachurteilsvoraussetzungen
– Gesetzgebungskompetenzen
– falsche Behörde bzw. falscher Rechtsträger können nicht zum materiell richtigen Anspruchsgegner i.S. einer Passivlegitimation werden (zum Ganzen: Heinze/Starke JURA 2011; Ehlers, Festschrift für Menger, S. 379 ff.; Hufen, Verwaltungsprozessrecht, § 12, Rn 38 ff. m.w.N.; vgl. OVG Münster NVwZ 1990, 188).

3. Vorverfahren

Unabhängig davon, dass ein Vorverfahren gemäß den §§ 68 ff. VwGO in Nordrhein-Westfalen gemäß § 68 Abs. 1 S. 2 VwGO i.V.m. § 110 Abs. 1 JustizG grundsätzlich entbehrlich und es problematisch ist, ob und mit welcher Wirkung ein Widerspruch dennoch eingelegt werden kann, ist seitens der ND unter Mitwirkung der G jedenfalls ein ordnungsgemäßes Vorverfahren durchgeführt worden.

4. Klagefrist

Die Klagefrist von einem Monat gemäß § 74 Abs. 1 S. 1, 2, Abs. 2 VwGO seit Zustellung des Ablehnungsbescheides ist mit verstrichenen drei Wochen eingehalten worden.

VI. Zwischenergebnis

Die Sachurteilsvoraussetzungen sind erfüllt und die Klage ist zulässig.

B. Begründetheit

Die Klage ist gemäß § 113 Abs. 5 S. 1, 2 VwGO begründet, soweit die Ablehnung der Zuteilung der Aula rechtswidrig, die Klägerin dadurch in ihren Rechten verletzt und die Sache spruchreif bzw. soweit die Unterlassung einer Bescheidung rechtswidrig oder die erfolgte Bescheidung fehlerhaft[6] und die Klägerin dadurch in ihren Rechten verletzt ist. Somit ist die Klage begründet, soweit die Klägerin einen Anspruch auf zumindest fehlerfreie Bescheidung hat.[7] Die ND ist als Partei in Form eines rechtsfähigen Vereins gemäß § 3 S. 1 ParteienG aktivlegitimiert.

I. Anspruchsgrundlage

Als Anspruchsgrundlage kommt § 8 Abs. 2 GO sowie § 5 Abs. 1 S. 1 ParteiG in Betracht. § 8 Abs. 2 GO könnte bezogen auf kommunale Einrichtungen als ge-

---

6 Achtung: Im Rahmen des § 113 Abs. 5 S. 2 VwGO sollte im Obersatz nicht „ermessensfehlerfreie Bescheidung" geschrieben werden, da es auch Beurteilungsspielräume gibt, die über § 113 Abs. 5 S. 2 VwGO tenoriert werden.

7 Der Obersatz der Verpflichtungsklage müsste entsprechend dem Gesetzeswortlaut negativ formuliert werden, während es üblich ist, ihn positiv zu formulieren. Sinnvoll erscheint es, beide Formulierungen einzuarbeiten, um dem Prüfer wenig Angriffsfläche zu bieten. Als Minus ist im Antrag i.S.d. § 113 Abs. 5 S. 1 VwGO ein solcher nach § 113 Abs. 5 S. 2 VwGO enthalten.

genüber § 5 Abs. 1 S. 1 ParteiG spezialgesetzliche Regelung angesehen werden. Allerdings wird durch das Bundesrecht gemäß Art. 31 GG das Landesrecht gebrochen, zumal im Parteiengesetz anders als in der Gemeindeordnung die herausgehobene verfassungsrechtliche Stellung der Parteien berücksichtigt worden ist. Dieser verfassungsrechtlichen Sonderstellung der Parteien auch bezüglich kommunaler Einrichtungen wird § 8 Abs. 2 GO nicht gerecht, sodass die Norm trotz der Bezugnahme auf kommunale Einrichtungen als gegenüber § 5 Abs. 1 S. 1 ParteiG allgemeinere Regelung einzuordnen ist, soweit § 5 Abs. 1 S. 1 ParteiG einschlägig ist. Dem steht das Recht auf kommunale Selbstverwaltung aus Art. 28 Abs. 2 GG nicht entgegen, weil insoweit in einer parteienstaatlichen Demokratie in praktischer Konkordanz ein gegenläufiges Verfassungsgut in Form der Artt. 20 Abs. 2, 21 GG vorrangig ist. § 8 Abs. 2 GO gilt nur ergänzend. Unabhängig davon, dass § 5 Abs. 1 S. 1 ParteiG als spezialgesetzlich ausgestaltetes derivatives Leistungsrecht der Parteien den § 8 Abs. 2 GO als Anspruchsgrundlage verdrängt, ist § 8 Abs. 2 GO offensichtlich nicht maßgeblich, weil insoweit vorausgesetzt wird, dass es sich beim Anspruchsteller um einen Gemeindeeinwohner bzw. um eine ortsansässige juristische Person handelt. Die ND ist in G aber noch nicht niedergelassen, sondern erstrebt dort eine Verbreitung. Somit kann nur § 5 Abs. 1 S. 1 ParteiG die maßgebliche einfachgesetzliche Anspruchsgrundlage sein, die eine spezialgesetzliche Ausgestaltung des derivativen Leistungsrechtes der Parteien aus Art. 21 Abs. 1 S. 1 GG i.V.m. Art. 3 Abs. 1 GG darstellt. Da die ND i.S.d. § 2 Abs. 1 S. 1 ParteiG auf Bundes- und Landesebene zur Wahl steht, ist § 5 Abs. 1 S. 1 ParteiG anwendbar.[8]

II. Anspruchsvoraussetzungen
Die Anspruchsvoraussetzungen müssen erfüllt sein.

1. Formelle Voraussetzungen
Die formellen Voraussetzungen können erfüllt sein. Das setzt voraus, dass bei der zuständigen Stelle ein rechtmäßiges Verfahren in den gesetzlich vorgesehenen Formen durchgeführt worden ist. Die ND hatte unabhängig von dessen Erforderlichkeit einen Antrag beim zuständigen Gemeinderat gestellt, der formal korrekt war. Die formellen Voraussetzungen sind somit erfüllt.

---

8 Merke: Das Verhältnis des § 5 ParteienG zu den Gemeindeordnungen ist strittig.

2. Materielle Voraussetzungen

Die materiellen Voraussetzungen des § 5 Abs. 1 S. 1 ParteiG müssen erfüllt sein. Materiell wird positiv vorausgesetzt, dass ein Hoheitsträger einer Partei im Rahmen einer öffentlichen Einrichtung eine Leistung zur Verfügung stellt und die den Antrag stellende Partei eine Gleichbehandlung anstrebt. Negativ dürfen keine Ausschlussgründe bestehen.

a) Positive Voraussetzungen

G ist als Gemeinde eine Gebietskörperschaft öffentlichen Rechts und damit eine Hoheitsträgerin. Die ND ist wegen der Wählbarkeit bei Landtags- und Bundestagswahlen eine Partei i.S.d. § 2 Abs. 1 ParteiG. Die Schule, deren Aula genutzt werden soll, muss auch eine öffentliche Einrichtung darstellen. Eine öffentliche Einrichtung ist eine Zusammenfassung personeller Kräfte und sachlicher Mittel, die von der Gemeinde zum Zweck der Daseinsvorsorge durch Widmung bereitgestellt und zur bestimmungsgemäßen Nutzung unterhalten wird. Anders als bei der dinglichen Widmung im Straßenrecht, die aufgrund der Wesentlichkeit des Widmungsaktes einen Verwaltungsakt i.S.d. § 35 S. 2 Var. 2 VwVfG NRW des Landes darstellt, handelt es sich bei der Widmung im Bereich der öffentlichen Einrichtungen i.d.R. um nicht grundrechtsrelevante und unwesentliche Leistungsverwaltung, durch die nur im Kern der kommunalen Daseinsvorsorge die Verfassung tangiert wird. Somit erfolgt die Widmung in der Regel nicht durch einen Verwaltungsakt, sondern in der Regel durch eine konkludente Widmung im Rahmen der faktischen Nutzung. Die Gemeinde hatte in der Vergangenheit bereits anderen Parteien den Zugang zu der Schulaula zum Zweck von Wahlkampfveranstaltungen gewährt, sodass sie die Aula jedenfalls auch konkludent diesem Zwecke gewidmet hat.

b) Negative Voraussetzungen

Negativ dürfen keine Ausschlussgründe oder sachlich eine Ungleichbehandlung rechtfertigende Erwägungen dem Anspruch entgegenstehen.

Die Gemeinde beruft sich darauf, dass es sich bei der Veranstaltung der ND nicht um eine Wahlkampfveranstaltung, sondern nur um eine interne Feierlichkeit handelt, welche nicht dem Parteienprivileg und damit nicht der Gleichbehandlungspflicht aus § 5 Abs. 1 S. 1 ParteiG unterfällt. Bei teleologischer Auslegung der Norm könnte die Auffassung der G dadurch bekräftigt werden, dass eine Pflicht der Gemeinden zur Gleichbehandlung nur dann bestehen soll, wenn es um Veranstaltungen der Parteien geht, welche ihre spezifische Stellung in der Verfassung und der Demokratie sichern und fördern. In einer parteienstaatlichen Demokratie soll eine Meinungsbildung vom i.S.d. Art. 20 Abs. 2 S. 1 GG souveränen Volk über die Parteien i.S.d. Art. 21 GG stattfinden, die ihre Arbeit in den Fraktionen der Parlamente fortsetzen. Diese Grundsätze der repräsentativen Demokratie sollen unter anderem durch eine Chancengleichheit der Parteien in § 5 Abs. 1 S. 1 ParteiG geschützt werden.

Andererseits ist die Stellung der Parteien in der repräsentativen Demokratie so herausgehoben, dass die sie schützenden Normen nicht zu eng ausgelegt werden dürfen. Das Vorbringen, eine parteiinterne Festveranstaltung beziehe sich weder auf die parteiinterne politische Willensbildung noch auf die politische Willensbildung des Bürgers und könne daher nicht dem Parteienprivileg unterliegen, erscheint bei verfassungskonformer Betrachtung nicht maßgeblich. Der den Parteien durch Art. 21 Abs. 1 GG eingeräumte verfassungsrechtliche Status schließt ihre Aufgabe zur Artikulation ein. Diese erschöpft sich nicht in Parteiprogrammen, sondern ist ihre ständige Aufgabe und Voraussetzung für die Standortbestimmung der politischen Parteien (vgl. Ipsen, in: Sachs, GG, 5. Aufl. 2009, Art. 21, Rn 26; zu den geschützten parteitypischen Tätigkeiten auch Morlok, in: Dreier, GG, 2. Aufl. 2006, Art. 21, Rn 54). Dazu gehört auch eine Veranstaltung in Form eines Festaktes zur Verschmelzung zweier politischer Parteien (OVG Berlin-Brandenburg: Beschluss vom 13.1.2011 – OVG 3 S 2.11).

Auch durch den Einwand, dass die ND verfassungsfeindliche Tendenzen erkennen lasse und extreme Standpunkte vertritt, ändert sich nichts, da über die Verfassungswidrigkeit einer Partei i.S.d. Art 21 Abs. 2 S. 2 GG und der §§ 32f. ParteiG ausschließlich das Bundesverfassungsgericht entscheidet. Da dies nicht geschehen ist, ist jede Ungleichbehandlung unzulässig (sog. Parteienprivileg; BVerfGE 47, 130; Ipsen, ParteiG, § 5, Rn 19, 34).

Nach alldem sind Ausschlussgründe oder die Ungleichbehandlung rechtfertigende maßgebliche Erwägungen nicht ersichtlich.

3. Anspruchsinhalt

Anspruchsinhalt ist eine Gleichbehandlung innerhalb der Kapazitätsgrenzen. Da an dem streitgegenständlichen Tag keine anderen Veranstaltungen beantragt und geplant sind, kann die ND von G die Gleichbehandlung in Form der Zuweisung der Aula für diesen Tag verlangen.

C. Ergebnis

Die Verpflichtungsklage der ND hat Erfolg.

2. Komplex: Abwandlung

A. Sachurteilsvoraussetzungen

Die Sachurteilsvoraussetzungen können erfüllt sein.

I. Rechtsweg

Der Verwaltungsrechtsweg[9] kann mangels aufdrängender Sonderzuweisung gemäß § 40 Abs. 1 S. 1 VwGO eröffnet sein.[10] Im Übrigen kommt ein Verweisungsbeschluss i.S.d. § 17a Abs. 2 GVG i.V.m. § 173 VwGO in Betracht. Der Verwaltungsrechtsweg ist eröffnet, wenn die streitentscheidende öffentlich-rechtliche Norm einen Hoheitsträger einseitig berechtigt oder verpflichtet bzw. wenn aufgrund typisch hoheitlichen Handelns zwischen den mutmaßlichen Beteiligten ein Subordinationsverhältnis besteht.

Aus der Organisationsform der Gemeinde als Gebietskörperschaft öffentlichen Rechts bzw. der E-GmbH als juristische Person des Privatrechts ergibt sich nicht, dass die Streitigkeit öffentlich-rechtlich ist, da juristische Personen des öffentlichen Rechts – namentlich Körperschaften, Anstalten und Stiftungen – nicht nur hoheitlich, sondern auch privatrechtlich in Form des fiskalischen Handelns tätig werden können, während juristische Personen des Privatrechts bei einer Beleihung i.S.d. Art. 33 Abs. 4 GG wiederum hoheitlich handeln können. Zwar ist eine Beleihung der E-GmbH, die aufgrund der Wesentlichkeit als Ausnahme von der Regel i.S.d. Art. 33 Abs. 4 GG einer gesetzlichen Grundlage bedürfte, nicht ersichtlich, jedoch kann die Gemeinde fiskalisch handeln mit der Folge, dass es sich um eine zivilrechtliche Streitigkeit handeln würde, für welche gemäß § 13 GVG der ordentliche Rechtsweg eröffnet wäre, sodass gemäß § 17a Abs. 2 GVG i.V.m. § 173 VwGO an das ordentliche Gericht verwiesen werden müsste.

---

9 Beim **Verwaltungsrechtsweg** ist folgendermaßen zu prüfen:
- aufdrängende Zuweisung
- Generalklausel
- abdrängende Zuweisung.

10 Innerhalb der Generalklausel des § 40 Abs. 1 S. 1 VwGO bedarf es einer öffentlich-rechtlichen Streitigkeit nicht verfassungsrechtlicher Art, für die folgende Prüfungsfolge gilt:
- Organisationsform
- Handlungsform
- Sonderrecht
- Sachzusammenhang
- Zweistufigkeit
- Zweifel: öffentlich-rechtlich

Aus der Handlungsform des Rechtsträgers kann sich allerdings ergeben, dass ein Subordinationsverhältnis und somit eine öffentlich-rechtliche Streitigkeit besteht mit der Folge, dass der Verwaltungsrechtsweg eröffnet wäre. Eine eindeutige Handlungsform ist aber nicht einmal bei der Ablehnung ersichtlich, da diese nicht durch einen Verwaltungsakt erfolgt ist.

§ 5 Abs. 1 S. 1 ParteiG stellt zwar Sonderrecht des Staates dar, durch das dieser einseitig berechtigt bzw. verpflichtet wird, jedoch kann die Norm unanwendbar sein. Ist die Organisation einer Einrichtung privatrechtlich ausgestaltet, ist es möglich, dass eine zivilrechtliche Klage erforderlich und das öffentliche Recht insoweit nicht streitentscheidend ist. Die Veranstaltungshalle wird von der E-GmbH verwaltet, sodass der Streit zivilrechtlicher Art sein kann, insbesondere wenn gegen die nicht mit Hoheitsgewalt beliehene E-GmbH vorgegangen werden müsste. Selbst wenn sich die Klage gegen die Gemeinde richtet, muss sie nicht zwingend öffentlich-rechtlicher Natur sein, da es sich auch um den Bereich der Fiskalverwaltung handeln könnte. Das Sonderrecht ist daher nicht zwingend streitentscheidend.

Allerdings kann ein Sachzusammenhang zum öffentlichen Recht bestehen. Ein solcher ist in der Regel insbesondere bei einer zweistufigen Ausgestaltung auf der Stufe des „Ob" anzunehmen. Sind Streitverhältnisse bei Leistungseinrichtungen im Bereich der Daseinsvorsorge zweistufig ausgestaltet, nämlich einerseits bezüglich des „Ob" des Zuganges, andererseits bezüglich des „Wie" der Ausgestaltung des Zuganges, ist die erste Stufe des „Ob" in der Regel öffentlich-rechtlich ausgestaltet. Das „Ob" kann im Streit mit einer juristischen Person des öffentlichen Rechts nur zivilrechtlich ausgestaltet sein, soweit es sich im Fiskalbereich um einen zivilrechtlichen allgemeinen Kontrahierungszwang gemäß § 826 BGB mit der Rechtsfolge der Naturalrestitution gemäß § 249 BGB im haftungsausfüllenden Tatbestand, alternativ um einen speziellen Kontrahierungszwang z.B. im Wettbewerbsrecht, handelt. Die zweite Stufe des „Wie" kann öffentlich-rechtlich oder privatrechtlich ausgestaltet sein. Die ND erstrebt die Zulassung zur Veranstaltungshalle, also das „Ob". Mag das „Wie" durch die E-GmbH privatrechtlich ausgestaltet sein, ist das „Ob" weiter öffentlich-rechtlich ausgestaltet, da es nicht um einen privatrechtlichen Kontrahierungszwang im Rahmen der Fiskalverwaltung geht. Der Staat darf bei der Daseinsvorsorge nicht in das Privatrecht flüchten und hat sich daher über die Mehrheitsverhältnisse und den Gesellschaftsvertrag die Einflussnahme vorbehalten. Die Entscheidung des „Ob" obliegt der G, sodass nach alledem § 5 Abs. 1 S. 1 ParteiG die streitentscheidende Norm ist.[11] Da die Streitigkeit man-

---

11 Merke: Das „Ob" muss nicht öffentlich-rechtlich ausgestaltet sein, weil es im Fiskalbereich einen zivilrechtlichen Kontrahierungszwang geben kann.

gels doppelter Verfassungsunmittelbarkeit nicht verfassungsrechtlicher Art ist und abdrängende Sonderzuweisungen nicht ersichtlich sind, ist der Verwaltungsrechtsweg eröffnet.

II. Zuständigkeit

Das Verwaltungsgericht ist gemäß § 45 VwGO als Eingangsinstanz sachlich zuständig, soweit die Voraussetzungen abweichender Regelungen wie z.B. die §§ 47, 50 VwGO bei besonderen Verfahren nicht erfüllt sind. Das Verwaltungsgericht ist auch i.S.d. § 52 VwGO örtlich zuständig, sodass kein Verweisungsbeschluss gemäß § 17a Abs. 2 GVG i.V.m. § 83 VwGO gefasst werden wird.

III. Beteiligte

Die ND und G als Körperschaft öffentlichen Rechts können Beteiligte des Verfahrens sein, da sie als Parteien des Verfahrens zumindest in Betracht kommen. Beteiligte sind nach § 63 Nr. 1, 2 VwGO unter anderem der Kläger und der Beklagte, beteiligungsfähig nach § 61 Nr. 1 Alt. 1, 2 VwGO natürliche und juristische Personen. Behörden sind gemäß § 61 Nr. 3 VwGO i.V.m. dem Landesrecht in Nordrhein-Westfalen nicht beteiligungsfähig, sodass insoweit denkbare Differenzierungen zwischen unmittelbarer Staatsverwaltung, zu der auch die Organleihe gehört, und mittelbarer Staatsverwaltung für die Beteiligten nicht maßgeblich sind. Die §§ 63, 61 VwGO könnten durch den § 3 ParteiG als Spezialregelung verdrängt sein. Unabhängig davon, dass § 3 ParteiG dem Wortlaut nach anders als § 61 VwGO formuliert ist, ergibt sich aus der gesetzlichen Überschrift, dass es sich insoweit um eine Norm handelt, in der die Aktiv-/Passivlegitimation und somit materiell-rechtliche Aspekte geregelt sind. Für die Beteiligungsfähigkeit bleibt somit § 61 VwGO anwendbar. Als Klägerin ist die ND, die als rechtsfähiger Verein und somit als juristische Person organisiert ist, sodass es auf die Partei als Vereinigung i.S.d. § 61 Nr. 2 VwGO nicht ankommt, gemäß § 61 Nr. 1 Alt. 2 VwGO beteiligungsfähig. Für die Prozessfähigkeit ist gemäß § 62 Abs. 1, 3 VwGO auf deren Organwalter abzustellen, von deren Prozessfähigkeit auszugehen ist.

Als Beklagte ist G als Körperschaft des öffentlichen Rechts, vertreten durch die Behörde, gemäß den §§ 63 Nr. 2, 61 Nr. 1 Alt. 2 VwGO beteiligungs- und mangels Anhaltspunkten bezüglich des für die Behörde handelnden Organwalters gemäß § 62 Abs. 1, 3 VwGO prozessfähig.

Die E-GmbH ist nicht notwendig beizuladen, weil sie lediglich für die Ausgestaltung auf der Stufe des „Wie" zuständig ist und daher von einer gerichtlichen Entscheidung über das lediglich die Gemeinde betreffende „Ob" nicht selbst betroffen ist.

IV. Statthafte Klageart

Die statthafte Klageart richtet sich i.S.d. § 88 VwGO nach dem klägerischen Begehren unter Berücksichtigung des Anwendungsvorrangs maßnahmespezifischer Rechtsschutzformen und des rechtsstaatlichen Grundsatzes der Effektivität des Rechtsschutzes. Dem klägerischen Begehren entspricht i.d.R. die effektivste Klageart, also nach Möglichkeit die Anfechtungsklage gemäß § 42 Abs. 1 Alt. 1 VwGO als Gestaltungsklage der Verwaltungsgerichtsbarkeit, es sei denn, es gibt einen ausdrücklichen Antrag, der nicht überschritten werden darf. Voraussetzung der Anfechtungsklage ist, dass der Kläger die Aufhebung eines gegenwärtig wirkenden Verwaltungsaktes erstrebt. Ein Verwaltungsakt ist gemäß § 35 S. 1 VwVfG NRW jede Verfügung, Entscheidung oder andere hoheitliche Maßnahme, die eine Behörde zur Regelung eines Einzelfalls auf dem Gebiet des öffentlichen Rechts trifft und die auf unmittelbare Rechtswirkung nach außen gerichtet ist. Die ND möchte gegenüber G erreichen, dass ihr die Veranstaltungshalle zugewiesen wird. Die Zuteilung der Halle könnte lediglich als nichtregelndes Verwaltungshandeln einzuordnen sein, z.B. in Form eines Tätigwerdens der G gegenüber der E-GmbH im Rahmen der Einflussnahmemöglichkeiten durch den Gesellschaftsvertrag. Allerdings kommt es der ND letztlich nicht darauf an, wie G ihren Verpflichtungen nachkommt. Für die ND ist es letztlich auch nicht maßgeblich, wie sich die G und die E-GmbH im Innenverhältnis auseinandersetzen. Die ND erstrebt direkt von G eine verbindliche Erklärung, dass ihr der Zugang zur Veranstaltungshalle gewährt wird. Eine verbindliche Erklärung mit Außenwirkung ist ein Verwaltungsakt im Sinne des § 35 S. 1 VwVfG NRW. Eine neben einer Verpflichtungsklage grundsätzlich denkbare allgemeine Leistungsklage auf Einwirkung der G gegenüber der E-GmbH entspricht somit ebenso wenig dem klägerischen Begehren der ND wie eine Verpflichtungsklage gerichtet auf den Erlass eines Verwaltungsaktes der G gegenüber der E-GmbH. Derart kann der Antrag auch nicht ausgelegt werden, weil insoweit über das klägerische Begehren seitens des Gerichts wider § 88 VwGO hinausgegangen würde. Somit ist die Verpflichtungsklage gemäß § 42 Abs. 1 Alt. 2 VwGO – gerichtet auf die verbindliche Erklärung der G – die statthafte Klageart.

V. Besondere Sachurteilsvoraussetzungen

Die besonderen Sachurteilsvoraussetzungen können erfüllt sein.

1. Besondere Prozessführungsbefugnis

Besonders prozessführungsbefugt ist gemäß § 78 Abs. 1 Nr. 1 VwGO die Gemeinde G als Körperschaft öffentlichen Rechts und Rechtsträgerin der Veranstaltungshalle im Rahmen der kommunalen Daseinsvorsorge, da im Landesrecht in Nordrhein-Westfalen keine Ausführungsvorschrift i.S.d. § 78 Abs. 1 Nr. 2 VwGO enthalten ist.

2. Klagebefugnis

Die ND muss klagebefugt sein. Die Klagebefugnis nach § 42 Abs. 2 VwGO setzt die Möglichkeit der Verletzung eines subjektiven Rechts voraus. Subjektive Rechte leiten sich aus Sonderrechtsbeziehungen, einfachen Gesetzen, subsidiär aus Grundrechten ab, wobei jedenfalls aufgrund des weiten Schutzbereiches des Art. 2 Abs. 1 GG bei unmittelbaren Grundrechtseingriffen für das subjektive Recht direkt auf Grundrechte abgestellt werden kann. Die ND ist nicht Adressatin eines belastenden Verwaltungsaktes, sondern verlangt Leistung, sodass Grundrechte allenfalls subsidiär anwendbar sind. Da eine Sonderrechtsbeziehung nicht ersichtlich ist, ergibt sich die Möglichkeit einer Rechtsverletzung durch die Versagung der Zuteilung der Veranstaltungshalle jedenfalls aus § 5 Abs. 1 S. 1 ParteiG, in welchem das grundgesetzlich gewährleistete derivative Leistungsrecht der Parteien aus Art. 21 Abs. 1 GG i.V.m. Art. 3 Abs. 1 GG verankert ist. Die ND ist klagebefugt.

3. Vorverfahren

Mangels ersichtlicher Rückausnahme ist das Vorverfahren gemäß § 68 Abs. 1 S. 2 VwGO i.V.m. § 110 Abs. 1 JustizG entbehrlich.

4. Klagefrist

Die Klagefrist von einem Monat gemäß § 74 Abs. 1 S. 1, 2, Abs. 2 VwGO seit Zustellung des Ablehnungsbescheides ist eingehalten worden.

B. Ergebnis

Die Sachurteilsvoraussetzungen sind erfüllt und die Klage ist zulässig.

3. Komplex: Zusatzfrage

Bei der Geltendmachung des Schadensersatzanspruches wegen der Funktionslosigkeit der Elektronik und der sanitären Anlagen handelt es sich um die zweite Stufe – das „Wie". Insoweit ist der Zivilrechtsweg i.S.d. § 13 GVG eröffnet. Gegnerin ist die E-GmbH, die als juristische Person des Privatrechts für die Veranstaltungshalle verantwortlich ist. Anspruchsgrundlage für den Schadensersatz ist der die allgemeineren Schadensersatzanspruchsnormen im Zivilrecht verdrängende § 536a BGB.

Allg. Verwaltungsrecht – Fall 2: „Kugel im Fuß"

Der 48-jährige B ist Beamter der Bundespolizei und mit der Überwachung des Bahnverkehrs betraut. Zu seinen Pflichten gehört es außerdem, sich körperlich fit zu halten und regelmäßig den Gebrauch seiner Dienstwaffe zu trainieren, um für den Ernstfall gewappnet zu sein. Zu diesem Zweck werden vom Dienstherrn des B alle sechs Monate Reaktions- und Schießübungen angesetzt, an denen B teilzunehmen hat. Am 27.1. begibt B sich daher zum Übungsgelände in G. Nachdem er seine Übung beendet hat, bleibt B noch einen Moment am Schießstand stehen, um noch mit einem Kollegen seine sehr gute Trefferquote zu erörtern, obwohl in den Sicherheitsanweisungen des Dienstherrn bestimmt ist, dass die Anlage sofort nach dem Leeren des Magazins zu verlassen ist. Insoweit handelte B fahrlässig. Während dieses Gespräches wird B von einem Projektil in den Mittelfuß getroffen. Der Schuss hatte sich aus der Waffe des jungen Kollegen P – ebenfalls ein Beamter der Bundespolizei – gelöst, der einige Meter weiter die Schießübung absolviert hatte und die Waffe nach einer Fehlfunktion überprüfte. Da P seinen Kollegen B, der sich ihm gegenüber schon mehrfach wichtig tat, nicht sonderlich mag, hat er mit Eventualvorsatz die Sachlage falsch eingeschätzt und war von einer Ladehemmung bezüglich der Waffe ausgegangen. Bei tatsächlichem Bestehen einer Ladehemmung ist die Abgabe eines Schusses mit einer Waffe unmöglich. P hatte die Waffe so in Richtung des B gehalten, dass das Projektil dessen Fuß traf.

Auf den Antrag des B an die zuständige Dienststelle seiner Dienstherrin auf Erstattung der tatsächlich entstandenen Heibehandlungskosten in Höhe von € 2.700,– erhielt dieser einen Ablehnungsbescheid mit der Begründung, dass ein Anspruch auf Heilbehandlungskosten nicht bestehe und andernfalls ohnehin durch das Mitverschulden des B ausgeschlossen wäre. Gleichzeitig stellte er einen gesonderten Antrag bei der Dienstherrin – ebenfalls bei der identischen zuständigen Dienststelle – auf Zuspruch eines Schmerzensgeldes in Höhe von € 800,–. Nach erfolglosem, jedoch ordnungsgemäß durchgeführtem Widerspruchsverfahren klagt B vor dem örtlich zuständigen Verwaltungsgericht.

Er stellt zwei Anträge. Der erste Antrag ist auf die Heilbehandlungskosten, der zweite Antrag auf das Schmerzensgeld bezogen.

1. Hat die Klage vor dem Verwaltungsgericht Erfolg?
2. Hat die Klage – vorausgesetzt B hat nicht beim Verwaltungsgericht geklagt – vor einem anderen Gericht Erfolg?
3. Wie hätte das Verwaltungsgericht prozessual vorgehen müssen, wenn es örtlich unzuständig gewesen wäre?

4. B wird von der Anwaltssozietät „Sorg- und Ratlos" vertreten. Susi Sorglos und Rudi Ratlos hatten ihm die Klage mit beiden Anträgen beim Verwaltungsgericht geraten. Was hätten Sie B geraten?

5. Ist es B zu raten – falls bezüglich der Klage beim Verwaltungsgericht nur ein Antrag bezüglich des vollständigen Betrages in Höhe von € 3.500,– gestellt und seitens des Verwaltungsgerichtes ein Prozessurteil bezüglich der € 800,– Schmerzensgeld sowie bezüglich des Amtshaftungsanspruches bezüglich der Heilbehandlungskosten gesprochen worden wäre – den Betrag in Höhe von € 3.500,– beim ordentlichen Gericht einzuklagen?

Bearbeitungsvermerk
Etwaige Zahlungen und Ansprüche einer Versicherung des B, Regressmöglichkeiten sowie in diesem Zusammenhang möglicherweise bestehende Ansprüche sind außer Acht zu lassen. Gehen Sie bei der Prüfung des Rechtsweges davon aus, dass durch die beamtenrechtlichen Ansprüche nicht der Ersatz des immateriellen Schadens begründet wird.

Schwerpunkte
Rechtswegkonzentration und -spaltung

Vertiefung
BVerfG, Beschluss vom 29.7.2010 – 1 BvR 1634/04; OVG Hamburg NordÖR 1998, 156

Gliederung

1. Komplex: Klage beim Verwaltungsgericht
A. Sachurteilsvoraussetzungen (+)
    I. Rechtsweg (+)
        1. Aufdrängende Sonderzuweisung (+)
        2. Abdrängende Sonderzuweisung (+)
        3. Rechtswegkonzentration (–)
        4. Verweisungsbeschluss und Rechtswegspaltung (+)
    II. Zuständigkeit (+)
    III. Beteiligte (+)
    IV. Statthafte Klageart

3. Komplex: Frage 3

4. Komplex: Frage 4

5. Komplex: Frage 5

Lösungsvorschlag

Die folgende Lösung ist als Lösungsvorschlag zu verstehen und ausführlicher, als es in der Klausurbearbeitung verlangt werden kann. Aufgrund der wissenschaftlichen Freiheit können andere Lösungswege vertreten werden, soweit sie dogmatisch begründbar sind. Die Nachweise aus Rechtsprechung und Literatur sowie die das Verständnis fördernden Randbemerkungen sind in der Examensklausur auszusparen. Die Abkürzung „Alt." steht für Alternativfall, nicht für Alternative.

1. Komplex: Klage beim Verwaltungsgericht
Die Klage des B hat jedenfalls Erfolg, soweit die Sachurteilsvoraussetzungen erfüllt sind und die Klage begründet ist.

A. Sachurteilsvoraussetzungen[1]
Die Sachurteilsvoraussetzungen können erfüllt sein.

I. Rechtsweg
Der Verwaltungsrechtsweg kann aufgrund einer aufdrängenden Sonderzuweisung, hilfsweise gemäß der Generalklausel des § 40 Abs. 1 S. 1 VwGO eröffnet sein, soweit keine abdrängende Sonderzuweisung besteht. Gegebenenfalls ergeht ein Verweisungsbeschluss i.S.d. § 17a Abs. 2 GVG i.V.m. § 173 VwGO.

---

[1] **Hinweis:** Andere Aufbauvarianten werden vertreten (z.B. dreistufig oder Prüfung des Verwaltungsrechtsweges als Untergliederungspunkt der Zuständigkeit des Gerichts). Derartige Aufbauvarianten sind aber mit § 17a Abs. 2 GVG bzw. mit der Überschrift des 6. Abschnitts der VwGO sowie mit § 83 VwGO unvereinbar und daher bei exakter dogmatischer Zuordnung der Prüfungspunkte nicht zu empfehlen. Die Überschrift „Sachurteilsvoraussetzungen" anstelle der Überschrift „Zulässigkeit" ist sinnvoll, weil nach § 63 Nr. 3 VwGO auch der Beigeladene zu den Beteiligten gehört, das Fehlen einer notwendigen Beiladung i.S.d. § 65 Abs. 2 VwGO aber nur dazu führt, dass das Urteil keine materielle Rechtskraft entfaltet.

1. Aufdrängende Sonderzuweisung

Der Verwaltungsrechtsweg ist gemäß den §§ 126 Abs. 1, 1 BBG für alle Klagen der Beamtinnen, Beamten, Ruhestandsbeamtinnen, Ruhestandsbeamten, früheren Beamtinnen, früheren Beamten und der Hinterbliebenen aus dem Beamtenverhältnis sowie für Klagen des Dienstherrn eröffnet. Gleiches gilt für Landesbeamte gemäß § 54 Abs. 1 BeamtenStG. Da im BPolBG keine spezielleren Regelungen enthalten sind, ist § 126 Abs. 1 BBG gemäß § 2 BPolBG auch beim Handeln von Bundespolizeibeamten anwendbar. B ist Bundespolizeibeamter und möchte wegen des Unfalles bei den Schießübungen unter anderem Beamtenversorgung gemäß den §§ 30 ff. BeamtVG geltend machen. Insoweit ist der Verwaltungsrechtsweg gemäß den §§ 126 Abs. 1, 1 BBG eröffnet.

2. Abdrängende Sonderzuweisung

Soweit eine abdrängende Sonderzuweisung gegeben ist, ist der Verwaltungsrechtsweg dennoch nicht eröffnet. Neben den Ansprüchen aus dem Beamtenverhältnis kommt ein Amtshaftungsanspruch des B gemäß § 839 Abs. 1 BGB i.V.m. Art. 34 S. 1 GG in Betracht. Gemäß Art. 34 S. 3 GG darf der ordentliche Rechtsweg für Schadensersatz und den Rückgriff nicht ausgeschlossen sein. Damit kann eine verbindliche abdrängende Sonderzuweisung zum ordentlichen Gericht geregelt worden sein. Nach dem Wortlaut der Norm darf der ordentliche Rechtsweg lediglich nicht „ausgeschlossen" werden, sodass sich ein Recht zur Wahl des Rechtsweges durch den Kläger ergeben könnte. Die Verbindlichkeit der Regelung könnte sich allerdings aus § 40 Abs. 2 S. 1 Var. 3 VwGO ergeben, wonach Schadensersatz zum ordentlichen Gericht gehört. Eine Spezifizierung der Verfassung durch einfachgesetzliche Regelungen ist zwar denkbar, jedoch darf die Zuweisung zum ordentlichen Gericht nicht nur abdrängend aus Sicht des Verwaltungsgerichtes wirken, sondern muss auch aufdrängend aus der Sicht des ordentlichen Gerichts gelten. Da für das ordentliche Gericht allerdings für den Rechtsweg nicht die Verwaltungsgerichtsordnung gilt, muss sich eine verbindliche Zuweisung zum ordentlichen Gericht schon unmittelbar aus dem höherrangigen Recht ergeben. Dem ist auch nicht entgegenzuhalten, dass das ordentliche Gericht gemäß § 13 GVG eine Zuständigkeit von Verwaltungsbehörden oder Verwaltungsgerichten zu berücksichtigen hat, weil insoweit einerseits nicht ausdrücklich die Anwendbarkeit der Verwaltungsgerichtsordnung begründet wird, andererseits Art. 34 S. 3 GG eine Spezialregelung bezüglich der Amtshaftung bleibt, zumal auch in sonstigen Gesetzen bezüglich der Amtshaftung auf Art. 34 S. 3 GG verwiesen wird, nicht aber auf § 40 Abs. S. 1 VwGO – z.B. in § 17 Abs. 2 S. 2 GVG.

Art. 34 S. 3 GG steht allerdings in praktischer Konkordanz zum unter anderem in Art. 20 Abs. 3 GG verankerten Rechtsstaatsprinzip und zu Art. 101 Abs. 1

S. 2 GG. Insoweit bedarf es einer hinreichend bestimmten Gerichtszuweisung auch zur Gewährung eines hinreichend bestimmten gesetzlichen Richters. Aufgrund dieser praktischen Konkordanz ist schon Art. 34 S. 3 GG als verbindliche Zuweisung zum ordentlichen Gericht zu verstehen, sodass eine einfachgesetzliche Regelung wie § 40 Abs. 2 S. 1 Var. 3 VwGO diesbezüglich weitgehend deklaratorisch wirkt. Wenngleich eine Rechtswegzuweisung grundsätzlich bezüglich eines aus Sachverhalt und Antrag bestehenden zweigliedrigen Streitgegenstandes erfolgt, basiert die Zuweisung aufgrund der vorrangigen Vorgabe im höherrangigen Art. 34 S. 3 GG auf der Anspruchsgrundlage. Somit besteht für die Amtshaftung eine abdrängende Sonderzuweisung zum ordentlichen Gericht.

Die beamtenrechtlichen Ansprüche aus den Beamtengesetzen bleiben gemäß § 40 Abs. 2 S. 2 VwGO von der abdrängenden Zuweisung des § 40 Abs. 2 S. 1 VwGO unberührt.

3. Rechtswegkonzentration

Die Anrufung zweier Gerichte könnte aus prozessökonomischen Gründen durch eine Rechtswegkonzentration gemäß § 17 Abs. 2 S. 1 GVG i.V.m. § 173 VwGO möglicherweise vermieden werden. Gemäß § 17 Abs. 2 S. 1 GVG entscheidet das Gericht des zulässigen Rechtsweges unter allen in Betracht kommenden rechtlichen Gesichtspunkten. Es darf die Entscheidung auch nicht mit Hinweis auf den anderen Rechtsweg verweigern, insbesondere sich nicht darauf berufen, über einen Streitgegenstand nicht entscheiden zu können, weil eine Vorfrage in den Zuständigkeitsbereich eines anderen Gerichts fiele, zumal insoweit ein effektiver Rechtsschutz i.S.d. Art. 19 Abs. 4 GG nur begrenzt gewährt werden würde (BVerfG, Beschluss vom 29.7.2010 – 1 BvR 1634/04; vgl. BVerfGE 101, 106, 123 f.; vgl. zur Intention des Gesetzgebers: Gesetzentwurf der Bundesregierung zur Neuregelung des verwaltungsgerichtlichen Verfahrens vom 27.4.1990, BT-Drucks 11/7030, S. 37; aus der Literatur: Kissel/Mayer, GVG, 5. Aufl. 2008, § 13, Rn 17; Wittschier, in: Musielak, ZPO und Nebengesetze, 7. Aufl. 2009, § 17 GVG, Rn 1; Reimer, in: Posser/Wolff, Beck'scher Online-Kommentar VwGO, § 40, Rn 228; Zimmermann, in: Münchener Kommentar, ZPO und Nebengesetze, 3. Aufl. 2008, § 17 GVG, Rn 2).

Für den Kläger B hätte das zur Folge, dass das Verwaltungsgericht nicht nur die beamtenrechtlichen Ansprüche, sondern auch die Amtshaftung prüfen würde. Dann würde durch die einfachgesetzliche Norm des § 17 Abs. 2 S. 1 GVG die höherrangige Norm des Art. 34 S. 3 GG verfassungswidrig überlagert. Deshalb bleibt Art. 34 S. 3 GG von § 17 Abs. 2 S. 1 GVG gemäß § 17 Abs. 2 S. 2 GVG unberührt. Die Rechtswegkonzentration ist ausgeschlossen, sodass ein Verweisungsbeschluss gemäß § 17a Abs. 2 S. 1 GVG i.V.m. § 173 VwGO in Betracht kommt – gegebenenfalls verknüpft mit einer Rechtswegspaltung.

4. Verweisungsbeschluss und Rechtswegspaltung

Ein Verweisungsbeschluss gemäß § 17a Abs. 2 S. 1 GVG i.V.m. § 173 VwGO kann erforderlich sein. Ist der bestrittene Rechtsweg unzulässig, spricht das Gericht dies nach Anhörung der Parteien von Amts wegen aus und verweist den Rechtsstreit zugleich an das zuständige Gericht des zulässigen Rechtsweges. Zwar gilt § 17a Abs. 2 S. 1 GVG für die Zuständigkeit nicht gemäß § 173 VwGO, sondern gemäß § 83 VwGO, jedoch soll, wenn schon wegen des Rechtsweges ein Verweisungsbeschluss ergeht, sogleich an das zuständige Gericht verwiesen werden, wenngleich der Beschluss nicht für die Zuständigkeit, sondern gemäß § 17a Abs. 2 S. 3 GVG nur für den Rechtsweg bindend ist. Sind mehrere Gerichte zuständig, an die verwiesen werden könnte, wird gemäß § 17a Abs. 2 S. 2 GVG an das vom Kläger oder Antragsteller auszuwählende Gericht verwiesen, hilfsweise an das vom angerufenen Gericht bestimmte Gericht. B hat auch für den nicht von den beamtenrechtlichen Normen erfassten Schmerzensgeldanspruch das Verwaltungsgericht angerufen, sodass ein Verweisungsbeschluss denkbar erscheint.

Ein Verweisungsbeschluss i.S.d. § 17a Abs. 2 S. 1 GVG i.V.m. § 173 VwGO kann grundsätzlich allerdings nur gefasst werden, wenn der Rechtsweg für den Streitgegenstand nicht eröffnet ist, wobei es unter Berücksichtigung des Rechtsstaatsprinzips im Hinblick auf eine effektive Gewaltenteilung möglich wäre, wegen des höherrangigen, nicht auf einen Streitgegenstand bezogenen Art. 34 S. 3 GG auch insoweit gemäß § 17a Abs. 2 S. 1 GVG i.V.m. § 173 VwGO zu verweisen. Der Streitgegenstand wird rechtsstaatlich zweigliedrig definiert, bestehend aus Antrag und zugrunde liegendem Sachverhalt. Besteht ein einheitlicher Antrag in Höhe eines Betrages mit einem zugrunde liegenden Sachverhalt, handelt es sich um einen Streitgegenstand. Ist eine den Anspruch begründende Norm etwa aus dem Beamtenrecht dann öffentlich-rechtlich, sodass insoweit der Verwaltungsrechtsweg eröffnet ist, kann bezüglich des einheitlichen Streitgegenstandes möglicherweise kein Verweisungsbeschluss ergehen, weil der Verwaltungsrechtsweg zumindest für einen Teil des Anspruches eröffnet ist. Für den übrigen etwa auf einer Amtshaftung beruhenden Teil des Anspruches käme es wegen der zwingenden Vorgabe des höherrangigen Rechts in Art. 34 S. 3 GG dann zu einer Rechtswegspaltung in Form eines Prozessurteils, obwohl es sich um einen einheitlichen Streitgegenstand handelt. Ein Sachurteil dürfte insoweit nicht ergehen, weil dann bei späterer Geltendmachung der Amtshaftung vor dem ordentlichen Gericht eine materielle Rechtskraft entgegenstünde, die sich aus dem Rechtsstaatsprinzip i.V.m. § 322 ZPO ergibt.

Werden beim angerufenen Gericht hingegen zwei Anträge gestellt, handelt es sich um zwei Streitgegenstände mit der Folge, dass insoweit als der Verwaltungsrechtsweg nicht eröffnet ist, ein Verweisungsbeschluss gemäß § 17a Abs. 2 S. 1 GVG i.V.m. § 173 VwGO gefasst werden kann. Im Rahmen der Klage des B ergeht bezüglich des Antrages in Höhe von € 800,– ein Verweisungsbeschluss an das ordentliche Gericht.

Für den Streitgegenstand bezüglich des Antrages auf den Ersatz der Heilbehandlungskosten darf der Amtshaftungsanspruch i.S.d. § 839 Abs. 1 S. 1 BGB i.V.m. Art. 34 S. 1 GG wegen der Zuweisung zum ordentlichen Gericht i.S.d. Art. 34 S. 3 GG nicht geprüft werden. Ein Verweisungsbeschluss i.S.d. § 17a Abs. 2 S. 1 GVG i.V.m. § 173 VwGO ist dem Wortlaut nach dennoch nicht möglich, weil für den Streitgegenstand bezüglich der öffentlich-rechtlichen Normen – §§ 30 ff. BeamtVG – auch der Verwaltungsrechtsweg eröffnet ist.

Bei verfassungskonformer Auslegung des § 17a Abs. 2 S. 1 GVG i.V.m. § 173 VwGO i.S.d. sich unter anderem aus Art. 20 Abs. 3 GG ergebenden Rechtsstaatsprinzips wäre es möglich, dass insoweit der Amtshaftungsanspruch vollumfänglich, also auch bezüglich der Heilbehandlungskosten, vom Verweisungsbeschluss erfasst wird, obwohl nur bezüglich des Schmerzensgeldes ein eigenständiger Streitgegenstand besteht und somit eine unnötige erneute formale Klageerhebung beim ordentlichen Gericht nach Ausspruch eines Prozessurteils durch das Verwaltungsgericht vermieden werden kann.

Da beim ordentlichen Gericht – anders als beim Verwaltungsgericht i.S.d. § 86 VwGO – kein Amtsermittlungsgrundsatz gilt, muss dem Kläger eine Abwägung des damit verbundenen Risikos im Verhältnis zu den Erfolgschancen gewährt werden, sodass es bei der gesetzlichen Regelung bleibt.

Im Hinblick auf die Heilbehandlungskosten ist vom Verwaltungsgericht für den Amtshaftungsanspruch im Sinne des § 839 Abs. 1 S. 1 BGB i.V.m. Art. 34 S. 1 GG ein Prozessurteil auszusprechen, sodass insoweit beim Landgericht erneut geklagt werden müsste, wenn dort auch die Heilbehandlungskosten eingeklagt werden sollen, wenngleich diese insgesamt nur einmal zu zahlen sind. Um diesbezüglich zwei entsprechende Urteile unterschiedlicher Gerichte und damit zwei vollstreckbare Titel zu vermeiden, können die Heilbehandlungskosten aus § 839 BGB i.V.m. Art. 34 S. 1 GG beim ordentlichen Gericht erst mit Rechtskraft des verwaltungsgerichtlichen Urteils geltend gemacht werden, soweit ein Rechtsschutzbedürfnis besteht. Die entgegenstehende Rechtskraft des verwaltungsgerichtlichen Urteils ist gemäß Art. 19 Abs. 4 GG verfassungskonform zu reduzieren und die Verjährung des Amtshaftungsanspruches bis zur Rechtskraft des verwaltungsgerichtlichen Urteils gehemmt.

II. Zuständigkeit

Das Verwaltungsgericht ist gemäß § 45 VwGO als Eingangsinstanz für den Streit über den von der zuständigen Behörde der Bundesrepublik Deutschland zu erlassenden Verwaltungsakt sachlich zuständig, soweit die Voraussetzungen abweichender Regelungen wie z.B. die §§ 47, 50 VwGO bei besonderen Verfahren nicht erfüllt sind. Das Verwaltungsgericht ist auch i.S.d. § 52 Nr. 4 VwGO örtlich zuständig, sodass kein Verweisungsbeschluss gemäß § 17a Abs. 2 GVG i.V.m. § 83 VwGO gefasst werden wird.[2]

III. Beteiligte

B und die Bundesrepublik Deutschland als Körperschaft öffentlichen Rechts können Beteiligte des Verfahrens sein. Beteiligte sind nach § 63 Nr. 1, 2 VwGO unter anderem der Kläger und der Beklagte, beteiligungsfähig nach § 61 Nr. 1 Alt. 1, 2 VwGO natürliche und juristische Personen. Behörden sind auf der Bundesebene nicht i.S.d. § 61 Nr. 3 VwGO beteiligungsfähig. Als Kläger ist gemäß § 61 Nr. 1 Alt. 1 VwGO B als natürliche Person beteiligungsfähig. B ist gemäß § 62 Abs. 1 Nr. 1 VwGO mangels gegenteiliger Anhaltspunkte prozessfähig.

Beklagte ist die Bundesrepublik Deutschland als Gebietskörperschaft des öffentlichen Rechts, vertreten durch die Behörde. Sie ist gemäß den §§ 63 Nr. 2, 61 Nr. 1 Alt. 2 VwGO beteiligungs- und mangels Anhaltspunkten bezüglich des für die Behörde handelnden Organwalters gemäß § 62 Abs. 1, 3 VwGO prozessfähig.

IV. Statthafte Klageart

Die statthafte Klageart richtet sich i.S.d. § 88 VwGO nach dem klägerischen Begehren unter Berücksichtigung des Anwendungsvorrangs maßnahmespezifischer Rechtsschutzformen und des rechtsstaatlichen Grundsatzes der Effektivität des Rechtsschutzes. Dem klägerischen Begehren entspricht i.d.R. die effektivste Klageart, also nach Möglichkeit die Anfechtungsklage gemäß § 42 Abs. 1 Alt. 1 VwGO als Gestaltungsklage der Verwaltungsgerichtsordnung, es sei denn, es gibt einen ausdrücklichen Antrag, der nicht überschritten werden darf. Voraussetzung der Anfechtungsklage ist, dass der Kläger die Aufhebung eines ge-

---

2 Die örtliche Zuständigkeit ist nur anzusprechen, wenn es dafür im Sachverhalt Anhaltspunkte gibt. Gegebenenfalls ist die örtliche Zuständigkeit grundsätzlich im Anschluss an die sachliche Zuständigkeit zu prüfen. Ist sie jedoch gemäß § 52 Nr. 2 VwGO ausnahmsweise von der Klageart abhängig, sollte sie offen mit Verweis auf § 17a Abs. 2 GVG i.V.m. § 83 VwGO formuliert werden.

genwärtig wirkenden Verwaltungsaktes erstrebt. Ein Verwaltungsakt ist gemäß § 35 S. 1 VwVfG i.V.m. § 1 VwVfG jede Verfügung, Entscheidung oder andere hoheitliche Maßnahme, die eine Behörde zur Regelung eines Einzelfalls auf dem Gebiet des öffentlichen Rechts trifft und die auf unmittelbare Rechtswirkung nach außen gerichtet ist. B könnte gegen den Versagungsbescheid mit einer Anfechtungsklage vorgehen, jedoch entspricht dies nicht seinem primären Klagebegehren. Er begehrt Leistung. B kann es daher nur um eine Leistungsklage gehen.

In Betracht kommt eine allgemeine Leistungsklage, welche in der Verwaltungsgerichtsordnung zwar nicht ausdrücklich normiert, jedoch z.b. in den §§ 43, 111, 113 VwGO mehrfach erwähnt ist. Sollte B eine verbindliche Festsetzung begehren, wäre die Verpflichtungsklage nach § 42 Abs. 1 Alt. 2 VwGO statthaft. Gegebenenfalls kann es auch gesetzlich vorgegeben sein, dass dem Anspruch auf Leistung eine Festsetzung vorausgeht, aus der sich dann als Sonderrechtsbeziehung der Leistungsanspruch ergibt. Besteht keine gesetzliche Vorgabe, jedoch ein Leistungsermessen der Behörde und möglicherweise auch eine begrenzte Kapazität, ist in der Regel auf der ersten Stufe ein Verwaltungsakt erforderlich, durch den der Leistungsanspruch dann begründet wird. Ist die Leistung hingegen bereits klar und ohne Spielräume bestimmt und besteht eine Anspruchsgrundlage, ist dies ein Indiz dafür, dass unmittelbar Leistung mittels einer allgemeinen Leistungsklage verlangt werden kann. Gemäß § 49 Abs. 1 S. 1 BeamtVG, der gemäß § 1 Abs. 1 BeamtVG für Bundesbeamte gilt, sind Versorgungsbezüge vor der Leistung festzusetzen. Somit ist gesetzlich vorgegeben, dass ein Leistungsbescheid vorausgehen muss, wenn ein Beamter Versorgungsbezüge geltend macht. B macht bezüglich der Heilbehandlungskosten Beamtenversorgungsbezüge gemäß den §§ 30 ff. BeamtVG geltend. Die Verpflichtungsklage gemäß § 42 Abs. 1 Alt. 2 VwGO ist die statthafte Klageart.[3]

V. Besondere Sachurteilsvoraussetzungen

Die besonderen Sachurteilsvoraussetzungen können erfüllt sein.

---

3 Bei Stufenverhältnissen ist die Ermittlung der statthaften Klageart genauer darzulegen. Ist auf der 1. Stufe ein Verwaltungsakt gesetzlich vorgesehen, ist eine Verpflichtungsklage statthaft, ebenso i.d.R., wenn in der 1. Stufe Ermessen ausgeübt werden muss. Ist der Leistungsanspruch bzgl. des Umfanges bereits klar, z.B. i.d.R. beim öffentlich-rechtlichen Erstattungsanspruch bei Zuvielzahlung an die Behörde, ist i.d.R. die allgemeine Leistungsklage direkt auf Zahlung statthaft. Im Zweifel bedient sich die Verwaltung in einem Rechtsstaat ihrer hoheitlichen Handlungsformen, also z.B. eines Verwaltungsaktes, sodass im Zweifel die Verpflichtungsklage statthaft ist.

1. Besondere Prozessführungsbefugnis[4]

Besonders prozessführungsbefugt ist gemäß § 78 Abs. 1 Nr. 1 VwGO die Bundesrepublik Deutschland als Körperschaft öffentlichen Rechts als Dienstherrin des B, da keine Ausführungsvorschrift i.S.d. § 78 Abs. 1 Nr. 2 VwGO ersichtlich ist.

2. Klagebefugnis

B muss klagebefugt sein. Die Klagebefugnis nach § 42 Abs. 2 VwGO setzt die Möglichkeit der Verletzung eines subjektiven Rechts voraus. Subjektive Rechte leiten sich aus Sonderrechtsbeziehungen, einfachen Gesetzen, subsidiär aus Grundrechten ab, wobei jedenfalls aufgrund des weiten Schutzbereiches des Art. 2 Abs. 1 GG bei unmittelbaren Grundrechtseingriffen für das subjektive Recht direkt auf Grundrechte abgestellt werden kann. Ob sich ein subjektives Recht des B aus dem beamtenrechtlichen Fürsorgeverhältnis als Sonderrechtsbeziehung ergibt, oder ob es diesbezüglich an einer hinreichend ausgestalteten Konkretisierung des Beamtenrechtsverhältnisses fehlt, ist irrelevant, weil sich ein subjektives Recht des B auf Fürsorgeleistungen zumindest aus der einfachgesetzlichen Regelung des § 30 Abs. 1 BeamtVG ergibt. B kann durch die Versagung der Zahlung seitens der Behörde in diesem subjektiven Recht verletzt worden sein. B ist klagebefugt.

3. Vorverfahren

Ein Vorverfahren gemäß den §§ 68 ff. VwGO ist nicht gemäß § 68 Abs. 1 S. 2 VwGO entbehrlich und bei Bundesbeamten[5] gemäß § 126 Abs. 2 BBG i.V.m. § 2

---

4 § 78 VwGO enthält nach h.M. eine Regelung über die besondere Prozessführungsbefugnis, die von der Beteiligungsfähigkeit und der Passivlegitimation zu trennen ist (MA: § 78 VwGO als Sonderregelung der Passivlegitimation, die aber in der Sachstation, also der Begründetheit, zu prüfen ist, da Passivlegitimation der Terminus für den materiell richtigen Klagegegner ist). Die besondere Prozessführungsbefugnis ist ein Unterpunkt bei den besonderen Sachurteilsvoraussetzungen und wird teilweise (vertretbar aber bzgl. der materiell-rechtlichen Passivlegitimation verwechslungsfähig) mit „Klagegegner" überschrieben.

Einige Argumente für h.M.:
– § 78 VwGO steht systematisch bei besonderen Sachurteilsvoraussetzungen
– Gesetzgebungskompetenzen
– falsche Behörde bzw. falscher Rechtsträger können nicht zum materiell richtigen Anspruchsgegner i.S. einer Passivlegitimation werden (zum Ganzen: Ehlers, Festschrift für Menger, S. 379 ff.; Hufen, Verwaltungsprozessrecht, § 12, Rn 38 ff. m.w.N.; vgl. OVG Münster NVwZ 1990, 188).

BPolBG bei allen Klagen jedenfalls durchzuführen. B ist Bundesbeamter und hat ein ordnungsgemäßes Vorverfahren durchgeführt.

4. Klagefrist

Die Klagefrist von einem Monat gemäß § 74 Abs. 1 S. 1, 2, Abs. 2 VwGO seit der Zustellung des Widerspruchsbescheides ist mangels gegenteiliger Anhaltspunkte eingehalten worden.

VI. Zwischenergebnis

Die Sachurteilsvoraussetzungen sind erfüllt und die Klage des B ist zulässig.

B. Begründetheit

Die Klage ist gemäß § 113 Abs. 5 S. 1, 2 VwGO begründet, soweit die Ablehnung des Zuspruches der Versorgungsbezüge in Form der Heilbehandlungskosten rechtswidrig, der Kläger dadurch in seinen Rechten verletzt und die Sache spruchreif bzw. soweit die Unterlassung der diesbezüglichen Bescheidung rechtswidrig oder die erfolgte Bescheidung fehlerhaft und der Kläger dadurch in seinen Rechten verletzt ist. Somit ist die Klage begründet, soweit der Kläger einen Anspruch auf zumindest fehlerfreie Bescheidung hat.

I. Anspruchsgrundlage

Ein Anspruch des B auf Ersatz der Heilbehandlungskosten kann sich aus § 30 Abs. 1 S. 1 BeamtVG als Anspruchsgrundlage ergeben.[6]

II. Anspruchsvoraussetzungen

Die Anspruchsvoraussetzungen müssen erfüllt sein.

---

5 Achtung: bei Landesbeamten ist gemäß § 54 Abs. 2 BeamtStG nur grds. ein Vorverfahren vorgesehen. In Verbindung mit dem Landesrecht gibt es gemäß § 54 Abs. 2 S. 3 BeamtStG Rückausnahmen.

6 Der Anspruch aus § 839 Abs. 1 BGB i.V.m. Art. 34 S. 1 GG darf nicht geprüft werden, da insoweit ein Verweisungsbeschluss gemäß § 17a Abs. 2 GVG i.V.m. § 173 VwGO bezüglich des Schmerzensgeldes gefasst und im Übrigen ein Prozessurteil gesprochen worden ist.

1. Formelle Voraussetzungen

Die formellen Voraussetzungen können erfüllt sein. Das setzt voraus, dass bei der zuständigen Stelle ein rechtmäßiges Verfahren in den gesetzlich vorgesehen Formen durchgeführt worden ist. B hat einen Antrag an die zuständige Behörde gestellt, sodass die formellen Voraussetzungen erfüllt sind.

2. Materielle Voraussetzungen

Die materiellen Voraussetzungen des § 30 Abs. 1 S. 1 BeamtVG müssen erfüllt sein. Materiell werden positiv ein Beamtenverhältnis auf Bundesebene sowie ein Dienstunfall vorausgesetzt. Negativ darf der Anspruch nicht ausgeschlossen sein.

a) Positive Voraussetzungen

B ist als Bundespolizeibeamter ein Beamter des Bundes im statusrechtlichen Sinne. Ein Dienstunfall ist gemäß § 31 Abs. 1 S. 1 BeamtVG ein auf äußerer Einwirkung beruhendes, plötzliches, örtlich und zeitlich bestimmbares, einen Körperschaden verursachendes Ereignis, das in Ausübung oder infolge des Dienstes eingetreten ist. Die Schießübung war eine für B verpflichtende und damit dienstliche Veranstaltung i.S.d. § 31 Abs. 1 S. 2 Nr. 2 BeamtVG. Zwar war die Schießübung im engen Sinne zum Zeitpunkt der Verletzung des B bereits beendet, jedoch gehört auch das Geschehen nach Abgabe der Schüsse auf dem Schießplatz vor dem Verlassen des Geländes noch zur dienstlichen Veranstaltung. In diesem Zusammenhang wurde B körperlich verletzt. Es handelt sich bei der Verletzung des B durch den Schuss des ebenfalls an der Schießübung teilnehmenden P somit um einen Dienstunfall gemäß § 31 Abs. 1 S. 1 BeamtVG.

b) Negative Voraussetzungen

Der Anspruch des B könnte wegen Mitverschuldens des B ausgeschlossen sein. Seitens der Dienststelle des B wird geltend gemacht, dass das Mitverschulden des B zum Ausschluss des Anspruches führe. Gemäß § 44 Abs. 1 BeamtVG wird Unfallfürsorge aber lediglich bei vorsätzlicher Herbeiführung des Dienstunfalls nicht gewährt. B handelte fahrlässig, als er sich entgegen der Dienstvorschrift nicht sofort von der Schießbahn entfernte, während P eine Ladehemmung seiner Dienstwaffe mit Eventualvorsatz annahm und B in den Fuß schoss. Da der Vorsatz des P gemäß § 44 Abs. 1 BeamtVG aber nicht maßgeblich ist, kann der Anspruch auf Unfallfürsorge nicht ausgeschlossen sein und besteht also.

III. Anspruchsinhalt

Gemäß § 30 Abs. 2 Nr. 2 BeamtVG sind von der Unfallfürsorge die Erstattung der Kosten des Heilverfahrens i.S.d. § 33 Abs. 1 BeamtVG als gebundene Entscheidung erfasst. B hat einen Anspruch auf Erstattung der Heilbehandlungskosten in Höhe von € 2.700,–.

C. Ergebnis

Die Verpflichtungsklage des B hat bezüglich der Kosten des Heilverfahrens in Höhe von € 2.700,– Erfolg. Insoweit wird die Bundesrepublik Deutschland verpflichtet, einen Versorgungsbescheid in dieser Höhe zu erlassen. Im Übrigen wird gemäß § 17a Abs. 2 GVG i.V.m. § 173 VwGO an das ordentliche Gericht verwiesen.

2. Komplex: Klage beim ordentlichen Gericht

Eine Klage beim ordentlichen Gericht kann Erfolg haben.

A. Sachurteilsvoraussetzungen

Die Sachurteilsvoraussetzungen können erfüllt sein.[7]

I. Rechtsweg

Ein Rechtsweg muss eröffnet sein. Die Generalklausel zur Eröffnung des ordentlichen Rechtsweges ist § 13 GVG, der von der höherrangigen und gleichzeitig spezielleren Regelung des Art. 34 S. 3 GG verdrängt wird, welcher zwar aus der Sicht des Verwaltungsgerichts eine abdrängende, aus der Sicht des ordentlichen Gerichts aber eine aufdrängende Sonderzuweisung darstellt. § 40 Abs. 2 S. 1 VwGO ist für die ordentlichen Gerichte nicht – mangels direkten Verweises auf die Verwaltungsgerichtsordnung auch nicht gemäß § 13 GVG – anwendbar, da es insoweit spezielle Prozessordnungen gibt.

Weil das Landgericht gemäß § 17 Abs. 2 S. 1 GVG im Rahmen der Rechtswegkonzentration unter allen in Betracht kommenden Gesichtspunkten prüft, ist der Rechtsweg auch für Ansprüche außerhalb der Amtshaftung eröffnet. Ein von einem anderen Gericht ausgesprochener für das ordentliche Gericht ver-

---

7 Bei zivilrechtlichen Klagen werden im 1. Examen in der Prozessstation nur Voraussetzungen geprüft, für deren Problematik es Anhaltspunkte im Sachverhalt gibt.

bindlicher Beschluss i.S.d. § 17a Abs. 2 S. 3 GVG ist nicht ersichtlich.[8] Der ordentliche Rechtsweg ist eröffnet.

II. Sachliche Zuständigkeit

Streitwertunabhängig ist das Landgericht für einen Anspruch aus Amtshaftung gemäß § 839 Abs. 1 BGB i.V.m. Art. 34 S. 1 GG, der zumindest neben anderen Ansprüchen in Betracht kommt, gemäß § 71 Abs. 2 Nr. 2 GVG sachlich zuständig. Für darüber hinausgehende Ansprüche ist das Landgericht gemäß § 17 Abs. 2 S. 1 GVG ebenfalls zuständig.

III. Beteiligungs- und Prozessfähigkeit

Die Parteien B und die Bundesrepublik Deutschland sind gemäß den §§ 50 Abs. 1, 51 Abs. 1 ZPO parteifähig und sie bzw. ihre Organwalter sind auch prozessfähig, wobei B beim Landgericht gemäß § 78 Abs. 1 ZPO vertreten sein muss.

IV. Statthafte Klageart

Statthafte Klageart ist die zivilrechtliche Leistungsklage.

V. Entgegenstehende materielle Rechtskraft[9]

Bei Erhebung einer Klage des B vor dem Landgericht kann es wegen einer entgegenstehenden materiellen Rechtskraft am Rechtsschutzbedürfnis fehlen. Die Rechtskraft ist in § 322 Abs. 1 ZPO geregelt, wobei sich aus dem Rechtsstaatsprinzip ergibt, dass ein materiell-rechtliches Sachurteil einer erneuten Entscheidung in der Sache entgegensteht. Die materielle Rechtskraft eines anderen entgegenstehenden Urteils wäre anzunehmen, wenn das Verwaltungsgericht z.B. über den beamtenrechtlichen Anspruch aus § 30 Abs. 1 BeamtVG bereits durch ein rechtskräftiges Sachurteil über die Heilbehandlungskosten entschieden – dies ist wegen des nur möglichen Prozessurteils jedoch nicht möglich – und im Übrigen bezüglich des Schmerzensgeldes an das Landgericht verwiesen hätte.

---

8 Da die zweite Fallfrage von der ersten Fallfrage unabhängig ist, darf der Verweisungsbeschluss des Verwaltungsgerichts nicht einbezogen werden.
9 Im Zivilprozessrecht wird die entgegenstehende materielle Rechtskraft überwiegend einerseits als außerhalb des Rechtsschutzbedürfnisses eigenständiger Prüfungspunkt eingeordnet, andererseits nicht direkt aus § 322 Abs. 1 ZPO abgeleitet.

Somit könnte bezüglich des Streitgegenstandes bezüglich der Heilbehandlung lediglich eine anderweitige Rechtshängigkeit gemäß § 261 Abs. 3 Nr. 1 ZPO entgegenstehen. Da es bisher aber keine Klage gab, sind eine entgegenstehende Rechtskraft sowie eine anderweitige Rechtshängigkeit nicht ersichtlich.

VI. Zwischenergebnis
Die Sachurteilsvoraussetzungen sind erfüllt und die Klage ist zulässig.

B. Begründetheit
Die Klage ist begründet, soweit B einen Anspruch auf Zahlung der Heilbehandlungskosten und eines Schmerzensgeldes hat. Gemäß § 17 Abs. 2 S. 1 GVG sind sämtliche Ansprüche für ein Urteil maßgeblich.

I. Anspruch aus dem Beamtenrecht
B kann einen Anspruch aus den §§ 30 ff. BeamtVG haben.[10]

1. Anspruchsgrundlage
Ein Anspruch des B auf Ersatz der Heilbehandlungskosten kann sich aus § 30 Abs. 1 S. 1 BeamtVG als Anspruchsgrundlage ergeben.

2. Anspruchsvoraussetzungen
Die Anspruchsvoraussetzungen müssen erfüllt sein.

a) Formelle Voraussetzungen
Die formellen Voraussetzungen können erfüllt sein. Das setzt voraus, dass bei der zuständigen Stelle ein rechtmäßiges Verfahren in den gesetzlich vorgesehenen Formen durchgeführt worden ist. B hat einen Antrag an die zuständige Behörde gestellt, sodass die formellen Voraussetzungen somit erfüllt sind.

---

10 Die Prüfung des beamtenrechtlichen Anspruches entspricht der des 1. Komplexes.

b) Materielle Voraussetzungen

Die materiellen Voraussetzungen des § 30 Abs. 1 S. 1 BeamtVG müssen erfüllt sein. Materiell werden positiv ein Beamtenverhältnis auf Bundesebene sowie ein Dienstunfall vorausgesetzt. Negativ darf der Anspruch nicht ausgeschlossen sein.

aa) Positive Voraussetzungen

B ist als Bundespolizeibeamter ein Beamter des Bundes im statusrechtlichen Sinne. Ein Dienstunfall ist gemäß § 31 Abs. 1 S. 1 BeamtVG ein auf äußerer Einwirkung beruhendes, plötzliches, örtlich und zeitlich bestimmbares, einen Körperschaden verursachendes Ereignis, das in Ausübung oder infolge des Dienstes eingetreten ist. Die Schießübung war für B eine verpflichtende und damit dienstliche Veranstaltung i.S.d. § 31 Abs. 1 S. 2 Nr. 2 BeamtVG. Zwar war die Schießübung im engen Sinne zum Zeitpunkt der Verletzung des B bereits beendet, jedoch gehört auch das Geschehen nach Abgabe der Schüsse auf dem Schießplatz vor dem Verlassen des Geländes noch zur dienstlichen Veranstaltung. In diesem Zusammenhang wurde B körperlich verletzt. Es handelt sich bei der Verletzung des B durch den Schuss des ebenfalls an der Schießübung teilnehmenden P somit um einen Dienstunfall gemäß § 31 Abs. 1 S. 1 BeamtVG.

bb) Negative Voraussetzungen

Der Anspruch des B könnte wegen Mitverschuldens des B ausgeschlossen sein. Seitens der Dienststelle des B wird geltend gemacht, dass das Mitverschulden des B zum Ausschluss des Anspruches führe. Gemäß § 44 Abs. 1 BeamtVG wird Unfallfürsorge aber lediglich bei vorsätzlicher Verursachung des Dienstunfalls nicht gewährt. B handelte fahrlässig, als er sich entgegen der Dienstvorschrift nicht sofort von der Schießbahn entfernte, während P eine Ladehemmung seiner Dienstwaffe mit Eventualvorsatz annahm und B in den Fuß schoss. Da der Vorsatz des P gemäß § 44 Abs. 1 BeamtVG aber nicht maßgeblich ist, kann der Anspruch auf Unfallfürsorge nicht ausgeschlossen sein und besteht also.

c) Anspruchsinhalt

Gemäß § 30 Abs. 2 BeamtVG sind von der Unfallfürsorge die Erstattung der Kosten des Heilverfahrens i.S.d. § 33 Abs. 1 BeamtVG als gebundene Entscheidung erfasst. B hat einen Anspruch auf Erstattung der Heilungskosten in Höhe von € 2.700,–.

Problematisch ist allerdings, dass die Versorgungsbezüge gemäß § 49 Abs. 1 BeamtVG durch einen Verwaltungsakt festgesetzt werden müssen. Insoweit ist zu konstatieren, dass ein Landgericht mangels prozessualer Vorgaben in der Zivilprozessordnung die Behörde bzw. deren Rechtsträger nicht zum Erlass eines Verwaltungsaktes verpflichten kann. Allerdings ist die Verurteilung zur Abgabe einer Willenserklärung beim Zivilgericht möglich, wenngleich der Ausspruch eines Verwaltungsaktes nicht als Willenserklärung im engen Sinne einzustufen ist.

Ein Verwaltungsakt beinhaltet zwar eine Willensbekundung, jedoch ist darin ein Sonderfall öffentlich-rechtlicher Ausübung von Hoheitsgewalt enthalten und er ist damit weitergehend als eine einfache Willenserklärung. Somit enthält das Urteil des Landgerichtes einen Leistungstenor, der für die Behörde wie ein Verpflichtungstenor wirkt, sodass sie wegen ihrer sich unter anderem aus Art. 20 Abs. 3 GG ergebenden Pflicht zum rechtmäßigen Handeln einen Leistungsbescheid in der tenorierten Höhe erlassen wird.

II. Amtshaftung
B kann einen Anspruch aus einer Amtshaftung haben.

1. Anspruchsgrundlage
Anspruchsgrundlage für die Amtshaftung ist § 839 Abs. 1 S. 1 BGB i.V.m. Art. 34 S. 1 GG.[11]

2. Voraussetzungen
Die Voraussetzungen der Amtshaftung können erfüllt sein.

a) Positive Voraussetzungen
Positiv sind die Voraussetzungen für einen Amtshaftungsanspruch, dass „Jemand" in Ausübung eines öffentlichen Amtes eine drittbezogene Amtspflicht verletzt hat. Als „Jemand" ist wegen der Tatbestandsmodifizierung durch Art. 34 S. 1 GG kein Beamter im statusrechtlichen Sinne, also ein im Sinne des Beamtenrechts ernannter Beamter erforderlich, sondern es genügt ein Beamter

---

11 In Art. 34 S. 1 GG ist eine gesetzliche Haftungsüberleitung für den Bereich des öffentlichen Rechts enthalten.

im haftungsrechtlichen Sinne. P ist als Bundespolizist sogar Beamter im Sinne des BPolBG bzw. des BBG.

Drittbezogene Amtspflichten sind die sich bei statusrechtlichen Bundespolizeibeamten[12] aus § 63 Abs. 1 BBG i.V.m. § 2 BPolBG ergebende Pflicht zum rechtmäßigen Handeln, die insoweit aus § 62 Abs. 1 S. 2 BBG i.V.m. § 2 BPolBG folgende Folgepflicht sowie sonstige allgemeine und besondere Sorgfaltspflichten. Für die Pflichtverletzung ist das Unrecht des Einzelnen maßgeblich, nicht ein objektiv unrechtmäßiges Handeln. P hat B in Ausübung des Dienstes verletzt, da es sich bei der Schießübung um eine dienstliche Veranstaltung handelte. Insoweit hat P seine Pflicht zum rechtmäßigen Handeln sowie seine Verkehrssicherungspflichten und damit allgemeine beamtenrechtliche Sorgfaltspflichten verletzt. Darüber hinaus gab es besondere dienstrechtliche Vorschriften, die P durch das Hantieren mit der Waffe und den Schuss verletzt hat. Somit sind auch besondere Sorgfaltspflichten verletzt. Alle Pflichten sind hinsichtlich des B drittbezogen, da sie auch seinem Schutz dienten. Da die Handlung – das Hantieren mit der Waffe – für die Pflichtverletzung in Form der Abgabe des Schusses auf den Fuß des B ursächlich war und zurechenbar ist, ist die haftungsbegründende Kausalität gegeben. Rechtfertigungsgründe sind nicht ersichtlich und P handelte mit Eventualvorsatz, also schuldhaft. Die Pflichtverletzung des P – der Schuss in den Fuß des B – führte auch zum Schaden in Form des durchlöcherten Fußes und der damit verbundenen Schmerzen, sodass insoweit auch die haftungsausfüllende Kausalität gegeben ist. Die positiven Voraussetzungen der Amtshaftung sind erfüllt.

b) Negative Voraussetzungen

Negativ darf der Anspruch nicht ausgeschlossen sein. Ausschlussgründe wie die Subsidiarität der Amtshaftung gemäß § 839 Abs. 1 S. 2 BGB oder die Unterlassung des Nichtgebrauches eines Rechtsmittels i.S.d. § 839 Abs. 3 BGB sind nicht ersichtlich. Der Anspruch könnte aber gemäß § 46 Abs. 2 Nr. 1 BeamtVG ausgeschlossen sein. Ein Anspruch über die versorgungsrechtlichen Ansprüche hinaus – also aus allgemeinen gesetzlichen Vorschriften – ist gemäß § 46 Abs. 2 Nr. 1 BeamtVG ausgeschlossen, wenn die im Dienst des in Anspruch genommenen Rechtsträgers stehende Person den Dienstunfall nicht vorsätzlich herbeigeführt hat. P handelte mit Eventualvorsatz, sodass der Anspruch des B gegen die

---

12 Bei statusrechtlichen Landesbeamten ergibt sich die Pflicht zum rechtmäßigen Handeln aus § 36 Abs. 1 BeamtStG. Ist der „Jemand" kein Beamter im statusrechtlichen Sinne, ergibt sich diese Pflicht aus Art. 20 Abs. 3 GG.

Bundesrepublik Deutschland nicht gemäß § 46 Abs. 2 S. 1 Nr. 1 BeamtVG ausgeschlossen ist.

3. Anspruchsinhalt

Der Anspruchsinhalt ist Schadensersatz. Die Heilbehandlungskosten sind vom Amtshaftungsanspruch neben dem Anspruch aus § 30 Abs. 1 BeamtVG gemäß § 249 Abs. 2 S. 1 BGB ebenfalls erfasst. Schmerzen als immaterieller Schaden haben gemäß § 253 Abs. 2 BGB Schmerzensgeld zur Folge, welches gemäß § 287 Abs. 1 S. 1 ZPO der Höhe nach im richterlichen Ermessen steht. € 800,– erscheinen insoweit grundsätzlich angemessen.[13] Wegen des leicht fahrlässigen Mitverschuldens des B, der den Schießplatz nicht unverzüglich verlassen hatte, ist der Schmerzensgeldanspruch gemäß § 254 Abs. 1 BGB um 25% zu mindern. Im Übrigen ist der Schadensanspruch bei Berücksichtigung des Mitverschuldens zwar ebenfalls zu mindern, jedoch wirkt sich dies wegen des ungeminderten beamtenversorgungsrechtlichen Anspruches nicht aus. B kann von der Bundesrepublik nur Schmerzensgeld in Höhe von € 600,– verlangen.

C. Ergebnis

B hat einen Anspruch gegen die Bundesrepublik Deutschland in Höhe von € 3.300,–, der aus Heilbehandlungskosten in Höhe von € 2.700,– und aus Schmerzensgeld in Höhe von € 600,– zusammengesetzt ist.

3. Komplex: Frage 3

Wäre das Verwaltungsgericht örtlich unzuständig gewesen, hätte es gemäß § 17a Abs. 2 S. 1 GVG i.V.m. § 83 VwGO an das zuständige Gericht des zulässigen Rechtsweges verweisen müssen. Wären mehrere Gerichte zuständig, an die verwiesen werden könnte, würde gemäß § 17a Abs. 2 S. 2 GVG an das vom Kläger oder Antragsteller auszuwählende Gericht verwiesen, hilfsweise an das vom angerufenen Gericht bestimmte Gericht. Der Verweisungsbeschluss wäre gemäß dem Wortlaut des § 17a Abs. 2 S. 3 GVG nur bezüglich des Rechtsweges für das Gericht, an das verwiesen würde, verbindlich.

Allerdings ist § 17a Abs. 2 S. 3 GVG i.V.m. § 83 VwGO auch bezüglich der Zuständigkeit anwendbar. Somit könnte der Verweisungsbeschluss auch diesbezüglich verbindlich sein. Da aber in Konstellationen, in denen zunächst der

---

13 In der Praxis orientieren sich die Gerichte häufig an Schmerzensgeldtabellen, die rechtlich allerdings nicht verbindlich sind.

nicht eröffnete Rechtsweg gewählt wird, bei der Verweisung gemäß § 17a Abs. 2 S. 1 GVG i.V.m. § 173 VwGO an das zuständige Gericht verwiesen wird, ergibt sich aus der ausdrücklichen Beschränkung der Bindungswirkung in § 17a Abs. 2 S. 3 GVG, dass eine Verbindlichkeit des Verweisungsbeschlusses stets nur bezüglich des Rechtsweges, nicht aber bezüglich der Zuständigkeit bestehen soll.

4. Komplex: Frage 4

Bei Erteilung eines anwaltlichen Rates wären zwei Konstellationen erwägenswert gewesen. Einerseits hätte die Empfehlung lauten können, alle Ansprüche beim Landgericht einzuklagen, da das Landgericht gemäß § 17 Abs. 2 S. 1 GVG i.V.m. § 173 VwGO unter allen rechtlichen Gesichtspunkten prüfen müsste. Allerdings gilt beim ordentlichen Gericht aus rechtsstaatlichen Gründen einerseits die Dispositionsmaxime, andererseits der Beibringungsgrundsatz. Somit wäre B beim ordentlichen Gericht vollständig beweispflichtig. Beim Verwaltungsgericht gilt zwar ebenfalls die Dispositionsmaxime, jedoch gemäß § 86 VwGO der Untersuchungsgrundsatz. Somit würde beim Verwaltungsgericht von Amts wegen ermittelt, sodass die Erlangung eines für B günstigen Urteils erheblich vereinfacht würde. Mögen bei zwei Klagen bei unterschiedlichen Gerichten möglicherweise geringfügig höhere Kosten entstehen, wäre es nach einer Aufklärung des Mandanten dennoch erforderlich gewesen, ihm bezüglich der Heilbehandlungskosten zu einer Klage beim Verwaltungsgericht, bezüglich des Schmerzensgeldes zu einer Klage beim Landgericht zu raten.

5. Komplex: Frage 5

Hätte B beim Verwaltungsgericht einen Betrag in Höhe von € 3.500,– eingeklagt, hätte nur ein Streitgegenstand bestanden, sodass mangels der Möglichkeit eines Verweisungsbeschlusses gemäß § 17a Abs. 2 S. 1 GVG i.V.m. § 173 VwGO bezüglich des Schmerzensgeldes in Höhe von € 800,– ein Prozessurteil gesprochen worden wäre. Gleiches gilt für den Anspruch aus § 839 BGB i.V.m. Art. 34 S. 1 GG im Übrigen, da mittels der in Art. 34 S. 3 GG enthaltenen höherrangigen Vorgabe bei verfassungskonformer Auslegung des einfachen Rechts ausnahmsweise auch bezüglich nur einer Anspruchsgrundlage ein Prozessurteil gesprochen werden kann. B könnte zwar den Betrag in Höhe von € 800,– dann mangels entgegenstehender materieller Rechtskraft beim ordentlichen Gericht einklagen, nicht jedoch den Betrag in Höhe von € 2.700,–.

Bezüglich des letzteren Betrages ist die Erhebung einer Klage wegen anderweitiger Rechtshängigkeit des Streitgegenstandes in Höhe der Heilbehandlungskosten – beim Verwaltungsgericht – gemäß § 261 Abs. 3 Nr. 1 ZPO nicht

empfehlenswert, da die Klage bis zur Rechtskraft des Urteils beim Verwaltungsgericht nicht erfolgreich sein wird. Sollte trotz eines rechtskräftigen Urteils beim
Verwaltungsgericht noch ein Rechtsschutzbedürfnis für ein Urteil des Landgerichts wegen des Anspruches aus § 839 BGB i.V.m. Art. 34 S. 1 GG bestehen,
würde der Geltendmachung grundsätzlich die materielle Rechtskraft des Urteils
des Verwaltungsgerichts bezüglich des Streitgegenstandes entgegenstehen. Da
sich aus dem höherrangigen Recht des Art. 34 S. 3 GG jedoch ergibt, dass bezüglich einer Anspruchsgrundlage ein Prozessurteil gesprochen werden kann,
muss verfassungskonform im Sinne des Art. 19 Abs. 4 GG die entgegenstehende
materielle Rechtskraft des Urteils des Verwaltungsgerichts bezüglich einer neu-
en Klage beim Landgericht reduziert werden, soweit z.B. mangels Abweisung
der Klage beim Verwaltungsgericht ein weitergehendes Bedürfnis zur Klage
beim Landgericht besteht. Eine gleichzeitige Klageerhebung bei beiden Gerichten bezüglich eines Streitgegenstandes wird mittels des höherrangigen Rechts
jedoch nicht ermöglicht, weil insoweit das sich unter anderem aus Art. 20 Abs. 3
GG ergebende Rechtsstaatprinzip eine effektive Inanspruchnahme der Gerichte
gebietet und zudem die Gefahr bestünde, dass in der Rechtspraxis mangels hinreichender Kommunikation der Gerichte bezüglich eines Streitgegenstandes
zwei rechtskräftige und gegebenenfalls vollstreckbare Urteile gesprochen werden, sodass der Kläger einen Betrag zweimal erhalten könnte. Deshalb darf bei
einem Streitgegenstand auch bezüglich § 839 BGB i.V.m. Art. 34 S. 1 GG als Anspruchsgrundlage kein Verweisungsbeschluss gefasst werden. Allerdings wird
die Verjährung des Anspruches aus § 839 BGB i.V.m. Art. 34 S. 1 GG bis zur
Rechtskraft des verwaltungsgerichtlichen Urteils nach den zivilrechtlichen Vorschriften bzw. rechtsstaatlich gehemmt.

B ist zu raten, neben der Klage beim Verwaltungsgericht bezüglich der Heilbehandlungskosten – dort gilt der Amtsermittlungsgrundsatz i.S.d. § 86 VwGO –
beim ordentlichen Gericht das Schmerzensgeld in Höhe von € 800,– einzuklagen. Im Übrigen sollte bezüglich der Klage beim Landgericht das rechtskräftige
Urteil des Verwaltungsgerichts abgewartet werden, um ein Prozessurteil beim
Landgericht zu vermeiden, um dann – falls ein Rechtsschutzbedürfnis besteht –
die Klage beim Landgericht zu erweitern.

Allg. Verwaltungsrecht – Fall 3: „Sauerkraut statt griechischem Olivenöl (NRW)"

1. Komplex

Die Gemeinde G in Nordrhein-Westfalen hat 19.000 Einwohner und liegt inmitten einer landwirtschaftlich geprägten Gegend. Im Außenbereich der Gemeinde sind einige große Betriebe angesiedelt, in denen landwirtschaftliche Produkte verarbeitet werden. Sie profitieren sowohl von dem fruchtbaren Boden als auch von der strategisch günstigen Lage der Gemeinde G. Diese Vorteile möchte sich auch der Landwirt B sichern, der im großen Stil in das florierende Geschäft mit dem Sauerkraut einsteigen möchte, weil sein eigentlicher Traum – die Produktion von Olivenöl aus der weltberühmten Sorte der Koroneiki-Olive – sich in Nordrhein-Westfalen leider nicht realisieren lässt. Nach Stellung eines Antrages bei der auch im Bereich der Gemeinde G zuständigen Gewerbeaufsicht des Landes erhält er in einem ordnungsgemäßen Verfahren eine Genehmigung dieser zuständigen Gewerbeaufsichtsbehörde zum Betrieb einer Anlage zur Herstellung von Sauerkraut mit einer Produktionsleistung von mehr als 300 Tonnen am Tag.

Der pensionierte Lehrer P wohnt in einem Eigenheim am Rande der Gemeinde G in unmittelbarer Nähe zum Betrieb des B – nämlich drei Grundstücke entfernt. Schon lange sind ihm die großen Betriebe um die Gemeinde ein Dorn im Auge. Durch sie werde nach seiner Einschätzung die Umwelt zerstört. Da nun auch in seiner direkten Nachbarschaft produziert werden soll, beschließt er, etwas dagegen zu unternehmen. Nach einem erfolglosen Anruf und ordnungsgemäßer Einlegung eines Widerspruches bei der Behörde zur Niederschrift innerhalb eines Jahres seit Erteilung der Erlaubnis nach dem Bundesimmissionsschutzgesetz an B bei der Behörde erhebt er gegen die Genehmigung des B vor dem Verwaltungsgericht fristgerecht eine Klage, nachdem der Widerspruch zurückgewiesen worden war. Die Genehmigung für B war P nicht bekannt gegeben worden. Er begründet die Klage damit, dass eine solche Genehmigung mit dem Staatsziel des Naturschutzes unvereinbar sei und durch sie die Umwelt unnötig belastet werde. Darüber hinaus werde insbesondere er von den nach seiner Einschätzung erheblichen Gerüchen der Sauerkrautproduktion betroffen. Tatsächlich liegt die Geruchsbelästigung entsprechend eines als zutreffend zugrunde zu legenden Sachverständigengutachtens nur geringfügig über dem zulässigen Grenzwert im Sinne des Bundesimmissionsschutzgesetzes in Verbindung mit den Bundesimmissionsschutzverordnungen und den diesbezüglichen Verwaltungsvorschriften.

Hat die Klage des P Erfolg?

2. Komplex

In einem weiteren genehmigten Sauerkrautbetrieb des B, der sich auf dem direkten Nachbargrundstück des P befindet und in dem nur eine Spezialsorte von Sauerkraut verarbeitet wird (mehr als 300 Tonnen am Tag), werden die zulässigen Grenzwerte überschritten – dort allerdings in erheblichem Maß. Zwar wurde die unanfechtbare Genehmigung für die Anlage zunächst rechtmäßig erteilt, jedoch führt eine nach Erteilung der Erlaubnis neu aufgetauchte Art von Schädlingen in der Spezialsauerkrautsorte dazu, dass dieses Sauerkraut vor der Verarbeitung auf eine spezielle Art gewaschen werden muss. Infolge dessen kommt es bei der Verarbeitung der Spezialsorte nunmehr zu bisher unbekannten Geruchsbelästigungen, durch welche die zulässigen Grenzwerte überschritten werden. Die damit verbundenen erheblichen Belästigungen für P sind derart gravierend, dass er von stetigem Kopfschmerz und gesundheitsgefährdenden allergischen Reaktionen geplagt wird. Zunächst wendet er sich mit seinem Antrag erneut an die ihm schon vertraute zuständige Gewerbeaufsicht, um diese dazu zu veranlassen, zu seinem Schutz nachträgliche Anordnungen im Sinne des Bundesimmissionsschutzgesetzes zu treffen. Allerdings ergibt ein Gutachten eines Sachverständigen, dass es nach dem Stand der Technik nicht möglich ist, diese Geruchsbelästigungen etwa durch die Verbauung leistungsstärkerer Filter zu verhindern. Einziges wirksames Mittel wäre der Widerruf der Genehmigung mit der Folge der Stilllegung des Betriebs. Dagegen wehrt sich jedoch die Behörde, obwohl sie wie P weiß, dass ohne den Widerruf das öffentliche Interesse gefährdet würde. Dem P stehe kein Anspruch auf Widerruf der Genehmigung zu, außerdem sei eine eventuelle Klage schon unzulässig.

Trotzdem erhebt P vor dem Verwaltungsgericht ohne Durchführung eines Widerspruchsverfahrens fristgerecht eine Klage. Er beruft sich einerseits auf seine „subjektiven Rechte". Andererseits macht er gleichzeitig Rechte des Umweltverbandes U geltend, dessen leidenschaftlicher Anhänger er ist. Eine rechtliche Beziehung verbindet P mit U allerdings nicht und er klagt diesbezüglich weder in Prozessstandschaft noch in Stellvertretung. Allerdings trägt P vor, sein Recht ergäbe sich aus Art. 10a der Richtlinie 85/337 der EU i.V.m. dem Anwendungsvorrang des EU-Rechts. Hat die Klage des P Erfolg?

3. Komplex: Zusatzfrage

Nach Erhebung der Klage vor dem Verwaltungsgericht fragt P seinen Rechtsanwalt aus der renommierten ortsansässigen Sozietät RR & SuS (Rudi Ratlos & Susi Sorglos), ob er „zur Sicherheit" noch vor dem ordentlichen Gericht gegen den Betreiber der Anlage auf Einstellung des Betriebes der Anlage klagen sollte.

Was wird der Rechtsanwalt ihm raten, wenn P keinen besonderen Titel hat und die Genehmigung unanfechtbar ist?

Artikel 10a der Richtlinie 85/337 der EU

Die Mitgliedstaaten stellen im Rahmen ihrer innerstaatlichen Rechtsvorschriften sicher, dass Mitglieder der betroffenen Öffentlichkeit, die a) ein ausreichendes Interesse haben oder alternativ b) eine Rechtsverletzung geltend machen, sofern das Verwaltungsverfahrensrecht bzw. Verwaltungsprozessrecht eines Mitgliedstaats dies als Voraussetzung erfordert, Zugang zu einem Überprüfungsverfahren vor einem Gericht oder einer anderen auf gesetzlicher Grundlage geschaffenen unabhängigen und unparteiischen Stelle haben, um die materiell-rechtliche und verfahrensrechtliche Rechtmäßigkeit von Entscheidungen, Handlungen oder Unterlassungen anzufechten, für die die Bestimmungen dieser Richtlinie über die Öffentlichkeitsbeteiligung gelten.

Die Mitgliedstaaten legen fest, in welchem Verfahrensstadium die Entscheidungen, Handlungen oder Unterlassungen angefochten werden können.

Was als ausreichendes Interesse und als Rechtsverletzung gilt, bestimmen die Mitgliedstaaten im Einklang mit dem Ziel, der betroffenen Öffentlichkeit einen weiten Zugang zu Gerichten zu gewähren. Zu diesem Zweck gilt das Interesse jeder Nichtregierungsorganisation, welche die in Artikel 1 Absatz 2 genannten Voraussetzungen erfüllt, als ausreichend im Sinne von Absatz 1 Buchstabe a) dieses Artikels. Derartige Organisationen gelten auch als Träger von Rechten, die im Sinne von Absatz 1 Buchstabe b) dieses Artikels verletzt werden können.

Dieser Artikel schließt die Möglichkeit eines vorausgehenden Überprüfungsverfahrens bei einer Verwaltungsbehörde nicht aus und lässt das Erfordernis einer Ausschöpfung der verwaltungsbehördlichen Überprüfungsverfahren vor der Einleitung gerichtlicher Überprüfungsverfahren unberührt, sofern ein derartiges Erfordernis nach innerstaatlichem Recht besteht.

Die betreffenden Verfahren werden fair, gerecht, zügig und nicht übermäßig teuer durchgeführt.

Um die Effektivität dieses Artikels zu fördern, stellen die Mitgliedstaaten sicher, dass der Öffentlichkeit praktische Informationen über den Zugang zu verwaltungsbehördlichen und gerichtlichen Überprüfungsverfahren zugänglich gemacht werden.

Schwerpunkte
Subjektive Rechte
Bundesimmissionsschutzgesetz

Vertiefung
BVerwG 119, 329, 340; BVerwGE 65, 313; BVerwGE 69, 37; EuGH, Urteil vom 12.5.
2011 – C-115/09

Gliederung

1. Komplex: Klage gegen die Genehmigung
A. Sachurteilsvoraussetzungen (+)
    I.   Rechtsweg (+)
    II. Zuständigkeit (+)
    III. Beteiligte (+)
    IV. Statthafte Klageart
    V. Besondere Sachurteilsvoraussetzungen (+)
        1. Besondere Prozessführungsbefugnis (+)
        2. Klagebefugnis (+)
           a) Art. 20a GG (–)
           b) Einfachgesetzliches subjektives Recht (+)
           aa) Vorsorgepflicht aus § 5 Abs. 1 Nr. 2 BImSchG (–)
           bb) Subjektives Recht aus § 5 Abs. 1 Nr. 1 BImSchG (+)
        3. Vorverfahren und Widerspruchsfrist (+)
        4. Klagefrist (+)
    VI. Zwischenergebnis
B. Begründetheit (+)
    I.   Rechtswidrigkeit der Genehmigung (+)
        1. Rechtsgrundlage (+)
        2. Voraussetzungen (–)
           a) Formelle Voraussetzungen (+)
           b) Materielle Voraussetzungen (–)
           aa) Genehmigungsbedürftigkeit (+)
           bb) Genehmigungsfähigkeit (–)
    II. Rechtsverletzung (+)
C. Ergebnis

2. Komplex: Klage auf Widerruf

A. Sachurteilsvoraussetzungen (+)
    I.   Rechtsweg (+)
    II. Zuständigkeit (+)
    III. Beteiligte (+)
    IV. Statthafte Klageart
    V. Besondere Sachurteilsvoraussetzungen (+)
        1. Besondere Prozessführungsbefugnis (+)
        2. Klagebefugnis (+)
            a) Subjektive Rechte des U (+)
            b) Subjektive Rechte des P (+)
            aa) Verfassungskonforme Auslegung (+)
            bb) Grundrechtliche Schutzpflicht (+)
            c) Zwischenergebnis
        3. Vorverfahren (+)
        4. Klagefrist (+)
    VI. Zwischenergebnis
B. Begründetheit (+)
    I.   Anspruchsgrundlage (+)
    II. Anspruchsvoraussetzungen (+)
        1. Formelle Voraussetzungen (+)
        2. Materielle Voraussetzungen (+)
    III. Anspruchsinhalt
C. Ergebnis

3. Komplex: Zusatzfrage

Lösungsvorschlag

Die folgende Lösung ist als Lösungsvorschlag zu verstehen und ausführlicher, als es in der Klausurbearbeitung verlangt werden kann. Aufgrund der wissenschaftlichen Freiheit können andere Lösungswege vertreten werden, soweit sie dogmatisch begründbar sind. Die Nachweise aus Rechtsprechung und Literatur sowie die das Verständnis fördernden Randbemerkungen sind in der Examensklausur auszusparen. Die Abkürzung „Alt." steht für Alternativfall, nicht für Alternative.

1. Komplex: Klage gegen die Genehmigung

Die Klage des P hat jedenfalls Erfolg, soweit die Sachurteilsvoraussetzungen erfüllt sind und die Klage zulässig sowie begründet ist.

A. Sachurteilsvoraussetzungen[1]

Die Sachurteilsvoraussetzungen können erfüllt und die Klage kann zulässig sein.

I. Rechtsweg

Der Verwaltungsrechtsweg kann mangels aufdrängender Sonderzuweisung gemäß § 40 Abs. 1 S. 1 VwGO eröffnet sein. Im Übrigen kommt ein Verweisungsbeschluss i.S.d. §§ 173 VwGO, 17a Abs. 2 GVG in Betracht. Der Verwaltungsrechtsweg ist eröffnet, wenn die streitentscheidende öffentlich-rechtliche Norm einen Hoheitsträger einseitig berechtigt oder verpflichtet bzw. wenn aufgrund typisch hoheitlichen Handelns zwischen den Beteiligten ein Subordinationsverhältnis besteht.

Durch § 4 Abs. 1 S. 1 BImSchG i.V.m. § 6 Abs. 1 BImSchG, welche der Genehmigung zugrunde liegen, wird die Behörde gegenüber dem Bürger – B – einseitig zur Erteilung der Genehmigung verpflichtet, zumal es sich beim Erlass eines Verwaltungsaktes um typisch hoheitliches Handeln in einem Subordinationsverhältnis handelt. Da die Streitigkeit mangels doppelter Verfassungsunmittelbarkeit nicht - verfassungsrechtlicher Art und eine abdrängende Sonderzuweisung nicht ersichtlich ist, bleibt es bei der Eröffnung des Verwaltungsrechtsweges. Der Verwaltungsrechtsweg ist gemäß § 40 Abs. 1 S. 1 VwGO eröffnet.

II. Zuständigkeit

Das Verwaltungsgericht ist gemäß § 45 VwGO als Eingangsinstanz für die von der Behörde gegenüber B erteilte Genehmigung sachlich zuständig, da Anhalts-

---

1 Hinweis: Andere Aufbauvarianten werden vertreten (z.B. dreistufig oder Prüfung des Verwaltungsrechtsweges als Untergliederungspunkt der Zuständigkeit des Gerichts). Derartige Aufbauvarianten sind aber mit § 17a Abs. 2 GVG bzw. mit der Überschrift des 6. Abschnittes der VwGO sowie mit § 83 VwGO unvereinbar und daher bei exakter dogmatischer Zuordnung der Prüfungspunkte nicht zu empfehlen. Die Überschrift „Sachurteilsvoraussetzungen" anstelle der Überschrift „Zulässigkeit" ist sinnvoll, weil nach § 63 Nr. 3 VwGO auch der Beigeladene zu den Beteiligten gehört, das Fehlen einer notwendigen Beiladung i.S.d. § 65 Abs. 2 VwGO aber nur dazu führt, dass das Urteil keine materielle Rechtskraft entfaltet. Auch die objektive Klagehäufung i.S.d. § 44 VwGO ist z.B. keine Zulässigkeitsvoraussetzung.

punkte für abweichende Regelungen wie z.b. § 50 VwGO nicht ersichtlich sind, sodass kein Verweisungsbeschluss gemäß §§ 17a Abs. 2 GVG, 83 VwGO gefasst werden wird. Von der örtlichen Zuständigkeit des angerufenen Verwaltungsgerichts ist auszugehen.[2]

III. Beteiligte

P und das Land Nordrhein-Westfalen als Körperschaft öffentlichen Rechts können Beteiligte des Verfahrens sein. Beteiligte sind nach § 63 Nr. 1, 2 VwGO unter anderem der Kläger und der Beklagte, beteiligungsfähig nach § 61 Nr. 1 VwGO natürliche und juristische Personen. Behörden sind gemäß § 61 Nr. 3 VwGO i.V.m. dem Landesrecht nicht beteiligungsfähig. Als Kläger ist P gemäß § 61 Nr. 1 Alt. 1 VwGO beteiligungsfähig und gemäß § 62 Abs. 1 Nr. 1 VwGO prozessfähig.

Als Beklagter ist der Rechtsträger der Behörde maßgeblich. Die Verwaltung des BImSchG erfolgt durch die Gewerbeaufsicht. Das Land Nordrhein-Westfalen ist gemäß §§ 63 Nr. 2, 61 Nr. 1 VwGO beteiligungs- und mangels Anhaltspunkten bezüglich des für die Behörde handelnden Organwalters gemäß § 62 Abs. 1, 3 VwGO prozessfähig.

Da die Entscheidung des Verwaltungsgerichts auch gegenüber dem Genehmigungsempfänger B nur einheitlich ergehen kann, ist er gemäß § 63 Nr. 3 VwGO als Beteiligter gemäß § 65 Abs. 2 VwGO notwendig beizuladen. Er ist als natürliche Person gemäß § 61 Nr. 1 VwGO beteiligungs- und gemäß § 62 Abs. 1 Nr. 1 VwGO prozessfähig.

IV. Statthafte Klageart

Die statthafte Klageart richtet sich gemäß § 88 VwGO nach dem klägerischen Begehren unter Berücksichtigung des Anwendungsvorrangs maßnahmespezifischer Rechtsschutzformen und des rechtsstaatlichen Grundsatzes der Effektivität des Rechtsschutzes. Dem klägerischen Begehren entspricht i.d.R. die effektivste Klageart, also nach Möglichkeit die Anfechtungsklage gemäß § 42 Abs. 1 Alt. 1 VwGO als Gestaltungsklage der Verwaltungsgerichtsordnung.[3] Vorauset-

---

2 Die örtliche Zuständigkeit ist nur anzusprechen, wenn es dafür im Sachverhalt Anhaltspunkte gibt. Gegebenenfalls ist die örtliche Zuständigkeit grundsätzlich im Anschluss an die sachliche Zuständigkeit zu prüfen. Ist sie jedoch gemäß § 52 Nr. 2 VwGO ausnahmsweise von der Klageart abhängig, sollte sie offen mit Verweis auf § 17a Abs. 2 GVG i.V.m. § 83 VwGO formuliert werden.

3 Die Anfechtungsklage ist z.B. besonders rechtsschutzintensiv, weil das Gericht als Judikative mittels einer Durchbrechung der Gewaltenteilung einen Verwaltungsakt als Rechtsetzungsakt der Exekutive aufhebt.

zung der Anfechtungsklage ist, dass es dem Kläger um die Aufhebung eines Verwaltungsaktes geht. Ein Verwaltungsakt ist gemäß § 35 S. 1 NRW VwVfG jede Verfügung, Entscheidung oder andere hoheitliche Maßnahme, die eine Behörde zur Regelung eines Einzelfalls auf dem Gebiet des öffentliche Rechts trifft und die auf unmittelbare Rechtswirkung nach außen gerichtet ist, somit auch die B erteilte Genehmigung zur Betreibung der Anlage für die Sauerkrautproduktion, die P mittels der Klage beseitigen möchte. Es handelt sich insoweit um einen Verwaltungsakt, gegen den die Anfechtungsklage statthaft ist.

V. Besondere Sachurteilsvoraussetzungen

Die besonderen Sachurteilsvoraussetzungen können erfüllt sein.

1. Besondere Prozessführungsbefugnis

Besonders prozessführungsbefugt ist gemäß § 78 Abs. 1 Nr. 1 VwGO das Land Nordrhein-Westfalen als Gebietskörperschaft öffentlichen Rechts.[4]

2. Klagebefugnis

P muss klagebefugt sein. Die Klagebefugnis nach § 42 Abs. 2 VwGO setzt die Möglichkeit der Verletzung eines subjektiven Rechts voraus. Subjektive Rechte ergeben sich aus Sonderbeziehungen, einfachen Gesetzen, subsidiär aus Grundrechten, wobei jedenfalls aufgrund des weiten Schutzbereiches des Art. 2 Abs. 1

---

4 Der Aufbau der Prozessstation darf in der Klausur nicht gesondert begründet werden. Es ist allenfalls möglich, einzelne Argumente anhand einzelner zu prüfender Tatbestandsmerkmale in Nebensätzen einzuarbeiten. Die Zuordnung des § 78 VwGO ist umstritten. § 78 VwGO enthält nach h.M. eine Regelung über die besondere Prozessführungsbefugnis, die von der Beteiligungsfähigkeit und der Passivlegitimation zu trennen ist (MA: § 78 VwGO als Sonderregelung der Passivlegitimation, die aber in der Sachstation, also der Begründetheit, zu prüfen ist, da Passivlegitimation der Terminus für den materiell richtigen Klagegegner ist). Die besondere Prozessführungsbefugnis ist ein Unterpunkt bei den besonderen Sachurteilsvoraussetzungen und wird teilweise (vertretbar aber bzgl. der materiell-rechtlichen Passivlegitimation verwechslungsfähig) mit „Klagegegner" überschrieben.
   Einige Argumente für die h.M.:
   – § 78 VwGO steht systematisch bei besonderen Sachurteilsvoraussetzungen
   – Gesetzgebungskompetenzen
   – falsche Behörde bzw. falscher Rechtsträger können nicht zum materiell richtigen Anspruchsgegner i.S. einer Passivlegitimation werden (zum Ganzen: Ehlers, Festschrift für Menger, S. 379 ff.; Hufen, Verwaltungsprozessrecht, § 12, Rn 38 ff. m.w.N.; vgl. OVG Münster NVwZ 1990, 188).

GG bei unmittelbaren Grundrechtseingriffen für das subjektive Recht direkt auf Grundrechte abgestellt werden kann. Ob ein Kläger tatsächlich in einem subjektiven Recht verletzt ist, ist für die Klagebefugnis irrelevant, da die Möglichkeit der Verletzung eines subjektiven Rechts genügt.

a) Art. 20a GG

P könnte durch die Genehmigung an B unmittelbar in einem Grundrecht verletzt sein, sollte Art. 20a GG ein solches darstellen. Selbst wenn natürliche Lebensgrundlagen durch die Sauerkrautproduktion des B beeinträchtigt würden, ist Art. 20a GG schon nicht als Grundrecht formuliert. Durch die Norm werden dem Einzelnen keine einklagbaren Rechte zugedacht. Es handelt sich vielmehr um ein bloßes Staatsziel, welches bei staatlichem Handeln zu berücksichtigen ist. Zudem ist die unmittelbare Anwendung eines Grundrechtes ohnehin nur bei Annahme eines unmittelbaren Grundrechtseingriffes möglich und sogar insoweit wegen der Konkretisierung der Grundrechte in einfachgesetzlichen Normen nicht zwingend. Ein unmittelbarer Grundrechtseingriff zulasten des P ist nicht ersichtlich, da P nicht Adressat des staatlichen Handelns in Form der Genehmigung war. Aus Art. 20a GG ergibt sich für P keine Klagebefugnis.

b) Einfachgesetzliches subjektives Recht

Mangels ersichtlicher Sonderrechtsbeziehung kann allenfalls die Möglichkeit bestehen, dass P in einem einfachgesetzlichen subjektiven Recht verletzt ist. Voraussetzung für ein einfachgesetzliches subjektives Recht ist, dass neben der Allgemeinheit auch der Einzelne geschützt wird. Durch eine subjektivierte Norm muss zumindest auch der Schutz von Individualinteressen erfasst sein, sodass der Träger dieser Individualinteressen die Befolgung dieser Rechtsnorm für sich beanspruchen kann. Die Schutzwirkung muss vom Gesetzgeber intendiert sein und darf nicht auf eine bloße Rechtsreflexwirkung rückführbar sein. Anderenfalls würden ein Gesetzesvollziehungsanspruch und Popularklagen gewährt werden.

Ein subjektives Recht des P kann sich aus den streitentscheidenden Normen – der Rechtsgrundlage für die genehmigte Anlage, nämlich § 4 Abs. 1 S. 1 BImSchG i.V.m. § 6 Abs. 1 BImSchG – ergeben. Die Genehmigung zum Betrieb einer Anlage im Sinne des BImSchG darf gemäß § 6 Abs. 1 Nr. 1 BImSchG nur erteilt werden, wenn die Voraussetzungen des § 5 BImSchG erfüllt sind. Eine der in § 5 BImSchG enthaltenen Betreiberpflichten kann drittschützenden Charakter haben.

aa) Vorsorgepflicht aus § 5 Abs. 1 Nr. 2 BImSchG

Ein drittschützender Charakter des § 5 BImSchG könnte sich aus der Vorsorgepflicht gemäß § 5 Abs. 1 Nr. 2 BImSchG ergeben. In § 5 Abs. 1 Nr. 2 BImSchG wird zwar das Staatsziel des Art. 20a GG konkretisiert, jedoch soll durch die Vorschrift lediglich die Allgemeinheit und nicht der Einzelne vor den Gefahren durch die Zerstörung der Umwelt i.S.d. § 2 Abs. 1 BNatSchG geschützt werden. Durch § 5 Abs. 1 Nr. 2 BImSchG wird kein individualisierbarer Personenkreis, sondern das Interesse der Allgemeinheit geschützt, potentiell schädlichen Umwelteinwirkungen generell und auch insoweit vorzubeugen, als sie keinem bestimmten Emittenten zuzuordnen sind (BVerwG 119, 329, 340; vgl. BVerwGE 65, 313; BVerwGE 69, 37). Zwar wäre eine Versubjektivierung des § 5 Abs. 1 Nr. 2 BImSchG über den Terminus der schädlichen Umwelteinwirkungen denkbar, jedoch bedarf es diesbezüglich einer restriktiven Auslegung, da von § 5 Abs. 1 Nr. 2 BImSchG nur Vorsorge geregelt ist, bezüglich derer in der deutschen Rechtsordnung grundsätzlich kein Anspruch besteht.

Denkbar ist, dass sich für z.B. einen Umweltverband auch aus Normen, die dem Schutz der Natur zu dienen bestimmt sind, eine Klagebefugnis i.S.d. § 42 Abs. 2 VwGO ergeben kann. Besteht in Bezug auf eine Norm jedoch – wie bei § 5 BImSchG – die Möglichkeit, auch für den Einzelnen ein subjektives Recht zu begründen, besteht keine Notwendigkeit, dem einzelnen Bürger ein subjektives Recht einer lediglich allgemeinschützend formulierten Norm zuzuerkennen, da schon aus den sich unter anderem aus Art. 20 Abs. 3 GG ergebenden rechtsstaatlichen Gründen kein Gesetzesvollziehungsanspruch besteht.

Der Wortlaut des § 5 Abs. 1 Nr. 2 BImSchG ist insoweit eindeutig, da die Nachbarschaft oder andere Einzelne im Gegensatz zu § 5 Abs. 1 Nr. 1 BImSchG nicht ausdrücklich benannt worden sind. Eine Klagebefugnis des P ergibt sich aus § 5 Abs. 1 Nr. 2 BImSchG nach alldem nicht.

bb) Subjektives Recht aus § 5 Abs. 1 Nr. 1 BImSchG

P kann in einem subjektiven Recht i.S.d. § 5 Abs. 1 Nr. 1 BImSchG verletzt sein. Insoweit ist neben der Allgemeinheit die Nachbarschaft geschützt. Anders als im Baurecht, welches Bodenrecht i.S.d. Art. 74 Abs. 1 Nr. 18 GG ist, wird durch den immissionsrechtlichen Nachbarbegriff i.S.d. BImSchG dem Schutzzweck des Gesetzes entsprechend ein weiterer Nachbarkreis geschützt. Insoweit sind Anwohner im Umfeld einer emitierenden Anlage erfasst. P ist als Anwohner und somit Nachbar vom Schutz des § 5 Abs. 1 Nr. 1 BImSchG erfasst und es besteht zumindest die Möglichkeit, dass er durch die Gerüche in seinem subjektiven Nachbarrecht verletzt ist.

Der P ist somit gemäß § 42 Abs. 2 VwGO klagebefugt.

3. Vorverfahren und Widerspruchsfrist

Ein Vorverfahren kann P gemäß den §§ 68 ff. VwGO ordnungsgemäß durchgeführt haben. Das Vorverfahren könnte gemäß § 68 Abs. 1 S. 2 VwGO i.V.m. § 110
Abs. 1 S. 1 JustizG entbehrlich sein. Das ist in Nordrhein-Westfalen grundsätzlich vorgegeben, soweit keine Rückausnahme besteht. Gemäß § 110 Abs. 3 S. 1
JustizG gilt § 110 Abs. 1 S. 1 JustizG nicht für am Verwaltungsverfahren nicht beteiligte Dritte, die sich gegen einen einen anderen begünstigenden Verwaltungsakt wenden. P wendet sich gegen die den B begünstigende Anlagenerlaubnis. Das Vorverfahren ist nicht entbehrlich.

Grundsätzlich ist die Einlegung des Widerspruches innerhalb eines Monats
seit Bekanntgabe des Verwaltungsaktes erforderlich. Unterbleibt eine Rechts-
mittel- bzw. Rechtsbehelfsbelehrung – auch bei Nichtbekanntgabe des Verwaltungsaktes – gilt gemäß § 70 Abs. 2 VwGO i.V.m. § 58 Abs. 2 VwGO eine Jahresfrist. Da P nicht nur bei der Behörde angerufen, sondern den Widerspruch auch
fristgerecht innerhalb eines Jahres gemäß den §§ 70 Abs. 2, 58 Abs. 2 VwGO
i.V.m. § 70 Abs. 1 S. 1 VwGO zur Niederschrift der Behörde erhoben[5] hatte, ist ein
ordnungsgemäßes Widerspruchsverfahren durchgeführt worden.

4. Klagefrist

Die für die Anfechtungsklagen geltende Klagefrist von einem Monat nach Zustellung des Widerspruchsbescheides gemäß § 74 Abs. 1 S. 1 VwGO wurde von P
eingehalten.

VI. Zwischenergebnis

Die Sachurteilsvoraussetzungen für die Klage des P gegen die dem B erteilte
Genehmigung zur Betreibung der Anlage sind erfüllt.

B. Begründetheit

Die Klage ist gemäß § 113 Abs. 1 S. 1 VwGO begründet, soweit der Verwaltungsakt rechtswidrig und der Kläger dadurch in seinen Rechten verletzt ist.

I. Rechtswidrigkeit der Genehmigung

Die dem B erteilte Genehmigung kann rechtswidrig sein.

---

5 Gemäß § 69 VwGO wird ein Widerspruch erhoben, während z.B. in § 75 Abs. 1 S. 2 VwGO der
Terminus der Einlegung verwendet wird. Beide Termini sind somit verwendbar.

1. Rechtsgrundlage
Rechtsgrundlage für die Genehmigung des B ist § 4 Abs. 1 BImSchG i.V.m. § 6 Abs. 1 BImSchG.

2. Voraussetzungen
Die Voraussetzungen des § 4 Abs. 1 BImSchG i.V.m. § 6 Abs. 1 BImSchG können erfüllt sein.

a) Formelle Voraussetzungen
Formell bedarf es eines Antrages im Sinne des § 10 Abs. 1 BImSchG an die zuständige Behörde. Auch wenn das Antragserfordernis bei Genehmigungen nicht ausdrücklich im Gesetz benannt ist, ergibt sich ein solches Erfordernis auch insoweit dennoch aus dem unter anderem in Art. 20 Abs. 3 GG verankerten Rechtsstaatsprinzip, weil der Staat ohne Antrag nicht begünstigend in Form eines Verwaltungsaktes tätig werden wird. Mangels strikter Formvorschriften gemäß § 37 Abs. 3 NRW VwVfG sind Formfehler nicht ersichtlich.

b) Materielle Voraussetzungen
Materiell werden die Genehmigungsbedürftigkeit und die Genehmigungsfähigkeit vorausgesetzt.

aa) Genehmigungsbedürftigkeit
Die Anlage des B zur Produktion von Sauerkraut ist gemäß § 4 Abs. 1 S. 1, 3 BImSchG i.V.m. § 1 Abs. 1 S. 1 4. BImSchVO i.V.m. § 2 Abs. 1 4. BImSchVO i.V.m. Nr. 7.19.1 Spalte a des Anhanges zur 4. BImSchVO genehmigungsbedürftig.

bb) Genehmigungsfähigkeit
Die Anlage des B zur Produktion von Sauerkraut kann auch genehmigungsfähig sein. Gemäß § 6 Abs. 1 Nr. 1 BImSchG ist die Genehmigung zu erteilen, wenn unter anderem die Pflichten des § 5 Abs. 1 Nr. 1 BImSchG beachtet werden. Dies setzt das Betreiben der Anlage ohne erhebliche Nachteile und ohne erhebliche Belästigungen für die Nachbarschaft voraus. Gemäß dem Sachverständigengutachten werden allerdings die Grenzwerte des Bundesimmissionsschutzrechts

für derartige Belästigungen überschritten. Die Anlage des B ist somit nicht genehmigungsfähig. Die Genehmigung hätte daher so nicht erteilt werden dürfen und ist damit rechtswidrig.

II. Rechtsverletzung

P ist durch die Anlagenerlaubnis in seinen Nachbarrechten aus § 5 Abs. 1 Nr. 1 BImSchG verletzt.

C. Ergebnis

Die Anfechtungsklage des P ist zulässig und begründet und hat somit Erfolg.

2. Komplex: Klage auf Widerruf

Die Klage des P hat jedenfalls Erfolg, soweit die Sachurteilsvoraussetzungen erfüllt sind und die Klage zulässig sowie begründet ist.

A. Sachurteilsvoraussetzungen

Die Sachurteilsvoraussetzungen können erfüllt und die Klage kann zulässig sein.

I. Rechtsweg

Der Verwaltungsrechtsweg kann mangels aufdrängender Sonderzuweisung gemäß § 40 Abs. 1 S. 1 VwGO eröffnet sein. Im Übrigen kommt ein Verweisungsbeschluss i.S.d. §§ 173 VwGO, 17a Abs. 2 GVG in Betracht. Der Verwaltungsrechtsweg ist eröffnet, wenn die streitentscheidende öffentlich-rechtliche Norm einen Hoheitsträger einseitig berechtigt oder verpflichtet bzw. wenn aufgrund typisch hoheitlichen Handelns zwischen den Beteiligten ein Subordinationsverhältnis besteht.

Durch § 21 Abs. 1 BImSchG wird der Staat einseitig berechtigt, eine bereits erteilte Anlagenerlaubnis im Sinne des BImSchG zu widerrufen. Da die Streitigkeit mangels doppelter Verfassungsunmittelbarkeit nicht verfassungsrechtlicher Art und eine abdrängende Sonderzuweisung nicht ersichtlich ist, bleibt es bei der Eröffnung des Verwaltungsrechtsweges. Der Verwaltungsrechtsweg ist gemäß § 40 Abs. 1 S. 1 VwGO eröffnet.

II. Zuständigkeit

Das Verwaltungsgericht ist gemäß § 45 VwGO als Eingangsinstanz für den Widerruf der von der Behörde dem B erteilten Genehmigung sachlich zuständig, da Anhaltspunkte für abweichende Regelungen wie z.b. § 50 VwGO nicht ersichtlich sind, sodass kein Verweisungsbeschluss gemäß §§ 17a Abs. 2 GVG, 83 VwGO gefasst werden wird. Von der örtlichen Zuständigkeit des angerufenen Verwaltungsgerichts ist auszugehen.

III. Beteiligte

P und das Land Nordrhein-Westfalen als Körperschaft öffentlichen Rechts können Beteiligte des Verfahrens sein. Beteiligte sind nach § 63 Nr. 1, 2 VwGO unter anderem der Kläger und der Beklagte, beteiligungsfähig nach § 61 Nr. 1 VwGO natürliche und juristische Personen. Behörden sind gemäß § 61 Nr. 3 VwGO i.V.m. dem Landesrecht nicht beteiligungsfähig. Als Kläger ist P gemäß § 61 Nr. 1 Alt. 1 VwGO beteiligungsfähig und gemäß § 62 Abs. 1 Nr. 1 VwGO prozessfähig.

Als Beklagter ist der Rechtsträger der Behörde maßgeblich. Die Verwaltung des BImSchG erfolgt durch die Gewerbeaufsicht. Das Land Nordrhein-Westfalen ist gemäß §§ 63 Nr. 2, 61 Nr. 1 VwGO beteiligungs- und mangels Anhaltspunkten bezüglich des für die Behörde handelnden Organwalters gemäß § 62 Abs. 1, 3 VwGO prozessfähig.

Da die Entscheidung des Verwaltungsgerichts auch gegenüber dem Genehmigungsempfänger B nur einheitlich ergehen kann, ist er gemäß § 63 Nr. 3 VwGO als Beteiligter gemäß § 65 Abs. 2 VwGO notwendig beizuladen. Er ist als natürliche Person gemäß § 61 Nr. 1 VwGO beteiligungs- und gemäß § 62 Abs. 1 Nr. 1 VwGO prozessfähig.

IV. Statthafte Klageart

Die statthafte Klageart richtet sich gemäß § 88 VwGO nach dem klägerischen Begehren unter Berücksichtigung des Anwendungsvorrangs maßnahmespezifischer Rechtsschutzformen und des rechtsstaatlichen Grundsatzes der Effektivität des Rechtsschutzes. Dem klägerischen Begehren entspricht i.d.R. die effektivste Klageart, also nach Möglichkeit die Anfechtungsklage gemäß § 42 Abs. 1 Alt. 1 VwGO als Gestaltungsklage der Verwaltungsgerichtsordnung. Voraussetzung der Anfechtungsklage ist, dass es dem Kläger um die Aufhebung eines Verwaltungsaktes i.S.d. § 35 NRW VwVfG geht. Ein Verwaltungsakt ist gemäß § 35 S. 1 NRW VwVfG jede Verfügung, Entscheidung oder andere hoheitliche Maßnahme, die eine Behörde zur Regelung eines Einzelfalls auf dem Gebiet des öffentlichen Rechts trifft und die auf unmittelbare Rechtswirkung nach außen gerichtet ist. P erstrebt zwar den Erlass einer solchen Regelung, nämlich als Kehrseite der Erteilung der Erlaubnis deren Widerruf, jedoch erstrebt er somit keine gestaltende Beseitigung der Genehmigung, sondern eine Leistung. Statthafte Klageart ist somit die Verpflichtungsklage gemäß § 42 Abs. 1 Alt. 2 VwGO.

V. Besondere Sachurteilsvoraussetzungen
Die besonderen Sachurteilsvoraussetzungen können erfüllt sein.

1. Besondere Prozessführungsbefugnis
Besonders prozessführungsbefugt ist gemäß § 78 Abs. 1 Nr. 1 VwGO das Land Nordrhein-Westfalen.

2. Klagebefugnis
P muss klagebefugt sein. Die Klagebefugnis nach § 42 Abs. 2 VwGO setzt die Möglichkeit der Verletzung eines subjektiven Rechts voraus. Subjektive Rechte ergeben sich aus Sonderbeziehungen, einfachen Gesetzen, subsidiär aus Grundrechten, wobei jedenfalls aufgrund des weiten Schutzbereiches des Art. 2 Abs. 1 GG bei unmittelbaren Grundrechtseingriffen für das subjektive Recht direkt auf Grundrechte abgestellt werden kann. Ob ein Kläger tatsächlich in einem subjektiven Recht verletzt ist, ist für die Klagebefugnis irrelevant, da die Möglichkeit der Verletzung eines subjektiven Rechts genügt.

a) Subjektive Rechte des U
P hat sich auch auf Rechte des Umweltverbandes berufen, aus welchen ihm möglicherweise eine Klagebefugnis zustehen könnte. Zwar setzt die Geltendmachung von Grenzwertüberschreitungen die Verletzung eines subjektiven Rechts voraus, jedoch kann dies unter Berücksichtigung des Unionsrechts mit dem Anwendungsvorrang desselben unvereinbar sein. Ob sich der Anwendungsvorrang des Unionsrechts als eigenständiger Rechtskreis aus diversen Normen des EUV und AEUV i.V.m. dem Effektivitätsgedanken bezüglich der Durchsetzung des Unionsrechts oder aus dem jeweiligen nationalen Zustimmungsgesetz i.V.m. Art. 23 GG ergibt, ist irrelevant, da bei Anwendungsvorrang des Unionsrechts jedenfalls das nationale Recht unanwendbar oder zumindest europarechtskonform auszulegen ist. Bei Überschreitung von im EU-Recht vorgegebenen Grenz-

werten könnte die Geltendmachung der Verletzung dieser Werte vom subjektiven Recht unabhängig zu gewähren sein.

Zwar ist es Sache der Mitgliedstaaten, wenn sie über ein entsprechendes Rechtssystem verfügen, innerhalb der Grenzen des Art. 10a der Richtlinie 85/337 festzulegen, welches die Rechte sind, deren Verletzung zu einem Rechtsbehelf in Umweltangelegenheiten führen kann, jedoch dürfen sie Umweltverbänden, welche die Voraussetzungen des Art. 1 Abs. 2 der Richtlinie erfüllen, mit dieser Festlegung nicht die Möglichkeit nehmen, Aufgaben wahrzunehmen, die ihnen sowohl in der Richtlinie 85/337 als auch im Übereinkommen von Aarhus zuerkannt worden sind. Bezüglich der Rechtsvorschriften steht es dem nationalen Gesetzgeber zwar frei, die Rechte, deren Verletzung ein Einzelner im Rahmen eines gerichtlichen Rechtsbehelfs gegen eine Entscheidung, Handlung oder Unterlassung im Sinne von Art. 10a der Richtlinie 85/337 geltend machen kann, auf subjektiv-öffentliche Rechte zu beschränken, doch kann eine solche Beschränkung nicht als solche auf Umweltverbände angewandt werden, weil dadurch die Ziele des Art. 10a Abs. 3 S. 3 der Richtlinie 85/337 missachtet würden.

Obgleich es nämlich wie aus dieser Bestimmung hervorgeht, den Umweltverbänden möglich sein muss, dieselben Rechte geltend zu machen wie ein Einzelner, widerspräche es zum einen dem Ziel, der betroffenen Öffentlichkeit „einen weiten Zugang zu Gerichten" i.S.d. Art. 10a Abs. 1 S. 1 der Richtlinie 85/337 zu gewähren, und zum anderen dem Effektivitätsgrundsatz, wenn die betreffenden Verbände nicht auch eine Verletzung von aus dem Umweltrecht der Union hervorgegangenen Rechtsvorschriften geltend machen können, nur weil Letztere Interessen der Allgemeinheit schützen. Denn das nähme den Umweltverbänden weitgehend die Möglichkeit, die Beachtung der aus dem Unionsrecht hervorgegangenen Rechtsvorschriften überprüfen zu lassen, die in den meisten Fällen auf das allgemeine Interesse und nicht auf den alleinigen Schutz der Rechtsgüter Einzelner gerichtet sind.

Daraus folgt, dass der Begriff „Rechtsverletzung" nicht an Voraussetzungen geknüpft sein kann, die nur andere natürliche oder juristische Personen erfüllen können, wie z.B. die Voraussetzung, dass der Betreffende ein mehr oder weniger enger Nachbar einer Anlage ist oder auf die eine oder andere Weise den Auswirkungen des Betriebs der Anlage ausgesetzt ist. Allgemeiner folgt daraus, dass Art. 10a Abs. 3 S. 3 der Richtlinie 85/337 in dem Sinne zu verstehen ist, dass zu den „Rechten, die verletzt werden können", als deren Träger die Umweltverbände gelten, zwingend die nationalen Rechtsvorschriften, durch welche die Rechtsvorschriften der Union im Bereich der Umwelt umgesetzt werden, sowie die unmittelbar anwendbaren Vorschriften des Umweltrechts der Union gehören müssen.

Da EU-Richtlinien jedoch an die Mitgliedstaaten gerichtet sind, gelten sie anders als Verordnungen und Entscheidungen nicht unmittelbar in den Mitgliedstaaten. Ob die Richtlinie 85/337 in nationalen Vorschriften dahingehend umgesetzt worden ist, dass subjektive Rechte für Umweltverbände wie U fingiert werden oder ein subjektives Recht nach nationalem Recht für Umweltverbände sogar entbehrlich ist bzw. über eine richtlinienkonforme Auslegung des nationalen Rechts erreicht werden kann, ist letztlich irrelevant. Selbst wenn unmittelbar im Unionsrecht national geltende Grenzwerte bestünden, die beachtlich wären und aufgrund derer ein subjektives Recht des U direkt entbehrlich wäre, würde es an einer rechtlichen Legitimation des P bezüglich der Rechte des U fehlen.

Da P in keiner rechtlichen Verbindung zu U steht und zudem weder Stellvertreter noch Prozessstandschafter für U ist, kann er sich für seine Klage nicht auf eine Klagebefugnis für U berufen (zum Ganzen: EuGH, Urteil vom 12.5.2011 – C-115/09).

b) Subjektive Rechte des P
P kann durch die Unterlassung des Widerrufes durch die Behörde jedoch in eigenen subjektiven Rechten verletzt sein. Ein unmittelbarer Grundrechtseingriff ist zulasten des P nicht ersichtlich. Mangels ersichtlicher Sonderrechtsbeziehung kann allenfalls die Möglichkeit bestehen, dass P in einem einfachgesetzlichen subjektiven Recht verletzt ist. Voraussetzung für ein einfachgesetzliches subjektives Recht ist, dass neben der Allgemeinheit auch der Einzelne geschützt wird. Durch eine subjektivierte Norm muss zumindest auch der Schutz von Individualinteressen erfasst sein, sodass der Träger dieser Individualinteressen die Befolgung dieser Rechtsnorm für sich beanspruchen kann. Die Schutzwirkung muss vom Gesetzgeber intendiert und darf nicht auf eine bloße Rechtsreflexwirkung rückführbar sein. Anderenfalls würden ein Gesetzesvollziehungsanspruch und Popularklagen gewährt werden.

Ein subjektives Recht des P kann sich aus der streitentscheidenden Norm des § 21 Abs. 1 BImSchG ergeben. Sowohl in § 21 Abs. 1 Nr. 3 BImSchG als auch § 21 Abs. 1 Nr. 5 BImSchG sind jedoch nur das öffentliche Interesse bzw. Nachteile für das Gemeinwohl erwähnt, sodass anders als in § 5 Abs. 1 Nr. 1 BImSchG nicht explizit der Einzelne in den Schutzbereich einbezogen worden ist. Insoweit wäre der Schutz des einzelnen Nachbarn ein bloßer Rechtsreflex, weil der Einzelne, also P, zwar ein Teil der Allgemeinheit ist, jedoch keinen Gesetzesvollziehungsanspruch haben soll. Ein subjektives Recht des P besteht insoweit nicht. Dies reicht zur Begründung eines subjektiven Rechts nicht aus. Ebenso wenig genügt es, über den Verweis in § 21 Abs. 1 Nr. 3 BImSchG auf die §§ 4, 6, 5

BImSchG bzw. auf das in § 5 Abs. 1 Nr. 1 BImSchG enthaltene Recht abzustellen, weil durch dieses subjektive Recht zwar im Rahmen eines etwaig auszuübenden Widerrufsermessens ein Anspruch auf fehlerfreie Bescheidung, nicht aber auf den Widerruf in Form einer gebundenen Entscheidung begründet werden kann, weil die Verletzung der nachbarlichen Belange i.S.d. § 5 Abs. 1 Nr. 1 BImSchG auf der Tatbestandsebene des § 21 Abs. 1 Nr. 3 BImSchG verankert und somit bezüglich des klägerischen Begehrens nicht hinreichend weit ausgestaltet ist.

Selbst wenn für die Klagebefugnis i.S.d. § 42 Abs. 2 VwGO die Möglichkeit einer Rechtsverletzung genügt und somit auch ein subjektives Recht auf fehlerfreie Bescheidung hinreichend wäre, ist der Wortlaut des § 21 Abs. 1 Nr. 3 BImSchG im Übrigen trotz der theoretisch bestehenden Verweisungskette jedenfalls nicht versubjektiviert formuliert, sodass ein subjektives Recht zumindest nicht primär enthalten ist, zumal auch im Rahmen der Klagebefugnis möglichst weitgehende subjektive Rechte maßgeblich sind.[6]

aa) Verfassungskonforme Auslegung[7]

§ 21 Abs. 1 BImSchG kann verfassungskonform auszulegen sein. Die Norm enthält in § 21 Abs. 1 BImSchG in der Rechtsfolge Ermessen. Bezüglich ihres Ermessens hat die Behörde wegen des sich aus dem Rechtsstaatprinzip ergebenden Vorranges des Gesetzes auch das höherrangige Recht und somit auch das Grundrecht aus Art. 2 Abs. 2 S. 1 GG im Rahmen einer verfassungskonformen Auslegung auf Rechtsfolgenseite zu beachten. Insoweit kann § 21 Abs. 1 BImSchG zu subjektivieren sein. Fehlt eine Norm, die wie § 5 Abs. 1 Nr. 1 BImSchG die Berücksichtigung individueller Belange bei der Genehmigungserteilung auch bei dem Widerruf der Genehmigung vorschreibt und soll sogar nicht unmittelbar betroffenen Umweltverbänden eine Klagebefugnis aus allgemeinschützenden Normen zustehen, so muss erst recht P ein subjektives Recht auf Einhaltung der Grenzwerte und Wahrung seiner körperlichen Unversehrtheit aus Art. 2 Abs. 2 S. 1 GG sowie unmittelbar aus den Grenzwertbestimmungen im Rahmen des § 21 BImSchG mittels einer verfassungskonformen Auslegung der Norm geltend ma-

---

6 Es ist vertretbar, das subjektive Recht in der Klagebefugnis ausschließlich gemäß § 21 Abs. 1 Nr. 3 BImSchG i.V.m. den §§ 4, 6, 5 Abs. 1 Nr. 1 BImSchG abzuleiten.
7 Eine verfassungskonforme Auslegung ist auf Tatbestands- und auf Rechtsfolgenseite denkbar. In typischen Fallkonstellationen mit Breitenwirkung erfolgt die verfassungskonforme Auslegung tendenziell auf der Tatbestands-, in atypischen Einzelfallkonstellationen eher auf Rechtsfolgenseite.

chen können. Voraussetzung ist eine grundrechtliche Schutzpflicht zugunsten des P.

bb) Grundrechtliche Schutzpflicht

Zwar sind Grundrechte in ihrer klassischen Funktion Abwehrrechte gegen den Staat, jedoch stellen sie gemäß Art. 1 Abs. 3 GG auch eine objektive Werteordnung dar, sodass durch sie auch Schutzpflichten begründet werden.

Durch Grundrechte werden Schutzpflichten begründet, wenn im Rahmen eines verfassungsrechtlich gewährten subjektiven Rechts eine eingriffsadäquate bedeutsame Grundrechtsbeeinträchtigung bei hinreichender Schadenswahrscheinlichkeit und Schutzbedürftigkeit des Betroffenen gegeben ist.

Körper und Gesundheit im Sinne des Art. 2 Abs. 2 S. 1 GG sind subjektivierte Schutzgüter, die bei P durch die permanenten Geruchsbelästigungen mit der Folge der schweren allergischen Reaktionen stetig beeinträchtigt werden. Diese Beeinträchtigungen sind eingriffsadäquat, da sie, würden sie von staatlicher Seite anstelle der des B erfolgen, einen unmittelbaren Grundrechtseingriff darstellen. Gesundheitsschädigungen in Form gravierender allergischer Reaktionen sind bei P bereits eingetreten. P ist schutzwürdig, weil die Gefahr für P durch einen Filtereinbau oder ähnlich milde Maßnahmen nicht beseitigt werden kann. Gegenüber P besteht eine grundrechtliche Schutzpflicht des Staates.

Somit ist § 21 Abs. 1 BImSchG in der Rechtsfolge zugunsten des P subjektiviert und es besteht zumindest die Möglichkeit, dass P durch die Ablehnung des Widerrufes in seinen Rechten verletzt ist.

c) Zwischenergebnis

P ist gemäß § 42 Abs. 2 VwGO klagebefugt.

3. Vorverfahren

Das Vorverfahren könnte gemäß § 68 Abs. 1 S. 2 VwGO i.V.m. § 110 Abs. 1 S. 1 JustizG entbehrlich sein. Das ist in Nordrhein-Westfalen grundsätzlich vorgegeben, soweit keine Rückausnahme besteht. Gemäß § 110 Abs. 3 S. 1 JustizG gilt § 110 Abs. 1 S. 1 JustizG nicht für am Verwaltungsverfahren nicht beteiligte Dritte, die sich gegen einen einen anderen begünstigenden Verwaltungsakt wenden. P wendet sich nicht gegen die den B begünstigende Anlagenerlaubnis, sondern erstrebt deren Aufhebung und verlangt von der Behörde somit eine Leistung i.S.d. § 110 Abs. 1 S. 2 JustizG. Das Vorverfahren ist entbehrlich und musste nicht durchgeführt werden.

4. Klagefrist

Die für die Verpflichtungsklagen geltende Klagefrist von einem Monat nach Zustellung des Widerspruchsbescheides gemäß § 74 Abs. 1 S. 1 VwGO i.V.m. § 74 Abs. 2 VwGO wurde von P eingehalten.

VI. Zwischenergebnis

Die Sachurteilsvoraussetzungen für die Klage des P auf Widerruf der dem B erteilten Genehmigung zur Betreibung der Anlage sind erfüllt.

B. Begründetheit

Die Klage ist gemäß § 113 Abs. 5 S. 1, 2 VwGO begründet, soweit die Ablehnung des Widerrufes der Genehmigung des B rechtswidrig, der Kläger dadurch in seinen Rechten verletzt und die Sache spruchreif bzw. soweit die Unterlassung der diesbezüglichen Bescheidung rechtswidrig oder die erfolgte Bescheidung fehlerhaft[8] und der Kläger dadurch in seinen Rechten verletzt ist. Somit ist die Klage begründet, soweit der Kläger einen Anspruch auf eine zumindest fehlerfreie Bescheidung der Behörde hat.[9]

I. Anspruchsgrundlage

Als Anspruchsgrundlage kommt § 21 Abs. 1 Nr. 3, 5 BImSchG in Betracht, ebenso § 48 Abs. 1 S. 1 NRW VwVfG. § 21 Abs. 1 Nr. 3, 5 BImSchG ist zwar als Rechtsgrundlage formuliert, jedoch wegen der verfassungskonformen Auslegung auf Rechtsfolgenseite gleichzeitig subjektiviert und somit eine Anspruchsgrundlage. Während in § 21 Abs. 1 BImSchG eine Spezialregelung zu § 49 NRW VwVfG enthalten ist, wäre § 48 Abs. 1 S. 1 NRW VwVfG grundsätzlich ergänzend anwendbar. Da die Genehmigung für B aber bei ihrer Erteilung rechtmäßig, nicht aber rechtswidrig war, ist § 48 Abs. 1 S. 1 NRW VwVfG nicht anwendbar. Selbst bei Rechtswidrigkeit der Genehmigung wäre § 21 Abs. 1 Nr. 3, 5 BImSchG erst recht anwendbar. Wenn schon bei einer rechtmäßigen Genehmigung widerru-

---

8 Achtung: Im Rahmen des § 113 Abs. 5 S. 2 VwGO sollte im Obersatz nicht „ermessensfehlerfreie Bescheidung" geschrieben werden, da es auch Beurteilungsspielräume gibt, die über § 113 Abs. 2 S. 2 VwGO tenoriert werden.
9 Der Obersatz der Verpflichtungsklage müsste entsprechend dem Gesetzeswortlaut negativ formuliert werden, während es üblich ist, ihn positiv zu formulieren. Sinnvoll erscheint es, beide Formulierungen einzuarbeiten, um dem Prüfer wenig Angriffsfläche zu bieten. Als Minus ist im Antrag i.S.d. § 113 Abs. 5 S. 1 VwGO ein solcher nach § 113 Abs. 5 S. 2 VwGO enthalten.

fen werden dürfte, ist dies erst recht bei einer rechtswidrigen Genehmigung anzunehmen, weil die Anforderungen für die Aufhebung einer rechtmäßigen Genehmigung höher sind. Rechtsgrundlage ist § 21 Abs. 1 Nr. 3, 5 BImSchG.

II. Anspruchsvoraussetzungen
Die Anspruchsvoraussetzungen müssen erfüllt sein.

1. Formelle Voraussetzungen
Formell hat P wie erforderlich einen Antrag an die zuständige Behörde gestellt.
Verfahrens- und Formfehler sind nicht ersichtlich.

2. Materielle Voraussetzungen
Materiell wird in § 21 BImSchG zunächst eine rechtmäßig erteilte Anlagenerlaubnis i.S.d. § 4 BImSchG i.V.m. § 6 BImSchG vorausgesetzt. Die Erlaubnis für B
war rechtmäßig.

Zur Erfüllung des Tatbestandes des § 21 Abs. 1 Nr. 3 BImSchG müssen nachträglich Tatsachen eingetreten sein, aufgrund derer die Genehmigungsbehörde
berechtigt wäre, die Genehmigung nicht zu erteilen. Bezüglich der Spezialsorte
des Sauerkrauts hat sich eine neue Schädlingsart entwickelt mit der Folge des
Erfordernisses einer speziellen Waschung. Aufgrund dieser Waschung entstehen bei der Produktion des Spezialsauerkrauts besonders unangenehme Immissionen i.S.d. § 3 Abs. 2 BImSchG bzw. Emissionen i.S.d. § 3 Abs. 3 BImSchG, die
bei P zu den erheblichen allergischen Reaktionen führen. Dadurch werden auch
die zulässigen Grenzwerte überschritten, sodass die Genehmigungsbehörde
eine Genehmigungserteilung mangels der Genehmigungsfähigkeit der Anlage
nunmehr verweigern könnte.

Ob darin gleichzeitig schwere Nachteile für das Gemeinwohl zu sehen sind
oder nicht, mag mangels hinreichender Anhaltspunkte dahinstehen, weil der
Widerrufsgrund des § 21 Abs. 1 Nr. 3 BImSchG erfüllt ist.

III. Anspruchsinhalt
Anspruchsinhalt ist in der Rechtsfolge Ermessen. Das Ermessen kann zugunsten
des P aufgrund der staatlichen Schutzpflichten aus Art. 2 Abs. 2 S. 1 GG reduziert
sein. Entgegenstehend sind im Rahmen einer praktischen Konkordanz Grundrechte des B zu berücksichtigen, welche allerdings schon abstrakt in den Widerrufsgründen i.S.d. § 21 Abs. 1 BImSchG zum Ausdruck kommen. Jedenfalls sind

Leben und Gesundheit des P derart gewichtig, dass sie gegenüber der Berufsfreiheit des B aus Art. 12 GG die Ermessensreduktion zugunsten des P begründen.

C. Ergebnis

Die Verpflichtungsklage des P ist zulässig und begründet und somit erfolgreich.

3. Komplex: Zusatzfrage

Der Rechtsanwalt wird P von einer weiteren Klage vor dem ordentlichen Gericht auf Einstellung des Anlagenbetriebes abraten. Gemäß § 14 S. 1 BImSchG kann die Einstellung eines Anlagenbetriebes aufgrund privatrechtlicher, nicht auf besonderen Titeln bestehender Ansprüche nicht verlangt werden, wenn die Anlagengenehmigung unanfechtbar ist.

Allg. Verwaltungsrecht – Fall 4:
„Der unbeugsame Journalist (NRW)"

Der engagierte Journalist J ist in der Gemeinde G kein Unbekannter. Immer wieder hat er in seinen Artikeln die Arbeit der Behörden und des Gemeinderates kritisch hinterfragt und einige Peinlichkeiten und Korruptionsaffären im öffentlichen Dienst aufgedeckt. Dadurch hat er sich in Behördenkreisen Feinde gemacht. Bei jeder Gelegenheit werden seine Anträge abgelehnt oder nur schleppend bearbeitet. Daran hat sich J mittlerweile gewöhnt. Neuerliche Ereignisse brachten seiner Auffassung nach „das Fass zum Überlaufen".

Nachdem sein Fahrzeug wiederholt rechtmäßig wegen des Parkens im Halteverbot umgesetzt worden war, überwies er den seitens der zuständigen Straßenverkehrsbehörde des Kreises geforderten Betrag in Höhe von € 196,– doppelt. Der Kostenbescheid, durch welchen die Zahlungspflicht gegenüber J als Adressaten begründet wird, ist mittlerweile bestandskräftig. Als J sich mit der Bitte um Rückzahlung an die Behörde wendete, erklärte diese, dass sie den Betrag einbehalten werde, da ohnehin davon auszugehen sei, dass das Fahrzeug des J als Wiederholungstäter in absehbarer Zeit wieder abgeschleppt werde. Sie rechnet mit der dann entstehenden neuen Forderung gegen das Rückzahlungsverlangen des J auf. Außerdem habe sie den überwiesenen Betrag bereits für die Anschaffung neuer Büromittel verwendet, die sie ohne die Zuvielzahlung des J niemals angeschafft hätte.

Im Zusammenhang mit den misslichen Abschleppvorgängen hatte J die zuständige Behörde schon mehrmals gebeten, vor seinem Haus ein Zeichen Nr. 274 der 2. Anlage zur StVO aufzustellen und die zulässige Höchstgeschwindigkeit auf 50 km/h zu begrenzen. Sein Heim – ein sanierter alter Bauernhof – ist an einer Landstraße gelegen, die bislang mit einer zulässigen Höchstgeschwindigkeit von 100 km/h befahren werden darf. Wenn jedoch schweres landwirtschaftliches Gerät oder LKW mit hoher Geschwindigkeit am Haus des J vorbeifahren, entstehen starke Vibrationen. Durch solche Vibrationen sind bereits sichtbare Risse in den Wänden des Gebäudes entstanden. Durch ein privat in Auftrag gegebenes Sachverständigengutachten sind die Befürchtungen des J bestätigt worden. Es sind bereits derart starke Verwerfungen im Fundament des Hauses festgestellt worden, dass der Bauernhof bei unvermindertem Verkehr in absehbarer Zeit nicht mehr bewohnbar sein wird. Abhilfe kann nur durch die Begrenzung der zulässigen Höchstgeschwindigkeit auf 50 km/h geschaffen werden.

Als sei das Verhalten der Behörden zulasten des J nicht schon hinreichend vorgeprägt, ist J trotz eines bereits wiederholt gestellten Antrags nicht zu einer seitens des Kreises in regelmäßigen Abständen veranstalteten Pressefahrt in die Gemeinde B eingeladen worden. Die Fahrt war – wie die anderen in diesem Zusammenhang veranstalteten Fahrten auch – den erneuerbaren Energien zwecks eines zeitnahen Ausstieges aus der Atomenergie gewidmet. Die zuständige Behörde teilte ihm nach der Veranstaltung mit, es sei nur eine begrenzte Teilnehmerzahl von 20 Personen vorgesehen gewesen und es hätten nur Journalisten eingeladen werden können, die sich für die Probleme des Energiewandels besonders interessieren und die gewonnenen Eindrücke regelmäßig in der Presse pressemäßig auswerteten. Das gelte auch für zukünftige Pressefahrten, wenngleich sie sich darüber im Klaren sei, dass sie insoweit eine Monopolstellung hat. Gleichzeitig wurde J das den Teilnehmern der Pressefahrt überlassene Informationsmaterial übersandt. Nunmehr steht eine bereits datierte neue Pressefahrt mit dem gleichen Ziel und ähnlichem Inhalt bevor. Die Einladungen sind bereits verschickt und J darf ebenso wie in der Vergangenheit nicht teilnehmen. Reagiert hat die Behörde auf seinen Antrag nicht, sondern er erfuhr dies nur durch Zufall. Es ist davon auszugehen, dass die Behörde bei der Abwägung, J einzuladen, dessen kritische Berichterstattung gegenüber dem öffentlichen Dienst außer Acht gelassen und lediglich die gegenläufigen Interessen berücksichtigt hat – insbesondere die Tatsache, dass die eingeladenen Journalisten sich anders als J ausschließlich mit Energiepolitik und -technik beschäftigen.

J erhebt nach Ablauf von drei Monaten seit Stellung seiner Anträge bei den zuständigen Behörden Klage vor dem Verwaltungsgericht mit dem Antrag, den Kreis zu verurteilen, die € 196,– zurück zu zahlen, die Geschwindigkeit vor seinem Haus auf 50 km/h zu beschränken und ihn zu der nächsten Pressefahrt nach B einzuladen. Die Behörden hatten auf seine Anträge schließlich nicht weiter reagiert.

Haben die Klagen des J Erfolg?

Zu berücksichtigende Vorschriften
§ 812 BGB

(1) Wer durch die Leistung eines anderen oder in sonstiger Weise auf dessen Kosten etwas ohne rechtlichen Grund erlangt, ist ihm zur Herausgabe verpflichtet. Diese Verpflichtung besteht auch dann, wenn der rechtliche Grund später wegfällt oder der mit einer Leistung nach dem Inhalt des Rechtsgeschäfts bezweckte Erfolg nicht eintritt.

[...]

§ 387 BGB

Schulden zwei Personen einander Leistungen, die ihrem Gegenstand nach gleichartig sind, so kann jeder Teil seine Forderung gegen die Forderung des anderen Teils aufrechnen, sobald er die ihm gebührende Leistung fordern und die ihm obliegende Leistung bewirken kann.

§ 388 BGB

Die Aufrechnung erfolgt durch Erklärung gegenüber dem anderen Teil. Die Erklärung ist unwirksam, wenn sie unter einer Bedingung oder einer Zeitbestimmung abgegeben wird.

§ 389 BGB

Die Aufrechnung bewirkt, dass die Forderungen, soweit sie sich decken, als in dem Zeitpunkt erloschen gelten, in welchem sie zur Aufrechnung geeignet einander gegenübergetreten sind.

§ 44 StVO

(1) Sachlich zuständig zur Ausführung dieser Verordnung sind, soweit nichts anderes bestimmt ist, die Straßenverkehrsbehörden; dies sind die nach Landesrecht zuständigen unteren Verwaltungsbehörden oder die Behörden, denen durch Landesrecht die Aufgaben der Straßenverkehrsbehörde zugewiesen sind. [...]

§ 45 StVO

(1) Die Straßenverkehrsbehörden können die Benutzung bestimmter Straßen oder Straßenstrecken aus Gründen der Sicherheit oder Ordnung des Verkehrs beschränken oder verbieten und den Verkehr umleiten. Das gleiche Recht haben sie
1. zur Durchführung von Arbeiten im Straßenraum,
2. zur Verhütung außerordentlicher Schäden an der Straße,
3. zum Schutz der Wohnbevölkerung vor Lärm und Abgasen,
4. zum Schutz der Gewässer und Heilquellen,
5. hinsichtlich der zur Erhaltung der öffentlichen Sicherheit erforderlichen Maßnahmen sowie
6. zur Erforschung des Unfallgeschehens, des Verkehrsverhaltens, der Verkehrsabläufe sowie zur Erprobung geplanter verkehrssichernder oder verkehrsregelnder Maßnahmen. [...]

§ 4 PresseG NRW

(1) Die Behörden sind verpflichtet, den Vertretern der Presse die der Erfüllung ihrer öffentlichen Aufgabe dienenden Auskünfte zu erteilen.

(2) Ein Anspruch auf Auskunft besteht nicht, soweit

1. durch sie die sachgemäße Durchführung eines schwebenden Verfahrens vereitelt, erschwert, verzögert oder gefährdet werden könnte oder
2. Vorschriften über die Geheimhaltung entgegenstehen oder
3. ein überwiegendes öffentliches oder ein schutzwürdiges privates Interesse verletzt würde oder
4. deren Umfang das zumutbare Maß überschreitet.

(3) Allgemeine Anordnungen, die einer Behörde Auskünfte an die Presse überhaupt, an diejenige einer bestimmten Richtung oder an ein bestimmtes periodisches Druckwerk verbieten, sind unzulässig.

(4) Der Verleger einer Zeitung oder Zeitschrift kann von den Behörden verlangen, dass ihm deren amtliche Bekanntmachungen nicht später als seinen Mitbewerbern zur Verwendung zugeleitet werden.

Schwerpunkte
Begünstigungsansprüche

Vertiefung
OVG Weimar – 3 KO 591/08; BVerwG – 7 C 48.82; vgl. BVerwGE 25, 72/76; BVerwG – 3 C 9.02; BVerwG 7 C 46.78; BVerwG – I C 30.71

Gliederung

1. Komplex: Die Rückzahlung

A. Sachurteilsvoraussetzungen (+)
    I. Rechtsweg (+)
    II. Zuständigkeit (+)
    III. Beteiligte (+)
    IV. Statthafte Klageart
    V. Besondere Sachurteilsvoraussetzungen (+)
        1. Besondere Prozessführungsbefugnis (–)
        2. Klagebefugnis (+)
    VI. Allgemeines Rechtsschutzbedürfnis (+)
    VII. Zwischenergebnis
B. Begründetheit (+)

    I.   Anspruchsgrundlage (+)
    II. Anspruchsvoraussetzungen (+)
        1.   Anspruchsbegründende Voraussetzungen (+)
        2.   Anspruchsausschließende Voraussetzungen (–)
           a)   Entreicherung (–)
           b)   Aufrechnung (–)
           aa) Aufrechnungserklärung (+)
           bb) Aufrechnungsgrund (–)
    III. Anspruchsinhalt
C. Ergebnis

2. Komplex: Die Geschwindigkeitsbegrenzung

A. Sachurteilsvoraussetzungen (+)
    I.   Rechtsweg (+)
    II. Zuständigkeit (+)
    III. Beteiligte (+)
    IV. Statthafte Klageart
    V. Besondere Sachurteilsvoraussetzungen (+)
        1.   Besondere Prozessführungsbefugnis (+)
        2.   Klagebefugnis (+)
        3.   Vorverfahren (–)
        4.   Klagefrist (+)
    VI. Zwischenergebnis
B. Begründetheit (+)
    I.   Anspruchsgrundlage (+)
    II. Anspruchsvoraussetzungen (+)
        1.   Formelle Anspruchsvoraussetzungen (+)
        2.   Materielle Anspruchsvoraussetzungen (+)
    III. Anspruchsinhalt
C. Ergebnis

3. Komplex: Die Pressefahrt

A. Sachurteilsvoraussetzungen (+)
    I.   Rechtsweg (+)
    II. Zuständigkeit (+)
    III. Beteiligte (+)
    IV. Statthafte Klageart
    V. Besondere Sachurteilsvoraussetzungen (+)
        1.   Besondere Prozessführungsbefugnis (+)
        2.   Klagebefugnis (+)

Lösungsvorschlag

Die folgende Lösung ist als Lösungsvorschlag zu verstehen und ausführlicher, als es in der Klausurbearbeitung verlangt werden kann. Aufgrund der wissenschaftlichen Freiheit können andere Lösungswege vertreten werden, soweit sie dogmatisch begründbar sind. Die Nachweise aus Rechtsprechung und Literatur sowie die das Verständnis fördernden Randbemerkungen sind in der Examensklausur auszusparen. Die Abkürzung „Alt." steht für Alternativfall, nicht für Alternative.

1. Komplex: Die Rückzahlung

A. Sachurteilsvoraussetzungen[1]

Die Klage des J hat jedenfalls Erfolg, soweit die Sachurteilsvoraussetzungen erfüllt sind und die Klage begründet ist.

---

1 **Hinweis:** Andere Aufbauvarianten werden vertreten (z.B. dreistufig oder Prüfung des Verwaltungsrechtsweges als Untergliederungspunkt der Zuständigkeit des Gerichts). Derartige Aufbauvarianten sind aber mit § 17a Abs. 2 GVG bzw. mit der Überschrift des 6. Abschnitts der VwGO sowie mit § 83 VwGO unvereinbar und daher bei exakter dogmatischer Zuordnung der Prüfungspunkte nicht zu empfehlen. Die Überschrift „Sachurteilsvoraussetzungen" anstelle der Überschrift „Zulässigkeit" ist sinnvoll, weil nach § 63 Nr. 3 VwGO auch der Beigeladene zu den Beteiligten gehört, das Fehlen einer notwendigen Beiladung i.S.d. § 65 Abs. 2 VwGO aber nur dazu führt, dass das Urteil keine materielle Rechtskraft entfaltet.

I. Rechtsweg

Der Verwaltungsrechtsweg kann mangels aufdrängender Sonderzuweisung gemäß § 40 Abs. 1 S. 1 VwGO eröffnet sein. Im Übrigen kommt ein Verweisungsbeschluss i.S.d. §§ 173 VwGO, 17a Abs. 2 GVG in Betracht. Der Verwaltungsrechtsweg ist eröffnet, wenn die streitentscheidende öffentlich-rechtliche Norm einen Hoheitsträger einseitig berechtigt oder verpflichtet bzw. wenn aufgrund typisch hoheitlichen Handelns zwischen den Beteiligten ein Subordinationsverhältnis besteht. Eine streitentscheidende Norm, durch die der Kreis als Hoheitsträger verpflichtet wird, den überhöht gezahlten Betrag zurück zu zahlen, ist nicht ersichtlich. Es handelt sich bei der Rückzahlung auch nicht um ein typisch hoheitliches Handeln im Subordinationsverhältnis. Maßgeblich ist somit der Sachzusammenhang.

Es könnte ein Sachzusammenhang der Rückzahlung zum Privatrecht bestehen, weil deren Grundlage ein bereicherungsrechtlicher Rückzahlungsanspruch sein könnte. Ist allerdings die Zahlung aufgrund einer öffentlich-rechtlichen Zahlungspflicht erfolgt, so ist die Kehrseite der Rückzahlung ebenfalls als öffentlich-rechtlich einzustufen (OVG Weimar – 3 KO 591/08). Die Zahlung des J erfolgte im Hinblick auf den Kostenbescheid, also auf einen öffentlich-rechtlichen Rechtssetzungsakt. Somit ist das Rückzahlungsbegehren auch dem öffentlichen Recht zuzuordnen. Da die Streitigkeit mangels doppelter Verfassungsunmittelbarkeit nicht verfassungsrechtlicher Art und eine abdrängende Sonderzuweisung nicht ersichtlich ist, bleibt es bei der Eröffnung des Verwaltungsrechtsweges. Der Verwaltungsrechtsweg ist gemäß § 40 Abs. 1 S. 1 VwGO eröffnet.

II. Zuständigkeit

Das Verwaltungsgericht ist gemäß § 45 VwGO als Eingangsinstanz für das Rückzahlungsbegehren des J sachlich zuständig, da Anhaltspunkte für abweichende Regelungen wie z.B. § 50 VwGO nicht ersichtlich sind, sodass kein Verweisungsbeschluss gemäß §§ 17a Abs. 2 GVG, 83 VwGO gefasst werden wird. Von der örtlichen Zuständigkeit des angerufenen Verwaltungsgerichts ist auszugehen.[2]

---

2 Gegebenenfalls ist die örtliche Zuständigkeit grundsätzlich im Anschluss an die sachliche Zuständigkeit zu prüfen. Ist sie jedoch gemäß § 52 Nr. 2 VwGO ausnahmsweise von der Klageart abhängig, sollte sie offen mit Verweis auf § 17a Abs. 2 GVG i.V.m. § 83 VwGO formuliert werden. Zum Ganzen: Heinze/Starke JURA 2012, 175 ff.

III. Beteiligte

J und der Kreis als Körperschaft öffentlichen Rechts können Beteiligte des Verfahrens sein. Beteiligte sind nach § 63 Nr. 1, 2 VwGO unter anderem der Kläger und der Beklagte, beteiligungsfähig nach § 61 Nr. 1 VwGO natürliche und juristische Personen. Behörden sind gemäß § 61 Nr. 3 VwGO i.V.m. dem Landesrecht nicht beteiligungsfähig. Als Kläger ist J gemäß § 61 Nr. 1 Alt. 1 VwGO beteiligungsfähig und gemäß § 62 Abs. 1 Nr. 1 VwGO prozessfähig.

Als Beklagter ist der Rechtsträger der Behörde maßgeblich. Die Verwaltung erfolgte durch die zuständige Straßenverkehrsbehörde, welche mangels geregelter Organleihe zum Kreis K gehört. Der Kreis ist gemäß den §§ 63 Nr. 2, 61 Nr. 1 VwGO beteiligungs- und mangels Anhaltspunkten bezüglich des für die Behörde handelnden Organwalters gemäß § 62 Abs. 1, 3 VwGO prozessfähig.

IV. Statthafte Klageart

Die statthafte Klageart richtet sich gemäß § 88 VwGO nach dem klägerischen Begehren unter Berücksichtigung des Anwendungsvorrangs maßnahmespezifischer Rechtsschutzformen und des rechtsstaatlichen Grundsatzes der Effektivität des Rechtsschutzes.

Dem klägerischen Begehren entspricht i.d.R. die effektivste Klageart, also nach Möglichkeit die Anfechtungsklage gemäß § 42 Abs. 1 Alt. 1 VwGO als Gestaltungsklage der Verwaltungsgerichtsordnung,[3] es sei denn, es gibt einen ausdrücklichen Antrag, der nicht überschritten werden darf. Da J den Kostenbescheid, der bestandskräftig ist, weder anfechten kann noch möchte, kommt eine allgemeine Leistungsklage, welche in der Verwaltungsgerichtsordnung zwar nicht ausdrücklich normiert, jedoch z.B. in den §§ 43, 111, 113 VwGO mehrfach erwähnt ist, in Betracht – mit dem Inhalt der Verurteilung zur Zahlung.

Sollte J hingegen eine verbindliche Festsetzung begehren, wäre die Verpflichtungsklage nach § 42 Abs. 1 Alt. 2 VwGO statthaft. Gegebenenfalls kann es gesetzlich vorgegeben sein, dass dem Anspruch auf Leistung eine Festsetzung vorausgeht, aus der sich dann als Sonderrechtsbeziehung der Leistungsanspruch ergibt. Besteht keine gesetzliche Vorgabe, jedoch ein Leistungsermessen der Behörde und möglicherweise auch eine begrenzte Kapazität, ist in der Regel auf der ersten Stufe ein Verwaltungsakt erforderlich, durch den der Leistungsanspruch dann begründet wird. Ist die Leistung hingegen bereits klar und ohne Spielräume bestimmt und besteht ein zumindest ungeschriebener Anspruch, ist

---

3 Die Anfechtungsklage ist besonders rechtsschutzintensiv, weil das Gericht als Judikative mittels einer Durchbrechung der Gewaltenteilung einen Verwaltungsakt als Rechtssetzungsakt der Exekutive aufhebt.

dies ein Indiz dafür, dass unmittelbar Leistung mittels einer allgemeinen Leistungsklage verlangt werden kann. Eine Norm, in der bei zu viel gezahlten Beträgen für den Fall des Rückzahlungsverlangens eine Festsetzung des Betrages durch einen Verwaltungsakt vorgeschrieben ist, ist nicht ersichtlich. Vielmehr ist der Rückzahlungsbetrag in Höhe von € 196,– klar beziffert und die Behörde muss diesbezüglich kein Ermessen ausüben. Somit ist die allgemeine Leistungsklage die statthafte Klageart.

V. Besondere Sachurteilsvoraussetzungen
Die besonderen Sachurteilsvoraussetzungen müssen erfüllt sein.

1. Besondere Prozessführungsbefugnis
Mangels planwidriger Regelungslücke und vergleichbarer Interessenlage, die nur bei einem Verwaltungsakt als Streitgegenstand bestünde, ist § 78 Abs. 1 Nr. 1 VwGO als nach der gesetzlichen Überschrift des 8. Abschnittes der Verwaltungsgerichtsordnung nur direkt für Anfechtungs- und Verpflichtungsklagen geltende Norm nicht analog anwendbar. Da es sich bei der besonderen Prozessführungsbefugnis um eine Art Prozessstandschaft handelt, bedarf es einer solchen auch nicht zwingend, sodass es insoweit keinen besonderen Prozessführungsbefugten gibt.[4]

2. Klagebefugnis
J kann klagebefugt sein. Die Klagebefugnis nach § 42 Abs. 2 VwGO setzt die Möglichkeit der Verletzung eines subjektiven Rechts bei Anfechtungs- und Ver-

---

[4] § 78 VwGO enthält nach h.M. eine Regelung über die besondere Prozessführungsbefugnis, die von der Beteiligungsfähigkeit und der Passivlegitimation zu trennen ist (MA: § 78 VwGO als Sonderregelung der Passivlegitimation, die aber in der Sachstation, also der Begründetheit, zu prüfen ist, da Passivlegitimation der Terminus für den materiell richtigen Klagegegner ist). Die besondere Prozessführungsbefugnis ist ein Unterpunkt bei den besonderen Sachurteilsvoraussetzungen und wird teilweise (vertretbar aber bzgl. der materiell-rechtlichen Passivlegitimation verwechslungsfähig) mit „Klagegegner" überschrieben.
    Einige Argumente für die h.M.:
– § 78 VwGO steht systematisch bei besonderen Sachurteilsvoraussetzungen
– Gesetzgebungskompetenzen
– falsche Behörde bzw. falscher Rechtsträger können nicht zum materiell richtigen Anspruchsgegner i.S. einer Passivlegitimation werden (zum Ganzen: Ehlers, Festschrift für Menger, S. 379 ff.; Hufen, Verwaltungsprozessrecht, § 12, Rn 38 ff. m.w.N.; vgl. OVG Münster NVwZ 1990, 188).

pflichtungsklagen voraus. Die Norm ist zwecks Vermeidung von Popularklagen bei allgemeinen Leistungsklagen analog anwendbar. Subjektive Rechte ergeben sich aus Sonderbeziehungen, einfachen Gesetzen, subsidiär aus Grundrechten, wobei jedenfalls aufgrund des weiten Schutzbereiches des Art. 2 Abs. 1 GG bei unmittelbaren Grundrechtseingriffen für das subjektive Recht direkt auf Grundrechte abgestellt werden kann. Ob ein Kläger tatsächlich in einem subjektiven Recht verletzt ist, ist für die Klagebefugnis irrelevant, da die Möglichkeit der Verletzung eines subjektiven Rechts genügt.

J hat in Erfüllung des ihm bekannt gegebenen Kostenbescheides doppelt gezahlt. Der Kostenbescheid als Rechtssetzungsakt der Behörde stellt eine Sonderrechtsbeziehung dar, sodass zumindest die Möglichkeit besteht, dass sich daraus bzw. aus einem damit möglicherweise zusammenhängenden öffentlich-rechtlichen Erstattungsanspruch ein subjektives Recht des J ergibt, in welchem er durch die Auszahlungsverweigerung der Behörde verletzt sein kann. J ist klagebefugt.

VI. Allgemeines Rechtsschutzbedürfnis

Mangels Anhaltspunkten für ein fehlendes Rechtsschutzbedürfnis ist J dieses nicht abzusprechen.

VII. Zwischenergebnis

Die Klage des J gegen den Kreis auf Rückzahlung des zu viel gezahlten Betrages ist zulässig.

B. Begründetheit

Die Klage des J ist begründet, soweit ihm ein Anspruch auf Rückzahlung des zu viel gezahlten Betrages zusteht.

I. Anspruchsgrundlage

Als Anspruchsgrundlage kommt § 49a Abs. 1 S. 1 NRW VwVfG in Betracht. Zwar enthält die Norm eine Spezialregelung des öffentlich-rechtlichen Erstattungsanspruches, jedoch lediglich zugunsten der öffentlich-rechtlichen Rechtsträger. Da andere Spezialregelungen des öffentlich-rechtlichen Erstattungsanspruches nicht ersichtlich sind, kommt nur ein allgemeiner öffentlich-rechtlicher Erstattungsanspruch in Betracht.

Leistungen ohne Rechtsgrund und sonstige rechtsgrundlose Vermögensverschiebungen müssen rückgängig gemacht werden. Dieser Rechtsgedanke, der sich unmittelbar aus der Forderung nach wiederherstellender Gerechtigkeit ergibt, hat im bürgerlichen Recht seine Ausprägung in den Vorschriften der §§ 812 ff. BGB über die ungerechtfertigte Bereicherung gefunden; im öffentlichen Recht ergibt er sich aus einer Vielzahl von Vorschriften, in denen für das jeweilige Rechtsgebiet die Rückgewähr des rechtsgrundlos Erlangten geregelt ist. Auch bei einer ausdrücklichen gesetzlichen Regelung müssen rechtsgrundlose Vermögensverschiebungen rückgängig gemacht werden. Es bedarf also eines allgemeinen öffentlich-rechtlichen Erstattungsanspruches.

Wegen der planwidrigen Regelungslücke im Gesetz kann sich dieser aus einer analogen Anwendung der §§ 812 ff. BGB ergeben. Dazu fehlt es wegen des öffentlich-rechtlichen Bezuges aber möglicherweise an einer mit dem Privatrecht vergleichbaren Interessenlage, da im öffentlichen Recht teilweise hoheitliches Handeln zugrunde liegt. Denkbar ist eine Ableitung aus der Pflicht zum rechtmäßigen Handeln des Staates aus dem unter anderem in Art. 20 Abs. 3 GG verankerten Rechtsstaatsprinzip i.V.m. den §§ 812 ff. BGB. Insoweit würde aber über das Rechtsstaatsprinzip ein Gesetzesvollziehungsanspruch gewährt, der verfassungs- und verwaltungsrechtlich nicht vorgesehen ist. Daher ergibt sich der allgemeine öffentlich-rechtliche Erstattungsanspruch aus der analogen Anwendung des § 62 S. 2 NRW VwVfG i.V.m. den §§ 812 ff. BGB, da das Privatrecht im Bereich des öffentlich-rechtlichen Vertrages insoweit anwendbar ist. Zudem wird der allgemeine öffentlich-rechtliche Erstattungsanspruch als Gewohnheitsrecht praktiziert, sodass insoweit ein eigenständiges Rechtsinstitut besteht (BVerwG – 7 C 48.82; vgl. BVerwGE 25, 72, 76; Achterberg, Allgemeines Verwaltungsrecht, 1982, S. 583). Analog § 62 S. 2 NRW VwVfG i.V.m. § 812 Abs. 1 S. 1 Alt. 1 BGB kann zugunsten des J ein Anspruch bestehen.

II. Anspruchsvoraussetzungen
Die Anspruchsvoraussetzungen müssen erfüllt sein.

1. Anspruchsbegründende Voraussetzungen
Anspruchsbegründend muss der Kreis durch eine Leistung des J etwas ohne Rechtsgrund erlangt haben. Erlangt kann jeder vermögenswerte Vorteil, auch die Ersparnis von Aufwendungen sein. Leistung ist die bewusste zweckgerichtete Mehrung fremden Vermögens, wobei es am Rechtsgrund fehlt, soweit der Zweck der Erfüllung fehlgeschlagen ist. Der Kreis hat von J zwar nicht Eigentum bzw. Besitz an Geldscheinen erlangt, durch die Überweisung auf ein Bankkonto jedoch eine Forderung gegen seine Bank in Form einer Bankgutschrift. Die Überweisung erfolgte in Erfüllung der Zahlungspflicht des J aus dem Kostenbe-

scheid i.S.d. §§ 77 Abs. 1 S. 1, 55 Abs. 1, 57 Abs. 1 Nr. 1, 59 Abs. 1 NRW VwVG i.V.m. § 11 Nr. 7 NRW VO VwVG, wenngleich dies versehentlich doppelt erfolgte. Der Erfüllungszweck ist daher bezüglich der Zuvielzahlung in Höhe von € 196,– fehlgeschlagen. Die anspruchsbegründenden Voraussetzungen sind erfüllt.

2. Anspruchsausschließende Voraussetzungen
Der Anspruch des J kann ausgeschlossen sein.

a) Entreicherung
Der Anspruch des J könnte wegen einer Entreicherung des Kreises i.S.d. § 818 Abs. 3 BGB ausgeschlossen sein. Aufgrund der besonderen Gegebenheiten im öffentlichen Recht kann die Entreicherung allerdings aus rechtsstaatlichen Gründen ausgeschlossen sein, weil der Staat i.S.d. Art. 20 Abs. 3 GG rechtmäßige Zustände herzustellen und zahlungskräftig zu sein hat.

Der im bürgerlichen Bereicherungsrecht geltende Grundsatz, dass vom erlangten Vermögenswert nur das noch Vorhandene, dieses aber auch immer, herauszugeben ist, findet auf beiden Seiten des Kondiktionsverhältnisses gleichermaßen Anwendung, unabhängig davon, wer der Bereicherte und wer der Entreicherte ist. Für ein öffentlich-rechtliches Erstattungsverhältnis, in dem sich der Bürger und die Verwaltung gegenüberstehen, erscheint die Anwendung dieses Grundsatzes nicht sinnvoll.

Anders als im Zivilrecht sind die Interessen beider Seiten von der Rechtsordnung nämlich nicht gleich, sondern unterschiedlich bewertet worden. Öffentliche Rechtsträger sind dem Grundsatz der Gesetzmäßigkeit der Verwaltung i.S.d. Art. 20 Abs. 3 GG verpflichtet. Ihr Interesse muss darauf gerichtet sein, eine ohne Rechtsgrund eingetretene Vermögensverschiebung zu beseitigen und den rechtmäßigen Zustand wiederherzustellen. Der rechtsstaatliche Grundsatz der Gesetzmäßigkeit gilt für sie auch, wenn sie selbst etwas ohne rechtlichen Grund erlangt haben. Deshalb – und nicht etwa nur, weil ein Wegfall der Bereicherung aus tatsächlichen Gründen selten nachweisbar sein wird – ist ihnen grundsätzlich versagt, sich auf eine Entreicherung zu berufen (BVerwG – 7 C 48.82). Unabhängig von der Erfüllung der Voraussetzungen des § 818 Abs. 3 BGB gilt der Ausschluss wegen einer Entreicherung nicht für den Kreis als öffentlichen Rechtsträger, wenngleich die Voraussetzungen von Amts wegen zu prüfen wären. Der Kreis kann sich wegen seiner rechtsstaatlichen Bindung somit nicht auf eine Entreicherung i.S.d. § 818 Abs. 3 BGB berufen.

b) Aufrechnung

Der Zahlungsanspruch des J kann durch die Aufrechnung des Kreises i.S.d. § 389 BGB erloschen sein. Zunächst müssen die Aufrechnungsvorschriften der §§ 387 ff. BGB im öffentlichen Recht analog § 62. 2 NRW VwVfG anwendbar sein. Zwar gibt es keine ausdrückliche Regelung über eine generelle Anwendbarkeit des Gestaltungsrechtes der Aufrechnung, jedoch ist sie mehrfach ausgeschlossen – beispielhaft in den §§ 51 Abs. 2 BeamtVG, 11 Abs. 2 BBesG. Im Umkehrschluss daraus ergibt sich, dass die Aufrechnung im Übrigen möglich ist. Die §§ 387 ff. BGB sind analog § 62 S. 2 NRW VwVfG anwendbar.

Wie bei jedem Gestaltungsrecht sind Voraussetzungen für die Aufrechnung eine Gestaltungserklärung, ein Gestaltungsgrund und der Nichtausschluss des Gestaltungsrechts.

aa) Aufrechnungserklärung

Der Kreis hat mittels der zuständigen Behörde die Aufrechnung i.S.d. § 388 S. 1 BGB erklärt. Diese Erklärung ist ihrerseits nicht durch die Klageerhebung des J gemäß § 80 Abs. 1 VwGO suspendiert worden, da sie keinen Verwaltungsakt i.S.d. § 35 S. 1 NRW VwVfG darstellt, sondern eine Willenserklärung. Eine Aufrechnungserklärung ist aber gemäß § 388 S. 2 BGB unwirksam, soweit sie eine unzulässige Bedingung enthält. Die Behörde erklärt die Aufrechnung als von einem zukünftigen Gesetzesverstoß mit der Folge der staatlichen Kostenerhebung abhängig. Der Eintritt dieser Bedingung ist allerdings lediglich vom Verhalten des J abhängig, sodass sich daraus nicht die Unwirksamkeit der Aufrechnungserklärung ergibt, weil insoweit keine Schutzwirkung des § 388 S. 2 BGB besteht.

bb) Aufrechnungsgrund

Der Kreis müsste gemäß § 387 BGB zur Aufrechnung aber eine fällige gleichartige Gegenforderung gegen die Hauptforderung des J haben. Eine solche Forderung besteht nicht, weil das Kraftfahrzeug des J nicht erneut abgeschleppt worden ist und kein weiterer Kostenbescheid erlassen worden ist. Auch andere Forderungen des Kreises, die als Gegenforderungen in Betracht kommen könnten, sind nicht ersichtlich. Somit fehlt es am Aufrechnungsgrund des Kreises.

III. Anspruchsinhalt

Inhalt des Anspruches ist eine Leistung, also die Rücküberweisung eines Betrages in Höhe von € 196,–.

C. Ergebnis
Der Kreis wird verurteilt, an J einen Betrag in Höhe von € 196,– zu zahlen.

2. Komplex: Die Geschwindigkeitsbeschränkung
A. Sachurteilsvoraussetzungen
Die Klage des J hat jedenfalls Erfolg, soweit die Sachurteilsvoraussetzungen erfüllt sind und die Klage begründet ist.

I. Rechtsweg
Der Verwaltungsrechtsweg kann mangels aufdrängender Sonderzuweisung gemäß § 40 Abs. 1 S. 1 VwGO eröffnet sein. Im Übrigen kommt ein Verweisungsbeschluss i.S.d. §§ 173 VwGO, 17a Abs. 2 GVG in Betracht. Der Verwaltungsrechtsweg ist eröffnet, wenn die streitentscheidende öffentlich-rechtliche Norm einen Hoheitsträger einseitig berechtigt oder verpflichtet bzw. wenn aufgrund typisch hoheitlichen Handelns zwischen den Beteiligten ein Subordinationsverhältnis besteht. J erstrebt die Aufstellung eines Verkehrszeichens in Form einer Geschwindigkeitsbegrenzung. Streitentscheidende Norm ist insoweit § 45 StVO, wodurch der Staat unter anderem einseitig berechtigt bzw. verpflichtet wird, Verkehrsschilder in Form von Ge- und Verboten aufzustellen. Da die Streitigkeit mangels doppelter Verfassungsunmittelbarkeit nicht verfassungsrechtlicher Art und eine abdrängende Sonderzuweisung nicht ersichtlich ist, bleibt es bei der Eröffnung des Verwaltungsrechtsweges. Der Verwaltungsrechtsweg ist gemäß § 40 Abs. 1 S. 1 VwGO eröffnet.

II. Zuständigkeit
Das Verwaltungsgericht ist gemäß § 45 VwGO als Eingangsinstanz für das Begehren des J bezüglich der Geschwindigkeitsbegrenzung sachlich zuständig, da Anhaltspunkte für abweichende Regelungen wie z.B. § 50 VwGO nicht ersichtlich sind, sodass kein Verweisungsbeschluss gemäß §§ 17a Abs. 2 GVG, 83 VwGO gefasst werden wird. Von der örtlichen Zuständigkeit des angerufenen Verwaltungsgerichts ist auszugehen.

III. Beteiligte
J und der Kreis als Körperschaft öffentlichen Rechts können Beteiligte des Verfahrens sein. Beteiligte sind nach § 63 Nr. 1, 2 VwGO unter anderem der Kläger und der Beklagte, beteiligungsfähig nach § 61 Nr. 1 VwGO natürliche und juristi-

sche Personen. Behörden sind gemäß § 61 Nr. 3 VwGO i.V.m. dem Landesrecht nicht beteiligungsfähig. Als Kläger ist J gemäß § 61 Nr. 1 Alt. 1 VwGO beteiligungsfähig und gemäß § 62 Abs. 1 Nr. 1 VwGO prozessfähig.

Als Beklagter ist der Rechtsträger der Behörde maßgeblich. Die Verwaltung erfolgt durch die zuständige Straßenverkehrsbehörde, welche mangels geregelter Organleihe zum Kreis K gehört. Der Kreis ist gemäß den §§ 63 Nr. 2, 61 Nr. 1 VwGO beteiligungs- und mangels Anhaltspunkten bezüglich des für die Behörde handelnden Organwalters gemäß § 62 Abs. 1, 3 VwGO prozessfähig.

IV. Statthafte Klageart

Die statthafte Klageart richtet sich gemäß § 88 VwGO nach dem klägerischen Begehren unter Berücksichtigung des Anwendungsvorrangs maßnahmespezifischer Rechtsschutzformen und des rechtsstaatlichen Grundsatzes der Effektivität des Rechtsschutzes. Dem klägerischen Begehren entspricht i.d.R. die effektivste Klageart, also nach Möglichkeit die Anfechtungsklage gemäß § 42 Abs. 1 Alt. 1 VwGO als Gestaltungsklage der Verwaltungsgerichtsordnung, es sei denn, es gibt einen ausdrücklichen Antrag, der nicht überschritten werden darf. J erstrebt nicht die Aufhebung eines Bescheides, sondern die Aufstellung eines Verkehrsschildes in Form einer Geschwindigkeitsbegrenzung. Es kann sich dabei um eine Verpflichtungsklage nach § 42 Abs. 1 Alt. 2 VwGO handeln. Dazu muss die Aufstellung des Verkehrsschildes einen Verwaltungsakt darstellen.

Ein Verwaltungsakt ist gemäß § 35 S. 1 NRW VwVfG jede Verfügung, Entscheidung oder andere hoheitliche Maßnahme, die eine Behörde zur Regelung eines Einzelfalles auf dem Gebiet des öffentlichen Rechts trifft und die auf unmittelbare Rechtswirkung nach außen gerichtet ist. Ein Schild zur Begrenzung der Geschwindigkeit enthält keine Einzelfallregelung, sondern eine konkret generelle Regelung. Konkret generelle Regelungen sind Verwaltungsakte in Form von Allgemeinverfügungen gemäß § 35 S. 2 NRW VwVfG. Es handelt sich bei Verkehrsschildern mit Ge- oder Verbotscharakter um Allgemeinverfügungen in Form einer Benutzungsregelung nach § 35 S. 2 Var. 3 NRW VwVfG. Es wird die Benutzung einer Sache geregelt. Durch eine Geschwindigkeitsbegrenzung durch das Zeichen Nr. 274 der 2. Anlage zur StVO wird geregelt, dass die Straße als Sache nur auf eine bestimmte Art und Weise benutzt werden darf, also ein Ge- bzw. Verbot. Es handelt sich bei der Geschwindigkeitsbegrenzung um eine Allgemeinverfügung in Form einer Benutzungsregelung gemäß § 35 S. 2 Var. 3 NRW VwVfG und damit um einen Verwaltungsakt, den J erstrebt. Die Verpflichtungsklage ist statthaft.

V. Besondere Sachurteilsvoraussetzungen
Die besonderen Sachurteilsvoraussetzungen können erfüllt sein.

1. Besondere Prozessführungsbefugnis
Besonders prozessführungsbefugt ist gemäß § 78 Abs. 1 Nr. 1 VwGO der Kreis als Körperschaft öffentlichen Rechts und Rechtsträger der zuständigen Straßenverkehrsbehörde, da im Landesrecht in Nordrhein-Westfalen keine Ausführungsvorschrift i.S.d. § 78 Abs. 1 Nr. 2 VwGO zugunsten der Behörden enthalten ist.

2. Klagebefugnis
J muss klagebefugt sein. Voraussetzung für die Klagebefugnis nach § 42 Abs. 2 VwGO ist die Möglichkeit der Verletzung eines subjektiven Rechts. Subjektive Rechte leiten sich aus Sonderrechtsbeziehungen, einfachen Gesetzen, subsidiär aus Grundrechten ab, wobei jedenfalls aufgrund des weiten Schutzbereiches des Art. 2 Abs. 1 GG bei unmittelbaren Grundrechtseingriffen für das subjektive Recht direkt auf Grundrechte abgestellt werden kann. Voraussetzung für ein einfachgesetzliches subjektives Recht ist, dass neben der Allgemeinheit auch der Einzelne geschützt wird. Durch eine subjektivierte Norm muss zumindest auch der Schutz von Individualinteressen erfasst sein, sodass der Träger dieser Individualinteressen die Befolgung dieser Rechtsnorm für sich beanspruchen kann. Die Schutzwirkung muss vom Gesetzgeber intendiert und darf nicht auf eine bloße Rechtsreflexwirkung rückführbar sein. Anderenfalls würden ein Gesetzesvollziehungsanspruch und Popularklagen gewährt werden.

Ein subjektives Recht des J kann sich aus § 45 Abs. 1 S. 2 Nr. 5 StVO ergeben. Dazu muss in § 45 Abs. 1 S. 2 Nr. 5 StVO der Einzelne neben der Allgemeinheit geschützt werden. Im Tatbestand ist das Merkmal der öffentlichen Sicherheit enthalten, durch welches grundsätzlich der Staat und seine Einrichtungen, Individualrechte und -rechtsgüter sowie die öffentliche Rechtsordnung geschützt werden. Allerdings enthält die Straßenverkehrsordnung Sonderordnungsrecht gegenüber dem allgemeinen Gefahrenabwehrrecht, sodass das Tatbestandsmerkmal der öffentlichen Sicherheit enger auszulegen ist. Würde es ebenso wie im allgemeinen Gefahrenabwehrrecht ausgelegt, hätte der Bundesgesetzgeber seine Gesetzgebungskompetenz aus Art. 74 Abs. 1 Nr. 22 GG, der auf den Straßenverkehr bezogen ist, überschritten, da er durch die Überschneidung mit dem allgemeinen Gefahrenabwehrrecht in Ländermaterien eingegriffen hätte. Folglich ist das Tatbestandsmerkmal der öffentlichen Sicherheit i.S.d. § 45 Abs. 1 S. 2 Nr. 5 StVO im Rahmen der Relativität der Rechtsbegriffe nur auf verkehrsspezifi-

sche Gefahren zu beziehen. Somit sind individuelle Interessen durch § 45 Abs. 1
S. 2 Nr. 5 StVO erfasst, als es um den verkehrsspezifischen Bereich geht.

In § 45 Abs. 1 S. 2 Nr. 5 StVO können daher nur verkehrsspezifische Gefahren erfasst sein und möglicherweise nur solche, die der Sicherheit und Leichtigkeit des Verkehrs zuwiderlaufen könnten. Sprachlich ist die Fassung des § 45
StVO auf die Kompetenz i.S.d. Art. 74 Abs. 1 Nr. 22 GG und auf § 6 Abs. 1 Nr. 17
StVG zurückzuführen. Die Vorschrift wurde auch und gerade zur Abwehr solcher Gefahren geschaffen, die zwar vom Straßenverkehr ausgehen, die aber –
über die Beeinträchtigung anderer Verkehrsteilnehmer hinausgehend bzw.
hiervon unabhängig – Dritte und allgemein die Umwelt beeinträchtigen. Durch
sie werden Einschränkungen des Verkehrs ermöglicht, die nicht dem Verkehr
selbst, sondern anderen Rechtsgütern und rechtlich geschützten Interessen zugute kommen. Durch sie wird den Straßenverkehrsbehörden auch die Möglichkeit, zum Schutz rechtlich geschützter Interessen betroffener Einzelpersonen
verkehrseinschränkend vorzugehen, eröffnet.

Zwar sind die genannten Aspekte primär auf den Schutz der Gesundheits-
interessen einzelner Nichtverkehrsteilnehmer bezogen, jedoch gelten sie auch,
wenn – über eine reine Beeinträchtigung der Allgemeinheit hinausgehende –
Beeinträchtigungen oder Schädigungen sonstiger rechtlich schutzwürdiger
Rechtsgüter von Einzelnen oder Gruppen durch unzulässigen oder übermäßi-
gen Verkehr erfolgen. Ebenso wie beispielsweise durch Straßenverkehr hervorgerufene Lärmeinwirkungen, seien sie bereits gesundheitsgefährdend oder
noch nicht, vom Schutzgut der öffentlichen Sicherheit oder Ordnung erfasst
werden können, wenn sie zumindest das nach allgemeiner Anschauung zumutbare Maß übersteigen (vgl. BVerwG, Urteil vom 13.12.1979 – 7 C 46.78 –
BVerwGE 59, 221), kann zu diesen Schutzgütern nämlich auch das Eigentum
von Anwohnern, Anliegern oder sonstigen Verkehrsbeeinträchtigten gehören,
soweit etwa die durch den stattfindenden Verkehr hervorgerufenen physikali-
schen Kräfte zu dessen Beeinträchtigung oder gar Zerstörung führen. Denn im
Polizei- und Ordnungsrecht und speziell im hier in Rede stehenden sachlich
begrenzten Ordnungsrecht des öffentlich-rechtlichen Straßenverkehrsrechts
gilt, dass durch eine rechtlich geschützte Eigentumsposition eine Pflicht der
ausführenden Gewalt hervorgerufen werden kann, zum Schutze dieses Eigentums einzugreifen (zum Ganzen: BVerwG – 3 C 9.02). Insoweit enthält die Straßenverkehrsordnung subjektive Rechte. Dies ergibt sich z.B. auch aus der Inhaltsbestimmung i.S.d. Art. 14 Abs. 1 S. 2 GG zugunsten des Eigentümers als
Anlieger in § 12 Abs. 3 Nr. 3 StVO. Insoweit ist in der Straßenverkehrsordnung
auch ein subjektives Recht enthalten. Somit sind auch in § 45 StVO über das
Tatbestandsmerkmal der öffentlichen Sicherheit subjektive Rechte der Nichtverkehrsteilnehmer enthalten, da insoweit das Eigentum i.S.d. Art. 14 GG als

Individualrecht über die in der Straßenverkehrsordnung bestehende Inhalts-
und Schrankenbestimmung i.S.d. Art. 14 Abs. 1 S. 2 GG definiert wird.

J ist Eigentümer des Bauernhofes im Bereich der vielbefahrenen Straße und
es besteht zumindest die Möglichkeit, dass er durch das Unterlassen des Auf-
stellens einer Geschwindigkeitsbegrenzung in seinem Eigentum, welches in
§ 903 BGB i.S.d. Art. 14 Abs. 1 S. 2 GG definiert ist, hinsichtlich des Straßenverkehrs verletzt ist. J ist somit gemäß § 42 Abs. 2 VwGO klagebefugt.

3. Vorverfahren

Ein Vorverfahren gemäß den §§ 68 ff. VwGO ist in Nordrhein-Westfalen gemäß
§ 68 Abs. 1 S. 2 VwGO i.V.m. § 110 Abs. 1 JustizG grundsätzlich entbehrlich. Eine
Rückausnahme ist nicht ersichtlich, zumal die Norm nur relevant sein kann,
soweit beschieden wurde. Der Durchführung eines Vorverfahrens bedurfte es
nicht, zumal die Behörde auf den Antrag des J nicht reagierte, sodass gemäß
§ 75 S. 1 VwGO deshalb kein Vorverfahren erforderlich war.

4. Klagefrist

Die Klagefrist von einem Monat gemäß § 74 Abs. 1 S. 2, Abs. 2 VwGO ist nicht
maßgeblich, da die Behörde keinen Bescheid erlassen hat. Vielmehr gilt § 75 S. 2
VwGO, sodass J die Klage nicht vor Ablauf von drei Monaten seit Antragstellung
erheben durfte. Unmittelbar nach Ablauf der drei Monate seit Stellung seines
Antrages auf Einrichtung der Geschwindigkeitsbegrenzung hat J die Klage erhoben.

VI. Zwischenergebnis

Die Sachurteilsvoraussetzungen sind erfüllt und die Klage ist zulässig.

B. Begründetheit

Die Klage ist gemäß § 113 Abs. 5 S. 1, 2 VwGO begründet, soweit die Ablehnung
eines Verwaltungsaktes rechtswidrig, der Kläger dadurch in seinen Rechten
verletzt und die Sache spruchreif bzw. soweit die Unterlassung der diesbezüglichen Bescheidung rechtswidrig oder die erfolgte Bescheidung fehlerhaft[5] und

---

5 **Achtung:** Im Rahmen des § 113 Abs. 5 S. 2 VwGO sollte im Obersatz nicht „ermessensfehlerfreie Bescheidung" geschrieben werden, da es auch Beurteilungsspielräume gibt, die über § 113
Abs. 5 S. 2 VwGO tenoriert werden.

der Kläger dadurch in seinen Rechten verletzt ist. Somit ist die Klage begründet, soweit der Kläger einen Anspruch auf eine zumindest fehlerfreie Bescheidung der Behörde hat.[6]

I. Anspruchsgrundlage

Als Anspruchsgrundlage kommen § 45 Abs. 1 S. 1 StVO und § 45 Abs. 1 S. 2 Nr. 5 StVO in Betracht. § 45 StVO ist zwar als Rechtsgrundlage formuliert, jedoch wegen des Tatbestandsmerkmals der öffentlichen Sicherheit subjektiviert. Da § 45 Abs. 1 S. 1 StVO systematisch in der Nähe zu § 45 Abs. 1 S. 2 Nr. 3–5 StVO steht, es in den letzteren Tatbeständen aber nicht um den Verkehr im engen Sinne geht, ist von § 45 Abs. 1 S. 1 StVO der Schutz des fließenden Verkehrs erfasst, während § 45 Abs. 1 S. 2 Nr. 5 StVO auf Gefahren für verkehrsfremde Individualrechte und -güter bezogen ist.

Insoweit ist die Vorschrift des § 45 Abs. 1 S. 2 Nr. 5 StVO als Ergänzung einiger Vorschriften einzuordnen – nämlich der Vorschriften in § 45 Abs. 1 S. 2 Nr. 3, 4 StVO sowie einiger Vorschriften in § 45 Abs. 1 a) StVO, die dadurch gekennzeichnet sind, dass es zwar um verkehrsverursachte Beeinträchtigungen anderer Schutzgüter als der Sicherheit und Leichtigkeit des Verkehrs geht, die aber vom Schutzgut der öffentlichen Sicherheit erfasst wären, wären sie nicht speziell geregelt (BVerwG – 3 C 9.02). Die Anspruchsgrundlage ist § 45 Abs. 1 S. 2 Nr. 5 StVO.

II. Anspruchsvoraussetzungen

Die Anspruchsvoraussetzungen müssen erfüllt sein.

1. Formelle Anspruchsvoraussetzungen

Formell hat J einen Antrag an die zuständige Straßenverkehrsbehörde i.S.d. § 44 Abs. 1 S. 1 StVO gestellt, wenngleich ein solcher aufgrund der Pflicht der Behörde zum rechtmäßigen Handeln i.S.d. Art. 20 Abs. 3 GG nicht erforderlich gewesen wäre.

---

6 Der Obersatz der Verpflichtungsklage müsste entsprechend dem Gesetzeswortlaut negativ formuliert werden, während es üblich ist, ihn positiv zu formulieren. Sinnvoll erscheint es, beide Formulierungen einzuarbeiten, um dem Prüfer wenig Angriffsfläche zu bieten. Als Minus ist im Antrag i.S.d. § 113 Abs. 5 S. 1 VwGO ein solcher nach § 113 Abs. 5 S. 2 VwGO enthalten.

2. Materielle Anspruchsvoraussetzungen

Materiell muss eine Gefahr für die öffentliche Sicherheit bestehen. Durch das Tatbestandsmerkmal der öffentlichen Sicherheit sind der Staat und seine Einrichtungen, Individualrechte bzw. -güter und die öffentliche Rechtsordnung geschützt. Bezüglich des J hat sich die Gefahr durch die Substanzschädigung im Fundament des Bauernhofes bereits verwirklicht.

III. Anspruchsinhalt

Anspruchsinhalt sind Entschließungs- und Auswahlermessen der Behörde i.S.d. § 45 Abs. 1 S. 2 Nr. 5 StVO i.V.m. § 45 Abs. 1 S. 1 StVO. Das Ermessen[7] der Behörde kann zugunsten des J auf Null reduziert sein.[8] Eine Ermessensreduktion auf Null kann sich aufgrund einer Schutzpflicht des Staates bezüglich des Eigentums i.S.d. Art. 14 GG des J ergeben.

Zwar sind Grundrechte in ihrer klassischen Funktion Abwehrrechte gegen staatliches Handeln, jedoch stellen sie gemäß Art. 1 Abs. 3 GG auch eine objektive Werteordnung dar, sodass durch sie Schutzpflichten begründet werden. Durch Grundrechte werden Schutzpflichten begründet, wenn im Rahmen eines verfassungsrechtlich gewährten subjektiven Rechts eine eingriffsadäquate bedeutsame Grundrechtsbeeinträchtigung bei hinreichender Schadenswahrscheinlichkeit und Schutzbedürftigkeit des Betroffenen gegeben ist.

Das Eigentum des J ist im Bürgerlichen Gesetzbuch unter anderem in den §§ 903 ff. BGB bereichsspezifisch im Sinne des Art. 14 Abs. 1 S. 2 GG definiert. Durch Dritte, die mit hoher Geschwindigkeit am Haus des J vorbeifahren, wird diese zivilrechtliche Eigentumsposition des J beeinträchtigt. Würden diese Beeinträchtigungen durch öffentliche Rechtsträger erfolgen, würden sie unmittelbare Eingriffe in das Eigentum darstellen. Die Schadenswahrscheinlichkeit ergibt sich schon aus den bereits bestehenden Fundamentschäden, sodass J auch schutzbedürftig ist.

Im Polizei- und Ordnungsrecht und speziell im sachlich begrenzten Sonderordnungsrecht des öffentlich-rechtlichen Straßenverkehrsrechts gilt somit, dass durch eine rechtlich geschützte Eigentumsposition eine Pflicht der ausfüh-

---

7 Prüfungsfolge beim Ermessen:

1. Ermessensreduktion auf Null
2. Ermessensausfall (ggf. partiell)
3. Ermessensüberschreitung (einschließlich der Ermessensreduktion im Übrigen)
4. Ermessensfehlgebrauch.

8 Die Reduktion auf Null ist primär zu prüfen, denn wenn das Ermessen auf Null reduziert ist, gibt es kein Ermessen mehr, das fehlerhaft ausgeübt sein könnte.

renden Gewalt hervorrufen werden kann, zum Schutze dieses Eigentums einzugreifen.

Eine durch eine unzulässige oder übermäßige verkehrliche Straßennutzung hervorgerufene Erschütterung eines bebauten Grundstücks – je nach Dauer und Umfang des Verkehrs sowie der sonstigen kennzeichnenden Gegebenheiten – kann zu einer rechtserheblichen Beeinträchtigung des Eigentümers in seinem Grundrecht aus Art. 14 GG führen, die dieser nicht hinzunehmen braucht und der die Straßenverkehrsbehörde nicht tatenlos zusehen darf, sofern ihr durch das Nichteinschreiten eine beachtliche Eigentumsbeeinträchtigung bzw. -verletzung nicht zugerechnet werden soll (BVerwG – 3 C 9.02).

Aufgrund der Eigentumsbeeinträchtigung bei J und der damit verbundenen grundrechtlichen Schutzpflicht, ist die Behörde verpflichtet, die Geschwindigkeitsbegrenzung einzuführen.

C. Ergebnis

Die Klage des J hat Erfolg, sodass der Kreis verpflichtet wird, die Geschwindigkeitsbegrenzung wie von J gefordert einzuführen.

3. Komplex: Die Pressefahrt
A. Sachurteilsvoraussetzungen

Die Klage des J hat jedenfalls Erfolg, soweit die Sachurteilsvoraussetzungen erfüllt sind und die Klage begründet ist.

I. Rechtsweg

Der Verwaltungsrechtsweg kann mangels aufdrängender Sonderzuweisung gemäß § 40 Abs. 1 S. 1 VwGO eröffnet sein. Im Übrigen kommt ein Verweisungsbeschluss i.S.d. §§ 173 VwGO, 17a Abs. 2 GVG in Betracht. Der Verwaltungsrechtsweg ist eröffnet, wenn die streitentscheidende öffentlich-rechtliche Norm einen Hoheitsträger einseitig berechtigt oder verpflichtet bzw. wenn aufgrund typisch hoheitlichen Handelns zwischen den Beteiligten ein Subordinationsverhältnis besteht. Eine streitentscheidende Norm, durch die der Kreis als Hoheitsträger verpflichtet wird, J zu der Pressefahrt einzuladen, ist nicht ersichtlich. Es handelt sich bei der Einladung zu einer Pressefahrt auch nicht um ein typisch hoheitliches Handeln im Subordinationsverhältnis. Maßgeblich ist somit der Sachzusammenhang.

Die Pressefahrt steht im Sachzusammenhang zur Ausweitung erneuerbarer Energien und somit im Zusammenhang zu öffentlich-rechtlichen Versorgungs-

und Gefahrenabwehraufgaben. Da die Streitigkeit mangels doppelter Verfassungsunmittelbarkeit nicht verfassungsrechtlicher Art und eine abdrängende Sonderzuweisung nicht ersichtlich ist, bleibt es bei der Eröffnung des Verwaltungsrechtsweges. Der Verwaltungsrechtsweg ist gemäß § 40 Abs. 1 S. 1 VwGO eröffnet.

II. Zuständigkeit

Das Verwaltungsgericht ist gemäß § 45 VwGO als Eingangsinstanz für die Zulassung des J zur Presseveranstaltung sachlich zuständig, da Anhaltspunkte für abweichende Regelungen wie z.B. § 50 VwGO nicht ersichtlich sind, sodass kein Verweisungsbeschluss gemäß §§ 17a Abs. 2 GVG, 83 VwGO gefasst werden wird. Von der örtlichen Zuständigkeit des angerufenen Verwaltungsgerichts ist auszugehen.

III. Beteiligte

J und der Kreis als Körperschaft öffentlichen Rechts können Beteiligte des Verfahrens sein. Beteiligte sind nach § 63 Nr. 1, 2 VwGO unter anderem der Kläger und der Beklagte, beteiligungsfähig nach § 61 Nr. 1 VwGO natürliche und juristische Personen. Behörden sind gemäß § 61 Nr. 3 VwGO i.V.m. dem Landesrecht nicht beteiligungsfähig. Als Kläger ist J gemäß § 61 Nr. 1 Alt. 1 VwGO beteiligungsfähig und gemäß § 62 Abs. 1 Nr. 1 VwGO prozessfähig.

Als Beklagter ist der Rechtsträger der Behörde maßgeblich. Die Verwaltung erfolgte durch die zuständige Behörde, welche mangels geregelter Organleihe zum Kreis K gehört. Der Kreis ist gemäß den §§ 63 Nr. 2, 61 Nr. 1 VwGO beteiligungs- und mangels Anhaltspunkten bezüglich des für die Behörde handelnden Organwalters gemäß § 62 Abs. 1, 3 VwGO prozessfähig.

IV. Statthafte Klageart

Die statthafte Klageart richtet sich gemäß § 88 VwGO nach dem klägerischen Begehren unter Berücksichtigung des Anwendungsvorrangs maßnahmespezifischer Rechtsschutzformen und des rechtsstaatlichen Grundsatzes der Effektivität des Rechtsschutzes.

Dem klägerischen Begehren entspricht i.d.R. die effektivste Klageart, also nach Möglichkeit die Anfechtungsklage gemäß § 42 Abs. 1 Alt. 1 VwGO als Gestaltungsklage der Verwaltungsgerichtsordnung, es sei denn, es gibt einen ausdrücklichen Antrag, der nicht überschritten werden darf. Da J keinen Bescheid anfechten kann, kommt eine allgemeine Leistungsklage, welche in der Verwaltungsgerichtsordnung zwar nicht ausdrücklich normiert, jedoch z.B. in den §§ 43, 111, 113 VwGO mehrfach erwähnt ist, in Betracht – mit dem Inhalt der Verurteilung des Kreises, J zur nächsten bereits geplanten Pressefahrt einzuladen.

Sollte J hingegen eine verbindliche Festsetzung begehren, wäre die Verpflichtungsklage nach § 42 Abs. 1 Alt. 2 VwGO statthaft. Gegebenenfalls kann es gesetzlich vorgegeben sein, dass dem Anspruch auf Leistung eine Festsetzung vorausgeht, aus der sich dann als Sonderrechtsbeziehung der Leistungsanspruch ergibt. Besteht keine gesetzliche Vorgabe, jedoch ein Leistungsermessen der Behörde und möglicherweise auch eine begrenzte Kapazität, ist in der Regel auf der ersten Stufe ein Verwaltungsakt erforderlich, durch den der Leistungsanspruch dann begründet wird. Ist die Leistung hingegen bereits klar und ohne Spielräume bestimmt und besteht ein zumindest ungeschriebener Anspruch, ist dies ein Indiz dafür, dass unmittelbar Leistung mittels einer allgemeinen Leistungsklage verlangt werden kann.

J erstrebt die Teilnahme an der nächsten Pressefahrt. Dort gibt es – wie in der Vergangenheit auch – 20 Plätze für Teilnehmer. Insoweit besteht eine Kapazitätsgrenze mit der Folge, dass die Behörde Ermessen ausüben muss. Somit ist die Verpflichtungsklage gemäß § 42 Abs. 1 Alt. 2 VwGO die statthafte Klageart.

V. Besondere Sachurteilsvoraussetzungen
Die besonderen Sachurteilsvoraussetzungen können erfüllt sein.

1. Besondere Prozessführungsbefugnis
Besonders prozessführungsbefugt ist gemäß § 78 Abs. 1 Nr. 1 VwGO der Kreis als Körperschaft öffentlichen Rechts und Rechtsträger der zuständigen Behörde, da im Landesrecht in Nordrhein-Westfalen keine Ausführungsvorschrift i.S.d. § 78 Abs. 1 Nr. 2 VwGO zugunsten der Behörden enthalten ist.

2. Klagebefugnis
J muss klagebefugt sein. Voraussetzung für die Klagebefugnis nach § 42 Abs. 2 VwGO ist die Möglichkeit der Verletzung eines subjektiven Rechts. Subjektive Rechte leiten sich aus Sonderrechtsbeziehungen, einfachen Gesetzen, subsidiär aus Grundrechten ab, wobei jedenfalls aufgrund des weiten Schutzbereiches des Art. 2 Abs. 1 GG bei unmittelbaren Grundrechtseingriffen für das subjektive Recht direkt auf Grundrechte abgestellt werden kann. Voraussetzung für ein

einfachgesetzliches subjektives Recht ist, dass neben der Allgemeinheit auch der Einzelne geschützt wird. Durch eine subjektivierte Norm muss zumindest auch der Schutz von Individualinteressen erfasst sein, sodass der Träger dieser Individualinteressen die Befolgung dieser Rechtsnorm für sich beanspruchen kann. Die Schutzwirkung muss vom Gesetzgeber intendiert und darf nicht auf eine bloße Rechtsreflexwirkung rückführbar sein. Anderenfalls würden ein Gesetzesvollziehungsanspruch und Popularklagen gewährt werden.

Ein subjektives Recht des J aus einer Sonderbeziehung oder aus einer einfachgesetzlichen Norm ist nicht ersichtlich, da in § 4 NRW PresseG allenfalls ein subjektives Recht auf die Erteilung einer Auskunft, nicht aber auf die Teilnahme an der Pressefahrt enthalten sein kann. Es kann aber die Möglichkeit bestehen, dass J einen Anspruch auf Teilhabe aus Art. 5 Abs. 1 S. 2 GG i.V.m. Art. 3 Abs. 1 GG hat. Zwar sind Grundrechte in ihrer klassischen Funktion Abwehrrechte gegen den Staat, jedoch können sie als objektive Werteordnung i.S.d. Art. 1 Abs. 3 GG auch originäre und derivative Leistungsrechte darstellen, soweit eine staatliche Monopolstellung besteht. Bezüglich der Pressefahrt nach B zur Fortentwicklung erneuerbarer Energien besteht ein Zugangsmonopol des Kreises, sodass zumindest die Möglichkeit besteht, dass J durch die Nichteinladung zur Fahrt in einem derivativen Leistungsrecht verletzt ist. J ist somit gemäß § 42 Abs. 2 VwGO klagebefugt.

3. Vorverfahren
Ein Vorverfahren gemäß den §§ 68 ff. VwGO ist in Nordrhein-Westfalen gemäß § 68 Abs. 1 S. 2 VwGO i.V.m. § 110 Abs. 1 JustizG grundsätzlich entbehrlich. Eine Rückausnahme ist nicht ersichtlich, zumal die Norm nur relevant ist, soweit beschieden wurde. Der Durchführung eines Vorverfahrens bedurfte es nicht, zumal die Behörde auf den Antrag des J nicht reagierte, sodass gemäß § 75 S. 1 VwGO auch deshalb kein Vorverfahren erforderlich war.

4. Klagefrist
Die Klagefrist von einem Monat gemäß § 74 Abs. 1 S. 2, Abs. 2 VwGO ist nicht maßgeblich, da die Behörde keinen Bescheid erlassen hat. Vielmehr gilt § 75 S. 2 VwGO, sodass J die Klage nicht vor Ablauf von drei Monaten seit Antragstellung erheben durfte. Unmittelbar nach Ablauf der drei Monate seit Stellung seines Antrages auf Teilnahme an der bevorstehenden Pressefahrt hat J die Klage erhoben.

VI. Zwischenergebnis
Die Sachurteilsvoraussetzungen sind erfüllt und die Klage ist zulässig.

B. Begründetheit
Die Klage ist gemäß § 113 Abs. 5 S. 1, 2 VwGO begründet, soweit die Ablehnung eines Verwaltungsaktes rechtswidrig, der Kläger dadurch in seinen Rechten verletzt und die Sache spruchreif bzw. soweit die Unterlassung der diesbezüglichen Bescheidung rechtswidrig oder die erfolgte Bescheidung fehlerhaft und der Kläger dadurch in seinen Rechten verletzt ist. Somit ist die Klage begründet, soweit der Kläger einen Anspruch auf eine zumindest fehlerfreie Bescheidung der Behörde hat.

I. Anspruchsgrundlage
§ 4 Abs. 1 NRW PresseG kommt als Anspruchsgrundlage zwar in Betracht, ist jedoch offensichtlich nicht maßgeblich, weil es insoweit lediglich um eine Auskunftserteilung, nicht aber um die Teilnahme an einer Veranstaltung wie einer Pressefahrt geht. Somit kommt nur ein Anspruch aus Grundrechten als Leistungsrechten in Betracht.

1. Originäres Leistungsrecht
Ein Anspruch des J kann sich aus einem Grundrecht als originärem Leistungsrecht ergeben. Grundrechte stellen in ihrer klassischen Funktion zwar Abwehrrechte gegen den Staat dar, können aber als objektive Werteordnung i.S.d. Art. 1 Abs. 3 GG auch Leistungsrechte begründen. Originär wird durch sie allerdings nur ein Leistungsrecht begründet, soweit es sich um eine atypische Konstellation handelt, die vom Gesetzgeber, der Wesentliches selbst zu regeln hat, typischerweise nicht geregelt werden konnte.

a) Art. 5 Abs. 1 S. 1 GG
Als Anspruchsgrundlage für ein originäres Leistungsrecht kommt Art. 5 Abs. 1 S. 1 GG in Betracht. Durch diese Verfassungsvorschrift wird jedermann – damit auch der Presse – neben der Meinungsäußerungs- und -verbreitungsfreiheit auch das Grundrecht, sich aus allgemein zugänglichen Quellen im Rahmen der Informationsfreiheit ungehindert zu unterrichten, gewährleistet. Allgemein zugänglich ist eine Informationsquelle, wenn sie technisch geeignet und bestimmt ist, der Allgemeinheit Informationen zu verschaffen (BVerfGE 27, 71, 83 und

BVerfGE 28, 175, 188), wie dies primär bei Massenkommunikationsmitteln gegeben ist. Der behördliche Bereich, um den es bei J geht, gehört nicht zu den einem unbestimmten Personenkreis faktisch und damit allgemein zugänglichen Quellen, da nicht jedermann Zugang zur Pressefahrt hat (BVerwG – I C 30.71). Art. 5 Abs. 1 S. 1 GG ist nicht die für J maßgebliche Anspruchsgrundlage.

b) Art. 5 Abs. 1 S. 2 GG

Art. 5 Abs. 1 S. 2 GG kann die für J maßgebliche Anspruchsgrundlage darstellen. Das dort geschützte Grundrecht der Pressefreiheit gewährleistet die institutionelle Eigenständigkeit der Presse (BVerfGE 10, 118, 121; BVerfGE 12, 205, 260). Die Pressefreiheit beginnt nicht erst mit der pressemäßigen Verbreitung einer eigenen Meinung, sondern es ist bereits die Beschaffung der Information und deren Verbreitung erfasst (BVerfGE 20, 162, 176; BVerfGE 21, 271, 279). Den im Pressewesen tätigen Personen und Unternehmen wird damit in gewissem Zusammenhang eine bevorzugte Rechtsstellung gesichert (BVerfGE 20, 162, 175).

Ob aus der Pressefreiheitsgarantie des Art. 5 Abs. 1 S. 2 GG auch ein rechtlich durchsetzbarer Auskunftsanspruch gegenüber Behörden hergeleitet werden kann – sodass § 4 NRW PresseG als die Ausprägung eines verfassungsrechtlichen Gebotes erscheint –, ist irrelevant (vgl. hierzu: Löffler, NJW 1964, 2278; in der Grundtendenz wohl auch BVerfGE 20, 162, 175 im Hinblick auf die „öffentliche Aufgabe" der Presse; BVerwG, Urteil vom 10.12.1971 – VII C 45.69 – BVerwGE 39, 159). J verlangt vom Kreis nämlich keine Auskunft über ein näher umrissenes Thema, wobei Initiative und Themenwahl von dem fragenden Journalisten ausgehen, sondern er beansprucht vom Kreis, mit Eigeninformationen versehen zu werden, welche dieser von sich aus unter eigener Themenwahl hinsichtlich der erneuerbaren Energien erteilt. Ebenso wie sich die Tätigkeit der amtlichen Pressestellen nicht auf das Auskunftsrecht der Presse gründet, sondern der Öffentlichkeitsarbeit dient (Rudolf, Presse und Rundfunk, in: Besonderes Verwaltungsrecht, herausgegeben von v. Münch, 3. Aufl. 1972, 637), gilt dies auch für andere Veranstaltungen, welche die Behörden zur Unterrichtung von Pressevertretern einrichten. Ein Rechtsanspruch der Presse auf Versorgung mit Eigeninformationen seitens der öffentlichen Rechtsträger über alle die Öffentlichkeit interessierenden amtlichen Vorgänge lässt sich aus der grundrechtlich gewährleisteten Pressefreiheit nicht ableiten. Ein originärer Leistungsanspruch aus Art. 5 Abs. 1 S. 2 GG kann für J letztlich nicht bestehen.[9]

---

9 Es ist vertretbar, nicht schon bei der Anwendbarkeit der Anspruchsgrundlage zu prüfen, aus welchem Grundrecht sich der Anspruch ergibt. Dogmatisch wäre es genauso möglich, die jeweilige Norm bis zu den Voraussetzungen zu prüfen, um dann bei den Voraussetzungen gege-

2. Derivatives Leistungsrecht[10]

Somit ist Anspruchsgrundlage Art. 5 Abs. 1 S. 2 GG i.V.m. Art. 3 Abs. 1 GG für ein derivatives Leistungsrecht.

II. Anspruchsvoraussetzungen

Formell hat J jedenfalls einen Antrag bei der zuständigen Behörde gestellt. Die Voraussetzungen für ein Grundrecht als derivatives Leistungsrecht sind eine staatliche Monopolstellung und die Begünstigung anderer in einer Vergleichsuntergruppe. Zudem darf die Erfüllung des Anspruches nicht unmöglich sein.

Der Kreis hat für die öffentliche Pressefahrt zum Thema der Entwicklung erneuerbarer Energien eine Monopolstellung. Obergruppe sind Journalisten. Andere Journalisten sind eingeladen – J hingegen nicht. Da Gleiches gleich zu behandeln ist, können andere aus der Vergleichsgruppe begünstigt worden sein. Aus der Gewährleistung der Pressefreiheit ergibt sich i.V.m. Art. 3 Abs. 1 GG, dass die Behörde, wenn sie Eigeninformationen erteilt, diese grundsätzlich allen interessierten Journalisten in gleicher Weise zugänglich machen muss – ohne Rücksicht auf sachliche oder persönliche Qualifikationen. Die Behörde darf nicht zwischen „guter" und „schlechter" Presse unterscheiden oder etwa nur solche Journalisten informieren, die in ihrer bisherigen journalistischen Tätigkeit einseitig und unkritisch ein nur positives Bild ihrer Einrichtungen und Dienstleistungen der Öffentlichkeit vermittelt haben. Öffentliche Rechtsträger müssen eine neutrale Informationsstelle sein (BVerwG – I C 30.71). Andere Journalisten sind nicht schon deshalb mit J unvergleichbar, weil er über öffentliche Rechtsträger kritisch berichtet hat, andere hingegen nicht. Andere mit J vergleichbare Personen – Journalisten – sind vom Kreis eingeladen und werden somit begünstigt.

Eine Unmöglichkeit, auch J einzuladen, ist nicht ersichtlich.

III. Anspruchsinhalt

Anspruchsinhalt ist grundsätzlich eine Ermessensentscheidung auf Gleichbehandlung von Gleichem im Rahmen bestehender Kapazitätsgrenzen. Es kann schon verfassungsrechtlich nur ein Anspruch auf ermessensfehlerfreie Beschei-

---

benenfalls abzubrechen und mit der nächsten Anspruchsgrundlage fortzufahren. Dies würde aber zu einem eher unübersichtlichen Aufbau führen.

10 Während Grundrechte als originäre Leistungsrechte nur in atypischen Konstellationen in Betracht kommen und daher selten sind, können derivative Leistungsrechte häufiger Gegenstand einer Klausur sein.

dung bestehen, es sei denn, das Ermessen ist aufgrund der gewichtigen Grundrechte des Anspruchstellers auf Null reduziert.

Insoweit ist zunächst davon auszugehen, dass der besondere, im Vergleich zu allgemeinen Pressekonferenzen wesentlich individuellere Charakter der Informationsfahrten eine Beschränkung der Teilnehmerzahl gebietet. Die Bestimmung der Zahl der Teilnehmer liegt bei diesen Veranstaltungen somit im Ermessen der Behörde. Sie darf sich im Rahmen der Verhältnismäßigkeit[11] auch von Kostengründen leiten lassen. Gegen die Beschränkung der Zahl der teilnehmenden Journalisten auf 20 sind keine Einwendungen rechtlicher Art zu erheben.

Damit ergibt sich bei einer größeren Anzahl interessierter Journalisten die Notwendigkeit einer Auswahl. Die Behörde ist dabei an den Gleichheitssatz gebunden. Sie muss sich von sachgerechten Erwägungen leiten lassen und darf keinesfalls willkürlich verfahren. Insbesondere muss sie auch die sich aus der Pressefreiheit ergebenden Prinzipien als grundlegende Wertentscheidungen der Verfassung beachten. Durch die in Art. 5 Abs. 1 S. 2 GG getroffene besondere Wertentscheidung des Grundgesetzgebers wird das Auswahlermessen des Beklagten eingeschränkt (vgl. BVerfGE 36, 321, 330); eine Auswahl, die dem in Art. 5 Abs. 1 S. 2 GG ausgedrückten Willen des Verfassungsgebers zuwiderliefe, wäre nicht sachgerecht. Seitens der an der Teilnahme interessierten Journalisten entspricht dem Gebot der Gleichbehandlung und der Beachtung des Grundrechtsschutzes der Pressefreiheit, dem die Behörde unterliegt, ein Anspruch auf eine in diesem Sinne ermessensfehlerfreie Teilnehmerauswahl. Rechtlich durchsetzen kann der einzelne Pressevertreter seine Teilnahme nur ausnahmsweise, wenn gerade seine Nichtberücksichtigung sach- und rechtswidrig wäre.

Aus der Gewährleistung der Pressefreiheit ist zu folgern, dass die Behörde, soweit sie Eigeninformationen erteilt, diese grundsätzlich allen interessierten Journalisten in gleicher Weise zugänglich machen muss, ohne Rücksicht auf sachliche oder persönliche Qualifikationen. Die Behörde darf nicht zwischen „guter" und „schlechter" Presse unterscheiden oder etwa nur solche Journalisten informieren, die in ihrer bisherigen journalistischen Tätigkeit einseitig und unkritisch ein nur positives Bild ihrer Einrichtungen und Dienstleistungen der Öffentlichkeit vermittelt haben. Öffentliche Rechtsträger müssen eine neutrale Informationsstelle sein.

Dieser Grundsatz darf jedoch einer Unterrichtung von Pressevertretern auch in kleinerem Kreise nicht entgegenstehen. Andernfalls wäre nur noch eine uniforme Massenunterrichtung der Presse in der Form allgemeiner Pressekonferenzen möglich, andere individuellere Formen der Information müssten unterblei-

---

11 Ist eine Ungleichbehandlung personenbezogen oder freiheitsrechtsbezogen, ist neben eines Willkürverbotes eine Verhältnismäßigkeitsprüfung vorzunehmen.

ben. Sie erscheinen jedoch zur Erfüllung der „öffentlichen Aufgabe" der Presse neben den Pressekonferenzen und zu deren Ergänzung unentbehrlich. Die verfassungsmäßige Garantie der Pressefreiheit wird bei Presseveranstaltungen für einen kleineren Kreis nur dann verletzt, wenn die Auswahl der Teilnehmer auf eine Reglementierung oder Steuerung der Presse oder eines Teils von ihr hinausliefe. Das ist nicht anzunehmen, wenn die Informationsveranstaltung einem bestimmten Fachthema gewidmet ist – aus dem Bereich der öffentlichen Energieversorgung – und die zu dieser Veranstaltung eingeladenen Journalisten danach ausgewählt werden, ob sie sich bisher schon auf diesem Gebiet fachjournalistisch betätigt haben. Eine nach solchen Kriterien getroffene Auswahl ist sachgerecht; durch sie wird weder gegen Art. 5 Abs. 1 GG noch gegen Art. 3 Abs. 1 GG verstoßen.

Der Kreis war also nicht verpflichtet und wird bei gleich bleibenden Verhältnissen auch künftig nicht verpflichtet sein, den Kläger zu Pressefahrten einzuladen. Die journalistische Tätigkeit des J bezieht sich nicht vorzugsweise auf das Thema der erneuerbaren Energien. Ob andernfalls der Beklagte verpflichtet wäre, dem Kläger jedenfalls gelegentlich die Teilnahme an einer überregionalen Pressefahrt zu ermöglichen und dafür gegebenenfalls einen der bisherigen ständigen Teilnehmer ausscheiden zu lassen, ist somit irrelevant.

J kann somit nur ermessensfehlerfreie Bescheidung verlangen. Sein Anspruch auf ermessensfehlerfreie Bescheidung könnte allerdings bereits erloschen sein, da die Behörde unabhängig von seiner kritischen Berichterstattung über den öffentlichen Dienst eine sachgerechte Abwägung zwischen den Interessen des J und denen anderer Journalisten getroffen hat. Insoweit ist jedoch maßgeblich, dass sie formal nicht beschieden hat, sondern untätig war.

C. Ergebnis
Die Klage des J auf Teilnahme an der Pressefahrt hat insoweit Erfolg, als fehlerfrei zu bescheiden ist. Im Übrigen wird sie abgewiesen.

4. Komplex: Klageverbindung
Gemäß § 44 VwGO als Grundregelung für die objektive Klagehäufung können Klagen verbunden werden, wenn sie sich gegen denselben Beklagten richten, im Zusammenhang stehen und dasselbe Gericht zuständig ist. Zudem müssen die Klagen aus rechtsstaatlichen Gründen i.S.d. Art. 20 Abs. 3 GG gleichzeitig entscheidungsreif sein. Alle Klagen des J richten sich zwar gegen den Kreis und es ist dasselbe Gericht zuständig. Es fehlt jedoch an der Konnexität der Klagen, da es sich um voneinander unabhängige Sachverhalte handelt. Eine objektive Klagehäufung ist nicht möglich.

Allg. Verwaltungsrecht – Fall 5: „Ein Fass ohne Boden"

Am 5. November vergangenen Jahres startete ein Castortransport von Frankreich in das Atommüllendlager in Gorleben. Zur Sicherung des Transportes waren zahlreiche Hundertschaften der Bundespolizei eingesetzt, um Demonstranten von den Gleisen fernzuhalten. So sollte Sabotageakten vorgebeugt werden.

Kurz vor der Gemeindegrenze Gorlebens stellten Beamte der Bundespolizei fest, dass ein Sattelschlepper (40 Tonnen schwer) ohne irgendwelche Sicherungen quer über den Gleisen stand. Ob das Fahrzeug absichtlich zur Behinderung des Castortransports abgestellt worden war oder ob es lediglich wegen eines Defekts dort zum Halten gekommen war, konnte nicht aufgeklärt werden. Ebenso wenig konnte in der Eilsituation festgestellt werden, wer der Halter des Fahrzeugs ist und wie er hätte kontaktiert werden können. Daher sahen sich die Beamten der Bundespolizei gezwungen, das Fahrzeug mit gehörigem Aufwand an Material und Personal von den Gleisen zu bewegen. Während der Arbeiten kam der Landwirt B – ein begeisterter Befürworter der Atomenergie – freiwillig hinzu und versuchte, den 40-Tonner mit seinem Traktor von den Gleisen zu ziehen. Dabei verbog sich die Anhängerkupplung des gerade neu angeschafften Traktors der chinesischen Newcomer-Marke MegaTrak, jedoch führte diese Maßnahme letztendlich zum Erfolg. B war stolz auf die gelungene Aktion und froh darüber, dass er – unmittelbar bevor er seine Arbeit begann – von der Bundesrepublik Deutschland offiziell beauftragt wurde. Dass die Anhängerkupplung verbog, war jedoch nicht auf einen Materialfehler zurückzuführen, sondern ist – so zutreffend ein Sachverständiger – bei derartigen Aktionen normal und somit bei den Kosten als normaler Posten zur Durchführung einzukalkulieren.

Nach der Maßnahme konnte der Spediteur S als Halter des Fahrzeugs ermittelt werden. Daraufhin erhielt er sofort eine Benachrichtigung und am 15. November einen Bescheid der zuständigen Bundespolizeidirektion, welche von ihm die Erstattung der angefallenen Kosten für polizeieigenes Material und Personal in Höhe von € 650,– Euro forderte, jedoch die von B zunächst noch nicht eingeforderten € 450,– einzuberechnen vergaß. Der Bescheid enthielt auch eine Rechtsbehelfsbelehrung, nach der gegen den Bescheid binnen vier Wochen Widerspruch eingelegt werden könne.

Hiergegen legt S am 2. Januar Widerspruch ein. Er begründet den Widerspruch damit, dass sein Fahrzeug wegen eines Defekts auf den Gleisen „liegen geblieben" sei und er doch für einen solchen Fall „höherer Gewalt" nicht haftbar gemacht werden könne. Als die Bundespolizei das Fahrzeug entdeckt habe, sei er in der Gaststätte „Zum Silbersack" gewesen, um auf den Schreck ein Bier zu trinken. Außerdem sei der Betrag ohnehin viel zu hoch.

Am 17. Januar bekommt er vom Bundespolizeipräsidium einen Widerspruchsbescheid mit folgendem Inhalt:

1. Ihr Widerspruch wird als unbegründet zurückgewiesen.
2. Die Höhe des von Ihnen zu erstattenden Betrages wird auf € 1100,– Euro heraufgesetzt.
3. Außerdem wird Ihnen untersagt, sich während des nächsten Castortransports am 14. Juni dieses Jahres in der Zeit von 0 bis 24 Uhr in der Nähe der Gleise (bis zu 50 m), welche zum Atommüllendlager führen, aufzuhalten.

Die Bescheidung durch das Bundespolizeipräsidium wird auf eine allgemeine veröffentlichte Übertragungsanordnung gestützt. Zur Begründung wird ausgeführt, dass dem Landwirt B zwischenzeitlich Ersatz in Höhe von € 450,– für seine verbogene Anhängerkupplung aus dem Auftragsverhältnis und gemäß § 51 Abs. 3 Nr. 1 BPolG – nicht aber aus einer Amtshaftung gemäß § 839 Abs. 1 S. 1 BGB i.V.m. Art. 34 S. 1 GG – gewährt wurde und daher nun bei S Regress zu nehmen sei.

S meint, er sei mangels Verschulden schon nicht zur Zahlung hinsichtlich des ersten Bescheides verpflichtet gewesen, der Widerspruchsbescheid aber schlage doch „dem Fass den Boden aus". Das Bundespolizeipräsidium dürfe als Widerspruchsbehörde weder den geforderten Betrag erhöhen, noch ihm verbieten, sich an den Gleisen aufzuhalten.

Hat eine Klage des S beim Verwaltungsgericht Erfolg, wenn der Kostenansatz bezüglich des Personals und Materials in Höhe von € 650,– rechtmäßig ist und die Aufwendungen in Höhe von € 450,– gegenüber B tatsächlich entstanden sind? Bezüglich des Kostenbescheides sind etwaige Verfahrens- und Formerfordernisse eingehalten worden.

Schwerpunkte
reformatio in peius in der Abwehrkonstellation
qualitative und quantitative reformatio in peius

Vertiefung
BVerwG, Az.: 4 C 34.75

Gliederung

b)   Voraussetzungen (+)
aa)   Formelle Voraussetzungen (+)
bb)   Materielle Voraussetzungen (+)
c)   Rechtsfolge (+)
3.   Rechtswidrigkeit der Anordnung des Betretungsverbotes (–)
a)   Rechtsgrundlage (+)
b)   Voraussetzungen (–)
c)   Zwischenergebnis
II.   Rechtsverletzung (+)
C. Ergebnis

Lösungsvorschlag

Die folgende Lösung ist als Lösungsvorschlag zu verstehen und ausführlicher, als es in der Klausurbearbeitung verlangt werden kann. Aufgrund der wissenschaftlichen Freiheit können andere Lösungswege vertreten werden, soweit sie dogmatisch begründbar sind. Die Nachweise aus Rechtsprechung und Literatur sowie die das Verständnis fördernden Randbemerkungen sind in der Examensklausur auszusparen. Die Abkürzung „Alt." steht für Alternativfall, nicht für Alternative.

Die Klage des S hat jedenfalls Erfolg, soweit die Sachurteilsvoraussetzungen erfüllt sind und die Klage begründet ist.

A. Sachurteilsvoraussetzungen[1]
Die Sachurteilsvoraussetzungen können erfüllt sein.

---

1 **Hinweis:** Andere Aufbauvarianten werden vertreten (z.B. dreistufig oder Prüfung des Verwaltungsrechtsweges als Untergliederungspunkt der Zuständigkeit des Gerichts). Derartige Aufbauvarianten sind aber mit § 17a Abs. 2 GVG bzw. mit der Überschrift des 6. Abschnitts der VwGO sowie mit § 83 VwGO unvereinbar und daher bei exakter dogmatischer Zuordnung der Prüfungspunkte nicht zu empfehlen. Die Überschrift „Sachurteilsvoraussetzungen" anstelle der Überschrift „Zulässigkeit" ist sinnvoll, weil nach § 63 Nr. 3 VwGO auch der Beigeladene zu den Beteiligten gehört, das Fehlen einer notwendigen Beiladung i.S.d. § 65 Abs. 2 VwGO aber nur dazu führt, dass das Urteil keine materielle Rechtskraft entfaltet.

I. Rechtsweg

Der Verwaltungsrechtsweg kann aufgrund einer aufdrängenden Sonderzuweisung, hilfsweise gemäß der Generalklausel des § 40 Abs. 1 S. 1 VwGO eröffnet sein, soweit keine abdrängende Sonderzuweisung besteht. Gegebenenfalls ergeht ein Verweisungsbeschluss i.S.d. § 17a Abs. 2 GVG i.V.m. § 173 VwGO.

1. Aufdrängende Sonderzuweisung und Generalklausel

Bezüglich eines eventuell bestehenden Aufwendungsersatzanspruches der Bundesrepublik Deutschland gegen S aus § 55 Abs. 2 S. 1 BPolG gilt § 56 HS. 2 BPolG als aufdrängende Sonderzuweisung, sodass insoweit der Verwaltungsrechtsweg eröffnet wäre.

Mangels aufdrängender Sonderzuweisung bezüglich des Ausgangsbetrages in Höhe von € 650,– kann der Verwaltungsrechtsweg nur gemäß § 40 Abs. 1 S. 1 VwGO eröffnet sein. Der Verwaltungsrechtsweg ist demnach jedenfalls eröffnet, wenn die streitentscheidende öffentlich-rechtliche Norm einen Hoheitsträger einseitig berechtigt oder verpflichtet bzw. wenn aufgrund typisch hoheitlichen Handelns zwischen den mutmaßlichen Beteiligten ein Subordinationsverhältnis besteht.

Als streitentscheidende Normen kommen § 19 Abs. 2 S. 1 BPolG oder § 19 Abs. 1 S. 1 VwVG i.V.m. AO in Betracht. Diese Normen berechtigen die Bundesrepublik Deutschland als öffentliche Rechtsträgerin, vom Bürger Kostenerstattung zu verlangen. Bezüglich der Ziffer 3 des Bescheides kann es sich um einen Platzverweis handeln, sodass insoweit § 38 BPolG als streitentscheidende Norm maßgeblich ist. Auch aus der von der Bundespolizeidirektion und dem Bundespolizeipräsidium gewählten Handlungsform des Bescheides ergibt sich der öffentlich-rechtliche Charakter der Streitigkeit, da insoweit typisch hoheitlich im Subordinationsverhältnis gehandelt worden ist. Der Verwaltungsrechtsweg wäre somit gemäß § 40 Abs. 1 S. 1 VwGO eröffnet. Es darf jedoch keine abdrängende Sonderzuweisung bestehen.

2. Abdrängende Sonderzuweisung

Soweit eine abdrängende Sonderzuweisung gegeben ist, ist der Verwaltungsrechtsweg dennoch nicht eröffnet. Eine abdrängende Sonderzuweisung könnte sich aus Art. 34 S. 3 GG ergeben. Gemäß Art. 34 S. 3 GG darf der ordentliche Rechtsweg für Schadensersatz und den Rückgriff nicht ausgeschlossen sein. Damit kann eine verbindliche abdrängende Sonderzuweisung zum ordentlichen Gericht geregelt worden sein. Nach dem Wortlaut der Norm darf der ordentliche Rechtsweg lediglich nicht „ausgeschlossen" werden, sodass sich ein Recht zur

Wahl des Rechtsweges durch den Kläger ergeben könnte. Die Verbindlichkeit der Regelung könnte sich allerdings aus § 40 Abs. 2 S. 1 Var. 3 VwGO ergeben, wonach Schadensersatz zum ordentlichen Gericht gehört. Eine Spezifizierung der Verfassung durch einfachgesetzliche Regelungen ist zwar denkbar, jedoch darf die Zuweisung zum ordentlichen Gericht nicht nur abdrängend aus Sicht des Verwaltungsgerichtes wirken, sondern muss auch aufdrängend aus der Sicht des ordentlichen Gerichts gelten. Da für das ordentliche Gericht allerdings nicht die Verwaltungsgerichtsordnung gilt, muss sich eine verbindliche Zuweisung zum ordentlichen Gericht schon unmittelbar aus dem höherrangigen Recht ergeben. Art. 34 S. 3 GG steht allerdings in praktischer Konkordanz zum unter anderem in Art. 20 Abs. 3 GG verankerten Rechtsstaatsprinzip und zu Art. 101 Abs. 1 S. 2 GG. Insoweit bedarf es einer hinreichend bestimmten Gerichtszuweisung auch zur Gewährung eines hinreichend bestimmten gesetzlichen Richters. Aufgrund dieser praktischen Konkordanz ist schon Art. 34 S. 3 GG als verbindliche Zuweisung zum ordentlichen Gericht zu verstehen, sodass eine einfachgesetzliche Regelung wie § 40 Abs. 2 S. 1 Var. 3 VwGO diesbezüglich lediglich deklaratorisch wirkt.

Zwar ist Art. 34 S. 3 GG somit eine verbindliche Zuweisung zum ordentlichen Gericht, jedoch verlangt nicht S Schadensersatz i.S.d. Art. 34 S. 3 Alt. 1 GG aus einer Amtshaftung gemäß § 839 Abs. 1 S. 1 BGB i.V.m. Art. 34 S. 1 GG, jedoch verlangt die Bundesrepublik Deutschland von S Rückgriff. Auch der Rückgriff aus einer Amtshaftung ist gemäß Art. 34 S. 3 Alt. 2 GG den ordentlichen Gerichten zugewiesen. Allerdings bezieht sich der Regress nicht auf einen Amtshaftungsanspruch, den B gegen die Bundesrepublik Deutschland hatte, sondern auf einen Anspruch des B gegen die Bundesrepublik Deutschland aus § 51 Abs. 3 Nr. 1 BPolG. Somit ist Art. 34 S. 3 Alt. 2 GG nicht anwendbar, sodass insoweit keine abdrängende Sonderzuweisung besteht.

Die Voraussetzungen anderer abdrängender Sonderzuweisungen könnten erfüllt sein. In Betracht kommen § 56 BPolG und § 40 Abs. 2 S. 1 VwGO. Zwar ist in § 56 BPolG eine Zuweisung zum ordentlichen Gericht enthalten, jedoch ist diese einerseits nur auf Schadensausgleich und nicht auf Aufwendungsersatz i.S.d. § 55 Abs. 2, 3 BPolG bezogen. Selbst wenn für den Rechtsweg der Anspruch des B gegen die Bundesrepublik Deutschland auf Ersatz maßgeblich wäre, hätte B den Anspruch gemäß § 40 Abs. 1, 2 VwGO i.V.m. einer Rechtswegkonzentration i.S.d. § 17 Abs. 2 S. 1 GVG i.V.m. § 173 VwGO vor dem Verwaltungsgericht möglicherweise geltend machen können, weil sich der Anspruch nicht nur aus § 51 Abs. 3 Nr. 1 BPolG ergibt, sondern auch aus dem Auftragsverhältnis zwischen B und der Bundesrepublik Deutschland, welches im Sachzusammenhang zum öffentlichen Recht steht, sodass es unter Umständen sogar einen öffentlich-rechtlichen Vertrag darstellt.

Letztlich ist für das Begehren des S, die Regressinanspruchnahme zu vermeiden, jedenfalls nicht maßgeblich, welcher Rechtsweg zwischen B und der Bundesrepublik Deutschland bezüglich des Anspruches des B aus § 51 Abs. 3 Nr. 1 BPolG eröffnet gewesen wäre. Es geht insoweit um Ansprüche, die seitens der Bundesrepublik Deutschland auf § 19 Abs. 1 S. 1 VwVG oder auf § 19 Abs. 2 S. 1 BPolG oder auf § 55 Abs. 2, 3 BPolG gestützt werden. Insoweit handelt es sich um öffentlich-rechtliche Normen, durch welche die Bundesrepublik Deutschland einseitig zur Forderung berechtigt wird. Sollte § 55 Abs. 2, 3 BPolG maßgeblich sein, bleibt gemäß § 56 BPolG ohnehin der Verwaltungsrechtsweg eröffnet. Da auch die Voraussetzungen des § 40 Abs. 2 S. 1 VwGO nicht erfüllt sind – schließlich geht es nicht um Ersatzansprüche aus z.B. Aufopferung oder öffentlicher Verwahrung – besteht nach alledem keine abdrängende Sonderzuweisung. Der Verwaltungsrechtsweg ist somit gemäß den §§ 56 HS. 2 BPolG, 40 Abs. 1 S. 1 VwGO eröffnet.

II. Zuständigkeit

Das Verwaltungsgericht ist gemäß § 45 VwGO als Eingangsinstanz für den Streit über den von der zuständigen Behörde der Bundesrepublik Deutschland erlassenen Bescheid sachlich zuständig, soweit die Voraussetzungen abweichender Regelungen wie z.B. die §§ 47, 50 VwGO etwa bei besonderen Verfahren nicht erfüllt sind. Das Verwaltungsgericht ist mangels anderweitiger Anhaltspunkte auch i.S.d. § 52 Nr. 3 VwGO örtlich zuständig, sodass kein Verweisungsbeschluss gemäß § 17a Abs. 2 GVG i.V.m. § 83 VwGO gefasst werden wird.[2]

III. Beteiligte

S und die Bundesrepublik Deutschland als Körperschaft öffentlichen Rechts können Beteiligte des Verfahrens sein. Beteiligte sind nach § 63 Nr. 1, 2 VwGO unter anderem der Kläger und der Beklagte, beteiligungsfähig nach § 61 Nr. 1 Alt. 1, 2 VwGO natürliche und juristische Personen. Behörden sind auf der Bundesebene nicht i.S.d. § 61 Nr. 3 VwGO beteiligungsfähig. Als Kläger ist gemäß § 61 Nr. 1 Alt. 1 VwGO S als natürliche Person beteiligungsfähig. S ist gemäß § 62 Abs. 1 Nr. 1 VwGO mangels gegenteiliger Anhaltspunkte prozessfähig.

---

2 Die örtliche Zuständigkeit ist nur anzusprechen, wenn es dafür im Sachverhalt Anhaltspunkte gibt. Gegebenenfalls ist die örtliche Zuständigkeit grundsätzlich im Anschluss an die sachliche Zuständigkeit zu prüfen. Ist sie jedoch gemäß § 52 Nr. 2 VwGO ausnahmsweise von der Klageart abhängig, sollte sie offen mit Verweis auf § 17a Abs. 2 GVG i.V.m. § 83 VwGO formuliert werden.

Beklagte ist die Bundesrepublik Deutschland als Gebietskörperschaft des öffentlichen Rechts, vertreten durch die Bundespolizeidirektion bzw. das Bundespolizeipräsidium. Sie ist gemäß den §§ 63 Nr. 2, 61 Nr. 1 Alt. 2 VwGO beteiligungs- und mangels Anhaltspunkten bezüglich des jeweils für die Behörde handelnden Organwalters gemäß § 62 Abs. 1, 3 VwGO prozessfähig.

IV. Statthafte Klageart

Die statthafte Klageart richtet sich i.S.d. § 88 VwGO nach dem klägerischen Begehren unter Berücksichtigung des Anwendungsvorrangs maßnahmespezifischer Rechtsschutzformen und des rechtsstaatlichen Grundsatzes der Effektivität des Rechtsschutzes. Dem klägerischen Begehren entspricht i.d.R. die effektivste Klageart, also nach Möglichkeit die Anfechtungsklage gemäß § 42 Abs. 1 Alt. 1 VwGO als Gestaltungsklage der Verwaltungsgerichtsordnung, es sei denn, es gibt einen ausdrücklichen Antrag, der nicht überschritten werden darf. Voraussetzung der Anfechtungsklage ist, dass der Kläger die Aufhebung eines gegenwärtig wirkenden Verwaltungsaktes erstrebt. Ein Verwaltungsakt ist gemäß § 35 S. 1 VwVfG i.V.m. § 1 VwVfG jede Verfügung, Entscheidung oder andere hoheitliche Maßnahme, die eine Behörde zur Regelung eines Einzelfalls auf dem Gebiet des öffentlichen Rechts trifft und die auf unmittelbare Rechtswirkung nach außen gerichtet ist. S könnte gegen das hoheitliche Handeln in Bescheidform vorgehen wollen. Dazu bedarf es eines hinreichend konkretisierten Begehrens im Hinblick auf einen hinreichend konkretisierten Streitgegenstand.[3] Es kommen der Bescheid vom 15. November und der Bescheid vom 17. Januar des Folgejahres in Betracht.

Der Streitgegenstand der Anfechtungsklage ist im Rahmen des § 79 VwGO bestimmbar. Gemäß § 79 Abs. 1 Nr. 1 VwGO kann Streitgegenstand ein ursprünglicher Verwaltungsakt in der Gestalt sein, die er durch den Widerspruchsbescheid erhalten hat.

Denkbar ist auch, dass nur ein Widerspruchsbescheid gemäß § 79 Abs. 1 Nr. 2 Alt. 2 VwGO Gegenstand der Klage ist, wenn er erstmals eine Beschwer enthält. Der Widerspruchsbescheid kann gemäß § 79 Abs. 2 VwGO auch dann alleiniger Streitgegenstand sein, wenn und soweit er gegenüber dem ursprünglichen Verwaltungsakt eine zusätzliche selbstständige Beschwer enthält. Die zusätzliche selbstständige Beschwer muss in diesem Zusammenhang nicht zwingend eine qualitative Verböserung darstellen, bei welcher anlässlich des Widerspruchsverfahrens ein eigenständiger neuer Verwaltungsakt erlassen wird. Erfasst ist im Rahmen des § 79 Abs. 2 VwGO auch die quantitative Verbö-

---

3 Typisches Problem bei der reformatio in peius ist der Streitgegenstand. In diesem Zusammenhang ist i.d.R. § 79 VwGO in seinen Varianten zu erörtern.

serung, weil § 79 Abs. 2 VwGO insoweit verfassungskonform i.S.d. Art. 19 Abs. 4 GG ausgelegt werden muss. Ein umfassender effizienter Rechtsschutz gegen ein Handeln der Exekutive ist erforderlich. Würde § 79 Abs. 2 VwGO auf qualitative Verböserungen beschränkt sein, ergäbe die Regelung wenig Sinn, weil die qualitative Verböserung als unechte Verböserung einen eigenständigen Verwaltungsakt beinhaltet, der ohnehin gesondert anfechtbar ist. Dann hätte § 79 Abs. 2 VwGO lediglich eine Klarstellungsfunktion. Außerdem wäre die Verböserung ohne den Ausgangsteil des Bescheides bei enger Auslegung des § 79 Abs. 2 VwGO nur bei erstmaliger Beschwer im Widerspruchsbescheid gemäß § 79 Abs. 1 Nr. 2 VwGO möglich, sodass der Rechtsschutz insoweit erschwert wäre, als im Rahmen des dann nur möglichen Vorgehens gegen den Ausgangsbescheid in Gestalt des Widerspruchsbescheides gemäß § 79 Abs. 1 Nr. 1 VwGO der Ausgangsteil des Bescheides möglicherweise entgegen des eigentlichen Begehrens des Klägers zur Disposition gestellt würde.

Da der Widerspruchsbescheid gegenüber S keine erstmalige Beschwer enthält – auch durch den ursprünglichen Bescheid wurde S eine Zahlungspflicht auferlegt – kann S wahlweise gemäß § 79 Abs. 1 Nr. 1 VwGO den ursprünglichen Bescheid in der durch den Widerspruchsbescheid gefundenen Form oder gemäß § 79 Abs. 2 VwGO lediglich die im Widerspruchsbescheid enthaltenen Verböserungen anfechten. Selbst wenn die im Widerspruchsbescheid enthaltene Belastung in Form des Aufenthaltsverbotes für den 14. Juni eine qualitative Verböserung darstellt, die als eigenständiger neuer Verwaltungsakt anlässlich des Widerspruchsverfahrens einzustufen ist, stellt dies keine erstmalige Beschwer dar, da in § 79 Abs. 1 Nr. 1 VwGO prozessual insoweit vorgegeben ist, dass es als ein einheitlicher Streitgegenstand gegebenenfalls mittels der prozessualen Verknüpfung zweier Verwaltungsakte bezüglich eines tatsächlichen Geschehens einzustufen ist, wenn formal ein Bescheid erlassen wird.

Das Ziel des S ist es, jegliche Belastung im Zusammenhang mit der Bereinigung der Eisenbahnschienen und der damit verbundenen Kosten zu vermeiden und das für den 14. Juni angeordnete Aufenthaltsverbot aufheben zu lassen. Sein Antrag ist somit dahingehend auszulegen, dass er den ursprünglichen Bescheid in der im Widerspruchsbescheid gefundenen Form gemäß § 79 Abs. 1 Nr. 1 VwGO anfechten will. Streitgegenstand ist der ursprüngliche Kostenbescheid vom 15. November in der Gestalt des Widerspruchsbescheides vom 17. Januar des Folgejahres. Einer zusätzlichen Anwendung des § 79 Abs. 2 VwGO für die Beschwer in Ziffer 3 des Bescheides bedarf es nicht, da in § 79 Abs. 1 Nr. 1 VwGO gesetzlich vorgegeben ist, dass auch die zusätzliche selbständige Beschwer in Form der qualitativen Verböserung erfasst ist – auch wenn es sich dabei um einen eigenständigen Verwaltungsakt handelt. Die Anfechtungsklage gemäß § 42 Abs. 1 Alt. 1 VwGO ist statthaft.

Soweit es um das Aufenthaltsverbot als qualitative Verböserung geht, streiten dieselben Parteien beim selben Gericht in einem konnexen Sachverhalt bei gleichzeitiger Entscheidungsreife der Begehren. Es könnte sich bei der Anfechtung dieses zweiten Verwaltungsaktes anlässlich des Widerspruchsverfahrens somit um eine kumulative Klagehäufung i.S.d. § 44 VwGO handeln. Insoweit ist jedoch die gesetzliche Fiktion des einheitlichen Streitgegenstandes gemäß § 79 Abs. 1 Nr. 1 VwGO maßgeblich, sodass eine Klageverbindung i.S.d. § 44 VwGO nur in Betracht kommt, soweit der Kläger die Beseitigung einer qualitativen und quantitativen Verböserung kumulativ verlangt, ohne die ursprüngliche Belastung beseitigen zu wollen, wenngleich auch insoweit ein einheitlicher Streitgegenstand in Gestalt des Widerspruchsbescheides angenommen und damit eine objektive Klagehäufung gemäß § 44 VwGO abgelehnt werden könnte. Eine Klageverbindung ist somit aus der Sicht des S nicht gegeben, weil es sich um eine Konstellation des § 79 Abs. 1 Nr. 1 VwGO handelt.[4]

V. Besondere Sachurteilsvoraussetzungen
Die besonderen Sachurteilsvoraussetzungen können erfüllt sein.

1. Besondere Prozessführungsbefugnis[5]
Besonders prozessführungsbefugt ist gemäß § 78 Abs. 1 Nr. 1 VwGO die den Kostenbescheid erlassende Bundesrepublik Deutschland als Körperschaft öffentlichen Rechts, da keine Ausführungsvorschrift i.S.d. § 78 Abs. 1 Nr. 2 VwGO ersichtlich ist.

Da der Widerspruchsbescheid keine erstmalige Beschwer enthält, weil schon der ursprüngliche Kostenbescheid eine Beschwer enthielt, ist für die Zuordnung des Rechtsträgers nicht gemäß § 78 Abs. 2 VwGO die Widerspruchsbehörde die maßgebliche Behörde, sondern die Polizeidirektion als Ausgangs-

---

4 Vertretbar ist es bezüglich des § 44 VwGO, trotz der formalen Fiktion des einheitlichen Streitgegenstandes in § 79 Abs. 1 Nr. 1 VwGO wegen des „Begehrens" in § 44 VwGO auf die prozessuale Verbindung zweier materieller Ansprüche abzustellen, insbesondere, soweit vertreten wird, dass der Abhilfe- bzw. Widerspruchsbescheid trotz des Wortlautes des § 79 Abs. 1 Nr. 1 VwGO wegen der Formulierung des § 79 Abs. 1 Nr. 2 VwGO eigenständig ist. Gleiches ließe sich auf die Anfechtung zweier Verböserungen (qualitativ und quantitativ) übertragen, soweit nur die Verböserungen angefochten werden sollen.
5 § 78 VwGO enthält nach h.M. eine Regelung über die besondere Prozessführungsbefugnis, die von der Beteiligungsfähigkeit und der Passivlegitimation zu trennen ist (MA: § 78 VwGO als Sonderregelung der Passivlegitimation, die aber in der Sachstation, also der Begründetheit, zu prüfen ist, da Passivlegitimation der Terminus für den materiell richtigen Klagegegner ist). Die

behörde, wenngleich sowohl die Rechtsträgerin der Ausgangsbehörde als auch die der Widerspruchsbehörde die Bundesrepublik Deutschland ist.

2. Klagebefugnis

B muss klagebefugt sein. Die Klagebefugnis nach § 42 Abs. 2 VwGO setzt die Möglichkeit der Verletzung eines subjektiven Rechts voraus. Subjektive Rechte leiten sich aus Sonderrechtsbeziehungen, einfachen Gesetzen, subsidiär aus Grundrechten ab, wobei jedenfalls aufgrund des weiten Schutzbereiches des Art. 2 Abs. 1 GG bei unmittelbaren Grundrechtseingriffen für das subjektive Recht direkt auf Grundrechte abgestellt werden kann. S ist Adressat eines belastenden Bescheides. Mag es auch speziellere einfachgesetzliche subjektive Rechte geben, besteht für S bezüglich dieses offenbar unmittelbaren Eingriffes jedenfalls die Möglichkeit, sich auf grundrechtliche Abwehrrechte zu berufen. Da konkret betroffene Eigentumspositionen im Rahmen der einfachgesetzlichen Eigentumsdefinition i.S.d. Art. 14 Abs. 1 S. 2 GG ebenso wenig ersichtlich sind wie sonstige in Betracht kommende spezielle Freiheitsrechte, ist für die Belastung mit einer Zahlungspflicht für S subsidiär auf die allgemeine Handlungsfreiheit des Auffanggrundrechtes aus Art. 2 Abs. 1 GG abzustellen. Bezüglich der Ziffer 3 des Bescheides kann die Freizügigkeit i.S.d. Art. 11 GG als spezielle Regelung betroffen sein, als Auffanggrundrecht jedenfalls ebenfalls die allgemeine Handlungsfreiheit i.S.d. Art. 2 Abs. 1 GG. S ist klagebefugt, da zumindest die Möglichkeit besteht, dass er in seinem subjektiven Recht aus Art. 2 Abs. 1 GG verletzt ist.

3. Vorverfahren

Ein Vorverfahren gemäß den §§ 68 ff. VwGO ist auf Bundesebene grundsätzlich nicht gemäß § 68 Abs. 1 S. 2 VwGO entbehrlich. Da im Widerspruchsbescheid keine erstmalige Beschwer erfolgte, ist das Vorverfahren auch nicht gemäß § 68 Abs. 1 S. 2 Nr. 2 VwGO entbehrlich. S hat zwar Widerspruch eingelegt, jedoch könnte die-

---

besondere Prozessführungsbefugnis ist ein Unterpunkt bei den besonderen Sachurteilsvoraussetzungen und wird teilweise (vertretbar aber bzgl. der materiell-rechtlichen Passivlegitimation verwechslungsfähig) mit „Klagegegner" überschrieben.

Einige Argumente für die h.M.:

- § 78 VwGO steht systematisch bei besonderen Sachurteilsvoraussetzungen
- Gesetzgebungskompetenzen
- falsche Behörde bzw. falscher Rechtsträger können nicht zum materiell richtigen Anspruchsgegner i.S. einer Passivlegitimation werden (zum Ganzen: Ehlers, Festschrift für Menger, S. 379 ff.; Hufen, Verwaltungsprozessrecht, § 12, Rn 38 ff. m.w.N.; vgl. OVG Münster NVwZ 1990, 188).

ser verfristet gewesen sein. Die Widerspruchsfrist beträgt gemäß § 70 Abs. 1 S. 1 VwGO grundsätzlich einen Monat ab der Bekanntgabe des Bescheides. Der ursprüngliche Bescheid ist S am 15. November bekannt gegeben worden. Er hat erst am 2. Januar und somit etwa eineinhalb Monate später widersprochen. Der Widerspruch wäre verfristet. Allerdings ist Voraussetzung für die Anwendbarkeit des § 70 Abs. 1 VwGO eine ordnungsgemäße Rechtsbehelfsbelehrung. Fehlt eine ordnungsgemäße Rechtsbehelfsbelehrung, gilt gemäß § 58 Abs. 2 S. 1 VwGO i.V.m. § 70 Abs. 2 VwGO eine Jahresfrist. Der an S erlassene Bescheid vom 15. November enthielt zwar eine Rechtsbehelfsbelehrung, jedoch war diese falsch, da sie auf vier Wochen ausgerichtet war, wobei vier Wochen 28 Tage, also etwas anderes als einen Monat darstellen. Aufgrund der falschen Belehrung galt die Jahresfrist i.s.d. § 58 Abs. 2 S. 1 VwGO i.V.m. § 70 Abs. 2 VwGO. Die Jahresfrist beginnt grundsätzlich mit der Bekanntgabe des Verwaltungsaktes i.s.d. § 41 VwVfG, in Mehr-Personen-Konstellationen ausnahmsweise aus rechtsstaatlichen Gründen i.s.d. Art. 20 Abs. 3 GG mit Kenntnis bzw. Kennenmüssen. In der Zwei-Personen-Konstellation zwischen S und der Bundesrepublik Deutschland hat S die Jahresfrist seit Bekanntgabe eingehalten, da er schon im Januar gegen den im November erlassenen Bescheid Widerspruch eingelegt hat. Inwieweit eine möglicherweise erfolgte sachliche Einlassung der Behörde wegen des sich unter anderem aus Art. 20 Abs. 3 GG ergebenden Rechtsstaatsprinzips in Zwei-Personen-Konstellationen zwischen Bürger und Behörde zur Heilung des Fristversäumnisses führen kann, ist irrelevant, da aufgrund der geltenden Jahresfrist keine Verfristung gegeben ist.

Ein zusätzlicher Widerspruch bezüglich der Verböserungen ist nicht erforderlich, weil es sich gemäß § 79 Abs. 1 Nr. 1 VwGO verfahrensrechtlich um einen einheitlichen Bescheid, nämlich den ursprünglichen Bescheid in Gestalt des Widerspruchsbescheides handelt, bezüglich dessen bereits ein Widerspruchsverfahren durchgeführt worden ist. Gleiches würde verfassungskonform i.s.d. Artt. 19 Abs. 4, 20 Abs. 3 GG für eine zusätzliche selbständige Beschwer anlässlich des Widerspruchsverfahrens gelten, da die Behörde bereits die Möglichkeit hatte, sich zu kontrollieren, wobei Art. 79 Abs. 2 VwGO neben § 79 Abs. 1 Nr. 1 VwGO nicht zusätzlich angewandt werden muss.[6]

4. Klagefrist

Die Klagefrist von einem Monat gemäß § 74 Abs. 1 S. 1 VwGO seit der Zustellung des Widerspruchsbescheides ist mangels gegenteiliger Anhaltspunkte eingehalten worden.

---

6 Enthält ein Abhilfebescheid oder Widerspruchsbescheid erstmals eine Beschwer, ist ein Widerspruchsverfahren diesbezüglich gemäß § 68 Abs. 1 S. 2 Nr. 2 VwGO entbehrlich.

VI. Zwischenergebnis
Die Sachurteilsvoraussetzungen sind erfüllt und die Klage des S ist zulässig.

B. Begründetheit
Die Klage ist gemäß § 113 Abs. 1 S. 1 VwGO begründet, soweit der Verwaltungsakt rechtswidrig und der Kläger dadurch in seinen Rechten verletzt ist.

I. Rechtswidrigkeit der Anordnungen
Die im Ausgangsbescheid in Gestalt des Widerspruchsbescheides erfolgten Anordnungen können rechtswidrig sein.

1. Kostenersatz (§ 19 Abs. 2 BPolG bzw. § 19 Abs. 1 S. 1 VwVG)
Die Anordnung zur Zahlung von Kosten in Höhe von € 1.100,– kann rechtmäßig i.S.d. § 19 Abs. 2 BPolG bzw. des § 19 Abs. 1 S. 1 VwVG sein. Da es sich insoweit um eine Eingriffsverwaltung handelt, gilt der Vorbehalt des Gesetzes. Es bedarf einer Rechtsgrundlage, deren Voraussetzungen erfüllt sind.

a) Rechtsgrundlage
Als Rechtsgrundlagen kommen § 19 Abs. 2 BPolG und § 19 Abs. 1 S. 1 VwVG i.V.m. AO in Betracht, wobei gegebenenfalls problematisch ist, worauf die Verböserung gestützt werden kann.

aa) Anwendbarkeit des § 19 Abs. 2 S. 1 BPolG oder des § 19 Abs. 1 S. 1 VwVG
Gemäß § 19 Abs. 2 S. 1 BPolG werden die Kosten der unmittelbaren Ausführung verlangt, während es bei § 19 Abs. 1 S. 1 VwVG um die Kosten des gestreckten bzw. verkürzten Verfahrens gemäß § 6 Abs. 1 VwVG oder des sofortigen Vollzuges gemäß § 6 Abs. 2 VwVG als ein Spezialfall des verkürzten Verfahrens geht. Maßgeblich ist somit, ob es sich bei der behördlichen Maßnahme auf der Primärebene[7] um eine unmittelbare Ausführung oder um eine Verwaltungsvollstreckung handelte.

Eine unmittelbare Ausführung ist nur denkbar, wenn kein Verwaltungsakt erlassen wurde, der dem behördlichen Handeln zugrunde lag. Die unmittelba-

---

[7] Durch die Primärebene ist materielles Handeln der Verwaltung erfasst, während die Sekundärebene auf die Kosten bezogen ist.

re Ausführung gemäß § 19 Abs. 1 BPolG ist nämlich im materiellen Recht außerhalb der Standardmaßnahmen, welche Vollstreckungsrecht implizieren
können, geregelt. Es handelt sich bei der unmittelbaren Ausführung um eine
Handlung für den Betroffenen bzw. um eine solche, die adressatenneutral ist,
nicht um eine Handlung gegen seinen Willen. Die unmittelbare Ausführung
ist aufgrund ihrer systematischen Stellung nicht dem Vollstreckungsrecht zuzuordnen und daher unanwendbar, wenn bereits ein Verwaltungsakt erlassen
worden ist, der vollstreckt wird. Der sofortige Vollzug i.S.d. § 6 Abs. 2 VwVG
ist hingegen ebenso wie das allgemeine verkürzte Verfahren und das ge-
streckte Verfahren dem Vollstreckungsrecht zuzuordnen, sodass insoweit der
Wille des Betroffenen gebrochen werden soll. Da die Art des Handelns allerdings nicht von subjektiven Einstellungen des Betroffenen abhängig sein darf,
ist ein i.S.d. Art. 20 Abs. 3 GG rechtsstaatlicher verobjektivierter Maßstab maßgeblich.

Als das Fahrzeug des S von den Schienen beseitigt wurde, war S nicht anwesend. Es konnte ihm gegenüber also kein Verwaltungsakt i.S.d. § 35 VwVfG
erlassen werden, der vollstreckt worden ist. Es handelte sich auf der Primärebene also weder um ein gestrecktes Verfahren noch um ein allgemeines verkürztes
Verfahren. Da S eine Panne hatte und es bei verobjektivierter Betrachtung in
seinem Sinne war, es von den Schienen zu entfernen, handelte es sich nicht um
eine Vollstreckung, sondern um eine unmittelbare Ausführung. Somit kommt
als Rechtsgrundlage für die Kosten des behördlichen Handelns § 19 Abs. 2 S. 1
BPolG, nicht aber § 19 Abs. 1 S. 1 VwVG i.V.m. AO in Betracht.

bb) Verböserung

Zwar ist § 19 Abs. 2 S. 1 BPolG jedenfalls Rechtsgrundlage für den Teil des Kostenbescheides, der schon im ursprünglichen Bescheid enthalten war, also in
Höhe von € 650,–, jedoch ist fraglich, ob auch der verböserte Teil des Bescheides in Höhe von € 450,– von der Rechtsgrundlage erfasst ist. Insofern könnten
andere Rechtsgrundlagen maßgeblich sein – das Recht der Widerspruchsbehörde oder die allgemeinen Regelungen über die Rücknahme und den Widerruf
gemäß den §§ 48, 49 VwVfG. Wenngleich die Rechtsgrundlage für die alleinige
Verböserung problematisch sein mag, ist es jedenfalls in Konstellationen mit
einheitlichem Streitgegenstand i.S.d. § 79 Abs. 1 Nr. 1 VwGO hinreichend, für die
ursprüngliche Beschwer eine materielle Rechtsgrundlage zu haben. Durch die
Quantität kann nicht die anwendbare Rechtsgrundlage beeinträchtigt werden,
sondern lediglich der Umfang im Rahmen der Reichweite der Norm. Anderenfalls käme es zu einer im Hinblick auf den sich aus dem Rechtsstaatsprinzip –
dieses ist unter anderem in Art. 20 Abs. 3 GG verankert – ergebenden Bestimmt-

heitsgrundsatz verfassungsrechtlich höchst problematischen Spaltung der Rechtsgrundlage.

Lediglich in Konstellationen, in denen ein Widerspruchsverfahren nur aufgrund einer sachlichen Einlassung der Behörde stattfindet, kann der Vertrauensschutz wegen der eigentlich eingetretenen formalen Bestandskraft trotz Veranlassung des Widerspruches durch den Widersprechenden so groß sein, dass Art. 20 Abs. 3 GG als Ausdruck der Rechtssicherheit in Form des Verbotes, die Rechtsgrundlage zu spalten, ausnahmsweise dahingehend in praktischer Konkordanz zum ebenfalls rechtsstaatlichen Vertrauensschutz reduziert wird, dass die §§ 48, 49 VwVfG im Rahmen der Rechtsgrundlage zu berücksichtigen sind. Eine sachliche Einlassung in einen verfristeten Widerspruch des S ist nicht ersichtlich. Unabhängig davon ist es für die Rechtsgrundlage zunächst hinreichend, dass eine Rechtsgrundlage für den ursprünglichen materiellen Bescheid besteht, weil dann jedenfalls insoweit eine Rechtsgrundlage gegeben ist. Auf die Verböserung kommt es für die Rechtsgrundlage somit in der Regel nicht an, wenn der Streitgegenstand der ursprüngliche Bescheid in Form des Widerspruchsbescheides gemäß § 79 Abs. 1 S. 1 Nr. 1 VwGO ist. Auch § 55 Abs. 2 S. 1 BPolG ist bezüglich des Anspruches der Bundesrepublik Deutschland aus § 19 Abs. 2 S. 1 BPolG irrelevant, da der Regress aus § 55 Abs. 2 S. 1 BPolG einen eigenständigen Anspruch darstellt und nicht lediglich zum haftungsausfüllenden Tatbestand des § 19 Abs. 2 S. 1 BPolG gehört.[8]

cc) Zwischenergebnis

§ 19 Abs. 2 S. 1 BPolG ist die für den Kostenbescheid zu benennende Rechtsgrundlage.

b) Voraussetzungen

Die Voraussetzungen des § 19 Abs. 2 S. 1 BPolG können erfüllt sein.

---

[8] Vertretbar sind andere Lösungswege: Die Verböserung wird auch auf §§ 48, 49 VwVfG oder auf das materielle Recht der Widerspruchsbehörde (hier identisch) gestützt. Vertretbar ist es, die Verböserung abzulehnen. Abgesehen von der Problematik der §§ 48, 49 VwVfG, die vertretbar bei der Rechtsgrundlage geprüft werden könnten, obwohl sich der Streitgegenstand aus § 79 Abs. 1 Nr. 1 VwGO ergibt, sind diese Aspekte im Ermessen zu prüfen. Anders ist dies, wenn nur die Verböserung Streitgegenstand ist.

aa) Formelle Voraussetzungen

Formell muss dann die zuständige Behörde bei Einhaltung der Verfahrensvorschriften formgerecht gehandelt haben. Formell kann das Bundespolizeipräsidium die für den Widerspruch im Rahmen des Devolutiveffektes zuständige Widerspruchsbehörde i.S.d. § 73 Abs. 1 S. 1, 2 Nr. 1 VwGO sein, welche auch gehandelt hat. Das Bundespolizeipräsidium war aufgrund der veröffentlichten allgemeinen Übertragungsanordnung i.S.d. § 126 Abs. 3 S. 2, 3 BBG von der für beamtenrechtliche Dienstverhältnisse zuständigen obersten Behörde i.S.d. § 126 Abs. 3 S. 1 BBG zum Handeln ermächtigt worden. Da § 126 Abs. 3 BBG jedoch nur im Verhältnis des Beamten zum Dienstherrn gilt, ist eine derartige Übertragungsanordnung unbeachtlich. Gemäß § 57 Abs. 2 S. 2 BPolG wäre als Behörde über dem Bundespolizeipräsidium grundsätzlich das Bundesinnenministerium als oberste Bundesbehörde zuständig. Ist die nächst höhere Behörde aber eine oberste Bundesbehörde, ist gemäß § 73 Abs. 1 S. 2 Nr. 2 VwGO die Ausgangsbehörde zuständig. Wäre also das Bundespolizeipräsidium als Ausgangsbehörde zuständig gewesen, wäre es dennoch Widerspruchsbehörde. Allerdings hat als Ausgangsbehörde die Bundespolizeidirektion gehandelt, welcher gemäß § 57 Abs. 2 S. 1 BPolG das Bundespolizeipräsidium übergeordnet ist. Somit ist das Bundespolizeipräsidium jedenfalls bezüglich des Ausgangsteils des Bescheides Widerspruchsbehörde. Fraglich ist allerdings, ob das Bundespolizeipräsidium als Widerspruchsbehörde auch für die Verböserung zuständig ist.

Das Bundespolizeipräsidium könnte für die Verböserung unzuständig sein, weil in Höhe des verbösten Teils des Verwaltungsaktes bisher keine Regelung getroffen worden war mit der Folge, dass für den verbösten Teil des Bescheides nicht die Widerspruchsbehörde, sondern die Ausgangsbehörde zuständig gewesen sein könnte. Dem stehen aber unter anderem die prozessualen Vorgaben der Verwaltungsgerichtsordnung entgegen. Gemäß § 73 Abs. 1 S. 2 Nr. 1 VwGO ist es ein allgemeiner Verfahrensgrundsatz, dass die Widerspruchsbehörde für den Widerspruchsbescheid zuständig ist. Das gilt insoweit auch für den verbösten Teil eines Bescheides, wobei Streitgegenstand prozessual der ursprüngliche Bescheid in Gestalt des Widerspruchsbescheides ist. Handelt es sich wie bei der Erhöhung eines Zahlungsbetrages nicht um eine qualitative, sondern um eine quantitative Verböserung, ist der Bescheid auch materiell eine Einheit. Somit wäre die Widerspruchsbehörde zur Verböserung berechtigt, wenn sie mit der Ausgangsbehörde identisch oder mit denselben Zuständigkeiten ausgestattet oder zumindest als vorgesetzte Behörde der Ausgangsbehörde gegenüber weisungsbefugt ist.

Dem könnte entgegengehalten werden, dass die Weisungsbefugnis lediglich das Binnenrecht des jeweiligen öffentlich-rechtlichen Rechtsträgers, nicht aber das Außenrecht betrifft, sodass eine Zuständigkeit der Widerspruchsbehörde zur

Verböserung nur bei einem Selbsteintrittsrecht der Widerspruchsbehörde denkbar wäre. Das ist abzulehnen, weil durch die Vorgaben des Prozessrechts in Kombination mit dem jeweils anwendbaren Verwaltungsverfahrensrecht die binnenrechtliche Weisungsbefugnis zur Außenrechtsbefugnis erstarkt. Da die Bundespolizeidirektion gemäß § 57 Abs. 2 S. 1 BPolG als Unterbehörde dem Bundespolizeipräsidium als Oberbehörde untersteht und das Bundespolizeipräsidium gegenüber der Bundespolizeidirektion somit weisungsbefugt die Fachaufsicht ausübt, war das Bundespolizeipräsidium für die quantitative Verböserung zuständig.

Da der Widerspruchsbescheid keine erstmalige Beschwer enthält, war eine gesonderte Anhörung gemäß § 71 VwGO nicht notwendig. Verfahrens- und Formfehler sind im Übrigen nicht ersichtlich. Der Widerspruchsbescheid ist bezüglich der Kostenerhebung formell rechtmäßig.

bb) Materielle Voraussetzungen
Die materiellen Voraussetzungen können erfüllt sein. Materielle Voraussetzungen des § 19 Abs. 2 S. 1 BPolG sind die rechtmäßige Inanspruchnahme des S im Rahmen der unmittelbaren Ausführung gemäß § 19 Abs. 1 BPolG und die Rechtmäßigkeit des Kostenansatzes. S wurde i.S.d. § 19 Abs. 2 S. 2 BPolG sofort von der unmittelbaren Ausführung benachrichtigt.

(1) Rechtmäßige Inanspruchnahme
S muss seitens der Bundespolizei rechtmäßig in Anspruch genommen worden sein.

(a) Rechtsgrundlage
Rechtsgrundlage für die Inanspruchnahme des S im Rahmen der unmittelbaren Ausführung ist § 19 Abs. 1 BPolG.

(b) Voraussetzungen
Die Voraussetzungen des § 19 Abs. 1 BPolG müssen erfüllt sein.

(aa) Formelle Voraussetzungen
Formell ist die Bundespolizei gemäß § 3 Abs. 1 Nr. 1 BPolG zur Beseitigung von Gefahren auf Eisenbahngleisen zuständig. Anhaltspunkte für Verfahrens-

bzw. Formfehler bestehen nicht, sodass die formellen Voraussetzungen erfüllt sind.

(bb) Materielle Voraussetzungen

Materiell wird in § 19 Abs. 1 BPolG eine rechtmäßige hypothetische Maßnahme an den richtigen Adressaten sowie die Eilbedürftigkeit vorausgesetzt.

(aaa) Rechtmäßige hypothetische Maßnahme

Als rechtmäßige hypothetische Maßnahme kommt eine solche gemäß der Generalklausel des § 14 Abs. 1 BPolG zur Abwehr einer Gefahr i.S.d. 14 Abs. 2 BPolG in Betracht. Eine Gefahr ist gemäß § 14 Abs. 2 BPolG eine im Einzelfall bestehende Gefahr für die öffentliche Sicherheit oder Ordnung im Bereich der Aufgaben, die der Bundespolizei nach den §§ 1–7 BPolG obliegen. Die öffentliche Sicherheit besteht aus dem Staat und seinen Einrichtungen, Individualrechten bzw. -rechtsgütern sowie der öffentlichen Rechtsordnung. Der Bundespolizei ging es bei der Entfernung des Fahrzeuges des S von den Schienen darum, dort im Sinne ihres Aufgabenbereiches i.S.d. § 3 Abs. 1 Nr. 1 BPolG die Sicherheit des Schienenverkehrs für die Bahn bzw. deren Nutzern in Form der Auftraggeber des Castortransports zu sichern.

Insoweit geht es im Rahmen der öffentlichen Sicherheit möglicherweise auch um Individualrechtsgüter wie Körper, Leben und Gesundheit, wenngleich es diesbezüglich fraglich sein könnte, ob derartige Güter noch hinreichend schienenbezogen sind.

Darauf kommt es jedoch nicht an, da jedenfalls eine Gefahr für die öffentliche Sicherheit in Form der öffentlichen Rechtsordnung in Form der §§ 12, 15 StVO besteht. Gemäß § 12 Abs. 1 S. 1 Nr. 4 StVO ist das Halten auf Bahnübergängen unzulässig, wobei ein liegen gebliebenes Fahrzeug gemäß § 15 StVO ordnungsgemäß zu sichern ist. Der 40-Tonner des S stand ohne jegliche Sicherung auf den Gleisen. Somit hatte sich die Gefahr für die öffentliche Sicherheit in Form eines Verstoßes gegen die §§ 12, 15 StVO sogar bereits verwirklicht. Auch die Erfüllung des Tatbestandes des gefährlichen fahrlässigen Eingriffes in den Schienenverkehr als Teil der öffentlichen Rechtsordnung gemäß § 315 Abs. 5 StGB i.V.m. § 315 Abs. 1 Nr. 3 StGB kommt wegen des Stehenlassens des Fahrzeuges auf den Schienen – ohne Hilfe herbeizuholen und vielmehr in die Gaststätte „Zum Silbersack" zu gehen – zumindest durch Unterlassen i.S.d. § 13 StGB in Betracht, sodass insoweit wenigstens eine Gefahr besteht.

S ist insoweit gemäß § 18 Abs. 1 S. 1 BPolG jedenfalls Zustandsstörer, sodass eine etwaige Handlungsstörereigenschaft durch das unfreiwillige Halten auf den Schienen gemäß § 17 Abs. 1 BPolG nicht maßgeblich ist. Ein Ausschluss der Zustandshaftung gemäß § 18 Abs. 2 S. 2 BPolG ist nicht ersichtlich, da S selbst Eigentümer des Fahrzeuges auf den Schienen ist.

(bbb) Eilbedürftigkeit
Da der Castortransport radioaktive Brennstäbe geladen hat und ein Transport ohne Hindernisse und unnötige Zwischenstopps wichtig ist, um den Austritt radioaktiver Strahlung zu verhindern sowie die Beeinträchtigung des Transports vor Anschlägen und ähnlichen Geschehnissen zu schützen, war es notwendig, den LKW umgehend von den Schienen zu entfernen, sodass eine Eilbedürftigkeit bestand.

(c) Rechtsfolge
Die Rechtsfolge des § 19 Abs. 1 BPolG ist Ermessen in Form des Entschließungs- und des Auswahlermessens. Die unmittelbare Ausführung war rechtswidrig, wenn das Ermessen i.S.d. § 16 Abs. 1 BPolG seitens der Bundespolizei fehlerhaft ausgeübt worden ist. Die Voraussetzungen für eine Ermessensreduktion auf Null sind mangels hinreichend gewichtiger Rechte bzw. Rechtsgüter nicht erfüllt. Ein Austauschmittel i.S.d. § 16 Abs. 2 BPolG wurde von S, der abwesend war, nicht angeboten.

Ein Ermessensausfall ist nicht ersichtlich. Das Ermessen kann aber wegen einer Ermessensüberschreitung fehlerhaft ausgeübt worden sein. Das ist insbesondere anzunehmen, wenn unverhältnismäßig in Grundrechte eingegriffen worden ist, wenn also unverhältnismäßig auf das zugunsten des S in § 903 BGB i.S.d. Art. 14 Abs. 1 S. 2 GG definierte Eigentum in Form seines LKW zugegriffen worden ist.

(aa) Zur Erfüllung des Zwecks geeignet und erforderlich
Der gerichtlich wegen der Einschätzungsprärogative der Verwaltung ohnehin nur begrenzt überprüfbare Zweck der unmittelbaren Ausführung ist der Schutz und die Gewährleistung des störungsfreien Castortransports. Da durch die unmittelbare Ausführung in Form der Umsetzung des LKW der Zweck in Form des Schutzes des Castortransports gefördert wird, ist sie ein geeignetes Mittel. Die unmittelbare Ausführung war erforderlich, wenn es kein gleich geeignetes milderes Mittel gab. Milder wäre z.B. eine vorherige Fahndung nach S gewesen. Eine solche wäre allerdings nur zumutbar, wenn im Sinne einer effektiven Gefahrenabwehr eine schnelle Erreichbarkeit des S gewährleistet gewesen wäre. S

war nicht auffindbar, sodass eine vorherige Fahndung gegenüber der unmittelbaren Ausführung zwar milder, jedoch nicht gleich geeignet gewesen wäre. Die unmittelbare Ausführung in Form der Umsetzung des LKW des S war erforderlich.

(bb) Verhältnismäßigkeit i.e.S.

Die unmittelbare Ausführung war verhältnismäßig im engen Sinne, wenn sie im Hinblick auf die Interessen des S nicht disproportional war. Zwar ist seitens des S dessen Eigentum betroffen, jedoch war der Zweck der Entfernung des Fahrzeuges von den Schienen der Schutz des Castortransportes und damit letztlich der Schutz der Volksgesundheit. Geschieht im Zusammenhang mit einem Castortransport nämlich ein Unglück – z.B. durch den Austritt von Radioaktivität, entstehen unüberschaubare erhebliche Schäden für die Umwelt, die Menschen und die Tiere. Somit war es angemessen und keineswegs disproportional, den LKW von den Schienen zu entfernen.

(2) Kostenansatz

Der Kostenansatz für das polizeieigene Material und das Personal ist in Höhe von € 650,– rechtmäßig. Der Kostenansatz kann auch in Höhe der € 450,– bezüglich des Schadensersatzes für die Anhängerkupplung rechtmäßig sein. Die Bundesrepublik Deutschland hatte B den Schaden für die Anhängerkupplung ersetzt, weil dieser gegen die Bundesrepublik Deutschland einen entsprechenden Anspruch gemäß den § 51 Abs. 3 Nr. 1 BPolG hatte und weil bei derartigen unmittelbaren Ausführungen typischerweise Anhängerkupplungen verbiegen und zu den Aufwendungen, also den für die unmittelbare Ausführung notwendigen Materialien gehören. Der Regressanspruch aus § 55 Abs. 2 S. 1 BPolG, für den der Anspruch des B gegen die Bundesrepublik Deutschland wichtig ist, ist für den Anspruch der Bundesrepublik Deutschland gegen S aus § 19 Abs. 2 S. 1 BPolG nicht maßgeblich, denn Kosten für die Anhängerkupplung sind ohnehin Gegenstand der für die Maßnahme notwendigen Materialien. Somit ist der Kostenansatz i.S.d. § 19 Abs. 2 S. 1 BPolG ordnungsgemäß. Der Betrag in Höhe von € 1.100,– ist materiell-rechtlich vollumfänglich erfasst.[9]

---

9 Eine Besonderheit des Falles ist es, dass sich der Anspruch bezüglich der € 450,– aus zwei Rechtsgrundlagen geltend machen lässt, die gesondert zu prüfen sind. § 55 Abs. 2 S. 1 BPolG ist im Rahmen des § 19 Abs. 2 S. 1 BPolG irrelevant.

c) Rechtsfolge

Nach dem Wortlaut des § 19 Abs. 2 S. 1 BPolG ist die Entscheidung der Behörde, die Kosten erstattet zu verlangen, gebunden, wobei der Grundsatz der Wirtschaftlichkeit und Sparsamkeit i.S.d. § 6 Abs. 1 HGrG ohnehin zu beachten wäre. Da die Interessen des gestörten Betroffenen aber schon auf der Primärebene aus Gründen der effektiven Gefahrenabwehr i.S.d. Art. 20 Abs. 3 GG kaum berücksichtigt worden sind, bedarf es in der Rechtsfolge auf der Sekundärebene möglicherweise einer verfassungskonformen Auslegung bzw. Reduktion i.S.d. Art. 20 Abs. 3 GG dahingehend, dass Ermessen anzunehmen ist. Jedenfalls ist die gebundene Rechtsfolge verfassungskonform zu reduzieren, wenn eine Verböserung im Widerspruchsverfahren nicht möglich war. Insoweit dürfte nicht der vollumfänglich materiell-rechtlich erfasste Kostenansatz verlangt werden, sondern nur der ursprünglich verlangte Betrag in Höhe von € 650,–. Aufgrund einer verfassungskonformen Reduktion wäre in der Rechtsfolge Ermessen anzunehmen, welches teilweise reduziert wäre. Maßgeblich ist die Zulässigkeit der quantitativen Verböserung.

In den Vorschriften der Verwaltungsgerichtsordnung ist weder bestimmt, dass eine Schlechterstellung zulässig sein müsse, noch ist die Zulässigkeit einer solchen Schlechterstellung ausgeschlossen.[10] Die Zurückhaltung des Bundesgesetzgebers mag sich daraus ergeben, dass er nicht befugt ist, das Verwaltungsverfahren der Bundesländer in vollem Umfang zu regeln, sondern insoweit nur die erforderlichen Regelungen über das Verwaltungsvorverfahren als Voraussetzung der Klageerhebung treffen durfte (BVerwG – 4 C 34.75).

Gegen die Zulässigkeit einer quantitativen Verböserung ist einzuwenden, dass insoweit Art. 19 Abs. 4 GG betroffen wäre, weil der Bürger aus Angst vor einer Verböserung vor der Beschreitung des Rechtsweges auch schon im Vorfeld zurückschrecken würde. Außerdem wird mit der Verböserung entgegen dem Rechtsgedanken des § 88 VwGO über den Antrag des Betroffenen hinausgegangen. Gegen die Möglichkeit der Verböserung könnte auch sprechen, dass im Rahmen der §§ 48, 49 VwVfG die Rücknahme und der Widerruf auch schon vor der Bestandskraft erfolgen können, sodass der insoweit gewährte Vertrauensschutz durch eine Verböserung im Widerspruchsverfahren nicht gewahrt würde. Ein geschaffener Vertrauenstatbestand könnte gegebenenfalls nur ausdrücklich – wie z.B. gemäß § 367 Abs. 2 AO – ausschließbar sein. Letztlich könnte dem Bundesgesetzgeber i.S.d. Artt. 74 Abs. 1 Nr. 1 GG, 70, 84 Abs. 1 S. 1 GG auch

---

10 In bestimmten Bereichen wird ein Verböserungsverbot angenommen. Im Prüfungsrecht etwa besteht zwar kein grundsätzliches Verböserungsverbot, jedoch kann sich ein solches z.B. bei einer Verzerrung des materiellen Rechts im Hinblick auf Art. 3 Abs. 1 GG ergeben.

die Gesetzgebungskompetenz zumindest in Ländermaterien bezüglich des Verwaltungsverfahrens zustehen.

Allerdings bestehen gewichtige Argumente für die Verböserungsmöglichkeit. Einerseits ist die Exekutive gemäß Art. 20 Abs. 3 GG zum rechtmäßigen Handeln verpflichtet, sodass eine Verböserung im Widerspruchsverfahren Ausdruck der Selbstkontrolle der Verwaltung ist. Andererseits ist die Verböserung in den §§ 68 ff. VwGO anders als z.B. in § 331 StPO nicht ausgeschlossen, woraus sich schließen lässt, dass sie im verwaltungsrechtlichen Verfahren, welches häufig weniger grundrechtsbelastend ist, geringer intensiv einzustufen ist als im strafrechtlichen Verfahren. Aus dem Wortlaut des § 79 Abs. 2 VwGO ergibt sich, dass eine Verböserung vom Gesetzgeber auch vorausgesetzt wird, wobei es sich bei der zusätzlichen selbständigen Beschwer nicht um eine qualitative Verböserung handeln muss, sondern auch um eine quantitative Verböserung handeln kann, da die Regelung des § 79 Abs. 2 S. 1 VwGO anderenfalls überflüssig wäre, weil ein eigenständiger neuer Verwaltungsakt ohnehin jederzeit auch anlässlich des Widerspruchsverfahrens nach dem materiellen Recht erlassen werden kann. Letztlich wird die Entscheidung durch den Widersprechenden auch zur Disposition der Behörde gestellt. Der Grundsatz, dass nicht über den Antrag des Betroffenen hinausgegangen werden kann, ist zwar ein verwaltungsprozessrechtlicher Grundsatz i.S.d. §§ 88, 129, 141 VwGO, jedoch kein einer Verböserung im Verwaltungsverfahren entgegenstehender verwaltungsverfahrensrechtlicher Grundsatz. Auch die Gesetzgebungskompetenzen werden seitens des Bundes nicht überschritten, da schließlich keine ausdrückliche Regelung der Verböserung für Verwaltungsverfahren der Länder im Bundesrecht steht, sondern sich aus dem Bundesrecht lediglich Argumente für die Zulässigkeit einer Verböserung ableiten lassen. Auf Bundesebene ist weder unzulässig das Verwaltungsverfahren der Länder entgegen den Artt. 74 Abs. 1 Nr. 1 GG, 70, 84 Abs. 1 S. 1 GG geregelt worden, noch deren materielle Rechtsmaterien.

Somit war die Erhöhung des zu zahlenden Betrages um die zusätzlichen € 450,– grundsätzlich möglich. Da das materielle Recht des Bundespolizeipräsidiums als Widerspruchsbehörde i.S.d. § 73 VwGO mit dem materiellen Recht der Ausgangsbehörde identisch ist, kam es insoweit nicht auf weitere Voraussetzungen an. Auch die Vertrauensgrundsätze der §§ 48, 49 VwVfG waren nicht zusätzlich maßgeblich, weil es keine sachliche Einlassung der Behörde bezüglich eines bereits bestandskräftigen Verwaltungsaktes gab. Selbst wenn der Vertrauensschutz im Sinne der §§ 48, 49 VwVfG – gegebenenfalls analog – auch schon vor Eintritt der Bestandskraft gewährt wird, gilt dies nur, soweit die Initiative zur Aufhebung eines Verwaltungsaktes von der Behörde ausgeht, nicht aber wie bei der Verböserung vom Widersprechenden. Somit ist die Verböserung in der Rechtsfolge von § 19 Abs. 2 S. 1 BPolG als Rechtsgrundlage auch für den ursprünglichen Teil des Bescheides erfasst. Es bedarf keiner weiteren Voraussetzungen einer anderen Rechtsgrundlage. Die Verböserung ist gemäß des materiellen Rechts der Ausgangsbehörde, nämlich gemäß § 19 Abs. 2 S. 1 BPolG, rechtmäßig und somit von der Norm im Umfang erfasst.[11]

d) Zwischenergebnis
Der Ausgangsbescheid in Form des Widerspruchsbescheides ist bezüglich der Kosten rechtmäßig.

2. Kostenersatz (§ 55 Abs. 2 S. 1 BPolG)
Ein Kostenersatzanspruch für die Bundesrepublik Deutschland gegenüber S kann sich bezüglich der Verböserung in Höhe von € 450,– neben § 19 Abs. 2 S. 1 BPolG auch aus § 55 Abs. 2 S. 1 BPolG ergeben, sodass die Anordnung auch insoweit rechtmäßig ist.

a) Rechtsgrundlage
Rechtsgrundlage ist § 55 Abs. 2 S. 1 BPolG.

b) Voraussetzungen
Die formellen und materiellen Voraussetzungen müssen erfüllt sein.

aa) Formelle Voraussetzungen
Formell muss das Bundespolizeipräsidium als Widerspruchsbehörde zuständig gewesen sein. Formell ist das Bundespolizeipräsidium zuständige Widerspruchsbehörde i.S.d. § 73 Abs. 1 S. 1, 2 Nr. 1 VwGO. Fraglich ist allerdings, ob das Bundespolizeipräsidium auch für die Verböserung zuständig ist.

Das Bundespolizeipräsidium könnte für die Verböserung unzuständig sein, weil in Höhe des verbösten Teils des Verwaltungsaktes bisher keine Regelung getroffen worden war mit der Folge, dass für den verbösten Teil des Bescheides nicht die Widerspruchsbehörde, sondern die Ausgangsbehörde zuständig

---

[11] Es ist nicht vertretbar, § 55 Abs. 2 S. 1 BPolG im Ermessen im Hinblick auf den Anspruch der BRD aus § 19 Abs. 2 S. 1 BPolG zu prüfen, weil § 55 Abs. 2 S. 1 BPolG nicht dem haftungsausfüllenden Tatbestand zuzuordnen ist, sondern eine eigene Anspruchsgrundlage darstellt.

gewesen sein könnte. Dem stehen aber unter anderem die prozessualen Vorgaben der Verwaltungsgerichtsordnung entgegen. Gemäß § 73 Abs. 1 S. 2 Nr. 1 VwGO ist es ein allgemeiner Verfahrensgrundsatz, dass die Widerspruchsbehörde für den Widerspruchsbescheid zuständig ist. Das gilt insoweit auch für den verbösterten Teil eines Bescheides, als Streitgegenstand prozessual der ursprüngliche Bescheid in Gestalt des Widerspruchsbescheides ist. Handelt es sich wie bei der Erhöhung eines Zahlungsbetrages nicht um eine qualitative, sondern um eine quantitative Verbösterung, ist der Bescheid auch materiell eine Einheit. Somit ist die Widerspruchsbehörde zur Verbösterung berechtigt, wenn sie mit der Ausgangsbehörde identisch oder mit denselben Zuständigkeiten ausgestattet oder zumindest als vorgesetzte Behörde der Ausgangsbehörde gegenüber weisungsbefugt ist. Da die Bundespolizeidirektion gemäß § 57 Abs. 2 S. 1 BPolG als Unterbehörde dem Bundespolizeipräsidium als Oberbehörde untersteht und das Bundespolizeipräsidium gegenüber der Bundespolizeidirektion somit weisungsbefugt die Fachaufsicht ausübt, war das Bundespolizeipräsidium für eine quantitative Verbösterung zuständig. Bei der Erhöhung des Betrages um € 450,– handelt es sich auch bezüglich der Rechtsgrundlage des § 55 Abs. 2 S. 1 BPolG nicht um eine qualitative Verbösterung, obwohl die Rechtsgrundlage eine andere ist als § 19 Abs. 2 S. 1 BPolG. Der Tenor ist schließlich maßgeblich und lautet ebenso auf Zahlung wie beim ursprünglichen Bescheid, lediglich in größerem Umfang. Die Verbösterung ist quantitativ und das Polizeipräsidium als Widerspruchsbehörde auch bezüglich der Rechtsgrundlage des § 55 Abs. 2 S. 1 BPolG zuständig.[12]

Da der Widerspruchsbescheid keine erstmalige Beschwer enthält, war eine gesonderte Anhörung gemäß § 71 VwGO nicht notwendig. Verfahrens- und Formfehler sind im Übrigen nicht ersichtlich. Der Widerspruchsbescheid ist bezüglich der Kostenerhebung formell rechtmäßig.

bb) Materielle Voraussetzungen

Materiell wird vorausgesetzt, dass gemäß § 51 Abs. 3 Nr. 1 BPolG seitens der Bundesrepublik Deutschland geleistet wurde. Seitens der Bundesrepublik Deutschland wurde entsprechend deren Anspruchs in Höhe von € 450,– i.S.d. § 51 Abs. 3 Nr. 1 BPolG an B geleistet. Die Voraussetzungen der Regressnorm des § 55 Abs. 2 S. 1 BPolG sind erfüllt.

---

12 **Merke:** Sind die Ausgangs- und die Widerspruchsbehörde identisch, kann die Behörde auch im Widerspruchsverfahren quantitativ verbösern.

c) Rechtsfolge

Die Rechtsfolge ist Ermessen. Ermessensfehler sind nicht ersichtlich. Verfahrensrechtlich ist die Erhöhung des Zahlungsbetrages wegen der formellen Benennung im Widerspruchsbescheid nicht als gesonderte Regelung, sondern als Verböserung einzustufen. Da der Betrag in Höhe von € 450,– aber ohnehin von der Verböserung im Rahmen der Kosten für die unmittelbare Ausführung erfasst war, ist die Geltendmachung des Anspruches keine Erstentscheidung anlässlich des Widerspruchsverfahrens und somit nicht als qualitative Verböserung, sondern als quantitative Verböserung gegenüber der ursprünglichen Beschwer einzustufen, die mangels eines Verböserungsverbotes zulässig ist. Das Ermessen wurde insoweit nicht überschritten. Die Anordnung des Kostenersatzes in Höhe von € 450,– ist somit auch gemäß § 55 Abs. 2 S. 1 BPolG rechtmäßig.

3. Rechtswidrigkeit der Anordnung des Betretungsverbotes

Das gegenüber S im Bescheid ausgesprochene Verbot, sich den Gleisen näher als 50 m zu nähern, kann rechtswidrig sein.

a) Rechtsgrundlage

Als Rechtsgrundlage für das Betretungsverbot kommt § 38 BPolG in Betracht.

b) Voraussetzungen

Die formellen und die materiellen Voraussetzungen des § 38 BPolG müssten erfüllt sein. Zunächst müsste das Bundespolizeipräsidium als Widerspruchsbehörde i.S.d. § 73 Abs. 1 Nr. 1 VwGO für den Ausspruch des Betretungsverbotes zuständig gewesen sein. Problematisch ist insoweit, dass es nicht um eine quantitative Verböserung geht, bei welcher die bereits bestehende Belastung z.B. in Form der erhobenen Kosten verschärft wird, sondern um eine qualitative Verböserung, also eine Belastung mit einem neuen Belastungsinhalt. In § 68 VwGO i.V.m. § 73 VwGO wird der Widerspruchsbehörde die Befugnis, die Rechtmäßigkeit und Zweckmäßigkeit des Verwaltungsaktes in einem Vorverfahren nachzuprüfen, gewährt. Gegenstand der Anfechtungsklage ist gemäß § 79 Abs. 1 S. 1 VwGO der ursprüngliche Verwaltungsakt in der Gestalt, die er durch den Widerspruchsbescheid gefunden hat. Durch diese Regelung wird zwar nicht grundsätzlich die Abänderung des angefochtenen Verwaltungsaktes zum Nachteil des Betroffenen ausgeschlossen, jedoch wird der Widerspruchsbehörde in § 68 VwGO nicht die Möglichkeit eröffnet, einen unbegründeten Widerspruch ohne Rücksicht auf den Gegenstand des angefochtenen Verwaltungsaktes zum Anlass einer weiteren Entscheidung zu nehmen. Eine zusätzliche vom angefochtenen Verwaltungsakt rechtlich unabhängige Entscheidung ist keine Entscheidung über den Widerspruch, sondern eine Erstentscheidung. Zur Erstentscheidung ist aber die Ausgangsbehörde zuständig. In der Bundesrepublik Deutschland als Rechtsstaat ist neben der horizontalen Gewaltenteilung eine vertikale Gewaltenteilung vorgesehen, um exekutivische Macht zu verteilen. Eine einseitige Abweichung von diesem rechtsstaatlichen Prinzip ist ohne gesetzliche Grundlage verfassungswidrig. Das Polizeipräsidium durfte nicht anlässlich des Widerspruchsverfahrens einen neuen Verwaltungsakt erlassen und war als Widerspruchsbehörde unzuständig (OVG Berlin NJW 1977, 1166). Das Betretungsverbot enthält einen anderen Tenor als das Kostenverlangen. Es handelt sich um eine qualitative Verböserung, sodass das Bundespolizeipräsidium unzuständig war. Der Bescheid ist insoweit formell rechtswidrig.

c) Zwischenergebnis

Das Betretungsverbot ist rechtswidrig.

II. Rechtsverletzung

S ist durch das Betretungsverbot jedenfalls ungerechtfertigt in seinem Grundrecht aus Art. 2 Abs. 1 GG als Auffanggrundrecht auch gegenüber der möglicherweise betroffenen Freizügigkeit aus Art. 11 Abs. 1 GG verletzt, da er sich auf dem Bundesgebiet nicht bewegen darf, wie er es möchte.

C. Ergebnis

Die Klage des S hat teilweise Erfolg. Der Verwaltungsakt wird insoweit aufgehoben, als S verboten wird, sich den Schienen zu nähern. Im Übrigen wird die Klage abgewiesen.

Allg. Verwaltungsrecht – Fall 6: „Von der Zecke gebissen"

P ist verbeamtete habilitierte Dozentin an der Fachhochschule des Bundes für Verwaltung in Brühl, also Bundesbeamtin. Die Fachhochschule gehört unmittelbar zum Bund und ist nicht als eigenständige juristische Person des öffentlichen Rechts ausgestaltet worden. P ist sehr engagiert und versucht bei jeder Gelegenheit, ihre Studenten zu motivieren. So hat sie es sich zur Angewohnheit gemacht, möglichst viele Unterrichtsstunden mit den Studenten im Freien zu verbringen, um sie das schöne Wetter genießen, dabei aber trotzdem an ihrer Weisheit teilzuhaben zu lassen. Bei einer dieser Stunden im Freien am 17.8. wurde P nun von einer Zecke gebissen. Bei dieser Unterrichtseinheit handelte es sich um eine solche, die auch im Lehrplan als eine „Unterrichtseinheit im Freien" vorgesehen war. Es ging um das Thema: „Natur und Verwaltungsrecht in der Praxis." Sie bemerkte den Biss während der Veranstaltung sofort und informierte ihre Studenten darüber, dass sie zur medizinischen Versorgung einen Arzt aufsuchen wolle. Nach einigen Tagen klagte P über muskuläre Probleme und Koordinationsschwierigkeiten, die zum Teil so schwerwiegend waren, dass P nicht mehr in der Lage war, ohne Hilfsmittel wie einen Rollator zu gehen. Der ersuchte Arzt diagnostizierte daraufhin eine durch den Zeckenbiss verursachte Borrelioseerkrankung.

P beantragte daraufhin bei der zuständigen Behörde ihrer Dienstherrin die Zahlung der Kosten für einen elektrischen Rollstuhl in Höhe von € 3.950,–, da sie sich zum Zeitpunkt der Antragstellung nicht einmal mehr mit einem Rollator fortbewegen konnte. Am Dienstag (11.9.) ist ihr ein tags zuvor zur Post gegebener Bescheid schriftlich zugegangen, in dem ihr ein Betrag in Höhe von € 2.100,– zur Anschaffung eines einfachen Rollstuhls bewilligt wurde, verbunden mit dem Hinweis, schnellstmöglich den Kauf eines entsprechenden Gerätes nachzuweisen. Der Bescheid enthielt eine ordnungsgemäße Rechtsbehelfsbelehrung. Am Donnerstag (18.10.) ist der zuständigen nächsthöheren Behörde ein Widerspruch der P zugegangen, in dem sie erklärte, sie sei mit dem bewilligten Betrag nicht einverstanden. Sie habe es verdient, einen elektrischen Rollstuhl zu bekommen. Zwar seien ihre Beschwerden in den letzten Tagen schon wieder etwas geringer geworden, aber es könne ihr nicht zugemutet werden, sich an den mittlerweile wenigen schlechteren Tagen mit einem einfachen Rollstuhl durch den Alltag zu quälen. Das sei ihrem Status als Professorin nicht angemessen, wenngleich sie einen einfachen Rollstuhl kräftemäßig problemlos bewegen könne.

Am Montag (29.10.) ist P nach erneuter gesonderter Anhörung durch die nächsthöhere und gegenüber der Ausgangsbehörde weisungsbefugte Behörde ein Schreiben zugestellt worden, in dem die ursprünglich gewährte Leistung in

Höhe von € 2.100,– aufgehoben wurde. Die Bescheidung der Widerspruchsbehörde wird auf eine allgemeine veröffentlichte Übertragungsanordnung gestützt. Zur Begründung wurde ausgeführt, es habe sich bei dem Zeckenbiss nicht um einen Dienstunfall gehandelt. Vielmehr habe sich das allgemeine Lebensrisiko der P verwirklicht. Außerdem habe P das Geld nicht für den im Ausgangsbescheid bestimmten Zweck verwendet, da sie – das trifft zu – keinen Rollstuhl, sondern unmittelbar nach Zuspruch und Erhalt des ursprünglich gewährten Betrages in Höhe von € 2.100,– einen höhenverstellbaren Fahrersitz für ihr Kraftfahrzeug erworben hatte. Nunmehr seien ihre Beschwerden auch deutlich verringert, sodass nunmehr keine Notwendigkeit mehr für einen Rollstuhl bestehe. Tatsächlich haben sich die Symptome der P gelegt, sodass sie nur noch etwa an einem Vormittag im Monat auf eine Gehhilfe angewiesen wäre.

Trotzdem ist P davon überzeugt, dass ihre Dienstherrin zur umfassenden Versorgung ihrer Beamten mit hochwertigem Hilfsgerät angehalten und ihr gegenüber unabhängig davon, wofür sie ihr Geld ausgibt, zumindest zur Zahlung des Neupreises für solches Gerät verpflichtet sei. Daher klagt sie vor dem Verwaltungsgericht auf die Erstattung des Differenzbetrages in Höhe von € 1.850,– für einen elektrischen Rollstuhl. Jedenfalls will sie aber die bereits gewährten € 2.100,– behalten und beantragt neben der Leistung die Beseitigung der Beschwer im Widerspruchsbescheid. Ein Widerspruchsverfahren hat P bezüglich des Bescheides vom 29.10. durchgeführt. Wird P mit Ihren Begehren Erfolg haben?

§ 222 ZPO – Fristberechnung

(1) Für die Berechnung der Fristen gelten die Vorschriften des Bürgerlichen Gesetzbuchs.
(2) Fällt das Ende einer Frist auf einen Sonntag, einen allgemeinen Feiertag oder einen Sonnabend, so endet die Frist mit Ablauf des nächsten Werktages.
(3) Bei der Berechnung einer Frist, die nach Stunden bestimmt ist, werden Sonntage, allgemeine Feiertage und Sonnabende nicht mitgerechnet.

§ 187 BGB – Fristbeginn

(1) Ist für den Anfang einer Frist ein Ereignis oder ein in den Lauf eines Tages fallender Zeitpunkt maßgebend, so wird bei der Berechnung der Frist der Tag nicht mitgerechnet, in welchen das Ereignis oder der Zeitpunkt fällt.
(2) Ist der Beginn eines Tages der für den Anfang einer Frist maßgebende Zeitpunkt, so wird dieser Tag bei der Berechnung der Frist mitgerechnet. Das Gleiche gilt von dem Tage der Geburt bei der Berechnung des Lebensalters.

§ 188 BGB – Fristende

(1) Eine nach Tagen bestimmte Frist endigt mit dem Ablauf des letzten Tages der Frist.

(2) Eine Frist, die nach Wochen, nach Monaten oder nach einem mehrere Monate umfassenden Zeitraum – Jahr, halbes Jahr, Vierteljahr – bestimmt ist, endigt im Falle des § 187 Abs. 1 mit dem Ablauf desjenigen Tages der letzten Woche oder des letzten Monats, welcher durch seine Benennung oder seine Zahl dem Tage entspricht, in den das Ereignis oder der Zeitpunkt fällt, im Falle des § 187 Abs. 2 mit dem Ablauf desjenigen Tages der letzten Woche oder des letzten Monats, welcher dem Tage vorhergeht, der durch seine Benennung oder seine Zahl dem Anfangstag der Frist entspricht.

(3) Fehlt bei einer nach Monaten bestimmten Frist in dem letzten Monat der für ihren Ablauf maßgebende Tag, so endigt die Frist mit dem Ablauf des letzten Tages dieses Monats.

Schwerpunkte
reformatio in peius in Leistungskonstellationen
Fristenberechnung

Vertiefung
BVerwG, Urteile vom 15.9.1994 – 2 C 24.92 – und vom 18.4.2002 – BVerwG 2 C 22.01 –; Beschluss vom 29.9.1999 – BVerwG 2 B 100.99 – juris; Urteil vom 24.10. 1963 – BVerwG 2 C 10.62 – BVerwGE 17, 59; Urteil vom 28.1.1993 – BVerwG 2 C 22.90 – Schütz, BeamtR ES/C II 3.1 Nr. 49; BVerwG – 4 C 34.75; OVG Münster, Beschluss vom 27.5.2013, NVwZ-RR 2013, 745

Gliederung

1. Komplex: Klage bezüglich des Differenzbetrages (€ 1.850,–)
A. Sachurteilsvoraussetzungen (+)
    I. Rechtsweg (+)
        1. Aufdrängende Sonderzuweisung (+)
        2. Abdrängende Sonderzuweisung (–)
    II. Zuständigkeit (+)
    III. Beteiligte (+)
    IV. Statthafte Klageart (+)
    V. Besondere Sachurteilsvoraussetzungen (+)
        1. Besondere Prozessführungsbefugnis (+)

    2. Klagebefugnis (+)

    3. Ordnungsgemäßes Vorverfahren (+)

       a) Fristbeginn

       b) Fristdauer

       c) Sachliche Einlassung der Behörde (+)

    4. Klagefrist (+)

  VI. Zwischenergebnis

B. Begründetheit (–)

  I. Anspruchsgrundlage (+)

  II. Anspruchsvoraussetzungen (+)

    1. Formelle Voraussetzungen (+)

    2. Materielle Voraussetzungen (+)

       a) Positive Voraussetzungen (+)

       b) Negative Voraussetzungen (+)

  III. Anspruchsinhalt (–)

C. Ergebnis

2. Komplex: Klage bezüglich des Widerspruchsbescheides

A. Sachurteilsvoraussetzungen (+)

  I. Rechtsweg (+)

  II. Zuständigkeit (+)

  III. Beteiligte (+)

  IV. Statthafte Klageart

  V. Besondere Sachurteilsvoraussetzungen (+)

    1. Besondere Prozessführungsbefugnis (+)

    2. Klagebefugnis (+)

    3. Vorverfahren (+)

    4. Klagefrist (+)

  VI. Zwischenergebnis

B. Begründetheit (–)

  I. Rechtswidrigkeit des Verwaltungsaktes (–)

    1. Rechtsgrundlage (+)

       a) Zulässigkeit der Verböserung (+)

       b) Tatsächliche Rechtsgrundlage

    2. Voraussetzungen (+)

       a) Formelle Voraussetzungen (+)

       b) Materielle Voraussetzungen (+)

      aa) Rechtmäßiger Verwaltungsakt (+)

      bb) Widerrufsgrund (+)

    3. Rechtsfolge

II. Zwischenergebnis
C. Ergebnis

3. Komplex: kumulative Klagehäufung

Lösungsvorschlag

Die folgende Lösung ist als Lösungsvorschlag zu verstehen und ausführlicher, als es in der Klausurbearbeitung verlangt werden kann. Aufgrund der wissenschaftlichen Freiheit können andere Lösungswege vertreten werden, soweit sie dogmatisch begründbar sind. Die Nachweise aus Rechtsprechung und Literatur sowie die das Verständnis fördernden Randbemerkungen sind in der Examensklausur auszusparen. Die Abkürzung „Alt." steht für Alternativfall, nicht für Alternative.

1. Komplex: Klage bezüglich des Differenzbetrages (€ 1.850,–)
Die Klage der P hat Erfolg, soweit die Sachurteilsvoraussetzungen erfüllt sind, die Klage zulässig und Klage begründet ist.

A. Sachurteilsvoraussetzungen[1]
Die Sachurteilsvoraussetzungen können erfüllt sein.

I. Rechtsweg
Ein Rechtsweg kann eröffnet sein. Der Verwaltungsrechtsweg kann aufgrund einer aufdrängenden Sonderzuweisung, hilfsweise gemäß der Generalklausel des § 40 Abs. 1 S. 1 VwGO eröffnet sein, soweit keine abdrängende Sonderzu-

---

1 **Hinweis:** Andere Aufbauvarianten werden vertreten (z.B. dreistufig oder Prüfung des Verwaltungsrechtsweges als Untergliederungspunkt der Zuständigkeit des Gerichts). Derartige Aufbauvarianten sind aber mit § 17a Abs. 2 GVG bzw. mit der Überschrift des 6. Abschnitts der VwGO sowie mit § 83 VwGO unvereinbar und daher bei exakter dogmatischer Zuordnung der Prüfungspunkte nicht zu empfehlen. Die Überschrift „Sachurteilsvoraussetzungen" anstelle der Überschrift „Zulässigkeit" ist sinnvoll, weil nach § 63 Nr. 3 VwGO auch der Beigeladene zu den Beteiligten gehört, das Fehlen einer notwendigen Beiladung i.S.d. § 65 Abs. 2 VwGO aber nur dazu führt, dass das Urteil keine materielle Rechtskraft entfaltet.

weisung besteht. Unter Umständen ergeht ein Verweisungsbeschluss i.S.d. § 17a Abs. 2 GVG i.V.m. § 173 VwGO.

1. Aufdrängende Sonderzuweisung

Der Verwaltungsrechtsweg ist gemäß den §§ 126 Abs. 1, 1 BBG für alle Klagen der Beamtinnen, Beamten, Ruhestandsbeamtinnen, Ruhestandsbeamten, früheren Beamtinnen, früheren Beamten und der Hinterbliebenen aus dem Beamtenverhältnis sowie für Klagen des Dienstherrn eröffnet. Gleiches gilt für Landesbeamte gemäß § 54 Abs. 1 BeamtenStG. P ist Bundesbeamtin und möchte wegen des Zeckenbisses beim Unterricht im Freien unter anderem Beamtenversorgung gemäß den §§ 30 ff. BeamtVG geltend machen. Insoweit ist der Verwaltungsrechtsweg gemäß den §§ 126 Abs. 1, 1 BBG eröffnet.

2. Abdrängende Sonderzuweisung

Soweit eine abdrängende Sonderzuweisung gegeben ist, ist der Verwaltungsrechtsweg dennoch nicht eröffnet. Neben den Ansprüchen aus dem Beamtenverhältnis könnte ein Amtshaftungsanspruch der P gemäß § 839 Abs. 1 BGB i.V.m. Art. 34 S. 1 GG in Betracht kommen. Gemäß Art. 34 S. 3 GG darf der ordentliche Rechtsweg für Schadensersatz und den Rückgriff nicht ausgeschlossen sein. Ob für die Amtshaftung somit eine verbindliche Zuweisung zum ordentlichen Gericht besteht, ist irrelevant, weil der seitens der P erlittene Zeckenbiss keinesfalls auf eine drittbezogene Amtspflichtverletzung zurückzuführen ist. Da die beamtenrechtlichen Vorschriften gemäß § 40 Abs. 2 S. 2 VwGO von der abdrängenden Sonderzuweisung des § 40 Abs. 2 S. 1 VwGO auch im Übrigen unberührt bleiben, ist auch insoweit keine abdrängende Sonderzuweisung ersichtlich. Eine abdrängende Sonderzuweisung besteht nicht, sodass es weder zu einem Verweisungsbeschluss gemäß § 17a Abs. 2 GVG i.V.m. § 173 VwGO noch zu einer Rechtswegkonzentration bzw. Rechtswegspaltung i.S.d. § 17 Abs. 2 S. 1 GVG i.V.m. § 173 VwGO kommen wird.

II. Zuständigkeit

Das Verwaltungsgericht ist gemäß § 45 VwGO als Eingangsinstanz für den Streit über den von der zuständigen Behörde der Bundesrepublik Deutschland zu erlassenden Verwaltungsakt sachlich zuständig, soweit die Voraussetzungen abweichender Regelungen wie z.B. die §§ 47, 50 VwGO bei besonderen Verfahren nicht erfüllt sind. Das Verwaltungsgericht ist auch i.S.d. § 52 Nr. 4 VwGO örtlich zuständig, sodass kein Verweisungsbeschluss gemäß § 17a Abs. 2 GVG i.V.m. § 83 VwGO gefasst werden wird.[2]

III. Beteiligte

P und die Bundesrepublik Deutschland als Körperschaft öffentlichen Rechts können Beteiligte des Verfahrens sein. Beteiligte sind nach § 63 Nr. 1, 2 VwGO unter anderem der Kläger und der Beklagte, beteiligungsfähig nach § 61 Nr. 1 Alt. 1, 2 VwGO natürliche und juristische Personen. Behörden sind auf der Bundesebene nicht i.s.d. § 61 Nr. 3 VwGO beteiligungsfähig. Als Klägerin ist gemäß § 61 Nr. 1 Alt. 1 VwGO P als natürliche Person beteiligungsfähig. P ist gemäß § 62 Abs. 1 Nr. 1 VwGO mangels gegenteiliger Anhaltspunkte prozessfähig.

Beklagte ist die Bundesrepublik Deutschland als Gebietskörperschaft des öffentlichen Rechts, vertreten durch die Behörde. Sie ist gemäß den §§ 63 Nr. 2, 61 Nr. 1 Alt. 2 VwGO beteiligungs- und mangels Anhaltspunkten bezüglich des für die Behörde handelnden Organwalters gemäß § 62 Abs. 1, 3 VwGO prozessfähig.

IV. Statthafte Klageart

Die statthafte Klageart richtet sich i.S.d. § 88 VwGO nach dem klägerischen Begehren unter Berücksichtigung des Anwendungsvorrangs maßnahmespezifischer Rechtsschutzformen und des rechtsstaatlichen Grundsatzes der Effektivität des Rechtsschutzes. Dem klägerischen Begehren entspricht i.d.R. die effektivste Klageart, also nach Möglichkeit die Anfechtungsklage gemäß § 42 Abs. 1 Alt. 1 VwGO als Gestaltungsklage der Verwaltungsgerichtsordnung, es sei denn, es gibt einen ausdrücklichen Antrag, der nicht überschritten werden darf. Voraussetzung der Anfechtungsklage ist, dass der Kläger die Aufhebung eines gegenwärtig wirkenden Verwaltungsaktes erstrebt. Ein Verwaltungsakt ist gemäß § 35 S. 1 VwVfG i.V.m. § 1 VwVfG jede Verfügung, Entscheidung oder andere hoheitliche Maßnahme, die eine Behörde zur Regelung eines Einzelfalls auf dem Gebiet des öffentlichen Rechts trifft und die auf unmittelbare Rechtswirkung nach außen gerichtet ist. P könnte gegen den ursprünglichen Bescheid vom 10.9. mit einer Anfechtungsklage vorgehen, jedoch entspricht dies nicht ihrem

---

2 Die örtliche Zuständigkeit ist nur anzusprechen, wenn es dafür im Sachverhalt Anhaltspunkte gibt. Gegebenenfalls ist die örtliche Zuständigkeit grundsätzlich im Anschluss an die sachliche Zuständigkeit zu prüfen. Ist sie jedoch gemäß § 52 Nr. 2 VwGO ausnahmsweise von der Klageart abhängig, sollte sie offen mit Verweis auf § 17a Abs. 2 GVG i.V.m. § 83 VwGO formuliert werden.

primären Klagebegehren. Würde der ursprüngliche Bescheid – und sei es gemäß § 79 Abs. 1 Nr. 1 VwGO in der Gestalt des Widerspruchsbescheides vom 29.10. – beseitigt, erhielte P nichts. Ebenso entspricht es nicht ihrem primären Begehren nur den Widerspruchsbescheid – gemäß § 79 Abs. 1 Nr. 2 VwGO oder gemäß § 79 Abs. 2 VwGO – zu beseitigen. So könnte sie zwar im Erfolgsfall den ihr ursprünglich zugesprochenen Betrag in Höhe von € 2.100,– behalten, jedoch bekäme sie nicht den zusätzlich erstrebten Betrag in Höhe von € 1.850,–. Sie begehrt Leistung in Höhe der vollen € 3.950,–. Es kann P daher nur um eine Leistungsklage gehen.[3]

In Betracht kommt eine allgemeine Leistungsklage gerichtet auf die Zahlung des Differenzbetrages in Höhe von € 1.850,–, welche in der Verwaltungsgerichtsordnung zwar nicht ausdrücklich normiert, jedoch z.B. in den §§ 43, 111, 113 VwGO mehrfach erwähnt ist. Sollte P eine verbindliche Festsetzung begehren, wäre die Verpflichtungsklage nach § 42 Abs. 1 Alt. 2 VwGO statthaft. Gegebenenfalls kann es auch gesetzlich vorgegeben sein, dass dem Anspruch auf Leistung eine Festsetzung vorausgeht, aus der sich dann als Sonderrechtsbeziehung der Leistungsanspruch ergibt.

Besteht keine gesetzliche Vorgabe, jedoch ein Leistungsermessen der Behörde und möglicherweise auch eine begrenzte Kapazität, ist auf der ersten Stufe in der Regel ein Verwaltungsakt erforderlich, durch den der Leistungsanspruch dann begründet wird. Ist die Leistung hingegen bereits klar und ohne Spielräume bestimmt und besteht eine Anspruchsgrundlage, ist dies ein Indiz dafür, dass unmittelbar Leistung mittels einer allgemeinen Leistungsklage verlangt werden kann. Gemäß § 49 Abs. 1 S. 1 BeamtVG, der gemäß § 1 Abs. 1 BeamtVG für Bundesbeamte gilt, sind Versorgungsbezüge vor der Leistung festzusetzen. Somit ist gesetzlich vorgegeben, dass ein Leistungsbescheid vorausgehen muss, wenn ein Beamter Versorgungsbezüge geltend macht. P macht bezüglich der Heilbehandlungskosten Beamtenversorgungsbezüge gemäß den §§ 30 ff. BeamtVG geltend. Sie erstrebt im Ergebnis primär die Festsetzung eines Betrages in Höhe von € 3.950,–. Bezüglich der Leistung genügt es, den Klageantrag der P dahingehend auszulegen, dass lediglich die Festsetzung in Höhe von € 1.850,– beantragt worden ist. Im Bescheid vom 29.10. ist die ursprüngliche Begünstigung der P in Höhe von € 2.100,– zwar wieder beseitigt worden, jedoch ist bezüglich der Erreichung des Klageziels in Form der Festsetzung des ursprünglich gewährten Betrages in Höhe von € 2.100,– keine Leistungsklage in Form der Verpflichtungsklage statthaft, weil insoweit die Anfechtungsklage

---

3 Typisches Problem bei der reformatio in peius ist der Streitgegenstand. In diesem Zusammenhang ist i.d.R. § 79 VwGO in seinen Varianten zu erörtern. In Leistungskonstellationen ist § 79 VwGO häufig nicht maßgeblich.

i.S.d. § 42 Abs. 1 Alt. 1 VwGO gerichtet auf die Aufhebung des Aufhebungsbescheides rechtsschutzintensiver ist. Der Antrag der P auf Leistung ist somit dahingehend auszulegen, dass ein Betrag in Höhe von € 1.850,– festgesetzt werden soll. Zudem wäre bei einer Verpflichtungsklage, die auch auf den Betrag in Höhe von € 2.100,– bezogen wäre, auf den Zeitpunkt der letzten mündlichen Tatsachenverhandlung bzw. – soweit diese gemäß § 101 Abs. 2 VwGO entbehrlich ist – auf den Zeitpunkt des Urteilsspruches abzustellen, sodass zu berücksichtigen wäre, das P mittlerweile nur noch eine geringfügige Gehhilfe braucht. Im Rahmen der Anfechtungsklage wäre grundsätzlich – es handelt sich nicht um einen klassischen Dauerverwaltungsakt – der Zeitpunkt der letzten Behördenentscheidung maßgeblich, sodass die Verbesserung des Gesundheitszustandes nicht erheblich wäre. Das erfolgt durch die Verpflichtung der Behörde zum Erlass eines zusätzlichen Bescheides mit dem Inhalt der Zahlung in Höhe von € 1. 850,–. Die Verpflichtungsklage ist gemäß § 42 Abs. 1 Alt. 2 VwGO die für die Leistung statthafte Klageart.[4, 5]

V. Besondere Sachurteilsvoraussetzungen

Die besonderen Sachurteilsvoraussetzungen können erfüllt sein.

---

4 Es ist vertretbar, die Verpflichtungsklage auf Erlass eines zusätzlichen Leistungsbescheides in Höhe von € 1.850,– mit einer Anfechtungsklage gerichtet auf Aufhebung des Aufhebungsbescheides vom 29.10. zusammen zu prüfen, allerdings nur, wenn die Überschrift „Sachurteilsvoraussetzungen" oder „Sachentscheidungsvoraussetzungen" lautet. Die Klagehäufung ist keine Zulässigkeitsvoraussetzung.

5 Nur eine Verpflichtungsklage in Form der Versagungsgegenklage entspricht einerseits nicht dem Antrag der P, andererseits nicht ihrem Begehren bei Berücksichtigung der Effizienz. Würde in Höhe von € 3.950,– ein Verpflichtungsantrag gestellt werden, müsste dass Gericht auch bezüglich des Betrages in Höhe von € 2.100,– als Leistungsantrag entscheiden und somit eine den ursprünglichen Bescheid überlagernde Begünstigung zusprechen. Das könnte dazu führen, dass z.B. bei Stattgabe der Klage bezüglich des Betrages in Höhe von € 2.100,– eine Begünstigung mit Nebenbestimmung erfolgt, durch welche P schlechter gestellt ist, als bei bloßer Anfechtung des Widerspruchsbescheides bezüglich des Betrages in Höhe von € 2.100,–. Diese Gefahr besteht sogar dann, wenn es möglich sein sollte, im Rahmen einer umfassenden Verpflichtungsklage in Form der Versagungsgegenklage bezüglich der Gestaltungswirkung gemäß § 79 Abs. 1 Nr. 2 VwGO bzw. § 79 Abs. 2 VwGO nur den Widerspruchsbescheid zu beseitigen, da bezüglich des Betrages in Höhe von € 2.100,– jedenfalls über den Leistungsantrag beschieden werden müsste, durch den der ursprüngliche Leistungsbescheid überlagert würde.

1. Besondere Prozessführungsbefugnis[6]

Besonders prozessführungsbefugt ist gemäß § 78 Abs. 1 Nr. 1 VwGO die Bundesrepublik Deutschland als Körperschaft öffentlichen Rechts und Dienstherrin der P, da keine Ausführungsvorschrift i.S.d. § 78 Abs. 1 Nr. 2 VwGO ersichtlich ist.

2. Klagebefugnis

P muss klagebefugt sein. Die Klagebefugnis nach § 42 Abs. 2 VwGO setzt die Möglichkeit der Verletzung eines subjektiven Rechts voraus. Subjektive Rechte werden aus Sonderrechtsbeziehungen, einfachen Gesetzen, subsidiär aus Grundrechten abgeleitet, wobei jedenfalls aufgrund des weiten Schutzbereiches des Art. 2 Abs. 1 GG bei unmittelbaren Grundrechtseingriffen für das subjektive Recht direkt auf Grundrechte abgestellt werden kann. Ob sich ein subjektives Recht der P aus dem beamtenrechtlichen Fürsorgeverhältnis als Sonderrechtsbeziehung ergibt, oder ob es diesbezüglich an einer hinreichend ausgestalteten Konkretisierung des Beamtenrechtsverhältnisses fehlt, ist irrelevant, weil sich ein subjektives Recht der P auf Fürsorgeleistungen zumindest aus der einfachgesetzlichen Regelung des § 30 Abs. 1 BeamtVG ergibt. P kann durch die Versagung der Zahlung seitens der Behörde in diesem subjektiven Recht verletzt worden sein. P ist klagebefugt.

3. Ordnungsgemäßes Vorverfahren

Ein Vorverfahren gemäß den §§ 68 ff. VwGO ist nicht gemäß § 68 Abs. 1 S. 2 VwGO entbehrlich und bei Bundesbeamten[7] gemäß § 126 Abs. 2 BBG bei allen

---

6 § 78 VwGO enthält nach h.M. eine Regelung über die besondere Prozessführungsbefugnis, die von der Beteiligungsfähigkeit und der Passivlegitimation zu trennen ist (MA: § 78 VwGO als Sonderregelung der Passivlegitimation, die aber in der Sachstation, also der Begründetheit, zu prüfen ist, da Passivlegitimation der Terminus für den materiell richtigen Klagegegner ist). Die besondere Prozessführungsbefugnis ist ein Unterpunkt bei den besonderen Sachurteilsvoraussetzungen und wird teilweise (vertretbar aber bzgl. der materiell-rechtlichen Passivlegitimation verwechslungsfähig) mit „Klagegegner" überschrieben.
Einige Argumente für h.M.:
–   § 78 VwGO steht systematisch bei besonderen Sachurteilsvoraussetzungen
–   Gesetzgebungskompetenzen
–   falsche Behörde bzw. falscher Rechtsträger können nicht zum materiell richtigen Anspruchsgegner i.S. einer Passivlegitimation werden (zum Ganzen: Ehlers, Festschrift für Menger, S. 379 ff.; Hufen, Verwaltungsprozessrecht, § 12, Rn 38 ff. m.w.N.; vgl. OVG Münster NVwZ 1990, 188).
7 Bei Landesbeamten ist ein Vorverfahren gemäß § 54 Abs. 2 S. 3 i.V.m. dem Landesrecht ausnahmsweise nicht erforderlich.

Klagen durchzuführen. P ist Bundesbeamtin und hat mit Zugang bei der Behörde am 18.10. Widerspruch eingelegt. Voraussetzung für ein ordnungsgemäß durchgeführtes Vorverfahren ist die Einhaltung der Widerspruchsfrist.

a) Fristbeginn

Die Widerspruchsfrist beginnt gemäß § 70 Abs. 1 S. 1 VwGO mit der Bekanntgabe des Verwaltungsaktes. Die Bekanntgabe richtet sich nach den §§ 43, 41 VwVfG. Grundsätzlich kommt es gemäß § 41 Abs. 1 S. 1 VwVfG auf die tatsächliche Bekanntgabe gegenüber dem Betroffenen an. Da der Bescheid der P am 11.9. zuging, wäre für seine Bekanntgabe der 11.9. maßgeblich. Aufgrund seiner systematischen Stellung und inhaltlichen Ausgestaltung ist § 41 Abs. 2 VwVfG gegenüber § 41 Abs. 1 VwVfG vorrangig. Nach § 41 Abs. 2 S. 1 VwVfG gilt ein schriftlicher Verwaltungsakt am dritten Tage nach der Aufgabe zur Post als bekannt gegeben, es sei denn, er ist gemäß § 41 Abs. 2 S. 2 VwVfG nicht oder zu einem späteren Zeitpunkt zugegangen. Die Bekanntgabe des Bescheides der Bundesrepublik Deutschland richtet sich somit nach § 41 Abs. 2 VwVfG, weil der Bescheid schriftlich erlassen und zur Post aufgegeben wurde. Nach welcher Vorschrift sich der Fristbeginn berechnet, ist problematisch. Insoweit könnten die §§ 57 Abs. 2 VwGO, 222 Abs. 1 ZPO, 187 ff. BGB zur Anwendung gelangen. Dafür spricht, dass die Ermittlung des Fristbeginns mittels der gesetzlichen Fiktion letztlich dazu dient, die Einhaltung der Klagefrist nach § 70 VwGO klären. Für Fristen der Verwaltungsgerichtsordnung gilt § 57 Abs. 2 VwGO. Bei genauer dogmatischer Zuordnung geht es bei der Ermittlung des Beginns der Frist nach § 70 VwGO inzident um das Merkmal der „Bekanntgabe" der Verwaltungsakte, die im vorprozessualen Bereich, nämlich im Verwaltungsverfahren, erfolgte. Den diesbezüglichen Bekanntgabezeitpunkt in Form des Fiktionseintrittes gilt es zu ermitteln mit der Folge, dass im vorprozessualen Stadium das Verwaltungsverfahrensgesetz anzuwenden ist. Zudem gilt § 57 Abs. 2 VwGO nur für Fristen, sodass die Fiktionsberechnung auch bei weiter Auslegung nicht erfasst sein könnte, während § 31 Abs. 1 VwVfG weit formuliert ist und auch für Termine gilt, sodass die Fiktionsberechnung danach bei weiter Auslegung des § 31 Abs. 1 VwVfG möglich ist. Die Berechnung des Bekanntgabezeitpunktes i.S.d. § 41 Abs. 2 VwVfG richtet sich daher nach den §§ 31 VwVfG, 187 ff. BGB.[8] Letztlich sind die §§ 187 ff. BGB jedenfalls ohne Einschränkungen – § 31 Abs. 2 VwVfG ist aufgrund der gesetzlichen Fiktion von drei Tagen mangels Fristsetzung der Behörde nicht maßgeblich – anwendbar.

---

8 Die Anwendung des § 31 VwVfG kann gegenüber § 57 Abs. 2 VwGO insoweit zu Modifizierungen führen, als z.B. in § 31 Abs. 2–7 VwVfG Sonderregelungen enthalten sind.

Ist für den Beginn einer Frist ein Ereignis – so die Bekanntgabe bei P – maßgeblich, wird gemäß § 187 Abs. 1 BGB bei der Berechnung der Frist der Tag nicht mitberechnet, in welchen das Ereignis fällt. Die Aufgabe des Bescheides zur Post erfolgte am Montag (10.9.), sodass die Drei-Tages-Fiktion des § 41 Abs. 2 VwVfG am Dienstag (11.9.) um 00:00 Uhr begann und als nach Tagen berechnete Frist gemäß § 188 Abs. 1 BGB am Donnerstag (13.9.) um 24:00 Uhr endete.

b) Fristdauer

Die Fristdauer der Monatsfrist aus § 70 VwGO wird nach den §§ 57 Abs. 2 VwGO, 222 Abs. 1 ZPO, 187 ff. BGB berechnet. Das i.S.d. § 187 Abs. 1 BGB maßgebliche Ereignis ist die auf der Fiktion beruhende Bekanntgabe am 13.9. Der 13.9. ist für den Fristbeginn nicht zu berücksichtigen, weil er gemäß § 187 Abs. 1 BGB nicht mitgerechnet wird. Für den Beginn der Berechnung der Monatsfrist ist daher nicht der 13.9. um 24:00 Uhr, sondern der 14.9. um 00:00 Uhr maßgeblich. Als nach Monaten berechnete Frist endete sie gemäß § 188 Abs. 2 BGB als solche Frist, deren Beginn ein Ereignis gemäß § 187 Abs. 1 BGB zugrunde liegt, mit dem Ablauf desjenigen Tages, welcher durch seine Benennung oder Zahl dem Tage entspricht, in welchen das Ereignis fällt. Das Ereignis war der Fiktionseintritt am 13.9., sodass die Frist am 13.10. um 24:00 Uhr endet. Da der 13.10. allerdings ein Samstag war, kam es gemäß §§ 57 Abs. 2 VwGO, 222 ZPO auf den Ablauf des nächsten Werktages an. Nächster Werktag war Montag, der 15.10. Die Frist endete daher am 15.10. um 24:00 Uhr. P hat gegen den Bescheid bezüglich des Zuspruches des Betrages in Höhe von € 2.100,– und der Versagung des übrigen Betrages mit Zugang bei der zuständigen Behörde am 18.10. Widerspruch eingelegt und die Widerspruchsfrist von einem Monat somit nicht eingehalten.

c) Sachliche Einlassung der Behörde

Da der ursprüngliche Bescheid eine ordnungsgemäße Rechtsbehelfsbelehrung enthielt, galt für P auch nicht die Jahresfrist gemäß § 58 Abs. 2 VwGO i.V.m. § 70 Abs. 2 VwGO. Die Verfristung kann jedoch aufgrund der sachlichen Einlassung der Behörde unbeachtlich sein. Gegen die Möglichkeit der sachlichen Einlassung bei Verfristung des Widerspruches ist anzuführen, dass die Fristen in der Verwaltungsgerichtsordnung zur Schaffung einer Rechtssicherheit i.S.d. sich unter anderem aus Art. 20 Abs. 3 GG ergebenden Rechtsstaatsprinzips präzise definiert sind. Die Verwaltungsgerichtsordnung wäre somit bindend, ohne dass eine Abweichung auf Veranlassung der Behörde möglich wäre.

Bei Betrachtung der Funktion des Widerspruchsverfahrens ist eine sachliche Einlassung der Behörde möglich. Gemäß der behördlichen Pflicht zum rechtmäßigen Handeln aus Art. 20 Abs. 3 GG soll die Behörde durch das Widerspruchsverfahren die Möglichkeit zur Selbstkontrolle bekommen, um etwaige Fehler im Widerspruchsverfahren korrigieren zu können. Das gilt auch nach Ablauf der Widerspruchsfrist. Der Bürger ist insoweit nicht schutzwürdig, weil er die Durchführung des Widerspruchsverfahrens selbst veranlasst und wünscht. Außerdem kann ein Verwaltungsakt gemäß den §§ 48, 49 VwVfG oder diese verdrängenden Spezialregelungen sogar nach Bestandskraft seitens der Behörde und gegebenenfalls auf Antrag aufgehoben werden. Das muss erst recht gelten, wenn der Bürger und die Behörde sich über die Durchführung eines Widerspruchsverfahrens verfahrensrechtlich einig sind, wenngleich es sich bei der Aufhebung eines Verwaltungsaktes um ein gesondertes Verfahren handelt. Damit ist – unabhängig von den materiellen, möglicherweise einzuschränkenden Konsequenzen – die sachliche Einlassung zur Selbstkontrolle der Verwaltung möglich. Nicht möglich ist die sachliche Einlassung der Behörde bei der Beteiligung Dritter, deren Rechte rechtsstaatlich zu schützen sind und nicht wider die Verwaltungsgerichtsordnung zur Disposition der Behörde gestellt werden. Nicht disponibel ist zudem die Klagefrist, weil insoweit die Effektivität der Judikative in einem Rechtsstaat i.S.d. Art. 20 Abs. 3 GG gewährleistet werden muss. Eine außergesetzliche Belastung der Gerichte als von der sachlichen Einlassung betroffene Gewalt ist wider die Verwaltungsgerichtsordnung nicht zulässig. Nach alledem ist die Verfristung des Widerspruches der P durch die sachliche Einlassung der Behörde geheilt. Ein ordnungsgemäßes Widerspruchsverfahren wurde seitens der P durchgeführt.[9]

4. Klagefrist
Die Klagefrist von einem Monat gemäß § 74 Abs. 1 S. 1, Abs. 2 VwGO seit Zustellung des Widerspruchsbescheides ist mangels gegenteiliger Anhaltspunkte eingehalten worden.

VI. Zwischenergebnis
Die Sachurteilsvoraussetzungen sind erfüllt und die Klage der P ist zulässig.

---

9 Enthält ein Abhilfebescheid oder Widerspruchsbescheid erstmals eine Beschwer, ist ein Widerspruchsverfahren diesbezüglich gemäß § 68 Abs. 1 S. 2 Nr. 2 VwGO entbehrlich.

B. Begründetheit

Die Klage ist gemäß § 113 Abs. 5 S. 1, 2 VwGO begründet, soweit die Ablehnung des Zuspruches der Versorgungsbezüge in Form der Kosten für den elektrischen Rollstuhl rechtswidrig, die Klägerin dadurch in ihren Rechten verletzt und die Sache spruchreif bzw. soweit die Unterlassung der diesbezüglichen Bescheidung rechtswidrig oder die erfolgte Bescheidung fehlerhaft und die Klägerin dadurch in ihren Rechten verletzt ist. Somit ist die Klage begründet, soweit die Klägerin einen Anspruch auf zumindest fehlerfreie Bescheidung hat.

I. Anspruchsgrundlage

Ein Anspruch der P auf Ersatz der Kosten für den elektrischen Rollstuhl kann sich aus § 30 Abs. 1 S. 1 BeamtVG als Anspruchsgrundlage ergeben.

II. Anspruchsvoraussetzungen

Die Anspruchsvoraussetzungen müssen erfüllt sein.

1. Formelle Voraussetzungen

Die formellen Voraussetzungen können erfüllt sein. Das setzt voraus, dass bei der zuständigen Stelle ein rechtmäßiges Verfahren in den gesetzlich vorgesehenen Formen durchgeführt worden ist. P hat einen Antrag bei der zuständigen Behörde gestellt, sodass die formellen Voraussetzungen somit erfüllt sind.

2. Materielle Voraussetzungen

Die materiellen Voraussetzungen des § 30 Abs. 1 S. 1 BeamtVG müssen erfüllt sein. Materiell werden positiv ein Beamtenverhältnis auf Bundesebene sowie ein Dienstunfall vorausgesetzt. Negativ darf der Anspruch nicht ausgeschlossen sein.

a) Positive Voraussetzungen

P ist als Dozentin der Verwaltungshochschule des Bundes eine Beamtin des Bundes im statusrechtlichen Sinne. Ein Dienstunfall ist gemäß § 31 Abs. 1 S. 1 BeamtVG ein auf äußerer Einwirkung beruhendes, plötzliches, örtlich und zeitlich bestimmbares, einen Körperschaden verursachendes Ereignis, das in Ausübung oder infolge des Dienstes eingetreten ist. Abzugrenzen ist das Tatbestandsmerkmal des Dienstunfalles von einem bloßen Gelegenheitsereignis. Die damit verbundenen und im Hinblick auf einen Dienstunfall unbeachtlichen Gelegenheitsursachen sind Ursachen, bei denen zwischen dem eingetretenen Schaden und dem Dienst eine rein zufällige Beziehung besteht. Dies ist in Konstellationen anzunehmen, in denen die krankhafte Veranlagung oder das anlagebedingte Leiden des Beamten so leicht aktualisierbar war, dass es zur Auslösung akuter Erscheinungen nicht besonderer in ihrer Eigenart unersetzlicher Einwirkungen bedurfte, sondern auch ein anderes alltäglich vorkommendes Ereignis denselben Erfolg herbeigeführt hätte (BVerwG, Urteile vom 15.9.1994 – 2 C 24.92 – und vom 18.4.2002 – 2 C 22.01; Beschluss vom 29.9.1999 – 2 B 100.99 – juris). Es verwirklicht sich dann nur das in der krankhaften Veranlagung bereits vorher bestehende Lebensrisiko. Die auf den erlittenen Zeckenbiss zurückzuführende Borrelioseerkrankung der P ist keine Folge einer krankhaften Veranlagung oder eines anlagebedingten Leidens.

Allerdings könnte ein Dienstunfall ausgeschlossen sein, soweit es sich bei einem Schadenseintritt um ein sich unabhängig von einer Vorveranlagung oder Vorerkrankung verwirklichendes allgemeines Lebensrisiko handelt, weil sich eine Gefahr realisiert, die letztlich jeden treffen kann. Eine solche Reduzierung des § 31 Abs. 1 S. 1 BeamtVG ergibt sich jedoch weder aus dem Wortlaut der Norm noch aus deren Sinn und Zweck im Rahmen einer grundsätzlich möglichen teleologischen Reduktion. Eine für die teleologische Reduktion erforderliche verdeckte Regelungslücke in Form des planwidrigen Fehlens einer Ausnahmeregelung ist nicht ersichtlich. Der Begriff des Dienstunfalls setzt nämlich nicht voraus, dass der Beamte bei seiner Tätigkeit einer höheren Gefährdung als die übrige Bevölkerung ausgesetzt ist oder sich in dem Körperschaden eine der konkreten dienstlichen Verrichtung innewohnende typische Gefahr realisiert hat (BVerwG, Urteil vom 24.10.1963 – 2 C 10.62 – BVerwGE 17, 59). P hat den Zeckenbiss mit der daraus resultierenden Borrelioseerkrankung während des Unterrichtes im Freien erlitten. Erschwerend kommt hinzu, dass P sich ohne die Unterrichtsvorgabe im Lehrplan nicht im Freien aufgehalten hätte und nicht von der Zecke gebissen worden wäre. Zum Unterricht im Freien war sie zumindest für die Veranstaltung „Natur und Recht" verpflichtet. Dem steht nicht entgegen, dass es sich um eine Infektionskrankheit infolge des Zeckenbisses handelt, weil ein hinreichender Kausalzusammenhang besteht (BVerwG, Urteil vom 28.1.1993 – 2 C 22.90 – Schütz, BeamtR ES/C II 3.1 Nr. 49). Somit hat P einen Dienstunfall erlitten.

b) Negative Voraussetzungen

Der Anspruch der P könnte wegen Mitverschuldens der P ausgeschlossen sein. Gemäß § 44 Abs. 1 BeamtVG wird Unfallfürsorge aber lediglich bei vorsätzlicher

Herbeiführung des Dienstunfalls nicht gewährt. P handelte allenfalls fahrlässig, als sie sich mit den Studenten zum Unterricht ins Freie begab und dabei möglicherweise nicht hinreichend nach Zecken Ausschau hielt. Vorsatz ist nicht ersichtlich, sodass der Anspruch nicht ausgeschlossen ist.

III. Anspruchsinhalt
Grundsätzlich sind von der Unfallfürsorge gemäß den §§ 30 Abs. 2 Nr. 2, 33 Abs. 1 Nr. 2 BeamtVG die Kosten für orthopädische oder andere Hilfsmittel, durch welche die Unfallfolgen erleichtert werden sollen, erfasst. Allerdings sind nur solche Hilfsmittel erfasst, welche tatsächlich „notwendig" sind. Zu den tatsächlich notwendigen Hilfsmitteln gehört kein elektrischer Rollstuhl, sofern auch ein einfaches Modell hinreichend ist. Zwar sind nicht stets ausschließlich die einfachsten und günstigsten Hilfsmittel die tatsächlich notwendigen, jedoch besteht keine Notwendigkeit, bei einer verhältnismäßig selten und stetig seltener werdenden Inanspruchnahme des Hilfsmittels in Form des Rollstuhls durch P ein hochwertiges Modell mit elektrischem Antrieb zu wählen.

C. Ergebnis
Die Klage der P auf Erlass eines Leistungsbescheides in Höhe von € 1.850,– ist unbegründet und ist somit nicht erfolgreich.

2. Komplex: Klage bezüglich des Widerspruchsbescheides
Die Klage der P hat Erfolg, soweit die Sachurteilsvoraussetzungen erfüllt sind und die Klage begründet ist.

A. Sachurteilsvoraussetzungen
Die Sachurteilsvoraussetzungen können erfüllt sein.

I. Rechtsweg
Der Verwaltungsrechtsweg kann aufgrund einer aufdrängenden Sonderzuweisung, hilfsweise gemäß der Generalklausel des § 40 Abs. 1 S. 1 VwGO eröffnet sein, soweit keine abdrängende Sonderzuweisung besteht. Gegebenenfalls ergeht ein Verweisungsbeschluss i.S.d. § 17a Abs. 2 GVG i.V.m. § 173 VwGO.

Der Verwaltungsrechtsweg ist gemäß den §§ 126 Abs. 1, 1 BBG für alle Klagen der Beamtinnen, Beamten, Ruhestandsbeamtinnen, Ruhestandsbeamten, früheren Beamtinnen, früheren Beamten und der Hinterbliebenen aus dem Beamtenverhältnis sowie für Klagen des Dienstherrn eröffnet. Gleiches gilt für Landesbeamte gemäß den §§ 54 Abs. 1 BeamtenStG, 40 Abs. 2 S. 2 VwGO. P ist Bundesbeamtin und möchte wegen des Zeckenbisses beim Unterricht im Freien unter anderem Beamtenversorgung gemäß den §§ 30 ff. BeamtVG geltend machen. Insoweit ist der Verwaltungsrechtsweg gemäß den §§ 126 Abs. 1, 1 BBG eröffnet. Eine abdrängende Sonderzuweisung aus Art. 34 S. 3 GG ist nicht ersichtlich, weil der Anspruch der P mangels drittbezogener Amtspflichtverletzungen nicht auf eine Amtshaftung i.S.d. § 839 Abs. 1 S. 1 BGB i.V.m. Art. 34 S. 1 GG rückführbar ist. Eine etwaige abdrängende Sonderzuweisung i.S.d. § 40 Abs. 2 S. 1 VwGO ist bei Beamten gemäß § 40 Abs. 2 S. 2 VwGO unbeachtlich.

II. Zuständigkeit

Das Verwaltungsgericht ist gemäß § 45 VwGO als Eingangsinstanz für den Streit über den von der zuständigen Behörde der Bundesrepublik Deutschland zu erlassenden Verwaltungsakt sachlich zuständig, soweit die Voraussetzungen abweichender Regelungen wie z.B. die §§ 47, 50 VwGO bei besonderen Verfahren nicht erfüllt sind. Das Verwaltungsgericht ist auch i.S.d. § 52 VwGO örtlich zuständig, sodass kein Verweisungsbeschluss gemäß § 17a Abs. 2 GVG i.V.m. § 83 VwGO gefasst werden wird.

III. Beteiligte

P und die Bundesrepublik Deutschland als Körperschaft öffentlichen Rechts können Beteiligte des Verfahrens sein. Beteiligte sind nach § 63 Nr. 1, 2 VwGO unter anderem der Kläger und der Beklagte, beteiligungsfähig nach § 61 Nr. 1 Alt. 1, 2 VwGO natürliche und juristische Personen. Behörden sind auf der Bundesebene nicht i.S.d. § 61 Nr. 3 VwGO beteiligungsfähig. Als Klägerin ist gemäß § 61 Nr. 1 Alt. 1 VwGO P als natürliche Person beteiligungsfähig. P ist gemäß § 62 Abs. 1 Nr. 1 VwGO mangels gegenteiliger Anhaltspunkte prozessfähig.

Beklagte ist die Bundesrepublik Deutschland als Gebietskörperschaft des öffentlichen Rechts, vertreten durch die Behörde. Sie ist gemäß den §§ 63 Nr. 2, 61 Nr. 1 Alt. 2 VwGO beteiligungs- und mangels Anhaltspunkten bezüglich des für die Behörde handelnden Organwalters gemäß § 62 Abs. 1, 3 VwGO prozessfähig.

IV. Statthafte Klageart

Die statthafte Klageart richtet sich i.S.d. § 88 VwGO nach dem klägerischen Begehren unter Berücksichtigung des Anwendungsvorrangs maßnahmespezifischer Rechtsschutzformen und des rechtsstaatlichen Grundsatzes der Effektivität des Rechtsschutzes. Dem klägerischen Begehren entspricht i.d.R. die effektivste Klageart, also nach Möglichkeit die Anfechtungsklage gemäß § 42 Abs. 1 Alt. 1 VwGO als Gestaltungsklage der Verwaltungsgerichtsordnung, es sei denn, es gibt einen ausdrücklichen Antrag, der nicht überschritten werden darf. Voraussetzung der Anfechtungsklage ist, dass der Kläger die Aufhebung eines gegenwärtig wirkenden Verwaltungsaktes erstrebt. Ein Verwaltungsakt ist gemäß § 35 S. 1 VwVfG i.V.m. § 1 VwVfG jede Verfügung, Entscheidung oder andere hoheitliche Maßnahme, die eine Behörde zur Regelung eines Einzelfalls auf dem Gebiet des öffentlichen Rechts trifft und die auf unmittelbare Rechtswirkung nach außen gerichtet ist. P könnte gegen das hoheitliche Handeln in Bescheidform vorgehen wollen. Dazu bedarf es eines hinreichend konkretisierten Begehrens im Hinblick auf einen hinreichend konkretisierten Streitgegenstand. Sowohl der ursprüngliche Leistungsbescheid als auch der Widerspruch sind Einzelfallregelungen gegenüber P mit Regelungscharakter bezüglich der Versorgungsleistungen der P und somit Verwaltungsakte, wobei der Widerspruchsbescheid nicht eigenständig im engen Sinne ist, sondern den ursprünglichen Bescheid i.S.d. § 79 Abs. 1 Nr. 1 VwGO modifiziert.

Der Streitgegenstand der Anfechtungsklage ist im Rahmen des § 79 VwGO bestimmbar. Gemäß § 79 Abs. 1 Nr. 1 VwGO kann Streitgegenstand ein ursprünglicher Verwaltungsakt in der Gestalt sein, die er durch den Widerspruchsbescheid erhalten hat.

Denkbar ist auch, dass nur ein Widerspruchsbescheid gemäß § 79 Abs. 1 Nr. 2 Alt. 2 VwGO Gegenstand der Klage ist, wenn er erstmals eine Beschwer enthält. Der Widerspruchsbescheid kann gemäß § 79 Abs. 2 VwGO auch dann alleiniger Streitgegenstand sein, wenn und soweit er gegenüber dem ursprünglichen Verwaltungsakt eine zusätzliche selbstständige Beschwer enthält. Die zusätzliche selbstständige Beschwer muss in diesem Zusammenhang nicht zwingend eine qualitative Verböserung darstellen, bei welcher anlässlich des Widerspruchsverfahrens ein eigenständiger neuer Verwaltungsakt erlassen wird. Erfasst ist im Rahmen des § 79 Abs. 2 VwGO auch die quantitative Verböserung, weil § 79 Abs. 2 VwGO insoweit verfassungskonform i.S.d. Art. 19 Abs. 4 GG ausgelegt werden muss. Ein umfassender effizienter Rechtsschutz gegen ein Handeln der Exekutive ist erforderlich. Würde § 79 Abs. 2 VwGO auf qualitative Verböserungen beschränkt sein, ergäbe die Regelung wenig Sinn, weil die qualitative Verböserung als unechte Verböserung einen eigenständigen Verwaltungsakt beinhaltet, der ohnehin gesondert anfechtbar ist. Dann hätte § 79 Abs. 2 VwGO lediglich eine Klarstellungsfunktion.

Der ursprüngliche Bescheid vom 10.9. enthielt keine Belastung, sondern eine Begünstigung. Somit enthielt der Widerspruchsbescheid vom 29.10. auch keine zusätzliche Beschwer i.S.d. § 79 Abs. 2 VwGO. Auch ist es nicht das Ziel der P, den ursprünglichen Bescheid in Gestalt des Widerspruchsbescheides i.S.d. § 79 Abs. 1 Nr. 1 VwGO zu beseitigen, da der ursprüngliche Bescheid sie begünstigte. Streitgegenstand ist somit gemäß § 79 Abs. 1 Nr. 2 Alt. 2 VwGO der Widerspruchsbescheid, da dieser aufgrund der Verböserung in Form der Versagung jeglicher Leistung erstmalig eine Beschwer der P enthält.

V. Besondere Sachurteilsvoraussetzungen

Die besonderen Sachurteilsvoraussetzungen können erfüllt sein.

1. Besondere Prozessführungsbefugnis

Besonders prozessführungsbefugt ist gemäß § 78 Abs. 1 Nr. 1 VwGO die den Kostenbescheid erlassende Bundesrepublik Deutschland als Körperschaft öffentlichen Rechts, da keine Ausführungsvorschrift i.S.d. § 78 Abs. 1 Nr. 2 VwGO ersichtlich ist. Da der Widerspruchsbescheid eine erstmalige Beschwer in Form der Aufhebung der ursprünglich gewährten Leistung enthält, ist für die Zuordnung des Rechtsträgers gemäß § 78 Abs. 2 VwGO die Widerspruchsbehörde die maßgebliche Behörde, nicht aber die Ausgangsbehörde, wenngleich sich dies im Ergebnis nicht auswirkt, weil sowohl die Rechtsträgerin der Ausgangsbehörde als auch die der Widerspruchsbehörde die Bundesrepublik Deutschland ist.

2. Klagebefugnis

P muss klagebefugt sein. Die Klagebefugnis nach § 42 Abs. 2 VwGO setzt die Möglichkeit der Verletzung eines subjektiven Rechts voraus. Subjektive Rechte leiten sich aus Sonderrechtsbeziehungen, einfachen Gesetzen, subsidiär aus Grundrechten ab, wobei jedenfalls aufgrund des weiten Schutzbereiches des Art. 2 Abs. 1 GG bei unmittelbaren Grundrechtseingriffen für das subjektive Recht direkt auf Grundrechte abgestellt werden kann. P ist bezüglich des Widerspruchsbescheides zwar Adressatin eines belastenden Bescheides, jedoch ist ein unmittelbarer Grundrechtseingriff z.B. in Beamtenrechte i.S.d. Art. 33 Abs. 5 GG nicht eindeutig gegeben. Durch den Bescheid wird schließlich eine Leistung modifiziert bzw. aufgehoben. Die Modifizierung einer Leistung ist nur ein Grundrechtseingriff, soweit auf die Leistung ein grundrechtlicher Anspruch bestand. Insofern kann sich ein subjektives Recht aber jedenfalls aus einer Sonderrechtsbeziehung oder aus einer einfachgesetzlichen Norm ergeben. P ist mit dem Bescheid vom 10.9. eine Leistung gewährt worden, auf welche aus dem Leistungsbescheid selbst ein Anspruch bestand. Aus diesem Rechtssetzungsakt als Sonderrechtsbeziehung ergab sich ein Leistungsanspruch der P in Höhe von € 2.100,–, also ein subjektives Recht der P. Durch die Aufhebung der Leistung im Widerspruchsbescheid kann das subjektive Recht der P auf Leistung aus dem ursprünglichen Bescheid verletzt worden sein. P ist i.S.d. § 42 Abs. 2 VwGO klagebefugt.

3. Vorverfahren

Ein Vorverfahren gemäß den §§ 68 ff. VwGO ist auf Bundesebene grundsätzlich nicht gemäß § 68 Abs. 1 S. 2 VwGO entbehrlich, bezüglich der Anfechtung nur des Widerspruchsbescheides i.S.d. § 79 Abs. 1 Nr. 2 Alt. 2 VwGO gemäß § 68 Abs. 1 S. 2 Alt. 2 Nr. 2 VwGO ausnahmsweise dennoch entbehrlich. Der Widerspruchsbescheid vom 29.10. enthielt aus Sicht der P erstmals eine Beschwer, da die ursprüngliche Leistung durch den Widerspruchsbescheid aufgehoben worden ist. Ein für den Widerspruchsbescheid und der damit zusammenhängenden Verböserung gesondertes Vorverfahren wäre gemäß § 68 Abs. 1 S. 2 Alt. 2 Nr. 2 VwGO somit entbehrlich gewesen, jedoch ist P Bundesbeamtin, sodass § 68 Abs. 1 S. 2 Alt. 2 Nr. 2 VwGO durch die Spezialregelung des § 126 Abs. 2 S. 1 BBG verdrängt wird. P hat das Vorverfahren bezüglich der Verböserung ordnungsgemäß durchgeführt.

4. Klagefrist

Die Klagefrist von einem Monat gemäß § 74 Abs. 1 S. 1 VwGO seit Zustellung des Widerspruchsbescheides ist mangels gegenteiliger Anhaltspunkte eingehalten worden.

VI. Zwischenergebnis

Die Sachurteilsvoraussetzungen sind erfüllt und die Klage der P ist zulässig.

B. Begründetheit

Die Klage ist gemäß § 113 Abs. 1 S. 1 VwGO i.V.m. § 115 VwGO begründet, soweit der Verwaltungsakt rechtswidrig und die Klägerin dadurch in ihren Rechten verletzt ist.

I. Rechtswidrigkeit des Verwaltungsaktes

Der Verwaltungsakt muss rechtswidrig sein.

1. Rechtsgrundlage

Die Verböserung bezüglich der ursprünglich zugesprochenen Leistung an P muss im Sinne des Vorbehaltes des Gesetzes auf eine Rechtsgrundlage rückführbar oder zumindest im Sinne des Vorranges des Gesetzes ohne Rechtsgrundlage möglich sein. Anders als in Konstellationen, in denen Streitgegenstand des Verfahrens der ursprüngliche Bescheid in Gestalt des Widerspruchsbescheides gemäß § 79 Abs. 1 Nr. 1 VwGO ist und somit zumindest für den ursprünglichen Teil des Bescheides eine Rechtsgrundlage aus dem materiellen Recht benennbar ist, bedarf es in den Konstellationen des § 79 Abs. 1 Nr. 2 VwGO der Benennung einer Rechtsgrundlage nur für die Verböserung, wenigstens aber der Zulässigkeit der Verböserung aufgrund des Vorranges des Gesetzes. Ist eine Verböserung unzulässig, besteht keine Rechtsgrundlage für eine solche und sie wäre auch nicht aufgrund des Maßstabes des Vorranges des Gesetzes möglich.[10]

a) Zulässigkeit der Verböserung

Gegenüber P handelt es sich um eine quantitative Verböserung, weil es um einen Anspruch geht, welcher der Höhe nach im Widerspruchsverfahren reduziert wird. Anders als bei der qualitativen Verböserung ist somit im Widerspruchsverfahren kein eigenständiger neuer Verwaltungsakt anlässlich des Widerspruchsverfahrens erlassen worden, für welchen mangels materiellen Zusammenhanges zum Ausgangsbescheid als Rechtsgrundlage unproblematisch das jeweilige materielle Recht anwendbar wäre.

In den Vorschriften der Verwaltungsgerichtsordnung ist weder bestimmt, dass eine Schlechterstellung zulässig sein müsse, noch ist die Zulässigkeit einer solchen Schlechterstellung ausgeschlossen.[11] Die Zurückhaltung des Bundesgesetzgebers mag sich daraus ergeben, dass er nicht befugt ist, das Verwaltungsverfahren der Bundesländer in vollem Umfang zu regeln, sondern insoweit nur die erforderlichen Regelungen über das Verwaltungsvorverfahren als Voraussetzung der Klageerhebung treffen durfte (BVerwG – 4 C 34.75).

---

10 Vertretbar sind andere Lösungswege: Die Verböserung wird auch auf §§ 48, 49 VwVfG oder auf das materielle Recht der Widerspruchsbehörde (hier identisch) gestützt. Vertretbar ist es, die Verböserung abzulehnen. Abgesehen von der Problematik der §§ 48, 49 VwVfG, die vertretbar bei der Rechtsgrundlage geprüft werden könnten, obwohl sich der Streitgegenstand aus § 79 Abs. 1 Nr. 1 VwGO ergibt, sind diese Aspekte im Ermessen zu prüfen. Anders ist dies, wenn nur die Verböserung Streitgegenstand ist.
11 In bestimmten Bereichen wird ein Verböserungsverbot angenommen. Im Prüfungsrecht etwa besteht zwar kein grundsätzliches Verböserungsverbot, jedoch kann sich ein solches z.B. bei einer Verzerrung des materiellen Rechts im Hinblick auf Art. 3 Abs. 1 GG ergeben.

Gegen die Zulässigkeit einer quantitativen Verböserung ist einzuwenden, dass insoweit Art. 19 Abs. 4 GG betroffen wäre, weil der Bürger aus Angst vor einer Verböserung vor der Beschreitung des Rechtsweges auch schon im Vorfeld zurückschrecken würde. Außerdem wird mit der Verböserung entgegen dem Rechtsgedanken des § 88 VwGO über den Antrag des Betroffenen hinausgegangen. Gegen die Möglichkeit der Verböserung könnte auch sprechen, dass im Rahmen der §§ 48, 49 VwVfG die Rücknahme und der Widerruf auch schon vor der Bestandskraft erfolgen können, sodass der insoweit gewährte Vertrauensschutz durch eine Verböserung im Widerspruchsverfahren nicht gewahrt würde. Ein geschaffener Vertrauenstatbestand könnte gegebenenfalls nur ausdrücklich – wie z.B. gemäß § 367 Abs. 2 AO – ausschließbar sein. Letztlich könnte dem Bundesgesetzgeber i.S.d. Artt. 74 Abs. 1 Nr. 1 GG, 70, 84 Abs. 1 S. 1 GG auch die Gesetzgebungskompetenz zumindest in Ländermaterien bezüglich des Verwaltungsverfahrens fehlen.

Allerdings bestehen gewichtige Argumente für die Verböserungsmöglichkeit. Einerseits ist die Exekutive gemäß Art. 20 Abs. 3 GG zum rechtmäßigen Handeln verpflichtet, sodass eine Verböserung im Widerspruchsverfahren Ausdruck der Selbstkontrolle der Verwaltung ist. Andererseits ist die Verböserung in den §§ 68 ff. VwGO anders als z.B. in § 331 StPO nicht ausgeschlossen, woraus sich schließen lässt, dass sie im verwaltungsrechtlichen Verfahren, welches häufig weniger grundrechtsbelastend ist, geringer einzustufen ist als im strafrechtlichen Verfahren. Aus dem Wortlaut des § 79 Abs. 2 VwGO ergibt sich, dass eine Verböserung vom Gesetzgeber auch vorausgesetzt wird, wobei es sich bei der zusätzlichen selbständigen Beschwer nicht um eine qualitative Verböserung handeln muss, sondern auch um eine quantitative Verböserung handeln kann, da die Regelung des § 79 Abs. 2 S. 1 VwGO anderenfalls überflüssig wäre, weil ein eigenständiger neuer Verwaltungsakt ohnehin jederzeit auch anlässlich des Widerspruchsverfahrens nach dem materiellen Recht erlassen werden kann. Letztlich wird die Entscheidung durch den Widersprechenden auch zur Disposition der Behörde gestellt (vgl.: OVG Münster, Beschluss vom 27.5.2013, NVwZ-RR 2013, 745). Der Grundsatz, dass nicht über den Antrag des Betroffenen hinausgegangen werden kann, ist zwar ein verwaltungsprozessrechtlicher Grundsatz i.S.d. §§ 88, 129, 141 VwGO, jedoch kein einer Verböserung im Verwaltungsverfahren entgegenstehender verwaltungsverfahrensrechtlicher Grundsatz. Auch die Gesetzgebungskompetenzen werden seitens des Bundes nicht überschritten, da schließlich keine ausdrückliche Regelung der Verböserung für Verwaltungsverfahren der Länder im Bundesrecht steht, sondern sich aus dem Bundesrecht lediglich Argumente für die Zulässigkeit einer Verböserung ableiten lassen. Auf Bundesebene ist weder unzulässig das Verwaltungsverfahren der Länder entgegen den Artt. 74 Abs. 1

Nr. 1 GG, 70, 84 Abs. 1 S. 1 GG geregelt worden noch deren materielle Rechtsmaterien.

Nach alledem ist die quantitative Verböserung – auch gegenüber P – zulässig.

b) Tatsächliche Rechtsgrundlage

Da durch die Verböserung ein Bestand aus zumindest einer Sonderbeziehung
zulasten des Betroffenen verändert wird, ist im Fall eines Grundrechtseingriffes
aufgrund der Grundrechte, anderenfalls jedenfalls aus rechtsstaatlichen Gründen eine Rechtsgrundlage im Sinne des Gesetzesvorbehaltes erforderlich.

Rechtsgrundlage kann das materielle Recht der Widerspruchsbehörde sein,
weil diese schließlich die Entscheidung über die Verböserung i.S.d. §§ 68 ff.
VwGO trifft. Die Anwendbarkeit des materiellen Rechts der Widerspruchsbehörde ist für die Verböserung abzulehnen, weil im Widerspruchsverfahren die
Entscheidung der Ausgangsbehörde durch die Widerspruchsbehörde mittels
des materiellen Rechts der Ausgangsbehörde kontrolliert werden soll und somit
das materielle Recht der Ausgangsbehörde maßgeblich ist. Unabhängig davon
kann das materielle Recht der Ausgangs- und der Widerspruchsbehörde identisch sein. Eine Identität des materiellen Rechts besteht z.B. bei Identität der
Ausgangs- und der Widerspruchsbehörde. Im Hinblick auf die gegenüber P
handelnde Widerspruchsbehörde ist ebenso wie für die Ausgangsbehörde das
materielle Recht der Beamtenversorgung anwendbar. Das materielle Recht der
Ausgangsbehörde und der Widerspruchsbehörde sind identisch.

Somit kommt es darauf an, ob für die zulässige quantitative Verböserung
das materielle Recht der Ausgangsbehörde anwendbar ist, oder ob für die Verböserung die §§ 48, 49 VwVfG als Vorschriften über die Rücknahme und den
Widerruf maßgeblich sind. Für die Anwendbarkeit der §§ 48, 49 VwVfG analog –
analog, da die Normen einerseits erst bei Bestandskraft eines Verwaltungsaktes
gelten, welche konkret gegeben war, andererseits, weil die Widerspruchsbehörde grundsätzlich nicht nach den §§ 48, 49 VwVfG aufheben kann – kann ange-
führt werden, dass insoweit ein differenzierter Vertrauensschutz für den Bürger
gewährt würde, zumal eine Verböserung im Widerspruchsverfahren eine Teil-
aufhebung des ursprünglichen Bescheides beinhaltet. Allerdings ist die Konstellation der §§ 48, 49 VwVfG mit der Verböserung im Widerspruchsverfahren
grundsätzlich nicht vergleichbar. Rücknahme oder Widerruf erfolgen entsprechend dem im Gesetz verankerten Regelfall aufgrund der Initiative der Behörde – sei es vor oder nach Bestandskraft. Das gilt unabhängig davon, dass ein
Bürger möglicherweise im Rahmen seiner subjektiven Rechte die Rücknahme
oder den Widerruf von der Behörde verlangen kann. Bei der Verböserung im

Widerspruchsverfahren geht die Initiative für die Fortführung des Verfahrens vom Bürger aus, ohne dass die Aufhebung der ursprünglichen Leistung erstrebt wird. Insoweit ist die Konstellation keine solche der §§ 48, 49 VwVfG. Bei einer Verböserung im Widerspruchsverfahren ist somit grundsätzlich das materielle Recht der Ausgangsbehörde als im Sinne des sich unter anderem aus Art. 20 Abs. 3 GG ergebenden Rechtsstaatsprinzips hinreichend bestimmte Regelung anwendbar.

Somit würde sich die gegenüber P ausgesprochene Verböserung im Widerspruchsverfahren nach den Normen des Beamtenversorgungsrechts als materielles Recht der Ausgangsbehörde richten. Ausnahmsweise sind als Rechtsgrundlage allerdings doch die Regelungen über die Aufhebung von Verwaltungsakten analog den §§ 48, 49 VwVfG anwendbar, nämlich bei Vergleichbarkeit der Verböserung im Widerspruchsverfahren mit der Konstellation der Aufhebung von Verwaltungsakten durch die Behörde. Das Verfahren der P wurde nur fortgeführt, weil die Behörde sich in der Sache eingelassen hat, obwohl der Widerspruch eigentlich verfristet war. Somit ist die Fortführung des Verfahrens ähnlich der Aufhebung eines Verwaltungsaktes nur auf zumindest Mitinitiative der Behörde erfolgt, nachdem der ursprüngliche Bescheid bestandskräftig war. Somit ist die Konstellation mit derjenigen bei den §§ 48, 49 VwVfG vergleichbar, sodass diese ausnahmsweise für die Verböserung als Rechtsgrundlage anwendbar sind.

Da die Voraussetzungen eines beamtenversorgungsrechtlichen Anspruches bezüglich der Finanzierung eines einfachen Rollstuhls in Höhe von € 2.100,– aufgrund des Dienstunfalls durch den Zeckenbiss grundsätzlich erfüllt waren und der ursprüngliche Bescheid insoweit rechtmäßig war, kommt § 48 Abs. 1 S. 1 VwVfG, in dem ein rechtswidriger Bescheid Voraussetzung ist, als Rechtsgrundlage nicht in Betracht. Rechtsgrundlage kann daher analog § 49 Abs. 3 Nr. 1 VwVfG sein.[12]

2. Voraussetzungen

Die Voraussetzungen analog § 49 Abs. 3 Nr. 1 VwVfG können erfüllt sein.

---

12 Grundsätzlich ist primär die Rücknahme zu prüfen, da rechtswidrige Verwaltungsakte i.d.R. leichter aufhebbar sind als rechtmäßige und im Hinblick auf die analoge Anwendung des § 49 VwVfG ein Springen zwischen den Rechtsgrundlagen vermieden werden kann. Eine teilweise in der Literatur empfohlene „Vorprüfung" der Rechtmäßigkeit/Rechtswidrigkeit ist im Gesetz dogmatisch nicht vorgesehen und damit zu unterlassen. Geprüft werden Tatbestände der Normen §§ 48, 49 VwVfG, ggf. der Spezialregelungen.

a) Formelle Voraussetzungen

Formell muss dann die zuständige Behörde bei Einhaltung der Verfahrensvorschriften formgerecht gehandelt haben. Formell hat die nächsthöhere für den Widerspruch im Rahmen des Devolutiveffektes[13] zuständige Widerspruchsbehörde i.S.d. § 73 Abs. 1 S. 1, 2 Nr. 1 VwGO gehandelt. Sie war aufgrund der veröffentlichten allgemeinen Übertragungsanordnung i.S.d. § 126 Abs. 3 S. 2, 3 BBG von der eigentlich zuständigen obersten Behörde i.S.d. § 126 Abs. 3 S. 1 BBG zum Handeln ermächtigt worden. Fraglich ist, ob die Widerspruchsbehörde auch für die Verböserung zuständig ist.

Die Widerspruchsbehörde könnte für die Verböserung unzuständig sein, weil in Höhe des verböserten Teils des Verwaltungsaktes von der Ausgangsbehörde bisher keine belastende Regelung getroffen worden war mit der Folge, dass für den verböserten Teil des Bescheides nicht die Widerspruchsbehörde, sondern die Ausgangsbehörde zuständig gewesen sein könnte. Dem stehen aber unter anderem die prozessualen Vorgaben der Verwaltungsgerichtsordnung entgegen. Gemäß § 73 Abs. 1 S. 2 Nr. 1 VwGO ist es ein allgemeiner Verfahrensgrundsatz, dass die Widerspruchsbehörde für den Widerspruchsbescheid zuständig ist. Das gilt insoweit auch für den verböserten Teil eines Bescheides, als Streitgegenstand prozessual der ursprüngliche Bescheid in Gestalt des Widerspruchsbescheides ist. Handelt es sich wie bei der Aufhebung eines Zahlungsbetrages nicht um eine qualitative, sondern um eine quantitative Verböserung, ist der Bescheid neben der verfahrensrechtlichen Verknüpfung auch materiell einheitlich zu betrachten. Somit wäre die Widerspruchsbehörde zur Verböserung berechtigt, wenn sie mit der Ausgangsbehörde identisch oder mit denselben Zuständigkeiten ausgestattet oder zumindest als vorgesetzte Behörde der Ausgangsbehörde gegenüber weisungsbefugt ist. Dem könnte entgegengehalten werden, dass die Weisungsbefugnis lediglich das Binnenrecht des jeweiligen öffentlich-rechtlichen Rechtsträgers, nicht aber das Außenrecht betrifft, sodass eine Zuständigkeit der Widerspruchsbehörde zur Verböserung nur bei einem Selbsteintrittsrecht der Widerspruchsbehörde denkbar wäre. Das ist abzulehnen, weil durch die Vorgaben des Prozessrechts in Kombination mit dem jeweils anwendbaren Verwaltungsverfahrensrecht die binnenrechtliche Weisungsbefugnis zur Außenrechtsbefugnis erstarkt. Die weisungsbefugte nächst höhere Behörde war auch für die Verböserung zuständig.

Da der Widerspruchsbescheid bezüglich der Aufhebung des ursprünglichen Zahlungszuspruches gegenüber P eine erstmalige Beschwer enthält, war die gesonderte – seitens der Widerspruchsbehörde durchgeführte – Anhörung ge-

---

13 Suspensiveffekt: aufschiebende Wirkung
– **Devolutiveffekt:** nächst höhere Instanz

mäß § 71 VwGO notwendig, weil der Terminus „soll" bei Berücksichtigung des unter anderem aus Art. 20 Abs. 3 GG abzuleitenden Rechtsstaatsprinzips verfassungskonform als Verbindlichkeit zu verstehen ist, soweit sich nicht verfassungsrechtlich etwas anderes ergibt. Verfahrens- und Formfehler sind im Übrigen nicht ersichtlich. Der Widerspruchsbescheid ist bezüglich der Kostenerhebung formell rechtmäßig.

b) Materielle Voraussetzungen

Materiell werden in § 49 Abs. 3 Nr. 1 VwVfG ein rechtmäßiger Verwaltungsakt sowie ein Widerrufsgrund vorausgesetzt. Maßgeblich ist für die Rechtmäßigkeit des Verwaltungsaktes der Zeitpunkt der letzten Behördenentscheidung. Das ergibt sich analog § 49 Abs. 2 Nr. 3 VwVfG, weil insoweit gesondert auf nachträgliche Änderungen eingegangen wird, sodass im Umkehrschluss daraus nachträgliche Änderungen im Übrigen irrelevant sind.

aa) Rechtmäßiger Verwaltungsakt

Die Rechtsgrundlage für den ursprünglichen Leistungsbescheid ist § 30 Abs. 1 S. 1 BeamtVG.[14]

Formell ist der ursprüngliche Leistungsbescheid auf Antrag der P von der zuständigen Ausgangsbehörde erlassen worden, sodass er insoweit rechtmäßig ist.

Bei Erlass des ursprünglichen Leistungsbescheides waren auch die materiellen Voraussetzungen des § 30 Abs. 1 S. 1 BeamtVG erfüllt, weil P als Bundesbeamtin durch den Zeckenbiss einen Dienstunfall i.S.d. § 31 Abs. 1 S. 1 BeamtVG erlitt. Da ein Ausschluss i.S.d. § 44 BeamtVG nicht ersichtlich ist und gemäß den §§ 30 Abs. 2 Nr. 2, 33 Abs. 1 Nr. 2 BeamtVG die Kosten für orthopädische oder andere Hilfsmittel, durch welche die Unfallfolgen erleichtert werden sollen, vom Anspruch erfasst sind, waren die Kosten für einen einfachen Rollstuhl in Höhe von € 2.100,– zuzusprechen. Der ursprüngliche Leistungsbescheid war zum Zeitpunkt der letzten Behördenentscheidung rechtmäßig.

---

14 Die inzidente Prüfung des ursprünglichen Leistungsbescheides kann kurz erfolgen, weil die diesbezüglichen Probleme bereits im ersten Teil des Falles erörtert worden sind. **Wichtig:** Auf einen etwaigen Rückforderungsbescheid kommt es für die Beantwortung der Fallfrage nicht an.

bb) Widerrufsgrund

Der Widerrufsgrund analog § 49 Abs. 3 Nr. 1 VwVfG ist erfüllt, weil P die ursprünglich gewährte Zahlung für einen höhenverstellbaren Fahrersitz für ihr Kraftfahrzeug ausgegeben hat. Hätte P einen elektrischen Rollstuhl gekauft, wäre das Merkmal der Zweckentfremdung im Hinblick auf eine mit eigenen Zuschüssen angeschaffte hochwertige Version des seitens des Staates zu bezuschussenden Mittels problematisch gewesen. P hat mit dem Fahrersitz aber einen anderen Gegenstand angeschafft und den ihr zugesprochenen Leistungsbetrag somit zweckentfremdet.

3. Rechtsfolge

Die Rechtsfolge analog § 49 Abs. 3 Nr. 1 VwVfG ist gemäß § 40 VwVfG Ermessen. Eine Präklusion[15] ist nicht ersichtlich. Unabhängig davon, ob die Präklusionsfrist analog § 48 Abs. 4 S. 1 VwVfG i.V.m. § 49 Abs. 3 S. 2 VwVfG eine Entscheidungs- oder eine Bearbeitungsfrist darstellt, sind die Voraussetzungen der Normen mangels des Ablaufes eines Jahres nicht einmal im Hinblick auf die Bekanntgabe des ursprünglichen Leistungsbescheides erfüllt. Die Aufhebung in Form des Widerrufes ist nicht ausgeschlossen.

Gemäß § 6 Abs. 1 HGrG i.V.m. § 1 HGrG besteht ein intendiertes Ermessen dahingehend, dass Leistungen bei Bestehen einer rechtmäßigen Möglichkeit zurückzufordern sind. Ermessensfehler sind nicht ersichtlich.

II. Zwischenergebnis

Der Aufhebungsbescheid ist rechtmäßig.

C. Ergebnis

Der Widerrufsbescheid der Behörde ist rechtmäßig, sodass die Klage unbegründet ist.

---

15 Die Präklusionsfrist ist im Ermessen zu prüfen, weil in § 48 Abs. 4 S. 2 VwVfG auf § 48 Abs. 2 VwVfG Bezug genommen wird, der systematisch vor § 48 Abs. 4 VwVfG steht und zuvor zu prüfen ist, selbst aber der Rechtsfolge zuzuordnen ist, da die Norm für den Tatbestand sogar i.V.m. § 48 Abs. 1 S. 2 VwVfG zu unbestimmt ist. Dies ist auch auf die entsprechende Anwendung i.S.d. § 49 Abs. 3 S. 2 VwVfG zu übertragen.

3. Komplex

Trotz Erfolglosigkeit der Klagen ist eine objektive Klagehäufung in Form der kumulativen Klagehäufung bei der Stellung zweier Anträge gemäß § 44 VwGO möglich, weil mit P und der Bundesrepublik Deutschland dieselben Parteien beim selben Gericht in einer über den Dienstunfall verbundenen konnexen Angelegenheit bei i.S.d. Art. 20 Abs. 3 GG gleichzeitiger Entscheidungsreife der Verpflichtung auf Erweiterung des ursprünglichen Betrages und Aufhebung des Widerrufbescheides streiten.[16]

---

[16] Es handelt sich nicht um eine eventuale Klagehäufung, weil der Anfechtungsantrag nicht hilfsweise, sondern neben dem Verpflichtungsantrag auf Erweiterung des Zahlungsbetrages gestellt wird.

Allg. Verwaltungsrecht – Fall 7:
„Der gestörte Rentner"

Die Grundschule S liegt inmitten eines idyllischen Neubaugebietes der Gemeinde G des Bundeslandes B, in dem vorwiegend junge Familien mit ihren Kindern leben und das im Bebauungsplan als reines Wohngebiet ausgewiesen ist. Die Schule ist nicht als eigenständige juristische Person organisiert, sondern gehört zur Gemeinde. Die Schule verfügt über eine große Sportanlage, die aber wenig von den Kindern der Schule genutzt wird. Vielmehr werden auf dieser Anlage am Wochenende Punktspiele der ortsansässigen Fußballvereine ausgetragen. Insoweit wird die Sportanlage seitens der Gemeinde im Rahmen der kommunalen Daseinsvorsorge betrieben.

Die Schulkinder halten sich zumeist auf einer der zur Sportanlage gehörigen Rasenflächen um die Schule fit. Dafür war im Bauplan für die Schule zunächst eine Fläche südlich des Gebäudes vorgesehen. Weil die Toiletten und Waschmöglichkeiten für die Kinder aber näher an einer nördlich des Gebäudes gelegenen Rasenfläche installiert sind, spielen die Kinder zunehmend auf der nördlichen Wiese, die zur Schule, nicht zur Sportanlage gehört.

Am Rande dieser nördlichen Rasenfläche, an welche auch die Sportanlage grenzt, steht das Eigenheim des Rentners R. Schon längere Zeit ärgert er sich über den von den Fußballspielern ausgehenden Lärm, da deren seiner Auffassung nach völlig unbedeutende Punktspiele regelmäßig sonntags von 13–15 Uhr abgehalten werden. Seitdem nun aber zusätzlich zunehmend auch noch Kinder auf der seinem Haus zugewandten Rasenfläche spielen, reicht es ihm.

Nach ordnungsgemäßer Ermittlung der Lautstärkepegel, welche bei den Fußballspielen 65 dB(A) und bei den Schulkindern 40 dB(A) betragen, erhebt er Klage vor dem Verwaltungsgericht. Er beantragt, die Gemeinde zu verurteilen, den Lärm zu unterbinden, möglichst, indem sie sechs Meter hohe Lärmschutzwälle um die Sportanlage errichtet, um ihm die ungestörte Ausübung seines Grundrechts auf Eigentum zu ermöglichen. Außerdem sollten die Schulkinder wieder auf der südlichen Rasenfläche spielen. Dadurch seien seine aus dem Bauplan der Schule und einer etwaigen Baugenehmigung für die Schule folgenden subjektiven Rechte verletzt. G dürfe die nördliche Wiese nicht einfach zur Spielwiese umwidmen. R fühlt sich durch die Fußballspiele und die auf der nördlichen Wiese spielenden Kinder gestört, obwohl sein Grundstück in der Substanz des Eigentums und auch im Übrigen bezüglich des Lärms uneingeschränkt nutzbar ist.

Gleichzeitig stellt R den Antrag, die Gemeinde zu verurteilen, es zu unterlassen, Frisbeescheiben auf sein Grundstück fliegen zu lassen. Der Hintergrund dieses Antrages ist, dass zu den Zeiten, zu denen die nördliche Wiese nicht seitens der Schüler genutzt wird, die Lehrersportgruppe im Rahmen des seitens der Schule vorgesehenen Freizeitplanes für Lehrer dort Frisbee spielt. Zwar lärmen die Lehrer anders als die Schulkinder nicht, jedoch fliegen stetig Frisbeescheiben auf das Grundstück des R. In besonderem Maße ärgert es ihn, dass er mit dem Leiter der Lehrersportgruppe L einen öffentlich-rechtlichen Vertrag geschlossen zu haben glaubt, in dem sich die Lehrer verpflichtet haben, auf der nördlichen Wiese nicht mehr Frisbee zu spielen. Der Vertrag sei nach Meinung des R wirksam zustande gekommen, weil ihm L eines Nachmittags in einer Spielpause einen gerade verfügbaren Zettel gegeben hatte, auf dem als Überschrift „öffentlich-rechtlicher Vertrag" stand, welcher dann von R selbst unterschrieben worden ist. Inhaltlich war eine Unterlassungsverpflichtung der Lehrer in Vertretung der Gemeinde enthalten. Daraufhin verfasste R einen eigenen Zettel mit identischem Inhalt, überreichte ihn L, der dann das für die Schule bestimmte Exemplar, das R ihm gegeben hatte, unterschrieb.

Hat die Klage des R Erfolg, wenn er mit sämtlichen Begehren seitens der G ignoriert worden ist?

Bearbeitungsvermerk
Gehen Sie davon aus, dass es im Bundesland B keine Ausführungsvorschriften zu den §§ 61, 78 VwGO gibt. Gesundheitsbeeinträchtigungen bestehen bei R nicht. Gegebenenfalls ist das Verwaltungsverfahrensgesetz des Bundes anzuwenden.

§ 1 der 18. BImSchV
(1) Diese Verordnung gilt für die Errichtung, die Beschaffenheit und den Betrieb von Sportanlagen, soweit sie zum Zwecke der Sportausübung betrieben werden und einer Genehmigung nach § 4 des Bundes-Immissionsschutzgesetzes nicht bedürfen.
(2) Sportanlagen sind ortsfeste Einrichtungen im Sinne des § 3 Abs. 5 Nr. 1 des Bundes-Immissionsschutzgesetzes, die zur Sportausübung bestimmt sind.
(3) Zur Sportanlage zählen auch Einrichtungen, die mit der Sportanlage in einem engen räumlichen und betrieblichen Zusammenhang stehen. Zur Nutzungsdauer der Sportanlage gehören auch die Zeiten des An- und Abfahrverkehrs sowie des Zu- und Abgangs.

§ 2 der 18. BImSchV

(1) Sportanlagen sind so zu errichten und zu betreiben, dass die in den Absätzen 2 bis 4 genannten Immissionsrichtwerte unter Einrechnung der Geräuschimmissionen anderer Sportanlagen nicht überschritten werden.

(2) Die Immissionsrichtwerte betragen für Immissionsorte außerhalb von Gebäuden

1. [...]
2. [...]
3. [...]
4. in reinen Wohngebieten

tags außerhalb der Ruhezeiten	50 dB(A),
tags innerhalb der Ruhezeiten	45 dB(A),
nachts	35 dB(A),

5. [...]

(3) [...]

(4) [...]

(5) Die Immissionsrichtwerte beziehen sich auf folgende Zeiten:

1.	tags	an Werktagen	6.00 bis 22.00 Uhr,
		an Sonn- und Feiertagen	7.00 bis 22.00 Uhr,
2.	nachts	an Werktagen	0.00 bis 6.00 Uhr,
		und	22.00 bis 24.00 Uhr
		an Sonn- und Feiertagen	0.00 bis 7.00 Uhr,
		und	22.00 bis 24.00 Uhr,
3.	Ruhezeit	an Werktagen	6.00 bis 8.00 Uhr
		und	20.00 bis 22.00 Uhr,
		an Sonn- und Feiertagen	7.00 bis 9.00 Uhr,
			13.00 bis 15.00 Uhr
		und	20.00 bis 22.00 Uhr.

Die Ruhezeit von 13.00 bis 15.00 Uhr an Sonn- und Feiertagen ist nur zu berücksichtigen, wenn die Nutzungsdauer der Sportanlage oder der Sportanlagen an Sonn- und Feiertagen in der Zeit von 9.00 bis 20.00 Uhr 4 Stunden oder mehr beträgt.

(6) Die Art der in Absatz 2 bezeichneten Gebiete und Anlagen ergibt sich aus den Festsetzungen in den Bebauungsplänen. Sonstige in Bebauungsplänen festgesetzte Flächen für Gebiete und Anlagen sowie Gebiete und Anlagen, für die keine Festsetzungen bestehen, sind nach Absatz 2 entsprechend der Schutzbedürftigkeit zu beurteilen. Weicht die tatsächliche bauliche Nutzung im Einwirkungsbereich der Anlage erheblich von der im Bebauungsplan festgesetzten baulichen Nutzung ab, ist von der tatsächlichen baulichen Nutzung unter Berücksichtigung der vorgesehenen baulichen Entwicklung des Gebietes auszugehen.

(7) Die von der Sportanlage oder den Sportanlagen verursachten Geräuschimmissionen sind nach dem Anhang zu dieser Verordnung zu ermitteln und zu beurteilen.

§ 126 BGB

(1) Ist durch Gesetz schriftliche Form vorgeschrieben, so muss die Urkunde von dem Aussteller eigenhändig durch Namensunterschrift oder mittels notariell beglaubigten Handzeichens unterzeichnet werden.

(2) Bei einem Vertrag muss die Unterzeichnung der Parteien auf derselben Urkunde erfolgen. Werden über den Vertrag mehrere gleichlautende Urkunden aufgenommen, so genügt es, wenn jede Partei die für die andere Partei bestimmte Urkunde unterzeichnet.

(3) Die schriftliche Form kann durch die elektronische Form ersetzt werden, wenn sich nicht aus dem Gesetz ein anderes ergibt.

(4) Die schriftliche Form wird durch die notarielle Beurkundung ersetzt.

§ 1004 BGB

(1) Wird das Eigentum in anderer Weise als durch Entziehung oder Vorenthaltung des Besitzes beeinträchtigt, so kann der Eigentümer von dem Störer die Beseitigung der Beeinträchtigung verlangen. Sind weitere Beeinträchtigungen zu besorgen, so kann der Eigentümer auf Unterlassung klagen.

(2) Der Anspruch ist ausgeschlossen, wenn der Eigentümer zur Duldung verpflichtet ist.

§ 22 Abs. 1a BImSchG

(1a) Geräuscheinwirkungen, die von Kindertageseinrichtungen, Kinderspielplätzen und ähnlichen Einrichtungen wie beispielsweise Ballspielplätzen durch Kinder hervorgerufen werden, sind im Regelfall keine schädliche Umwelteinwirkung. Bei der Beurteilung der Geräuscheinwirkungen dürfen Immissionsgrenz- und -richtwerte nicht herangezogen werden.

Schwerpunkte
Schlichter Abwehr- und Unterlassungsanspruch

Vertiefung

zum Ganzen: OVG Münster, Beschluss vom 1.7.2010 – 7 A 1016/09; vgl. BVerwG, Beschluss vom 11.2.2003 – 7 B 88.02 –, BRS 66 Nr. 171; Urteile vom 24.4.1991 – 7 C 12.90 –, BVerwGE 88, 143 = BRS 52 Nr. 191, und vom 29.4.1988 – 7 C 33.87 –, a.a.O. 2.; OVG Bremen NVwZ-RR 1993, 469; VG Aachen, Beschluss vom 17.7.2012 – 3 L 233/11; zum Unterlassungsanspruch: OVG Lüneburg, Beschluss vom 14.6.2013, NVwZ-RR 2013, 831; OVG Münster, Beschluss vom 24.4.2013, NVwZ-RR 2013, 627

Gliederung

a) Positive Voraussetzungen (–)
aa) Baurechtliches subjektives Recht (–)
bb) Immissionsrechtliches Nachbarrecht (–)
b) Zwischenergebnis
C. Ergebnis

2. Komplex: Klage bezüglich der Frisbeescheiben
A. Sachurteilsvoraussetzungen (+)
   I. Rechtsweg (+)
   II. Zuständigkeit (+)
   III. Beteiligte (+)
   IV. Statthafte Klageart
      1. Unterlassen bezüglich des Überfluges der Frisbeescheiben (+)
      2. Objektive Klagehäufung (+)
   V. Besondere Sachurteilsvoraussetzungen (+)
   VI. Allgemeines Rechtsschutzbedürfnis (+)
B. Begründetheit (+)
   I. Vertraglicher Anspruch (–)
      1. Öffentlich-rechtlicher Vertrag (+)
      2. Zustandekommen (–)
   II. Schlichter Abwehr- und Unterlassungsanspruch (+)
      1. Anspruchsgrundlage (+)
      2. Voraussetzungen (+)
         a) Positive Voraussetzungen (+)
         b) Negative Voraussetzungen (+)
      3. Anspruchsinhalt
      4. Zwischenergebnis
C. Ergebnis

3. Komplex: Gesamtergebnis

Lösungsvorschlag

Die folgende Lösung ist als Lösungsvorschlag zu verstehen und ausführlicher, als es in der Klausurbearbeitung verlangt werden kann. Aufgrund der wissenschaftlichen Freiheit können andere Lösungswege vertreten werden, soweit sie dogmatisch begründbar sind. Die Nachweise aus Rechtsprechung und Literatur sowie die das Verständnis fördernden Randbemerkungen sind in der Examensklausur auszusparen. Die Abkürzung „Alt." steht für Alternativfall, nicht für Alternative.

1. Komplex: Klage bezüglich des Fußball- und Schullärms

Die Klage des R hat jedenfalls Erfolg, soweit die Sachurteilsvoraussetzungen erfüllt sind und soweit sie begründet ist.

A. Sachurteilsvoraussetzungen[1]

Die Sachurteilsvoraussetzungen können erfüllt sein.

I. Rechtsweg

Der Verwaltungsrechtsweg kann mangels aufdrängender Sonderzuweisung gemäß § 40 Abs. 1 S. 1 VwGO eröffnet sein. Im Übrigen kommt ein Verweisungsbeschluss i.S.d. § 17a Abs. 2 GVG i.V.m. § 173 VwGO in Betracht. Der Verwaltungsrechtsweg ist eröffnet, wenn die streitentscheidende öffentlich-rechtliche Norm einen Hoheitsträger einseitig berechtigt oder verpflichtet bzw. wenn aufgrund typisch hoheitlichen Handelns zwischen den Beteiligten ein Subordinationsverhältnis besteht. Die Norm, durch welche die Gemeinde G einseitig berechtigt oder verpflichtet wird, müsste die Gemeinde G berechtigen, Fußballspiele auf der Sportanlage auszugestalten bzw. Schüler auf der nördlichen Wiese spielen zu lassen. Eine solche Norm ist nicht ersichtlich.

Die Veranstaltung von Fußballspielen bzw. das Spielen von Kindern auf einer Wiese stellt auch kein typisch hoheitliches Handeln im Subordinationsverhältnis dar, weil nicht durch einen typischen Hoheitsakt der Verwaltung in Form eines Verwaltungsaktes, einer Verordnung, Satzung, Zusicherung oder durch öffentlich-rechtlichen Vertrag gehandelt wird. Die Organisationsform der Gemeinde als Gebietskörperschaft öffentlichen Rechts lässt ebenfalls nicht auf eine öffentlich-rechtliche Streitigkeit schließen, weil auch Körperschaften des öffentlichen Rechts in den Bereichen der Bedarfsdeckung, Bestandsverwaltung und wirtschaftlichen Tätigkeit – soweit erlaubt – fiskalisch handeln können.

Dass es sich um eine öffentlich-rechtliche Streitigkeit handelt, kann sich letztlich nur aus dem Sachzusammenhang zum öffentlichen Recht ergeben. Öffentlich-rechtlicher Sachzusammenhang besteht nicht deshalb, weil R sich auf

---

[1] **Hinweis:** Andere Aufbauvarianten werden vertreten (z.B. dreistufig oder Prüfung des Verwaltungsrechtsweges als Untergliederungspunkt der Zuständigkeit des Gerichts). Derartige Aufbauvarianten sind aber mit § 17a Abs. 2 GVG bzw. mit der Überschrift des 6. Abschnitts der VwGO sowie mit § 83 VwGO unvereinbar und daher bei exakter dogmatischer Zuordnung der Prüfungspunkte nicht zu empfehlen. Die Überschrift „Sachurteilsvoraussetzungen" anstelle der Überschrift „Zulässigkeit" ist sinnvoll, weil nach § 63 Nr. 3 VwGO auch der Beigeladene zu den Beteiligten gehört, das Fehlen einer notwendigen Beiladung i.S.d. § 65 Abs. 2 VwGO aber nur dazu führt, dass das Urteil keine materielle Rechtskraft entfaltet.

seine Grundrechte aus den Artt. 14 Abs. 1, 2 Abs. 2 S. 1, 2 Abs. 1 GG beruft. Auch durch ein Handeln Privater können Grundrechtspositionen betroffen werden. Würde es sich bei der Veranstaltung der Fußballspiele und beim Spielen der Kinder um eine privatrechtliche Tätigkeit handeln, wäre gemäß § 17a Abs. 2 GVG an das ordentliche Gericht im Sinne des § 13 GVG zu verweisen. Aus dem im Grundgesetz unter anderem in Art. 20 Abs. 3 GG verankerten Rechtsstaatsprinzip ergibt sich aber, dass öffentliche Rechtsträger im Zweifel öffentlich-rechtlich handeln. Die Gemeinde handelt bezüglich der Fußballspiele bzw. des Spielens der Kinder auf dem Schulgelände nicht etwa fiskalisch im Sinne einer Bedarfsdeckung, Bestandsverwaltung oder wirtschaftlichen Tätigkeit – soweit erlaubt –, sondern die Gemeinde betreibt insoweit kommunale Daseinsvorsorge. Es besteht somit ein hoheitlicher Funktionszusammenhang. Da ein Rechtsträger öffentlichen Rechts im Zweifel ohnehin hoheitlich handelt, besteht ein Sachzusammenhang zum öffentlichen Recht.

Weil auch keine Verfassungsorgane über Verfassungsrecht streiten, besteht keine doppelte Verfassungsunmittelbarkeit, sodass die Streitigkeit nicht verfassungsrechtlicher Art ist. Eine abdrängende Sonderzuweisung ist nicht ersichtlich. Der Verwaltungsrechtsweg ist eröffnet.

II. Zuständigkeit

Das Verwaltungsgericht ist gemäß § 45 VwGO als Eingangsinstanz für den Streit zwischen R und G zuständig, soweit die Voraussetzungen abweichender Regelungen wie z.B. die §§ 47, 50 VwGO bei besonderen Verfahren nicht erfüllt sind. Das Verwaltungsgericht ist auch i.S.d. § 52 VwGO örtlich zuständig, sodass kein Verweisungsbeschluss gemäß § 17a Abs. 2 GVG i.V.m. § 83 VwGO gefasst werden wird.[2]

III. Beteiligte

R und G als Gebietskörperschaft öffentlichen Rechts können Beteiligte des Verfahrens sein. Beteiligte sind nach § 63 Nr. 1, 2 VwGO unter anderem der Kläger und der Beklagte, beteiligungsfähig nach § 61 Nr. 1 Alt. 1, 2 VwGO natürliche und juristische Personen. Behörden sind im Bundesland B nicht i.S.d. § 61 Nr. 3

---

2 Die örtliche Zuständigkeit ist nur anzusprechen, wenn es dafür im Sachverhalt Anhaltspunkte gibt. Gegebenenfalls ist die örtliche Zuständigkeit grundsätzlich im Anschluss an die sachliche Zuständigkeit zu prüfen. Ist sie jedoch gemäß § 52 Nr. 2 VwGO ausnahmsweise von der Klageart abhängig, sollte sie offen mit Verweis auf § 17a Abs. 2 GVG i.V.m. § 83 VwGO formuliert werden.

VwGO beteiligungsfähig. Als Kläger ist gemäß § 61 Nr. 1 Alt. 1 VwGO R als natürliche Person beteiligungsfähig. R ist gemäß § 62 Abs. 1 Nr. 1 VwGO mangels gegenteiliger Anhaltspunkte prozessfähig.

Beklagte ist die Gemeinde G als Gebietskörperschaft des öffentlichen Rechts, vertreten durch die Behörde. Sie ist gemäß den §§ 63 Nr. 2, 61 Nr. 1 Alt. 2 VwGO beteiligungs- und mangels Anhaltspunkten bezüglich des für die Behörde handelnden Organwalters gemäß § 62 Abs. 1, 3 VwGO prozessfähig.

IV. Statthafte Klageart

Die statthafte Klageart richtet sich i.S.d. § 88 VwGO nach dem klägerischen Begehren unter Berücksichtigung des Anwendungsvorrangs maßnahmespezifischer Rechtsschutzformen und des rechtsstaatlichen Grundsatzes der Effektivität des Rechtsschutzes. Dem klägerischen Begehren entspricht i.d.R. die effektivste Klageart, also nach Möglichkeit die Anfechtungsklage gemäß § 42 Abs. 1 Alt. 1 VwGO als Gestaltungsklage der Verwaltungsgerichtsordnung. Voraussetzung der Anfechtungsklage ist, dass der Kläger die Aufhebung eines gegenwärtig wirkenden Verwaltungsaktes erstrebt. Ein Verwaltungsakt ist gemäß § 35 S. 1 VwVfG i.V.m. § 1 VwVfG jede Verfügung, Entscheidung oder andere hoheitliche Maßnahme, die eine Behörde zur Regelung eines Einzelfalls auf dem Gebiet des öffentlichen Rechts trifft und die auf unmittelbare Rechtswirkung nach außen gerichtet ist.

1. Fußballlärm

Eine maßgebliche anzufechtende Regelung könnte eine etwaige Erlaubnis der Kommune gegenüber den Fußballvereinen, dort zu spielen, sein. Einerseits ist eine derartige Erlaubnis in der Gestalt eines Verwaltungsaktes nicht ersichtlich, andererseits sind die Fußballspiele und der damit verbundene Lärm der Kommune zuzurechnen, da sie das Sportzentrum im Rahmen der kommunalen Daseinsvorsorge selbst betreibt. Somit wäre es nur denkbar, dass R eine Verpflichtung i.S.d. § 42 Abs. 1 Alt. 2 VwGO erstrebt. Da die Sportanlage aber von G betrieben wird, ist von G direkt Unterlassung zu fordern, denn G wird an sich selbst keinen Verwaltungsakt erlassen. Selbst wenn die Gewerbeaufsicht nicht der Gemeinde, sondern dem Land zugeordnet wäre und möglicherweise ein Verwaltungsakt der Gewerbeaufsicht als Behörde, die zum Bundesland als gegenüber der Gemeinde eigenständigem Rechtsträger gehört, gegenüber dem störenden Hoheitsträger möglich wäre, ist dies seitens des R nicht beantragt worden, zumal er nicht das Bundesland oder die Gewerbeaufsicht, sondern die Gemeinde verklagt hat. Somit ist das Lärmen beim Fußballspielen, welches der

G als Betreiberin zurechenbar ist, als Realhandeln der G einzustufen. Folglich erstrebt R mit der Klage die Unterlassung verwaltungsrechtlichen Realhandelns, sodass bezüglich des Lärmens durch die Fußballspiele die allgemeine Leistungsklage, welche in der Verwaltungsgerichtsordnung zwar nicht ausdrücklich geregelt ist, jedoch z.B. in den §§ 43 Abs. 2, 111 VwGO vorausgesetzt wird, statthaft ist.

2. Schullärm

Auch bezüglich des Schullärms ist kein Verwaltungsakt ersichtlich, den R beseitigen möchte. Im Übrigen ist die Situation ebenso wie beim Lärm durch die Fußballspiele. Der Lärm durch die Schüler erfolgt im Rahmen der Daseinsvorsorge in Form der Bereitstellung einer Schule. Dieser Lärm ist der Kommune zurechenbar, sodass das Lärmen durch die Schüler der Gemeinde als schlichtes Verwaltungshandeln zuzurechnen ist. R erstrebt diesbezüglich auch kein Handeln einer Gewerbeaufsicht, da er die Gemeinde in Anspruch nimmt. Somit ist auch bezüglich des Schullärms durch die Schüler die allgemeine Leistungsklage statthaft.

3. Objektive Klagehäufung[3]

Die objektive Klagehäufung kann möglich sein. Die Klagen auf Unterlassung des Fußball- und des Schullärms können verbunden werden, wenn die Voraussetzungen des § 44 VwGO erfüllt sind. Dazu müssen die Parteien und das Gericht identisch und Konnexität muss gegeben sein. Parteien sind jeweils R und G. Das Verwaltungsgericht ist jeweils zuständig und Konnexität ist wegen des Sachzusammenhanges zum Schulgelände und zum Grundstück des R gegeben. Ungeschriebenes Merkmal ist aufgrund des Grundsatzes der Gewaltenteilung i.S.d. Art. 20 Abs. 3 GG die gleichzeitige Entscheidungsreife. Die Judikative darf nicht über einen Streitgegenstand entscheiden, soweit das Verwaltungsverfahren nicht beendet ist. Es geht R bezüglich des Fußball- und des Schullärms um zwei Unterlassungsbegehren, die nicht in einem Stufenverhältnis stehen und für die kein Verwaltungsverfahren vorgesehen ist. Die gleichzeitige Entscheidungsreife ist gegeben. Die objektive Klagehäufung ist als kumulative Klagehäufung zulässig.

---

3 Zulässig sind gemäß § 44 VwGO die kumulative und eventuale Klagehäufung. Unzulässig sind hingegen die alternative Klagehäufung und grundsätzlich die Stufenklage (Ausnahmen bei Stufenklagen: §§ 113 Abs. 1 S. 2, 113 Abs. 4 VwGO).

V. Besondere Sachurteilsvoraussetzungen

Die besonderen Sachurteilsvoraussetzungen der allgemeinen Leistungsklage müssen erfüllt sein. Da die allgemeine Leistungsklage nicht ausdrücklich geregelt ist, fehlt es auch an Regelungen über deren besondere Sachurteilsvoraussetzungen. Zwecks Vermeidung einer Popularklage muss R analog § 42 Abs. 2 VwGO klagebefugt sein. Die Klagebefugnis nach § 42 Abs. 2 VwGO setzt die Möglichkeit der Verletzung eines subjektiven Rechts voraus. Subjektive Rechte leiten sich aus Sonderbeziehungen, einfachen Gesetzen, subsidiär aus Grundrechten ab, wobei aufgrund des weiten Schutzbereiches des Art. 2 Abs. 1 GG bei unmittelbaren Grundrechtseingriffen für das subjektive Recht direkt auf Grundrechte abgestellt werden kann. In Betracht kommen unmittelbare Eingriffe in die Grundrechte des R aus den Art. 14 Abs. 1, Art. 2 Abs. 2 S. 1, Art. 2 Abs. 1 GG.

Da die Substanz des Eigentums, welches gemäß Art. 14 Abs. 1 S. 2 GG einfachgesetzlich definiert wird, durch den Lärm nicht unmittelbar beeinträchtigt ist und ein Eingriff in Art. 2 Abs. 2 S. 1 GG mangels einer Gesundheitsbeeinträchtigung nicht ersichtlich ist, muss primär auf eine einfachgesetzliche Regelung abgestellt werden. Insoweit ist zwischen den veranstalteten Fußballspielen und den auf der nördlichen Wiese spielenden Kindern zu trennen.

1. Lärm bezüglich der Fußballspiele

Bezüglich der veranstalteten Fußballspiele besteht zumindest die Möglichkeit, dass R aus seinem subjektiven Recht i.S.d. § 23 Abs. 1 S. 1 BImSchG i.V.m. § 2 der 18. BImSchV verletzt ist, denn in § 23 Abs. 1 S. 1 BImSchG wird neben der Allgemeinheit der Nachbar – R ist aufgrund der Nähe seines Grundstückes zur Schule Nachbar im Sinne des BImSchG[4] – einer nicht genehmigungsbedürftigen Anlage i.S.d. §§ 22ff. BImSchG geschützt, soweit der Betreiber seine Betreiberpflichten i.S.d. § 22 BImSchG verletzt. Subsidiär ist es zumindest möglich, dass sich ein subjektives Recht aus Art. 14 Abs. 1 GG ergibt, da jedenfalls die Möglichkeit eines mittelbaren Grundrechtseingriffes bei R in dessen i.S.d. § 903 BGB und des BImSchG definiertes Eigentum besteht, wenngleich die Eigentumsnutzung uneingeschränkt möglich ist.

2. Kinder auf nördlicher Wiese

Bezüglich der nördlichen Wiese, die nicht zur Sportanlage, sondern zur Schule gehört, besteht keine Verordnung, in der entsprechende Lärmpegel vorgegeben

---

4 Der Nachbarschaftsbegriff des BImSchG ist weiter als der des Baurechts, weil Baurecht Bodenrecht i.S.d. Art. 74 Abs. 1 Nr. 18 GG ist.

sind. Somit ist die allgemeinere Regelung bezüglich schädlicher Umwelteinwirkungen gemäß den § 22 Abs. 1 Nr. 1 BImSchG i.V.m. § 3 Abs. 1 BImSchG anwendbar. Auch insoweit wird neben der Allgemeinheit die Nachbarschaft im immissionsrechtlichen Sinne geschützt mit der Folge, dass zumindest die Möglichkeit besteht, dass R durch den durch die spielenden Kinder verursachten Lärm in diesem einfachgesetzlichen subjektiven Recht verletzt ist. Subsidiär ist es zumindest möglich, dass sich ein subjektives Recht aus Art. 14 Abs. 1 GG ergibt, da jedenfalls die Möglichkeit eines mittelbaren Grundrechtseingriffes bei R in dessen i.S.d. § 903 BGB, des BauGB und des BImSchG definiertes Eigentum besteht, wenngleich die Eigentumsnutzung uneingeschränkt möglich ist.

VI. Allgemeines Rechtsschutzbedürfnis
Für das Fehlen des allgemeinen Rechtsschutzbedürfnisses sind keine Anhaltspunkte ersichtlich, insbesondere, weil R sich mit seinen Begehren zuvor an G gewandt hatte.

B. Begründetheit
Die Klagen des R sind begründet, soweit Unterlassungsansprüche des R gegen G bestehen.

I. Unterlassung des Lärms durch Fußballspiele
R kann gegen G einen Anspruch auf Unterlassung des Lärms durch die Veranstaltung der Fußballspiele haben.

1. Anspruchsgrundlage[5]
Da es sich um die Abwehr gegenwärtigen nichtregelnden Verwaltungshandelns handelt, kommen als Ansprüche der schlichte Abwehr- und Unterlassungsanspruch oder der allgemeine Folgenbeseitigungsanspruch in Betracht, während ein Vollzugsfolgenbeseitigungsanspruch nicht anzunehmen ist, weil nicht die

---

5 Vertretbar ist auch ein an den Grundrechten orientierter Aufbau (Schutzbereichseingriff, Rechtfertigung), jedoch ist dieser nicht empfehlenswert, da er nicht für alle schlichten Abwehr- und Unterlassungsansprüche angewandt werden kann, denn z.T. folgt der Anspruch nicht aus den Grundrechten. Sinnvoll erscheint daher der an § 1004 BGB orientierte Aufbau, der abgesehen von einer spezialgesetzlichen Regelung stets anwendbar ist.

Beseitigung der Vollzugsfolgen eines Verwaltungsaktes, sondern die Unterlassung eines sich wiederholenden schlichten Verwaltungshandelns erstrebt wird.

Mit dem schlichten Abwehr- und Unterlassungsanspruch kann gegenwärtiges, sich gegebenenfalls wiederholendes Verwaltungshandeln abgewehrt werden, während der allgemeine Folgenbeseitigungsanspruch auf die Beseitigung der Folgen nichtregelnden Verwaltungshandelns in der Vergangenheit gerichtet ist. Da der Lärm durch die Fußballspiele regelmäßig wiederkehrt, erstrebt R die Unterlassung gegenwärtigen Handelns. R kann einen schlichten Abwehr- und Unterlassungsanspruch geltend machen. Fraglich ist aber, woraus sich der schlichte Abwehr- und Unterlassungsanspruch ergibt.

a) Subjektive Rechte
Unproblematisch ist der schlichte Abwehr- und Unterlassungsanspruch, soweit er ausdrücklich gesetzlich geregelt oder ein Grundrechtseingriff gegeben ist. Insoweit ergibt er sich aus der einfachgesetzlichen Norm oder aus dem Grundrecht in seiner Funktion als Abwehrrecht. Wird lediglich in ein einfachgesetzliches subjektives Recht eingegriffen, ohne dass ein Abwehranspruch formuliert ist, könnte sich der Anspruch aus dem einfachgesetzlichen subjektiven Recht in Ersetzung des Grundrechtes als Abwehrrecht ergeben. Da es jedoch einfachgesetzlich formulierte schlichte Abwehr- und Unterlassungsansprüche gibt und bei der erweiterten Auslegung einer einfachgesetzlich subjektivierten Norm die gesetzliche Vorgabe überschritten würde – anderenfalls hätte der Gesetzgeber ausdrücklich formulierte Ansprüche an anderer Stelle nicht zu schaffen brauchen –, ist in solchen Konstellationen nicht auf das einfachgesetzliche subjektive Recht, sondern auf den allgemeinen schlichten Abwehr- und Unterlassungsanspruch abzustellen. Anders als bei Grundrechten, deren klassische Funktion die Abwehr staatlicher Eingriffsverwaltung ist, muss die Funktion eines einfachgesetzlichen subjektiven Rechts nämlich keine Abwehrfunktion gegen Eingriffsverwaltung sein.[6]

Ein Grundrechtseingriff ist bei R nicht ersichtlich.[7] Eine Substanzverletzung des i.S.d. Art. 14 Abs. 1 S. 2 GG definierten Eigentums besteht nicht, da allenfalls

---

6 Es ist vertretbar, das einfachgesetzliche subjektive Recht als Anspruchsgrundlage einzustufen, selbst wenn der Anspruch einfachgesetzlich nicht geregelt ist.

7 Es ist zudem vertretbar, nicht schon bei der Ableitung des Anspruches den Grundrechtseingriff zu prüfen. Dogmatisch wäre es konsequenter, zunächst einen grundrechtlichen Abwehranspruch mit einem Grundrecht als Anspruchsgrundlage zu prüfen (Ausnahme: spezialgesetzliche Regelung besteht), um ggf. mangels Eingriffes die Voraussetzungen als nicht erfüllt anzusehen und mit einer neuen Prüfung des Anspruches einschließlich der Ableitungsproble-

ein mittelbarer Eingriff in Betracht kommt. Insoweit ist weder eine Intensität noch eine Intention erkennbar, da es weder Ziel der Gemeinde ist, R in seinen Grundrechten zu verletzen noch schwer und unerträglich hinsichtlich der Eigentumsnutzung des R ist, den Lärm zu ertragen. Auch Körper und Gesundheit i.S.d. Art. 2 Abs. 2 S. 1 GG sind nicht betroffen, da die Überschreitung der Grenzwerte nicht zu einer Gesundheitsbeeinträchtigung führt. Zwar mag es sich bei der Grenzwertüberschreitung um schädliche Umwelteinwirkungen i.S.d. § 3 Abs. 1 BImSchG handeln, jedoch ist die Schwelle eines Grundrechtseingriffes noch nicht erreicht.[8] Ebenso fehlt es an der Intention und der Intensität bezüglich des Art. 2 Abs. 1 GG. Ein schlichter Abwehr- und Unterlassungsanspruch des R ergibt sich nicht aus den Grundrechten.

b) Vorwirkung Grundrechte
Da die Schwelle eines Grundrechtseingriffes noch nicht erreicht ist, kann sich der schlichte Abwehr- und Unterlassungsanspruch aus einer Vorwirkung der Grundrechte ergeben. Dies könnte allerdings zu einer Konturenlosigkeit der ohnehin schon weit formulierten Freiheitsrechte führen.

c) Analog § 1004 Abs. 1 S. 1 BGB
Der öffentlich-rechtliche schlichte Abwehr- und Unterlassungsanspruch könnte sich aus einer analogen Anwendung des § 1004 Abs. 1 S. 1 BGB ergeben. Zwar besteht eine planwidrige Regelungslücke im öffentlichen Recht, jedoch ist die vergleichbare Interessenlage problematisch, weil § 1004 Abs. 1 S. 1 BGB im Privatrecht gilt, welches dem Ausgleich zwischen Personen auf gleicher Ebene dient, während es im öffentlichen Recht um staatsbezogenes Handeln juristischer Personen des öffentlichen Rechts geht.

d) Rechtsstaatsprinzip
Der schlichte Abwehr- und Unterlassungsanspruch kann sich i.d.R. nicht aus dem unter anderem in Art. 20 Abs. 3 GG verankerten Rechtsstaatsprinzip ergeben, weil mangels i.d.R. nicht subjektivierter rechtsstaatlicher Bindungen –

---

matik zu beginnen. Da dies für den Korrektor jedoch eher unübersichtlich wirkt, erscheint es sinnvoll, die Prüfung eines Grundrechtseingriffes klausurtaktisch schon bei der Ableitung des Anspruches zu erörtern.

8 Achtung: Die Überschreitung der Werte des BImSchG führt nicht zwingend zu einem Grundrechtseingriff.

zumindest bei erstmaligem gegenwärtigem Eingriff – rechtsstaatswidrig ein Gesetzesvollziehungsanspruch gewährt werden würde. Art. 20 Abs. 3 GG kommt daher nur im Rahmen eines Folgenbeseitigungsanspruches in Betracht, da insoweit durch den erforderlichen Eingriff in der Vergangenheit bereits ein öffentlich-rechtliches Handeln des Staates in der Vergangenheit zugrunde liegt, welches ein subjektives Recht betrifft.

e) Gewohnheitsrecht
Ob der schlichte Abwehr- und Unterlassungsanspruch ursprünglich aus einer Vorwirkung der Grundrechte oder analog § 1004 Abs. 1 S. 1 BGB abgeleitet werden sollte, kann letztlich dahinstehen, da der Anspruch nach jahrzehntelanger Praktizierung Gewohnheitsrecht ist. Auch für den Maßstab der Duldungspflicht ist die genaue Ableitung unerheblich, denn im öffentlichen Immissionsschutzrecht der §§ 3 Abs. 1, 5 Abs. 1 Nr. 1, 22 Abs. 1 BImSchG und im privaten Immissionsrecht des § 906 BGB besteht die gleiche Zumutbarkeitsgrenze – jeweils unterhalb der Gesundheitsschädigung (OVG Bremen, NVwZ-RR 1993, 469). Maßgebliche Anspruchsgrundlage ist der schlichte Abwehr- und Unterlassungsanspruch.

2. Voraussetzungen
Die Anspruchsvoraussetzungen können erfüllt sein.

a) Positive Voraussetzungen[9]
Positiv bedarf es eines gegenwärtigen bzw. sich wiederholenden Eingriffes in ein subjektives Recht des Anspruchsstellers. Ein Eingriff in ein subjektives Recht des R kann durch die Überschreitung der Grenzwerte des § 2 Abs. 2 Nr. 4 der 18. BImSchV i.V.m. § 23 Abs. 1 S. 1 BImSchG gegeben sein. Zwar sind die insoweit vorgegebenen Werte mit 65 dB(A) überschritten, jedoch ist Voraussetzung für die Anwendbarkeit der Werte gemäß § 1 Abs. 1 18. BImSchVO i.V.m. § 23 Abs. 1 BImSchG die Genehmigungsfreiheit der Anlage.[10] Eine Anlage ist geneh-

---

9 Sollte Anspruchsgrundlage ein Grundrecht sein, wären die positiven Voraussetzungen weitgehend bereits bei der Prüfung der Anspruchsgrundlage impliziert, sodass die Prüfung bei den positiven Voraussetzungen entsprechend kurz auszugestalten wäre.
10 Vertretbar ist es, die Genehmigungsfreiheit der Anlage schon in der Klagebefugnis zu prüfen. Insoweit würden allerdings materielle Aspekte detailliert in der Prozessstation erörtert und die Klausur würde eventuell zu „kopflastig".

migungsfrei i.S.d. §§ 22 ff. BImSchG, soweit sie nicht genehmigungspflichtig i.S.d. § 4 Abs. 1 S. 1, 3 BImSchG i.V.m. 4. BImSchVO ist. Sportanlagen sind in der 4. BImSchVO nicht genannt und somit i.S.d. § 23 Abs. 1 BImSchG genehmigungsfrei, weshalb die diesbezüglichen Grenzwerte in der 18. BImSchVO geregelt sind. Folglich sind die Werte in § 2 der 18. BImSchVO maßgeblich, welche gemäß Abs. 2 Nr. 4 außerhalb der Ruhezeiten 50 dB(A) betragen. Wenngleich nach § 2 Abs. 5 am Ende 18. BImSchVO mangels der Überschreitung des Zeitraumes von vier Stunden die Werte innerhalb der Ruhezeiten i.S.d. § 2 Abs. 2 Nr. 4 der 18. BImSchVO von 45 dB(A) nicht gelten, ist zumindest die ebenfalls überschrittene Grenze des § 2 Abs. 2 Nr. 4 der 18. BImSchVO von 50 dB(A) außerhalb der Ruhezeiten anwendbar. Somit wird durch die Überschreitung der Grenzwerte in das subjektive Nachbarrecht des R aus § 2 Abs. 2 Nr. 4 der 18. BImSchV i.V.m. § 23 Abs. 1 S. 1 BImSchG eingegriffen.

b) Negative Voraussetzungen

Negativ darf es für den Anspruchsteller – R – keine Duldungspflicht geben. Eine solche ist nicht ersichtlich.

3. Anspruchsinhalt

Anspruchsinhalt ist die Unterlassung des Lärms. Die Unterlassung kann aber nur gefordert werden, soweit sie möglich und zumutbar[11] ist. Das ergibt sich analog § 74 Abs. 2 S. 3 VwVfG, wonach bei einem Planfeststellungsverfahren bei Unmöglichkeit oder Unzumutbarkeit nur eine Billigkeitsentschädigung gewährt wird.[12] Dies ist auf den schlichten Abwehr- und Unterlassungsanspruch zu übertragen, um einen verhältnismäßigen Ausgleich zwischen betroffenen und geschützten Rechten bzw. Rechtsgütern zu schaffen.

Eine Unmöglichkeit oder Unzumutbarkeit ist nicht ersichtlich.[13] Allerdings steht es im Ermessen der Behörde, mittels welcher Maßnahmen die Störungen beseitigt bzw. unterlassen werden. Neben der Errichtung der Lärmschutzwälle besteht jedenfalls auch die abstrakte Möglichkeit, die Fußballspiele auf andere

---

11 Bei einem grundrechtlichen Anspruch wären Unmöglichkeit bzw. Unzumutbarkeit im Rahmen der Verhältnismäßigkeit als Schranken-Schranke im Rahmen der Wechselwirkung zu erörtern.

12 **Achtung:** Bei Unmöglichkeit oder Unzumutbarkeit ist der Anspruch entsprechend des Antrages nicht auf Zahlung gerichtet; Billigkeitsentschädigung muss gesondert analog § 74 Abs. 2 S. 3 VwVfG geltend gemacht werden. Prozessual ist der Antrag umzustellen.

13 Vertretbar ist es, diese Aspekte schon bei der Duldungspflicht zu erörtern.

Fußballplätze in der Umgebung zu verlegen. Dass die Wälle die einzige Möglichkeit der Bekämpfung des Lärms sind und daher das Ermessen der Behörde entsprechend reduziert ist, ist nicht ersichtlich.

4. Zwischenergebnis

R hat einen Anspruch auf Unterlassung des Lärmens durch die Fußballspiele, wobei es G überlassen ist, wie dies umgesetzt wird.

II. Unterlassung des Lärms durch Schulkinder

R kann gegen G einen Anspruch auf Unterlassung des Lärms durch die auf der nördlichen Wiese spielenden Kinder haben.

1. Anspruchsgrundlage

Da es sich um die Abwehr gegenwärtigen nichtregelnden Verwaltungshandelns handelt, kommt als Anspruch der schlichte Abwehr- und Unterlassungsanspruch in Betracht. Fraglich ist jedoch, woraus sich der Anspruch ergibt. Er ergibt sich aus Art. 14 Abs. 1 GG, soweit ein Grundrechtseingriff in Art. 14 GG besteht. Das Eigentum i.S.d. Art. 14 Abs. 1 S. 2 GG ist einfachgesetzlich definiert. Da die Eigentumssubstanz i.S.d. in § 903 BGB definierten Eigentums uneingeschränkt nutzbar ist, kommt nur eine baurechtliche Eigentumsdefinition in Betracht, die betroffen sein kann. Eine eindeutige einfachgesetzliche Definition zugunsten des R ist nicht ersichtlich, da weder der im beplanten Gebiet aus Art. 14 Abs. 1 S. 2 GG i.V.m. den §§ 30 Abs. 1, 9 BauGB abzuleitende Gebietserhaltungsanspruch noch die Feinsteuerung des § 15 Abs. 1 S. 2 BauNVO eine klare Eigentumsvorgabe enthalten, die aus Sicht des R verletzt ist.

Die Anspruchsgrundlage ist – mangels Ersichtlichkeit einer betroffenen Eigentumsposition – der zumindest gewohnheitsrechtlich geltende schlichte Abwehr- und Unterlassungsanspruch.

2. Voraussetzungen

Die Anspruchsvoraussetzungen können erfüllt sein.

a) Positive Voraussetzungen

Positiv bedarf es eines gegenwärtigen bzw. sich wiederholenden Eingriffes in ein subjektives Recht des Anspruchsstellers. Insoweit kommen einerseits baurechtliche subjektive Rechte des R, andererseits immissionsrechtliche Rechte des R in Betracht.

aa) Baurechtliches subjektives Recht

Baurechtlich kann sich für R grundsätzlich nur aus den planungsrechtlichen Nachbarrechten des Gebietserhaltungsanspruches aus Art. 14 Abs. 1 S. 2 GG i.V.m. den §§ 30 Abs. 1, 9 BauGB und der Feinsteuerung des § 15 Abs. 1 S. 2 BauNVO eine klare Eigentumsvorgabe ergeben, welche nicht eindeutig anzunehmen sind. Aus den Bauplänen für die Schule bzw. der Baugenehmigung für die Schule könnte sich ein subjektives Recht des R ergeben, in welches durch die spielenden Kinder auf der nördlichen Wiese eingegriffen worden sein könnte. Als Rechtssetzungsakt der Verwaltung i.S.d. § 35 S. 1 VwVfG gilt eine etwaige Baugenehmigung nur zwischen den Beteiligten, nämlich dem Bauherrn und dem Rechtsträger der Genehmigungsbehörde, sodass sich daraus keine Bindung gegenüber R ergibt. Baurechtlich ist letztlich nur noch ein subjektives Recht aus einer besonderen Bindung z.B. in Form einer Zusicherung i.S.d. § 38 VwVfG denkbar. Eine Zusicherung ist zwar nicht ersichtlich, möglicherweise sind aber der Bauplan der Schule bzw. eine etwaige Widmung zielführend.

Vor diesem Hintergrund ist der baurechtliche Aspekt, G habe die streitbetroffene Rasenfläche entgegen deren Zweckbestimmung faktisch zu einer Spielwiese umgewidmet, bereits im Ansatz nicht zielführend. Maßgeblich könnte allenfalls sein, dass G aufgrund der expliziten Festlegung einer Fläche für Ballspiele auf dem südlichen Schulgelände dahingehend gebunden ist, lediglich diese Fläche für Ballspiele zu nutzen. Selbst wenn aber unterstellt würde, dass das Spielen der Kinder auf der nördlichen Rasenfläche deren Zweckbestimmung widerspräche, führte dies nicht dazu, dass R losgelöst von den immissionsschutzrechtlichen subjektiven Rechten und im Hinblick auf die Voraussetzungen eines schlichten Abwehr- und Unterlassungsanspruches auf die Nutzung des Schulgeländes entsprechend Einfluss nehmen könnte. Das Abwehrrecht ist vielmehr auch insoweit davon abhängig, dass auf das Grundstück der Klägerin wesentliche Belästigungen einwirken. Ausschließlich aus der Feststellung einer zweckfremden Nutzung auf dem Nachbargrundstück – der G – ergäbe sich keine Rechtsverletzung bei R. Es ist für einen Eingriff in ein subjektives Recht auch unerheblich, ob der beanstandete Lärm durch eine Verlegung des Spielens der Kinder auf die für Ballspiele hergerichtete Fläche im südlichen Bereich des Grundstücks der G vermieden werden könnte.

Darüber hinaus ist eine „Umwidmung" der streitbetroffenen nördlichen Rasenfläche zu einem „Platz für Ballspiele" ohnehin nicht ersichtlich, da dies eine rechtlich bindende Zweckbestimmung der Rasenfläche als von regelmäßigen

Ballspielen freizuhaltende Fläche voraussetzen würde, für die es keine Anhaltspunkte gibt.

Auch die Verbindlichkeit einer etwaigen Zweckbestimmung ist nicht maßgeblich. Selbst bei einer Festlegung der nördlichen Wiese als Rasenfläche wäre damit keine Nutzungseinschränkung verbunden. Der baurechtliche Genehmigungsstatus des Grundstücks ist der einer Schule. Zur schulischen Nutzung eines Grundstückes zählt auch die Nutzung der Außenanlagen zum Zweck der körperlichen Betätigung der Schulkinder. Für die seitens des R angenommene Bindungswirkung dahingehend, dass lediglich die südliche Fläche zum Spielen zu nutzen sei, fehlt jegliche Grundlage. Es handelt sich bei der Errichtung des Spielfeldes in Bezug auf den Bauplan der Schule nicht – wie R meint – um eine förmliche Festlegung eines Platzes für Ballspiele, sondern um einen dem innerorganisatorischen schulischen Bereich zuzurechnenden Realakt, der nicht einmal ansatzweise einen Rechtsbindungswillen erkennen lässt, sich gegenüber außenstehenden Dritten wie R bestehender Nutzungsmöglichkeiten des Schulgrundstücks zu begeben (zum Ganzen: OVG Münster, Beschluss vom 1.7.2010 – 7 A 1016/09).

Nach alledem ist kein baurechtliches subjektives Recht ersichtlich, in welches eingegriffen worden sein könnte.

bb) Immissionsrechtliches Nachbarrecht

Durch den durch die spielenden Kinder verursachten Lärm kann aber in allgemeine immissionsrechtliche subjektive Rechte des R gemäß § 22 Abs. 1 Nr. 1 BImSchG i.V.m. § 3 Abs. 1 BImSchG eingegriffen worden sein, weil spezielle Grenzwerte in einer Verordnung i.S.d. § 23 Abs. 1 BImSchG für Schulen nicht festgesetzt worden sind. Gemäß § 22 Abs. 1 S. 1 Nr. 1 BImSchG sind nicht genehmigungsbedürftige Anlagen so zu betreiben, dass schädliche Umwelteinwirkungen verhindert werden, die nach dem Stand der Technik vermeidbar sind. Gemäß § 3 Abs. 1 BImSchG sind schädliche Umwelteinwirkungen im Sinne des BImSchG Immissionen, die nach Art, Ausmaß oder Dauer geeignet sind, Gefahren, erhebliche Nachteile oder erhebliche Belästigungen für die Allgemeinheit oder die Nachbarschaft herbeizuführen. Der Anwendungsbereich des § 3 Abs. 1 BImSchG ist durch die Spezialregelung des § 22 Abs. 1a BImSchG nicht grundsätzlich ausgeschlossen, da insoweit lediglich geregelt worden ist, dass es sich im Regelfall bei Geräuscheinwirkungen, die von Kindertageseinrichtungen, Kinderspielplätzen und ähnlichen Einrichtungen ausgehen, nicht um schädliche Umwelteinwirkungen handelt. Ausnahmen bleiben möglich. Immissionen im Sinne des Bundes-Immissionschutzgesetzes sind gemäß § 3 Abs. 2 BImSchG auf Menschen, Tiere und Pflanzen, den Boden, das Wasser, die Atmosphäre sowie Kultur- und sonstige Sachgüter einwirkende Luftverunreinigungen, Geräusche, Erschütterungen, Licht, Wärme, Strahlen und ähnliche Umwelteinwirkungen.

Zunächst ist die Schule keine i.S.d. § 4 Abs. 1 S. 1, 3 BImSchG i.V.m. 4. BImSchVO genehmigungsbedürftige Anlage, sodass sie genehmigungsfrei ist, sodass die §§ 22 ff. BImSchG anwendbar sind. Bei dem durch die spielenden Kinder verursachten Lärm müsste es sich aber um schädliche Umwelteinwirkungen handeln. Die Beurteilung der Erheblichkeit eines Lärms setzt eine tatrichterliche Wertung im Einzelfall voraus, die im Sinne einer Güterabwägung nach der durch die Gebietsart und die tatsächlichen Verhältnisse bestimmten Schutzwürdigkeit und Schutzbedürftigkeit ausgerichtet ist. Dabei sind wertende Elemente wie Herkömmlichkeit, soziale Adäquanz und allgemeine Akzeptanz ebenso mitbestimmend wie eine eventuelle tatsächliche oder rechtliche Vorbelastung des Grundstücks des Immissionsbetroffenen (vgl. BVerwG, Beschluss vom 11.2.2003 – 7 B 88.02 –, BRS 66 Nr. 171; Urteile vom 24.4.1991 – 7 C 12.90 –, BVerwGE 88, 143 = BRS 52 Nr. 191, und vom 29.4.1988 – 7 C 33.87 –, a.a.O. 2.; OVG Münster, Beschluss vom 1.7.2010 – 7 A 1016/09; zu wertenden Elementen: OVG Lüneburg, Beschluss vom 14.6.2013 NVwZ-RR 2013, 831; OVG Münster, Beschluss vom 24.4.2013 NVwZ-RR 2013, 627). Somit ist nicht nur maßgeblich, ob der von den Kindern ausgehende Lärm eine Belästigung für R darstellt, sondern ebenso, ob dieser Lärm sozialadäquat und gesellschaftlich erwünscht ist. Kinderlärm in einem reinen Wohngebiet ist sozialadäquat, insbesondere, wenn mit 40 dB(A) keine unerträglichen Werte erreicht werden, die üblicherweise in entsprechenden Verordnungen als erhebliche Überschreitung von Grenzwerten einzustufen wären. Auch aus der in Art. 6 GG verankerten Schutz- und Förderungspflicht für Familien und der Gewährleistung eines angemessenen Schulwesens in Art. 7 GG ergibt sich, dass Kinder auch in ihren Aktivitäten einen hohen Stellenwert haben. Die Möglichkeit der Verlagerung des Lärms auf die südliche Wiese ist für den Eingriff nicht maßgeblich, sondern allenfalls Maßstab bei einer etwaigen Duldung eines Eingriffes. Eine Ausnahme vom Regelfall des § 22 Abs. 1a BImSchG – z.B. aufgrund einer am Vereinssport orientierten Anlage (vgl. VG Aachen, Beschluss vom 17.7.2012 – 3 L 233/11 zum DFB Minispielfeld) – ist nicht ersichtlich.

Aus dem Regelfall des § 22 Abs. 1a BImSchG ergibt sich, dass der durch Ballspiele von Kindern verursachte Lärmpegel in der Regel nicht als schädliche Umwelteinwirkung einzustufen ist. Sogar sonstige Richtwerte wären insoweit irrelevant. Mangels erheblichen Lärmpegels ist durch die den Lärm verursachenden Kinder nach Abwägung gesellschaftlicher Interessen in kein subjektives Recht des R eingegriffen worden.

b) Zwischenergebnis
Die Voraussetzungen des Anspruches sind nicht erfüllt.

C. Ergebnis
Die Klage bezüglich der Unterlassung des Lärmens durch die Fußballspiele hat – wenngleich das „Wie" des Unterlassens der Behörde überlassen bleibt – Erfolg, während die Klage bezüglich des durch die Kinder verursachten Lärms abgewiesen wird.

2. Komplex: Klage bezüglich der Frisbeescheiben
Die Klage des R hat jedenfalls Erfolg, soweit die Sachurteilsvoraussetzungen erfüllt sind und soweit sie begründet ist.[14]

A. Sachurteilsvoraussetzungen
Die Sachurteilsvoraussetzungen können erfüllt sein.

I. Rechtsweg
Der Verwaltungsrechtsweg kann mangels aufdrängender Sonderzuweisung gemäß § 40 Abs. 1 S. 1 VwGO eröffnet sein. Im Übrigen kommt ein Verweisungs-beschluss i.S.d. § 17a Abs. 2 GVG i.V.m. § 173 VwGO in Betracht. Der Verwaltungsrechtsweg ist eröffnet, wenn die streitentscheidende öffentlich-rechtliche Norm einen Hoheitsträger einseitig berechtigt oder verpflichtet bzw. wenn aufgrund typisch hoheitlichen Handelns zwischen den Beteiligten ein Subordinationsverhältnis besteht. Die Norm, durch welche die Gemeinde G einseitig berechtigt oder verpflichtet wird, müsste die Gemeinde G berechtigen, die nördliche Wiese durch die Lehrer derart zu nutzen, dass aus dem Spielbetrieb heraus Frisbeescheiben auf das Grundstück des R fliegen dürfen. Eine solche Norm ist nicht ersichtlich.

Die Veranstaltung von Lehrerfreizeit auf der Wiese eines Schulgeländes stellt auch kein typisch hoheitliches Handeln im Subordinationsverhältnis dar, weil nicht durch einen typischen Hoheitsakt der Verwaltung in Form eines Ver-

---

14 Es ist vertretbar, alle Klagen in einer Prozessstation zu prüfen. Da die Klage bzgl. der Frisbeescheiben aber insoweit abweicht, als eine vertragliche Vereinbarung sowie eine unmittelbare Grundrechtsbeeinträchtigung in Betracht kommen, ist die gesonderte Prüfung der dritten Klage empfehlenswert.

waltungsaktes, einer Verordnung, Satzung, Zusicherung oder durch öffentlich-rechtlichen Vertrag gehandelt wird. Die Organisationsform der Gemeinde als Gebietskörperschaft öffentlichen Rechts lässt ebenfalls nicht auf eine öffentlich-rechtliche Streitigkeit schließen, weil auch Körperschaften des öffentlichen Rechts in den Bereichen der Bedarfsdeckung, Bestandsverwaltung und wirtschaftlichen Tätigkeit – soweit erlaubt – fiskalisch handeln können.

Dass es sich um eine öffentlich-rechtliche Streitigkeit handelt, kann sich letztlich nur aus dem Sachzusammenhang zum öffentlichen Recht ergeben. Ein öffentlich-rechtlicher Sachzusammenhang besteht nicht deshalb, weil R sich auf seine Grundrechte aus den Artt. 14 Abs. 1, 2 Abs. 2 S. 1, 2 Abs. 1 GG beruft. Auch durch ein Handeln Privater können Grundrechtspositionen betroffen werden. Würde es sich bei der Veranstaltung der Fußballspiele und beim Spielen der Kinder um eine privatrechtliche Tätigkeit handeln, wäre gemäß § 17a Abs. 2 GVG an das ordentliche Gericht im Sinne des § 13 GVG zu verweisen. Aus dem im gesamten Grundgesetz und unter anderem in Art. 20 Abs. 3 GG verankerten Rechtsstaatsprinzip ergibt sich aber, dass öffentliche Rechtsträger im Zweifel öffentlich-rechtlich handeln. Die Gemeinde handelt mittels der für die Lehrer vorgesehenen Freizeitaktivität in Form des Frisbeespielens auf der Wiese nicht etwa fiskalisch im Sinne einer Bedarfsdeckung, Bestandsverwaltung oder wirtschaftlichen Tätigkeit – soweit erlaubt –, sondern die Gemeinde betreibt insoweit beamtenrechtliche Fürsorge. Es besteht somit ein hoheitlicher Funktionszusammenhang. Da ein Rechtsträger öffentlichen Rechts im Zweifel ohnehin hoheitlich handelt, besteht ein Sachzusammenhang zum öffentlichen Recht.

Weil auch keine Verfassungsorgane über Verfassungsrecht streiten, besteht keine doppelte Verfassungsunmittelbarkeit, sodass die Streitigkeit nicht verfassungsrechtlicher Art ist. Eine abdrängende Sonderzuweisung ist nicht ersichtlich. Der Verwaltungsrechtsweg ist eröffnet.

II. Zuständigkeit

Das Verwaltungsgericht ist gemäß § 45 VwGO als Eingangsinstanz für den Streit zwischen R und G zuständig, soweit die Voraussetzungen abweichender Regelungen wie z.B. die §§ 47, 50 VwGO bei besonderen Verfahren nicht erfüllt sind. Das Verwaltungsgericht ist auch i.S.d. § 52 VwGO örtlich zuständig, sodass kein Verweisungsbeschluss gemäß § 17a Abs. 2 GVG i.V.m. § 83 VwGO gefasst werden wird.

III. Beteiligte

R und G als Gebietskörperschaft öffentlichen Rechts können Beteiligte des Verfahrens sein. Beteiligte sind nach § 63 Nr. 1, 2 VwGO unter anderem der Kläger und der Beklagte, beteiligungsfähig nach § 61 Nr. 1 Alt. 1, 2 VwGO natürliche und juristische Personen. Behörden sind im Bundesland B nicht i.S.d. § 61 Nr. 3 VwGO beteiligungsfähig. Als Kläger ist gemäß § 61 Nr. 1 Alt. 1 VwGO R als natürliche Person beteiligungsfähig. R ist gemäß § 62 Abs. 1 Nr. 1 VwGO mangels gegenteiliger Anhaltspunkte prozessfähig.

Beklagte ist die Gemeinde G als Gebietskörperschaft des öffentlichen Rechts, vertreten durch die Behörde. Sie ist gemäß den §§ 63 Nr. 2, 61 Nr. 1 Alt. 2 VwGO beteiligungs- und mangels Anhaltspunkten bezüglich des für die Behörde handelnden Organwalters gemäß § 62 Abs. 1, 3 VwGO prozessfähig.

IV. Statthafte Klageart

Die statthafte Klageart richtet sich i.S.d. § 88 VwGO nach dem klägerischen Begehren unter Berücksichtigung des Anwendungsvorrangs maßnahmespezifischer Rechtsschutzformen und des rechtsstaatlichen Grundsatzes der Effektivität des Rechtsschutzes.

1. Unterlassen bezüglich des Überfluges der Frisbeescheiben

Dem klägerischen Begehren entspricht i.d.R. die effektivste Klageart, also nach Möglichkeit die Anfechtungsklage gemäß § 42 Abs. 1 Alt. 1 VwGO als Gestaltungsklage der Verwaltungsgerichtsordnung. R geht es darum, den Überflug der Frisbeescheiben auf sein Grundstück zu unterbinden, nicht jedoch um die Unterlassung von Lärm, da die Lehrer solchen nicht produzieren. Ein Verwaltungsakt i.S.d. § 35 S. 1, 2 VwVfG, den R beseitigen wollen könnte, ist bezüglich des Fliegens der Frisbeescheiben nicht ersichtlich. Denkbar wäre allenfalls, dass R seitens der Gemeinde erstrebt, einen Verwaltungsakt an die Lehrer zu erlassen, das Frisbeespiel auf der nördlichen Wiese zu unterlassen. Einerseits würde es sich – soweit die Lehrer Beamte im statusrechtlichen Sinne sind – insoweit allerdings nicht um das beamtenrechtliche Grundverhältnis, sondern um das beamtenrechtliche Betriebsverhältnis handeln, in dem typischerweise durch beamtenrechtliche Weisungen und somit nicht durch Verwaltungsakte gehandelt wird. Andererseits ist es für R nicht relevant, wie die Gemeinde das Überfliegen der Frisbeescheiben auf sein Grundstück, welches der Gemeinde als Betreiberin der Schule zurechenbar ist, unterbindet. Für R ist nur maßgeblich, dass die Gemeinde das Überfliegen der Frisbeescheiben unterlässt. Folglich erstrebt R mit der Klage die Unterlassung verwaltungsrechtlichen Realhandelns in

Form des Werfens der Frisbeescheiben auf sein Grundstück, sodass diesbezüglich die allgemeine Leistungsklage, welche in der Verwaltungsgerichtsordnung zwar nicht ausdrücklich geregelt ist, jedoch z.b. in den §§ 43 Abs. 2, 111 VwGO vorausgesetzt wird, statthaft ist.

2. Objektive Klagehäufung[15]

Die objektive Klagehäufung mit den Klagen bezüglich des Lärms durch die Fußballspiele und die spielenden Kinder kann möglich sein. Die Klagen auf Unterlassung des Fußball- und des Schullärms können mit der Klage auf Unterlassung des Werfens der Frisbeescheiben verbunden werden, wenn die Voraussetzungen des § 44 VwGO erfüllt sind. Dazu müssen die Parteien und das Gericht identisch und Konnexität muss gegeben sein. Parteien sind jeweils R und G. Das Verwaltungsgericht ist jeweils zuständig und Konnexität ist wegen des Sachzusammenhanges zum Schulgelände und zum Grundstück des R gegeben. Ungeschriebenes Merkmal ist aufgrund des Grundsatzes der Gewaltenteilung i.S.d. Art. 20 Abs. 3 GG die gleichzeitige Entscheidungsreife. Die Judikative darf nicht über einen Streitgegenstand entscheiden, soweit das Verwaltungsverfahren nicht beendet ist. Es geht R bezüglich des Fußball- und des Schullärms sowie des Überfluges der Frisbeescheiben um drei Unterlassungsbegehren, die nicht in einem Stufenverhältnis stehen und für die kein Verwaltungsverfahren vorgesehen ist. Die gleichzeitige Entscheidungsreife ist gegeben. Die objektive Klagehäufung ist als kumulative Klagehäufung zulässig.

V. Besondere Sachurteilsvoraussetzungen

Die besonderen Sachurteilsvoraussetzungen der allgemeinen Leistungsklage müssen erfüllt sein. Da die allgemeine Leistungsklage nicht ausdrücklich geregelt ist, fehlt es auch an Regelungen über deren besondere Sachurteilsvoraussetzungen. Zwecks Vermeidung einer Popularklage muss R analog § 42 Abs. 2 VwGO klagebefugt sein. Die Klagebefugnis nach § 42 Abs. 2 VwGO setzt die Möglichkeit der Verletzung eines subjektiven Rechts voraus. Subjektive Rechte leiten sich aus Sonderbeziehungen, einfachen Gesetzen, subsidiär aus Grundrechten ab, wobei aufgrund des weiten Schutzbereiches des Art. 2 Abs. 1 GG bei unmittelbaren Grundrechtseingriffen für das subjektive Recht direkt auf Grund-

---

15 Die objektive Klagehäufung hätte auch nach der Begründetheit geprüft werden können. Da die Überschrift der Prozessstation aber „Sachurteilsvoraussetzungen" lautet, ist die Prüfung der objektiven Klagehäufung auch bei der statthaften Klageart möglich. Sie ist aber keine Zulässigkeitsvoraussetzung!

rechte abgestellt werden kann. Es besteht die Möglichkeit, dass ein subjektives Recht des R auf Unterlassen des Überfluges der Frisbeescheiben auf das Grundstück aus der Sonderbeziehung eines öffentlich-rechtlichen Vertrages verletzt ist, der mit G mittels L wirksam geschlossen worden sein könnte.

Außerdem kommt ein unmittelbarer Eingriff in die Grundrechte des R – das Eigentum aus Art. 14 Abs. 1 GG, subsidiär jedenfalls aus dem Auffanggrundrecht des Art. 2 Abs. 1 GG – in Betracht. Da die Frisbeescheiben nämlich auf dem Grundstück des R landen, besteht die Möglichkeit der Verletzung der Substanz des Eigentums, welches gemäß Art. 14 Abs. 1 S. 2 GG z.B. in § 903 BGB einfachgesetzlich definiert wird.

VI. Allgemeines Rechtsschutzbedürfnis

Für das Fehlen des allgemeinen Rechtsschutzbedürfnisses sind keine Anhaltspunkte ersichtlich, insbesondere, weil R sich mit seinen Begehren zuvor an G gewandt hatte.

B. Begründetheit

Die Klage des R ist begründet, soweit ein Unterlassungsanspruch des R gegen G bezüglich der überfliegenden Frisbeescheiben besteht.

I. Vertraglicher Anspruch

R kann gegen G einen Anspruch auf Unterlassung aus einem öffentlich-rechtlichen Vertrag i.S.d. §§ 54 ff. VwVfG haben. Dazu muss ein öffentlich-rechtlicher Vertrag zustande gekommen und wirksam sein.

1. Öffentlich-rechtlicher Vertrag

Ein Vertrag ist jedenfalls öffentlich-rechtlich i.S.d. § 54 S. 1 VwVfG, wenn in ihm Rechte und Pflichten enthalten sind, die in öffentlich-rechtlichen Normen geregelt sind. Ein Vertrag ist auch öffentlich-rechtlich, wenn eine Leistungspflicht öffentlich-rechtlich ist. Anderenfalls ist der Sachzusammenhang des Vertrages maßgeblich. Beim Frisbeespiel der Lehrersportgruppe im Rahmen des vorgegebenen Schulplanes handelt es sich um einen öffentlich-rechtlichen Betrieb der Schule in Anlehnung an den Widmungszweck – der Ausbildung junger Menschen in ein positives und ausgeglichenes Umfeld zwischen Schülern und Lehrern sowie beider Gruppen untereinander. Selbst wenn eine Lehrerfreizeitgruppe nicht in öffentlich-rechtlichen Normen gesetzlich normiert ist und die

Leistungspflicht des Unterlassens nicht zwingend öffentlich-rechtlich ist, besteht zumindest der Sachzusammenhang zum öffentlichen Recht. Der Vertrag ist öffentlich-rechtlich.

2. Zustandekommen

Unabhängig davon, um welche Art eines öffentlich-rechtlichen Vertrages es sich handelt, etwa einen subordinationsrechtlichen Vertrag i.S.d. § 54 S. 2 VwVfG, einen koordinationsrechtlichen Vertrag, einen Verpflichtungs- bzw. Verfügungsvertrag, ist jedenfalls ein Zustandekommen nach den öffentlich-rechtlichen Normen – z.b. den §§ 57, 58 VwVfG – und den gemäß § 62 S. 2 VwVfG anwendbaren Normen des Zivilrechts – z.B. den §§ 145 ff. BGB – notwendig.

Gemäß § 57 VwVfG ist grundsätzlich die Schriftform erforderlich, die gemäß § 3a Abs. 2 S. 1 VwVfG durch die elektronische Form ersetzt werden kann. Anderenfalls ist der Vertrag gemäß § 125 S. 1 BGB i.V.m. § 62 S. 2 VwVfG nichtig. Die Einhaltung der Schriftform könnte gemäß § 37 Abs. 3 S. 1 VwVfG zu beurteilen sein. Zwar sind in § 37 Abs. 3 S. 1 VwVfG Verwaltungsakte als einseitige Rechtssetzungsakte erfasst, jedoch gibt es gemäß § 54 S. 2 VwVfG subordinationsrechtliche Verträge, bei denen ein Verwaltungsakt durch einen öffentlich-rechtlichen Vertrag ersetzt wird. Unabhängig davon, dass dies nur einen beschränkten Teil öffentlich-rechtlicher Verträge betrifft, ist § 37 Abs. 3 S. 1 VwVfG jedenfalls mangels ausdrücklichen Verweises im Rahmen der Vorschriften über öffentlich-rechtliche Verträge nicht direkt anwendbar, mangels vergleichbarer Interessenlage nicht analog anwendbar, weil ein öffentlich-rechtlicher Vertrag anders als ein Verwaltungsakt einen zweiseitigen Rechtssetzungsakt darstellt. Somit kann auch aus rechtsstaatlichen Gründen § 54 S. 2 VwVfG nicht als ausdrücklicher Verweis auf § 37 Abs. 3 S. 1 VwVfG eingestuft werden.

Somit gilt für die Schriftform i.S.d. § 57 VwVfG gemäß § 62 S. 2 VwVfG i.V.m. § 126 Abs. 2 S. 1 BGB, dass beide Unterschriften auf derselben Urkunde erfolgen müssen. Bei zwei gleichlautenden Urkunden genügt es gemäß § 126 Abs. 2 S. 2 BGB, wenn jede Partei die für die andere bestimmte Urkunde unterzeichnet. R und L haben nicht auf derselben Urkunde unterzeichnet. Selbst wenn die beiden Zettel als gleichlautende Erklärungen einzuordnen wären, wäre auch die Form i.S.d. § 126 Abs. 2 S. 2 BGB nicht eingehalten, weil jede Partei nur auf der für sie bestimmten Urkunde unterzeichnet hat.

Darüber hinaus ist der Rechtsbindungswille des L i.S.d. §§ 145 ff. BGB i.V.m. § 62 S. 2 VwVfG problematisch. Eine Vertretungsmacht des L für die Schule i.S.d. §§ 164 ff. BGB i.V.m. § 62 S. 2 VwVfG ist ebenfalls nicht ersichtlich. Eine etwaige Vertretung ohne Vertretungsmacht ist aufgrund der Formnichtigkeit unerheblich. Aus demselben Grund sind etwaige Rechtsscheinsvollmachten nicht ersichtlich, zumal die fehlende Vertretungsmacht des L offenkundig war. Somit ist der Vertrag jedenfalls mangels Einhaltung der vorgegebenen Form i.S.d. § 57 VwVfG i.V.m. den §§ 125 S. 1, 126 Abs. 2 BGB, 59 Abs. 1 VwVfG nichtig.[16] Ein vertraglicher Unterlassungsanspruch des R gegen G besteht nicht.[17]

II. Schlichter Abwehr- und Unterlassungsanspruch

R kann gegen G einen Anspruch auf Unterlassung der Veranlassung des Überfluges der Frisbeescheiben haben.

1. Anspruchsgrundlage

Da es sich um die Abwehr gegenwärtigen nichtregelnden Verwaltungshandelns handelt, kommt als Anspruch der schlichte Abwehr- und Unterlassungsanspruch in Betracht. Anspruchsgrundlage ist Art. 14 Abs. 1 GG, da das Eigentum gemäß Art. 14 Abs. 1 S. 2 GG bereichsspezifisch definiert und in Form der in § 903 BGB enthaltenen Eigentumsdefinition insoweit unmittelbar betroffen ist, als die Frisbeescheiben auf den Boden des Grundstückes des R fallen und somit die Grundstückssubstanz beeinträchtigen.[18]

2. Voraussetzungen

Die Anspruchsvoraussetzungen können erfüllt sein.

a) Positive Voraussetzungen

Positiv bedarf es eines gegenwärtigen bzw. sich wiederholenden Eingriffes in ein subjektives Recht des Anspruchstellers. Der Eingriff in das Eigentum des R i.S.d. Art. 14 Abs. 1 S. 2 GG i.V.m. § 903 BGB besteht darin, dass die Frisbeescheiben als Gegenstände unmittelbar auf dem Grundstück des R landen und somit die Eigentumssubstanz beeinträchtigt ist.

---

16 Während § 126 BGB gemäß § 62 S. 2 VwVfG anwendbar ist, muss für den Nichtigkeitsgrund aus § 125 BGB der § 59 Abs. 1 VwVfG als Spezialregelung genannt werden.

17 Es ist in Examensklausuren nicht unüblich, öffentlich-rechtliche Probleme mit solchen des Zivilrechts über den öffentlich-rechtlichen Vertrag zu verknüpfen (Willenserklärungen, Stellvertretung etc.).

18 Wer bezüglich der Frisbeescheiben die Ableitung des schlichten Abwehr- und Unterlassungsanspruches im Hinblick auf den im 1. Komplex dargestellten Streitstand vornimmt, muss mit massiven Punktabzügen rechnen, weil insoweit mangelndes systematisches Verständnis offenbart wird.

b) Negative Voraussetzungen

Negativ darf es für den Anspruchsteller – R – keine Duldungspflicht geben. Eine solche ist weder gesetzlich noch vertraglich oder in anderer Weise ersichtlich.

3. Anspruchsinhalt

Anspruchsinhalt ist die Unterlassung des Frisbeescheibenfluges auf das Grundstück des R. Die Unterlassung kann aber nur gefordert werden, soweit sie möglich und zumutbar ist. Das ergibt sich analog § 74 Abs. 2 S. 3 VwVfG, wonach bei einem Planfeststellungsverfahren bei Unmöglichkeit oder Unzumutbarkeit nur eine Billigkeitsentschädigung gewährt wird. Dies ist auf den schlichten Abwehr- und Unterlassungsanspruch zu übertragen, um einen verhältnismäßigen Ausgleich zwischen betroffenen und geschützten Rechten bzw. Rechtsgütern zu schaffen.

Eine Unmöglichkeit oder Unzumutbarkeit ist nicht ersichtlich. Allerdings steht es im Ermessen der Behörde, mittels welcher Maßnahmen die Störungen beseitigt bzw. unterlassen werden. Neben der Verlagerung des Frisbeespiels auf z.B. die südliche Wiese besteht jedenfalls auch die abstrakte Möglichkeit, Fangnetze oder einen Zaun zur Verhinderung des Überfluges zu bauen.

4. Zwischenergebnis

R hat einen Anspruch auf Unterlassung des Überfluges der Frisbeescheiben, wobei es G überlassen ist, wie dies umgesetzt wird.

C. Ergebnis

Die Klage des R hat Erfolg.

3. Komplex: Gesamtergebnis

Die Klagen bezüglich der Unterlassung des Lärms durch die Fußballspiele und auf Unterlassung des Überfluges der Frisbeescheiben haben Erfolg. Die Klage bezüglich der Unterlassung des Lärms durch spielende Kinder wird abgewiesen.

Allg. Verwaltungsrecht – Fall 8:
„Drum schau dir deine Mieter genau an ... (NRW)"

E ist Eigentümer eines Mietshauses in der Gemeinde G in Nordrhein-Westfalen. Einer seiner Mieter, der arbeitslose und psychisch kranke M, hat mehrere Monate keine Miete gezahlt, woraufhin E nach der Kündigung gegenüber M einen vollstreckbaren und auf einem rechtskräftigen Urteil beruhenden zivilrechtlichen Räumungstitel gegen M erwirkte. Seit der Rechtshängigkeit des Räumungsanspruches sind bereits vier Monate vergangen. Kurz vor der Durchführung der Zwangsvollstreckung droht M aufgrund eines damit etwaig verbundenen Auszuges aus der Wohnung mit einem Suizid, woraufhin die zuständige Ordnungsbehörde E in einem ordnungsgemäß durchgeführten Verfahren schriftlich anweist, die Zwangsvollstreckung vorerst zu unterlassen und M noch weitere sechs Monate in der Wohnung wohnen zu lassen. Es sei der Behörde – da die Voraussetzungen erfüllt sind – allerdings möglich, M nach den §§ 10 ff. PsychKG NRW gegen dessen Willen in einer Therapieeinrichtung unterzubringen. Allerdings empfindet die Behörde diese Unterbringung als zu aufwendig. Der Bescheid enthält eine ordnungsgemäße Rechtsmittelbelehrung.

E klagte 3 Tage nachdem ihm der Bescheid bekannt gegeben worden war vor dem Verwaltungsgericht gegen die Anweisung der Ordnungsbehörde und verlangt die Herausgabe der Wohnung in geräumtem Zustand. Die Behörde wendet ein, die Anweisung sei rechtmäßig. Jedenfalls könne E von der Gemeinde nicht die Räumung der Wohnung verlangen. Insofern müsse er sich an M halten, wenngleich die Ordnungsbehörde für eine öffentlich-rechtliche Exmittierung des M formell zuständig ist.

Hat die Klage beim Verwaltungsgericht Erfolg?

§§ 10 ff. PsychKG NRW
§ 10 PsychKG – Unterbringung und Aufsicht
(1) Ziel der Unterbringung ist es, die in § 11 Absatz 1 und 2 genannten Gefahren abzuwenden und die Betroffenen nach Maßgabe dieses Gesetzes zu behandeln.

(2) Eine Unterbringung im Sinne dieses Gesetzes liegt vor, wenn Betroffene gegen ihren Willen oder gegen den Willen Aufenthaltsbestimmungsberechtigter oder im Zustand der Willenlosigkeit in ein psychiatrisches Fachkrankenhaus, eine psychiatrische Fachabteilung eines Allgemeinkrankenhauses oder einer Hochschulklinik (Krankenhaus) eingewiesen werden und dort verbleiben. Die §§ 1631b, 1800, 1915 und 1906 BGB bleiben unberührt. Die Krankenhäuser haben

durch geeignete Maßnahmen sicherzustellen, dass sich die Betroffenen der Unterbringung nicht entziehen.

(3) Die Zuständigkeit der Krankenhäuser ergibt sich aus § 2 in Verbindung mit § 16 Krankenhausgestaltungsgesetz des Landes Nordrhein-Westfalen – KHGG NRW – vom 11. Dezember 2007 (GV. NRW. S. 702, Ber. 2008, S. 157) in der jeweils geltenden Fassung.

(4) Die Rechtsaufsicht über Krankenhäuser nach Absatz 2, soweit Betroffene untergebracht sind, führt die Aufsichtsbehörde. § 11 KHGG NRW bleibt unberührt.

§ 11 PsychKG – Voraussetzungen der Unterbringung

(1) Die Unterbringung Betroffener ist nur zulässig, wenn und solange durch deren krankheitsbedingtes Verhalten gegenwärtig eine erhebliche Selbstgefährdung oder eine erhebliche Gefährdung bedeutender Rechtsgüter anderer besteht, die nicht anders abgewendet werden kann. Die fehlende Bereitschaft, sich behandeln zu lassen, rechtfertigt allein keine Unterbringung.

(2) Von einer gegenwärtigen Gefahr im Sinne von Absatz 1 ist dann auszugehen, wenn ein schadenstiftendes Ereignis unmittelbar bevorsteht oder sein Eintritt zwar unvorhersehbar, wegen besonderer Umstände jedoch jederzeit zu erwarten ist.

(3) Die Anordnung der Unterbringung ist aufzuheben, wenn Maßnahmen nach den in § 1 Abs. 3 genannten Bestimmungen erfolgt sind.

§ 12 PsychKG – Sachliche Zuständigkeit

Die Unterbringung wird auf Antrag der örtlichen Ordnungsbehörde im Benehmen mit dem Sozialpsychiatrischen Dienst vom zuständigen Amtsgericht angeordnet. Dem Antrag ist ein den §§ 321 und 331 FamFG, bei Minderjährigen in Verbindung mit §§ 167 Absatz 1 und 6 sowie 151 Nummer 7 FamFG entsprechendes ärztliches Zeugnis beizufügen. Antragstellung und Unterbringung sind von der örtlichen Ordnungsbehörde zu dokumentieren und dem Sozialpsychiatrischen Dienst der unteren Gesundheitsbehörde unverzüglich mitzuteilen.

§ 13 PsychKG – Anwendung der Vorschriften über die freiwillige Gerichtsbarkeit

(1) Für einstweilige, längerfristige und Unterbringungen zur Begutachtung sowie für das gerichtliche Verfahren gelten die Vorschriften des Gesetzes über das Verfahren in Familiensachen und in den Angelegenheiten der freiwilligen Gerichtsbarkeit (FamFG).

(2) Gemäß §§ 320 in Verbindung mit 315 Absatz 4 FamFG, bei Minderjährigen in Verbindung mit § 167 Absatz 1 FamFG gibt das Gericht vor Unterbringungsmaßnahmen auch dem Sozialpsychiatrischen Dienst der unteren Gesundheitsbehörde Gelegenheit zur Äußerung und teilt ihm die Entscheidung mit.

§ 14 PsychKG – Sofortige Unterbringung

(1) Ist bei Gefahr im Verzug eine sofortige Unterbringung notwendig, kann die örtliche Ordnungsbehörde die sofortige Unterbringung ohne vorherige gerichtliche Entscheidung vornehmen, wenn ein ärztliches Zeugnis über einen entsprechenden Befund vorliegt, der nicht älter als vom Vortage ist. Zeugnisse nach Satz 1 sind grundsätzlich von Ärztinnen oder Ärzten auszustellen, die im Gebiet der Psychiatrie und Psychotherapie weitergebildet oder auf dem Gebiet der Psychiatrie erfahren sind. Sie haben die Betroffenen persönlich zu untersuchen und die Notwendigkeit einer sofortigen Unterbringung schriftlich zu begründen. Will die örtliche Ordnungsbehörde in der Beurteilung der Voraussetzungen für eine sofortige Unterbringung von einem vorgelegten ärztlichen Zeugnis abweichen, hat sie den Sozialpsychiatrischen Dienst der unteren Gesundheitsbehörde zu beteiligen.
(2) Nimmt die örtliche Ordnungsbehörde eine sofortige Unterbringung vor, ist sie verpflichtet, unverzüglich beim zuständigen Amtsgericht einen Antrag auf Unterbringung zu stellen. In diesem Antrag ist darzulegen, warum andere Hilfsmaßnahmen nicht ausreichten und eine gerichtliche Entscheidung nicht möglich war. Ist die Unterbringung und deren sofortige Wirksamkeit nicht bis zum Ablauf des auf den Beginn der sofortigen Unterbringung folgenden Tages durch das Gericht angeordnet, so sind die Betroffenen von der ärztlichen Leitung des Krankenhauses, bei selbstständigen Abteilungen von der fachlich unabhängigen ärztlichen Leitung der Abteilung (ärztliche Leitung), zu entlassen.

Schwerpunkte
Annexantrag in der Hauptsache
Vollzugsfolgenbeseitigungsanspruch

Vertiefung
vgl. zum Beispiel BVerwG, Beschluss vom 12.7.2013 – 9 B 12.13; OVG Lüneburg – E 8, 484; VG Saarlouis – L 662/10; OVG Greifswald – 3 M 92/09; VG Neustadt NJW 1965, 833 und die weiteren Nachweise bei Drews/Wacke/Vogel/Martens, Gefahrenabwehr, 9. Aufl., S. 340; vgl. F. Schoch, Folgenbeseitigung und Wiedergutmachung im öffentlichen Recht, in: VerwArch 1988, 1ff., 32ff.; R. Steinberg/A. Lubberger, Aufopferung – Enteignung und Staatshaftung, 1991, S. 375 ff.; zum Ganzen

vgl. VGH Kassel – 11 TG 1515/93; PR OVGE 92, 108 ff.; vgl. Meixner, HSOG, 5. Aufl., Rn 10 zu § 9 HSOG; VGH Baden-Württemberg, Beschlüsse vom 20.1.1987, NVwZ 1987, 1101, und vom 22.2.1990, DÖV 1990, 573

Gliederung

1. Komplex: Klage gegen die Einweisungsverfügung
A. Sachurteilsvoraussetzungen (+)
    I. Rechtsweg (+)
    II. Zuständigkeit (+)
    III. Beteiligte (+)
    IV. Statthafte Klageart
    V. Besondere Sachurteilsvoraussetzungen (+)
        1. Besondere Prozessführungsbefugnis (+)
        2. Klagebefugnis (+)
        3. Ordnungsgemäßes Vorverfahren (+)
        4. Klagefrist (+)
    VI. Zwischenergebnis
B. Begründetheit (+)
    I. Rechtswidrigkeit der Verfügung (+)
        1. Rechtsgrundlage (+)
           a) § 24 Nr. 13 OBG NRW i.V.m. § 43 PolG NRW (–)
           b) § 14 Abs. 1 OBG NRW (+)
        2. Voraussetzungen (–)
           a) Formelle Voraussetzungen (+)
           b) Materielle Voraussetzungen (–)
           aa) Gefahr (+)
           bb) Ordnungspflicht (+)
           (1) Handlungsstörer (–)
           (2) Nichtstörer (–)
        3. Zwischenergebnis
    II. Rechtsverletzung (+)
C. Ergebnis

2. Komplex: Klageantrag bezüglich der Räumung der Wohnung
    I. Anspruchsgrundlage (+)
        1. § 113 Abs. 1 S. 2 VwGO (–)
        2. Spezialgesetz (–)
        3. Nachwirkung Grundrechte (+/–)

  4. Rechtsstaatsprinzip (+/−)
  5. Analog Zivilrecht (+/−)
  6. Gewohnheitsrecht (+)
 II. Voraussetzungen (+)
  1. Positive Voraussetzungen (+)
     a) Eingriff in ein subjektives Recht in der Vergangenheit (+)
     b) Zurechenbare Folge dauert an (+)
  2. Negative Voraussetzung (+)
 III. Anspruchsinhalt
  1. Rechtsgrundlage (+)
  2. Voraussetzungen (+)
     a) Formelle Voraussetzungen (+)
     b) Materielle Voraussetzungen (+)
     aa) Gefahr (+)
     bb) Ordnungspflicht (+)
  3. Rechtsfolge
     a) Vollzugsfolgenbeseitigungslast (+)
     b) Umfang der Vollzugsfolgenbeseitigungspflicht
 IV. Zwischenergebnis

3. Komplex: Gesamtergebnis

Lösungsvorschlag

Die folgende Lösung ist als Lösungsvorschlag zu verstehen und ausführlicher, als es in der Klausurbearbeitung verlangt werden kann. Aufgrund der wissenschaftlichen Freiheit können andere Lösungswege vertreten werden, soweit sie dogmatisch begründbar sind. Die Nachweise aus Rechtsprechung und Literatur sowie die das Verständnis fördernden Randbemerkungen sind in der Examensklausur auszusparen. Die Abkürzung „Alt." steht für Alternativfall, nicht für Alternative.

1. Komplex: Klage gegen die Einweisungsverfügung
A. Sachurteilsvoraussetzungen[1]
Die Klage des E hat jedenfalls Erfolg, soweit die Sachurteilsvoraussetzungen erfüllt sind und die Klage begründet ist.

---

1 Hinweis: Andere Aufbauvarianten werden vertreten (z.B. dreistufig oder Prüfung des Verwaltungsrechtsweges als Untergliederungspunkt der Zuständigkeit des Gerichts). Derartige

I. Rechtsweg

Der Verwaltungsrechtsweg kann mangels aufdrängender Sonderzuweisung gemäß § 40 Abs. 1 S. 1 VwGO eröffnet sein. Im Übrigen kann mittels eines Verweisungsbeschlusses i.S.d. § 17a Abs. 2 GVG i.V.m. § 173 VwGO gegebenenfalls an ein anderes Gericht verwiesen werden. Der Verwaltungsrechtsweg ist eröffnet, wenn die streitentscheidende öffentlich-rechtliche Norm einen Hoheitsträger einseitig berechtigt oder verpflichtet bzw. wenn aufgrund typisch hoheitlichen Handelns zwischen den Beteiligten ein Subordinationsverhältnis besteht.

Als streitentscheidende Normen kommen § 24 Nr. 13 OBG NRW i.V.m. § 43 PolG NRW oder § 14 Abs. 1 OBG NRW in Betracht, durch welche die Behörden berechtigt werden, Verfügungen zu erlassen. Zudem ist die seitens der Behörde gegenüber E erlassene Verfügung, M in der Wohnung zu belassen, ein hoheitlicher Rechtssetzungsakt und somit typisch hoheitliches Handeln. Da die Streitigkeit mangels doppelter Verfassungsunmittelbarkeit nicht verfassungsrechtlicher Art und eine abdrängende Sonderzuweisung nicht ersichtlich ist, bleibt es bei der Eröffnung des Verwaltungsrechtsweges. Der Verwaltungsrechtsweg ist gemäß § 40 Abs. 1 S. 1 VwGO eröffnet.

II. Zuständigkeit

Das Verwaltungsgericht ist gemäß § 45 VwGO als Eingangsinstanz für die von der Behörde gegenüber E erlassene Verfügung sachlich zuständig, da Anhaltspunkte für abweichende Regelungen wie z.B. § 50 VwGO nicht ersichtlich sind, sodass kein Verweisungsbeschluss gemäß §§ 17a Abs. 2 GVG, 83 VwGO gefasst werden wird. Von der örtlichen Zuständigkeit des angerufenen Verwaltungsgerichts ist auszugehen.

III. Beteiligte

E und die Gemeinde als Gebietskörperschaft öffentlichen Rechts können Beteiligte des Verfahrens sein. Beteiligte sind nach § 63 Nr. 1, 2 VwGO unter anderem der Kläger und der Beklagte, beteiligungsfähig nach § 61 Nr. 1 VwGO na-

---

Aufbauvarianten sind aber mit § 17a Abs. 2 GVG bzw. mit der Überschrift des 6. Abschnitts der VwGO sowie mit § 83 VwGO unvereinbar und daher bei exakter dogmatischer Zuordnung der Prüfungspunkte nicht zu empfehlen. Die Überschrift „Sachurteilsvoraussetzungen" anstelle der Überschrift „Zulässigkeit" ist sinnvoll, weil nach § 63 Nr. 3 VwGO auch der Beigeladene zu den Beteiligten gehört, das Fehlen einer notwendigen Beiladung i.S.d. § 65 Abs. 2 VwGO aber nur dazu führt, dass das Urteil keine materielle Rechtskraft entfaltet.

türliche und juristische Personen. Behörden sind gemäß § 61 Nr. 3 VwGO i.V.m. dem Landesrecht nicht beteiligungsfähig. Als Kläger ist E gemäß § 61 Nr. 1 Alt. 1 VwGO beteiligungsfähig und gemäß § 62 Abs. 1, 3 VwGO prozessfähig.

Als Beklagte ist die Rechtsträgerin der handelnden Behörde maßgeblich. Die Verwaltung erfolgte durch die Ordnungsbehörde der Gemeinde, wobei es unerheblich ist, dass es sich um eine seitens des Landes Nordrhein-Westfalen übertragene Aufgabe handelt, weil eine Organleihe, bei der die Behörde im Rahmen unmittelbarer Staatsverwaltung für das Land handeln würde, nicht ersichtlich ist. Somit ist die Gemeinde gemäß §§ 63 Nr. 2, 61 Nr. 1 VwGO beteiligungs- und mangels Anhaltspunkten bezüglich des für die Behörde handelnden Organwalters gemäß § 62 Abs. 1, 3 VwGO prozessfähig.

Da die Entscheidung des Verwaltungsgerichts auch gegenüber dem Genehmigungsempfänger M nur einheitlich ergehen kann, ist er gemäß § 63 Nr. 3 VwGO als Beteiligter gemäß § 65 Abs. 2 VwGO notwendig beizuladen.[2] Er ist als natürliche Person gemäß § 61 Nr. 1 VwGO beteiligungs- und gemäß § 62 Abs. 1, 3 VwGO prozessfähig.

IV. Statthafte Klageart

Die statthafte Klageart richtet sich gemäß § 88 VwGO nach dem klägerischen Begehren unter Berücksichtigung des Anwendungsvorrangs maßnahmespezifischer Rechtsschutzformen und des rechtsstaatlichen Grundsatzes der Effektivität des Rechtsschutzes. Dem klägerischen Begehren entspricht i.d.R. die effektivste Klageart, also nach Möglichkeit die Anfechtungsklage gemäß § 42 Abs. 1 Alt. 1 VwGO als Gestaltungsklage der Verwaltungsgerichtsordnung. Voraussetzung der Anfechtungsklage ist, dass es dem Kläger um die Aufhebung eines Verwaltungsaktes geht. Ein Verwaltungsakt ist gemäß § 35 S. 1 VwVfG NRW jede Verfügung, Entscheidung oder andere hoheitliche Maßnahme, die eine Behörde zur Regelung eines Einzelfalls auf dem Gebiet des öffentlichen Rechts trifft und die auf unmittelbare Rechtswirkung nach außen gerichtet ist. E erhält eine Verfügung seitens der Ordnungsbehörde, die ihn dazu verpflichtet, M weiterhin in der Wohnung zu belassen. Das ist eine Einzelfallregelung im Außenverhältnis, die E mittels der Klage beseitigen möchte. Es handelt sich

---

2 Die Beiladung i.S.d. § 65 VwGO ist keine Zulässigkeitsvoraussetzung. Wird eine beizuladende Person nicht beigeladen, entfaltet das Urteil gegenüber dem nicht Beigeladenen keine materielle Rechtskraft. Es ergeht somit kein Sachurteil, aus dem sich eine materielle Rechtskraft gegenüber dem nicht Beigeladenen ergibt. Die Beiladung kann somit als Sachurteilsvoraussetzung geprüft werden (vgl. Überschrift).

insoweit um einen Verwaltungsakt, gegen den die Anfechtungsklage statthaft ist.[3]

V. Besondere Sachurteilsvoraussetzungen
Die besonderen Sachurteilsvoraussetzungen können erfüllt sein.

1. Besondere Prozessführungsbefugnis
Besonders prozessführungsbefugt ist gemäß § 78 Abs. 1 Nr. 1 VwGO die Gemeinde als Gebietskörperschaft öffentlichen Rechts.

2. Klagebefugnis
E muss klagebefugt sein. Die Klagebefugnis nach § 42 Abs. 2 VwGO setzt die Möglichkeit der Verletzung eines subjektiven Rechts voraus. Subjektive Rechte ergeben sich aus Sonderbeziehungen, einfachen Gesetzen, subsidiär aus Grundrechten, wobei jedenfalls aufgrund des weiten Schutzbereiches des Art. 2 Abs. 1 GG bei unmittelbaren Grundrechtseingriffen für das subjektive Recht direkt auf Grundrechte abgestellt werden kann. Ob ein Kläger tatsächlich in einem subjektiven Recht verletzt ist, ist für die Klagebefugnis irrelevant, da die Möglichkeit der Verletzung eines subjektiven Rechts genügt. E ist Adressat eines sein Eigentum i.S.d. Art. 14 Abs. 1 S. 1 GG möglicherweise belastenden Verwaltungsaktes. Das Eigentum ist gemäß Art. 14 Abs. 1 S. 2 GG bereichsspezifisch definiert. Als insoweit möglicherweise aus Sicht des E verletztes Eigentum kommt das zivilrechtlich in § 903 BGB i.V.m. Art. 14 Abs. 1 S. 2 GG definierte Eigentum in Betracht. Somit besteht für E die Möglichkeit der Rechtsverletzung, sodass E klagebefugt i.S.d. § 42 Abs. 2 VwGO ist.

---

3 Es ist vertretbar, beide Klagen zusammen zu prüfen und schon bei der statthaften Klageart den Annexantrag i.S.d. § 113 Abs. 1 S. 2 VwGO zu prüfen. Die Klageverbindung – § 113 Abs. 1 S. 2 VwGO stellt eine Ausnahme vom grundsätzlichen Verbot der Stufenklage dar – ist aber keine Zulässigkeitsvoraussetzung, sodass dies nur im Rahmen der Überschrift „Sachurteils-/Sachentscheidungsvoraussetzungen" möglich ist. Sollte einmal nach der Zulässigkeit und Begründetheit einer Klage gefragt sein, dürften bei genauer Beantwortung der Fallfrage weder die Beiladung i.S.d. § 65 VwGO noch die Klageverbindung i.S.d. §§ 44, 113 Abs. 1 S. 2, 113 Abs. 4 VwGO in der Falllösung geprüft werden.

3. Ordnungsgemäßes Vorverfahren

Ein Vorverfahren des E könnte gemäß den §§ 68 ff. VwGO ordnungsgemäß durchzuführen gewesen sein. Das Vorverfahren kann gemäß § 68 Abs. 1 S. 2 VwGO i.V.m.
§ 110 Abs. 1 S. 1 JustizG entbehrlich sein. Das ist in Nordrhein-Westfalen grundsätzlich vorgegeben, soweit keine Rückausnahme besteht. Eine Rückausnahme z.B.
i.S.d. § 110 Abs. 3 S. 1 JustizG ist für eine Ordnungsverfügung zur Einweisung in
eine Wohnung nicht ersichtlich. Das Vorverfahren bezüglich der Einweisungsverfügung war somit entbehrlich und seitens des E nicht durchzuführen.

4. Klagefrist

Die für die Anfechtungsklage bei ordnungsgemäßer Rechtsmittelbelehrung geltende Klagefrist von einem Monat nach Bekanntgabe des Verwaltungsaktes gemäß § 74 Abs. 1 S. 1, 2 VwGO wurde von E eingehalten, da er schon 3 Tage nach
Bekanntgabe der Verfügung die Klage erhoben hat.

VI. Zwischenergebnis

Die Sachurteilsvoraussetzungen für die Klage des E gegen die ihm gegenüber
ausgesprochene Einweisungsverfügung sind erfüllt. Die Klage ist auch zulässig.

B. Begründetheit

Die Klage ist gemäß § 113 Abs. 1 S. 1 VwGO begründet, soweit der Verwaltungsakt rechtswidrig und der Kläger dadurch in seinen Rechten verletzt ist.

I. Rechtswidrigkeit der Verfügung

Die Verfügung muss rechtswidrig sein.

1. Rechtsgrundlage

Als Rechtsgrundlagen kommen § 24 Nr. 13 OBG NRW i.V.m. § 43 PolG NRW oder
§ 14 Abs. 1 OBG NRW in Betracht.

a) § 24 Nr. 13 OBG NRW i.V.m. § 43 PolG NRW

§ 24 Nr. 13 OBG NRW i.V.m. § 43 PolG NRW kann als Rechtsgrundlage maßgeblich sein. Insoweit ist die Sicherstellung geregelt. Voraussetzung einer Sicherstellung ist eine Inbesitznahme der sichergestellten Sache durch die Behörde

mit anschließender öffentlich-rechtlicher Verwahrung im Sinne des § 24 Nr. 13 OBG NRW i.V.m. § 44 PolG NRW. Die Wohnung des E war zu keinem Zeitpunkt im Besitz der Behörde, sondern im unmittelbaren Besitz des M gemäß § 854 Abs. 1 BGB und gegebenenfalls im mittelbaren Besitz des E aufgrund eines Besitzmittlungsverhältnisses i.S.d. § 868 BGB. Die Wohnung des E wurde nicht hoheitlich in Besitz genommen, um anschließend eine Person dort einzuweisen. Vielmehr befand sich M bereits in der Wohnung und seine Verweildauer sollte durch die Verfügung der Behörde an E verlängert werden. Mangels Inbesitznahme der Wohnung durch die Behörde bzw. deren Rechtsträgerin kann es sich – unabhängig davon, ob in § 24 Nr. 13 OBG NRW i.V.m. § 44 PolG NRW eine Befugnis zum Erlass von Verwaltungsakten enthalten ist – nicht um eine Standardmaßnahme in Form der Sicherstellung handeln. § 24 Nr. 13 OBG NRW i.V.m. § 44 PolG NRW ist als Rechtsgrundlage nicht maßgeblich.

b) § 14 Abs. 1 OBG NRW
Als maßgebliche Rechtsgrundlage kommt somit lediglich die ordnungsbehördliche Generalklausel des § 14 Abs. 1 OBG NRW in Betracht.

2. Voraussetzungen
Die Voraussetzungen des § 14 Abs. 1 OBG NRW können erfüllt sein.

a) Formelle Voraussetzungen
Formell hat die zuständige Ordnungsbehörde die Einweisungsverfügung gegenüber E in einem ordnungsgemäß durchgeführten Verfahren erlassen. Die in § 20 Abs. 1 S. 1 OBG NRW für Ordnungsverfügungen vorgegebene Form ist ebenfalls eingehalten worden, sodass die gegenüber E ausgesprochene Einweisungsverfügung formell rechtmäßig ist.

b) Materielle Voraussetzungen
Die materiellen Voraussetzungen des § 14 Abs. 1 OBG NRW können erfüllt sein. Dazu bedarf es einer Gefahr und Ordnungspflicht des E.

aa) Gefahr
Eine konkrete Gefahr für die öffentliche Sicherheit, welche gegenüber der bezüglich der Bestimmtheit im Sinne des sich unter anderem aus Art. 20 Abs. 3 GG

ergebenden Rechtsstaatsprinzips möglicherweise verfassungswidrig tatbestandlich normierten öffentlichen Ordnung jedenfalls primär maßgeblich ist, kann
bestehen. Eine konkrete Gefahr ist eine Sachlage, bei der im Einzelfall die hinreichende Wahrscheinlichkeit besteht, dass in absehbarer Zeit ein Schaden für
die öffentliche Sicherheit oder Ordnung eintreten wird. Vom Merkmal der öffentlichen Sicherheit sind der Staat und seine Einrichtungen, Individualrechtsgüter bzw. -rechte sowie die öffentliche Rechtsordnung umfasst. Als Schutzgüter kommen Körper, Leben und Gesundheit des M i.S.d. Art. 2 Abs. 2 S. 1 GG, also
Individualgüter, in Betracht.

Allerdings kann die Gefahr insoweit abzulehnen sein, als es sich um eine
Selbstgefährdung des psychisch kranken M handelt, der mit einem Suizid droht.
Schließlich sind Körper und Gesundheit des M nicht gefährdet, weil er möglicherweise obdachlos würde – er könnte in einer Therapieeinrichtung im Sinne
der §§ 10 ff. PsychKG sicher untergebracht werden –, sondern weil er sich zu
töten erwägt. Eine Gefahr für die öffentliche Sicherheit kann insoweit nur angenommen werden, wenn das vom allgemeinen Persönlichkeitsrecht gemäß Art. 2
Abs. 1 GG i.V.m. Art. 1 Abs. 1 GG erfasste Selbstbestimmungsrecht des M hinter
grundrechtlichen Schutzpflichten des Staates aus Art. 2 Abs. 2 S. 1 GG derart
subsidiär ist, dass entgegen des Selbstbestimmungsrechts des M eine Gefahr
anzunehmen wäre.

Durch Grundrechte werden nicht nur Abwehrrechte, sondern im Rahmen
ihrer Funktion als objektive Werteordnung i.S.d. Art. 1 Abs. 3 GG auch Schutzpflichten begründet, wenn im Rahmen eines verfassungsrechtlich gewährten
subjektiven Rechts eine eingriffsadäquate bedeutsame Grundrechtsbeeinträchtigung bei hinreichender Schadenswahrscheinlichkeit und Schutzbedürftigkeit
des Betroffenen gegeben ist. Körper und Gesundheit im Sinne des Art. 2 Abs. 2
S. 1 GG sind subjektivierte Schutzgüter, die bei M durch dessen Tod beeinträchtigt würden. Diese Beeinträchtigungen sind eingriffsadäquat, da sie, würden sie
von staatlicher Seite kommen, einen unmittelbaren Grundrechtseingriff darstellen. Die Schadenswahrscheinlichkeit ergibt sich aus der konkreten Suiziddrohung des M. M muss allerdings auch schutzwürdig sein. Die Schutzwürdigkeit
könnte aufgrund der Eigenbestimmtheit des M nicht gegeben sein. Dies wäre
möglicherweise bei einem frei bestimmten Suizid z.B. in Form eines Bilanzsui-
zides wenigstens diskutabel, nicht aber bei M, der psychisch krank und insoweit nicht selbstbestimmt ist. Eine grundrechtliche Schutzpflicht des Staates
gegenüber M ist somit anzunehmen[4] mit der Folge, dass seine Individualgüter

---

4 Eine staatliche Schutzpflicht besteht typischerweise nicht bei Risikosport wie z.B. Bungee-
Springen. Insoweit überwiegt das Selbstbestimmungsrecht des „Sportlers". In Suizidfällen ist
hingegen i.d.R. die staatliche Schutzpflicht anzunehmen (a.A. ggf. vertretbar).

durch seine Suiziddrohung letztlich schutzwürdig gefährdet sind. Eine Gefahr für die öffentliche Sicherheit besteht.

bb) Ordnungspflicht[5]

E kann Störer und somit ordnungspflichtig sein.

(1) Handlungsstörer

E könnte Handlungsstörer gemäß § 17 Abs. 1 OBG NRW sein. Ordnungspflichtig ist insoweit, wer die Gefahr durch seine Handlung verursacht. E betreibt die Zwangsvollstreckung derart, dass M die Wohnung verlassen muss, sodass eine Handlung des E der Suizidgefahr bei M, welche mit einem etwaigen Auszug zusammenhängt, zugrunde liegt. Allerdings kann § 17 Abs. 1 OBG NRW insoweit verfassungskonform auszulegen bzw. zu reduzieren sein. Voraussetzung dafür sind verfassungsrechtliche Vorgaben, die sonst ungerechtfertigt verletzt würden. Im Grundgesetz sind in dem sich unter anderem aus Art. 20 Abs. 3 GG ergebenden Rechtsstaatsprinzip ein staatliches Gewaltmonopol und die Gewährung eines ordnungsgemäßen Rechtsweges enthalten. E ergreift keine Eigeninitiative, sondern beschreitet mit der in der Zivilprozessordnung geregelten Zwangsvollstreckung rechtmäßig den vorgesehenen Rechtsweg. Insoweit wäre es im Rahmen einer einheitlichen Rechtsordnung verfassungswidrig, ihn aufgrund dieser Vollstreckung zum Störer zu erklären, dem gegenüber grundrechtsintensive Maßnahmen ohne Erfüllung besonders enger Voraussetzungen erlassen werden könnten. E handelte rechtmäßig und ist somit kein Handlungsstörer.

(2) Nichtstörer

E kann als Nichtstörer in Form der Notstandspflicht in Anspruch genommen worden sein. Voraussetzung für eine Inanspruchnahme eines Notstandspflichtigen ist – unabhängig von der erforderlichen gegenwärtigen erheblichen Gefahr i.S.d. § 19 Abs. 1 Nr. 1 OBG NRW – gemäß § 19 Abs. 1 OBG NRW im Rahmen der doppelten Subsidiarität unter anderem, dass gemäß § 19 Abs. 1 Nr. 2 OBG NRW Maßnahmen gegen die nach den §§ 17, 18 OBG NRW Verantwortlichen nicht oder nicht rechtzeitig möglich sind oder keinen Erfolg versprechen und die Behörde die Gefahr gemäß § 19 Abs. 1 Nr. 3 OBG NRW nicht oder nicht rechtzeitig selbst oder durch

---

5 Handelt die Behörde, ist die „Ordnungspflicht" maßgeblich, während bei polizeilichem Handeln der Terminus „Polizeipflicht" verwendet werden sollte.

Beauftragte abwehren kann.[6] Eigentlicher Störer i.S.d. § 17 Abs. 1 OBG NRW ist
M, der trotz des rechtskräftigen Räumungstitels die Wohnung nicht räumt. M hat
keine Möglichkeit, die Gefahr abzuwenden. Selbst durch eine Zahlung der offenen Miete würde der Vollstreckungstitel nicht beseitigt werden. Die Kündigung
des E gegenüber M ist zudem auch nicht gemäß § 569 Abs. 3 Nr. 2 S. 1 BGB unwirksam geworden, weil jedenfalls bereits vier Monate seit der Rechtshängigkeit vergangen sind – unabhängig vom rechtskräftigen Titel. M als Handlungsstörer
kann die Störung nicht aus eigener Kraft heraus beseitigen.

Allerdings kann die Behörde M als Störer effektiv in Anspruch nehmen bzw.
die Gefahr durch eine Unterbringung des M in einer Therapieeinrichtung gemäß
den §§ 10 ff. PsychKG NRW abwenden. Selbst wenn dies für die Behörde aufwendig sein mag, ist dies gegenüber einer Inanspruchnahme des E im Hinblick
auf dessen Eigentum, welches auch durch die erschwerten Anforderungen in
§ 19 Abs. 1 OBG NRW geschützt wird, primär notwendig. Der etwaigen Selbstgefährdung des M aufgrund der Räumung kann also durch Maßnahmen begegnet
werden, die sowohl die Selbstgefährdung mindern als auch dem grundrechtlich
geschützten Eigentumsrecht des Antragstellers Rechnung tragen. Insbesondere
können psychisch Kranke gemäß den §§ 10 ff. PsychKG NRW nämlich gegen
oder ohne ihren Willen untergebracht werden, wenn sie durch ihr krankheitsbedingtes Verhalten ihr Leben bzw. ihre Gesundheit i.S.d. Art. 2 Abs. 2 S. 1 GG
oder sonst bedeutende eigene oder bedeutende Rechtsgüter Dritter in erheblichem Maße gefährden und diese Gefahr nicht anders als durch stationäre
Aufnahme in einem Krankenhaus abgewendet werden kann (VG Saarlouis –
6 L 662/10). Somit ist E nicht ordnungspflichtig.

3. Zwischenergebnis
Die seitens der Behörde gegenüber E ausgesprochene Einweisungsverfügung ist
rechtswidrig.

---

6 Typische Fallkonstellationen sind in diesem Zusammenhang solche zur Vermeidung der
Obdachlosigkeit. Insoweit kann zu diskutieren sein, ob die Behörde die Gefahr selbst beseitigen kann, ohne den Mieter weiterhin in die Wohnung einzuweisen. **Insoweit gilt:**
– zumutbar sind Wohncontainer
– zumutbar sind Mehrbettzimmer
– zumutbar sind ein Wechsel der Tag- und Nachtunterkunft für Bedürftige sowie die Zusammenarbeit mit caritativen Einrichtungen
– zu gewährleisten ist allerdings ein durchgängiger Schutz vor schlechtem Wetter, sodass
  24 Stunden am Tag eine Aufenthaltsmöglichkeit zur Verfügung stehen muss
– Grundlage: Menschenwürde aus Art. 1 GG und das Sozialstaatsprinzip i.S.d. Art. 20 Abs. 1
  GG.

II. Rechtsverletzung

Als Adressat der belastenden Verfügung ist E auch in seinem Grundrecht aus Art. 14 Abs. 1 GG verletzt worden.

C. Ergebnis

Die Anfechtungsklage bezüglich der Einweisungsverfügung hat Erfolg.

2. Komplex: Klageantrag bezüglich der Räumung der Wohnung

Die Klage des E hat jedenfalls Erfolg, soweit die Sachurteilsvoraussetzungen erfüllt sind und die Klage begründet ist. Die Sachurteilsvoraussetzungen müssen erfüllt sein, und die Klage bezüglich der Räumung der Wohnung könnte im Rahmen einer objektiven Klagehäufung mit der ersten Klage bezüglich der Einweisungsverfügung verbindbar sein. Möglicherweise sind insoweit keine weiteren Sachurteilsvoraussetzungen erforderlich. Die Grundregel für die objektive Klagehäufung ist § 44 VwGO.[7] Eine objektive Klagehäufung ist gemäß § 44 VwGO möglich, wenn sich die Klagen gegen denselben Beklagten richten, im Zusammenhang stehen und dasselbe Gericht zuständig ist. Zudem ist eine gleichzeitige Entscheidungsreife erforderlich, weil anderenfalls rechtsstaatswidrig und damit unter anderem entgegen Art. 20 Abs. 3 GG die Judikative entscheiden würde, obwohl das Verfahren der Exekutive noch nicht abgeschlossen wäre.[8]

---

[7] Zulässig sind gemäß § 44 VwGO die kumulative und eventuale Klagehäufung. Unzulässig sind hingegen die alternative Klagehäufung und grundsätzlich die Stufenklage (Ausnahmen bei Stufenklagen: §§ 113 Abs. 1 S. 2, 113 Abs. 4 VwGO).

[8] Die Stufenklage ist gemäß § 44 VwGO mangels gleichzeitiger Entscheidungsreife nicht erlaubt. Soweit das BVerwG bezüglich der Prozesszinsen in der 2. Stufe mit Verweis auf den BFH dennoch davon ausgeht, sind Prozesszinsen als Eigenart der Verzögerung durch den Prozess einerseits nicht mit einer originären Leistung einer Behörde vergleichbar, andererseits müsste dies dann konsequent für alle Stufenverhältnisse (auch bei Leistung in beiden Stufen wie z.B. bei Subventionen) gelten. Dies würde eine unzulässige Durchbrechung der Gewaltenteilung darstellen, da der Verwaltungsakt in der 1. Stufe nicht vom Gericht erlassen werden kann. Zudem würde § 113 Abs. 4 VwGO dann i.d.R. nur noch die Funktion zukommen, das Vorverfahren in der 2. Stufe verzichtbar werden zu lassen. Dies hätte der Gesetzgeber aber dann ausdrücklich geregelt, zumal zumindest das Vorverfahren im Beamtenrecht i.S.d. § 54 Abs. 2 BeamtStG und des § 126 Abs. 2 BBG nicht durch die allgemeine Norm des § 113 Abs. 4 VwGO ausgehebelt werden darf. Somit sind Stufenklagen nur in den Ausnahmen nach § 113 Abs. 1 S. 2 und Abs. 4 VwGO sowie bei 2 Anfechtungsklagen (z.B. vollstreckbarer Verwaltungsakt und Androhung im Stufenverhältnis) möglich (bei 2 Anfechtungen im Stufenverhältnis nach h.M. direkt § 44 VwGO bei „Nichtanwendung" der „gleichzeitigen Entscheidungsreife" i.S.d. Art. 20 Abs. 3 GG – nicht analog § 113 Abs. 4 VwGO).

Möglich sind im Sinne des § 44 VwGO somit die kumulative Klagehäufung sowie die eventuale Klagehäufung in Form eines Haupt- und eines Hilfsantrages. Während eine alternative Klagehäufung mangels Bestimmtheit des Klageantrages nicht möglich ist, ist eine objektive Klagehäufung im Sinne der Stufenklage grundsätzlich ausgeschlossen, weil aufgrund des Erfordernisses, zunächst über die erste Stufe zu entscheiden, keine gleichzeitige Entscheidungsreife besteht. Für E kommt es zunächst auf die Anfechtung der Einweisungsverfügung auf der ersten Stufe an, um anschließend die Räumung der Wohnung einzuklagen. Diese Stufenklage ist gemäß § 44 VwGO nicht möglich.

Eine Stufenklage kann gemäß den Spezialregelungen der §§ 113 Abs. 1 S. 2 VwGO, 113 Abs. 4 VwGO als Ausnahmen vom grundsätzlichen Verbot der Stufenklage dennoch möglich sein.[9] Während von § 113 Abs. 4 VwGO als gegenüber § 113 Abs. 1 S. 2 VwGO allgemeinerer Regelung Konstellationen erfasst sind, in denen ein materiell-rechtlicher Anspruch, der nicht Vollzugsfolgenbeseitigungsanspruch ist, prozessual mit einer Anfechtungsklage in der ersten Stufe verknüpft werden soll, sind von § 113 Abs. 1 S. 2 VwGO solche Konstellationen erfasst, in denen materiell-rechtlich ein Vollzugsfolgenbeseitigungsanspruch auf der zweiten Stufe mit der Anfechtungsklage auf der ersten Stufe verknüpft werden soll. In beiden Normen wird in der ersten Stufe jedoch eine Anfechtungsklage als Gestaltungsklage der Verwaltungsgerichtsordnung vorausgesetzt, weil das Gericht nur insoweit in der ersten Stufe mit Rechtskraft des Urteils selbst verbindlich gestalten kann, sodass keine unzulässige Durchbrechung der Gewaltenteilung seitens der Judikative in Bereiche der Exekutive erfolgt.

E erstrebt mit seinem zweiten Antrag, die Behörde zu verpflichten, M mittels einer Verfügung aus der Wohnung zu verweisen. Dabei kann es sich um einen schlichten Abwehr- und Unterlassungsanspruch oder um einen Vollzugsfolgenbeseitigungsanspruch handeln. Bei gegenwärtigen, sich wiederholenden Be-

---

[9] Der Antrag auf Räumung stellt einen gesonderten Klageantrag dar. Sollte ein Annexantrag in einem Verfahren versäumt werden, wäre es denkbar, später in einem gesonderten Verfahren Folgenbeseitigung zu verlangen, wobei dann eine vollständige Prozessstation zu prüfen wäre.

Es ist vertretbar, die Klagehäufung in Form des Annexantrages gemäß § 113 Abs. 1 S. 2 VwGO im Rahmen der statthaften Klageart der ersten Klage zu prüfen, da die Überschrift „Sachurteilsvoraussetzungen" verwendet wurde. Auch § 44 VwGO kann – soweit maßgeblich – vertretbar auf unterschiedliche Weisen eingearbeitet werden. **Vertretbar** bei Verwendung des Terminus „Sachurteils-/Sachentscheidungsvoraussetzungen":
- 2 Klagen zusammen und bei der Klageart § 44 VwGO
- Prozessstation erste Klage, Prozessstation zweite Klage und anschließend Begründetheit
- beide Klagen vollständig und dann § 44 VwGO.

Nicht möglich: erste Klage, dann § 44 VwGO, dann zweite Klage, da in § 44 VwGO dann einige Sachurteilsvoraussetzungen der zweiten Klage inzident geprüft werden müssten.

einträchtigungen besteht ein schlichter Abwehr- und Unterlassungsanspruch. Geht es jedoch lediglich um die Beseitigung der Folgen, handelt es sich, soweit es um die Folgen schlichten Verwaltungshandelns geht, um einen allgemeinen Folgenbeseitigungsanspruch, soweit es um die Folgen eines Verwaltungsaktes geht, um einen Vollzugsfolgenbeseitigungsanspruch. Maßgeblich ist zur Abgrenzung der Folgenbeseitigungsansprüche gegenüber dem schlichten Abwehr- und Unterlassungsanspruch, ob es sich schwerpunktmäßig um ein weiter andauerndes oder sich wiederholendes aktives Tun der Behörde oder um eine passiv fortwirkende Gegebenheit handelt. Zudem muss der Schwerpunkt der Folge auf öffentlich-rechtliches, darf hingegen nicht auf privatrechtliches Handeln rückführbar sein.

Stellt sich das Wohnen eines Mieters nach einer behördlichen Wohnungseinweisung als Folge der erlassenen Einweisungsverfügung dar, hat die Abwicklung dieses Rechtsverhältnisses bzw. seiner Folgen allein aufgrund öffentlich-rechtlicher Vorschriften zu erfolgen. Entfallen die Voraussetzungen für eine derartige Notstandsverfügung, muss die Maßnahme aufgehoben werden, sofern sie nicht aufgrund einer Befristung automatisch endet. Bleibt in derartigen Konstellationen dennoch eine Rechtsbeeinträchtigung bestehen, zum Beispiel in der Form, dass der Mieter trotz Aufhebung der Einweisungsverfügung oder ihres Außerkrafttretens infolge des Ablaufs der Befristung die Wohnung nicht auf Aufforderung des Berechtigten freiwillig räumt bzw. an diesen herausgibt, kann Folgenbeseitigung geltend gemacht werden. Eine Folgenbeseitigung kommt sowohl nach dem Geltungsende einer befristeten Verfügung als auch nach der Aufhebung eines Verwaltungsakts mit Dauerwirkung wegen Wegfalls seiner Voraussetzungen in Betracht (VGH Kassel – 11 TG 1515/93).

M befindet sich lediglich deshalb noch in der Wohnung, weil er von der Behörde dort eingewiesen war. Der Aufenthalt des M in der Wohnung des E stellt sich nicht als aktives Tun der Behörde dar und ist auch nicht als aktives Tun des M, welches der Behörde zurechenbar ist, einzustufen. Ohne die Einweisungsverfügung hätte M die Wohnung aufgrund der Zwangsvollstreckung aus dem Räumungstitel bereits verlassen. Das Verbleiben des M in der Wohnung des E ist somit eine Folge der Einweisungsverfügung der Behörde gegenüber E, also eine Folge eines Verwaltungsaktes. Materiell-rechtlich kommt somit ein Vollzugsfolgenbeseitigungsanspruch in Betracht, der prozessual gemäß § 113 Abs. 1 S. 2 VwGO mittels des von E gestellten Annexantrages als ausnahmsweise mögliche Stufenklage geltend gemacht werden kann.[10]

---

10 **Achtung:** § 113 Abs. 1 S. 2 VwGO ist lediglich eine prozessuale Norm, die der Verknüpfung materiell-rechtlicher Ansprüche gilt. Ihre Anwendbarkeit ist jedoch davon abhängig, dass es sich bei dem materiell geltend gemachten Anspruch um einen Vollzugsfolgenbeseitigungsanspruch handelt.

Da eine Stufenklage gemäß § 113 Abs. 1 S. 2 VwGO jederzeit „auf Antrag" im Gerichtsverfahren erfolgen kann, basiert der zweite Antrag auf den Prozessvoraussetzungen des ersten Antrages, sodass keine besonderen Sachurteilsvoraussetzungen erforderlich sind. Der Annexantrag muss aber auch begründet sein.

Der Annexantrag ist begründet, soweit ein Anspruch des E gegenüber der Gemeinde dahingehend besteht, M der Wohnung des E zu verweisen.[11]

I. Anspruchsgrundlage

Es bedarf für den Vollzugsfolgenbeseitigungsanspruch einer Anspruchsgrundlage.

1. § 113 Abs. 1 S. 2 VwGO

Da es sich bei § 113 Abs. 1 S. 2 VwGO um eine prozessuale Norm handelt, durch die materiell-rechtliche Ansprüche lediglich in einem Verfahren durchgesetzt werden können, stellt die Norm keine Anspruchsgrundlage für einen materiell-rechtlichen Anspruch dar.

2. Spezialgesetz

Anspruchsgrundlage für den Vollzugsfolgenbeseitigungsanspruch kann eine spezialgesetzliche Norm sein. Als Anspruchsgrundlage für die Vollzugsfolgenbeseitigung kommt § 14 Abs. 1 OBG NRW in Betracht. Eine Rechts- bzw. Ermächtigungsgrundlage ist gleichzeitig eine Anspruchsgrundlage, soweit sie ein subjektives Recht enthält. In § 14 Abs. 1 OBG NRW geht es primär um den Schutz der öffentlichen Sicherheit. Davon sind auch Individualrechte und -rechtsgüter, also subjektive Rechte erfasst. § 14 Abs. 1 OBG NRW kann also eine Anspruchsgrundlage für Leistungen darstellen.

Die Folgenbeseitigung der Exmittierung des eingewiesenen psychisch Kranken nach Aufhebung oder Ablauf einer befristeten Einweisungsverfügung kann dem Wohnungsinhaber grundsätzlich zuerkannt werden (vgl. zum Beispiel OVG Lüneburg – E 8, 484; VG Neustadt, NJW 1965, 833 und die weiteren

---

11 Der Vollzugsfolgenbeseitigungsanspruch ist zwar ein Abwehranspruch, jedoch ist er aufgrund seiner prozessualen Einkleidung in einen Leistungsantrag auf der „zweiten Stufe" im Anspruchsaufbau zu prüfen. In der Literatur wird z.T. sogar für die Abwehr wirksamer Verwaltungsakte ein Anspruchsaufbau vertreten. Insoweit ist ein Anspruchsaufbau im Examen aber jedenfalls aufgrund der prozessualen Vorgaben in z.B. den §§ 113 Abs. 1 S. 1; 80 Abs. 5 S. 1 VwGO nicht empfehlenswert.

Nachweise bei Drews/Wacke/Vogel/Martens, Gefahrenabwehr, 9. Aufl., S. 340), wobei wegen des Grundsatzes der Verhältnismäßigkeit – dieser ergibt sich primär aus den Grundrechten des Betroffenen M und subsidiär aus dem unter anderem aus Art. 20 Abs. 3 GG abgeleiteten Rechtsstaatsprinzip – eine Rechtsgrundlage erforderlich ist. Eine derartige Räumungsverfügung kann auf die ordnungsbehördliche Generalklausel des § 14 Abs. 1 OBG NRW gestützt werden, wenn der Eingewiesene durch sein Verbleiben in den ihm zugewiesenen Räumen trotz Beendigung der Wirksamkeit der Einweisungsverfügung fremdes Eigentum verletzt und sich überdies möglicherweise wegen Hausfriedensbruchs nach § 123 StGB strafbar macht, sofern er sich auf Aufforderung des Berechtigten nicht entfernt, und dadurch die öffentliche Sicherheit möglicherweise stört (zum Ganzen: VGH Kassel – 11 TG 1515/93).

Dieses Erfordernis einer Rechtsgrundlage betrifft jedoch nicht das für den Annexantrag maßgebliche Verhältnis des Eigentümers E gegenüber dem Staat, sondern lediglich das Verhältnis des öffentlichen Rechtsträgers gegenüber M hinsichtlich der Frage, ob es seitens des öffentlichen Rechtsträgers möglich ist, M aus der Wohnung zu exmittieren.[12] Außerdem macht E keinen gesonderten Leistungsanspruch gegenüber der Gemeinde geltend, sondern einen Abwehranspruch bezüglich der Folgen. Sowohl die prozessuale Verknüpfung mittels des Annexantrages i.S.d. § 113 Abs. 1 S. 2 VwGO als auch die materielle Verknüpfung der Einweisungsverfügung mit einer etwaigen Vollzugsfolgenbeseitigungslast ist dogmatisch nur möglich, wenn der Antrag des E auf Vollzugsfolgenbeseitigung als folgenbezogener Abwehranspruch eingestuft wird. Auch die Reichweite des Abwehranspruches ist in der Regel weitergehend als bei Leistungsansprüchen, weil – zumindest soweit es um grundrechtsbezogene Ansprüche oder um einfachgesetzliche Regelungen im Gefahrenabwehrrecht geht, die zumindest auf Grundrechte rückführbar sind – die Grundrechte in ihrer klassischen Funktion als Abwehrrechte zur Anwendung gelangen, während sie nur ausnahmsweise als originäre bzw. derivative Leistungsrechte anwendbar sind. Dem steht nicht entgegen, dass der Abwehranspruch auf Vollzugsfolgenbeseitigung im Falle eines Nichtbestehens des § 113 Abs. 1 S. 2 VwGO mit einer Leistungsklage geltend gemacht würde. Einerseits handelt es sich beim Vollzugsfolgenbeseitigungsanspruch um einen materiell-rechtlichen Anspruch, der lediglich prozessual durchgesetzt werden muss, während andererseits eine materiell-rechtliche Vollzugsfolgenbeseitigungslast lediglich bei Abwehran-

---

12 Vereinzelt ist die komplexe dogmatische Verknüpfung der Vollzugsfolgen mit der Ausgangsbelastung von Gerichten nicht exakt erschlossen und auf das Verhältnis zwischen dem öffentlichen Rechtsträger und dem Mieter abgestellt worden. Dies ist grundrechtsdogmatisch nicht begründbar.

sprüchen, nicht aber bei von der Grundverfügung unabhängigen Leistungsverfügungen geltend gemacht werden kann. Es ist im Sinne des sich unter anderem aus Art. 20 Abs. 3 GG ergebenden Rechtsstaatsprinzips zwischen der Herstellung eines rechtswidrigen Zustandes durch die Behörde – diese ist an die Pflicht zum rechtmäßigen Handeln gebunden – und der Herstellung eines rechtswidrigen Zustandes durch Private zu unterscheiden. Dies ergibt sich zudem daraus, dass bei Pflichtverletzungen der Verwaltung im Vorfeld Ersatzleistungen auf der Sekundärebene in Betracht kommen – nicht aber bei rechtswidrigem Handeln Privater.

Nach alledem kann § 14 Abs. 1 OBG NRW nicht Anspruchsgrundlage für die Vollzugsfolgenbeseitigung im Verhältnis des Eigentümers E zur Gemeinde, sondern allenfalls im Rahmen der Duldungspflicht oder im Anspruchsinhalt des Folgenbeseitigungsanspruches maßgeblich sein.

3. Nachwirkung Grundrechte

Da den beim allgemeinen Folgenbeseitigungsanspruch zu beseitigenden Folgen ein öffentlich-rechtliches Handeln – regelmäßig in Form eines Grundrechtseingriffes – in der Vergangenheit zugrunde liegt, kann sich der Folgenbeseitigungsanspruch aus einer Nachwirkung der Grundrechte ergeben. Dies könnte allerdings zu einer Konturenlosigkeit der ohnehin bereits weit formulierten Freiheitsrechte führen, zumal nicht jedes den Folgen zugrunde liegende öffentliche Handeln einen Grundrechtseingriff darstellen muss.

4. Rechtsstaatsprinzip

Der Folgenbeseitigungsanspruch kann sich aus dem unter anderem in Art. 20 Abs. 3 GG verankerten Rechtsstaatsprinzip ergeben. Während Art. 20 Abs. 3 GG bei schlichtem Abwehr- und Unterlassungsanspruch nicht zur Anspruchsbegründung führen kann – sonst würde rechtsstaatswidrig ein Gesetzesvollziehungsanspruch gewährt werden – liegt bei der Folgenbeseitigung bereits ein öffentlich-rechtliches Handeln des Staates in der Vergangenheit zugrunde, welches ein subjektives Recht betrifft, sodass die Folgenbeseitigung aufgrund der im Hinblick auf das vergangene Handeln erfolgten Subjektivierung konstruktiv auf Art. 20 Abs. 3 GG gestützt werden könnte.

5. Analog Zivilrecht

Eine analoge Anwendung des § 1004 Abs. 1 BGB erscheint mangels vergleichbarer Interessenlage – § 1004 Abs. 1 BGB ist grundsätzlich nicht auf vergangenes, sondern gegenwärtiges oder zukünftiges Handeln gerichtet – ebenso wenig maßgeblich wie eine analoge Anwendung des § 823 Abs. 1 BGB mit dem Inhalt der Naturalrestitution aus § 249 Abs. 1 BGB. Insoweit kann zwar die Beseitigung bezüglich in der Vergangenheit liegender Beeinträchtigungen verlangt werden, jedoch fehlt aufgrund des insoweit erforderlichen Verschuldens die Vergleichbarkeit.

6. Gewohnheitsrecht

Ob der allgemeine Folgenbeseitigungsanspruch ursprünglich aus einer Nachwirkung der Grundrechte oder aus Art. 20 Abs. 3 GG abgeleitet werden sollte, ist letztlich irrelevant, da der Anspruch nach jahrzehntelanger Praktizierung Gewohnheitsrecht ist. Im Sinne eines effektiven Rechtsschutzes gegen exekutivisches Handeln gemäß Art. 19 Abs. 4 GG ist es erforderlich, rechtswidrige Beeinträchtigungen, welche einem Träger hoheitlicher Macht zuzurechnen sind, zu beseitigen. Das ist nicht nur rechtspolitisch zu fordern, sondern ein Grundsatz geltenden Rechts und gilt vor allem, wenn sich rechtswidrige Beeinträchtigungen auf den Schutzbereich eines Grundrechts auswirken. Aus diesem grundgesetzlich gewährten Anspruch auf effektiven Rechtsschutz ergibt sich nicht nur ein Gebot zur Schaffung eines gerichtlichen Verfahrens, in dem eine Rechtsverletzung festgestellt wird, sondern auch der Anspruch auf Folgenbeseitigung als ein wirksames Sanktionsrecht gegen eingetretene Rechtsverletzungen. Zwar besteht aus dem sich unter anderem aus Art. 20 Abs. 3 GG ergebenden Rechtsstaatsprinzip die Pflicht eines öffentlichen Rechtsträgers, rechtmäßige Zustände herzustellen, jedoch muss i.S.d. Art. 19 Abs. 4 GG auch ein gerichtlich durchsetzbarer Anspruch gewährt werden.

Zwar ist die Ableitung des Folgenbeseitigungsanspruches dogmatisch problematisch (vgl. F. Schoch, Folgenbeseitigung und Wiedergutmachung im öffentlichen Recht, in: VerwArch 1988, 1 ff., 32 ff.; R. Steinberg/A. Lubberger, Aufopferung – Enteignung und Staatshaftung, 1991, S. 375 ff.), jedoch überwiegen durch Richterrecht geprägte gewohnheitsrechtliche Gesichtspunkte insoweit, als der Bundes- bzw. die Landesgesetzgeber ihre Regelungskompetenz nicht wahrgenommen haben (vgl. BVerfGE 61, 149, 203; BVerwG – 4 C 24/91). Maßgebliche Anspruchsgrundlage ist der Vollzugsfolgenbeseitigungsanspruch aus Gewohnheitsrecht.

II. Voraussetzungen

Die Voraussetzungen des Folgenbeseitigungsanspruches müssen erfüllt sein.

1. Positive Voraussetzungen

Positiv ist ein Eingriff in der Vergangenheit erforderlich, dessen Folgen andauern.

a) Eingriff in ein subjektives Recht in der Vergangenheit

Der Eingriff in ein subjektives Recht des E besteht in der ihm gegenüber erlassenen Einweisungsverfügung. Dadurch wird in sein i.S.d. Art. 14 Abs. 1 S. 2 GG in § 903 BGB definiertes Privateigentum eingegriffen, da er trotz des gerichtlich erwirkten Vollstreckungstitels gegen M nicht vollstrecken kann. Da Gegenstand des Klageantrages die Folgen des Eingriffes sind, nicht aber der Eingriff selbst, ist es nicht erforderlich, dass der Eingriff in der Vergangenheit rechtswidrig war, denn er stellt lediglich die Grundlage für den eigentlichen Klagegegenstand in Form der Folgen dar.

b) Zurechenbare Folge dauert an

Ein Folgenbeseitigungsanspruch setzt des Weiteren voraus, dass eine dem Eingriff in der Vergangenheit zurechenbare Folge andauert, weil öffentliche Rechtsträger nicht für zufällige Folgen und aus rechtsstaatlichen Gründen grundsätzlich nicht für das Verhalten Dritter oder für allgemeine Lebensrisiken verantwortlich gemacht werden können. Zurechenbare Folge kann das Verweilen des M in der Wohnung des E sein. Die Einweisungsverfügung gegenüber E ist für das Verweilen des M in der Wohnung des E zumindest äquivalent kausal. Lediglich die Zurechenbarkeit im engen Sinn ist problematisch. Es könnte davon ausgegangen werden, dass es an der Zurechenbarkeit fehlt, weil es als Folge eingestuft werden soll, dass M sich noch in der Wohnung befindet, obwohl er sich bereits vor der Einweisungsverfügung dort befand. Maßgeblich ist insoweit jedoch, dass E schon einen vollstreckbaren Titel erwirkt hatte, der vollstreckt werden sollte. Bei ordnungsgemäßer Durchführung des Vollstreckungsverfahrens wäre die Wohnung geräumt worden, weil M die Vollstreckung – auch durch eine Mietzahlung – nicht mehr verhindern konnte. Somit ist das Verweilen des M in der Wohnung des E letztlich zurechenbar auf die Einweisungsverfügung rückführbar. Die positiven Voraussetzungen sind erfüllt.

2. Negative Voraussetzung

Negative Voraussetzung des Vollzugsfolgenbeseitigungsanspruches ist, dass keine Duldungspflicht bezüglich der Folgen bestehen darf. Eine Duldungspflicht kann sich insoweit allenfalls aus dem Verwaltungsakt ergeben, welcher der Einweisungsverfügung gegenüber E zugrunde liegt. Eine Duldungspflicht kann sich allerdings nur aus einem Verwaltungsakt ergeben, der wirksam und vollziehbar ist, während die Rechtmäßigkeit eines Verwaltungsaktes für das Bestehen einer Duldungspflicht nicht maßgeblich ist, denn auch aus rechtswidrigen bestandskräftigen Verwaltungsakten können sich unter Umständen zu duldende Folgen ergeben. Die gegenüber E seitens der Behörde ausgesprochene Einweisungsverfügung ist nicht nur rechtswidrig, sondern wird mit Rechtskraft des gleichzeitig für den Annexantrag maßgeblichen Urteils aufgrund der vorgelagerten erfolgreichen Anfechtungsklage rückwirkend aufgehoben worden sein. Somit kann sich aus dieser Verfügung keine Duldungspflicht für E bezüglich der sich daraus ergebenden Folgen ergeben, da andere Duldungsgründe nicht ersichtlich sind. Die negativen Voraussetzungen sind erfüllt.

III. Anspruchsinhalt

Anspruchsinhalt ist die Beseitigung der Folgen in Form des Verbleibens des M in der Wohnung. Durch den Vollzugsfolgenbeseitigungsanspruch wird aber nur die Beseitigung der Folgen begründet, wenn die Beseitigung möglich und zumutbar ist. Das ergibt sich analog § 74 Abs. 2 S. 3 VwVfG NRW bzw. aus § 113 Abs. 1 S. 3 VwGO, wonach bei einem Planfeststellungsverfahren bei Unmöglichkeit oder Unzumutbarkeit nur eine Billigkeitsentschädigung gewährt wird. Dies ist auf den Vollzugsfolgenbeseitigungsanspruch insoweit übertragbar, als auch diesbezüglich der sich primär aus den Grundrechten, subsidiär aus dem Rechtsstaatsprinzip ergebende Grundsatz der Verhältnismäßigkeit als Grundlage des § 74 Abs. 2 S. 3 VwVfG NRW und des § 113 Abs. 1 S. 3 VwGO anwendbar ist. Die Annahme einer Unmöglichkeit oder Unverhältnismäßigkeit führt nicht dazu, dass der Anspruch auf Vollzugsfolgenbeseitigung auf Zahlung gerichtet ist, da der Vollzugsfolgenbeseitigungsanspruch ein Abwehranspruch ist und die Geldzahlung zudem nicht vom Klageantrag erfasst ist. Insoweit wäre prozessual gegebenenfalls eine Klageänderung i.S.d. § 91 VwGO möglich, wobei sich der Anspruch in der Regel aus einer Billigkeitsentschädigung analog § 74 Abs. 2 S. 3 VwVfG NRW ergäbe.[13]

Anspruchsinhalt ist somit eine Vollzugsfolgenbeseitigung, soweit diese möglich und zumutbar ist. Die Vollzugsfolgenbeseitigung ist der Gemeinde

---

13 Achtung: Bei Unmöglichkeit oder Unzumutbarkeit ist der Anspruch entsprechend des Antrages nicht auf Zahlung gerichtet: Billigkeitsentschädigung muss gesondert analog § 74 Abs. 2 S. 3 VwVfG geltend gemacht werden. Prozessual ist der Antrag umzustellen.

nur möglich, wenn sie gegenüber M eine Exmittierungsverfügung erlassen kann.[14]

1. Rechtsgrundlage
Rechtsgrundlage ist § 14 Abs. 1 OBG NRW.

2. Voraussetzungen
Die Voraussetzungen des § 14 Abs. 1 OBG NRW können erfüllt sein.

a) Formelle Voraussetzungen
Formell ist die Ordnungsbehörde für den Erlass einer Exmittierungsverfügung gegenüber M ebenso zuständig wie für die Einweisungsverfügung gegenüber E. Die Verfahrensvoraussetzungen wie die in § 20 Abs. 1 S. 1 OBG NRW für Ordnungsverfügungen vorgegebene Schriftform würden eingehalten werden, sodass eine Exmittierungsverfügung formell rechtmäßig erlassen werden könnte.

b) Materielle Voraussetzungen
Die materiellen Voraussetzungen des § 14 Abs. 1 OBG NRW können erfüllt sein. Dazu bedarf es einer Gefahr und einer Ordnungspflicht des M.

aa) Gefahr
Eine konkrete Gefahr für die öffentliche Sicherheit, welche gegenüber der bezüglich der Bestimmtheit im Sinne des sich unter anderem aus Art. 20 Abs. 3 GG ergebenden Rechtsstaatsprinzips möglicherweise verfassungswidrig tatbestandlich normierten öffentlichen Ordnung jedenfalls primär maßgeblich ist, kann bestehen. Eine konkrete Gefahr ist eine Sachlage, bei der im Einzelfall die hinreichende Wahrscheinlichkeit besteht, dass in absehbarer Zeit ein Schaden für

---

14 Nunmehr kommt es auf die Möglichkeit der Behörde an, M aus der Wohnung des E zu exmittieren. Somit muss inzident geprüft werden, ob die Behörde einen rechtmäßigen Verwaltungsakt im Sinne der ordnungsbehördlichen Generalklausel an M erlassen kann. Die Norm durfte jedoch nicht als Anspruchsgrundlage für den Vollzugsfolgenbeseitigungsanspruch benannt werden, weil es E um die Geltendmachung eines Abwehranspruches, nicht eines Leistungsanspruches geht, wenngleich der Abwehranspruch prozessual mit einer Leistungsklage geltend gemacht würde, wenn es § 113 Abs. 1 S. 2 VwGO nicht gäbe.

die öffentliche Sicherheit oder Ordnung eintreten wird. Vom Merkmal der öffentlichen Sicherheit sind der Staat und seine Einrichtungen, Individualrechtsgüter bzw. -rechte sowie die öffentliche Rechtsordnung umfasst. Durch das Verbleiben des M in der Wohnung des E ist das Eigentum des E, welches in § 903 BGB i.S.d. Art. 14 Abs. 1 S. 2 GG als Individualrecht zugunsten des E definiert ist, verletzt, weil die Einweisungsverfügung mit Rechtskraft des Urteils rückwirkend aufgehoben worden sein wird und somit keinen Rechtsgrund mehr darstellt. Somit besteht eine Gefahr für die öffentliche Sicherheit.

bb) Ordnungspflicht

M ist Handlungsstörer i.S.d. § 17 Abs. 1 OBG NRW, weil er sich stetig in der Wohnung aufhält, obwohl er dazu nicht berechtigt ist, während eine Zustandsstörereigenschaft des M i.S.d. § 18 Abs. 1 OBG nicht in Betracht kommt, weil er nicht zum Verweilen in der Wohnung berechtigt und somit nicht für den Zustand der Wohnung verantwortlich ist.

3. Rechtsfolge

Rechtsfolge des § 14 Abs. 1 OBG NRW ist Ermessen, wobei Ermessen ordnungsgemäß im Sinne des § 16 OBG ausgeübt werden müsste. Das Ermessen der Behörde kann zugunsten des E dahingehend auf Null reduziert sein, dass die Behörde gegenüber M eine Exmittierungsverfügung erlassen muss. Maßgeblich ist eine Reduktion auf Null aufgrund der gemäß § 113 Abs. 1 S. 3 VwGO geregelten Spruchreife.

a) Vollzugsfolgenbeseitigungslast[15]

Eine derartige Reduktion kann sich aus der Vollzugsfolgenbeseitigungslast ergeben. Eine Vollzugsfolgenbeseitigungslast beinhaltet, dass die Behörde die Folgen ihres vorausgegangenen rechtswidrigen Verwaltungshandelns beseitigen muss. Eine Vollzugsfolgenbeseitigungslast könnte abzulehnen sein, weil ein rechtswidrig in eine Wohnung Eingewiesener bei einer Reduktion auf Null schlechter stünde als ein Hausbesetzer, welchem gegenüber die Behörde lediglich unter Beachtung grundrechtlicher und rechtsstaatlicher Aspekte außerhalb der Vollzugsfolgenbeseitigungslast einen Ermessensspielraum hätte. Die Fol-

---

15 Insoweit wird der Unterschied des Vollzugsfolgenbeseitigungsanspruches zur direkten Anwendung der Generalklausel im Verhältnis des Eigentümers zur Behörde offenbar. Eine Vollzugsfolgenbeseitigungslast ist nur beim Vollzugsfolgenbeseitigungsanspruch denkbar.

genbeseitigungslast könnte abzulehnen sein, weil jemand, der eigenmächtig handeln würde, bei deren Annahme besser stünde als jemand, der aufgrund einer rechtswidrigen Verfügung der Behörde seine Rechtsposition erhalten hätte. Dem steht entgegen, dass sich aus Art. 20 Abs. 3 GG einerseits eine besondere staatliche Pflicht zur Wiederherstellung rechtmäßiger Zustände ergibt, andererseits auch bei Annahme einer Folgenbeseitigungslast ein Ausgleich auf der Sekundärebene erfolgen kann, sodass der von der rechtswidrigen Verfügung Begünstigte letztlich doch besser steht als ein eigenmächtig rechtswidrig Handelnder. Zudem ergibt sich aus der prozessualen Verknüpfungsnorm des § 113 Abs. 1 S. 3 VwGO, dass der Gesetzgeber von einer Reduktion auf Null durch die Folgenbeseitigungslast ausgeht, weil die prozessuale Verknüpfung eines materiellen Vollzugsfolgenbeseitigungsanspruches mit der ersten Stufe mittels eines Annexantrages im Sinne des § 113 Abs. 1 S. 2 VwGO Spruchreife, also eine gebundene Entscheidung voraussetzt.

Allerdings ergibt sich die Vollzugsfolgenbeseitigungslast schon aus dem unter anderem in Art. 20 Abs. 3 GG enthaltenen Rechtsstaatsprinzip (zum Ganzen vgl. VGH Kassel – 11 TG 1515/93; PR OVGE 92, 108ff.; vgl. Meixner, HSOG, 5. Aufl., Rn 10 zu § 9 HSOG; VGH Baden-Württemberg, Beschlüsse vom 20.1. 1987, NVwZ 1987, 1101, und vom 22.2.1990, DÖV 1990, 573). Die Verwaltung ist rechtsstaatlich verpflichtet, die Folgen rechtswidrigen Verwaltungshandelns zu beseitigen und rechtmäßige Zustände herzustellen.[16] Die Inanspruchnahme eines Vermieters einer Wohnung als Nichtstörer kommt nur als letztes Mittel und nur so lange in Betracht, wie die Beseitigung der Gefahr für die eingewiesenen früheren Mieter nicht auf andere Weise beseitigt werden kann. Mit der Einweisung von Personen in eine Privatwohnung übernimmt daher die einweisende Behörde auch die Verantwortung für die schnellstmögliche Beseitigung der mit der Einweisung für den Wohnungseigentümer verbundenen Belastungen, die sich als Vollzugsfolgen der Einweisung darstellen. Dabei ist es letztlich sogar unerheblich, ob die Einweisung selbst rechtmäßig oder rechtswidrig war und ob sie der betroffene Wohnungseigentümer hingenommen oder mit Rechtsbehelfen angegriffen hat. Ist nämlich eine Einweisungsverfügung aufgehoben oder wegen Ablaufs einer Befristung gegenstandslos geworden, ist sie als Rechts-

---

16 Zum Teil wird die Folgenbeseitigungslast abgelehnt, weil jemand, der eigenmächtig handeln würde, bei deren Annahme besser stünde als jemand, der aufgrund einer rechtswidrigen Verfügung der Behörde seine Rechtsposition erhalten hätte (z.B. Schwarzbauer, Hausbesetzer). Dem steht entgegen, dass sich aus Art. 20 Abs. 3 GG einerseits eine besondere staatliche Pflicht zur Wiederherstellung rechtmäßiger Zustände ergibt, andererseits auch bei Annahme einer Folgenbeseitigungslast ein Ausgleich auf der Sekundärebene erfolgen kann, sodass der von der rechtswidrigen Verfügung Begünstigte letztlich doch besser steht als ein eigenmächtig rechtswidrig Handelnder.

grund für den fortdauernden Aufenthalt des Eingewiesenen in der Wohnung entfallen, sodass sich jedenfalls von diesem Zeitpunkt an die Vollzugsfolgen als rechtswidrig erweisen, sofern nicht ein neuer Rechtsgrund für den weiteren Aufenthalt des Eingewiesenen in der Wohnung entstanden ist.

Somit ist das Ermessen der zuständigen Ordnungsbehörde gegenüber M aufgrund der Vollzugsfolgenbeseitigungslast reduziert, wobei der Umfang der Vollzugsfolgenbeseitigungspflicht problematisch ist.

b) Umfang der Vollzugsfolgenbeseitigungspflicht

Die Vollzugsfolgenbeseitigungspflicht könnte lediglich dazu führen, dass seitens der Behörde eine Verfügung gegenüber M mit dem Inhalt, die Wohnung zu verlassen, zu erlassen ist. Auch insoweit ist die Pflicht zur Vollzugsfolgenbeseitigung allerdings rechtsstaatlich i.S.d. Art. 20 Abs. 3 GG verfassungskonform auszugestalten (vgl. VGH Kassel – 11 TG 1515/93), sodass die Behörde von M sogar die Herausgabe der geräumten Wohnung verlangen und eine Anordnung in dieser Weise treffen muss.

Es ist diesbezüglich unerheblich, dass E gegenüber M einen rechtskräftigen Räumungstitel erwirkt hat, aus dem er alsbald die Zwangsräumung der Wohnung bewirken könnte. Somit würden nämlich die mit der Zwangsräumung verbundenen Risiken und Kosten auf E abgewälzt, obwohl die Gemeinde mittels der Behörde für die Beseitigung rechtswidriger Folgen des Verwaltungshandelns zu sorgen hat. Ein Anspruch des E auf Herausgabe der Wohnung im geräumten Zustand kann nicht mit der Erwägung abgelehnt werden, der Vollzugsfolgenbeseitigungsanspruch sei auf Naturalrestitution gerichtet und beschränke sich daher auf die Wiederherstellung desjenigen Zustandes, der unmittelbar vor der Zwangseinweisung des M in die Wohnung bestanden habe. Denn seinerzeit hatte E mit dem Vollstreckungsauftrag an einen Gerichtsvollzieher bereits alles veranlasst, um die Zwangsräumung der Wohnung durchzusetzen. Mit der erstmaligen Einweisungsverfügung gegenüber E hat die Behörde die unmittelbar bevorstehende zwangsweise Räumung verhindert und eine weitere Rechtsgrundlage für den Aufenthalt des M in der Wohnung geschaffen, der als nunmehr rechtswidrige Vollzugsfolge fortbesteht. Die Behörde muss M aufgrund der Ermessensreduktion auf Null verpflichten, die Wohnung des E geräumt herauszugeben.

IV. Zwischenergebnis

Anspruchsinhalt des Vollzugsfolgenbeseitigungsanspruches des E gegenüber der Gemeinde ist im Rahmen der Vollzugsfolgenbeseitigungslast somit deren

Verpflichtung, eine Verfügung an M zu erlassen, nach der M die Wohnung geräumt herausgeben muss.

3. Komplex: Gesamtergebnis

Die Einweisungsverfügung der Behörde wird aufgehoben und die Gemeinde wird verurteilt, die Folgen dieser Verfügung zu beseitigen, indem eine Verfügung an M erlassen wird, die Wohnung des E geräumt herauszugeben.[17]

---

[17] Beachte: Ein Vollzugsfolgenbeseitigungsanspruch kann verjähren i.S.d. Art. 20 Abs. 3 GG i.V.m. § 195 BGB. Allerdings bleibt der durch den Hoheitsträger geschaffene Zustand rechtswidrig, sodass für diesen eine Duldungspflicht hinsichtlich der Beseitigung durch den Anspruchsinhaber besteht. Der Anspruch auf Duldung selbst unterliegt nicht der Verjährung (BVerwG, Beschluss vom 12.7.2013 – 9 B 12.13).

Allg. Verwaltungsrecht – Fall 9: „Der Traumjob"

A ist Deutscher und als Staatsanwalt in der – wie er meint – „objektivsten Behörde der Welt" im Bundesland S tätig, verbeamtet auf Lebenszeit und überaus ambitioniert. Als in seinem Gerichtsbezirk eine Beamtenplanstelle für den Posten des Oberstaatsanwaltes frei und neu ausgeschrieben wird, bewirbt er sich sofort. Der Posten des Oberstaatsanwaltes ist eine Führungsposition – ähnlich der eines Polizeipräsidenten. Durch die von seinem Dienstvorgesetzten alle vier Jahre erstellten Regelbeurteilungen werden ihm eine überragende fachliche Qualifikation sowie gute Führungsqualitäten bescheinigt. Der einzige – ebenfalls deutsche – Mitbewerber ist der bisherige Beamte auf Lebenszeit im höheren Dienst B, aus dessen Regelbeurteilungen sich ebenfalls gute Führungsqualitäten des B ergeben. B ist jedoch bezüglich der fachlichen Qualifikation eine Notenstufe unter der für A gewählten Notenstufe eingeordnet worden.

Allerdings ist die kurz vor der Beförderung vorgeschriebene Anlassbeurteilung (eine nur bei bestimmten Anlässen wie der Beförderung vorgesehene Beurteilung) des B etwas besser als die des A, da der Dienstvorgesetzte des A den Eindruck hatte, dass A „aufgrund der anstehenden Beförderung durch die Erfüllung seiner Aufgaben mehr geistige und körperliche Kraft abverlangt wird als bisher" und dies sich auf seine Leistungen auswirke.

Die zur Ernennung zum Oberstaatsanwalt zuständige Landesjustizverwaltung informiert daher A und B, dass sie beabsichtigt, B zum Oberstaatsanwalt zu ernennen. A ist darüber empört. Die letzte Regelbeurteilung (Beamte bekommen in regelmäßigen Abständen eine Beurteilung), durch welche ihm seine überragenden Fähigkeiten bescheinigt wurden, liegt erst ein Jahr zurück. Er habe sich – das trifft zu – in diesem Jahr nicht so sehr verschlechtert, dass er fachlich gegenüber B nachrangig einzustufen sei. Außerdem kenne er sich als jahrelang tätiger Staatsanwalt in der Materie deutlich besser aus als irgendein Beamter im höheren Dienst. A trägt auch vor, dass keine Bestenauslese mittels eines besonderen Auswahlverfahrens stattgefunden hat. Ein solches Verfahren, bei dem neben den dienstlichen Beurteilungen eine spezielle Qualifikationseruierung z.B. mittels eines Auswahlinterviews, eines strukturierten Auswahlgespräches oder gruppenbezogenen Auswahlverfahrens hätte stattfinden müssen und bei dem eine fachkundige Person hätte hinzugezogen werden müssen, die nicht in der auswählenden Dienststelle beschäftigt sein dürfe, sei erforderlich gewesen.

A will daher auf seine Ernennung klagen, beantragt aber schon jetzt beim Verwaltungsgericht, es der Landesjustizverwaltung im Wege des einstweiligen

Rechtsschutzes vorläufig zu verbieten, B zum Oberstaatsanwalt zu ernennen. Einen derartigen Antrag des A hatte die Landesjustizverwaltung zuvor abgelehnt, weil bei der Auswahl der Bewerber die Anlassbeurteilung wichtiger als die Regelbeurteilung sei. Hat der Antrag beim Gericht Erfolg?

Bearbeitungsvermerk

Gehen Sie davon aus, dass die Behörden im Bundesland S weder beteiligungsfähig, noch besonders prozessführungsbefugt sind. Unterstellen Sie zudem, dass es im Bundesland S keine Ausführungsvorschriften zur VwGO gibt, nach denen ein Vorverfahren entbehrlich ist. Sollte das VwVfG des Landes maßgeblich sein, ist das VwVfG des Bundes anzuwenden. Gehen Sie zudem davon aus, dass im Landesbeamtenrecht keine maßgeblichen Kriterien für beamtenrechtliche Beurteilungen enthalten sind, die sich nicht bereits aus den für Landesbeamte anwendbaren Normen des Bundesrechts ergeben.

Schwerpunkte
Vorbeugender Unterlassungsanspruch
einstweilige Anordnung

Vertiefung

VG Berlin, Beschluss vom 12.7.2011 – VG 5 L 176.11; BVerwG – 2 C 16.09; BVerwG – 2 C 31.01; BVerwG – 2 C 16.02; BVerwG, Urteil vom 10.2.2000 – 2 A 10.98 – juris; OVG Bauzen – 2 B 2/10; BVerwGE 122, 53, 55 f.; 126, 182; 118, 370, 372 f.; 115, 58, 60 f.; 122, 147, 150 f.; 124, 99, 102

Gliederung

Lösungsvorschlag

Die folgende Lösung ist als Lösungsvorschlag zu verstehen und ausführlicher, als es in der Klausurbearbeitung verlangt werden kann. Aufgrund der wissenschaftlichen Freiheit können andere Lösungswege vertreten werden, soweit sie dogmatisch begründbar sind. Die Nachweise aus Rechtsprechung und Literatur sowie die das Verständnis fördernden Randbemerkungen sind in der Examensklausur auszusparen. Die Abkürzung „Alt." steht für Alternativfall, nicht für Alternative.

Der Antrag des A hat jedenfalls Erfolg, soweit die Sachentscheidungsvoraussetzungen erfüllt sind, der Antrag zulässig und soweit er begründet ist.

A. Sachentscheidungsvoraussetzungen[1,2]
Die Sachentscheidungsvoraussetzungen müssen erfüllt sein.

I. Rechtsweg
Der Verwaltungsrechtsweg kann eröffnet sein. Anderenfalls kommt ein Verweisungsbeschluss i.S.d. § 17a Abs. 2 GVG i.V.m. § 173 VwGO in Betracht. Unabhängig von der Generalklausel des § 40 Abs. 1 S. 1 VwGO als Auffangregelung und einer etwaigen abdrängenden Sonderzuweisung ist primär eine aufdrängende Sonderzuweisung maßgeblich. Während für alle Klagen der Beamtinnen, Beamten, Ruhestandsbeamtinnen, Ruhestandsbeamten, früheren Beamtinnen, früheren Beamten und der Hinterbliebenen aus dem Beamtenverhältnis sowie für Klagen des Dienstherrn auf Bundesebene in § 126 Abs. 1 BBG eine zum Verwaltungsgericht aufdrängende Sonderzuweisung enthalten ist, ergibt sich eine solche für Landesbeamte aus § 54 Abs. 1 BeamtStG. A ist Landesbeamter und hat sich auf eine seitens des Landes S ausgeschriebene Beamtenstelle beworben. Der Verwaltungsrechtsweg ist gemäß § 54 Abs. 1 BeamtStG eröffnet, wobei etwaige abdrängende Sonderzuweisungen i.S.d. § 40 Abs. 2 S. 1 VwGO im Rahmen beamtenrechtlicher Streitigkeiten gemäß § 40 Abs. 2 S. 2 VwGO nicht anwendbar sind.

II. Zuständigkeit
In Verfahren des einstweiligen Rechtsschutzes ist unabhängig davon, um welches Verfahren im einstweiligen Rechtsschutz es sich handelt, gemäß den §§ 123 Abs. 2 S. 1, 80 Abs. 5 S. 1, 80a Abs. 3 S. 1, 2 VwGO das Gericht der Hauptsache

---

1 **Hinweis:** Andere Aufbauvarianten werden vertreten (z.B. dreistufig oder Prüfung des Verwaltungsrechtsweges als Untergliederungspunkt der Zuständigkeit des Gerichts). Derartige Aufbauvarianten sind aber mit § 17a Abs. 2 GVG bzw. mit der Überschrift des 6. Abschnitts der VwGO sowie mit § 83 VwGO unvereinbar und daher bei exakter dogmatischer Zuordnung der Prüfungspunkte nicht zu empfehlen. Die Überschrift „Sachurteilsvoraussetzungen" bzw. „Sachentscheidungsvoraussetzungen" anstelle der Überschrift „Zulässigkeit" ist sinnvoll, weil nach § 63 Nr. 3 VwGO auch der Beigeladene zu den Beteiligten gehört, das Fehlen einer notwendigen Beiladung i.S.d. § 65 Abs. 2 VwGO aber nur dazu führt, dass das Urteil keine materielle Rechtskraft entfaltet.
2 Wichtig ist, bei Verfahren im einstweiligen Rechtsschutz die Überschrift „Sachentscheidungsvoraussetzungen", nicht aber „Sachurteilsvoraussetzungen" zu verwenden, weil kein Urteil ausgesprochen, sondern ein Beschluss gefasst wird.

zuständig. In der Hauptsache ist gemäß § 45 VwGO das Verwaltungsgericht als Eingangsinstanz für den von der zuständigen Behörde erlassenen Verwaltungsakt sachlich zuständig, solange kein Verfahren i.S.d. § 47 Abs. 6 VwGO statthaft ist, da insoweit das Oberverwaltungsgericht zuständig wäre. Anhaltspunkte für sonstige abweichende Regelungen wie z.B. § 50 VwGO sind nicht ersichtlich. Gegebenenfalls wird ein Verweisungsbeschluss gemäß §§ 17a Abs. 2 GVG, 83 VwGO gefasst werden.[3]

III. Beteiligte

A und die zuständige Landesbehörde können Beteiligte des Verfahrens sein. Ob sich die Beteiligungsfähigkeit aus der direkten Anwendung der §§ 63, 61, 62, 65 VwGO ergibt oder ob sie wegen des Wortlautes in § 63 VwGO – Kläger und Beklagter – analog anzuwenden sind, ist irrelevant, wenngleich sich aus der gesetzlichen Abschnittsüberschrift „Allgemeine Verfahrensvorschriften" ergeben kann, dass sämtliche Verfahren und damit auch die Verfahren des einstweiligen Rechtsschutzes von der direkten Anwendung erfasst sind. Beteiligte sind nach § 63 Nr. 1, 2 VwGO jedenfalls unter anderem der Antragsteller und der Antragsgegner, beteiligungsfähig nach § 61 Nr. 1 VwGO natürliche und juristische Personen. Behörden sind gemäß § 61 Nr. 3 VwGO i.V.m. dem Landesrecht in S nicht beteiligungsfähig. Als Antragsteller ist A gemäß § 61 Nr. 1 Alt. 1 VwGO beteiligungsfähig und gemäß § 62 Abs. 1 Nr. 1 VwGO prozessfähig.

Als Antragsgegner ist der Rechtsträger der Behörde maßgeblich. Die Landesjustizverwaltung ist dem Bundesland S zuzuordnen. Das Land S ist gemäß den §§ 63 Nr. 2, 61 Nr. 1 VwGO beteiligungs- und mangels Anhaltspunkten bezüglich des für die Behörde handelnden Organwalters gemäß § 62 Abs. 3, 1 VwGO prozessfähig.

Da die Entscheidung des Verwaltungsgerichts auch gegenüber dem einzigen Mitbewerber B nur einheitlich ergehen kann und dieser bereits informiert worden ist, ist er gemäß § 63 Nr. 3 VwGO als Beteiligter gemäß § 65 Abs. 2 VwGO notwendig beizuladen. Er ist als natürliche Person gemäß § 61 Nr. 1 Alt. 1 VwGO beteiligungs- und gemäß § 62 Abs. 1 Nr. 1 VwGO prozessfähig.[4]

---

3 Die Zuständigkeit des Gerichts kann offen formuliert werden, da die statthafte Verfahrensart u.a. wegen der gesetzlichen Abschnittsüberschrift vor § 40 Abs. 1 VwGO nicht vorab geprüft werden sollte, die Zuständigkeit aber von ihr abhängig sein kann.
4 Die Beiladung i.S.d. § 65 VwGO ist keine Zulässigkeitsvoraussetzung. Wird eine beizuladende Person nicht beigeladen, entfaltet die Entscheidung gegenüber dem nicht Beigeladenen keine materielle Rechtskraft. Es ergeht somit keine Sachentscheidung, aus der sich eine materielle Rechtskraft gegenüber dem nicht Beigeladenen ergibt. Die Beiladung kann somit als Sachentscheidungsvoraussetzung geprüft werden (vgl. Überschrift).

IV. Statthafte Verfahrensart

Die statthafte Verfahrensart richtet sich gemäß den §§ 88, 122 Abs. 1 VwGO i.V.m. § 80 Abs. 7 VwGO oder § 123 Abs. 4 VwGO oder § 80a Abs. 3 S. 2 VwGO nach dem Antragsbegehren.[5] Gemäß § 123 Abs. 5 VwGO sind die Verfahren nach den §§ 80, 80a VwGO gegenüber der einstweiligen Anordnung nach § 123 Abs. 1 VwGO spezieller.

1. Verfahren i.S.d. §§ 80a Abs. 1 Nr. 1, 2, 80a Abs. 2 i.V.m. § 80a Abs. 3 S. 1 VwGO

In den Verfahren i.S.d. §§ 80a Abs. 1 Nr. 1, 2, 80a Abs. 2 VwGO i.V.m. § 80a Abs. 3 S. 1 VwGO wird ein bereits bestehender Verwaltungsakt vorausgesetzt. Ein Verwaltungsakt ist gemäß § 35 S. 1 VwVfG jede Verfügung, Entscheidung oder andere hoheitliche Maßnahme, die eine Behörde zur Regelung eines Einzelfalls auf dem Gebiet des öffentlichen Rechts trifft und die auf unmittelbare Rechtswirkung nach außen gerichtet ist. Im Beamtenrecht ist bezüglich der Außenwirkung des Verwaltungshandelns zwischen der Abordnung – gegebenenfalls in Form einer Versetzung –, der Umsetzung sowie der Ernennung und Entlassung zu unterscheiden. Dabei ist die Differenzierung zwischen dem Grund- und dem Dienstverhältnis maßgeblich. Das Grundverhältnis betrifft den Status des Beamten gegenüber dem öffentlich-rechtlichen Rechtsträger und somit das Außenverhältnis, während das Dienstverhältnis, welches auch als Betriebsverhältnis bezeichnet werden kann, verwaltungsinterne Angelegenheiten betrifft, somit den Status des Beamten nicht berührt und somit grundsätzlich keine Verwaltungsakte zur Folge haben kann.

Die Abordnung ist die vorübergehende vollständige oder teilweise Zuweisung eines Dienstpostens bei einer anderen Dienststelle und wirkt sich zumindest im weiten Sinne auf den Status des Beamten aus, wobei sie nicht zwingend der Tätigkeit entsprechen muss, die der Tätigkeit in seinem Amt entspricht. Eine Versetzung hingegen ist eine dauerhafte Übertragung eines Dienstpostens bei einer anderen Behörde. Abordnung und Versetzung betreffen im weiten Sinne das Grundverhältnis und stellen Verwaltungsakte dar, während eine Umsetzung die beamtenrechtliche Zuweisung eines anderen Dienstpostens innerhalb derselben Behörde, also Dienststelle und somit das Dienstverhältnis betrifft, sodass es an der Außenwirkung und somit der Verwaltungsaktqualität fehlt. Die

---

5 Beim einstweiligen Rechtsschutz muss das Antragsbegehren anders als das Klagebegehren in der Hauptsache nicht um maßnahmespezifische Aspekte und den rechtsstaatlichen Grundsatz der Effektivität ergänzt werden, weil es insoweit eine gesetzlich vorgegebene Rangfolge in § 123 Abs. 5 VwGO gibt.

Ernennung und die Entlassung eines Beamten betreffen das Statusverhältnis, also das Grundverhältnis.

Zwar betrifft die Ernennung eines Beamten bezüglich eines bestimmten Postens im Hinblick auf die Beförderung das beamtenrechtliche Grundverhältnis und stellt somit einen Verwaltungsakt dar, jedoch ist eine Ernennung des B oder des A jedenfalls bisher nicht erfolgt. Es ist vielmehr nur ein informatorisches Beabsichtigungsschreiben seitens der Landesjustizverwaltung an A und B übermittelt worden. Die Verfahren i.S.d. §§ 80a Abs. 1 Nr. 1, 2, 80a Abs. 2 VwGO i.V.m. § 80a Abs. 3 S. 1 VwGO sind nicht statthaft.

2. Verfahren i.S.d. § 80 Abs. 5 S. 1 VwGO
Der Antrag nach § 80 Abs. 5 S. 1 VwGO ist statthaft, soweit der Antragsteller die Suspendierung, also die Herstellung oder Wiederherstellung der aufschiebenden Wirkung eines Rechtsbehelfes bzw. Rechtsmittels bezüglich eines Verwaltungsaktes begehrt.[6] A erstrebt keine Suspendierung eines bereits erlassenen Verwaltungsaktes, da B noch nicht zum Beamten in der von A und B gewünschten Position ernannt und somit die Planstelle noch nicht besetzt worden ist. Das Verfahren i.S.d. § 80 Abs. 5 S. 1 VwGO ist nicht statthaft.

3. Verfahren i.S.d. § 123 Abs. 1 S. 1, 2 VwGO
Die einstweilige Anordnung i.S.d. § 123 Abs. 1 VwGO kann als Verfahrensart statthaft sein. Die einstweilige Anordnung ist statthaft, soweit der Antragsteller die Sicherung des bestehenden Zustandes i.S.d. § 123 Abs. 1 S. 1 VwGO oder die vorübergehende Regelung zur Veränderung des bestehenden Zustandes i.S.d. § 123 Abs. 1 S. 2 VwGO erstrebt. Trotz der Regelung beider Begehren in unterschiedlichen Sätzen der Norm handelt es sich bei der Sicherungs- und bei der Regelungsanordnung nicht um verschiedene Verfahren, sondern um ein einheitliches Verfahren der einstweiligen Anordnung, sodass eine exakte Zuordnung letztlich rechtlich irrelevant ist. A geht es jedenfalls nicht um eine einstweilige Regelung i.S.d. § 123 Abs. 1 S. 2 VwGO – etwa bezüglich der eigenen Ernennung zum Oberstaatsanwalt. Vielmehr erstrebt A die Erhaltung und damit die Sicherung des bestehenden Zustandes, um eine Ernennung des B bezüglich

---

6 Die häufig verwendete „Faustformel", dass ein Verfahren nach § 80 Abs. 5 VwGO statthaft ist, wenn es sich in der Hauptsache um eine Anfechtungsklage handelt, während eine einstweilige Anordnung nach § 123 VwGO danach bei Leistungs- und Feststellungsklagen in der Hauptsache statthaft sein soll, ist falsch. Es gibt Fälle, in denen Begehren in der Hauptsache und im einstweiligen Rechtsschutz divergieren (vgl. § 81 Abs. 3 AufenthaltsG).

der Planstelle und damit deren Besetzung zu vermeiden. Die einstweilige Anordnung ist als Sicherungsanordnung i.S.d. § 123 Abs. 1 S. 1 VwGO die statthafte Verfahrensart.[7]

V. Besondere Sachentscheidungsvoraussetzungen

Die besonderen Sachentscheidungsvoraussetzungen müssen erfüllt sein. Ausdrückliche Regelungen über die besonderen Sachentscheidungsvoraussetzungen gibt es für das Verfahren nach § 123 Abs. 1 VwGO nicht. Eine analoge Anwendung der besonderen Prozessführungsbefugnis i.S.d. § 78 VwGO und der Klagebefugnis als Antragsbefugnis i.S.d. § 42 Abs. 2 VwGO kommen in Betracht.

1. Besondere Prozessführungsbefugnis

§ 78 VwGO als Regelung der besonderen Prozessführungsbefugnis ist gemäß der Abschnittsüberschrift des 8. Abschnitts der Verwaltungsgerichtsordnung bei Anfechtungs- und Verpflichtungsklagen anwendbar. Analog ist § 78 VwGO bei Verfahren anwendbar, bei denen es um Verwaltungsakte geht, weil insoweit eine vergleichbare Interessenlage bei planwidriger Regelungslücke besteht. Bei konsequenter dogmatischer Betrachtung ist innerhalb des § 123 Abs. 1 VwGO zu differenzieren. Soweit es um einen Verwaltungsakt geht – z.B. einstweilige Regelung – ist § 78 VwGO analog anwendbar, während im Übrigen keine vergleichbare Interessenlage besteht. A erstrebt nicht den einstweiligen Erlass eines Verwaltungsaktes, sodass keine planwidrige Regelungslücke bei vergleichbarer Interessenlage besteht und § 78 VwGO somit nicht analog anwendbar ist. Da es sich bei der besonderen Prozessführungsbefugnis um eine Art Prozessstandschaft handelt, bedarf es einer solchen auch nicht zwingend, sodass es insoweit keinen besonderen Prozessführungsbefugten gibt.

---

[7] Es ist auch möglich, dass eine einstweilige Anordnung auf Feststellung gerichtet ist. Sollte es jedoch um die Feststellung des Suspensiveffektes gehen, ist § 80 Abs. 5 VwGO gemäß § 123 Abs. 5 VwGO vorrangig, wobei in Feststellungskonstellationen entweder beide Normen analog anwendbar sind – Feststellung ist nicht ausdrücklich vorgesehen – oder direkt, weil die Feststellung als Minus enthalten ist. Dogmatisch inkonsequent wäre es, § 80 Abs. 5 VwGO bei Feststellungen analog anzuwenden, § 123 VwGO hingegen direkt, um dann z.B. die Anwendung mangels planwidriger Regelungslücke bei § 80 Abs. 5 VwGO abzulehnen. Bei Suspendierung bzw. deren Feststellung ist § 80 Abs. 5 VwGO gegenüber § 123 VwGO vorrangig.

2. Antragsbefugnis

A muss zwecks der Vermeidung von Popularanträgen analog § 42 Abs. 2 VwGO antragsbefugt sein. Die Antragsbefugnis nach § 42 Abs. 2 VwGO setzt die Möglichkeit der Verletzung eines subjektiven Rechts voraus. Subjektive Rechte leiten sich aus Sonderbeziehungen, einfachen Gesetzen, subsidiär aus Grundrechten ab, wobei aufgrund des weiten Schutzbereiches des Art. 2 Abs. 1 GG bei unmittelbaren Grundrechtseingriffen für das subjektive Recht direkt auf Grundrechte abgestellt werden kann.

A erstrebt prozessual die Sicherung des bisherigen Zustandes und somit die Abwehr einer zukünftig eintretenden Veränderung. Insoweit bedarf es eines materiellen subjektiven Rechts, nicht lediglich der prozessualen Möglichkeit der vorgezogenen Geltendmachung eines Anspruches. Als subjektive Rechte sind die Grundrechte des A nur subsidiär maßgeblich, da einerseits noch kein Eingriff in die Grundrechte des A erfolgt ist – A erhielt ebenso wie B lediglich eine Information und B ist nicht zum Oberstaatsanwalt ernannt worden –, andererseits könnte die Ernennung des B aus der Sicht des A möglicherweise keinen unmittelbaren Eingriff, sondern lediglich einen mittelbaren Eingriff darstellen, da A nicht Adressat der Ernennungsverfügung wäre.

Maßgeblich ist letztlich, dass ein subjektives Recht besteht, welches wegen des durch die Ernennung des B bevorstehenden Eingriffes vorbeugend geltend gemacht werden darf und somit zum gegenwärtigen subjektiven Recht wird.

a) Vorbeugender Unterlassungsanspruch

Zunächst muss es für A möglich sein, prozessual ein Recht geltend zu machen, bezüglich dessen ein Eingriff zwar droht, jedoch noch nicht erfolgt ist. Das ist anzunehmen, wenn zumindest die Möglichkeit eines vorbeugenden Unterlassungsanspruches besteht. Ein vorbeugender Unterlassungsanspruch ist ein materieller Anspruch, der gesetzlich ausdrücklich geregelt sein kann, in der Regel aber nicht ausdrücklich gesetzlich verfasst worden und dessen Ableitung ähnlich problematisch ist, wie die des schlichten Abwehr- und Unterlassungsanspruches bzw. der Folgenbeseitigungsansprüche. Prozessual kann der vorbeugende Unterlassungsanspruch im einstweiligen Rechtsschutz mittels einer einstweiligen Anordnung i.S.d. § 123 Abs. 1 VwGO geltend gemacht werden – im Hauptsacheverfahren soweit möglich mittels der allgemeinen Leistungs- oder Feststellungsklage. Die Möglichkeit des Bestehens eines solchen Anspruches ist nur gegeben, soweit durch die Gewährung eines solchen materiellen Anspruches nicht die prozessualen Voraussetzungen eines einstweiligen Rechtsschutzes in Verbindung mit einem Abwarten der Beeinträchtigung unterlaufen wird. Nur soweit es unzumutbar ist, die Beeinträchtigung abzuwarten, um dann den

maßgeblichen materiellen Abwehranspruch prozessual im einstweiligen Rechtsschutz geltend zu machen, ist zur Gewährung des in Art. 19 Abs. 4 S. 1 GG verankerten Prinzips des effektiven Rechtsschutzes gegen Exekutivhandeln ein
vorbeugender Unterlassungsanspruch zu gewähren. Maßgeblich ist also, ob es
A zumutbar wäre, die Ernennung des B abzuwarten, um anschließend diesbezüglich den einstweiligen Rechtsschutz zu betreiben. Dazu müsste es möglich
sein, einen Beamten nach dessen Ernennung wieder zu entlassen und die Stelle
anschließend neu zu besetzen.

aa) Ämterstabilität
Gemäß Art. 33 Abs. 5 GG ist das Recht des öffentlichen Dienstes unter Berücksichtigung der hergebrachten Grundsätze des Berufsbeamtentums zu regeln
und fortzuentwickeln. Dazu gehört auch der Grundsatz der Ämterstabilität als
Ausdruck des beamtenrechtlichen Lebenszeitprinzips, welches durch das unter
anderem in Art. 20 Abs. 3 GG verankerte Rechtsstaatsprinzip, zu welchem die
effektive Verwaltung und die Rechtssicherheit gehören, verstärkt wird. Eine
repressive Maßnahme durch die Entlassung eines bereits ernannten Beamten ist
danach grundsätzlich nicht möglich. Demnach ist eine Ernennung rechts-
beständig, wenngleich ein Bewerbungsverfahrensanspruch des unterlegenen
Bewerbers mit verändertem Inhalt fortbesteht. Ein Abwarten wäre für A bei
Zugrundelegung dieser Grundsätze unzumutbar, weil er nach der Besetzung der
Planstelle durch die Ernennung des B dessen Entlassung und damit die eigene
Ernennung nicht mehr erreichen könnte.

bb) Anfechtbarkeit der Ernennung
Möglicherweise ist ausnahmsweise ein repressives Vorgehen gegen die Ernennung eines Mitbewerbers möglich (zum Ganzen: BVerwG – 2 C 16.09). Das ist
anzunehmen, soweit im Rahmen einer praktischen Konkordanz maßgeblicher
verfassungsrechtlicher Normen die Interessen des Dienstherrn gegenüber denen des nicht Ernannten geringwertiger sind.

   Verstößt der Dienstherr vor der Ernennung gegen die Grundsätze aus
den Artt. 19 Abs. 4 S. 1, 33 Abs. 2 GG, muss der verfassungsrechtlich gebotene
Rechtsschutz nach der Ernennung nachgeholt werden. Der Dienstherr kann
sich auf die Ämterstabilität nicht berufen, um Verletzungen des vorbehaltlos
gewährleisteten Grundrechts aus Art. 19 Abs. 4 S. 1 GG zu decken, weil die
Grundrechte unterlegener Bewerber durch vorzeitige Ernennungen anderenfalls
wertlos würden. Gefährdungen der Funktionsfähigkeit der Justiz bzw. der Verwaltung kann der Dienstherr vermeiden, indem er die Anforderungen der

Rechtsschutzgarantie beachtet. Nach der Ernennung des ausgewählten Bewerbers könnte unterlegenen Bewerbern gerichtlicher Rechtsschutz nur durch die Suspendierungsmöglichkeit bezüglich der Ernennung im einstweiligen Rechtsschutz oder in der Hauptsache gewährt werden. Insoweit muss der einstweilige Rechtsschutz in derartigen Konstellationen jedoch im Hinblick auf die sich aus den beamtenrechtlichen Grundsätzen i.S.d. Art. 33 Abs. 5 GG ergebende Ämterstabilität ausgeschlossen und der Rechtsschutz auf eine endgültige Entscheidung in der Hauptsache reduziert werden. Eine andere Möglichkeit zur Durchsetzung des Bewerbungsverfahrensanspruchs eines nicht Ernannten als die Klage in der Hauptsache besteht somit nicht. Verstößt die Ernennung gegen die Rechte eines nicht ernannten Klägers aus Art. 33 Abs. 2 GG, ist sie mit Wirkung für die Zukunft aufzuheben. Die Aufhebung mit Rückwirkung auf den Zeitpunkt der Vornahme scheidet aus, weil die mit der Ernennung verbundene Statusänderung jedenfalls ohne gesetzliche Grundlage nicht nachträglich ungeschehen gemacht werden kann und eine rückwirkende Aufhebung in § 12 Abs. 1, 2 BeamtStG nur bei Erfüllung eines Rücknahmetatbestandes vorgesehen ist. Auch aus § 8 Abs. 4 BeamtStG, wonach eine rückwirkend erfolgende Ernennung unzulässig und unwirksam ist, ergibt sich, dass eine Rückwirkung im Beamtenrecht grundsätzlich nicht möglich ist, sodass dies auch für die Aufhebung der Ernennung gilt. Die Rechte des nicht ernannten Bewerbers sind im Rahmen der praktischen Konkordanz allerdings nur entscheidend, wenn der Rechtsschutz entgegen Art. 19 Abs. 4 S. 1 GG verhindert werden sollte. Allerdings enthält Art. 19 Abs. 4 S. 1 GG keine Vorgabe für die Gewährleistung eines bestimmten Rechtsschutzes, sondern es ist nur das „Ob" des Rechtsschutzes verfassungsrechtlich vorgegeben.

A ist im Vorfeld von der Entscheidung in Kenntnis gesetzt worden, sodass ihm zumindest die Möglichkeit gegeben worden ist, die Durchsetzung seiner Rechte voranzutreiben. Diese setzt allerdings die Durchsetzung im Vorfeld der Ernennung voraus, welche nur im Rahmen eines vorbeugenden Unterlassungsanspruches erfolgen kann. Zur Vermeidung eines Zirkelschlusses kann die Gewährung eines vorbeugenden Unterlassungsanspruches nicht ausgeschlossen werden, weil in Ausnahmekonstellationen die repressive Anfechtung der Ernennung mittels eines materiellen Abwehranspruches gegen die Ernennung möglich ist. Vielmehr muss ein repressives Vorgehen aufgrund der beamtenrechtlichen Grundsätze i.S.d. Art. 33 Abs. 5 GG einschließlich der Ämterstabilität die Ausnahme bleiben, sodass als milderes Mittel die Gewährung eines vorbeugenden Unterlassungsanspruches erforderlich ist, weil der nicht ernannte Bewerber seine Rechte anderenfalls nämlich nicht mehr durchsetzen könnte, denn die Bereitstellung einer weiteren Planstelle ergibt für funktionsgebundene Ämter keinen Sinn, weil es an der Möglichkeit einer amtsangemessenen Beschäftigung fehlt (vgl. Schnellenbach, ZBR 2004, 104, 105), sodass sie rechtsstaatswidrig wäre. Hinzu kommt, dass auch ein neues Amt nach den Vorgaben des Art. 33 Abs. 2 GG vergeben werden müsste.

Nach alledem ist ein Abwarten für A unzumutbar, sodass zumindest die Möglichkeit der Geltendmachung eines vorbeugenden Unterlassungsanspruches besteht, soweit ein in diesem Anspruch geltend zu machendes subjektives Recht besteht.

b) Bewerbungsverfahrensanspruch

Ein subjektives Recht des A kann sich aus § 9 BeamtStG ergeben. Gemäß § 1 BeamtStG gilt das Beamtenstatusgesetz unter anderem für Landesbeamte, für deren Ernennung in § 9 BeamtStG vorgegeben ist, dass sie nach Eignung, Befähigung und fachlicher Leistung ohne Rücksicht auf Geschlecht, Abstammung, Rasse oder ethnische Herkunft, Behinderung, Religion oder Weltanschauung, politische Anschauungen, Herkunft, Beziehungen oder sexuelle Identität vorzunehmen ist. Zwar ist die Regelung nicht zwingend als subjektiviert formuliert einzustufen, jedoch ist sie bei verfassungskonformer Auslegung i.S.d. Art. 33 Abs. 2 GG – jeder Deutsche hat nach seiner Eignung, Befähigung und fachlicher Leistung gleichen Zugang zu jedem öffentlichen Amt – dahingehend auszulegen, dass ein Bewerbungsverfahrensanspruch enthalten ist. § 9 BeamtStG enthält somit ein subjektives Recht zur Gewährung eines ordnungsgemäßen Bewerbungsverfahrens. Dazu zählt insbesondere bei der Besetzung von Führungspositionen eine Bestenauslese mittels eines besonderen Auswahlverfahrens, bei dem neben den dienstlichen Beurteilungen eine spezielle Qualifikationseruierung z.B. mittels eines Auswahlinterviews, eines strukturierten Auswahlgespräches oder gruppenbezogenen Auswahlverfahrens stattfinden muss und bei dem eine fachkundige Person hinzugezogen werden muss, die nicht in der auswählenden Dienststelle beschäftigt sein darf (VG Berlin, Beschluss vom 12.7.2011 – VG 5 L 176.11). Es ist zumindest nicht ausgeschlossen, dass dieser Anspruch des A durch die bevorstehende Ernennung des B verletzt werden wird.

c) Art. 33 Abs. 2 GG

In Anlehnung an den Bewerbungsverfahrensanspruch kann aber zumindest ein sich unmittelbar aus der Verfassung ergebendes subjektives Recht des A aus Art. 33 Abs. 2 GG verletzt worden sein. Durch Art. 33 Abs. 2 GG wird jedem Deutschen nach seiner Eignung, Befähigung und fachlichen Leistung ein gleicher Zugang zum öffentlichen Amt gewährt. In dieses Recht des A kann durch die Ernennung des B eingegriffen werden. Das ist anzunehmen, soweit die Ernennung als drittbelastender Verwaltungsakt einzustufen ist. Ein Verwaltungsakt ist gemäß § 35 S. 1 VwVfG jede Verfügung, Entscheidung oder andere hoheitliche Maßnahme, die eine Behörde zur Regelung eines Einzelfalls auf dem Gebiet des öffentlichen Rechts trifft und die auf unmittelbare Rechtswirkung nach außen gerichtet ist.

Einer Ernennung bedarf es gemäß § 8 Abs. 1 Nr. 3 BeamtStG, um einem Beamten auf Lebenszeit ein höherwertiges, nämlich einer höheren Besoldungsgruppe zugeordnetes Amt im statusrechtlichen Sinne zu verleihen. Die Ernennung erfolgt gemäß § 8 Abs. 2 S. 1 BeamtStG durch Aushändigung der Ernennungsurkunde. Dadurch wird der Beamte Inhaber des höherwertigen Amtes einschließlich der daraus folgenden Rechte und Pflichten. Durch die Ernennung werden Ansprüche auf die Einweisung in die zu dem Amt gehörende Planstelle und auf eine dem neuen Amt angemessene Beschäftigung bei dem Gericht oder der Behörde, der die Planstelle zugeordnet ist, begründet (BVerwGE 122, 53, 55f.; BVerwGE 126, 182).

Die Zielrichtung müsste aber auf den nicht ernannten Bewerber gerichtet sein. Die Ernennung des ausgewählten Bewerbers ist Ziel und Abschluss des Auswahlverfahrens. Aufgrund dieser Zielrichtung ist der sich aus Art. 33 Abs. 2 GG ergebende Bewerbungsverfahrensanspruch an ein laufendes Auswahlverfahren zur Vergabe eines bestimmten Amtes geknüpft. Die Bewerber um dieses Amt stehen in einem Wettbewerb, dessen Regeln durch den Leistungsgrundsatz vorgegeben sind. Ihre Ansprüche stehen nicht isoliert nebeneinander, sondern sind aufeinander bezogen. Sie werden in Ansehung des konkreten Bewerberfeldes, also des Leistungsvermögens der Mitbewerber, inhaltlich konkretisiert.

Jede Benachteiligung oder Bevorzugung eines Bewerbers wirkt sich auch auf die Erfolgsaussichten der Mitbewerber aus. Dies gilt umso mehr, je weniger Bewerber um das Amt konkurrieren. Somit ist die Ernennung nach ihrem Regelungsgehalt auf unmittelbare Rechtswirkungen auch für diejenigen Bewerber gerichtet, die sich erfolglos um die Verleihung des Amtes beworben haben (vgl. zum Ganzen: Schenke, in: Festschrift für Schnapp 2008, S. 655, 667f.; Laubinger, ZBR 2010, 289, 292f.; a.A. frühere Rspr. vgl. BVerwG – 2 C 4.87; BVerwGE 118, 370, 372f.).

Die Ernennung eines nach Maßgabe des Art. 33 Abs. 2 GG ausgewählten Bewerbers für ein Amt stellt somit einen Verwaltungsakt dar, der darauf gerichtet ist, unmittelbare Rechtswirkungen für die unmittelbar durch Art. 33 Abs. 2 GG gewährleisteten Bewerbungsverfahrensansprüche der unterlegenen Bewerber zu entfalten (BVerwG – 2 C 16.09). Durch die Ernennung wird in deren Rechte aus Art. 33 Abs. 2 GG eingegriffen, weil sie in einen untrennbaren rechtlichen Zusammenhang mit der Entscheidung des Dienstherrn über die Bewerberauswahl gesetzt und rechtlich unmittelbar mit ihr verknüpft ist. Durch die Ernennung des B würde auch das sich für A direkt aus dem Grundgesetz ergebende Recht aus Art. 33 Abs. 2 GG verletzt werden.

d) Zwischenergebnis

Da die Möglichkeit besteht, dass A in seinem subjektiven Recht aus § 9 Beamt-StG, zumindest aber seinem verfassungsrechtlich gewährten subjektiven Recht aus Art. 33 Abs. 2 GG verletzt und ein Abwarten für ihn unzumutbar ist, besteht zumindest die Möglichkeit des Bestehens eines vorbeugenden Unterlassungsanspruches, sodass A analog § 42 Abs. 2 VwGO antragsbefugt ist.

VI. Allgemeines Rechtsschutzbedürfnis

Aus dem unter anderem in Art. 20 Abs. 3 GG verankerten Rechtsstaatsprinzip ergibt sich das Erfordernis des allgemeinen Rechtsschutzbedürfnisses als allgemeine Sachentscheidungsvoraussetzung. Ein Rechtsschutzbedürfnis des Antragstellers besteht nicht, wenn nicht zuvor ein Antrag an die Behörde gestellt worden, die Hauptsache offensichtlich unzulässig ist oder grundlos vorweggenommen wird.

A hatte einen Antrag an die zuständige Landesjustizbehörde gestellt, B nicht zu ernennen. Eine offensichtliche Unzulässigkeit der Hauptsache – insbesondere eine Verfristung – ist nicht ersichtlich. Die Hauptsache darf im einstweiligen Rechtsschutz aus rechtsstaatlichen Gründen nicht vorweggenommen werden, weil anderenfalls durch die Glaubhaftmachung eines Anspruches endgültige Tatsachen geschaffen werden könnten, die trotz in der Hauptsache nach Eruierung der Tatsachen anders gelagerter Aktenlage irreversibel wären.

Die Hauptsache wird durch den Antrag des A ebenfalls nicht vorweggenommen. Einerseits führt eine vorläufige Nichternennung des B nicht zu einer Besetzung der Planstelle durch z.B. A, sodass dieser ernannt würde. Selbst bei Erlass einer einstweiligen Anordnung zur vorläufigen Nichtbesetzung der Stelle kann B später noch ernannt werden. Andererseits ist eine Vorwegnahme der Hauptsache – sogar die Verpflichtung zu einer vorläufigen Ermessensentscheidung – möglich, wenn anderenfalls wider die verfassungsrechtlichen Vorgaben kein effektiver Rechtsschutz i.S.d. Art. 19 Abs. 4 GG gegen Exekutivhandeln möglich wäre. Das allgemeine Rechtsschutzbedürfnis ist A nicht abzusprechen.

VII. Zwischenergebnis

Die Sachentscheidungsvoraussetzungen sind erfüllt und der Antrag des A ist zulässig.

B. Begründetheit

Der Antrag ist gemäß § 123 Abs. 1 S. 1, Abs. 3 VwGO i.V.m. den §§ 920 Abs. 2, 294 ZPO im Rahmen der Sicherungsanordnung begründet, soweit der Antragsteller einen Anordnungsanspruch und einen Anordnungsgrund glaubhaft macht.

I. Anordnungsanspruch

Es kann ein Anordnungsanspruch des A bestehen.

1. Anspruchsgrundlage

Es bedarf einer Anspruchsgrundlage. Eine einfachgesetzliche Anspruchsgrundlage ist für die seitens des A erstrebte vorbeugende Unterlassung nicht ersichtlich. In Betracht kommt jedoch ein ungeschriebener vorbeugender Unterlassungsanspruch.[8]

Ein vorbeugender Unterlassungsanspruch ist ein materieller Anspruch, der gesetzlich ausdrücklich geregelt sein kann, in der Regel aber nicht ausdrücklich gesetzlich verfasst worden und dessen Ableitung ähnlich problematisch ist wie die des schlichten Abwehr- und Unterlassungsanspruches bzw. der Folgenbeseitigungsansprüche. Die Möglichkeit des Bestehens eines solchen Anspruches ist nur gegeben, soweit durch die Gewährung eines solchen materiellen Anspruches nicht die prozessualen Voraussetzungen eines einstweiligen Rechtsschutzes in Verbindung mit einem Abwarten der Beeinträchtigung zwecks Geltendmachung eines im Fall der Beeinträchtigung gegenwärtig bestehenden Abwehranspruches unterlaufen wird. Nur soweit es unzumutbar ist, die Beeinträchtigung abzuwarten, um dann den maßgeblichen materiellen Abwehranspruch prozessual z.B. im einstweiligen Rechtsschutz geltend zu machen, ist zur Gewährung des in Art. 19 Abs. 4 S. 1 GG verankerten Prinzips des effektiven Rechtsschutzes gegen Exekutivhandeln ein vorbeugender Unterlassungsanspruch zu gewähren. Würde A die Ernennung des B abwarten, wäre die Planstelle besetzt, sodass eine Revidierung der Ernennung des Konkurrenten B nicht mehr möglich ist, weil A von der Ernennung des B zuvor in Kenntnis gesetzt worden war. Eine Ausnahme vom Grundsatz der Ämterstabilität wäre ebenso wie eine Neuausschreibung der Planstelle nicht möglich. Somit werden Möglichkeiten des prozessualen einstweiligen Rechtsschutzes in Verbindung mit

---

8 Bei der Ableitung des vorbeugenden Unterlassungsanspruches ist es sinnvoll, vereinzelt materielle Voraussetzungen zur Ermittlung der Anspruchsgrundlage heranzuziehen. Anderenfalls müsste bis zu den materiellen Voraussetzungen geprüft werden, um dann abzubrechen und neu anzusetzen.

anderen materiell-rechtlichen Ansprüchen nicht unterlaufen. Ein vorbeugender Unterlassungsanspruch, der auf das Unterlassen schlichten Verwaltungshandelns sowie auf das Unterlassen eines Verwaltungsaktes gerichtet sein kann, muss bestehen.

Direkt aus dem Grundrecht kann sich der vorbeugende Unterlassungsanspruch nicht ergeben, wenngleich die Grundrechte klassische Abwehrrechte gegen öffentlich-rechtliche Hoheitsträger darstellen. Voraussetzung eines grundrechtlichen Abwehranspruches ist ein Schutzbereichseingriff. Erfolgt ein solcher, ist der Eingriff jedoch gegenwärtig, sodass bei schlichtem Verwaltungshandeln ein schlichter Abwehr- und Unterlassungsanspruch und bei einem Verwaltungsakt ein Anspruch auf die Abwehr des wirksamen Verwaltungsaktes bestünde. Der vorbeugende Unterlassungsanspruch kann sich also mangels erfolgten Eingriffes allenfalls aus einer zeitlichen Vorwirkung der Grundrechte ergeben.

a) Vorwirkung Grundrechte
Da die Schwelle eines Grundrechtseingriffes zeitlich[9] noch nicht erreicht ist, kann sich der vorbeugende Unterlassungsanspruch aus einer Vorwirkung der Grundrechte ergeben. Dies könnte allerdings zu einer Konturenlosigkeit der ohnehin schon weit formulierten Freiheitsrechte führen.

b) Analog § 1004 Abs. 1 S. 2 BGB[10]
Der öffentlich-rechtliche vorbeugende Unterlassungsanspruch könnte sich aus einer analogen Anwendung des § 1004 Abs. 1 S. 2 BGB ergeben. Zwar besteht eine planwidrige Regelungslücke im öffentlichen Recht, jedoch ist die vergleichbare Interessenlage problematisch, weil § 1004 Abs. 1 S. 2 BGB im Privatrecht gilt, welches dem Ausgleich zwischen Personen auf gleicher Ebene dient, während es im öffentlichen Recht um staatsbezogenes Handeln juristischer Personen des öffentlichen Rechts geht.

---

9 Während es bei Nichtbestehen eines Grundrechtseingriffes beim schlichten Abwehr- und Unterlassungsanspruch um eine Vorwirkung der Grundrechte bezüglich der Intensität geht, ist beim vorbeugenden Unterlassungsanspruch die zeitliche Komponente entscheidend.
10 Die Ableitung des vorbeugenden Unterlassungsanspruches erfolgt im Übrigen wie beim schlichten Abwehr- und Unterlassungsanspruch.

c) Rechtsstaatsprinzip

Der vorbeugende Unterlassungsanspruch kann sich in der Regel nicht aus dem unter anderem in Art. 20 Abs. 3 GG verankerten Rechtsstaatsprinzip ergeben, weil mangels in der Regel nicht subjektivierter rechtsstaatlicher Bindungen – zumindest bei erstmaligem gegenwärtigem Eingriff – rechtsstaatswidrig ein Gesetzesvollziehungsanspruch gewährt werden würde. Art. 20 Abs. 3 GG kommt daher nur im Rahmen eines Folgenbeseitigungsanspruches in Betracht, da insoweit durch den erforderlichen Eingriff in der Vergangenheit bereits ein öffentlich-rechtliches Handeln des Staates in der Vergangenheit zugrunde liegt, welches ein subjektives Recht betrifft.

d) Gewohnheitsrecht

Ob der vorbeugende Unterlassungsanspruch ursprünglich aus einer Vorwirkung der Grundrechte oder analog § 1004 Abs. 1 S. 2 BGB abgeleitet werden sollte, ist letztlich nicht entscheidend, da der Anspruch nach jahrzehntelanger Praktizierung Gewohnheitsrecht darstellt. Maßgebliche Anspruchsgrundlage ist der vorbeugende Unterlassungsanspruch.

2. Voraussetzungen

Die Voraussetzungen müssen erfüllt sein. Es muss positiv also ein zukünftiger Eingriff in ein subjektives Recht des Antragstellers ersichtlich sein, der negativ nicht zu dulden und bezüglich dessen ein Abwarten unzumutbar ist. Ein Eingriff in die subjektiven Rechte des A aus dem Bewerbungsverfahrensanspruch aus § 9 BeamtStG sowie aus Art. 33 Abs. 2 GG kann durch eine Ernennung des B erfolgen.

a) Eingriff durch die Ernennung des B

Durch die Ernennung des B wird die Planstelle besetzt und der Bewerbungsverfahrensanspruch des A aus § 9 BeamtStG sowie Rechte des A aus Art. 33 Abs. 2 GG können dadurch beeinträchtigt sein.

Durch Art. 33 Abs. 2 GG soll das öffentliche Interesse an der bestmöglichen Besetzung der Stellen des öffentlichen Dienstes gewährleistet werden.[11] Fachli-

---

[11] Bezüglich des Art. 33 Abs. 2 GG sind der Schutzbereichseingriff und die Rechtfertigung i.S.d. Duldungspflicht nur bedingt trennbar. Erfolgt eine ordnungsgemäße leistungsbezogene Abwägung, wird der Schutzbereich des Art. 33 Abs. 2 GG nicht betroffen. Erfolgt keine ord-

ches Niveau und rechtliche Integrität des öffentlichen Dienstes sollen durch die ungeschmälerte Anwendung des Leistungsgrundsatzes gewährleistet werden. Gleichzeitig wird Bewerbern durch Art. 33 Abs. 2 GG ein grundrechtsgleiches Recht auf leistungsgerechte Einbeziehung in die Bewerberauswahl gewährt. Jeder Bewerber um das Amt – auch A – hat einen Anspruch darauf, dass der Dienstherr seine Bewerbung nur aus Gründen zurückweist, die durch den Leistungsgrundsatz gedeckt sind. Als Anspruch auf leistungsgerechte Einbeziehung in die Bewerberauswahl wird der Bewerbungsverfahrensanspruch auch erfüllt, wenn der Dienstherr die Bewerbung ablehnt, weil er in Einklang mit Art. 33 Abs. 2 GG einen anderen Bewerber für am besten geeignet hält. Nur insoweit, als der dem Dienstherrn durch Art. 33 Abs. 2 GG eröffnete Beurteilungsspielraum für die Gewichtung der Leistungskriterien auf Null reduziert ist, also ein Bewerber eindeutig am Besten geeignet ist, ergibt sich für diesen Bewerber aus Art. 33 Abs. 2 GG ein Anspruch auf Erfolg im Auswahlverfahren. Dessen Bewerbungsverfahrensanspruch erstarkt zum Anspruch auf Vergabe des höheren Amtes. Aufgrund seiner Zielrichtung ist der Bewerbungsverfahrensanspruch an ein laufendes Auswahlverfahren zur Vergabe eines bestimmten Amtes geknüpft. Die Bewerber um dieses Amt stehen in einem Wettbewerb, dessen Regeln durch den Leistungsgrundsatz vorgegeben sind. Ihre Ansprüche stehen nicht isoliert nebeneinander, sondern sind aufeinander bezogen. Sie werden in Ansehung des konkreten Bewerberfeldes, also bezüglich des Leistungsvermögens der Mitbewerber, inhaltlich konkretisiert. Jede Benachteiligung oder Bevorzugung eines Bewerbers wirkt sich auch auf die Erfolgsaussichten der Mitbewerber aus. Dies gilt umso mehr, je weniger Bewerber um das Amt konkurrieren.

Ein Eingriff in das subjektive Recht aus Art. 33 Abs. 2 GG kann sich daraus ergeben, dass ein Leistungsvergleich gar nicht möglich ist, weil es bereits an tragfähigen Erkenntnissen über das Leistungsvermögen, also an aussagekräftigen dienstlichen Beurteilungen, fehlt. Durch den eigentlichen Leistungsvergleich wird in Art. 33 Abs. 2 GG eingegriffen, wenn nicht unmittelbar leistungsbezogene Gesichtspunkte in der Auswahlentscheidung berücksichtigt oder die Leistungsmerkmale fehlerhaft gewichtet werden. Aus der gegenseitigen Abhängigkeit der Bewerbungen folgt, dass es jedem Bewerber möglich sein muss, sowohl eigene Benachteiligungen als auch Bevorzugungen eines anderen zu verhindern, die nicht mit Art. 33 Abs. 2 GG vereinbar sind. Daher kann sich eine Verletzung seines Bewerbungsverfahrensanspruchs auch aus der Beurteilung eines Mitbewerbers oder aus dem Leistungsvergleich zwischen ihnen ergeben. Voraussetzung ist nur, dass sich ein derartiger Verstoß auf die Erfolgsaussich-

---

nungsgemäße Gewichtung der Leistungskriterien, besteht ein Eingriff, der i.d.R. nicht gerechtfertigt ist.

ten der eigenen Bewerbung auswirken kann. Deren Erfolg muss bei rechtsfeh-
lerfreiem Verlauf zumindest ernsthaft möglich sein (BVerfG NVwZ 2008, 194
und BVerfG NVwZ 2008, 69). Der wechselseitige inhaltliche Bezug der Rechte
der Bewerber aus Art. 33 Abs. 2 GG wird in der Entscheidung des Dienstherrn
zum Ausdruck gebracht, welchen Bewerber er für am besten geeignet für das zu
vergebende Amt hält. Diese Auswahlentscheidung betrifft nach ihrem Inhalt
alle Bewerber gleichermaßen, da mit der Auswahl eines Bewerbers zwangsläu-
fig die Ablehnung der Mitbewerber erfolgt. Somit würde durch die Ernennung
des B in das sich für A aus Art. 33 Abs. 2 GG ergebende subjektive Recht eingegriffen. Ein Eingriff wäre gegeben.

b) Keine Duldungspflicht

Ein vorbeugender Unterlassungsanspruch besteht nur, soweit der zukünftige
Eingriff nicht zu dulden ist. Da bestandskräftige Rechtssetzungsakte oder ähnliche Duldungspflichten nicht ersichtlich sind, durch die auch ein rechtswidriger zukünftiger Eingriff zu dulden sein könnte, besteht keine Duldungspflicht,
soweit der zukünftige Eingriff in die Rechte des A durch die Ernennung des
B rechtswidrig ist.

aa) Rechtswidrigkeit der Ernennung des B

Die zukünftige Ernennung des B zum Oberstaatsanwalt kann rechtswidrig
sein.

(1) Rechtsgrundlage

Rechtsgrundlage für die Heraufstufung eines Landesbeamten ist § 8 Abs. 1 Nr. 3
BeamtStG.

(2) Voraussetzungen

Die Voraussetzungen können erfüllt sein.

(a) Formell

Formell wird bei der Ernennung des B mit der Landesjustizverwaltung die formell zuständige Behörde handeln.

(b) Materiell

Materiell können gemäß § 7 Abs. 1 Nr. 1 BeamtStG grundsätzlich nur Deutsche ernannt werden, wobei eine Ernennung auf Lebenszeit gemäß § 10 S. 1 BeamtStG nur zulässig ist, wenn der Beamte sich in einer Probezeit von mindestens 6 Monaten und höchstens 5 Jahren bewährt hat. B ist Deutscher und schon Beamter auf Lebenszeit, sodass er seine Probezeit ordnungsgemäß absolviert hat. Gemäß § 9 BeamtStG, der durch das grundsätzliche Recht auf Zugang zum öffentlichen Amt aus Art. 33 Abs. 2 GG verstärkt wird, sind im Rahmen des Beurteilungsspielraumes[12] die Ernennungskriterien der Eignung, Befähigung und fachlichen Leistung der Bewerber maßgeblich. Während es auf Tatbestandsebene darauf ankommt, dass der zu ernennende Bewerber bei ordnungsgemäßer Beurteilung durch die Ernennungsbehörde die Beurteilungskriterien erfüllt, ist die Auswahl eines von mehreren Bewerbern nicht Bestandteil des Tatbestandes, sondern bei der Ausübung eines ordnungsgemäßen Auswahlermessens maßgeblich. Für eine mangelnde Eignung, Befähigung bzw. fachliche Leistungsfähigkeit des B gibt es keine Anhaltspunkte, sodass Beurteilungsfehler in Form der Beurteilungsunvollständigkeit, Beurteilungsfehleinschätzung oder sachfremder Erwägungen bei gesonderter Betrachtung des B nicht ersichtlich sind. Die materiellen Tatbestandsvoraussetzungen sind erfüllt.

(3) Rechtsfolge

Rechtsfolge zur Ernennung eines Beamten ist Ermessen i.S.d. § 40 VwVfG. Die Voraussetzungen für eine Ermessensreduktion des Auswahlermessens auf Null sind mangels hinreichender, der Ernennung des B entgegenstehender gewichtiger Rechte bzw. Rechtsgüter nicht erfüllt. Ermessensfehler sind der Ermessensausfall, die Ermessensüberschreitung und der Ermessensfehlgebrauch.

Ein Ermessensausfall ist nicht ersichtlich. Das Ermessen kann aber wegen einer Ermessensüberschreitung fehlerhaft ausgeübt worden sein.[13] Das ist nach

---

12 Beurteilungsspielräume sind ebenso wie Ermessensspielräume nur begrenzt gerichtlich überprüfbar. Sie sind wegen des Gebotes effektiven Rechtsschutzes gegen Exekutivhandeln aus Art. 19 Abs. 4 GG selten und nur bei wenigen unbestimmten Rechtsbegriffen anzunehmen.
Fallgruppen:
– Prüfungsrecht
– Beamtenrecht
– Gremienentscheidungen wertender Art
– Prognoseentscheidungen und Risikobewertungen
– Entscheidungen verwaltungspolitischer Art.
13 Im Rahmen des Auswahlermessens kommt es nunmehr auf Beurteilungsfehler bei der Bewertung einzelner Bewerber – auch des A – an.

dem primär aus den Grundrechten, sekundär aus dem unter anderem in Art. 20 Abs. 3 GG verankerten Rechtsstaatsprinzip abzuleitenden Grundsatz der Verhältnismäßigkeit der Fall, wenn unverhältnismäßig in Grundrechte oder sonstige subjektive Rechte Dritter eingegriffen wird. Insoweit ist der Bewerbungsverfahrensanspruch des A aus § 9 BeamtStG verstärkt durch dessen grundsätzliches Recht auf Zugang zum öffentlichen Amt aus Art. 33 Abs. 2 GG maßgeblich, insbesondere im Hinblick auf die nach § 9 BeamtStG zu berücksichtigenden Ernennungskriterien der Eignung, Befähigung und fachlichen Leistung der Bewerber. Somit wäre eine Ernennung des B unverhältnismäßig und würde somit eine Ermessensüberschreitung darstellen, wenn bei Berücksichtigung der Eignung, Befähigung und fachlichen Leistung nicht B ernannt werden dürfte (zum Ganzen: BVerwG – 2 C 16.09).

Bei der Entscheidung über die Vergabe eines Amtes im statusrechtlichen Sinne dürfen nur leistungsbezogene Gesichtspunkte zugrunde gelegt werden, die darüber Aufschluss geben, in welchem Maß die Bewerber den Anforderungen ihres Amtes genügen und sich in einem höheren Amt voraussichtlich bewähren werden. Die Entscheidung des Dienstherrn, welche Bedeutung er den einzelnen Gesichtspunkten beimisst, ist aufgrund des Ermessensspielraumes der Behörde gerichtlich nur eingeschränkt überprüfbar (BVerwGE 115, 58, 60f.; BVerwGE 122, 147, 150f.; BVerwGE 124, 99, 102f.). Der für die Bewerberauswahl maßgebende Leistungsvergleich ist anhand aktueller dienstlicher Beurteilungen vorzunehmen. Voraussetzung für deren Eignung als Vergleichsgrundlage ist, dass sie inhaltlich aussagekräftig sind. Hierfür ist erforderlich, dass die dienstliche Tätigkeit im maßgebenden Beurteilungszeitraum durch die Beurteilungen vollständig erfasst wird, diese auf zuverlässige Erkenntnisquellen gestützt wird, das zu erwartende Leistungsvermögen in Bezug auf das angestrebte Amt auf der Grundlage der im innegehabten Amt erbrachten Leistungen hinreichend differenziert dargestellt ist sowie auf gleichen Bewertungsmaßstäben beruht. Primär maßgeblich ist für den Leistungsvergleich das abschließende Gesamturteil, das durch eine Würdigung, Gewichtung und Abwägung der einzelnen leistungsbezogenen Aspekte zu bilden ist. Sind danach mehrere Bewerber als im Wesentlichen gleich geeignet einzustufen, kann der Dienstherr auf einzelne Gesichtspunkte abstellen, wobei er deren besondere Bedeutung begründen muss. So kann er der dienstlichen Erfahrung, der Verwendungsbreite oder der Leistungsentwicklung, wie sie sich aus dem Vergleich der aktuellen mit früheren Beurteilungen ergibt, besondere Bedeutung beimessen (Urteile des BVerwG – 2 C 31.01 und 2 C 16.02).

Im Rahmen der Konkordanz der Bewerber A und B kann das Verhältnis der Anlassbeurteilung zur Regelbeurteilung maßgeblich sein (OVG Bautzen – 2 B 2/10), wobei stets zu berücksichtigen ist, dass die Entscheidung des Dienstherrn darüber, welcher Beamte der bestgeeignete für ein Beförderungsamt ist, als Akt wertender Erkenntnis des für die Beurteilung zuständigen Organs gerichtlich nur eingeschränkt überprüft werden kann. Die Auswahl beruht auf der Bewertung der durch Art. 33 Abs. 2 GG i.V.m. § 9 BeamtStG, das Landes-Richtergesetz und Landes-Beamtengesetz vorgegebenen Kriterien. Welchen der zu den Kriterien der Eignung, Befähigung und fachlichen Leistung zu rechnenden Umständen der Dienstherr das größere Gewicht beimisst, bleibt aber seiner Entscheidung überlassen. Das Gericht ist auf die Kontrolle des Verfahrens, der Einhaltung vom Dienstherrn erlassener Beurteilungsrichtlinien und darauf beschränkt, ob der Begriff der Eignung oder die gesetzlichen Grenzen der Beurteilungsermächtigung verkannt worden sind oder ob der Beurteilung ein unrichtiger Sachverhalt zugrunde liegt, allgemein gültige Bewertungsmaßstäbe nicht beachtet oder sachfremde Erwägungen angestellt worden sind (vgl. BVerwG, Urteil vom 10.2. 2000 – 2 A 10.98 – juris).

Erkenntnisse über Eignung, Befähigung und fachliche Leistung ergeben sich primär aus dienstlichen Beurteilungen, die daher vorrangig zur Ermittlung des Leistungsstandards zugrunde zu legen sind. Hierbei kommt neben den aktuellen Anlassbeurteilungen den aktuellsten Regelbeurteilungen eine besondere Bedeutung zu (vgl. BVerwG – 2 C 41.00; BVerwG – 2 VR 3.03; BVerwG – 2 B 350/08; BVerwG SächsVBl. 2005, 295). Die Anlassbeurteilung enthält eine aktuelle Beurteilung der Befähigung, Leistung und Eignung, sodass durch eine vergleichende Wertung von Anlassbeurteilungen ein zeitnaher und an dem Prinzip der Bestenauslese orientierter Beurteilungsvergleich ermöglicht wird. Allerdings muss dabei berücksichtigt werden, dass Anlassbeurteilungen voluntativ von anstehenden Personalmaßnahmen beeinflusst werden können und mangelnde Objektivität des Beurteilenden bei solchen Beurteilungen nicht unwahrscheinlich ist. Um die Gefährdung der Objektivität im Auswahlverfahren zumindest graduell verringern zu können, ist deshalb neben der Anlassbeurteilung auch die letzte Regelbeurteilung zu berücksichtigen. Denn die Regelbeurteilung ist, gerade wenn sie als Stichtagsbeurteilung erfolgt, in besonderem Maße geeignet, eine Wettbewerbssituation zu klären, da eine gleichmäßige Anwendung des gewählten Beurteilungssystems erfolgt (SächsOVG SächsVBl. 2001, 196, 198 f. m.w.N.).

Inhaltlich müssen in dem Auswahlvermerk Leistung, Eignung und Befähigung auf der Grundlage der dienstlichen Beurteilungen bewertet, das heißt nachvollziehbar begründet und gewichtet werden. Dies setzt voraus, dass die aktuellen Beurteilungen einer wertenden Betrachtung und Gewichtung unterzogen und die wesentlichen Erwägungen im Auswahlvermerk niedergeschrieben werden (SächsOVG SächsVBl. 2010, 43). Für eine konkrete Verwendungsentscheidung ist auf den aktuellen Stand der Beurteilung abzustellen, weshalb der letzten dienstlichen Beurteilung gewöhnlich ausschlaggebende Bedeutung zukommt (BVerwG – 2 C 41.00). Das gilt jedenfalls dann, wenn die vorangegangene Beurteilung länger zurückliegt und keine Anhaltspunkte dafür bestehen, dass der Leistungsstand des Bewerbers in der jüngeren Entscheidung nicht realistisch wiedergegeben wird.

Je älter die Regelbeurteilung ist, desto größer ist die Möglichkeit, dass sich aus dem in der Regelbeurteilung geschilderten Leistungsniveau kein aktueller Stand mehr ergibt. Einerseits können sich die Leistungen eines Beamten im höheren Dienst bzw. Staatsanwaltes ändern, andererseits können auch Veränderungen in der Vergleichsgruppe zu anderen Bewertungen führen, da eine dienstliche Beurteilung ihre wesentliche Aussagekraft erst aufgrund ihrer Relation zu den Bewertungen in anderen dienstlichen Beurteilungen erhält (BVerwG – 2 C 41.00). Es können leistungsstarke Bewerber hinzukommen oder aber die Vergleichsgruppe verlassen. Darüber hinaus können sich auch die Bewertungsmaßstäbe oder die Bewertungspraxis ändern, z.B. infolge einer Änderung der Verwaltungsvorschriften oder der Verwaltungspraxis. Je länger deshalb die Regelbeurteilung zum Zeitpunkt der Auswahlentscheidung zurückliegt, desto mehr ist der Dienstherr berechtigt und gehalten zu prüfen, ob das in der Regelbeurteilung vergebene Prädikat noch den aktuellen Leistungsstand des Bewerbers im Vergleich zu vergleichbaren Bewerbern wiedergibt.

Seit der letzten Regelbeurteilung des A ist erst ein Jahr vergangen. Ihm wurden insoweit überragende Fachkenntnisse und gute Führungsqualitäten bescheinigt. Auch in vorherigen Regelbewertungen erhielt A ähnliche Bewertungen, die besser als die des B waren. Seitens der Landesjustizbehörde wurde aber die Anlassbeurteilung als entscheidend eingestuft, obwohl diese extrem fehleranfällig hinsichtlich mangelnder Objektivität ist. Die Regelbewertungen hätten daher bei fehlerfreier Ermessensausübung stärker gewichtet werden müssen, da sie zumeist objektiver erfolgen als Anlassbeurteilungen. Die Ermessensbetätigung ist wegen Ermessensüberschreitung fehlerhaft, wenn der Dienstherr allein aufgrund einer besseren Anlassbeurteilung zugunsten eines Mitbewerbers entscheidet, der schlechtere Regelbeurteilungen hatte.

Die Ernennung des B wäre somit rechtswidrig.

bb) Unzumutbarkeit des Abwartens

Zwar ist in der repräsentativen Demokratie des Grundgesetzes in Verbindung mit der Verwaltungsgerichtsordnung grundsätzlich ein repressives Anspruchssystem bezüglich hoheitlichen Handelns vorgesehen, jedoch ist wegen der in Art. 19 Abs. 4 S. 1 GG enthaltenen Gewähr des effektiven Rechtsschutzes bei Unzumutbarkeit des Abwartens ein vorbeugender materieller Unterlassungsanspruch zu gewähren. Aufgrund der grundsätzlich – auch im Konkurrenzverhältnis zwischen A und B – geltenden Ämterstabilität im Rechtsstaat – A wurde schließlich benachrichtigt – ist ein Abwarten mit anschließender Anfechtungsklage bezüglich der Ernennung im Konkurrenzverhältnis oder die Betreibung des einstweiligen Rechtsschutzes nach Eintritt des Eingriffes durch die Ernennung unzumutbar.

Ein Abwarten war für A unzumutbar, da jedenfalls keine außergewöhnlichen Aspekte wie etwa ein kollusives Zusammenwirken zwischen Dienstherrn und Bewerber, die bei Ernennung zu deren Aufhebung führen könnten, ersichtlich sind.

3. Anspruchsinhalt

Anspruchsinhalt ist das Unterlassen, soweit es möglich und zumutbar ist. Das ergibt sich analog § 74 Abs. 2 S. 3 VwVfG, wonach bei einem Planfeststellungsverfahren bei Unmöglichkeit oder Unzumutbarkeit nur eine Billigkeitsentschädigung gewährt wird. Dies ist auf den vorbeugenden öffentlich-rechtlichen Unterlassungsanspruch zu übertragen, um einen verhältnismäßigen Ausgleich zwischen betroffenen und geschützten Rechten bzw. Rechtsgütern zu schaffen. Eine Unmöglichkeit oder Unzumutbarkeit ist – insbesondere mangels überwiegender Interessen des B – nicht ersichtlich. Zugunsten des A besteht ein vorbeugender öffentlich-rechtlicher Unterlassungsanspruch.

II. Anordnungsgrund

Ein Anordnungsgrund besteht bei Eilbedürftigkeit, wobei zu berücksichtigen ist, dass die Hauptsacheentscheidung durch eine einstweilige Anordnung grundsätzlich nicht vorweggenommen werden darf, es sei denn, ein effektiver Rechtsschutz i.S.d. Art. 19 Abs. 4 S. 1 GG wäre anderenfalls nicht möglich, sodass sogar Ermessensentscheidungen Gegenstand der einstweiligen Anordnung sein können. Eine Vorwegnahme der Hauptsache erfolgt, wenn die Entscheidung und ihre Folgen aus rechtlichen oder tatsächlichen Gründen auch nach der Hauptsacheentscheidung nicht mehr rückgängig gemacht werden können. Zwar kann Ermessen dem Grundsatz nach in einer Sache nur einmal endgültig in der Hauptsache ausgeübt werden, jedoch ist im Rahmen des effektiven Rechtsschutzes auch eine Verpflichtung der Behörde im Wege der einstweiligen Anordnung möglich, einstweilen fehlerfrei zu bescheiden. Bei Erlass einer einstweiligen Anordnung wird keine vorläufige Ernennung des B erfolgen, sodass das Ernennungsermessen nicht vor der Hauptsache ausgeübt wird. Es wird lediglich der bisherige Zustand gesichert. Im Rahmen einer endgültigen Abwägung und Hauptsacheentscheidung kann B in der Zukunft noch ernannt werden, ebenso A. Eine Vorwegnahme der Hauptsache ist nicht ersichtlich.

III. Glaubhaftmachung

Entsprechend der Aktenlage hat A den Anordnungsanspruch und den Anordnungsgrund gemäß § 123 Abs. 3 VwGO i.V.m. den §§ 920, 294 ZPO glaubhaft gemacht.

C. Ergebnis

Das Bundesland S als Antragsgegner wird im Wege der einstweiligen Anordnung verpflichtet, die Ernennung des B zum Oberstaatsanwalt vorläufig zu unterlassen.

Allg. Verwaltungsrecht – Fall 10: „The American Dream (NRW)"

A betreibt mit seinen Söhnen seit Jahren den als besonders „cool" geltenden 2-Säulen-Autoscooter „American Dream" und konnte von dem sich aus dem Betrieb des Fahrgeschäftes ergebenden Gewinn ein Leben auf der Überholspur führen. Für fast alle jugendlichen Jahrmarkt- und Festbesucher in Deutschland war er ein Vorbild. Doch auch im einst so umsatzstarken und prestigeträchtigen Schaustellergewerbe werden die Zeiten schlechter. A ist nunmehr darauf angewiesen, an jedem Wochenende in einer anderen Stadt den Autoscooter aufzustellen, um zumindest kostendeckend arbeiten zu können. In den letzten zwei Jahren hatte er sich vergeblich für ein Volksfest namens „Herbstmesse" in der Stadt G in Nordrhein-Westfalen beworben. Die Stadt richtet dieses Volksfest als Veranstalterin jedes Jahr im September aus und lässt verschiedentliche Schausteller und Händler aus der Region zu, wobei stets darauf geachtet wird, dass das traditionelle Bild der Veranstaltung und die gewachsene Beziehung zu den Besuchern gewahrt werden.

Auch in diesem Jahr soll die Herbstmesse am letzten Septemberwochenende stattfinden. Auf ein Neues versucht A sein Glück in G und bewirbt sich Anfang September bei der zuständigen Behörde der Gemeinde rechtzeitig um einen Standplatz. Eine Woche vor dem maßgeblichen Wochenende – Marktbeginn – wird seine Bewerbung durch den Bürgermeister als zuständige Behörde der Gemeinde abgelehnt. Zwar werde auch auf die Zugangschancen neuer Bewerber geachtet, jedoch seien wegen des Platzmangels vorrangig bekannte und bewährte Bewerber – C, D und E – berücksichtigt worden. Dies seien die einzigen maßgeblichen Aspekte.

A meint, er würde es im nächsten Jahr gerne erneut versuchen, wobei er der Auffassung ist, dass er bei der Vergabepraxis der Stadt G niemals eine Chance erhalten werde, sich auf der Herbstmesse zu beweisen. Er meint, G dürfe das Volksfest nicht dadurch für ihn sperren, dass nur altbekannte Fahrgeschäfte zugelassen würden, außerdem sei sein Autoscooter viel attraktiver als die von C, D und E betriebenen letztlich zugelassenen drei Autoscooter. Er hielt es allerdings nicht für notwendig, gegen die Zulassungen der Konkurrenten vorzugehen. Im November erhebt A eine Klage beim Verwaltungsgericht mit dem Antrag festzustellen, dass er einen Anspruch auf zumindest fehlerfreie Bescheidung bezüglich der Zulassung zur Herbstmesse hatte. Mit Erfolg?

Abwandlung

Vor mehreren der zugelassenen Fahrgeschäfte hat die zuständige Polizei mit Videokameras Stellung bezogen und filmt die Kundschaft und die Mitarbeiter der Betriebe. Dadurch bleiben potentielle Kunden in erheblicher Anzahl den Fahrgeschäften fern. Auf Anfrage eines der betroffenen Schausteller teilt die Polizei mit, dass sie der Ansicht sei, im Milieu der Schausteller gäbe es etliche Kriminelle und die Polizei wolle zeigen, dass sie präsent sei. Der Schausteller B verlangt die Löschung der Videoaufzeichnungen. Nach Klageerhebung teilt die Polizei mit, die Daten seien bereits gelöscht worden. Wären die Sachurteilsvoraussetzungen einer Klage des B trotzdem erfüllt, wenn er nunmehr „Feststellung" beantragt und die Polizei angekündigt hat, zukünftig in gleicher Weise agieren zu wollen?

Zusatzfrage

Was ändert sich an der Lösung im Ausgangsfall bezüglich der Klageart und der Stellung des Klageantrages, wenn A sich schon Anfang Juni ordnungsgemäß als Schausteller bewirbt, im Juli eine zulässige Verpflichtungsklage auf Zulassung zur Herbstmesse erhebt, über die vor Oktober nicht mehr entschieden wird, falls A nach Beendigung der Herbstmesse beim Gericht den Antrag stellt, festzustellen, das der Ablehnungsbescheid rechtswidrig war?

Bearbeitungsvermerk

Gehen Sie davon aus, dass der Bürgermeister als Behörde der Stadt G im Ausgangsfall für den Zugang zu Märkten zuständig ist.

Schwerpunkte
Fortsetzungsfeststellungsklage in Abgrenzung zur allgemeinen Feststellungsklage
Marktzugang

Vertiefung
VG Bremen, Beschluss vom 2.10.2012 – 1 B 102/12; VG Neustadt – 4 K 939/10; zum Ganzen: VG Bremen, Entscheidung vom 28.9.2011 – 5 V 655/11; VGH Baden-Württemberg, Urteil vom 1.10.2009 – 6 S 99/09

Gliederung

1. Komplex: Ausgangsfall

A. Sachurteilsvoraussetzungen (+)
  I.   Rechtsweg (+)
  II. Zuständigkeit (+)
  III. Beteiligte (+)
  IV. Statthafte Klageart
      1. Systematik und Wortlaut (–)
      2. Analogie vor Klageerhebung (+)
      3. Analogie im Verpflichtungsfall (+)
          a) Untätigkeitsklage (+/–)
          b) Versagungsgegenklage (+)
      4. Zwischenergebnis
  V.   Besondere Sachurteilsvoraussetzungen (+)
      1. Besondere Prozessführungsbefugnis (+)
      2. Fortsetzungsfeststellungsinteresse (+)
      3. Weitere besondere Sachurteilsvoraussetzungen i.S.d.
          §§ 42 Abs. 2, 68 ff. VwGO (+)
          a) Zeitraum vor der Erledigung (+)
          aa) Klagebefugnis (+)
          bb) Vorverfahren und Widerspruchsfrist (+)
          cc) Klagefrist(+)
          b) Zeitraum nach Erledigung (–)
  VI. Allgemeines Rechtsschutzbedürfnis (+)
  VII. Zwischenergebnis
B. Begründetheit (+)
  I.   Anspruchsgrundlage (+)
      1. § 8 GO NRW (–)
      2. § 70 Abs. 1 GewO (+)
  II. Voraussetzungen (+)
      1. Formell (+)
      2. Materiell (+)
  III. Rechtsfolge
C. Ergebnis

2. Komplex: Abwandlung

A. Sachurteilsvoraussetzungen
  I.   Rechtsweg (+)
  II. Zuständigkeit (+)

3. Komplex: Zusatzfrage

Lösungsvorschlag

Die folgende Lösung ist als Lösungsvorschlag zu verstehen und ausführlicher, als es in der Klausurbearbeitung verlangt werden kann. Aufgrund der wissenschaftlichen Freiheit können andere Lösungswege vertreten werden, soweit sie dogmatisch begründbar sind. Die Nachweise aus Rechtsprechung und Literatur sowie die das Verständnis fördernden Randbemerkungen sind in der Examensklausur auszusparen. Die Abkürzung „Alt." steht für Alternativfall, nicht für Alternative.

Die Klage des A hat jedenfalls Erfolg, soweit die Sachurteilsvoraussetzungen erfüllt sind, die Klage zulässig und begründet ist.

1. Komplex: Ausgangsfall
A. Sachurteilsvoraussetzungen[1]
Die Sachurteilsvoraussetzungen können erfüllt sein.

---

1 **Hinweis:** Andere Aufbauvarianten werden vertreten (z.B. dreistufig oder Prüfung des Verwaltungsrechtsweges als Untergliederungspunkt der Zuständigkeit des Gerichts). Derartige Aufbauvarianten sind aber mit § 17a Abs. 2 GVG bzw. mit der Überschrift des 6. Abschnitts der VwGO sowie mit § 83 VwGO unvereinbar und daher bei exakter dogmatischer Zuordnung der Prüfungspunkte nicht zu empfehlen. Die Überschrift „Sachurteilsvoraussetzungen" anstelle der Überschrift „Zulässigkeit" ist sinnvoll, weil nach § 63 Nr. 3 VwGO auch der Beigeladene zu den Beteiligten gehört, das Fehlen einer notwendigen Beiladung i.S.d. § 65 Abs. 2 VwGO aber nur dazu führt, dass das Urteil keine materielle Rechtskraft entfaltet.

I. Rechtsweg

Der Verwaltungsrechtsweg kann mangels aufdrängender Sonderzuweisung gemäß § 40 Abs. 1 S. 1 VwGO eröffnet sein. Im Übrigen kommt ein Verweisungsbeschluss i.S.d. § 17a Abs. 2 GVG i.v.m. § 173 VwGO in Betracht. Der Verwaltungsrechtsweg ist eröffnet, wenn die streitentscheidende öffentlich-rechtliche Norm einen Hoheitsträger einseitig berechtigt oder verpflichtet bzw. wenn aufgrund typisch hoheitlichen Handelns zwischen den Beteiligten ein Subordinationsverhältnis besteht.

Als streitentscheidende Normen kommen § 8 Abs. 2, 3 GO NRW sowie § 70 Abs. 1 GewO in Betracht, da sich aus § 8 Abs. 2, 3 GO NRW eine Verpflichtung eines öffentlichen Rechtsträgers ergibt, unter bestimmten Voraussetzungen den Zugang zu einer kommunalen Einrichtung zu gewähren, während sich aus § 70 Abs. 1 GewO unter anderem eine Verpflichtung eines öffentlichen Rechtsträgers ergibt, einem Kläger einen Marktzugang zu gewähren. Weil durch § 70 Abs. 1 GewO auch gegenüber Privaten ein Anspruch begründet werden kann, ist der Sachzusammenhang zum öffentlichen Recht in Form der öffentlich-rechtlichen Organisation der Herbstmesse maßgeblich. Da die Streitigkeit mangels doppelter Verfassungsunmittelbarkeit nicht verfassungsrechtlicher Art und eine abdrängende Sonderzuweisung nicht ersichtlich ist, bleibt es bei der Eröffnung des Verwaltungsrechtsweges. Der Verwaltungsrechtsweg ist gemäß § 40 Abs. 1 S. 1 VwGO eröffnet.

II. Zuständigkeit

Das Verwaltungsgericht ist gemäß § 45 VwGO als Eingangsinstanz für öffentlich-rechtliche Streitigkeiten sachlich zuständig, da Anhaltspunkte für abweichende Regelungen wie z.B. § 50 VwGO nicht ersichtlich sind, sodass kein Verweisungsbeschluss gemäß § 17a Abs. 2 GVG i.V.m. § 83 VwGO gefasst werden wird.[2]

III. Beteiligte

A und die zuständige Landesbehörde können Beteiligte des Verfahrens sein. Beteiligte sind nach § 63 Nr. 1, 2 VwGO jedenfalls unter anderem Kläger und Be-

---

2 Die örtliche Zuständigkeit ist nur anzusprechen, wenn es dafür im Sachverhalt Anhaltspunkte gibt. Gegebenenfalls ist die örtliche Zuständigkeit grundsätzlich im Anschluss an die sachliche Zuständigkeit zu prüfen. Ist sie jedoch gemäß § 52 Nr. 2 VwGO ausnahmsweise von der Klageart abhängig, sollte sie offen mit Verweis auf § 17a Abs. 2 GVG i.V.m. § 83 VwGO formuliert werden.

klagter, beteiligungsfähig nach § 61 Nr. 1 VwGO natürliche und juristische Personen. Behörden sind gemäß § 61 Nr. 3 VwGO i.V.m. dem Landesrecht in Nordrhein-Westfalen nicht beteiligungsfähig. Als Kläger ist A gemäß § 61 Nr. 1 Alt. 1 VwGO beteiligungsfähig und gemäß § 62 Abs. 1 Nr. 1 VwGO prozessfähig.

Als Beklagte ist der Rechtsträger der Behörde maßgeblich. Da der Bürgermeister als Behörde zuständig ist, ist die Stadt G als Rechtsträgerin gemäß §§ 63 Nr. 2, 61 Nr. 1 Alt. 2 VwGO beteiligungs- und mangels Anhaltspunkten bezüglich des für die Behörde handelnden Organwalters gemäß § 62 Abs. 3, Abs. 1 Nr. 1 VwGO prozessfähig.

Fraglich ist, ob andere Schausteller gemäß § 63 Nr. 3 VwGO als Beteiligte gemäß § 65 Abs. 2 VwGO notwendig beizuladen sind. In Betracht kommen allenfalls die Konkurrenten des A – C, D, E. Dazu müsste ein etwaiges Urteil einheitlich gegenüber C, D und E ergehen. Zwar bedeutet die begrenzte Anzahl von Plätzen für Schausteller bei Zugangsgewährung für den einen die Versagung des Zuganges für einen anderen, jedoch fehlt die Einheitlichkeit der Entscheidung, weil selbst bei bereits erfolgter Zulassung eines Schaustellers die Anfechtung derselben anders als bei beamtenrechtlichen Statusverhältnissen stets möglich ist. Die Zulassung eines Schaustellers z.B. mittels eines Gerichtsurteils impliziert nicht die Aufhebung der Erlaubnis eines anderen. Hinzu kommt, dass die Herbstmesse vorüber ist, sodass ein Urteil zumindest keine faktischen Auswirkungen mehr auf C haben wird. Somit ist C allenfalls einfach i.S.d. § 65 Abs. 1 VwGO aufgrund des insoweit bestehenden richterlichen Ermessens beizuladen.

IV. Statthafte Klageart

Die statthafte Klageart richtet sich gemäß § 88 VwGO nach dem klägerischen Begehren unter Berücksichtigung des Anwendungsvorranges maßnahmespezifischer Rechtsschutzformen und des rechtsstaatlichen Grundsatzes der Effektivität des Rechtsschutzes. Dem klägerischen Begehren entspricht i.d.R. die effektivste Klageart, also nach Möglichkeit die Anfechtungsklage gemäß § 42 Abs. 1 Alt. 1 VwGO als Gestaltungsklage der Verwaltungsgerichtsordnung,[3] es sei denn, es gibt einen ausdrücklichen Antrag, der nicht überschritten werden darf. Voraussetzung der Anfechtungsklage ist, dass der Kläger die Aufhebung eines gegenwärtig wirkenden Verwaltungsaktes erstrebt. Ein Verwaltungsakt ist gemäß § 35 S. 1 NRW VwVfG jede Verfügung, Entscheidung oder andere hoheitliche Maßnahme, die eine Behörde zur Regelung eines Einzelfalls auf dem Ge-

---

3 Die Anfechtungsklage ist besonders rechtsschutzintensiv, weil das Gericht als Judikative mittels einer Durchbrechung der Gewaltenteilung einen Verwaltungsakt als Rechtssetzungsakt der Exekutive aufhebt.

biet des öffentlichen Rechts trifft und die auf unmittelbare Rechtswirkung nach außen gerichtet ist. A möchte zwar keinen Verwaltungsakt beseitigen, jedoch erstrebte er den Erlass einer verbindlichen Zugangsregelung zu seinen Gunsten bezüglich der Schaustellung auf der Herbstmesse. Die verbindliche Zulassung stellt einen Verwaltungsakt dar.

Das von A ursprünglich Erstrebte kann sich allerdings erledigt haben. Eine Erledigung kann gemäß § 43 Abs. 2 NRW VwVfG durch Rücknahme, Widerruf, anderweitige Aufhebung, Zeitablauf oder andere Weise erfolgen. Mit Ablauf des Monats September war die Herbstmesse vorüber, sodass A die Zulassung zur Herbstmesse im laufenden Jahr nicht mehr erreichen konnte. Mit Beendigung der Herbstmesse ist Erledigung durch Zeitablauf eingetreten.

In Betracht kommt als statthafte Klageart eine Fortsetzungsfeststellungsklage gemäß § 113 Abs. 1 S. 4 VwGO als besondere und damit gegenüber der allgemeinen Feststellungsklage gemäß § 43 Abs. 1 VwGO speziellere Feststellungsklage.[4]

1. Systematik und Wortlaut

Von der im Gesetz ausdrücklich geregelten Konstellation der Fortsetzungsfeststellungsklage ist die Erledigung des Verwaltungsaktes nach Klageerhebung erfasst. Zwar hat der Gesetzgeber in § 113 Abs. 1 S. 4 VwGO die Formulierung „vorher" gewählt, jedoch ist damit nicht eine Erledigung vor Klageerhebung, sondern der Zeitpunkt vor der letzten mündlichen Tatsachenverhandlung bzw. bei Entbehrlichkeit einer mündlichen Verhandlung z.B. gemäß § 101 Abs. 2 VwGO der Zeitpunkt des Urteilsspruches gemeint. Wie sich nämlich der Überschrift des 9. Abschnittes der Verwaltungsgerichtsordnung entnehmen lässt, sind in den §§ 81 ff. VwGO – also auch in § 113 Abs. 1 S. 4 VwGO – Geschehnisse nach dem Eintritt der Rechtshängigkeit geregelt. Zudem besteht ein Annex des § 113 Abs. 1 S. 4 VwGO zu § 113 Abs. 1 S. 1 VwGO, in dem die Anhängigkeit einer Klage vorausgesetzt wird. Die Erledigung aus der Sicht des A erfolgte mit Beendigung der Herbstmesse, sodass die Erledigung bereits vor Klageerhebung im November eingetreten ist. Insofern ist das Begehren des A von der gesetzlichen Konstellation des § 113 Abs. 1 S. 4 VwGO nicht erfasst.

---

4 Die FFK ist nach h.M. eine eigenständige besondere Feststellungsklage, nicht jedoch ein Unterfall der allgemeinen Feststellungsklage, weil die allgemeine Feststellungsklage anders als die FFK nicht von einer anderen Klageart abhängig ist (Heinze/Sahan JA 2007, 806 ff. m.w.N.). Deshalb kann nicht beim Prüfungspunkt „statthafte Klageart" zunächst nur die Feststellungsklage genannt werden, um dann erst bei den besonderen Sachurteilsvoraussetzungen die Merkmale der FFK zu nennen. Im Übrigen müsste dies ggf. konsequent dann auch für die Verpflichtungsklage gelten, die lediglich eine besondere Leistungsklage ist.

2. Analogie vor Klageerhebung

Fraglich ist, ob die Fortsetzungsfeststellungsklage über den Gesetzeswortlaut bei Erledigung vor Klageerhebung analog anwendbar ist.

Unabhängig von einer möglichen gewohnheitsrechtlichen Anerkennung der Anwendung der Fortsetzungsfeststellungsklage bei einer Erledigung eines Verwaltungsaktes vor Klageerhebung kann die Analogie auch dogmatisch begründbar sein. Voraussetzung einer analogen Anwendung der Fortsetzungsfeststellungsklage bei einer Erledigung des Verwaltungsaktes vor Klageerhebung ist zunächst eine planwidrige Gesetzeslücke. Es darf daher keine andere normierte Klageart bei Erledigung vor Klageerhebung einschlägig sein. Eine Anfechtungs- bzw. Verpflichtungsklage kommt jedenfalls deshalb nicht in Betracht, weil dem Kläger wegen des Wegfalls der Beschwer bzw. des Begehrens das Rechtsschutzbedürfnis, dessen besondere Ausprägung die Klagebefugnis darstellt, fehlt. Eine Nichtigkeitsfeststellungsklage ist nur bei einem nach § 44 NRW VwVfG nichtigen Verwaltungsakt die geeignete Klageart, jedoch nicht bei der Feststellung der bloßen Rechtswidrigkeit eines Verwaltungsaktes. Die einzige in Betracht kommende Klageart ist die allgemeine Feststellungsklage nach § 43 Abs. 1 Alt. 1 VwGO, von der auch erledigte konkrete Rechtsverhältnisse erfasst sind. Es müsste somit die zur analogen Anwendung der Fortsetzungsfeststellungsklage bei einer Erledigung des Verwaltungsaktes vor Klageerhebung erforderliche gesetzliche Regelungslücke abgelehnt werden, wenn die allgemeine Feststellungsklage einschlägig wäre. Eine Voraussetzung der allgemeinen Feststellungsklage ist es aber, dass das Bestehen oder Nichtbestehen eines konkreten Rechtsverhältnisses festgestellt werden soll.

Ein konkretes Rechtsverhältnis ist eine rechtliche Beziehung zwischen Personen oder von Personen zu Sachen, die sich aus einer rechtlichen Regelung ergibt. Ein Verwaltungsakt ist jedoch selbst ein Rechtssetzungsakt der Exekutive und stellt daher eine rechtliche Regelung dar. Ein Verwaltungsakt kann daher zwar auf einem Rechtsverhältnis beruhen oder ein solches begründen, jedoch kann er selbst kein solches darstellen, weil zwischen der Regelung selbst und der von ihr ausgehenden Rechtsbeziehung zu trennen ist.

Auf das dem Verwaltungsakt vor- oder nachgelagerte Rechtsverhältnis als konkretes Rechtsverhältnis im Rahmen einer allgemeinen Feststellungsklage kann für die Ablehnung einer gesetzlichen Regelungslücke bei der Erwägung einer analogen Anwendung der Fortsetzungsfeststellungsklage nicht abgestellt werden, weil das vor- oder nachgelagerte Rechtsverhältnis nicht Gegenstand des Klageantrages und des Klagebegehrens – an letzteres ist das Gericht gemäß § 88 VwGO gebunden – ist. Zwar ist eine derartige allgemeine Feststellungsklage bezüglich des dem Verwaltungsakt vor- bzw. nachgelagerten Rechtsverhältnisses denkbar, jedoch entspricht dessen Prüfung nicht dem Klagebegehren, denn das vorgelagerte Rechtsverhältnis würde, selbst wenn es trotz des anders lautenden Klageantrages als konkretes Rechtsverhältnis herangezogen werden würde, keinen zwingenden Schluss auf die Rechtswidrigkeit des erledigten Verwaltungsaktes zulassen.

Auch eine die Feststellung des Bestehens oder des Nichtbestehens des nachgelagerten Rechtsverhältnisses betreffende Klage ließe keinen zwingenden Rückschluss auf die Rechtmäßigkeit bzw. Rechtswidrigkeit des dem Kläger gegenüber erlassenen bzw. von ihm erstrebten Verwaltungsaktes zu, weil ein solcher schon mit seiner Rechtswirksamkeit unabhängig von seiner Rechtmäßigkeit Wirkung entfaltet und trotz Rechtswidrigkeit bestandskräftig werden kann. Des Weiteren spricht für einen Ausschluss der allgemeinen Feststellungsklage, dass eine Anfechtungs- bzw. eine Verpflichtungsklage stets entsprechend dem Gesetzeswortlaut des § 43 Abs. 2 S. 1 VwGO „hätte erhoben werden können", wenn sich der Verwaltungsakt nicht erledigt hätte. Zudem erscheint es systemfremd, je nach dem zufälligen Zeitpunkt der Erledigung des Verwaltungsaktes unterschiedliche Klagearten – Anfechtung und allgemeine Feststellung – mit einem jeweils unterschiedlichen Klagegegenstand und unterschiedlichen Voraussetzungen für dasselbe Klagebegehren heranzuziehen, während bei einer Fortsetzungsfeststellungsklage im Sinne des § 113 Abs. 1 S. 4 VwGO ebenso wie bei einer Anfechtungs- und Verpflichtungsklage gemäß § 42 Abs. 1 Alt. 2 VwGO ein Verwaltungsakt den Klagegegenstand darstellt.

Ein weiteres Argument für die Annahme einer planwidrigen Gesetzeslücke und somit für eine analoge Anwendung der Fortsetzungsfeststellungsklage bei einer Erledigung des Verwaltungsaktes vor Klageerhebung ergibt sich aus dem Sinn und Zweck der Regelung des § 113 Abs. 1 S. 4 VwGO. Der Gesetzgeber sah offenbar ein Bedürfnis für die Schaffung einer Regelung, die eine Klagemöglichkeit bei Erledigung eines Verwaltungsaktes gewährte. Für den Fall der Erledigung eines Verwaltungsaktes nach Klageerhebung wurde deshalb § 113 Abs. 1 S. 4 VwGO geschaffen. Die Schaffung einer lediglich deklaratorischen Norm wäre überflüssig gewesen und somit kaum erfolgt. Wäre ein Verwaltungsakt ein konkretes Rechtsverhältnis, hätte § 113 Abs. 1 S. 4 VwGO keinen Regelungsinhalt mehr. Zwar könnte darauf abgestellt werden, dass durch § 113 Abs. 1 S. 4 VwGO geregelt würde, dass eine Umstellung der Klage unabhängig von § 91 VwGO jederzeit auf Antrag erfolgen könnte, jedoch ist dies bei der Erledigung konkreter Rechtsverhältnisse im Rahmen der allgemeinen Feststellungsklage ebenfalls ohne Klageänderung nach § 264 Nr. 3 ZPO i.V.m. § 173 VwGO möglich.

Würde § 113 Abs. 1 S. 4 VwGO bei der Einordnung eines Verwaltungsaktes als konkretes Rechtsverhältnis also überflüssig, bedeutet dies, dass der Gesetzgeber zumindest die Erledigung eines Verwaltungsaktes nach Klageerhebung als nicht von der allgemeinen Feststellungsklage erfasst ansah. Daraus folgt, dass der Gesetzgeber selbst davon ausging, die Feststellung der Rechtswidrigkeit von Verwaltungsakten als Rechtssetzungsakte sei nicht von der allgemeinen Feststellungsklage im Sinne des § 43 Abs. 1 Alt. 1 VwGO erfasst – seien sie erledigt oder nicht. Vielmehr lässt sich aus der Schaffung der Fortsetzungsfeststellungsklage in § 113 Abs. 1 S. 4 VwGO für die Erledigung eines Verwaltungsaktes nach Klageerhebung schließen, dass die allgemeine Feststellungsklage lediglich bei Realakten oder sonstigen Rechtsbeziehungen die statthafte Klageart darstellt. Würde die allgemeine Feststellungsklage auch Verwaltungsakte als Rechtssetzungsakte erfassen, hätte der Gesetzgeber für den Fall der Erledigung eines Verwaltungsaktes nach Klageerhebung nämlich keine Fortsetzungsfeststellungsklage zu regeln brauchen. Vielmehr wäre mit der allgemeinen Feststellungsklage schon eine einschlägige Klageart vorhanden gewesen.

Die Regelung über die Feststellung der Nichtigkeit eines Verwaltungsaktes nach § 43 Abs. 1 Alt. 2 VwGO i.V.m. § 43 Abs. 2 S. 2 VwGO steht dieser Argumentation nicht entgegen. Zwar könnte der analogen Anwendung der Fortsetzungsfeststellungsklage entgegengehalten werden, dass die Nennung der Feststellung der Nichtigkeit eines Verwaltungsaktes zeige, dass Verwaltungsakte als Rechtssetzungsakte von der allgemeinen Feststellungsklage sowohl bezüglich ihrer Nichtigkeit als auch bezüglich ihrer Rechtmäßigkeit erfasst seien. Jedoch muss die in § 43 Abs. 1 Alt. 2 VwGO i.V.m. § 43 Abs. 2 S. 2 VwGO genannte Nichtigkeitsfeststellung als vom Gesetzgeber gewollte Ausnahmeregelung dahingehend betrachtet werden, dass nichtige Verwaltungsakte von der allgemeinen Feststellungsklage erfasst sind. Wäre nämlich schon die Feststellung der Rechtswidrigkeit eines Verwaltungsaktes von der allgemeinen Feststellungsklage erfasst, wäre die Benennung des nichtigen Verwaltungsaktes in § 43 Abs. 1 Alt. 2 VwGO überflüssig, weil dieser dann „erst recht" von der allgemeinen Feststellungsklage umfasst wäre – schließlich ist ein nichtiger Verwaltungsakt auch rechtswidrig.

Auch aus der in § 43 Abs. 2 S. 1 VwGO benannten Voraussetzung der Subsidiarität der allgemeinen Feststellungsklage gegenüber der Gestaltungsklage ergibt sich nicht, die Feststellung der Rechtswidrigkeit von Verwaltungsakten sei von der allgemeinen Feststellungsklage erfasst. Es könnte zwar darauf abgestellt werden, dass die Anfechtungsklage, welche die Aufhebung rechtswidriger Verwaltungsakte betrifft, die einzige in der Verwaltungsgerichtsordnung vorgesehene Gestaltungsklage ist, sodass schon aus dem Vorhandensein der Subsidiaritätsregelung des § 43 Abs. 2 S. 1 VwGO bezüglich der Feststellungsklage gegenüber der Gestaltungsklage geschlossen werden könnte, dass rechtswidrige Verwaltungsakte von § 43 Abs. 1 Alt. 1 VwGO grundsätzlich erfasst seien. Die Subsidiaritätsregelung in § 43 Abs. 2 S. 1 VwGO könnte in Bezug auf die Gestaltungsklage nämlich überflüssig sein, wenn rechtswidrige Verwaltungsakte nicht von der Feststellungsklage erfasst wären, weil die Feststellungsklage dann niemals in Konkurrenz zur Anfechtungsklage als einziger Gestaltungsklage stehen könnte.

Gegen eine solche Argumentation spricht allerdings, dass sich ein Konkurrenzverhältnis der Klagearten im Sinne der Subsidiaritätsregelung des § 43 Abs. 2 S. 1 VwGO nicht nur ergeben kann, wenn in dem durch die Gestaltungsklage anfechtbaren Verwaltungsakt das Rechtsverhältnis der Feststellungsklage gesehen wird. Erfasst die allgemeine Feststellungsklage nur das dem Verwaltungsakt nachgelagerte Rechtsverhältnis, kann aber der Verwaltungsakt als vorgelagerter Rechtssetzungsakt durch eine Gestaltungsklage in Form der Anfechtungsklage beseitigt werden, besteht schon insoweit ein Konkurrenzverhältnis der Gestaltungsklage zur Feststellungsklage, als eine allgemeine Feststellungsklage bezüglich des dem Verwaltungsakt nachgelagerten Rechtsverhältnisses ebenso wie eine Anfechtungsklage bezüglich des Verwaltungsaktes selbst möglich ist. Durch die Subsidiaritätsklausel wird somit sichergestellt, dass primär die Anfechtung des vorgelagerten Verwaltungsaktes verfolgt wird, bevor eine mangels vollstreckbaren Tenors ineffektivere allgemeine Feststellungsklage bezüglich des nachgelagerten Rechtsverhältnisses erhoben wird. Es besteht also ein Konkurrenzverhältnis der Anfechtungsklage zur allgemeinen Feststellungsklage, obwohl der anfechtbare Verwaltungsakt kein Rechtsverhältnis im Sinne des § 43 Abs. 1 Alt. 1 VwGO darstellt, sodass die Subsidiaritätsklausel nicht überflüssig ist, wenn Verwaltungsakte als von der allgemeinen Feststellungsklage nicht erfasst eingestuft werden. Aus dem Bestehen der Subsidiaritätsklausel lässt sich daher nicht schließen, dass rechtswidrige Verwaltungsakte von § 43 VwGO erfasst sind.

Die Feststellung der Rechtswidrigkeit von Verwaltungsakten ist von der allgemeinen Feststellungsklage somit nicht erfasst. Wäre das anders, wäre schon die Erschaffung der Fortsetzungsfeststellungsklage für die Erledigung nach Klageerhebung überflüssig, weil die allgemeine Feststellungsklage insoweit hinreichend gewesen wäre.

Sind von der allgemeinen Feststellungsklage im Sinne des § 43 Abs. 1 Alt. 1 VwGO Verwaltungsakte nach alledem nicht erfasst, ist die allgemeine Feststellungsklage bei der Erledigung eines Verwaltungsaktes vor Klageerhebung nicht statthaft. Auch eine von einem Kläger begehrte Feststellung des Bestehens eines Anspruches auf Aufhebung eines Verwaltungsaktes ist somit sogar unabhängig davon, dass sie nicht dem Klageantrag entspricht, nicht von der allgemeinen Feststellungsklage nach § 43 Abs. 1 Alt. 1 VwGO erfasst. Da der Gesetzgeber die Fortsetzungsfeststellungsklage nur für die Konstellation der Erledigung nach Klageerhebung geschaffen und dabei die Möglichkeit der Erledigung vor Klageerhebung übersehen hat, besteht insoweit eine Regelungslücke im Gesetz. Um den in Art. 19 Abs. 4 S. 1 GG verfassungsrechtlich vorgesehenen Rechtsschutz zu gewähren und diesen nicht vom Zufall abhängig zu machen – ob die Erledigung vor oder nach Klageerhebung erfolgt, ist häufig vom Zufall abhängig – ist die Regelungslücke planwidrig. Aufgrund der vorstehend angeführten identischen Interessenlage ist § 113 Abs. 1 S. 4 VwGO bei einer Erledigung vor Klageerhebung analog anzuwenden.

3. Analogie in Verpflichtungskonstellationen[5]

A erstrebte ursprünglich keine Anfechtung, sondern eine Leistung in Form des Erlasses eines Verwaltungsaktes in Gestalt der Zugangserlaubnis zur Herbstmesse. Auch in Verpflichtungskonstellationen kann eine Erweiterung des Anwendungsbereiches der Fortsetzungsfeststellungsklage mittels einer Analogie möglich sein. Das gilt sowohl bei einer Erledigung nach Klageerhebung – einfach analoge Anwendung – als auch bei einer Erledigung vor Klageerhebung – doppelt analoge Anwendung. Die Erledigung bezieht sich im Verpflichtungsfall auf die Pflicht der Behörde, einen Verwaltungsakt zu erlassen oder zumindest fehlerfrei zu bescheiden. Für eine analoge Anwendung der Fortsetzungsfeststellungsklage vor oder nach der Erhebung einer Verpflichtungsklage bedarf es einer planwidrigen Regelungslücke im Gesetz. Eine solche bestünde nicht, wenn die allgemeine Feststellungsklage i.S.d. § 43 Abs. 1 VwGO anwendbar wäre. Ob es aufgrund der Anwendbarkeit der allgemeinen Feststellungsklage nach § 43 Abs. 1 VwGO an einer für die analoge Anwendung des § 113 Abs. 1 S. 4 VwGO erforderlichen Regelungslücke fehlt, ist im Hinblick auf die Art der Verpflichtungsklage vor der Erledigung – Versagungsgegenklage oder Untätigkeitsklage – differenziert zu betrachten.

a) Untätigkeitsklage[6]

Die analoge Anwendung des § 113 Abs. 1 S. 4 VwGO im Rahmen einer Untätigkeitsklage i.S.d. § 75 VwGO ist problematisch. Man könnte der Auffassung sein, eine analoge Anwendung der Fortsetzungsfeststellungsklage sei abzulehnen, weil es wegen der Anwendbarkeit der allgemeinen Feststellungsklage einerseits an einer Regelungslücke fehle und andererseits keine mit § 113 Abs. 1 S. 4 VwGO

---

5 Die Ausführungen zur Analogie bei Verpflichtungskonstellationen können in der Examensklausur auch undifferenzierter erfolgen, ohne dass eine Prädikatsbewertung entfällt. Schon aus Zeitgründen wird sich der Kandidat auf die wesentlichen Argumente beschränken müssen.
6 Da es keine Untätigkeit der Behörde gibt, ist die ausführliche Argumentation mit anschließender Ablehnung nicht zwingend. Sie kann in anders gelagerten Fällen aber geboten sein.

vergleichbare Interessenlage bestehe, da nicht die Rechtmäßigkeit eines Verwaltungsaktes zu prüfen sei, sondern ein Untätigbleiben der Verwaltung (zum Ganzen: Ehlers Jura 2001, 415 ff.). Lediglich, wenn die Vornahme eines Verwaltungsaktes abgelehnt wurde und über den Widerspruch nicht beschieden wird, würde ein Verwaltungsakt mit Sperrwirkung bestehen, sodass § 113 Abs. 1 S. 4 VwGO insoweit analog anwendbar wäre. Im Übrigen könnte es an einem eine Sperrwirkung entfaltenden Verwaltungsakt fehlen, sodass nicht die Rechtmäßigkeit eines ablehnenden Verwaltungsaktes, sondern das Untätigbleiben der Verwaltung maßgeblich wäre. Allerdings bestehen gewichtige Argumente gegen die Ablehnung der analogen Anwendung des § 113 Abs. 1 S. 4 VwGO bei Verpflichtungsklagen in Form der Untätigkeit.

Eine Regelungslücke besteht, wenn die Feststellung der Verpflichtung der Exekutive zum Erlass eines Verwaltungsaktes von der allgemeinen Feststellungsklage nicht erfasst ist. Zwar könnte darauf abgestellt werden, dass bei der Erledigung der Verpflichtung der Verwaltung zum Erlass eines Verwaltungsaktes ein Untätigbleiben der Verwaltung zu prüfen ist, jedoch ist für die Rechtmäßigkeit des Untätigbleibens der Verwaltung nicht zwingend zu erörtern, ob ein zu erlassender Verwaltungsakt rechtmäßig gewesen wäre. Die sogenannte Untätigkeitsklage ist keine eigenständige Klageart, sondern modifiziert nur die Sachurteilsvoraussetzungen der Klage auf Verpflichtung zum Erlass eines Verwaltungsaktes, bei der es um die Prüfung eines Anspruches auf Erlass eines Verwaltungsaktes geht. Aufgrund eines entsprechenden Feststellungsinteresses kann es dem Kläger aber darum gehen, nicht nur den Anspruch auf den Erlass eines Verwaltungsaktes prüfen zu lassen, sondern auch dessen Rechtmäßigkeit, vorausgesetzt dem Kläger wird insoweit das Rechtsschutzbedürfnis nicht abgesprochen. Ebenso wie die Anwendbarkeit der allgemeinen Feststellungsklage bei einer Erledigung vor Klageerhebung im Anfechtungsfall mit der Begründung abgelehnt worden ist, ein vorgelagertes Rechtsverhältnis lasse keinen zwingenden Schluss auf die Rechtmäßigkeit eines Verwaltungsaktes zu, sodass dieser im Rahmen einer analogen Anwendung der Fortsetzungsfeststellungsklage zu erörtern sei, ist die allgemeine Feststellungsklage, welche das dem Verwaltungsakt vorgelagerte Rechtsverhältnis – dieses ist gleichzeitig das einem in der Regel höherrangigen Rechtssetzungsakt nachgelagerte Rechtsverhältnis – erfasst, auch dann nicht einschlägig, wenn es dem Kläger um die Feststellung der Pflicht der Verwaltung zum Erlass eines Verwaltungsaktes geht.

Ist die Verwaltung z.B. aufgrund eines Vorbescheides zum Erlass eines Verwaltungsaktes gezwungen oder wegen der Bestandskraft des Vorbescheides zur Ablehnung des Verwaltungsaktes berechtigt, kann sich aus dem vorgelagerten Rechtsverhältnis des Verwaltungsaktes das Recht der Verwaltung zur Ablehnung bzw. die Pflicht zur ermessensfehlerfreien Bescheidung ergeben, obwohl sich aus der Prüfung der Rechtmäßigkeit des angestrebten Verwaltungsaktes am Gesetz z.b. im Hinblick auf eine etwaige Wiederholungsgefahr wegen einer Ermessensreduktion die Pflicht zum Erlass oder das Recht zur Ablehnung ergeben würden. Gleiches gilt beispielsweise bei Abschluss eines öffentlich-rechtlichen Vertrages mit einem Dritten unter Zustimmung des Klägers, der den Anspruch auf Erlass eines Verwaltungsaktes ausschließt. Die Verwaltung hätte grundsätzlich die Möglichkeit der Ermessensbescheidung auch zugunsten des Klägers, während bei Betrachtung des zu erlassenden Verwaltungsaktes aufgrund des Vertrages das Ermessen reduziert ist, sodass sich aus dem vorgelagerten Rechtsverhältnis keine zwingende Tätigkeit der Verwaltung ergibt. Aus dem vorgelagerten Rechtsverhältnis des Untätigbleibens ergibt sich in Ausnahmefällen – soweit es um eine Wiederholungsgefahr geht – daher kein zwingender Rückschluss auf die Rechtmäßigkeit eines nach der Gesetzeslage erstrebten Verwaltungsaktes bei drohender Wiederholung, weil die gesetzlichen Regeln in der erledigten Situation anders als in der zukünftig drohenden Situation durch andere Rechtssetzungsakte überlagert gewesen sein können. Die allgemeine Feststellungsklage führt insoweit nicht zur Erreichung des vom Kläger verfolgten Klagezieles.

Die erstrebte Feststellung bezieht sich zudem nicht auf irgendein Handeln, zu welchem die Verwaltung verpflichtet gewesen wäre, sondern es soll festgestellt werden, ob die Verwaltung einen bestimmten Verwaltungsakt hätte erlassen müssen, also ob ein Anspruch auf den Erlass eines Verwaltungsaktes zumindest in Form einer fehlerfreien Bescheidung bestand. Darin ist eine qualifizierte Tätigkeit der Verwaltung zu sehen. Gegenstand der Klage ist daher die Pflicht zum Erlass eines Verwaltungsaktes als Rechtssetzungsakt, welcher von der allgemeinen Feststellungsklage nicht erfasst ist. Die Feststellung der Rechtswidrigkeit des Nichterlasses eines Verwaltungsaktes trotz eines insoweit bestehenden Anspruches geht nämlich über die bloße Feststellung der Rechtswidrigkeit des Untätigbleibens der Verwaltung hinaus.

Darüber hinaus ist der beim Verhältnis der allgemeinen Leistungsklage zur Verpflichtungsklage zugrunde liegende Rechtsgedanke zu beachten. Der Gesetzgeber ist offenbar davon ausgegangen, dass die Überprüfung des Untätigbleibens der Verwaltung bezüglich des Erlasses eines Verwaltungsaktes nicht von solchen Klagearten erfasst sein soll, welche regelmäßig ein Tun oder Unterlassen durch reales Verwaltungshandeln beinhalten. Anderenfalls hätte der Gesetzgeber in § 42 Abs. 1 Alt. 2 VwGO nämlich keine Verpflichtungsklage zu regeln brauchen, aufgrund derer die Verwaltung zum Handeln in Form eines Verwaltungsaktes verurteilt werden kann. Dort ist ebenfalls ein Untätigbleiben der Verwaltung Gegenstand der Klage. Vielmehr hätte – da eine Handlungspflicht Gegenstand des Klageantrages ist – die allgemeine Leistungsklage, welche z.B. in den §§ 43 Abs. 2, 111 VwGO vorausgesetzt ist, zur Verfolgung des Klagezieles – der Verpflichtung zum Handeln der Verwaltung durch einen Verwaltungsakt – genügt. Auch eine Feststellung der Pflicht zum Erlass eines Verwaltungsaktes hätte die Verwaltung aufgrund ihrer aus Art. 20 Abs. 3 GG folgenden Pflicht zum rechtmäßigen Handeln gebunden, wenngleich ein Feststellungstitel anders als ein Leistungstitel nicht vollstreckbar ist. Dennoch sah der Gesetzgeber die Leistung in der Form des Erlasses eines Verwaltungsaktes als Rechtssetzungsakt offenbar als von der allgemeinen Leistungsklage nicht erfasst an und schuf die Verpflichtungsklage. Wird dies auf die Feststellungsfälle übertragen, besteht eine Parallele der allgemeinen Leistungsklage zur allgemeinen Feststellungsklage, welche die Prüfung der Rechtmäßigkeit von erlassenen oder zu erlassenden Verwaltungsakten als Rechtssetzungsakte ebenfalls nicht beinhaltet. Bedurfte es für den Zeitraum vor Erledigung aufgrund des Untätigbleibens der Verwaltung bezüglich des Erlasses eines Verwaltungsaktes mit der Verpflichtungsklage einer besonderen maßnahmespezifischen Klageart, ist der Nichterlass eines Verwaltungsaktes auch für den Zeitraum nach der Erledigung als qualifiziertes Untätigbleiben der Verwaltung einzuordnen, welches entsprechend der Verpflichtungsklage im Verhältnis zur allgemeinen Leistungsklage vor Erledigung einer über die allgemeine Feststellungsklage hinausgehenden gesonderten Klageart bedurft hätte. Diese Parallelwertung ist zulässig, obwohl eine allgemeine Leistungsklage anders als die allgemeine Feststellungsklage im Gesetz nicht gesondert geregelt ist, denn ihr Bestehen wird in den genannten Normen vorausgesetzt.

Der Unterschied besteht darin, dass der Gesetzgeber jedoch die Erledigung eines Untätigbleibens bezogen auf ein Handeln der Verwaltung in Form eines Verwaltungsaktes nicht bedacht hat und daher nicht parallel zur Verpflichtungsklage im Verhältnis zur allgemeinen Leistungsklage eine vergleichbare Fortsetzungsfeststellungsklage im Verhältnis zur allgemeinen Feststellungsklage geschaffen hat. Folglich besteht insoweit eine planwidrige Regelungslücke im Gesetz, welche durch die analoge Anwendung der Fortsetzungsfeststellungsklage zu schließen ist. Die vergleichbare Interessenlage besteht, weil die Prüfung der Untätigkeit der Verwaltung auch die Prüfung der Verpflichtung der Verwaltung zum Erlass eines Verwaltungsaktes erfordert. Die Fortsetzungsfeststellungsklage ist folglich auch im Rahmen der Verpflichtung der Verwaltung zum Erlass eines Verwaltungsaktes bei Erledigung vor – doppelte Analogie – oder nach – einfache Analogie – Klageerhebung bei Untätigkeit der Verwaltung grundsätzlich analog anwendbar.

Eine Einschränkung des Anwendungsbereiches dieser analogen Anwendung der Fortsetzungsfeststellungsklage aus § 113 Abs. 1 S. 4 VwGO bei Erledigung von Verpflichtungsfällen könnte sich aus einer Differenzierung zwischen dem Anspruch auf Erlass eines Verwaltungsaktes und dem bloßen Bescheidungsanspruch, welcher auch durch eine ablehnende Bescheidung erfüllt werden kann, ergeben. Ein qualifiziertes Untätigbleiben mit Bezug zum Verwaltungsakt könnte lediglich beim Anspruch auf Erlass eines Verwaltungsaktes angenommen und beim Bescheidungsanspruch könnte auf ein einfaches Untätigbleiben der Verwaltung abgestellt werden, dessen Rechtswidrigkeit auch Gegenstand der allgemeinen Feststellungsklage sein kann. Bei Erledigung eines Bescheidungsanspruches wäre dann die allgemeine Feststellungsklage nach § 43 Abs. 1 VwGO statthaft, während es bei Erledigung eines Anspruches auf Erlass des Verwaltungsaktes bei der Analogie zu § 113 Abs. 1 S. 4 VwGO bliebe. Eine solche Differenzierung ist abzulehnen. Wie bereits dargelegt, ist von der allgemeinen Feststellungsklage nicht die Prüfung von Ansprüchen auf den Erlass bestimmter Verwaltungsakte erfasst. Auch für den Fall der Bescheidung verlangt der Kläger bei Untätigkeit der Verwaltung aber nach Erledigung die Feststellung, dass ein bestimmter Verwaltungsakt, nämlich ein fehlerfrei beschiedener Verwaltungsakt, hätte erlassen werden müssen. Der Antrag überschreitet also die Grenze des von der allgemeinen Feststellungsklage erfassten schlichten Handelns, sodass insoweit eine gesetzliche Regelungslücke besteht. Bei Untätigkeit der Verwaltung im Verpflichtungsfall ist nach Erledigung die Fortsetzungsfeststellungsklage aus § 113 Abs. 1 S. 4 VwGO analog anwendbar.

Letztlich ist die analoge Anwendung der Fortsetzungsfeststellungsklage bei Untätigkeit der Behörde jedoch nicht entscheidend, da die Behörde einen Ablehnungsbescheid erlassen hatte – unabhängig davon, ob sie dies musste oder nicht.

b) Versagungsgegenklage

A hatte eine Woche vor Beginn der Herbstmesse einen ablehnenden Bescheid von der Behörde erhalten, sodass er vor der Erledigung die Erteilung der Zugangserlaubnis unter Aufhebung des ablehnenden Bescheides und eines eventuell noch erforderlichen Widerspruchsbescheides – also einschließlich eines gestaltenden Elementes in Form der Versagungsgegenklage – bei Nichterledigung gerichtlich erstrebt hätte. Bei der Erledigung einer Verpflichtungskonstellation für den Fall einer Versagungsgegenklage ist die Fortsetzungsfeststellungsklage nach § 113 Abs. 1 S. 4 VwGO ebenfalls analog anwendbar, denn die Ablehnung des Verwaltungsaktes erfolgt ihrerseits in Gestalt eines Verwaltungsaktes, welcher nicht Gegenstand der allgemeinen Feststellungsklage sein kann. Ebenso wie in der Anfechtungskonstellation kann nicht auf das vorgelagerte Rechtsverhältnis zurückgegriffen werden. Wie bei Untätigkeit der Verwaltung ist auch eine Differenzierung zwischen dem Anspruch auf Erlass eines

Verwaltungsaktes und dem bloßen Bescheidungsanspruch nicht vorzunehmen, weil auch bei einem bloßen Bescheidungsanspruch festgestellt werden soll, ob die Verwaltung verpflichtet war, durch einen Verwaltungsakt fehlerfrei zu bescheiden. Insoweit ist bei Versagung des Verwaltungsaktes ebenso wie bei Untätigkeit der Verwaltung nicht zwischen dem Anspruch auf Erlass eines Verwaltungsaktes und dem auf fehlerfreie Bescheidung zu differenzieren. Eine das dem Ablehnungsbescheid vorgelagerte Rechtsverhältnis betreffende allgemeine Feststellungsklage nach § 43 Abs. 1 VwGO ist aufgrund dessen Sperrwirkung bei der Versagungsgegenklage nicht möglich, sodass die für eine Analogie erforderliche planwidrige Regelungslücke besteht und die Fortsetzungsfeststellungsklage aus § 113 Abs. 1 S. 4 VwGO auch bei Erledigung im Verpflichtungsfall der Versagungsgegenklage analog anwendbar ist.

4. Zwischenergebnis
Die Fortsetzungsfeststellungsklage gemäß § 113 Abs. 1 S. 4 VwGO ist aufgrund der Erledigung des Marktes vor Klageerhebung in analoger Anwendung[7] die statthafte Klageart.[8]

V. Besondere Sachurteilsvoraussetzungen
Die besonderen Sachurteilsvoraussetzungen können erfüllt sein.

1. Besondere Prozessführungsbefugnis
§ 78 VwGO als Regelung der besonderen Prozessführungsbefugnis ist gemäß der Abschnittsüberschrift des 8. Abschnitts der Verwaltungsgerichtsordnung bei

---

[7] Die These, dass es einer Erörterung des Streitstandes nicht mehr bedarf, weil das BVerwG die analoge Anwendung der FFK gelegentlich nicht mehr ausdrücklich benennt, überzeugt nicht. Zwar erörtert das BVerwG die genaue Klageart nicht immer, jedoch prüft es bei erledigten Verwaltungsakten eingeschränkt die besonderen Sachurteilsvoraussetzungen der §§ 68 ff. VwGO und stellt insoweit eine Abhängigkeit zur Anfechtungs- bzw. Verpflichtungsklage her. Eine solche Abhängigkeit von einer anderen Klageart gibt es bei der allgemeinen Feststellungsklage nicht. Somit ergibt sich aus den Erörterungen des BVerwG, dass es bei Erledigung vor Klageerhebung eine analoge Anwendung des § 113 Abs. 1 S. 4 VwGO annimmt, nicht aber auf eine allgemeine Feststellungsklage gemäß § 43 Abs. 1 VwGO abstellt.
[8] Auch mit etwas weniger Begründungsaufwand bei der Herleitung der analogen Anwendung lässt sich eine Prädikatsnote erreichen. Nur ein Verweis auf Gewohnheitsrecht genügt aufgrund des Streitstandes zu diesem Thema hingegen nicht einmal im Ansatz überdurchschnittlichen Anforderungen.
Zur Fortsetzungsfeststellungsklage insgesamt: Heinze/Sahan JA 2007, 806 ff. m.w.N.

Anfechtungs- und Verpflichtungsklagen anwendbar. Analog ist § 78 VwGO in Verfahren anwendbar, bei denen es um Verwaltungsakte geht, weil insoweit eine vergleichbare Interessenlage bei planwidriger Regelungslücke besteht. Da mit der Fortsetzungsfeststellungsklage gemäß § 113 Abs. 1 S. 4 VwGO die Feststellung der Rechtswidrigkeit eines Verwaltungsaktes erstrebt wird, ist § 78 VwGO insoweit analog anwendbar. Besonders prozessführungsbefugt ist analog § 78 Abs. 1 Nr. 1 VwGO die Stadt G vertreten durch den Bürgermeister.[9]

2. Fortsetzungsfeststellungsinteresse

Da es sich bei der Fortsetzungsfeststellungsklage um eine besondere Feststellungsklage handelt, ist ein Feststellungsinteresse in der Form eines Fortsetzungsfeststellungsinteresses erforderlich, für dessen Beurteilung der Zeitpunkt der letzten mündlichen Tatsachenverhandlung oder – bei Entscheidung ohne mündliche Verhandlung – der Zeitpunkt des Urteilsspruches maßgeblich ist. Dabei gibt es drei berücksichtigenswerte Interessen, die Wiederholungsgefahr, das Rehabilitierungsinteresse, welches besonders schwerwiegende Grundrechtseingriffe und effektiven Rechtsschutz i.S.d. Art. 19 Abs. 4 S. 1 GG impliziert, und die Vorbereitung eines Amtshaftungsanspruches als Präjudizinteresse.

Das Fortsetzungsfeststellungsinteresse der Vorbereitung eines Amtshaftungsanspruches kann nur in dem bezüglich des Erledigungszeitpunktes gesetzlich ausdrücklich geregelten Fall der Fortsetzungsfeststellungsklage ein solches Interesse begründen – bei Erledigung nach Klageerhebung in Anfechtungs- oder bei einfach analoger Anwendung des § 113 Abs. 1 S. 4 VwGO in Verpflichtungskonstellationen. Sollte die Fortsetzungsfeststellungsklage auch bei Erledigung des Verwaltungsaktes vor Klageerhebung analog anwendbar sein,

---

9 § 78 VwGO enthält nach h.M. eine Regelung über die besondere Prozessführungsbefugnis, die von der Beteiligungsfähigkeit und der Passivlegitimation zu trennen ist (MA: § 78 VwGO als Sonderregelung der Passivlegitimation, die aber in der Sachstation, also der Begründetheit, zu prüfen ist, da Passivlegitimation der Terminus für den materiell richtigen Klagegegner ist). Die besondere Prozessführungsbefugnis ist ein Unterpunkt bei den besonderen Sachurteilsvoraussetzungen und wird teilweise (vertretbar aber bzgl. der materiell-rechtlichen Passivlegitimation verwechslungsfähig) mit „Klagegegner" überschrieben.
 Einige Argumente für die h.M.:
 – § 78 VwGO steht systematisch bei den besonderen Sachurteilsvoraussetzungen
 – Gesetzgebungskompetenzen
 – falsche Behörde bzw. falscher Rechtsträger können nicht zum materiell richtigen Anspruchsgegner i.S. einer Passivlegitimation werden (zum Ganzen: Ehlers, Festschrift für Menger, S. 379 ff.; Hufen, Verwaltungsprozessrecht, § 12, Rn 38 ff. m.w.N.; vgl. OVG Münster NVwZ 1990, 188).

lässt sich aus der Prozessökonomie insoweit kein Fortsetzungsfeststellungsinteresse ableiten, denn in dieser Konstellation könnte der Betroffene unmittelbar das für das z.B. im Amtshaftungsrecht gemäß Art. 34 S. 3 GG zuständige
ordentliche Gericht anrufen, welches dann auch für die inzident relevanten öffentlich-rechtlichen Rechtsprobleme zuständig wäre, wenngleich beim Verwaltungsgericht anders als beim ordentlichen Gericht gemäß § 86 VwGO der Amtsermittlungsgrundsatz gilt. Unabhängig davon, ob dieses Interesse auch bei
einer Erledigung vor Klageerhebung besteht, geht es A jedenfalls nicht um eine
Amtshaftung oder andere Ersatzleistungen.

Ein Rehabilitierungsinteresse des A ist nicht ersichtlich. Jedenfalls besteht
aber eine Wiederholungsgefahr, weil A sich im nächsten Jahr erneut für einen
Schaustellplatz auf der Herbstmesse bewerben möchte und somit unter im Wesentlichen unveränderten tatsächlichen und rechtlichen Umständen mit be-
achtlicher Wahrscheinlichkeit erneut nicht zugelassen werden wird.

3. Weitere besondere Sachurteilsvoraussetzungen i.S.d. §§ 42 Abs. 2, 68 ff. VwGO

Möglicherweise sind die besonderen Sachurteilsvoraussetzungen der Anfech-
tungs- bzw. Verpflichtungsklage aus den §§ 42 Abs. 2, 68 ff. VwGO bei der Fortsetzungsfeststellungsklage analog anwendbar. Relevant ist dabei der Zeitpunkt
der Erledigung, sodass für die analoge Anwendbarkeit der §§ 42 Abs. 2, 68 ff.
VwGO zwischen dem Zeitraum vor der Erledigung und dem Zeitraum nach der
Erledigung zu differenzieren ist.[10]

a) Zeitraum vor der Erledigung

Jedenfalls für den Zeitraum vor der Erledigung des Verwaltungsaktes sind die
§§ 42 Abs. 2, 68 ff. VwGO analog anwendbar; anderenfalls könnte aus einer
mangels Klagebefugnis oder aufgrund einer Verfristung unzulässigen Anfech-
tungs- oder Verpflichtungsklage eine zulässige Fortsetzungsfeststellungsklage
werden. Die besonderen Sachurteilsvoraussetzungen der Anfechtungsklage
würden umgangen, sodass die für eine analoge Anwendung der §§ 42 Abs. 2,
68 ff. VwGO erforderliche planwidrige Gesetzeslücke und die vergleichbare Interessenlage insoweit gegeben sind.

---

10 Es handelt sich um eine analoge Anwendung der §§ 42 Abs. 2, 68 ff. VwGO, weil nunmehr
aus der Sicht der FFK geprüft wird (Zeitraum vor und nach Erledigung), obwohl die FFK vor der
Erledigung tatsächlich noch eine Anfechtungs- bzw. Verpflichtungsklage war, bei der die Voraussetzungen direkt anwendbar sind.

aa) Klagebefugnis

A muss bis zur Erledigung klagebefugt gewesen sein. Die Klagebefugnis nach § 42 Abs. 2 VwGO setzt die Möglichkeit der Verletzung eines subjektiven Rechts voraus. Subjektive Rechte leiten sich aus Sonderbeziehungen, einfachen Gesetzen, subsidiär aus Grundrechten ab, wobei aufgrund des weiten Schutzbereiches des Art. 2 Abs. 1 GG bei unmittelbaren Grundrechtseingriffen für das subjektive Recht direkt auf Grundrechte abgestellt werden kann. Ein unmittelbarer Grundrechtseingriff in z.B. die Berufsfreiheit aus Art. 12 Abs. 1 GG ist bei A nicht ersichtlich, da er mit dem Zugang zur Herbstmesse eine Leistung begehrt. Die Versagung einer Leistung stellt nur einen Grundrechtseingriff dar, wenn ein grundrechtlicher Anspruch auf die Leistung bestand. Maßgeblich ist für A ein möglicherweise bestehender Anspruch aus § 70 Abs. 1 GewO bezüglich des Zuganges zu einem Markt oder ein Anspruch auf Zugang zu einer kommunalen Einrichtung gemäß § 8 Abs. 2, 3 GO NRW.[11]

bb) Vorverfahren und Widerspruchsfrist

Ein Vorverfahren war gemäß § 68 Abs. 1 S. 2 VwGO i.V.m. § 110 Abs. 1 S. 1 JustizG entbehrlich, weil Ausnahmeregelungen für Marktzugangserlaubnisse i.S.d. § 110 Abs. 2, 3 S. 1 JustizG nicht bestehen.

cc) Klagefrist

Die Klagefrist von einem Monat nach Zustellung des Bescheides gemäß § 74 Abs. 1 S. 1 VwGO muss bis zur Erledigung des Veranstaltungsverbotes eingehalten worden sein. Dabei ist nicht maßgeblich, ob A tatsächlich Klage erhoben hatte, sondern nur, ob er bis zur Erledigung noch hätte Klage erheben können. Der ablehnende Bescheid wurde A eine Woche vor Beginn der Herbstmesse in der zweiten Septemberhälfte bekannt gegeben, wobei die Erledigung mit Beendigung der Herbstmesse ebenfalls in der zweiten Hälfte des Monats September erfolgte, sodass ein Monat nicht verstrichen war. A hätte bis zum Zeitpunkt der Erledigung eine Verpflichtungsklage erheben können.

---

11 **Zur Klagebefugnis:** Ist jemand Adressat eines belastenden Verwaltungsaktes, kann beim subjektiven Recht wegen des unmittelbaren Grundrechtseingriffes nach h.M. direkt auf Grundrechte abgestellt werden. Mittlerweile wird (dogmatisch überzeugend) auch insoweit vermehrt auf vorrangige speziellere subjektive Rechte abgestellt, wenn es sie gibt.

b) Zeitraum nach Erledigung

Für den Zeitraum nach der Erledigung des Verwaltungsaktes wären die besonderen Sachentscheidungsvoraussetzungen aus den §§ 42 Abs. 2, 68 ff. VwGO nur anwendbar, wenn die Fortsetzungsfeststellungsklage einen Sonderfall der Anfechtungsklage darstellen würde. Es müsste insoweit gegebenenfalls noch ein Fortsetzungsfeststellungswiderspruchsverfahren durchgeführt sowie die Klagefrist aus § 74 VwGO auch für diesen Zeitraum beachtet werden. Da der Fortsetzungsfeststellungsklage aber das für die Anfechtungsklage typische Alleinstellungsmerkmal der Gestaltungsfunktion fehlt, ist die Fortsetzungsfeststellungsklage als besondere Feststellungsklage einzuordnen. Für den Zeitraum nach der Erledigung bedarf es daher keiner entsprechenden Heranziehung der §§ 42 Abs. 2, 68 ff. VwGO. Eine für die analoge Anwendung der §§ 42 Abs. 2, 68 ff. VwGO erforderliche planwidrige Gesetzeslücke besteht, anders als für den Zeitraum vor Klageerhebung, nicht. Deshalb besteht für den Zeitraum nach der Erledigung eines Verwaltungsaktes weder eine Bindung an ein Vorverfahren noch eine Bindung an Fristen, es sei denn, ein Vorverfahren ist – so grundsätzlich im Beamtenrecht nach den §§ 126 Abs. 2 BBG, 54 Abs. 2 BeamtenStG i.V.m. dem Landesrecht – vorgesehen. Nach Ablauf eines längeren Zeitraumes kann das Fortsetzungsfeststellungsinteresse allenfalls z.B. wegen des Wegfalls der Rehabilitierungsmöglichkeit verwirkt sein.[12] Für den Zeitraum nach Erledigung gelten für A keine weiteren besonderen Sachurteilsvoraussetzungen.[13]

VI. Allgemeines Rechtsschutzbedürfnis

Fraglich ist, ob A rechtsschutzbedürftig ist. Am allgemeinen Rechtsschutzbedürfnis des A fehlt es, wenn ihm bezüglich seines Antrages schon vor Erledigung das Rechtsschutzbedürfnis fehlte. Das wäre anzunehmen, wenn A vor Stellung eines Leistungsantrages bei der Behörde bzw. vor der Erhebung einer Verpflichtungsklage einen Anfechtungsantrag bei der Behörde bzw. beim Gericht bezüglich der Zugangserlaubnisse der anderen Bewerber – C, D, E – hätte stellen müssen.[14]

Ein solches Vorgehen gegen die Zugangserlaubnisse zugunsten der C, D und E könnte erforderlich gewesen sein, weil durch ihre Zulassung zur Herbst-

---

12 Auch eine Verwirkung der FFK ist gemäß § 242 BGB i.V.m. Art. 20 Abs. 3 GG denkbar.

13 Nach h.M. sind besondere Voraussetzungen für den Zeitraum nach der Erledigung nicht erforderlich. **Ausnahme:** Im Beamtenrecht ist nach den §§ 54 Abs. 2 BeamtenStG, 126 Abs. 2 BBG grundsätzlich ein Vorverfahren erforderlich. Das Landesrecht kann aber Ausnahmen i.S.d. § 54 Abs. 2 S. 3 BeamtenStG enthalten.

14 Ob es bei Nichterledigung vor Stellung eines Leistungsantrages einer Abwehr der Zulassungen der Konkurrenten bedarf, ist strittig.

messe Plätze besetzt werden, welches bei begrenzter Kapazität das Zugangs-
recht des A beeinträchtigen kann. Insoweit könnte – zumindest bei einer geringen und überschaubaren Anzahl von Konkurrenten – ein Vorgehen gegen deren
Zulassungen notwendig sein, um erst die Voraussetzungen für den Leistungsanspruch des Klägers zu schaffen. Dies wäre aber bezüglich des sich unter anderem aus Art. 20 Abs. 3 GG ergebenden Rechtsstaatsprinzips problematisch, da
bei Bestehen des Leistungsanspruches des A die Behörde gegenüber den Konkurrenten die Möglichkeit hat, aus ihrer Pflicht zum rechtmäßigen Handeln
heraus durch Rücknahme und Widerruf gegebenenfalls i.S.d. §§ 48, 49 NRW
VwVfG tätig zu werden. Es bestehen anders als bei der Aufhebung der Ernennung eines statusrechtlichen Beamten keine besonderen Hindernisse. Es ist einem Kläger auch rechtsstaatlich nicht zumutbar, eine Vielzahl von Konkurrenten ausfindig zu machen, um gegen deren Zulassungen vorzugehen. Zwar
könnte dies bei einer begrenzten Anzahl von Konkurrenten – wie C, D und E –
ohne besonderen Aufwand möglich sein, gegen deren Zulassungen vorzugehen,
jedoch wäre dies jedenfalls im Hinblick auf ein Prozesskostenrisiko nicht zumutbar. Selbst wenn einer von mehreren Konkurrenten aufgrund einer Anfechtung seine Zulassung verlieren und der Kläger diesen Platz erhalten und sein
Begehren durchsetzen würde, müsste der Kläger dennoch die Kosten der übrigen Anfechtungsverfahren, die er verliert, tragen. Dies wäre mit dem Rechtsstaatsprinzip sowie der Gewährung eines effektiven Rechtsschutzes nicht vereinbar.

Ein Vorgehen gegen die Zulassungen der C, D und E war seitens des A somit
nicht erforderlich, sodass dessen Unterlassen einem allgemeinen Rechtsschutzbedürfnis für eine Klage nicht entgegenstehen kann. Darüber hinaus ist zu berücksichtigen, dass es sich bei der Fortsetzungsfeststellungsklage um erledigte
Verwaltungsakte handelt. Insoweit darf nicht durch die Erledigung, welche zu-
fallsabhängig sein kann, die Frist für ein Vorgehen gegen die Zulassungen Dritter verkürzt werden, welche je nach Konstellation durch § 70 VwGO, § 74 VwGO
oder § 58 Abs. 2 VwGO zu bemessen wäre. Selbst falls ein vorheriges Vorgehen
gegen die Zulassungen der Konkurrenten bis zur Erledigung erforderlich gewesen wäre, wäre allenfalls maßgeblich gewesen, ob es bis zum Zeitpunkt der Erledigung möglich gewesen wäre, mittels eines Widerspruches oder einer Klage
gegen die Zulassungen der Konkurrenten vorzugehen.

Nach alledem ist A rechtsschutzbedürftig.

VII. Zwischenergebnis

Nach alledem sind die Sachurteilsvoraussetzungen der Klage des V erfüllt und
die Klage ist zulässig.

B. Begründetheit

Die Klage ist analog § 113 Abs. 1 S. 4 VwGO i.V.m. § 113 Abs. 5 S. 1, 2 VwGO begründet, soweit die Ablehnung der Zulassung des A zur Herbstmesse rechtswidrig war, der Kläger dadurch in seinen Rechten verletzt worden und die Sache spruchreif gewesen ist bzw. soweit die Unterlassung der diesbezüglichen Bescheidung rechtswidrig war oder die erfolgte Bescheidung fehlerhaft und der Kläger dadurch in seinen Rechten verletzt worden ist. Somit ist die Klage begründet, soweit der Kläger einen Anspruch auf zumindest fehlerfreie Bescheidung hatte.

I. Anspruchsgrundlage

Es kann eine Anspruchsgrundlage bestehen, aus der sich ein Anspruch des A auf Zugang zur Herbstmesse ergab.

1. § 8 GO NRW

Als Anspruchsgrundlage kommt § 8 Abs. 2 GO NRW i.V.m. § 8 Abs. 3 GO NRW in Betracht. Gemäß § 8 Abs. 2 GO NRW sind Einwohner einer Gemeinde im Rahmen des geltenden Rechts berechtigt, Einrichtungen der Gemeinde zu benutzen, während sich eine solche Berechtigung gemäß § 8 Abs. 3 GO NRW auch für Gewerbetreibende ergibt, die – wie A – nicht Einwohner der Gemeinde sind. Eine öffentliche Einrichtung ist ein Sachbestand im Bereich der kommunalen Daseinsvorsorge, der zum zulassungsbedürftigen Gebrauch unabhängig von Organisationsform und Ausgestaltung des Benutzungsverhältnisses gewidmet ist, soweit der Einfluss der Gebietskörperschaft des öffentlichen Rechts zur Sicherstellung der Daseinsvorsorge gewährleistet ist. Bei teleologischer Auslegung der Norm ist der Begriff der Einrichtung im Sinne der Norm jedoch dahingehend eng auszulegen, dass es sich um eine gefestigte Gewährung der kommunalen Daseinsvorsorge handelt, also eine feste Anlage bestehen muss, zu deren Erhaltung die Bewohner der Gebietskörperschaft oder die dort Gewerbetreibenden regelmäßig Beiträge durch Gemeindelasten leisten. Nur gelegentlich stattfindende Märkte sind nicht hinreichend gefestigt und stellen somit keine Einrichtungen i.S.d. § 8 Abs. 2, 3 GO NRW dar. Die Herbstmesse ist eine jährlich stattfindende und somit vorübergehende Veranstaltung in Form eines Jahrmarktes i.S.d. § 69 Abs. 1 GewO i.V.m. § 68 Abs. 2 GewO, da sie jährlich wiederkehrt und eine Vielzahl von Anbietern Waren aller Art anbietet. Es fehlt somit an der notwendigen Festigkeit und den erforderlichen regelmäßigen Beiträgen durch Gemeindelasten. § 8 Abs. 2 GO NRW i.V.m. § 8 Abs. 3 GO NRW ist nicht die maßgebliche Anspruchsgrundlage. Zudem wird § 8 GO NRW zumindest bei einer Kollision von speziellen bundesrechtlichen Regelungen verdrängt, da Landesrecht gemäß Art. 31 GG durch Bundesrecht gebrochen wird (vgl. Tettinger/Wank-Tettinger, GewO § 70 Rn. 5; Dietlein, JURA 2002, 445 ff.; Spannowsky, GewArch 1995, 265 ff.).

2. § 70 Abs. 1 GewO
Anspruchsgrundlage ist somit § 70 Abs. 1 GewO.

II. Voraussetzungen
Die Voraussetzungen des § 70 Abs. 1 GewO können erfüllt gewesen sein.

1. Formell
Formell hatte A ordnungsgemäß einen Antrag bei der zuständigen Behörde gestellt.

2. Materiell
Materiell bedarf es gemäß § 70 Abs. 1 GewO einer nach § 69 GewO festgesetzten Veranstaltung und der Zugehörigkeit des Klägers zum Teilnehmerkreis. Die Herbstmesse ist eine jährlich stattfindende und somit vorübergehende Veranstaltung in Form eines Jahrmarktes i.S.d. § 69 Abs. 1 GewO i.V.m. § 68 Abs. 2 GewO, da sie jährlich wiederkehrt und eine Vielzahl von Anbietern Waren aller Art anbietet, wobei gemäß § 68 Abs. 3 GewO auch Tätigkeiten i.S.d. § 60b Abs. 1 GewO ausgeübt werden können, also solche unterhaltende Tätigkeiten i.S.d. § 55 Abs. 1 Nr. 2 GewO, die auch auf Volksfesten üblich sind. Dazu gehört gemäß § 55 Abs. 1 Nr. 2 GewO auch die unterhaltende Tätigkeit als Schausteller oder nach Schaustellerart. Die Betreibung eines Autoscooters, in dem Besucher der Herbstmesse sich vergnügen können, diente der Unterhaltung und stellte somit eine Tätigkeit als Schausteller bzw. nach Schaustellerart dar. A gehört als Betreiber eines Autoscooters auch zum Adressatenkreis, sodass die materiellen Voraussetzungen des § 70 Abs. 1 GewO erfüllt waren.

III. Rechtsfolge
Die Rechtsfolge könnte gemäß § 70 Abs. 1 GewO gebunden gewesen sein, sodass A berechtigt gewesen wäre, an der Herbstmesse teilzunehmen und die Behörde verpflichtet gewesen wäre, seinen Antrag positiv zu bescheiden. Eine Beschrän-

kung der Veranstaltung auf bestimmte Ausstellergruppen, Anbietergruppen oder Besuchergruppen i.S.d. § 70 Abs. 2 GewO ist nicht ersichtlich mit der Folge, dass A nicht aufgrund des § 70 Abs. 2 GewO der Zugang verweigert werden durfte.

Gemäß § 70 Abs. 3 GewO kann ein Veranstalter – auch die Stadt G als Veranstalterin der Herbstmesse – aus sachlich gerechtfertigten Gründen, insbesondere wenn der zur Verfügung stehende Platz nicht ausreicht, einzelne Aussteller, Anbieter oder Besucher von der Teilnahme an der Veranstaltung ausschließen. Insoweit besteht in der Rechtsfolge Ermessen. Mangels Anhaltspunkten für eine Ermessensreduktion auf Null ist maßgeblich, ob Ermessensfehler bestanden. Ein Ermessensausfall und eine Ermessensüberschreitung z.b. wegen eines unverhältnismäßigen Eingriffes in die Berufsfreiheit des A i.S.d. Art. 12 Abs. 1 GG ist nicht ersichtlich. Möglicherweise ist die Verweigerung des Zuganges gegenüber A jedoch die Ausprägung eines Ermessensfehlgebrauches (zum Ganzen: VG Neustadt AZ 4 K 939/10). Ein Ermessensfehlgebrauch besteht bei sachfremden Erwägungen, insbesondere bei sachwidriger Kopplung nicht zusammenhängender Aspekte.

Das dem Veranstalter in § 70 Abs. 3 GewO eingeräumte Ermessen ist insoweit begrenzt, als ein Ausschluss von Bewerbern nur bei Bestehen eines sachlich gerechtfertigten Grundes erlaubt ist (vgl. BVerwG NVwZ 1984, 585; NVwZ-RR 2006, 786). Dem Veranstalter steht im Übrigen ein weiter Gestaltungs- und Ermessensspielraum zu, von dem die Festlegung des für die Veranstaltung verfügbaren Platzes sowie die räumliche und branchenmäßige Aufteilung des verfügbaren Raumes erfasst sind (vgl. VGH Baden-Württemberg, Urteil vom 1.10. 2009 – 6 S 99/09 –, juris). Ein Bestandteil des konzeptionellen Gestaltungsspielraums ist auch die Festlegung sachlich gerechtfertigter Auswahlkriterien für den Fall eines Bewerberüberhanges (vgl. BVerwG, NVwZ-RR 2006, 786; OVG Rheinland-Pfalz, LKRZ 2008, 477). Durch Art. 12 GG und Art. 3 GG sowie den in § 70 Abs. 1 GewO enthaltenen Grundsatz der Marktfreiheit wird der Gestaltungsspielraum des Veranstalters jedoch eingeschränkt (vgl. VG Mainz, GewArch 2010, 313). Die Auswahlentscheidung im Falle eines Bewerberüberhanges muss deshalb auf der Grundlage eines für alle Bewerber einheitlichen, willkürfreien, nachvollziehbaren Verfahrens erfolgen (vgl. zum Grundsatz des fairen Verfahrens: OVG Niedersachsen, NVwZ-RR 2006, 177; Donhauser, NVwZ 2010, 931). Da ein bestimmter Auswahlmodus gesetzlich nicht vorgegeben ist, können zur Auswahl der Bewerber die unterschiedlichen Kriterien herangezogen werden.

Ein Rechtsgrundsatz, wonach vorrangig nur nach Attraktivität ausgewählt werden darf, ergibt sich weder aus § 70 Abs. 3 GewO noch aus den Grundrechten (vgl. OVG Rheinland-Pfalz, LKRZ 2008, 477). Die Kriterien der Attraktivität des Geschäfts und der Art und Qualität des Waren- und Leistungsangebots sind ebenso sachbezogen und sachgerecht (vgl. BVerwG, NVwZ-RR 2006, 786; OVG Nordrhein-Westfalen, Beschluss vom 2.7.2010 – 4 B 643/10 –, juris) wie die Kriterien der Größe des Geschäfts und der benötigten Anschlusswerte sowie der Lage der Stromanschlüsse des zu belegenden Standplatzes.

Das genannte Merkmal „bekannt und bewährt" stellt in diesem Kontext prinzipiell ein mögliches Differenzierungskriterium dar (OVG Rheinland-Pfalz LKRZ 2008, 477; VGH Baden-Württemberg, Urteil vom 27.2.2006 – 6 S 1508/04 –, juris). Das Merkmal ist an die Person des Stammteilnehmers gebunden und im Rahmen des Bewährten wird auch die Berücksichtigung früherer Schwierigkeiten bei der Marktabwicklung unterhalb der Schwelle der Unzuverlässigkeit erlaubt (VGH Baden-Württemberg, GewArch 1991, 344). Im Hinblick auf Art. 12 GG darf dieses Kriterium aber nicht allein für die Auswahl entscheidend sein. Die im Merkmal „bekannt und bewährt" enthaltene Tendenz zum Bestandsschutz könnte nämlich als Grundlage dazu verwendet werden, dass Neubewerbern unter Verletzung ihres grundsätzlich bestehenden Anspruchs auf Teilhabe dauerhaft jede realistische Zugangsmöglichkeit genommen wird.

Eine Auswahlentscheidung, der ein System zugrunde liegt, durch das Neubewerbern oder Wiederholungsbewerbern, die nicht kontinuierlich auf dem Markt vertreten waren, weder im Jahr der Antragstellung noch in einem erkennbaren zeitlichen Turnus eine greifbare Zulassungsmöglichkeit eingeräumt wird, besteht nicht mehr innerhalb der Ermessensgrenzen des § 70 Abs. 3 GewO (BVerwG, NVwZ 1984, 585; OVG Rheinland-Pfalz LKRZ 2008, 477). Nicht hinreichend ist insoweit die Möglichkeit, eine Zulassungschance nur durch eine höhere Attraktivität als bekannte und bewährte Mitbewerber zu erreichen (OVG Niedersachsen, NJW 2003, 531; VG Braunschweig NVwZ-RR 2008, 391; Braun, NVwZ 2009, 747, 749). Neubewerbern muss vielmehr auch bei gleicher Attraktivität und gleicher Qualität des Waren- oder Leistungsangebots nicht nur eine hypothetische, sondern eine wirkliche Zugangsmöglichkeit eröffnet sein, deren Ausgestaltung und verfahrensmäßige Absicherung den aus Art. 12 GG und Art. 3 GG folgenden Anforderungen gerecht werden muss.

Auch wenn dem Veranstalter insoweit ein gewisser Gestaltungsspielraum hinsichtlich des zeitlichen Turnus und einer bestimmten Quote zu berücksichtigender Neubewerber zukommt, kann er die Auswahl zwischen Stammteilnehmer und Neubewerber nicht nach freiem Ermessen bestimmen, sondern muss Kriterien benennen, die für jeden Bewerber voraussehbar eine reale Zulassungschance eröffnen (so auch VG Gießen, Beschluss vom 8.3.2006 – 8 G 245/06 –, juris; Braun NVwZ 2009, 747, 750; zum erkennbaren zeitlichen Turnus und zum Rotations- oder Losverfahren VG Braunschweig, Beschluss vom 12.9.2007 – 1 A 88/07 –, juris).

A gegenüber wurde für die Versagung des Zuganges lediglich auf die Bekanntheit und Bewährtheit der anderen Schausteller – C, D und E – abgestellt. Die Erwägungen waren nicht hinreichend, sodass A fehlerfrei zu bescheiden war.

C. Ergebnis

A hat mit seiner Klage Erfolg.

2. Komplex: Abwandlung

A. Sachurteilsvoraussetzungen

Die Sachurteilsvoraussetzungen können erfüllt sein.

I. Rechtsweg

Der Verwaltungsrechtsweg kann mangels aufdrängender Sonderzuweisung gemäß § 40 Abs. 1 S. 1 VwGO eröffnet sein. Im Übrigen kommt ein Verweisungsbeschluss i.S.d. § 17a Abs. 2 GVG i.V.m. § 173 VwGO in Betracht. Der Verwaltungsrechtsweg ist eröffnet, wenn die streitentscheidende öffentlich-rechtliche Norm einen Hoheitsträger einseitig berechtigt oder verpflichtet bzw. wenn aufgrund typisch hoheitlichen Handelns zwischen den Beteiligten ein Subordinationsverhältnis besteht. Streitentscheidende Norm i.S.d. § 40 Abs. 1 S. 1 VwGO ist bezüglich der Videoaufnahmen durch die Polizei § 15a Abs. 1 PolG NRW. Da die Streitigkeit mangels doppelter Verfassungsunmittelbarkeit nicht verfassungsrechtlicher Art und eine abdrängende Sonderzuweisung nicht ersichtlich ist, bleibt es bei der Eröffnung des Verwaltungsrechtsweges. Der Verwaltungsrechtsweg ist gemäß § 40 Abs. 1 S. 1 VwGO eröffnet.

II. Zuständigkeit

Das Verwaltungsgericht ist gemäß § 45 VwGO als Eingangsinstanz für öffentlich-rechtliche Streitigkeiten sachlich zuständig, da Anhaltspunkte für abweichende Regelungen wie z.B. § 50 VwGO nicht ersichtlich sind, sodass kein Verweisungsbeschluss gemäß § 17a Abs. 2 GVG i.V.m. § 83 VwGO gefasst werden wird.

III. Beteiligte

B und die zuständige Landesbehörde können Beteiligte des Verfahrens sein. Beteiligte sind nach § 63 Nr. 1, 2 VwGO jedenfalls unter anderem Kläger und Beklagter, beteiligungsfähig nach § 61 Nr. 1 VwGO natürliche und juristische Personen. Behörden sind gemäß § 61 Nr. 3 VwGO i.V.m. dem Landesrecht in Nordrhein-Westfalen nicht beteiligungsfähig. Als Kläger ist B gemäß § 61 Nr. 1 Alt. 1 VwGO beteiligungsfähig und gemäß § 62 Abs. 1 Nr. 1 VwGO prozessfähig.

Als Beklagter ist der Rechtsträger der Behörde maßgeblich, also das Land Nordrhein-Westfalen, welches gemäß §§ 63 Nr. 2, 61 Nr. 1 Alt. 2 VwGO beteiligungs- und mangels Anhaltspunkten bezüglich des für die Behörde handelnden Organwalters gemäß § 62 Abs. 3, Abs. 1 Nr. 1 VwGO prozessfähig ist.

IV. Statthafte Klageart

Die statthafte Klageart richtet sich gemäß § 88 VwGO nach dem klägerischen Begehren unter Berücksichtigung des Anwendungsvorranges maßnahmespezifischer Rechtsschutzformen und des rechtsstaatlichen Grundsatzes der Effektivität des Rechtsschutzes. Dem klägerischen Begehren entspricht i.d.R. die effektivste Klageart, also nach Möglichkeit die Anfechtungsklage gemäß § 42 Abs. 1 Alt. 1 VwGO als Gestaltungsklage der Verwaltungsgerichtsordnung, es sei denn, es gibt einen ausdrücklichen Antrag, der nicht überschritten werden darf. Voraussetzung der Anfechtungsklage ist, dass der Kläger die Aufhebung eines gegenwärtig wirkenden Verwaltungsaktes erstrebt. Ein Verwaltungsakt ist gemäß § 35 S. 1 NRW VwVfG jede Verfügung, Entscheidung oder andere hoheitliche Maßnahme, die eine Behörde zur Regelung eines Einzelfalls auf dem Gebiet des öffentlichen Rechts trifft und die auf unmittelbare Rechtswirkung nach außen gerichtet ist. B begehrte ursprünglich die Löschung von Videoaufzeichnungen. Da es sich bei der Löschung nicht um einen Verwaltungsakt, sondern um Realhandeln der Verwaltung handelte, wäre insoweit die allgemeine Leistungsklage die statthafte Klageart gewesen, die zwar nicht ausdrücklich in der Verwaltungsgerichtsordnung geregelt ist, deren Bestehen jedoch z.B. in den §§ 43 Abs. 2, 111, 113 VwGO vorausgesetzt wird.

Nunmehr begehrt B Feststellung. In Betracht kommt als statthafte Klageart eine allgemeine Feststellungsklage i.S.d. § 43 Abs. 1 VwGO, mittels derer das Bestehen oder Nichtbestehen eines konkreten Rechtsverhältnisses festgestellt werden kann. Ein konkretes Rechtsverhältnis ist eine rechtliche Beziehung zwischen Personen oder Personen und Sachen, die sich aus einer rechtlichen Regelung ergibt. B möchte festgestellt wissen, dass sich für ihn aus § 15a Abs. 2 PolG NRW kein konkretes Rechtsverhältnis dahingehend ergab, dass Bilder von seinem Fahrgeschäft aufgenommen und gespeichert werden durften. Er erstrebt somit die Feststellung bezüglich eines bereits erledigten und einer Norm – § 15a PolG NRW – nachgelagerten Rechtsverhältnisses, welches das subjektive Recht des B auf informationelle Selbstbestimmung aus Art. 1 Abs. 1 GG i.V.m. Art. 2 Abs. 1 GG betrifft.

Mangels planwidriger Regelungslücke bei vergleichbarer Interessenlage – es geht nicht um ein auf einen Verwaltungsakt bezogenes Feststellungsbegehren – ist nicht die Fortsetzungsfeststellungsklage gemäß § 113 Abs. 1 S. 4 VwGO in analoger Anwendung, sondern die allgemeine Feststellungsklage bezüglich eines erledigten Rechtsverhältnisses statthaft.

V. Besondere Sachurteilsvoraussetzungen
Die besonderen Sachurteilsvoraussetzungen können erfüllt sein.

1. Besondere Prozessführungsbefugnis
Mangels planwidriger Regelungslücke und vergleichbarer Interessenlage, die nur bei einem Verwaltungsakt als Streitgegenstand bestünde, ist § 78 Abs. 1 Nr. 1 VwGO als nach der gesetzlichen Überschrift des 8. Abschnittes der Verwaltungsgerichtsordnung nur direkt für Anfechtungs- und Verpflichtungsklagen geltende Norm nicht analog anwendbar. Da es sich bei der besonderen Prozessführungsbefugnis um eine Art Prozessstandschaft handelt, bedarf es einer solchen auch nicht zwingend, sodass es insoweit keinen besonders Prozessführungsbefugten gibt.

2. Feststellungsinteresse
Zugunsten des B muss ein Feststellungsinteresse bestehen. Grundsätzlich bedarf es insoweit eines rechtlichen, wirtschaftlichen oder ideellen Interesses. Da dem Kläger durch dieses weite Feststellungsinteresse weitgehende Klagemöglichkeiten ermöglicht werden, gelten sie bei gegenwärtigen Rechtsverhältnissen. Bei erledigten Rechtsverhältnissen besteht mangels gegenwärtiger Betroffenheit ein geringeres Rechtsschutzbedürfnis der Kläger, sodass insoweit erhöhte Anforderungen an das Feststellungsinteresse zu stellen sind, zumal die Gerichte aufgrund des sich unter anderem aus Art. 20 Abs. 3 GG ergebenden Rechtsstaatsprinzips entlastet werden können.

Es bedarf somit eines qualifizierten Feststellungsinteresses, welches dem der Fortsetzungsfeststellungsklage entspricht, die ebenfalls auf erledigte Konstellationen bezogen ist. Es bedarf somit einer Wiederholungsgefahr, eines Rehabilitierungsinteresses – einschließlich der Konstellationen schwerer Grundrechtseingriffe und des Art. 19 Abs. 4 S. 1 GG oder eines Präjudizinteresses, welches allerdings lediglich in Konstellationen der Erledigung nach Klageerhebung relevant sein kann.

Da B entsprechend den Ankündigungen der Polizei zukünftig erneut mit Videoaufnahmen durch die Polizei rechnen muss, besteht eine Wiederholungsgefahr.

3. Keine Subsidiarität

Die allgemeine Feststellungsklage des B ist nicht gemäß § 43 Abs. 2 S. 1 VwGO subsidiär. Eine Gestaltungsklage in Form der Anfechtungsklage ist mangels eines Verwaltungsaktes nicht möglich, während eine allgemeine Leistungsklage auf Löschung wegen der Erledigung durch die bereits erfolgte Löschung ausgeschlossen und eine Leistung in Form vorbeugender Unterlassung weder beantragt noch hinreichend konkretisiert ist.

VI. Klagebefugnis

Eine Klagebefugnis analog § 42 Abs. 2 VwGO zur Vermeidung von Popularklagen ist nur erforderlich, wenn eine planwidrige Regelungslücke bei vergleichbarer Interessenlage besteht. Während es sich in Dreipersonenkonstellationen um einen Antrag bezüglich eines Drittverhältnisses handelt, welches sich nicht auf ein subjektives Recht des Klägers bezieht und es somit einer analogen Anwendung des § 42 Abs. 2 VwGO bedarf, ist in Zweipersonenkonstellationen im konkreten Rechtsverhältnis unmittelbar das subjektive Recht des Klägers enthalten mit der Folge, dass keine planwidrige Regelungslücke besteht. B beantragt Feststellung bezüglich eines eigenen Rechtsverhältnisses, sodass es keiner analogen Anwendung des § 42 Abs. 2 VwGO bedarf.

VII. Vorverfahren

Ein Vorverfahren war nicht erforderlich, da es sich nicht um eine beamtenrechtliche Konstellation i.S.d. § 54 Abs. 2 BeamtStG oder des § 126 Abs. 2 BBG handelt.

B. Ergebnis

Die Sachurteilsvoraussetzungen sind erfüllt.

3. Komplex: Zusatzfrage

Ursprünglich begehrte A mit der Verpflichtungsklage gemäß § 42 Abs. 1 Alt. 2 VwGO ein Leistungsbegehren in Form des Erlasses eines Verwaltungsaktes. Erledigt sich nach der Klageerhebung im Juli durch das Ende der Herbstmesse das Verpflichtungsbegehren des A und beantragt dieser dann im Prozess die Feststellung, dass der Ablehnungsbescheid rechtswidrig war, entspricht dies einem Abwehrbegehren, welches zuvor einer Anfechtungsklage entsprochen hätte. Dennoch stellt dieser Antrag keine Klageänderung i.S.d. § 91 VwGO dar, weil der Verpflichtungsantrag bei der Versagungsgegenklage ein gestaltendes Element enthält, sodass der Anfechtungsantrag im Hinblick auf die Vergangenheit erfasst gewesen wäre. Dies ist nach der Erledigung im Prozess gleich zu beurteilen, sodass es sich bei der Klage des A um eine Fortsetzungsfeststellungsklage in einfach analoger Anwendung des § 113 Abs. 1 S. 4 VwGO handeln würde, ohne dass es der Voraussetzungen des § 91 VwGO bedürfte.[15]

---

15 Es ist wissenschaftlich vertretbar, den Schwerpunkt der Argumentation nicht beim gestaltenden Element zu setzen, sondern darauf abzustellen, dass die Anfechtungs- und die Verpflichtungsklage unterschiedliche Klagen darstellen und eine Klageänderung i.S.d. § 91 VwGO anzunehmen.

Allg. Verwaltungsrecht – Fall 11:
„Mit Alkoholpegel fährt er wohl besser ...“

A – ein begeisterter Autofahrer und überzeugter Gegner öffentlicher Verkehrsmittel im Bundesland H – hat in den letzten Jahren immer wieder gegen die Straßenverkehrsordnung (StVO) und einige strafgesetzliche Normen im Zusammenhang mit dem Straßenverkehr verstoßen. Diesbezüglich gibt es rechtskräftige Urteile. Eine Entziehung der Fahrerlaubnis erfolgte im strafrechtlichen Verfahren i.S.d. § 69 StGB nicht. Auch ein Fahrverbot i.S.d. § 44 StGB wurde nicht ausgesprochen. Es handelte sich bei den Verkehrswidrigkeiten zumeist um schwerwiegende Verstöße gegen die StVO im Zusammenhang mit Alkohol. Die zuständige Straßenverkehrsbehörde, die gleichzeitig zuständige Fahrerlaubnisbehörde ist, möchte ihm daher dauerhaft die ihm ursprünglich als Verwaltungsakt erteilte Fahrerlaubnis entziehen. In der Anhörung gibt A zu, bereits seit Jahren an einem Alkoholproblem zu leiden. Allerdings habe er immer versucht und es auch überwiegend geschafft, beim Fahren nicht zu trinken. Er habe sich im letzten Monat sogar so sehr bemüht, vor dem Fahrtantritt nicht zu trinken, dass er durch ein Alkoholentzugssyndrom fahruntüchtig geworden sei.

Die Straßenverkehrsbehörde gab A zur Vorbereitung ihrer Entscheidung auf, ein medizinisches Gutachten über eine mögliche Alkoholerkrankung beizubringen und wies darauf hin, dass die Nichtbeibringung eines Gutachtens dazu führt, dass die Behörde die Ungeeignetheit zum Führen von Kraftfahrzeugen vermuten darf. Nachdem A sich geweigert hatte, ordnete die zuständige Straßenverkehrsbehörde schriftlich die Entziehung der Fahrerlaubnis und deren sofortige Vollziehung an – vorausgegangen war eine Anhörung bezüglich beider Aspekte. Sie begründet die Entscheidung der sofortigen Vollziehbarkeit mit der besonderen Eilbedürftigkeit in solchen Fällen. Erfahrungsgemäß würden alkoholkranke Menschen in der Regel rückfällig werden. Es könne nicht abgewartet werden, bis die Entscheidung formell rechtskräftig sei und in der Zwischenzeit Menschenleben gefährdet werden würden. Die Entziehung bei A stelle keine Besonderheit dar, sondern sei – dies trifft zu – eine typische Konstellation, bei der die Fahrerlaubnis üblicherweise entzogen wird.

A schickt seinen Führerschein daraufhin an die Straßenverkehrsbehörde. Allerdings ist er mit deren Entscheidung nicht einverstanden. Jedenfalls die Anordnung der sofortigen Vollziehung sei rechtswidrig, da eine solch pauschale Begründung nicht ausreichen könne, um einen begeisterten Autofahrer wie ihn aus dem Verkehr zu ziehen. Die Straßenverkehrsbehörde solle sich um wichtigere Dinge wie das sogenannte „schwarze Phantom“ kümmern – ein Motorradfahrer, der mit einer Hochgeschwindigkeitsmaschine mit derart hoher Geschwindigkeit über Landstraßen und Autobahnen jagt, dass er den viel zu langsamen Polizeiwagen stets entkommt. So eine Person in Freiheit – mit schwarzem Motorrad und schwarzer Kleidung sowie schwarzem Helm – stelle eine wirkliche Gefahr für die Menschheit dar. Diese Argumentation müsse der Behörde doch einleuchten. Da er sich über die Behördenmitarbeiter geärgert hat und von ihnen ein paar Tage Abstand benötigt, legt er zunächst keinen Widerspruch ein, da er der Auffassung ist, dass er dafür ein paar Tage Zeit hat. Zwei Tage nach der Zustellung des Verwaltungsaktes und der erfolgten Rückgabe des Führerscheins durch A an die Behörde am gleichen Tag ist A jedoch derart unzufrieden, dass er beim Verwaltungsgericht im einstweiligen Rechtsschutz die sofortige Rückgabe seines Führerscheins fordert. Dabei trägt er vor, dass er kein Jurist sei. Das Gericht solle einfach alles für die Herausgabe des Führerscheins Notwendige prüfen, damit es ihm endlich wieder erlaubt sei, auf öffentlichen Straßen zu fahren. Zeitgleich mit Zugang des Antrages auf einstweiligen Rechtsschutz beim Gericht geht der zuständigen Straßenverkehrsbehörde auch der Widerspruch des A zu.

Hat der Antrag des A beim Gericht Erfolg?

Bearbeitungsvermerk

Ein Widerspruchsverfahren ist im Bundesland H nicht entbehrlich. Sollte es auf ein Verwaltungsverfahrensgesetz ankommen, wenden Sie das Verwaltungsverfahrensgesetz des Bundes an. Eine Abweichung von den Strafurteilen im Sinne des § 3 Abs. 4 StVG ist nicht erfolgt.

Auszug relevanter Normen
§ 3 StVG

(1) Erweist sich jemand als ungeeignet oder nicht befähigt zum Führen von Kraftfahrzeugen, so hat ihm die Fahrerlaubnisbehörde die Fahrerlaubnis zu entziehen ...

(2) Mit der Entziehung erlischt die Fahrerlaubnis. Bei einer ausländischen Fahrerlaubnis erlischt das Recht zum Führen von Kraftfahrzeugen im Inland. Nach der Entziehung ist der Führerschein der Fahrerlaubnisbehörde abzuliefern oder zur Eintragung der Entscheidung vorzulegen ...

(3) Solange gegen den Inhaber der Fahrerlaubnis ein Strafverfahren anhängig ist, in dem die Entziehung der Fahrerlaubnis nach § 69 des Strafgesetzbuchs in Betracht kommt, darf die Fahrerlaubnisbehörde den Sachverhalt, der Gegenstand des Strafverfahrens ist, in einem Entziehungsverfahren nicht berücksichtigen. Dies gilt nicht, wenn die Fahrerlaubnis von einer Dienststelle der Bun-

deswehr, der Bundespolizei oder der Polizei für Dienstfahrzeuge erteilt worden ist.

§ 6 StVG

(1) Das Bundesministerium für Verkehr, Bau und Stadtentwicklung wird ermächtigt, Rechtsverordnungen mit Zustimmung des Bundesrates zu erlassen über

1. die Zulassung von Personen zum Straßenverkehr, insbesondere über [...]

    q) die Maßnahmen bei bedingt geeigneten oder ungeeigneten oder bei nicht befähigten Fahrerlaubnisinhabern oder bei Zweifeln an der Eignung oder Befähigung nach § 3 Abs. 1 sowie die Ablieferung, die Vorlage und die weitere Behandlung der Führerscheine nach § 3 Abs. 2,

    [...]

§ 24 StVG

(1) Ordnungswidrig handelt, wer vorsätzlich oder fahrlässig einer Vorschrift einer auf Grund des § 6 Abs. 1 oder des § 6e Abs. 1 erlassenen Rechtsverordnung oder einer auf Grund einer solchen Rechtsverordnung ergangenen Anordnung zuwiderhandelt, soweit die Rechtsverordnung für einen bestimmten Tatbestand auf diese Bußgeldvorschrift verweist. Die Verweisung ist nicht erforderlich, soweit die Vorschrift der Rechtsverordnung vor dem 1. Januar 1969 erlassen worden ist.

(2) Die Ordnungswidrigkeit kann mit einer Geldbuße bis zu zweitausend Euro geahndet werden.

§ 4 FahrerlaubnisVO

[...]

(2) Die Fahrerlaubnis ist durch eine amtliche Bescheinigung (Führerschein) nachzuweisen. Der Führerschein ist beim Führen von Kraftfahrzeugen mitzuführen und zuständigen Personen auf Verlangen zur Prüfung auszuhändigen. Der Internationale Führerschein oder der nationale ausländische Führerschein und eine mit diesem nach § 29 Abs. 2 Satz 2 verbundene Übersetzung ist mitzuführen und zuständigen Personen auf Verlangen zur Prüfung auszuhändigen.

§ 11 FahrerlaubnisVO

(1) Bewerber um eine Fahrerlaubnis müssen die hierfür notwendigen körperlichen und geistigen Anforderungen erfüllen. Die Anforderungen sind insbeson-

dere nicht erfüllt, wenn eine Erkrankung oder ein Mangel nach Anlage 4 oder 5 vorliegt, wodurch die Eignung oder die bedingte Eignung zum Führen von Kraftfahrzeugen ausgeschlossen wird. Außerdem dürfen die Bewerber nicht erheblich oder nicht wiederholt gegen verkehrsrechtliche Vorschriften oder Strafgesetze verstoßen haben, sodass dadurch die Eignung ausgeschlossen wird [...]

(6) Die Fahrerlaubnisbehörde legt unter Berücksichtigung der Besonderheiten des Einzelfalls und unter Beachtung der Anlagen 4 und 5 in der Anordnung zur Beibringung des Gutachtens fest, welche Fragen im Hinblick auf die Eignung des Betroffenen zum Führen von Kraftfahrzeugen zu klären sind. Die Behörde teilt dem Betroffenen unter Darlegung der Gründe für die Zweifel an seiner Eignung und unter Angabe der für die Untersuchung in Betracht kommenden Stelle oder Stellen mit, dass er sich innerhalb einer von ihr festgelegten Frist auf seine Kosten der Untersuchung zu unterziehen und das Gutachten beizubringen hat; sie teilt ihm außerdem mit, dass er die zu übersendenden Unterlagen einsehen kann. Der Betroffene hat die Fahrerlaubnisbehörde darüber zu unterrichten, welche Stelle er mit der Untersuchung beauftragt hat. Die Fahrerlaubnisbehörde teilt der untersuchenden Stelle mit, welche Fragen im Hinblick auf die Eignung des Betroffenen zum Führen von Kraftfahrzeugen zu klären sind und übersendet ihr die vollständigen Unterlagen, soweit sie unter Beachtung der gesetzlichen Verwertungsverbote verwendet werden dürfen. Die Untersuchung erfolgt auf Grund eines Auftrages durch den Betroffenen. [...]

(8) Weigert sich der Betroffene, sich untersuchen zu lassen, oder bringt er der Fahrerlaubnisbehörde das von ihr geforderte Gutachten nicht fristgerecht bei, darf sie bei ihrer Entscheidung auf die Nichteignung des Betroffenen schließen. Der Betroffene ist hierauf bei der Anordnung nach Absatz 6 hinzuweisen.

§ 46 FahrerlaubnisVO

(1) Erweist sich der Inhaber einer Fahrerlaubnis als ungeeignet zum Führen von Kraftfahrzeugen, hat ihm die Fahrerlaubnisbehörde die Fahrerlaubnis zu entziehen. Dies gilt insbesondere, wenn Erkrankungen oder Mängel nach den Anlagen 4, 5 oder 6 vorliegen oder erheblich oder wiederholt gegen verkehrsrechtliche Vorschriften oder Strafgesetze verstoßen wurde und dadurch die Eignung zum Führen von Kraftfahrzeugen ausgeschlossen ist. [...]

(3) Werden Tatsachen bekannt, die Bedenken begründen, dass der Inhaber einer Fahrerlaubnis zum Führen eines Kraftfahrzeugs ungeeignet oder bedingt geeignet ist, finden die §§ 11 bis 14 entsprechend Anwendung.

§ 47 FahrerlaubnisVO

(1) Nach der Entziehung sind von einer deutschen Behörde ausgestellte nationale und internationale Führerscheine unverzüglich der entscheidenden Behörde abzuliefern oder bei Beschränkungen oder Auflagen zur Eintragung vorzulegen. Die Verpflichtung zur Ablieferung oder Vorlage des Führerscheins besteht auch, wenn die Entscheidung angefochten worden ist, die zuständige Behörde jedoch die sofortige Vollziehung ihrer Verfügung angeordnet hat. [...]

§ 75 FahrerlaubnisVO

Ordnungswidrig im Sinne des § 24 des Straßenverkehrsgesetzes handelt, wer vorsätzlich oder fahrlässig

1. entgegen § 2 Abs. 1 am Verkehr teilnimmt oder jemanden als für diesen Verantwortlicher am Verkehr teilnehmen lässt, ohne in geeigneter Weise Vorsorge getroffen zu haben, dass andere nicht gefährdet werden,
2. entgegen § 2 Abs. 3 ein Kennzeichen der in § 2 Abs. 2 genannten Art verwendet,
3. entgegen § 3 Abs. 1 ein Fahrzeug oder Tier führt oder einer vollziehbaren Anordnung oder Auflage zuwiderhandelt,
4. einer Vorschrift des § 4 Abs. 2 Satz 2 oder 3, § 5 Abs. 4 Satz 2 oder 3, § 25 Abs. 4 Satz 1, § 48 Abs. 3 Satz 2 oder § 74 Abs. 4 Satz 2 über die Mitführung, Aushändigung von Führerscheinen, deren Übersetzung sowie Bescheinigungen und der Verpflichtung zur Anzeige des Verlustes und Beantragung eines Ersatzdokuments zuwiderhandelt,
5. entgegen § 5 Abs. 1 Satz 1 oder § 76 Nr. 2 ein Mofa oder einen motorisierten Krankenfahrstuhl führt, ohne die dazu erforderliche Prüfung abgelegt zu haben,
6. entgegen § 5 Abs. 2 Satz 2 oder 3 eine Mofa-Ausbildung durchführt, ohne die dort genannte Fahrlehrerlaubnis zu besitzen oder entgegen § 5 Abs. 2 Satz 4 eine Ausbildungsbescheinigung ausstellt,
7. entgegen § 10 Abs. 3 ein Kraftfahrzeug, für dessen Führung eine Fahrerlaubnis nicht erforderlich ist, vor Vollendung des 15. Lebensjahres führt,
8. entgegen § 10 Abs. 4 ein Kind unter sieben Jahren auf einem Mofa (§ 4 Abs. 1 Satz 2 Nr. 1) mitnimmt, obwohl er noch nicht 16 Jahre alt ist,
9. einer vollziehbaren Auflage nach § 10 Abs. 2 Satz 4, § 23 Abs. 2 Satz 1, § 28 Abs. 1 Satz 2, § 46 Abs. 2 oder § 74 Abs. 3 zuwiderhandelt,
10. einer Vorschrift des § 25 Abs. 5 Satz 3, des § 30 Abs. 3 Satz 2, des § 47 Abs. 1, auch in Verbindung mit Abs. 2 Satz 1 sowie Abs. 3 Satz 2, oder des § 48 Abs. 10 Satz 3 in Verbindung mit § 47 Abs. 1 über die Ablieferung oder die Vorlage eines Führerscheins zuwiderhandelt oder

11. (aufgehoben),
12. entgegen § 48 Abs. 1 ein dort genanntes Kraftfahrzeug ohne Erlaubnis führt oder entgegen § 48 Abs. 8 die Fahrgastbeförderung anordnet oder zulässt oder
13. entgegen § 48a Abs. 3 Satz 2 die Prüfungsbescheinigung nicht mitführt oder aushändigt,
14. einer vollziehbaren Auflage nach § 29 Abs. 1 Satz 5 zuwiderhandelt,
15. einer vollziehbaren Auflage nach § 48a Abs. 2 Satz 1 zuwiderhandelt.

§ 4 AG VwGO (Ausführungsgesetz zur VwGO Bundesland H)

(1) Fähig, am Verfahren beteiligt zu sein, sind auch Behörden.
(2) Die Klage ist gegen die Behörde zu richten, die den angefochtenen Verwaltungsakt erlassen bzw. den beantragten Verwaltungsakt unterlassen hat.

Schwerpunkte
Suspendierung eines Verwaltungsaktes im einstweiligen Rechtsschutz
Annexantrag und Vollzugsfolgenbeseitigung

Vertiefung

zum Ganzen: BVerwG, Beschluss vom 12.7.2013 – 9 B 12.13; VG Cottbus, Beschluss vom 2.11.2007 – 2 L 236/07; VGH Mannheim, Beschluss vom 8.3.2013, NJW 2013, 1896; vgl. OVG Kassel, Beschluss vom 5.11.2012 – 10 B 2015/12; OVG für das Land Brandenburg, Beschluss vom 5.2.1998 – 4 B 134/97 –, veröffentlicht in Juris; vgl. OVG Münster, OVG Magdeburg, Beschluss vom 2.8.2012, NVwZ-RR 2013, 85; vgl. BayVGH, Beschluss vom 4.1.2006 – 11 CS 05.1878 –, zitiert nach Juris; HessVGH vom 4.6.1985 VRS Bd. 70, S. 228/229; NdsOVG vom 27.9.1991 – 12 M 7440/91, juris, Rn 2; VGH BW vom 17.12.1991 VRS Bd. 82, S. 383/384; HambOVG vom 30.1.2002 VRS Bd. 102, S. 393/398 f.; VG Hamburg vom 2.5.2002 – 15 VG 1374/2002, juris, Rn 18; VG Saarlouis vom 12.9.2007 – 10 L 1012/07, juris, Rn 20 f.; BayVGH vom 25.5.2010 – 11 CS 10.291, juris, Rn 25; vgl. VG Göttingen 1. Kammer Beschluss vom 9.1.2013, 1 B 7/13 m.w.N.

Gliederung

A. Sachentscheidungsvoraussetzungen (+)
    I. Rechtsweg (+)
    II. Zuständigkeit (+)

III. Beteiligte (+)

IV. Statthafte Verfahrensart

    1.   Antrag gemäß § 80 Abs. 5 S. 1 VwGO (+)

    2.   Antrag gemäß § 80 Abs. 5 S. 3 VwGO (+)

V. Besondere Sachentscheidungsvoraussetzungen (+)

    1.   Besondere Prozessführungsbefugnis (+)

    2.   Antragsbefugnis (+)

VI. Allgemeines Rechtsschutzbedürfnis (+)

    1.   Gesetzliche Suspendierung (–)

    2.   Aussetzungsantrag (–)

    3.   Rechtsschutz in der Hauptsache (+/–)

        a)   Ausnahmslose Betreibung der Hauptsache

        b)   Grundsätzliche Entbehrlichkeit des Betreibens der Hauptsache

        c)   Differenzierte Betrachtung

    4.   Keine offensichtliche Verfristung der Hauptsache (+)

VII. Zwischenergebnis

B. Begründetheit (–)

    I.   Entziehung der Fahrerlaubnis

        1.   Rechtmäßigkeit der Vollziehungsanordnung (+)

        2.   Aussetzungs-/Vollziehungsinteresse

            a)   Rechtswidrigkeit der Entziehung der Fahrerlaubnis (–)

            aa) Rechtsgrundlage

            bb) Voraussetzungen (+)

            (1) Formell (+)

            (2) Materiell (+)

            cc) Rechtsfolge

            dd) Zwischenergebnis

            b)   Gesetzliche Wertung

            c)   Eigene Wertung

    II. Vollzugsfolgenbeseitigung (–)

        1.   Anspruchsgrundlage (+)

            a)   § 80 Abs. 5 S. 3 VwGO (–)

            b)   Spezialgesetz (–)

            c)   Nachwirkung Grundrechte (+/–)

            d)   Rechtsstaatsprinzip (+/–)

            e)   Analog Zivilrecht (+/–)

            f)   Gewohnheitsrecht (+)

        2.   Voraussetzungen (–)

            a)   Positive Voraussetzungen (+)

            aa) Eingriff in ein subjektives Recht in der Vergangenheit (+)

bb) Zurechenbare Folge dauert an (+)
b) Negative Voraussetzung (–)
3. Zwischenergebnis
C. Ergebnis

Lösungsvorschlag

Die folgende Lösung ist als Lösungsvorschlag zu verstehen und ausführlicher, als es in der Klausurbearbeitung verlangt werden kann. Aufgrund der wissenschaftlichen Freiheit können andere Lösungswege vertreten werden, soweit sie dogmatisch begründbar sind. Die Nachweise aus Rechtsprechung und Literatur sowie die das Verständnis fördernden Randbemerkungen sind in der Examensklausur auszusparen. Die Abkürzung „Alt." steht für Alternativfall, nicht für Alternative.

A wird mit seinem Antrag jedenfalls Erfolg haben, soweit die Sachentscheidungsvoraussetzungen erfüllt sind und der Antrag zulässig sowie begründet ist.

A. Sachentscheidungsvoraussetzungen[1][2]
Die Sachentscheidungsvoraussetzungen können erfüllt sein.

I. Rechtsweg
Der Verwaltungsrechtsweg kann mangels aufdrängender Sonderzuweisung gemäß § 40 Abs. 1 S. 1 VwGO eröffnet sein. Gegebenenfalls kommt ein Verweisungsbeschluss i.S.d. § 17a Abs. 2 GVG i.V.m. § 173 VwGO in Betracht. Der Verwaltungsrechtsweg ist eröffnet, wenn die streitentscheidende öffentlich-recht-

---

1 Hinweis: Andere Aufbauvarianten werden vertreten (z.B. dreistufig oder Prüfung des Verwaltungsrechtsweges als Untergliederungspunkt der Zuständigkeit des Gerichts). Derartige Aufbauvarianten sind aber mit § 17a Abs. 2 GVG bzw. mit der Überschrift des 6. Abschnitts der VwGO sowie mit § 83 VwGO unvereinbar und daher bei exakter dogmatischer Zuordnung der Prüfungspunkte nicht zu empfehlen. Die Überschrift „Sachentscheidungsvoraussetzungen" anstelle der Überschrift „Zulässigkeit" ist sinnvoll, weil nach § 63 Nr. 3 VwGO auch der Beigeladene zu den Beteiligten gehört, das Fehlen einer notwendigen Beiladung i.S.d. § 65 Abs. 2 VwGO aber nur dazu führt, dass das Urteil keine materielle Rechtskraft entfaltet.
2 Wichtig ist, bei Verfahren im einstweiligen Rechtsschutz die Überschrift „Sachentscheidungsvoraussetzungen", nicht aber „Sachurteilsvoraussetzungen" zu verwenden, weil kein Urteil ausgesprochen, sondern ein Beschluss gefasst wird.

liche Norm einen Hoheitsträger einseitig berechtigt oder verpflichtet bzw. wenn aufgrund typisch hoheitlichen Handelns zwischen den Beteiligten ein Subordinationsverhältnis besteht.

Als Rechtsgrundlagen kommen die §§ 48, 49 VwVfG, § 3 Abs. 1 StVG oder § 46 Abs. 1 FeVO in Betracht. Durch alle diese Normen werden Hoheitsträger zum hoheitlichen Handeln gegenüber Bürgern berechtigt. Sie sind öffentlich-rechtlicher Natur. Jedenfalls hat die zuständige Straßenverkehrsbehörde als Fahrerlaubnisbehörde von ihrer Hoheitsgewalt Gebrauch gemacht, indem sie A die Fahrerlaubnis durch einen Verwaltungsakt entzog, welcher die Kehrseite der ursprünglichen Erteilung der Fahrerlaubnis als Verwaltungsakt darstellt. Wählt die Verwaltung eine typisch hoheitliche Handlungsform, entsteht zudem ein Subordinationsverhältnis, das zur Eröffnung des Verwaltungsrechtsweges führt. Da die Streitigkeit mangels doppelter Verfassungsunmittelbarkeit nicht verfassungsrechtlicher Art und eine abdrängende Sonderzuweisung nicht ersichtlich ist, bleibt es bei der Eröffnung des Verwaltungsrechtsweges.

II. Zuständigkeit

In Verfahren des einstweiligen Rechtsschutzes ist unabhängig davon, um welches Verfahren im einstweiligen Rechtsschutz es sich handelt, gemäß den §§ 123 Abs. 2 S. 1, 80 Abs. 5 S. 1, 80a Abs. 3 S. 1, 2 VwGO das Gericht der Hauptsache zuständig. Außer beim einstweiligen Rechtsschutz i.S.d. § 47 Abs. 6 VwGO – insoweit wäre wie in der Hauptsache stets das Oberverwaltungsgericht zuständig – ist in der Hauptsache in der Regel gemäß § 45 VwGO das Verwaltungsgericht als Eingangsinstanz für den von der zuständigen Behörde erlassenen Verwaltungsakt sachlich zuständig. Das wäre lediglich anders, wenn es Anhaltspunkte für abweichende Regelungen wie z.B. § 50 VwGO gäbe, die jedoch nicht ersichtlich sind, sodass kein Verweisungsbeschluss gemäß §§ 17a Abs. 2 GVG, 83 VwGO gefasst werden wird.[3]

III. Beteiligte

A und die zuständige Landesbehörde können Beteiligte des Verfahrens sein. Ob sich die Beteiligungsfähigkeit aus der direkten Anwendung der §§ 63, 61, 62, 65

---

3 Die örtliche Zuständigkeit ist nur anzusprechen, wenn es dafür im Sachverhalt Anhaltspunkte gibt. Gegebenenfalls ist die örtliche Zuständigkeit grundsätzlich im Anschluss an die sachliche Zuständigkeit zu prüfen. Ist sie jedoch gemäß § 52 Nr. 2 VwGO ausnahmsweise von der Klageart abhängig, sollte sie offen mit Verweis auf § 17a Abs. 2 GVG i.V.m. § 83 VwGO formuliert werden.

VwGO ergibt oder ob sie wegen des Wortlautes in § 63 VwGO – Kläger und Beklagter – analog anzuwenden sind, ist irrelevant, wenngleich sich aus der gesetzlichen Abschnittsüberschrift des 7. Abschnitts des II. Teils der Verwaltungsgerichtsordnung „Allgemeine Verfahrensvorschriften" ergeben kann, dass sämtliche Verfahren und damit auch die Verfahren des einstweiligen Rechtsschutzes von der direkten Anwendung erfasst sind. Beteiligte sind nach § 63 Nr. 1, 2 VwGO jedenfalls unter anderem der Antragsteller und der Antragsgegner, beteiligungsfähig nach § 61 Nr. 1 VwGO natürliche und juristische Personen. Behörden sind gemäß § 61 Nr. 3 VwGO i.V.m. § 4 Abs. 1 AG VwGO des Bundeslandes H beteiligungsfähig. Als Antragsteller ist A gemäß § 61 Nr. 1 Alt. 1 VwGO beteiligungsfähig und gemäß § 62 Abs. 1 Nr. 1 VwGO prozessfähig.

Als Antragsgegner ist die Behörde maßgeblich. Die zuständige Straßenverkehrsbehörde i.S.d. § 44 Abs. 1 StVO als Fahrerlaubnisbehörde ist beteiligungsfähig. Die Straßenverkehrsbehörde als Fahrerlaubnisbehörde ist gemäß §§ 63 Nr. 2, 61 Nr. 3 VwGO i.V.m. § 4 Abs. 1 AG VwGO beteiligungs- und mangels Anhaltspunkten bezüglich des für die Behörde handelnden Organwalters gemäß § 62 Abs. 1, 3 VwGO prozessfähig.

IV. Statthafte Verfahrensart
Die statthafte Verfahrensart richtet sich gemäß den §§ 88, 122 Abs. 1 VwGO i.V.m. § 80 Abs. 7 VwGO oder § 123 Abs. 4 VwGO oder § 80a Abs. 3 S. 2 VwGO nach dem Antragsbegehren.[4] Gemäß § 123 Abs. 5 VwGO sind die Verfahren nach den §§ 80, 80a VwGO gegenüber der einstweiligen Anordnung nach § 123 Abs. 5 VwGO spezieller.

1. Antrag gemäß § 80 Abs. 5 S. 1 VwGO
Der Antrag nach § 80 Abs. 5 S. 1 VwGO ist statthaft, soweit der Antragsteller die Suspendierung, also die Herstellung oder Wiederherstellung der aufschiebenden Wirkung eines Rechtsbehelfs oder Rechtsmittels bezüglich eines Verwaltungsaktes begehrt.[5] Ein Verwaltungsakt ist gemäß § 35 S. 1 VwVfG jede Verfü-

---

4 Beim einstweiligen Rechtsschutz muss das Antragsbegehren anders als das Klagebegehren in der Hauptsache nicht um maßnahmespezifische Aspekte und den rechtsstaatlichen Grundsatz der Effektivität ergänzt werden, weil insoweit eine gesetzlich vorgegebene Rangfolge in § 123 Abs. 5 VwGO gibt.
5 Die häufig verwendete „Faustformel", dass ein Verfahren nach § 80 Abs. 5 VwGO statthaft ist, wenn es sich in der Hauptsache um eine Anfechtungsklage handelt, während eine einstweilige Anordnung nach § 123 VwGO danach bei Leistungs- und Feststellungsklagen in der

gung, Entscheidung oder andere hoheitliche Maßnahme, die eine Behörde zur Regelung eines Einzelfalls auf dem Gebiet des öffentlichen Rechts trifft und die auf unmittelbare Rechtswirkung nach außen gerichtet ist. A erstrebt die Rückgabe seines Führerscheins, die ein schlichtes Verwaltungshandeln, nicht aber eine verbindliche Einzelfallregelung im Außenverhältnis darstellt. Allerdings hat er auch vorgetragen, dass er kein Jurist sei und das Gericht alles tun solle, um zu ermöglichen, dass er wieder auf öffentlichen Straßen fahren dürfe. Dies ist dahingehend auszulegen, dass auch die Entziehung der Fahrerlaubnis suspendiert werden soll. Die Entziehung der Fahrerlaubnis ist als Kehrseite der als Verwaltungsakt erfolgten Erteilung der Fahrerlaubnis ebenfalls ein Verwaltungsakt, da Rechtssetzungsakte der Verwaltung schon wegen des sich unter anderem aus Art. 20 Abs. 3 GG ergebenden Rechtsstaatsprinzips durch gleichfalls hinreichend bestimmte Rechtssetzungsakte aufzuheben sind. Somit ist der Antrag des A auch als Suspendierungsantrag bezüglich der Entziehung der Fahrerlaubnis auszulegen, weil nach der Suspendierung der Entziehung der Fahrerlaubnis diese wieder gilt. Der Antrag gemäß § 80 Abs. 5 S. 1 VwGO ist statthaft.

2. Antrag gemäß § 80 Abs. 5 S. 3 VwGO[6]

Der Antrag des A bezieht sich auch auf die Herausgabe des Führerscheins als Legitimationspapier über die Fahrerlaubnis gemäß § 4 Abs. 2 S. 1 FeV. Sollte A nämlich lediglich die Suspendierung der Entziehung der Fahrerlaubnis erreichen, wäre es ihm zwar erlaubt zu fahren, jedoch könnte er seiner sich aus § 4 Abs. 2 S. 2 FeV ergebenden Pflicht, den Führerschein mit sich zu führen, nicht nachkommen. Somit würde er ordnungswidrig i.S.d. § 24 Abs. 1 StVG i.V.m. § 75 Nr. 4 FeV i.V.m. § 4 Abs. 2 S. 2 FeV handeln und ein Bußgeld i.S.d. § 24 Abs. 2 StVG riskieren mit der Folge, dass er dies vermeiden will und sein Antrag auch auf die Herausgabe des Führerscheins gerichtet ist.

Hauptsache statthaft sein soll, ist falsch. Es gibt Fälle, in denen Begehren in der Hauptsache und im einstweiligen Rechtsschutz divergieren (vgl. § 81 Abs. 3 AufenthaltsG).

6 Es ist möglich, beide Anträge zusammen oder getrennt zu prüfen und schon bei der statthaften Antragsart den Annexantrag i.S.d. § 80 Abs. 5 S. 3 VwGO zu prüfen. Die Antragsverbindung – § 80 Abs. 5 S. 3 VwGO stellt eine Ausnahme vom grundsätzlichen Verbot der Stufenverfahren dar – ist aber keine Zulässigkeitsvoraussetzung, sodass dies nur im Rahmen der Überschrift „Sachentscheidungsvoraussetzungen" möglich ist. Sollte einmal nach der Zulässigkeit und Begründetheit eines Verfahrens bzw. Antrages gefragt sein, dürften bei genauer Beantwortung der Fallfrage weder die Beiladung i.S.d. § 65 VwGO noch die Antragsverbindung nach § 80 Abs. 5 S. 3 VwGO oder analog §§ 44, 113 Abs. 4 VwGO in der Falllösung geprüft werden.

Möglicherweise sind insoweit keine weiteren Sachentscheidungsvoraussetzungen erforderlich, weil der Antrag als Annex zum Hauptantrag gestellt werden kann. Die Grundregel für die objektive Klagehäufung ist § 44 VwGO, welche
im einstweiligen Rechtsschutz analog anwendbar ist, da in § 122 Abs. 1 VwGO
keine abschließende Regelung zur entsprechenden Anwendbarkeit anderer
Normen der Verwaltungsgerichtsordnung enthalten ist und somit eine planwidrige Regelungslücke bei vergleichbarer Interessenlage besteht. Eine objektive
Antragshäufung ist analog § 44 VwGO möglich, wenn sich die Anträge gegen
denselben Beklagten richten, im Zusammenhang stehen und dasselbe Gericht
zuständig ist. Zudem ist eine gleichzeitige Entscheidungsreife erforderlich, weil
anderenfalls rechtsstaatswidrig und damit unter anderem entgegen Art. 20
Abs. 3 GG die Judikative entscheiden würde, obwohl das Verfahren der Exekutive noch nicht abgeschlossen wäre. Möglich sind i.S.d. § 44 VwGO somit die kumulative Antragshäufung sowie die eventuale Antragshäufung in Form eines
Haupt- und eines Hilfsantrages. Während eine alternative Antragshäufung
mangels Bestimmtheit des Antrages nicht möglich ist, ist eine objektive Antragshäufung bei Stufenanträgen grundsätzlich ausgeschlossen, weil aufgrund
des Erfordernisses zunächst über die erste Stufe zu entscheiden keine gleichzeitige Entscheidungsreife besteht. Für A kommt es zunächst auf die Suspendierung der Entziehung der Fahrerlaubnis auf der ersten Stufe an, um anschließend die vorläufige Herausgabe des Führerscheins als Legitimationspapier über
die Fahrerlaubnis zu erreichen. Dieser Stufenantrag ist analog § 44 VwGO nicht
möglich.

Ein Stufenantrag kann gemäß den Spezialregelungen § 80 Abs. 5 S. 3 VwGO
oder analog § 113 Abs. 4 VwGO möglich sein, während ein Stufenantrag i.S.d.
§ 80a Abs. 1 Nr. 2 Alt. 2 VwGO i.V.m. § 80a Abs. 3 S. 1 VwGO bzw. gemäß § 80
Abs. 5 S. 3 VwGO i.V.m. § 80 Abs. 3 S. 2 VwGO in einer Zwei-Personen-Konstellation wie bei A nicht in Betracht kommt. Während analog § 113 Abs. 4 VwGO als
gegenüber § 80 Abs. 5 S. 3 VwGO subsidiärer Regelung Konstellationen erfasst
sind, in denen ein materiell-rechtlicher Anspruch, der nicht Vollzugsfolgenbeseitigungsanspruch ist, prozessual mit einem Antrag gemäß § 80 Abs. 5 S. 1
VwGO in der ersten Stufe verknüpft werden soll, sind von § 80 Abs. 5 S. 3 VwGO
solche Konstellationen erfasst, in denen materiell-rechtlich ein Vollzugsfolgenbeseitigungsanspruch auf der zweiten Stufe mit dem Antrag gemäß § 80 Abs. 5
S. 1 VwGO auf der ersten Stufe verknüpft werden soll. In beiden Konstellationen
wird in der ersten Stufe jedoch ein Suspendierungsantrag als Gestaltungsantrag
der Verwaltungsgerichtsordnung vorausgesetzt, weil das Gericht nur insoweit
in der ersten Stufe mit Rechtskraft des Urteils selbst verbindlich gestalten kann,
sodass keine unzulässige Durchbrechung der Gewaltenteilung seitens der Judikative in Bereiche der Exekutive erfolgt.

A erstrebt mit seinem zweiten Antrag, seinen Führerschein vorläufig herauszugeben. Dabei kann es sich materiell um einen schlichten Abwehr- und Unterlassungsanspruch oder um einen Vollzugsfolgenbeseitigungsanspruch handeln. Bei gegenwärtigen, sich wiederholenden Beeinträchtigungen besteht ein schlichter Abwehr- und Unterlassungsanspruch. Geht es jedoch lediglich um die Beseitigung der Folgen, handelt es sich, soweit es um die Folgen schlichten Verwaltungshandelns geht, um einen allgemeinen Folgenbeseitigungsanspruch, soweit es um die Folgen eines Verwaltungsaktes geht, um einen Vollzugsfolgenbeseitigungsanspruch. Maßgeblich ist zur Abgrenzung der Folgenbeseitigungsansprüche gegenüber dem schlichten Abwehr- und Unterlassungsanspruch, ob es sich schwerpunktmäßig um ein weiter andauerndes oder sich wiederholendes aktives Tun der Behörde oder um eine passiv fortwirkende Gegebenheit handelt. Zudem muss der Schwerpunkt der Folge auf öffentlich-rechtliches, darf hingegen nicht auf privatrechtliches Handeln rückführbar sein. Eine Folgenbeseitigung kommt sowohl nach dem Geltungsende einer befristeten Verfügung als auch nach der Aufhebung eines Verwaltungsakts mit Dauerwirkung wegen Wegfalls seiner Voraussetzungen in Betracht (VGH Kassel – 11 TG 1515/93).

A hatte gemäß § 3 Abs. 2 S. 3 StVG nach der Entziehung seinen Führerschein abzugeben, ohne dass ein weiteres Handeln der Behörde erforderlich war. Die Pflicht zur Abgabe des Führerscheins ist gesetzlich geregelt und somit unmittelbare, der Entziehung der Fahrerlaubnis zurechenbare Folge. Bei dem Herausgabeverlangen bezüglich des Führerscheins handelt es sich materiell somit um einen Vollzugsfolgenbeseitigungsanspruch, sodass diesbezüglich prozessual der Annexantrag gemäß § 80 Abs. 5 S. 3 VwGO statthaft ist.

Da ein Stufenantrag gemäß § 80 Abs. 5 S. 3 VwGO jederzeit auf Antrag im Gerichtsverfahren erfolgen kann, basiert der zweite Antrag auf den Prozessvoraussetzungen des ersten Antrages, sodass keine zusätzlichen Sachentscheidungsvoraussetzungen erforderlich sind. Der Annexantrag gemäß § 80 Abs. 5 S. 3 VwGO ist statthaft.

V. Besondere Sachentscheidungsvoraussetzungen

Die besonderen Sachentscheidungsvoraussetzungen müssen erfüllt sein. Ausdrückliche Regelungen über die besonderen Sachentscheidungsvoraussetzungen gibt es für das Verfahren nach § 80 Abs. 5 VwGO nicht.

1. Besondere Prozessführungsbefugnis

§ 78 VwGO als Regelung der besonderen Prozessführungsbefugnis ist gemäß der Abschnittsüberschrift des 8. Abschnitts der Verwaltungsgerichtsordnung bei

Anfechtungs- und Verpflichtungsklagen anwendbar. Analog ist § 78 VwGO bei Verfahren anwendbar, bei denen es um Verwaltungsakte geht, weil insoweit eine vergleichbare Interessenlage bei planwidriger Regelungslücke besteht. Da beim Verfahren nach § 80 Abs. 5 S. 1 VwGO in der ersten Stufe die Suspendierung eines Verwaltungsaktes erstrebt wird, ist § 78 VwGO insoweit analog anwendbar. Das gilt auch bezüglich des Annexantrages, weil bezüglich dessen der unmittelbare Bezug zu dem auf einen Verwaltungsakt bezogenen Suspendierungsantrag besteht. Besonders prozessführungsbefugt ist analog § 78 Abs. 1 Nr. 2 VwGO i.V.m. § 4 Abs. 2 AG VwGO die Straßenverkehrsbehörde als Fahrerlaubnisbehörde.

2. Antragsbefugnis

A muss zwecks der Vermeidung von Popularanträgen analog § 42 Abs. 2 VwGO antragsbefugt sein. Die Antragsbefugnis nach § 42 Abs. 2 VwGO setzt die Möglichkeit der Verletzung eines subjektiven Rechts voraus. Subjektive Rechte leiten sich aus Sonderbeziehungen, einfachen Gesetzen, subsidiär aus Grundrechten ab, wobei aufgrund des weiten Schutzbereiches des Art. 2 Abs. 1 GG bei unmittelbaren Grundrechtseingriffen für das subjektive Recht direkt auf Grundrechte abgestellt werden kann. Ob es sich bei der Entziehung der Fahrerlaubnis um einen belastenden Verwaltungsakt handelt, durch den klassisch und damit unmittelbar in die Grundrechte des A – jedenfalls Art. 2 Abs. 1 GG – eingegriffen wird, ist problematisch, weil die Erteilung der Fahrerlaubnis zunächst eine Leistung darstellt, welche durch die Entziehung aufgehoben wird. Die Modifizierung stellt aber nicht zwingend einen Eingriff dar, sondern nur, soweit auf die Leistung ein grundrechtlicher Anspruch bestand. Dies ist letztlich irrelevant, da durch die Entziehung der Fahrerlaubnis mit der Folge der Rückgabe des Führerscheins in das spezielle subjektive Recht des A aus der erteilten Fahrerlaubnis als Sonderrechtsbeziehung eingegriffen worden ist. Folglich ist A wegen der Möglichkeit der Rechtsverletzung seiner subjektiven Rechte aus der bereits erteilten Sonderrechtsbeziehung analog § 42 Abs. 2 VwGO antragsbefugt.

VI. Allgemeines Rechtsschutzbedürfnis

Aus dem unter anderem in Art. 20 Abs. 3 GG enthaltenen Rechtsstaatprinzip ergibt sich für das Prozessrecht das Erfordernis des allgemeinen Rechtsschutzbedürfnisses als allgemeine Sachentscheidungsvoraussetzung.

1. Gesetzliche Suspendierung

Dem Antragsteller fehlt das allgemeine Rechtsschutzbedürfnis, wenn der Suspensiveffekt schon gemäß § 80 Abs. 1 VwGO aufgrund gesetzlicher Anordnung eingetreten ist oder vom Antragsteller außergerichtlich ohne Schwierigkeiten herbeigeführt werden kann.[7] Für A gab es keine andere Möglichkeit, den Suspensiveffekt herbeizuführen, da von der Behörde die sofortige Vollziehbarkeit der Entziehung der Fahrerlaubnis gemäß § 80 Abs. 2 S. 1 Nr. 4 VwGO angeordnet worden ist, sodass die Einlegung eines Widerspruches – soweit dieser statthaft wäre – oder die Erhebung der Klage nicht zur Suspendierung des Bescheides i.S.d. § 80 Abs. 1 VwGO geführt hätten. Insoweit ist A das allgemeine Rechtsschutzbedürfnis nicht abzusprechen.

2. Aussetzungsantrag

Um ein Rechtsschutzbedürfnis zu haben, könnte für den Antragsteller ein vorheriger Antrag nach § 80 Abs. 6 S. 1 VwGO auf Aussetzung im Sinne des § 80 Abs. 4 S. 1 VwGO erforderlich sein. Das wäre nur anzunehmen, wenn der Verweis in § 80 Abs. 6 S. 1 VwGO auf § 80 Abs. 2 S. 1 Nr. 1 VwGO nur eine deklaratorische Funktion hätte. Dem Wortlaut nach ist § 80 Abs. 6 S. 1 VwGO abschließend. Die Norm soll nur in den dort explizit benannten Konstellationen angewandt werden, zumal im Gegensatz zur Analogie eine plangemäße Regelungslücke für verbleibende Konstellationen anzunehmen ist. Aus dem Umkehrschluss aus § 80 Abs. 6 S. 1 VwGO ergibt sich somit, dass in Konstellationen außerhalb des § 80 Abs. 2 Nr. 1 VwGO vor Betreibung des einstweiligen Rechtsschutzes kein Aussetzungsantrag bei der Behörde zu stellen ist.[8] Das Rechtsschutzbedürfnis ist A insoweit nicht abzusprechen.

---

[7] Teilweise wird die Problematik der gesetzlichen Suspendierung schon beim statthaften Antrag erörtert. Da es bei der statthaften Antragsart nur darum geht, das Begehren mit einer rechtlich vorgesehenen Antragsart zu verbinden, ist die Frage nach dem Bedürfnis für gerichtlichen Rechtsschutz weitergehend. Vertretbar – wenngleich nicht empfehlenswert – erscheint es jedoch, das allgemeine Rechtsschutzbedürfnis insoweit vorzuziehen und bei der statthaften Antragsart mitzuprüfen. Dann muss bei der Erörterung der statthaften Antragsart aber klargestellt werden, dass das allgemeine Rechtsschutzbedürfnis insoweit vorgezogen worden ist.

[8] Die Problematik des Aussetzungsantrages ist in zweipoligen Konstellationen weniger bedeutend als bei Verfahren i.S.d. § 80a Abs. 3 S. 1, 2 VwGO, weil für die dort geregelten dreipoligen Konstellationen in S. 2 auch auf § 80 Abs. 6 VwGO verwiesen wird. Insofern handelt es sich nach h.M. um eine Rechtsgrund-, nicht um eine Rechtsfolgenverweisung (strittig).

3. Rechtsschutz in der Hauptsache

Es könnte erforderlich sein, vor oder gleichzeitig mit Beantragung des einstweiligen Rechtsschutzes den Rechtsschutz in der Hauptsache durch Klageerhebung bzw. durch Einlegung eines gegebenenfalls trotz Entbehrlichkeit des Vorverfahrens statthaften Widerspruches zu verfolgen.

a) Ausnahmslose Betreibung der Hauptsache

Die Erforderlichkeit der vorherigen oder gleichzeitigen Verfolgung des Rechtsschutzes in der Hauptsache könnte sich ausnahmslos daraus ergeben, dass eine Suspendierung, also eine Herstellung oder Wiederherstellung der aufschiebenden Wirkung bei Gericht sinnvoll nur erfolgen kann, wenn dies zuvor schon bei der Behörde beantragt worden ist (vgl. VG Göttingen, Beschluss vom 9.1.2013, 1 B 7/13 m.w.N.). Insbesondere dient z.b. ein Widerspruchsverfahren der Selbstkontrolle der Verwaltung i.S.d. Art. 20 Abs. 3 GG, sodass ihr selbst die Möglichkeit zur Suspendierung gegeben werden müsste. Durch die Möglichkeit der Verwaltung, jederzeit nach § 80 Abs. 4 S. 1 VwGO die Vollziehung auszusetzen, wird die effektive Selbstkontrolle noch nicht zwingend gewährleistet, weil die Verwaltung naturgemäß in der Regel nur tätig und aussetzen wird, wenn sie davon Kenntnis erlangt, dass der Bürger mit der Bescheidung nicht einverstanden ist.

Jedenfalls in den Konstellationen, in denen das Widerspruchsverfahren gemäß § 68 Abs. 1 S. 2 VwGO entbehrlich ist, bedarf es keiner vorherigen Betreibung der Hauptsache, weil in § 80 Abs. 5 S. 2 VwGO gesetzlich geregelt ist, dass der Antrag nach § 80 Abs. 5 S. 1 VwGO schon vor Erhebung der Anfechtungsklage zulässig ist (vgl. zur Fortführung in der Hauptsache: OVG Kassel, Beschluss vom 5.11.2012 – 10 B 2015/12). Das Erfordernis der vorherigen oder gleichzeitigen Verfolgung der Hauptsache kann in der Konstellation des § 80 Abs. 5 S. 2 VwGO auch nicht mittels einer verfassungskonformen Auslegung oder Reduktion im Sinne des Art. 20 Abs. 3 GG aus Gründen der Selbstkontrolle der Verwaltung notwendig sein, weil der Wortlaut die Grenze der Auslegung darstellt und der Wortlaut des § 80 Abs. 5 S. 2 VwGO insoweit nicht auslegungsfähig und nicht reduzierungsbedürftig ist. Die Annahme eines solchen Erfordernisses wäre in den Konstellationen der Entbehrlichkeit des Vorverfahrens gesetzeswidrig. Zwar ist möglicherweise auch bei der Entbehrlichkeit des Widerspruchsverfahrens ein Widerspruch statthaft, um die rechtsstaatliche Selbstkontrolle der Verwaltung i.S.d. Art. 20 Abs. 3 GG zu ermöglichen, und weil der Widerspruch in den Normen über die Entbehrlichkeit – § 68 Abs. 1 S. 2 VwGO gegebenenfalls i.V.m. Landesrecht – nicht verboten worden ist, jedoch kann insoweit jedenfalls kein Widerspruchsverfahren erzwungen werden, weil eine Entbehrlichkeit gesetzlich geregelt ist.

Da das Widerspruchsverfahren für A nicht gemäß § 68 Abs. 1 S. 2 VwGO – auch nicht i.V.m. dem Landesrecht des Bundeslandes H – entbehrlich ist, ist nicht unmittelbar die Klage statthaft mit der Folge, dass sich daraus noch keine Entbehrlichkeit des vorherigen Betreibens der Hauptsache in Form eines Widerspruchsverfahrens ergibt.

b) Grundsätzliche Entbehrlichkeit des Betreibens der Hauptsache

Unabhängig davon, ob ein Widerspruchsverfahren gemäß § 68 Abs. 1 S. 2 VwGO entbehrlich ist oder nicht, könnte das vorherige Betreiben der Hauptsache entbehrlich sein. Das könnte sich daraus ergeben, dass durch das Erfordernis des vorherigen Betreibens der Hauptsache die Überlegungsfristen des Betroffenen i.S.d. § 70 Abs. 1 S. 1 VwGO oder nach § 74 Abs. 1 S. 2 VwGO für den Betroffenen verkürzt würden, weil er, um einstweiligen Rechtsschutz zu erlangen, schon vor Ablauf dieser Fristen in der Hauptsache tätig werden müsste. § 80 Abs. 5 S. 2 VwGO wäre dann eine deklaratorische Regelung, von der auch Konstellationen erfasst wären, in denen das Widerspruchsverfahren erforderlich wäre. Sinnvoll kann eine differenzierte Betrachtung sein.

c) Differenzierte Betrachtung

Bei differenzierter Betrachtung ist zwischen Konstellationen mit dem Erfordernis eines Widerspruchsverfahrens und ohne Erfordernis eines Widerspruchsverfahrens zu trennen. Sollte ein Widerspruchsverfahren gemäß § 68 Abs. 1 S. 2 VwGO entbehrlich sein, ist der Wortlaut des § 80 Abs. 5 S. 2 VwGO maßgeblich, sodass die Klage vor Stellung des Antrages auf einstweiligen Rechtsschutz nicht erhoben worden sein muss. Ist ein Widerspruchsverfahren allerdings erforderlich, ist vor Stellung des Antrages der Widerspruch einzulegen. Einerseits ist der Wortlaut des § 80 Abs. 5 S. 2 VwGO begrenzt, sodass die Norm eine Ausnahmeregelung darstellt, andererseits kann sinnvoll nur etwas suspendiert werden, das zuvor i.S.d. in einem Rechtsstaat i.S.d. Art. 20 Abs. 3 GG erforderlichen Selbstkontrolle der Verwaltung bei der Behörde beantragt worden ist, zumal dies zu einer Entlastung der Gerichte führt.

Auch die Überlegungsfrist des § 70 Abs. 1 VwGO steht insoweit nicht entgegen. Während die Klagefrist aus § 74 Abs. 1 VwGO bei Entbehrlichkeit des Widerspruchsverfahrens nicht durch das Erfordernis des vorherigen Betreibens der Hauptsache verkürzt werden darf, ist dies bei der Widerspruchsfrist aus den genannten rechtsstaatlichen Gründen anders. Während die Hemmschwelle zur Erhebung einer Klage als Rechtsmittel höher als bei Stellung eines Antrages auf einstweiligen Rechtsschutz ist – schließlich besteht ein hohes Kostenrisiko sowie die psychische Belastung eines lange dauernden Verfahrens – ist die Hemmschwelle für die Einlegung eines Widerspruches als Rechtsbehelf geringer als beim einstweiligen Rechtsschutz. Wenn sich der Antragsteller bereits zu einem gerichtlichen Antrag im einstweiligen Rechtsschutz entschieden hat, ist es weniger problematisch, Widerspruch einzulegen.

Nach alledem ist bei der Erforderlichkeit eines Vorverfahrens vor Stellung des Antrages i.S.d. § 80 Abs. 5 S. 1 VwGO die Einlegung des Widerspruches erforderlich, um zu verdeutlichen, dass die Hauptsache auch tatsächlich betrieben wird. Aus rechtsstaatlichen Gründen i.S.d. Art. 20 Abs. 3 GG sowie aus Gründen des effektiven Rechtsschutzes i.S.d. Art. 19 Abs. 4 GG genügt die Einlegung des Widerspruches zeitgleich mit der Stellung des Antrages im einstweiligen Rechtsschutz, solange die Erhebung des Widerspruches nicht rechtsmissbräuchlich spät erfolgt, obgleich die Selbstkontrolle der Verwaltung insoweit minimiert wird.

d) Zwischenergebnis

Das Widerspruchsverfahren des A war nicht entbehrlich,[9] jedoch ist zeitgleich mit der Stellung des Antrages nach § 80 Abs. 5 S. 1 VwGO Widerspruch bei der zuständigen Behörde eingelegt worden. Eine rechtsmissbräuchliche Verzögerung des A ist nicht ersichtlich. Das allgemeine Rechtsschutzbedürfnis ist A nicht aufgrund eines Nichtbetreibens der Hauptsache abzusprechen.

4. Keine offensichtliche Verfristung der Hauptsache

Ein Rechtsschutzbedürfnis für den einstweiligen Rechtsschutz besteht nur, soweit Rechtsschutz in der Hauptsache möglich, dessen Sachentscheidungs- bzw. Sachurteilsvoraussetzungen also nicht offensichtlich unerfüllt sind bzw. bleiben werden. Dies ist anzunehmen, wenn der Rechtsbehelf bzw. das Rechtsmittel in der Hauptsache offensichtlich verfristet sind (vgl. OVG Magdeburg,

---

9 Es ist strittig, ob vor Stellung eines Antrages auf einstweiligen Rechtsschutz gemäß § 80 Abs. 5 S. 1 VwGO die Klageerhebung oder gegebenenfalls die Einlegung eines Widerspruches in der Hauptsache erforderlich ist. Nach h.M. bedarf es jedenfalls bei Entbehrlichkeit des Vorverfahrens gemäß § 80 Abs.5 S. 2 VwGO keiner vorherigen oder gleichzeitigen Erhebung der Anfechtungsklage. Dies gilt unabhängig vom Streitstand zur Statthaftigkeit des Widerspruches trotz Entbehrlichkeit des Widerspruchsverfahrens. Ist das Vorverfahren nicht entbehrlich, ist der Streitstand zu entscheiden. Da insoweit zwei verbreitete konträre Auffassungen mit jeweils guten Argumenten bestehen, ist es empfehlenswert, in diesen Fällen nach Benennung der Argumente klausurtaktisch zu entscheiden (zum Ganzen: vgl. Sodan/Ziekow, § 80, Rn 129; Kopp/Schenke, § 80, Rn 139 m.w.N.; Posser/Wolff, § 80, Rn 164 m.w.N.).

Beschluss vom 2.8.2012, NVwZ-RR 2013, 85). Bezüglich des gegenüber A erlassenen Bescheides gibt es keine Anhaltspunkte dafür, dass der von ihm eingelegte Widerspruch verfristet ist. Vielmehr ist innerhalb der Monatsfrist i.S.d. § 70 Abs. 1 VwGO ein Widerspruch erhoben worden. A ist allgemein rechtsschutzbedürftig.

VII. Zwischenergebnis
Die Sachentscheidungsvoraussetzungen des Verfahrens nach § 80 Abs. 5 S. 1, 3 VwGO sind erfüllt.

B. Begründetheit
Der Antrag des A gemäß § 80 Abs. 5 S. 1, 3 VwGO auf Suspendierung der Entziehung der Fahrerlaubnis ist begründet, soweit die Vollziehungsanordnung nach § 80 Abs. 2 S. 1 Nr. 4 VwGO rechtswidrig ist[10] bzw. bei summarischer Prüfung das Aussetzungsinteresse des A als Antragsteller das Vollziehungsinteresse der Behörde überwiegt bzw. soweit ein Vollzugsfolgenbeseitigungsanspruch des A besteht.

I. Entziehung der Fahrerlaubnis
Zunächst könnte die Vollziehung der Entziehung der Fahrerlaubnis suspendiert werden.

---

10 Bei der Vollziehungsanordnung gibt es mehrere **Problembereiche:**
1. Aufbau
   Denkbar wäre, die VZA nach der Erörterung des Vollziehungs-/Aussetzungsinteresses zu prüfen. Das ist nicht möglich, weil die VZA als Sonderanordnung im Rahmen eines Verwaltungsverfahrens bloß formalen Charakter hat. Formelle Voraussetzungen unterliegen klaren Vorgaben ohne Beurteilungs- und Ermessensspielräume und sind daher vor materiellen Voraussetzungen zu erörtern. Daher ist die VZA vorab zu prüfen, wobei dies problematisch ist, wenn die VZA rechtswidrig ist, weil der Antrag auf einstweiligen Rechtsschutz dann begründet ist. Vertretbar ist es insoweit, mit Verweis auf die Möglichkeit der Behörde jederzeit eine neue VZA zu erlassen, dennoch das Aussetzungs- und Vollziehungsinteresse im Anschluss an die VZA zu erörtern. Korrekt wäre es insoweit aber, die Prüfung zu beenden und in einem Hilfsgutachten fortzuführen.
2. Voraussetzungen
   Nach h.M. bedarf es für die VZA keiner gesonderten Anhörung, da diese nach h.M. keinen VA darstellt und die Voraussetzungen für eine Analogie wegen der Anhörung bzgl. des Grund-VA nicht erfüllt sind.

1. Rechtmäßigkeit der Vollziehungsanordnung

Die Vollziehungsanordnung nach § 80 Abs. 2 S. 1 Nr. 4 VwGO kann rechtmäßig sein. Insoweit könnte es wegen der Formulierung „im öffentlichen Interesse" nicht nur auf formelle, sondern auch auf materielle Voraussetzungen ankommen. Die Vollziehungsanordnung gehört systematisch aber zum Verwaltungsverfahren und ist im Verwaltungsprozessrecht geregelt mit der Folge, dass es sich dabei auch mangels gegenüber dem materiellen Verwaltungsakt eigenständiger materieller Regelung nicht um einen weiteren Verwaltungsakt handelt. Vielmehr ist die Vollziehungsanordnung lediglich eine besondere Verfahrensmöglichkeit, die ausschließlich von formellen Voraussetzungen abhängig ist. Ob eine gesonderte Anhörung vor der Anordnung der sofortigen Vollziehung erforderlich oder ob die Regelung des § 80 Abs. 3 VwGO abschließend ist, kann dahinstehen, weil eine solche durch die zuständige Behörde jedenfalls erfolgte. Verfahrensfehler sind nicht ersichtlich.

Für eine ordnungsgemäße Begründung einer Vollziehungsanordnung bedarf es gemäß § 80 Abs. 3 S. 1 VwGO auch einer ordnungsgemäßen Begründung, soweit sie nicht gemäß § 80 Abs. 3 S. 2 VwGO entbehrlich ist (zum Ganzen: VG Cottbus, Beschluss vom 2.11.2007 – 2 L 236/07).

Nach § 80 Abs. 3 S. 1 VwGO hat die Behörde in den Fällen des § 80 Abs. 2 S. 1 Nr. 4 VwGO das besondere Interesse an der sofortigen Vollziehung des Verwaltungsakts schriftlich zu begründen. Durch diese Vorschrift soll die Behörde dazu angehalten werden, sich des Ausnahmecharakters der Vollziehungsanordnung mit Blick auf den grundsätzlich gemäß § 80 Abs. 1 VwGO durch Erhebung eines Rechtsbehelfs eintretenden Suspensiveffekt bewusst zu werden und die Abweichung vom Grundsatz sorgfältig zu prüfen. Zugleich soll der Betroffene über die für die Behörde maßgeblichen Gründe des ihrerseits angenommenen überwiegenden Interesses an der sofortigen Vollziehbarkeit informiert werden, damit in einem möglichen Rechtsschutzverfahren dem Gericht die Erwägungen der Behörde zur Kenntnis gebracht und zur Prüfung gereicht werden können.

Die Vorgaben des § 80 Abs. 3 S. 1 VwGO haben somit vorwiegend die Bedeutung, der Behörde den Ausnahmecharakter der sofortigen Vollziehbarkeit zu verdeutlichen. Ist das Interesse hinreichend erkennbar, kommt es für die formale Voraussetzung der ordnungsgemäßen Begründung gemäß § 80 Abs. 3 S. 1 VwGO nicht darauf an, ob die Annahme eines Überwiegens des sofortigen Vollzugsinteresses aus den angegebenen Gründen bereits voll zu überzeugen vermag (vgl. OVG für das Land Brandenburg, Beschluss vom 5.2.1998 – 4 B 134/97 –, veröffentlicht in Juris).

Aus der Begründung muss hinreichend nachvollziehbar hervorgehen, dass und aus welchen besonderen Gründen die Behörde im Einzelfall das besondere öffentliche Interesse an der sofortigen Vollziehung des Verwaltungsakts als gegenüber dem Aussetzungsinteresse des Betroffenen vorrangig einstuft und aus welchen im dringenden öffentlichen Interesse liegenden Gründen sie es für gerechtfertigt bzw. geboten hält, den durch die aufschiebende Wirkung eines Rechtsbehelfs grundsätzlich eintretenden Suspensiveffekt des Betroffenen einstweilen zurück zu stellen. Pauschale und nichtssagende formelhafte Wendungen genügen dem Begründungserfordernis nicht. Allerdings kann sich die Behörde auf die den Verwaltungsakt selbst tragenden Erwägungen stützen, wenn die den Erlass des Verwaltungsaktes rechtfertigenden Gründe zugleich die Dringlichkeit der Vollziehung ergeben. Das kann bei der Entziehung der Fahrerlaubnis unter dem Aspekt der Gefahrenabwehr gegeben sein (vgl. OVG Münster, Beschluss vom 22.1.2001 – 19 B 1757/00 –, NZV 2001, 396).

Bei gleichartigen Tatbeständen können auch gleiche oder typisierende Begründungen ausreichen. Dies gilt insbesondere bei Fahrerlaubnisentziehungen, da insoweit die zu beurteilenden Interessenkonstellationen in der Regel gleich gelagert sind. Stets bedarf es der Abwägung zwischen den Gefahren, die für hochrangige Rechtsgüter anderer Verkehrsteilnehmer wie Leben und Gesundheit aus der weiteren Teilnahme eines ungeeigneten Kraftfahrzeugführers entstehen, und dem Interesse des Betroffenen, weiterhin als Führer eines Kraftfahrzeuges am Straßenverkehr teilnehmen zu können. In der häufig wiederkehrenden Konstellation, in der die Behörde die Fahrerlaubnis wegen Alkoholmissbrauchs oder Betäubungsmittelkonsums entzieht, ist diese Interessenlage typischerweise gleich gelagert. Insoweit ist es nicht zwingend geboten, eine ausschließlich auf den Einzelfall zugeschnittene Begründung zu geben. Es genügt, die typische Interessenlage aufzuzeigen und deutlich zu machen, dass diese Interessenlage auch im konkreten Einzelfall besteht (vgl. BayVGH, Beschluss vom 4.1.2006 – 11 CS 05.1878 –, zitiert nach Juris).

Insoweit genügt eine knappe und gleichartige Begründung dem Erfordernis nach § 80 Abs. 3 S. 1 VwGO, wenn die Behörde die typischerweise von einem ungeeigneten Kraftfahrzeugführer ausgehenden und folglich auch im zur Beurteilung anstehenden Einzelfall drohenden Gefahren für die Sicherheit des Straßenverkehrs und der damit im Zusammenhang stehenden Rechtsgüter anderer Verkehrsteilnehmer aufzeigt, sie damit eine typische Konstellation aufgreift, in der das öffentliche Interesse an einer sofortigen Vollziehung regelmäßig überwiegt, und sie hinreichend deutlich macht, dass aus ihrer Sicht diese typische wiederkehrende eindeutige Konstellation auch auf die Person des jeweiligen Fahrerlaubnisinhabers zutrifft.

Allerdings ist bei einer auf § 3 Abs. 1 StVG gestützten Entziehung der Fahrerlaubnis die Vorgabe im Gesetz zu berücksichtigen, nach welcher ein diesbezüglich eingelegter Rechtsbehelf gemäß § 80 Abs. 1 VwGO grundsätzlich zur Suspendierung führt, weil sich der Gesetzgeber – dies ergibt sich aus dem

Umkehrschluss aus anderen Vorschriften wie § 2a Abs. 6 StVG und § 4 Abs. 7 S. 2 StVG – gegen einen generellen Ausschluss der aufschiebenden Wirkung entschieden hat. Daher darf der Rückgriff auf typisierende Begründungen nicht dazu führen, dass die grundsätzliche Entscheidung des Gesetzgebers umgangen wird. Soll das gesetzliche Begründungserfordernis nicht seine Bedeutung verlieren, muss die Verwaltung in jedem Einzelfall entscheiden, ob und warum eine Vollziehungsanordnung nach § 80 Abs. 2 S. 1 Nr. 4 VwGO erforderlich ist. Sie muss prüfen, ob Besonderheiten gegeben sind, aufgrund derer es beim Grundsatz des § 80 Abs. 1 VwGO und somit eines Suspensiveffektes durch einen Rechtsbehelf gegen die jeweilige Verfügung bleibt (vgl. BayVGH, Beschluss vom 4.1.2006 – 11 CS 05.1878 –, zitiert nach Juris).

Bestehen keine Besonderheiten, ist also die typische Interessenlage gegeben, kann die Behörde eine typisierende Begründung für die Anordnung der sofortigen Vollziehbarkeit benennen. Die Straßenverkehrsbehörde als Fahrerlaubnisbehörde geht auch gegenüber A davon aus, dass die bei einem Entzug der Fahrerlaubnis regelmäßig gegebene Interessenlage besteht, sich die Angelegenheit des A auch unter Berücksichtigung etwaiger Besonderheiten nicht wesentlich von den typischen Konstellationen unterscheidet.

Die Konstellation des A enthält keine Besonderheiten und ist eine typische Konstellation, bei der regelmäßig die Fahrerlaubnis entzogen wird, weil Leben und Gesundheit anderer Verkehrsteilnehmer durch einen alkoholisierten Fahrer, der sogar die Straftatbestandsgrenze überschreitet, jederzeit konkret gefährdet und sogar beschädigt werden können. Sollte die Hauptsache abgewartet werden, könnten in der Zwischenzeit Unfälle großen Ausmaßes erfolgen. Atypisch wäre die Konstellation allenfalls, wenn die Ausfallerscheinungen und Straftaten des A mehrere Jahre zurückliegen würden. A ist aber auch in den letzten Jahren rechtskräftig wegen Straftaten im Zusammenhang mit dem Straßenverkehr verurteilt worden. Die Behörde durfte auf eine typische Konstellation abstellen. Die Anordnung der sofortigen Vollziehung ist nach alledem rechtmäßig.

2. Aussetzungs-/Vollziehungsinteresse[11]

Das Aussetzungsinteresse überwiegt das Vollziehungsinteresse, soweit der Verwaltungsakt rechtswidrig ist, weil durch einen rechtswidrigen Verwaltungsakt materiell-rechtlich grundsätzlich kein Grundrechtseingriff gerechtfertigt werden

---

11 **Es gilt:**
- bei rechtswidrigen Verwaltungsakten überwiegt das Aussetzungsinteresse
- bei rechtmäßigen Verwaltungsakten überwiegt in Konstellationen des § 80 Abs. 2 S. 1 Nr. 1–3 VwGO das Vollziehungsinteresse

soll und somit kein Vollziehungsinteresse des behördlichen Rechtsträgers bezüglich eines solchen Verwaltungsaktes besteht. Ist der Verwaltungsakt rechtmäßig, überwiegt das Vollziehungsinteresse in Konstellationen des § 80 Abs. 2 S. 1 Nr. 1–3 VwGO, weil im Gesetz insoweit eine gesetzgeberische Wertung dahingehend enthalten ist, dass in derartigen Konstellationen bei rechtmäßigen Verwaltungsakten stets vollzogen werden soll. In Konstellationen einer Vollziehungsanordnung i.S.d. § 80 Abs. 2 S. 1 Nr. 4 VwGO bedarf es hingegen grundsätzlich einer eigenen Abwägung des Gerichts, weil der Gesetzgeber insoweit die Anordnung der sofortigen Vollziehbarkeit nicht selbst getroffen, sondern sie der Behörde überlassen hat, deren diesbezügliche Entscheidung überprüfbar ist.

Eine Ausnahme erfolgt insoweit, als es in einigen Konstellationen aufgrund der Erledigung nicht zu einer Hauptsacheentscheidung kommen wird, sodass es zur Gewährung eines i.S.d. Art. 19 Abs. 4 GG effektiven Rechtsschutzes und i.S.d. sich unter anderem aus Art. 20 Abs. 3 GG ergebenden Rechtsstaatsprinzips bezüglich des Aussetzungs- und des Vollziehungsinteresses nur auf die Rechtmäßigkeit bzw. Rechtswidrigkeit des Verwaltungsaktes ankommt – auch in Konstellationen des § 80 Abs. 2 S. 1 Nr. 4 VwGO.

Maßgeblich ist somit zunächst, ob die gegenüber A ausgesprochene Entziehung der Fahrerlaubnis rechtswidrig ist.

a) Rechtswidrigkeit der Entziehung der Fahrerlaubnis
Die Entziehung der Fahrerlaubnis kann rechtswidrig gewesen sein.

aa) Rechtsgrundlage
Als Rechtsgrundlage kommt zunächst § 48 Abs. 1 S. 1 VwVfG oder § 49 Abs. 1 VwVfG in Betracht (zum Ganzen: VGH München, Beschluss vom 24.8.2010 – 11 CS 10.1139). Ebenso kann jedoch § 3 Abs. 1 StVG i.V.m. § 46 FeV die Rechtsgrundlage darstellen.

Innerhalb des Anwendungsbereichs der Normen – also, soweit dem Inhaber einer Fahrerlaubnis diese Berechtigung wegen fehlender Eignung oder mangelnder Befähigung i.S.d. § 3 Abs. 1 S. 1 StVG i.V.m. § 46 Abs. 1 FeV aberkannt werden soll – werden die allgemeinen Regelungen der §§ 48, 49 VwVfG durch die spezielleren straßenverkehrsrechtlichen Regelungen verdrängt (HessVGH vom 4.6.1985 VRS Bd. 70, S. 228/229; NdsOVG vom 27.9.1991 – 12 M 7440/91,

---

- in Konstellationen des § 80 Abs. 2 S. 1 Nr. 4 VwGO bedarf es einer Abwägung (Ausnahme: Zeitmoment, sodass keine Hauptsache stattfinden wird; Drittbetroffenheit)
- Besonderheiten auch bei § 80a VwGO.

juris, Rn 2; VGH BW vom 17.12.1991 VRS Bd. 82, S. 383/384; HambOVG vom 30.1. 2002 VRS Bd. 102, S. 393/398 f.; VG Hamburg vom 2.5.2002 – 15 VG 1374/2002, juris, Rn 18; VG Saarlouis vom 12.9.2007 – 10 L 1012/07, juris, Rn 20 f.; BayVGH vom 25.5.2010 – 11 CS 10.291, juris, Rn 25). Die Spezialität des in § 3 Abs. 1 StVG und § 46 Abs. 1 FeV geregelten Eingriffsinstrumentariums ergibt sich – außer aus dem generellen Vorrang des Bundesrechts i.S.d. Art. 31 GG gegenüber dem allgemeinen Verwaltungsverfahrensrecht der Länder – unter anderem daraus, dass in § 3 Abs. 1 S. 1 StVG und § 46 Abs. 1 FeV anders als in den §§ 48, 49 VwVfG der zuständigen Behörde kein Ermessen eingeräumt worden ist und die Entziehung der Fahrerlaubnis keiner Sperrfrist unterliegt, wie sie in § 48 Abs. 4 VwVfG gegebenenfalls in Verbindung mit § 49 Abs. 2 S. 2 VwVfG enthalten ist.

Nur soweit eine Fahrerlaubnis aus Gründen aberkannt werden soll, die unabhängig von der Eignung oder Befähigung des Inhabers sind, können die §§ 48, 49 VwVfG anwendbar sein (HambOVG vom 12.1.1996 – Bs VI VII 178/95, juris, Rn 9; vgl. auch BayVGH vom 11.6.2007 – 11 CS 06.2244, juris, Rn 62). Sind die Rechtsgrundlagen der § 48 Abs. 1 S. 1 VwVfG und § 49 Abs. 1 VwVfG für die Rücknahme und den Widerruf von Verwaltungsakten auf die Entziehung von Fahrerlaubnissen wegen fehlender Eignung oder mangelnder Befähigung nicht anwendbar, gilt das auch für den insoweit auf der Primär- und der Sekundärebene geregelten Vertrauensschutz der §§ 48, 49 VwVfG (vgl. u.a. BayVGH vom 15.4.2010 – 11 ZB 08.2452, juris, Rn 12).

Somit ist Rechtsgrundlage § 3 Abs. 1 StVG i.V.m. dem konkretisierenden § 46 Abs. 1 FeV.

bb) Voraussetzungen
Die Voraussetzungen können erfüllt sein.

(1) Formell
Formell hat die zuständige Straßenverkehrsbehörde i.S.d. § 44 Abs. 1 StVO als zuständige Fahrerlaubnisbehörde des Bundeslandes H i.S.d. § 46 Abs. 1 FeV gehandelt. Eine Anhörung i.S.d. § 28 Abs. 1 VwVfG ist ordnungsgemäß erfolgt. Bei der Entziehung der Fahrerlaubnis ist mit der schriftlichen Form eine gemäß § 37 Abs. 2 S. 1 VwVfG zulässige Form gewählt worden.

(2) Materiell
Zunächst ist A Inhaber einer Fahrerlaubnis gewesen und hat wiederholt gegen die Straßenverkehrsordnung verstoßen sowie Straftatbestände erfüllt. A muss

gemäß § 46 Abs. 1 S. 1 FeV auch ungeeignet zum Führen von Kraftfahrzeugen sein. Eine Nichteignung kann gemäß § 46 Abs. 1 S. 2 FeV insbesondere dann bestehen, wenn ein Fahrerlaubnisinhaber wiederholt gegen verkehrsrechtliche Vorschriften verstößt bzw. Straftatbestände erfüllt. Gemäß § 11 Abs. 8 S. 1, Abs. 1 S. 2 FeV i.V.m. § 46 Abs. 3 FeV darf die Behörde die Nichteignung vermuten, wenn wiederholt gegen die Straßenverkehrsordnung verstoßen worden ist bzw. Straftatbestände erfüllt worden sind, falls ein medizinisches Gutachten nicht beigebracht wird.

A hat mehrfach gegen die Straßenverkehrsordnung verstoßen und wurde strafrechtlich verurteilt. Er wurde seitens der zuständigen Fahrerlaubnisbehörde unter Hinweis auf die Folge der Vermutung der Nichteignung i.S.d. § 11 Abs. 8 S. 1, 2, Abs. 6 FeV aufgefordert, ein Gutachten beizubringen. Dieser Aufforderung ist er nicht nachgekommen. Seine Nichteignung ergibt sich einerseits bereits materiell aus dem wiederholten Verstoß gegen die Straßenverkehrsordnung und den strafrechtlichen Verurteilungen, andererseits aus der auf der Nichtbeibringung eines medizinischen Gutachtens basierenden Vermutung der Nichteignung (vgl. zu Eignungszweifeln: VGH Mannheim, Beschluss vom 8.3.2013, NJW 2013, 1896). Die materiellen Voraussetzungen sind erfüllt.

cc) Rechtsfolge

Die Rechtsfolge ist gebunden, sodass die Behörde die Fahrerlaubnis entziehen musste.

dd) Zwischenergebnis

Der Verwaltungsakt in Form der Entziehung der Fahrerlaubnis ist rechtmäßig mit der Folge, dass nicht automatisch das Aussetzungsinteresse des Antragstellers das Vollziehungsinteresse der Behörde überwiegt.

b) Gesetzliche Wertung

Da es sich um eine Konstellation i.S.d. § 80 Abs. 2 S. 1 Nr. 4 VwGO handelt, ist grundsätzlich eine eigene Abwägung des Gerichts vorzunehmen (BVerfG NVwZ 2004, 93). Die nach § 80 Abs. 1 VwGO für den Regelfall vorgeschriebene aufschiebende Wirkung eines Widerspruches bzw. einer verwaltungsgerichtlichen Klage ist nämlich insoweit eine adäquate Ausprägung der verfassungsrechtlichen Rechtsschutzgarantie und ein fundamentaler Grundsatz des öffentlich-rechtlichen Prozesses. Andererseits wird durch Art. 19 Abs. 4 GG die aufschiebende Wirkung der Rechtsbehelfe im Verwaltungsprozess nicht uneingeschränkt

gewährleistet. Aus überwiegenden öffentlichen Belangen kann sich eine Rechtfertigung zur einstweiligen Zurückstellung des Rechtsschutzanspruches des
Grundrechtsträgers ergeben, um unaufschiebbare Maßnahmen im Interesse des
allgemeinen Wohls rechtzeitig durchführen zu können. Für die sofortige Vollziehbarkeit ist daher ein besonderes öffentliches Interesse erforderlich, das über
jenes Interesse hinausgeht, durch das der Verwaltungsakt selbst gerechtfertigt
wird.

Auch aus § 3 Abs. 1 StVG i.V.m. § 46 Abs. 1 FeV ergibt sich keine gegenüber
§ 80 Abs. 2 VwGO speziellere Wertung, durch die eine eigene Abwägung des
Gerichts entbehrlich wird.

c) Eigene Wertung

Es bedarf somit einer Abwägung zwischen den Interessen des A und den gegenläufigen Rechten und Rechtsgütern Dritter (dazu VGH München, Beschluss vom
24.8.2010 – 11 CS 10.1139). Im Rahmen des staatlichen Gewaltmonopols und der
damit verbundenen Schutzpflicht des Staates für die Rechtsgüter „Leben“ und
„Gesundheit“ aus Art. 2 Abs. 2 S. 1 GG für andere Verkehrsteilnehmer (vgl. z.B.
BVerfG vom 16.10.1977 – BVerfGE 46, 160/164) wäre es unverantwortlich, dem
Antragsteller ohne vorherige medizinisch-psychologische Begutachtung die
motorisierte Teilnahme am Straßenverkehr zu erlauben. Aus der Fahrerlaubnis-
verordnung ergibt sich, dass Personen, die alkoholabhängig sind, grundsätzlich
– ohne dass weitere, ihnen nachteilige zusätzliche Tatsachen erforderlich sind
– als zum Führen von Kraftfahrzeugen ungeeignet eingeordnet werden.

Die Wahrscheinlichkeit, dass eine solchermaßen vorbelastete Person konsequent zwischen dem Alkoholkonsum und dem Führen von Fahrzeugen zu
trennen vermag, ist – auch wenn sich eine solche Möglichkeit nicht ausschließen lässt – so gering, dass eine derartige Gegebenheit im Rahmen der Interessenabwägung nicht zugunsten des Antragstellers unterstellt werden kann.

Vor allem aber steht einer Wiederherstellung der aufschiebenden Wirkung
entgegen, dass der Antragsteller auch dann eine außerordentliche Gefahr für
die Sicherheit des Straßenverkehrs darstellen würde, wenn er sich während
sowie ausreichend lange vor der motorisierten Verkehrsteilnahme des Alkohol-
konsums enthalten würde. Denn insoweit könnte bei ihm erneut ein Alkoholentzugssyndrom auftreten. Sollten ihn die zerebralen Anfälle bzw. die Deli-
riumszustände, mit denen nach der Vorgeschichte des A zu rechnen ist, am
Steuer eines Kraftfahrzeuges überraschen, ginge das mit einer akuten Lebens-
und Gesundheitsgefahr für eine Vielzahl von Personen einher. Gleiches gälte,
wenn beim Antragsteller unabhängig von der Alkoholproblematik ein Anfalls-
leiden bestehen sollte. Nach alledem ist es zu gefährlich, A vorläufig wieder am

Straßenverkehr teilnehmen zu lassen. Das Vollziehungsinteresse der Behörde überwiegt.

II. Vollzugsfolgenbeseitigung

Der Annexantrag ist begründet, soweit ein Anspruch des A gegenüber dem Rechtsträger der Fahrerlaubnisbehörde dahingehend besteht, den Führerschein zurückzugeben.[12]

1. Anspruchsgrundlage

Es bedarf für den Vollzugsfolgenbeseitigungsanspruch einer Anspruchsgrundlage.

a) § 80 Abs. 5 S. 3 VwGO

Da es sich bei § 80 Abs. 5 S. 3 VwGO um eine prozessuale Norm handelt, durch die materiell-rechtliche Ansprüche lediglich in einem Verfahren durchgesetzt werden können, stellt die Norm keine Anspruchsgrundlage für einen materiell-rechtlichen Anspruch dar.

b) Spezialgesetz

Anspruchsgrundlage für den Vollzugsfolgenbeseitigungsanspruch kann zwar eine spezialgesetzliche Norm sein, jedoch ist eine solche nicht ersichtlich.

c) Nachwirkung Grundrechte

Da den beim allgemeinen Folgenbeseitigungsanspruch zu beseitigenden Folgen ein öffentlich-rechtliches Handeln – regelmäßig in Form eines Grundrechtseingriffes – in der Vergangenheit zugrunde liegt, kann sich der Folgenbeseitigungsanspruch aus einer Nachwirkung der Grundrechte ergeben. Dies könnte allerdings zu einer Konturenlosigkeit der ohnehin bereits weit formulierten Frei-

---

12 Der Vollzugsfolgenbeseitigungsanspruch ist zwar ein Abwehranspruch, jedoch ist er aufgrund seiner prozessualen Einkleidung in einen Leistungsantrag auf der „zweiten Stufe" im Anspruchsaufbau zu prüfen. In der Literatur wird z.T. sogar für die Abwehr wirksamer Verwaltungsakte ein Anspruchsaufbau vertreten. Insoweit ist ein Anspruchsaufbau im Examen aber jedenfalls aufgrund der prozessualen Vorgaben in z.B. den §§ 113 Abs. 1 S. 1; 80 Abs. 5 S. 1 VwGO nicht empfehlenswert.

heitsrechte führen, zumal nicht jedes den Folgen zugrunde liegende öffentliche Handeln einen Grundrechtseingriff darstellen muss. Möglicherweise erfolgte der Eingriff lediglich in ein sich aus einer Sonderrechtsbeziehung ergebendes subjektives Recht, auf welches kein grundrechtlicher Anspruch bestand.

d) Rechtsstaatsprinzip
Der Folgenbeseitigungsanspruch kann sich aus dem unter anderem in Art. 20 Abs. 3 GG verankerten Rechtsstaatsprinzip ergeben. Während Art. 20 Abs. 3 GG bei schlichtem Abwehr- und Unterlassungsanspruch nicht zur Anspruchsbegründung führen kann – sonst würde rechtsstaatswidrig ein Gesetzesvollziehungsanspruch gewährt werden – liegt bei der Folgenbeseitigung bereits ein öffentlich-rechtliches Handeln des Staates in der Vergangenheit zugrunde, welches ein subjektives Recht betrifft, sodass die Folgenbeseitigung aufgrund der im Hinblick auf das vergangene Handeln erfolgten Subjektivierung konstruktiv auf Art. 20 Abs. 3 GG gestützt werden könnte.

e) Analog Zivilrecht
Eine analoge Anwendung des § 1004 Abs. 1 BGB erscheint mangels vergleichbarer Interessenlage – § 1004 Abs. 1 BGB ist grundsätzlich nicht auf vergangenes, sondern gegenwärtiges oder zukünftiges Handeln gerichtet – ebenso wenig maßgeblich wie eine analoge Anwendung des § 823 Abs. 1 BGB mit dem Inhalt der Naturalrestitution aus § 249 Abs. 1 BGB. Insoweit kann zwar die Beseitigung bezüglich in der Vergangenheit liegender Beeinträchtigungen verlangt werden, jedoch fehlt aufgrund des insoweit erforderlichen Verschuldens die Vergleichbarkeit.

f) Gewohnheitsrecht
Ob der allgemeine Folgenbeseitigungsanspruch ursprünglich aus einer Nachwirkung der Grundrechte oder aus Art. 20 Abs. 3 GG abgeleitet werden sollte, ist letztlich irrelevant, da der Anspruch nach jahrzehntelanger Praktizierung Gewohnheitsrecht ist. Im Sinne eines effektiven Rechtsschutzes gegen exekutivisches Handeln gemäß Art. 19 Abs. 4 GG ist es erforderlich, rechtswidrige Beeinträchtigungen, welche einem Träger hoheitlicher Macht zuzurechnen sind, zu beseitigen. Das ist nicht nur rechtspolitisch zu fordern, sondern ein Grundsatz geltenden Rechts und gilt vor allem, wenn sich rechtswidrige Beeinträchtigungen auf den Schutzbereich eines Grundrechts auswirken. Aus diesem grundgesetzlich gewährten Anspruch auf effektiven Rechtsschutz ergibt sich nicht nur

ein Gebot zur Schaffung eines gerichtlichen Verfahrens, in dem eine Rechtsverletzung festgestellt wird, sondern auch der Anspruch auf Folgenbeseitigung als ein wirksames Sanktionsrecht gegen eingetretene Rechtsverletzungen. Zwar besteht aus dem sich unter anderem aus Art. 20 Abs. 3 GG ergebenden Rechtsstaatsprinzip die Pflicht eines öffentlichen Rechtsträgers, rechtmäßige Zustände herzustellen, jedoch muss i.S.d. Art. 19 Abs. 4 GG auch ein gerichtlich durchsetzbarer Anspruch gewährt werden.

Zwar ist die Ableitung des Folgenbeseitigungsanspruches dogmatisch problematisch (vgl. F. Schoch, Folgenbeseitigung und Wiedergutmachung im öffentlichen Recht, in: VerwArch 1988, 1ff., 32ff.; R. Steinberg/A. Lubberger, Aufopferung – Enteignung und Staatshaftung, 1991, S. 375ff.), jedoch überwiegen durch Richterrecht geprägte gewohnheitsrechtliche Gesichtspunkte insoweit, als der Bundes- bzw. die Landesgesetzgeber ihre Regelungskompetenz nicht wahrgenommen haben (vgl. BVerfGE 61, 149, 203; BVerwG AZ: 4 C 24/91). Maßgebliche Anspruchsgrundlage ist der Vollzugsfolgenbeseitigungsanspruch aus Gewohnheitsrecht.

2. Voraussetzungen
Die Voraussetzungen des Folgenbeseitigungsanspruches müssen erfüllt sein.

a) Positive Voraussetzungen
Positiv ist ein Eingriff in der Vergangenheit erforderlich, dessen Folgen andauern.

aa) Eingriff in ein subjektives Recht in der Vergangenheit
Der Eingriff in ein subjektives Recht des A besteht in der ihm gegenüber erfolgten Entziehung der Fahrerlaubnis. Durch die Entziehung der Fahrerlaubnis wurde jedenfalls in die zuvor erteilte Fahrerlaubnis als Sonderrechtsbeziehung eingegriffen. Da Gegenstand des Klageantrages die Folgen des Eingriffes sind, nicht aber der Eingriff selbst, ist es positiv nicht erforderlich, dass der Eingriff in der Vergangenheit rechtswidrig war, denn er stellt lediglich die Grundlage für den eigentlichen Klagegegenstand in Form der Folgen dar.

bb) Zurechenbare Folge dauert an
Weitere Voraussetzung des Folgenbeseitigungsanspruches ist es, dass eine dem Eingriff in der Vergangenheit zurechenbare Folge andauert, weil öffentliche

Rechtsträger nicht für zufällige Folgen und aus rechtsstaatlichen Gründen grundsätzlich nicht für das Verhalten Dritter oder für allgemeine Lebensrisiken verantwortlich gemacht werden können. Zurechenbare Folge ist die Tatsache, dass der Führerschein des A im Besitz der Behörde ist. Wird die Fahrerlaubnis entzogen, besteht ohne zusätzliches Handeln der Behörde gemäß § 3 Abs. 2 StVG die gesetzliche Pflicht des Betroffenen, den Führerschein als Legitimationspapier über die Fahrerlaubnis an die Behörde zurückzugeben. Mangels erforderlicher Zwischenhandlungen der Behörde stellt der Verlust der tatsächlichen Sachherrschaft über den Führerschein als Legitimationspapier eine zurechenbare Folge dar. Die positiven Voraussetzungen sind erfüllt.

b) Negative Voraussetzung
Negative Voraussetzung des Vollzugsfolgenbeseitigungsanspruches ist es, dass keine Duldungspflicht bezüglich der Folgen bestehen darf. Eine Duldungspflicht kann sich insoweit allenfalls aus dem Verwaltungsakt ergeben, welcher der Verfügung gegenüber A zugrunde liegt. Eine Duldungspflicht kann sich allerdings nur aus einem Verwaltungsakt ergeben, der wirksam und vollziehbar ist, während die Rechtmäßigkeit eines Verwaltungsaktes für das Bestehen einer Duldungspflicht nicht maßgeblich ist, denn auch aus rechtswidrigen bestandskräftigen Verwaltungsakten können sich unter Umständen zu duldende Folgen ergeben. Die gegenüber A ausgesprochene Entziehung der Fahrerlaubnis ist wirksam, vollziehbar und sogar rechtmäßig. Somit wird durch sie eine Duldungspflicht des A begründet. Die negativen Voraussetzungen des Vollzugsfolgenbeseitigungsanspruches sind nicht erfüllt.

3. Zwischenergebnis
Es besteht kein Vollzugsfolgenbeseitigungsanspruch des A.[13]

C. Ergebnis
Die Anträge des A werden abgelehnt.

---

13 Beachte: Ein Vollzugsfolgenbeseitigungsanspruch könnte verjähren i.S.d. 195 BGB i.V.m. Art. 20 Abs. 3 GG. Allerdings bleibt der durch den Hoheitsträger geschaffene Zustand rechtswidrig, sodass für diesen eine Duldungspflicht hinsichtlich der Beseitigung durch den Anspruchsinhaber besteht. Der Anspruch auf Duldung selbst unterliegt nicht der Verjährung (BVerwG, Beschluss vom 12.7.2013 – 9 B 12.13).

Allg. Verwaltungsrecht – Fall 12:
„Subventionen und Wein für die Genossen!"

Die A-GmbH ist ein „Verbund freier Weinbau-Unternehmen" im Bundesland H. Durch die Gesellschaft soll eine Verbundzusammenarbeit zwischen Erzeugung, Verarbeitung und Absatz hergestellt werden. Gegenüber einzelnen Winzern als Erzeugern verpflichtet sie sich vertraglich zur Abnahme einer bestimmten Menge Most zu Beginn der Weinernte eines jeden Jahres gegen ein Mindestentgelt und einen der Entwicklung der Marktlage entsprechenden, von ihr zu bestimmenden Aufpreis. Der jeweilige Winzer verpflichtet sich hingegen zur Lieferung dieser Mostmenge in durchschnittlicher Qualität.

Aufgrund des § 1 Bundeslandwirtschaftsgesetz wurden im Bundeshaushalt unter Kapitel 1002 zur Förderung des Weinanbaues (Kellerwirtschaft) Mittel in Höhe von € 5.000.000 bereitgestellt, aus denen die Bundesrepublik Deutschland 8 Winzer-Genossenschaften auf deren Antrag Subventionen gewähren möchte. Diese Winzergenossenschaften bestehen aus Winzern, denen es aus wirtschaftlichen Gründen nicht möglich ist, jeweils eine eigene Kellerei rentabel zu betreiben. Mittels der Subventionen soll es den Winzergenossenschaften ermöglicht werden, gemeinsam Kellereien zu errichten und zu betreiben.

Eine dezidiertere Verteilung der im Haushaltsplan enthaltenen Posten ist in einer Verwaltungsrichtlinie des zuständigen Landwirtschaftsministeriums niedergeschrieben worden. In § 2 der Richtlinie heißt es, dass lediglich solche Genossenschaften Subventionen erhalten sollen, deren zur Verfügung stehende Traubenmenge jedenfalls nicht zu einer Produktion von mehr als 6.000 Liter Most täglich führen kann, weil – dies ist zutreffend – derart kleine Genossenschaften besonders gefährdet sind. Faktisch wird über mehrere Monate auch solchen Genossenschaften eine Subvention gewährt, deren zur Verfügung stehende Traubenmenge zu einer Tagesproduktion von bis zu 7.000 Liter Most führt, weil – auch das trifft zu – auch derartige Genossenschaften noch zu den kleineren gehören und im Rahmen der Erhaltung der Weinkultur schützenswert sind.

Der zuständige Landwirtschaftsminister des Landes H hat die Bewilligungsbescheide an die Genossenschaften im Bundesland H in der Regel für sofort vollziehbar erklärt. Zur Begründung heißt es jeweils, dass die sofortige Unterstützung der Weinbauern dringend notwendig und im öffentlichen Interesse sei, da ein Stück regionaler Kultur nur dadurch erhalten werden könne, dass auch kleineren Winzern die Möglichkeit erhalten bleibe, ihren eigenen Wein zu erzeugen. Es seien bereits mehrere Kleinwinzer im Bundesland H in ihrer Existenz bedroht. Daher sei ein sofortiges Handeln geboten. Die EU-Kommission hatte in einem abschließenden Beschluss keine Bedenken gegen die Subventionen geäußert – so wie sie in der Praxis erfolgten. Das gilt auch für die Subvention an die S-Genossenschaft, welche in derselben Region im Bundesland H tätig ist wie die A-GmbH und in unmittelbarer Konkurrenz zu ihr steht. Die S-Genossenschaft erreicht mit ihrem Traubenvolumen eine Tagesproduktion in Höhe von 6.500 Litern. Sie hat am 10. Mai dieses Jahres einen mit der gängigen Begründung als sofort vollziehbar angeordneten Subventionsbescheid vom zuständigen Landwirtschaftsministerium des Landes zugestellt bekommen.

Um den Zahlungsverkehr zu vereinfachen, ist gegenüber der S-Genossenschaft wie gegenüber den anderen subventionierten Genossenschaften im Bundesland H wie folgt vorgegangen worden:

Es ist mit dem nach Durchführung aller erforderlichen Anhörungen für sofort vollziehbar erklärten Subventionsbescheid ein elektronischer Geheim-Code versendet worden, dessen Eingabe im Online-System der Bank des Bundes als Subventionierenden den Zahlungsverkehr an die Empfängerin in Höhe des vollen jeweiligen Subventionsbetrages ohne weiteres Zutun der Behörde zur Folge hat. Seitens der S-Genossenschaft als Empfängerin wurde der Code unmittelbar nach Erhalt eingegeben, sodass der volle Subventionsbetrag in Höhe von € 500.000,– bereits am 14. Mai auf dem Konto der Empfängerin als Forderung gegen die Bank gutgeschrieben war.

Als der Geschäftsführer der A-GmbH von der Subvention an die S-Genossenschaft Kenntnis erlangt, ist er empört. Er meint, durch die Subvention der kleinen Winzer werde in die Wettbewerbsfreiheit der A-GmbH eingegriffen. Die Winzer würden sich von der A-GmbH und ihrem Vertriebsnetz abwenden und den selbst hergestellten Wein auch selbst vertreiben. Zwar sei die A-GmbH nicht in ihrer Existenz bedroht, jedoch könne eine derartige Wettbewerbsverzerrung nicht angehen, obwohl die EU-Kommission der Subvention an die S-Genossenschaft zugestimmt hat, da der A-GmbH durch die Subvention Umsatzeinbußen in Höhe von etwa 10% drohen. Die Subvention an die S-Genossenschaft sei bezüglich der Berufsfreiheit der A-GmbH einerseits verfassungswidrig, andererseits sei durch ihre Gewährung gegen die Verwaltungsrichtlinie verstoßen worden. Außerdem sei die Subvention an die S-Genossenschaft willkürlich, weil im Einzelfall von der Richtlinie abgewichen werde.

Der Geschäftsführer der A-GmbH beantragt nach Erhebung eines Widerspruches, den die Behörde für unbeachtlich erklärte, beim Verwaltungsgericht, dem Subventionsbescheid einstweilen „die Wirkung zu entziehen" und von der S-Genossenschaft einstweilen „die Rückzahlung der Subvention zu verlangen". Mit Erfolg?

§ 1 Bundeslandwirtschaftsgesetz (BLwG)

Um der Landwirtschaft die Teilnahme an der fortschreitenden Entwicklung der deutschen Volkswirtschaft und um der Bevölkerung die bestmögliche Versorgung mit Ernährungsgütern zu sichern, ist die Landwirtschaft mit den Mitteln der allgemeinen Wirtschafts- und Agrarpolitik – insbesondere der Handels-, Steuer-, Kredit- und Preispolitik – in den Stand zu setzen, die für sie bestehenden naturbedingten und wirtschaftlichen Nachteile gegenüber anderen Wirtschaftsbereichen auszugleichen und ihre Produktivität zu steigern. Damit soll gleichzeitig die soziale Lage der in der Landwirtschaft tätigen Menschen an die Lage vergleichbarer Berufsgruppen angeglichen werden.

§ 2 (Verwaltungsrichtlinie)

Im Sinne des Kapitels 1002 des Bundeshaushaltes zur Förderung des Weinanbaues (Kellerwirtschaft) sind nur solche Genossenschaften zu subventionieren, deren Traubenvolumen eine Tagesproduktion Most in Höhe von 6.000 Litern nicht überschreiten kann.

§ 4 AG VwGO (Ausführungsgesetz zur VwGO Bundesland H)

(1) Fähig, am Verfahren beteiligt zu sein, sind auch Behörden.
(2) Die Klage ist gegen die Behörde zu richten, die den angefochtenen Verwaltungsakt erlassen bzw. den beantragten Verwaltungsakt unterlassen hat.

Bearbeitungsvermerk

Es ist davon auszugehen, dass der Subvention keine über die im Sachverhalt benannten hinausgehenden speziellen Normen oder Richtlinien zugrunde liegen. Ein Widerspruchsverfahren ist im Bundesland H nach den landesrechtlichen Vorschriften nicht entbehrlich. Sollte es auf ein Verwaltungsverfahrensgesetz ankommen, wenden Sie das Verwaltungsverfahrensgesetz des Bundes an. Gehen Sie davon aus, dass die Subventionsverwaltung verfassungsgemäß durch die Landesbehörden in Bundesauftragsverwaltung i.S.d. Art. 104a Abs. 3 S. 2 GG erfolgt.

Schwerpunkte
Verfahren nach § 80a VwGO mit Annexantrag
Subventionen

Vertiefung

zum Ganzen: VG Cottbus, Beschluss vom 2.11.2007 – 2 L 236/07; vgl. OVG für das Land Brandenburg, Beschluss vom 5.2.1998 – 4 B 134/97 –, veröffentlicht in Juris; BayVGH, Beschluss vom 4.1.2006 – 11 CS 05.1878 –, zitiert nach Juris; vgl. VG Göttingen, Beschluss vom 9.1.2013 – 1 B 7/13 m.w.N.; BVerwG, Beschluss vom 12.7.2013 – 9 B 12.13

Gliederung

a) Rechtswidrigkeit des Subventionsbescheides (–)
aa) Rechtsgrundlage (–)
(1) Grundgesetz (–)
(2) Bundeslandwirtschaftsgesetz (–)
(3) Verwaltungsrichtlinie (–)
(4) Haushaltsplan (–)
(5) Gesetzesvorbehalt/Gesetzesvorrang
(a) Art. 2 Abs. 1 GG (–)
(b) Art. 9 Abs. 3 S. 1 GG (–)
(c) Art. 14 Abs. 1 GG (–)
(d) Art. 3 Abs. 1 GG i.V.m. Art. 12 GG (–)
(e) Wesentlichkeit (–)
(f) Abgeschwächter Gesetzesvorbehalt (–)
(g) Zwischenergebnis
bb) Voraussetzungen (+)
(1) Formell (+)
(2) Materiell (+)
(a) Haushaltsrecht (–)
(b) Unionsrecht (–)
(c) Art. 3 Abs. 1 GG i.V.m. der Richtlinie bzw. Verwaltungs-
     praxis (–)
b) Zwischenergebnis
II. Vollzugsfolgenbeseitigung
1. Anspruchsgrundlage (+)
    a) § 80 Abs. 5 S. 3 VwGO i.V.m. § 80a Abs. 3 S. 2 VwGO (–)
    b) Spezialgesetz (–)
    c) Nachwirkung Grundrechte (+/–)
    d) Rechtsstaatsprinzip (+/–)
    e) Analog Zivilrecht (+/–)
    f) Gewohnheitsrecht (+)
2. Voraussetzungen
    a) Positive Voraussetzungen
    aa) Eingriff in ein subjektives Recht in der Vergangenheit
    bb) Zurechenbare Folge dauert an
    b) Negative Voraussetzung
    c) Zwischenergebnis
C. Ergebnis

Lösungsvorschlag

Die folgende Lösung ist als Lösungsvorschlag zu verstehen und ausführlicher, als es in der Klausurbearbeitung verlangt werden kann. Aufgrund der wissenschaftlichen Freiheit können andere Lösungswege vertreten werden, soweit sie dogmatisch begründbar sind. Die Nachweise aus Rechtsprechung und Literatur sowie die das Verständnis fördernden Randbemerkungen sind in der Examensklausur auszusparen. Die Abkürzung „Alt." steht für Alternativfall, nicht für Alternative.

A wird mit seinem Antrag jedenfalls Erfolg haben, soweit die Sachentscheidungsvoraussetzungen erfüllt sind und der Antrag zulässig sowie begründet ist.

A. Sachentscheidungsvoraussetzungen[1, 2]
Die Sachentscheidungsvoraussetzungen müssen erfüllt sein.

I. Rechtsweg
Der Verwaltungsrechtsweg kann mangels aufdrängender Sonderzuweisung gemäß § 40 Abs. 1 S. 1 VwGO eröffnet sein. Gegebenenfalls kommt ein Verweisungsbeschluss i.S.d. § 17a Abs. 2 GVG i.V.m. § 173 VwGO in Betracht. Der Verwaltungsrechtsweg ist eröffnet, wenn die streitentscheidende öffentlich-rechtliche Norm einen Hoheitsträger einseitig berechtigt oder verpflichtet bzw. wenn aufgrund typisch hoheitlichen Handelns zwischen den Beteiligten ein Subordinationsverhältnis besteht.

Als Rechtsgrundlage und streitentscheidende Norm kommt § 1 BLwG in Betracht, wobei dessen Zuordnung als Rechtsgrundlage zumindest problematisch ist. Als typisch hoheitliches Handeln ist eine Subvention nicht grundsätzlich

---

1 Hinweis: Andere Aufbauvarianten werden vertreten (z.B. dreistufig oder Prüfung des Verwaltungsrechtsweges als Untergliederungspunkt der Zuständigkeit des Gerichts). Derartige Aufbauvarianten sind aber mit § 17a Abs. 2 GVG bzw. mit der Überschrift des 6. Abschnitts der VwGO sowie mit § 83 VwGO unvereinbar und daher bei exakter dogmatischer Zuordnung der Prüfungspunkte nicht zu empfehlen. Die Überschrift „Sachentscheidungsvoraussetzungen" anstelle der Überschrift „Zulässigkeit" ist sinnvoll, weil nach § 63 Nr. 3 VwGO auch der Beigeladene zu den Beteiligten gehört, das Fehlen einer notwendigen Beiladung i.S.d. § 65 Abs. 2 VwGO aber nur dazu führt, dass das Urteil keine materielle Rechtskraft entfaltet.
2 Wichtig ist, bei Verfahren im einstweiligen Rechtsschutz die Überschrift „Sachentscheidungsvoraussetzungen", nicht aber „Sachurteilsvoraussetzungen" zu verwenden, weil kein Urteil ausgesprochen, sondern ein Beschluss gefasst wird.

einzustufen, da auch privatrechtliche Unterstützungen denkbar sind, zumal es um eine Leistung geht, sodass ein Subordinationsverhältnis bei Subventionen nicht grundsätzlich besteht. Allerdings ist seitens des Ministeriums die Handlungsform des Verwaltungsaktes als typisch hoheitlicher Rechtssetzungsakt gewählt worden. Jedenfalls besteht bei Subventionen durch öffentliche Hoheitsträger bezüglich des „Ob" ein Sachzusammenhang zum öffentlichen Recht. Die Streitigkeit ist somit öffentlich-rechtlicher Natur. Da die Streitigkeit mangels doppelter Verfassungsunmittelbarkeit nicht verfassungsrechtlicher Art und eine abdrängende Sonderzuweisung nicht ersichtlich ist, bleibt es bei der Eröffnung des Verwaltungsrechtsweges.

II. Zuständigkeit

In Verfahren des einstweiligen Rechtsschutzes ist unabhängig davon, um welches Verfahren im einstweiligen Rechtsschutz es sich handelt, gemäß den §§ 123 Abs. 2 S. 1, 80 Abs. 5 S. 1, 80a Abs. 3 S. 1, 2 VwGO das Gericht der Hauptsache zuständig. Außer beim einstweiligen Rechtsschutz i.S.d. § 47 Abs. 6 VwGO – insoweit wäre wie in der Hauptsache stets das Oberverwaltungsgericht zuständig – ist in der Hauptsache in der Regel gemäß § 45 VwGO das Verwaltungsgericht als Eingangsinstanz für den von der zuständigen Behörde erlassenen Verwaltungsakt sachlich zuständig. Das wäre lediglich anders, wenn es Anhaltspunkte für abweichende Regelungen wie z.B. § 50 VwGO gäbe, die jedoch nicht ersichtlich sind, sodass kein Verweisungsbeschluss gemäß §§ 17a Abs. 2 GVG, 83 VwGO gefasst werden wird.[3]

III. Beteiligte

Die A-GmbH und die zuständige Landesbehörde können Beteiligte des Verfahrens sein. Ob sich die Beteiligungsfähigkeit aus der direkten Anwendung der §§ 63, 61, 62, 65 VwGO ergibt oder ob sie wegen des Wortlautes in § 63 VwGO – Kläger und Beklagter – analog anzuwenden sind, ist irrelevant, wenngleich sich aus der gesetzlichen Abschnittsüberschrift des 7. Abschnitts des II. Teils der Verwaltungsgerichtsordnung „Allgemeine Verfahrensvorschriften" ergeben kann, dass sämtliche Verfahren und damit auch die Verfahren des

---

3 Die örtliche Zuständigkeit ist nur anzusprechen, wenn es dafür im Sachverhalt Anhaltspunkte gibt. Gegebenenfalls ist die örtliche Zuständigkeit grundsätzlich im Anschluss an die sachliche Zuständigkeit zu prüfen. Ist sie jedoch gemäß § 52 Nr. 2 VwGO ausnahmsweise von der Klageart abhängig, sollte sie offen mit Verweis auf § 17a Abs. 2 GVG i.V.m. § 83 VwGO formuliert werden.

einstweiligen Rechtsschutzes von der direkten Anwendung erfasst sind. Beteiligte sind nach § 63 Nr. 1, 2 VwGO jedenfalls unter anderem der Antragsteller und der Antragsgegner, beteiligungsfähig nach § 61 Nr. 1 VwGO natürliche und juristische Personen. Behörden sind gemäß § 61 Nr. 3 VwGO i.V.m. § 4 Abs. 1 AG VwGO des Bundeslandes H beteiligungsfähig. Als Antragstellerin ist die A-GmbH gemäß § 61 Nr. 1 Alt. 2 VwGO als juristische Person des Privatrechts beteiligungsfähig und mittels ihres Geschäftsführers i.S.d. § 35 Abs. 1 S. 1 GmbHG gemäß § 62 Abs. 1 Nr. 1, Abs. 3 VwGO prozessfähig.

Als Antragsgegnerin ist die Behörde maßgeblich. Das zuständige Landwirtschaftsministerium des Landes H ist beteiligungsfähig. Die Behörde ist gemäß §§ 63 Nr. 2, 61 Nr. 3 VwGO i.V.m. § 4 Abs. 1 AG VwGO beteiligungs- und mangels Anhaltspunkten bezüglich des für die Behörde handelnden Organwalters gemäß § 62 Abs. 3, 1 Nr. 1 VwGO prozessfähig.

Da die Entscheidung des Verwaltungsgerichts auch gegenüber der Subventionsempfängerin S nur einheitlich ergehen kann, ist sie gemäß § 63 Nr. 3 VwGO als Beteiligte gemäß § 65 Abs. 2 VwGO notwendig beizuladen. Sie ist als juristische Person gemäß § 61 Nr. 1 Alt. 2 VwGO beteiligungs- und gemäß § 62 Abs. 1, 3 VwGO mittels des Organwalters prozessfähig.

IV. Statthafte Verfahrensart

Die statthafte Verfahrensart richtet sich gemäß den §§ 88, 122 Abs. 1 VwGO i.V.m. § 80 Abs. 7 VwGO oder § 123 Abs. 2 S. 1 VwGO oder § 80a Abs. 3 S. 2 VwGO nach dem Antragsbegehren.[4] Gemäß § 123 Abs. 5 VwGO sind die Verfahren nach den §§ 80, 80a VwGO gegenüber der einstweiligen Anordnung nach § 123 Abs. 5 VwGO spezieller.

1. Antrag gemäß § 80 Abs. 5 S. 1 VwGO

Der Antrag nach § 80 Abs. 5 S. 1 VwGO ist statthaft, soweit der Antragsteller die Suspendierung, also die Herstellung oder Wiederherstellung der aufschiebenden Wirkung eines Rechtsbehelfes oder Rechtsmittels bezüglich eines Verwaltungsaktes begehrt.[5] Ein Verwaltungsakt ist gemäß § 35 S. 1 VwVfG jede Verfü-

---

4 Beim einstweiligen Rechtsschutz muss das Antragsbegehren anders als das Klagebegehren in der Hauptsache nicht um maßnahmespezifische Aspekte und den rechtsstaatlichen Grundsatz der Effektivität ergänzt werden, weil es insoweit eine gesetzlich vorgegebene Rangfolge in § 123 Abs. 5 VwGO gibt.

5 Die häufig verwendete „Faustformel", dass ein Verfahren nach § 80 Abs. 5 VwGO statthaft ist, wenn es sich in der Hauptsache um eine Anfechtungsklage handelt, während eine einst-

gung, Entscheidung oder andere hoheitliche Maßnahme, die eine Behörde zur Regelung eines Einzelfalls auf dem Gebiet des öffentlichen Rechts trifft und die auf unmittelbare Rechtswirkung nach außen gerichtet ist. Gegenüber der S-Genossenschaft ist eine Subvention verbindlich im Einzelfall mit Rechtssetzungscharakter ausgesprochen worden. Es ist mit dem Subventionsbescheid ein Verwaltungsakt erlassen worden. Dieser soll seitens des Gerichts aufgrund des Antrages der A-GmbH einstweilen „keine Wirkung" entfalten, also suspendiert werden. Allerdings kann der Antrag i.S.d. § 80 Abs. 5 S. 1 VwGO in Drei-Personen-Konstellationen durch die speziellere Regelung des § 80a VwGO verdrängt sein.

2. Antrag gemäß § 80a Abs. 1, 2 VwGO i.V.m. § 80a Abs. 3 S. 1 VwGO
Ein Antrag nach § 80a VwGO kann in Drei-Personen-Konstellationen statthaft sein, wobei durch die Norm grundsätzlich Anträge gegenüber der Behörde ermöglicht werden, sodass ein gerichtlicher Antrag nur gemäß § 80a Abs. 1, 2 VwGO i.V.m. § 80a Abs. 3 S. 1 VwGO möglich ist. In § 80a Abs. 1, 2 VwGO i.V.m. § 80a Abs. 3 S. 1 VwGO sind drei in Betracht kommende Konstellationen enthalten.

a) § 80a Abs. 2 VwGO i.V.m. § 80a Abs. 3 S. 1 VwGO
Von § 80a Abs. 2 VwGO i.V.m. § 80a Abs. 3 S. 1 VwGO sind Konstellationen erfasst, in denen ein Betroffener einen ihn belastenden Verwaltungsakt suspendiert und ein Dritter Begünstigter die sofortige Vollziehbarkeit erreichen will. Das wäre nur anzunehmen, wenn an die S-Genossenschaft bereits ein Rückerstattungsbescheid erlassen worden wäre, der z.B. durch deren Widerspruch suspendiert worden wäre mit der Folge, dass die A-GmbH die sofortige Vollziehbarkeit des Rückerstattungsbescheides beantragt. An die S-Genossenschaft ist jedoch kein belastender, sondern lediglich ein begünstigender Verwaltungsakt erlassen worden. Der Antrag gemäß § 80a Abs. 2 VwGO i.V.m. § 80a Abs. 3 S. 1 VwGO ist nicht statthaft.[6]

---

weilige Anordnung nach § 123 VwGO danach bei Leistungs- und Feststellungsklagen in der Hauptsache statthaft sein soll, ist falsch. Es gibt Fälle, in denen Begehren in der Hauptsache und im einstweiligen Rechtsschutz divergieren (vgl. § 81 Abs. 3 AufenthaltsG).
6 Dass § 80a Abs. 2 VwGO als systematisch nach § 80a Abs. 1 VwGO folgend erwähnt wird, ist nicht zwingend, aber klausurtaktisch zur Einordnung im Zweifel empfehlenswert.

b) § 80a Abs. 1 Nr. 1 VwGO i.V.m. § 80a Abs. 3 S. 1 VwGO

Ein Antrag nach § 80a Abs. 1 Nr. 1 VwGO i.V.m. § 80a Abs. 3 S. 1 VwGO ist statthaft, soweit ein Dritter einen Rechtsbehelf gegen den an einen anderen gerichteten, diesen begünstigenden Verwaltungsakt einlegt und die Behörde gegen den aufgrund des durch den Rechtsbehelf des Dritten eingetretenen Suspensiveffekt auf Antrag des Begünstigten gemäß § 80 Abs. 2 Nr. 4 VwGO die sofortige Vollziehbarkeit anordnen soll. Zwar ist die S-Genossenschaft durch den Subventionsbescheid begünstigt worden, jedoch ist dieser Subventionsbescheid weder suspendiert worden, noch wurde seitens der S-Genossenschaft ein Antrag gestellt. Ein Antrag gemäß § 80a Abs. 1 Nr. 1 VwGO i.V.m. § 80a Abs. 3 S. 1 VwGO ist nicht statthaft.

c) § 80a Abs. 1 Nr. 2 Alt. 1 VwGO i.V.m. § 80a Abs. 3 S. 1 VwGO

Ein Antrag gemäß § 80a Abs. 1 Nr. 2 Alt. 1 VwGO i.V.m. § 80a Abs. 3 S. 1 VwGO ist statthaft, soweit ein Dritter einen Rechtsbehelf gegen den an einen anderen gerichteten, diesen begünstigenden Verwaltungsakt einlegt und der Verwaltungsakt aufgrund dessen Vollziehbarkeit nicht suspendiert ist, sodass die Aussetzung der Vollziehung angeordnet werden soll – dem Wortlaut des grundsätzlich für die Behörde geltenden § 80a Abs. 1 Nr. 2 Alt. 2 VwGO entsprechend durch behördliche Aussetzung gemäß § 80 Abs. 4 VwGO und bei einem beim Gericht gestellten Antrag gemäß § 80a Abs. 1 Nr. 2 Alt. 1 VwGO i.V.m. § 80a Abs. 3 S. 1 VwGO durch das Gericht.

Die A-GmbH als Dritte hatte gegen den an die S-Genossenschaft gerichteten Subventionsbescheid Widerspruch eingelegt, bezüglich dessen die Behörde erklärte, er sei irrelevant. Außerdem war im Subventionsbescheid die sofortige Vollziehbarkeit i.S.d. § 80 Abs. 2 S. 1 Nr. 4 VwGO angeordnet worden, sodass der Widerspruch gemäß § 80 Abs. 1 VwGO nicht zur Suspendierung des Verwaltungsaktes führte. Bezüglich der gemäß § 80 Abs. 2 S. 1 Nr. 4 VwGO erfolgten Anordnung der sofortigen Vollziehbarkeit beantragt die A-GmbH nunmehr die Aussetzung. Der Antrag gemäß § 80a Abs. 1 Nr. 2 Alt. 1 VwGO i.V.m. § 80a Abs. 3 S. 1 VwGO ist statthaft.

d) Annexantrag

Das zweite Begehren der A-GmbH bezüglich der Rückerstattung der Subvention kann einen Annexantrag darstellen.[7]

---

[7] Es ist möglich, beide Anträge zusammen oder getrennt zu prüfen und schon bei der statthaften Antragsart den Annexantrag i.S.d. § 80 Abs. 5 S. 3 VwGO i.V.m. § 80a Abs. 3 S. 2 VwGO bzw.

aa) Voraussetzungen Annexantrag

Die A-GmbH hat über die Anordnung der Suspendierung des Subventionsbescheides hinaus den Erlass eines Rückerstattungsbescheides an die S-Genossenschaft beim Gericht beantragt, die Subvention zurückzuverlangen. Bei Auslegung dieses Antrages ist dieser so zu verstehen, dass der Erlass eines einstweiligen Rückerstattungsbescheides seitens des Gerichts an die S-Genossenschaft, jedenfalls aber Verpflichtung des zuständigen Landwirtschaftsministeriums beantragt worden ist, an die S-Genossenschaft einen einstweiligen Rückerstattungsbescheid zu erlassen.

Möglicherweise sind insoweit keine weiteren Sachentscheidungsvoraussetzungen erforderlich, weil der Antrag als Annex zum Hauptantrag gestellt werden kann. Die Grundregel für die objektive Klagehäufung ist § 44 VwGO, welche im einstweiligen Rechtsschutz analog anwendbar ist, da in § 122 Abs. 1 VwGO keine abschließende Regelung zur entsprechenden Anwendbarkeit anderer Normen der Verwaltungsgerichtsordnung enthalten ist und somit eine planwidrige Regelungslücke bei vergleichbarer Interessenlage besteht. Eine objektive Antragshäufung ist analog § 44 VwGO möglich, wenn sich die Anträge gegen denselben Beklagten richten, im Zusammenhang stehen und dasselbe Gericht zuständig ist. Zudem ist eine gleichzeitige Entscheidungsreife erforderlich, weil anderenfalls rechtsstaatswidrig und damit unter anderem entgegen Art. 20 Abs. 3 GG die Judikative entscheiden würde, obwohl das Verfahren der Exekutive noch nicht abgeschlossen wäre. Möglich sind i.S.d. § 44 VwGO somit die kumulative Antragshäufung sowie die eventuale Antragshäufung in Form eines Haupt- und eines Hilfsantrages. Während eine alternative Antragshäufung mangels Bestimmtheit des Antrages nicht möglich ist, ist eine objektive Antragshäufung bei Stufenanträgen grundsätzlich ausgeschlossen, weil aufgrund des Erfordernisses zunächst über die erste Stufe zu entscheiden keine gleichzeitige Entscheidungsreife besteht. Für die A-GmbH kommt es zunächst auf die Suspendierung des Subventionsbescheides auf der ersten Stufe an, um anschließend den vorläufigen Erlass eines Rückerstattungsbescheides zu erreichen. Dieser Stufenantrag ist analog § 44 VwGO nicht möglich.

---

§ 80a Abs. 1 Nr. 2 Alt. 2 VwGO i.V.m. § 80a Abs. 3 S. 1 VwGO zu prüfen. Die Antragsverbindung – der Annexantrag stellt eine Ausnahme vom grundsätzlichen Verbot der Stufenverfahren dar – ist aber keine Zulässigkeitsvoraussetzung, sodass dies nur im Rahmen der Überschrift „Sachentscheidungsvoraussetzungen" möglich ist. Sollte einmal nach der Zulässigkeit und Begründetheit eines Verfahrens bzw. Antrages gefragt sein, dürften bei genauer Beantwortung der Fallfrage weder die Beiladung i.S.d. § 65 VwGO noch die Antragsverbindung nach § 80 Abs. 5 S. 3 VwGO i.V.m. § 80a Abs. 3 S. 2 VwGO bzw. § 80a Abs. 1 Nr. 2 Alt. 2 VwGO i.V.m. § 80a Abs. 3 S. 1 VwGO oder analog §§ 44, 113 Abs. 4 VwGO in der Falllösung geprüft werden.

Ein Stufenantrag kann gemäß den Spezialregelungen der § 80 Abs. 5 S. 3 VwGO i.V.m. § 80a Abs. 3 S. 2 VwGO bzw. § 80a Abs. 1 Nr. 2 Alt. 2 VwGO i.V.m. § 80a Abs. 3 S. 1 VwGO oder § 80 Abs. 5 S. 3 VwGO direkt oder analog § 113 Abs. 4 VwGO möglich sein. Während analog § 113 Abs. 4 VwGO als gegenüber § 80 Abs. 5 S. 3 VwGO subsidiärer Regelung Konstellationen erfasst sind, in denen ein materiell-rechtlicher Anspruch, der nicht Vollzugsfolgenbeseitigungsanspruch ist, prozessual mit einem Antrag gemäß § 80 Abs. 5 S. 1 VwGO in der ersten Stufe verknüpft werden soll, sind von § 80 Abs. 5 S. 3 VwGO solche Konstellationen erfasst, in denen materiell-rechtlich ein Vollzugsfolgenbeseitigungsanspruch auf der zweiten Stufe mit dem Antrag gemäß § 80 Abs. 5 S. 1 VwGO auf der ersten Stufe verknüpft werden soll. Spezialregelungen in Drei-Personen-Konstellationen sind § 80 Abs. 5 S. 3 VwGO i.V.m. § 80a Abs. 3 S. 2 VwGO bzw. § 80a Abs. 1 Nr. 2 Alt. 2 VwGO i.V.m. § 80a Abs. 3 S. 1 VwGO. In allen Konstellationen wird in der ersten Stufe jedoch ein Suspendierungsantrag als Gestaltungsantrag der Verwaltungsgerichtsordnung vorausgesetzt, weil das Gericht nur insoweit in der ersten Stufe mit Rechtskraft des Urteils selbst verbindlich gestalten kann, sodass keine unzulässige Durchbrechung der Gewaltenteilung seitens der Judikative in Bereiche der Exekutive erfolgt.

Die A-GmbH erstrebt mit ihrem zweiten Antrag, an die S-Genossenschaft vorläufig einen Rückerstattungsbescheid zu erlassen. Dabei kann es sich materiell nicht um einen schlichten Abwehr- und Unterlassungsanspruch handeln, da kein gegenwärtiges, sich wiederholendes schlichtes Verwaltungshandeln abgewehrt werden soll. Geht es lediglich um die Beseitigung der Folgen und handelt es sich um die Folgen schlichten Verwaltungshandelns, geht es um einen allgemeinen Folgenbeseitigungsanspruch, soweit es um die Folgen eines Verwaltungsaktes geht, um einen Vollzugsfolgenbeseitigungsanspruch. Maßgeblich ist zur Abgrenzung der Folgenbeseitigungsansprüche gegenüber dem schlichten Abwehr- und Unterlassungsanspruch, ob es sich schwerpunktmäßig um ein weiter andauerndes oder sich wiederholendes aktives Tun der Behörde oder um eine passiv fortwirkende Gegebenheit handelt. Zudem muss der Schwerpunkt der Folge auf öffentlich-rechtliches, darf hingegen nicht auf privatrechtliches Handeln rückführbar sein. Eine Folgenbeseitigung kommt sowohl nach dem Geltungsende einer befristeten Verfügung als auch nach der Aufhebung eines Verwaltungsakts mit Dauerwirkung wegen Wegfalls seiner Voraussetzungen in Betracht (VGH Kassel – 11 TG 1515/93).

Die S-Genossenschaft hatte nach Erlass des Subventionsbescheides mit dem Geheimcode seitens der zuständigen Behörde nur noch den Code im elektronischen Netz der Bank einzugeben, um die Gutschrift zu erlangen. Es bedurfte keines weiteren Zwischenhandelns der Verwaltung mehr, sodass die Leistung der Subvention eine zurechenbare Folge des Subventionsbescheides darstellt.

bb) Prozessuale Grundlage

Fraglich ist, nach welcher prozessualen Verknüpfungsnorm der Annexantrag statthaft ist. Der Annexantrag kann nach § 80 Abs. 5 S. 3 VwGO i.V.m. § 80a Abs. 3 S. 2 VwGO oder nach § 80a Abs. 1 Nr. 2 Alt. 2 VwGO i.V.m. § 80a Abs. 3 S. 1 VwGO statthaft sein, während eine direkte Anwendung des § 80 Abs. 5 S. 3 VwGO wegen der Statthaftigkeit des Antrages nach § 80a Abs. 1 Nr. 2 Alt. 1 VwGO auf der ersten Stufe der Drei-Personen-Konstellation nicht möglich ist. Maßgeblich ist also, in welchem Verhältnis § 80 Abs. 5 S. 3 VwGO i.V.m. § 80a Abs. 3 S. 2 VwGO zu § 80a Abs. 1 Nr. 2 Alt. 2 VwGO i.V.m. § 80a Abs. 3 S. 1 VwGO steht. Beide enthalten einen Annexantrag.[8]

Es könnte angenommen werden, dass der Antrag gemäß § 80a Abs. 1 Nr. 2 Alt. 2 VwGO i.V.m. § 80a Abs. 3 S. 1 VwGO spezieller als der nach § 80 Abs. 5 S. 3 VwGO i.V.m. § 80a Abs. 3 S. 2 VwGO ist, da die Norm des § 80a VwGO gegenüber § 80 Abs. 5 VwGO spezieller ist. Da sich die Anwendbarkeit des § 80 Abs. 5 S. 3 VwGO jedoch aus § 80a Abs. 3 S. 2 VwGO ergibt, kann nicht auf eine Spezialität des § 80a VwGO abgestellt werden. Eine vorrangige Anwendbarkeit des § 80a Abs. 1 Nr. 2 Alt. 2 VwGO i.V.m. § 80a Abs. 3 S. 1 VwGO könnte sich aus der weitergehenden Formulierung der Norm ergeben. Dem Wortlaut des § 80a Abs. 1 Nr. 2 Alt. 2 VwGO entsprechend können „Maßnahmen" erlassen werden. Das würde gemäß § 80a Abs. 3 S. 1 VwGO auch für den Richter gelten, sodass das Gericht z.B. selbst einen Verwaltungsakt an den Begünstigten erlassen könnte. Dies ist im Rahmen des § 80 Abs. 5 S. 3 VwGO nicht möglich. Würde dem Gericht gemäß § 80a Abs. 1 Nr. 2 Alt. 2 VwGO i.V.m. § 80a Abs. 3 S. 1 VwGO jedoch der Erlass von Verwaltungsakten ermöglicht, würde dies eine unzulässige Durchbrechung der Gewaltenteilung darstellen, da das Gericht als Judikative dann als Exekutive agieren würde. Daher ist eine verfassungskonforme Auslegung i.S.d. sich unter anderem aus Art. 20 Abs. 3 GG ergebenden Rechtsstaatsprinzips dahingehend erforderlich, dass das Gericht gemäß § 80a Abs. 1 Nr. 2 Alt. 2 VwGO i.V.m. § 80a Abs. 3 S. 1 VwGO nur die Behörde verpflichten kann, einen Verwaltungsakt zu erlassen, jedoch nicht selbst exekutiv tätig zu werden. Somit ist auch die Reichweite des Annexantrages gemäß § 80 Abs. 5 S. 3 VwGO i.V.m. § 80a Abs. 3 S. 2 VwGO und des Annexantrages i.S.d. § 80a Abs. 1 Nr. 2 Alt. 2 VwGO i.V.m. § 80a Abs. 3 S. 1 VwGO gleich, sodass sich aus der Rechtsfolge keine Rangfolge ergibt.

---

8 Das Verhältnis des § 80 Abs. 5 S. 3 VwGO i.V.m. § 80a Abs. 3 S. 2 VwGO zu § 80a Abs. 1 Nr. 2 Alt. 2 VwGO i.V.m. § 80a Abs. 3 S. 1 VwGO ist sehr umstritten, sodass insoweit mehrere Lösungen vertretbar sind. Allerdings sollte das Problem zumindest erkannt und angesprochen werden.

Daher sind beide Annexanträge zunächst einmal gleichrangig. Entscheidend ist letztlich der Wortlaut. Während in der Konstellation des § 80 Abs. 5 S. 3 VwGO, auf den in § 80a Abs. 3 S. 2 VwGO verwiesen wird, der Verwaltungsakt „vollzogen" ist, ist § 80a Abs. 1 Nr. 2 Alt. 2 VwGO i.V.m. § 80a Abs. 3 S. 1 VwGO weiter formuliert, in dem einstweilige Maßnahmen zur Sicherung der Rechte des Dritten ermöglicht werden. Daher ist letztlich in solchen Konstellationen, in denen der Verwaltungsakt bereits vollständig vollzogen ist, für den Annexantrag § 80 Abs. 5 S. 3 VwGO i.V.m. § 80a Abs. 3 S. 2 VwGO heranzuziehen, in Konstellationen, in denen der Verwaltungsakt erst teilweise vollzogen ist, § 80a Abs. 1 Nr. 2 Alt. 2 VwGO i.V.m. § 80a Abs. 3 S. 1 VwGO.

Da die S-Genossenschaft bereits den vollständigen im Subventionsbescheid zugesprochenen Betrag in Form der Bankgutschrift erhalten hat, ist der Verwaltungsakt vollständig vollzogen, sodass der Annexantrag gemäß § 80 Abs. 5 S. 3 VwGO i.V.m. § 80a Abs. 3 S. 2 VwGO statthaft ist. Der Antrag gemäß § 80 Abs. 5 S. 3 VwGO i.V.m. § 80a Abs. 3 S. 1 VwGO kann jederzeit im Gerichtsverfahren erfolgen, wobei der zweite Antrag auf den Prozessvoraussetzungen des Antrages auf der ersten Stufe beruht, sodass keine zusätzlichen Sachentscheidungsvoraussetzungen erforderlich sind.

V. Besondere Sachentscheidungsvoraussetzungen

Die besonderen Sachentscheidungsvoraussetzungen müssen erfüllt sein. Ausdrückliche Regelungen über die besonderen Sachentscheidungsvoraussetzungen gibt es für das Verfahren nach § 80a Abs. 1 Nr. 2 VwGO i.V.m. § 80a Abs. 3 S. 1 VwGO nicht.

1. Besondere Prozessführungsbefugnis

§ 78 VwGO als Regelung der besonderen Prozessführungsbefugnis ist gemäß der Abschnittsüberschrift des 8. Abschnitts der Verwaltungsgerichtsordnung bei Anfechtungs- und Verpflichtungsklagen anwendbar. Analog ist § 78 VwGO bei Verfahren anwendbar, bei denen es um Verwaltungsakte geht, weil insoweit eine vergleichbare Interessenlage bei planwidriger Regelungslücke besteht. Da beim Verfahren nach § 80a Abs. 1 Nr. 2 VwGO i.V.m. § 80a Abs. 3 S. 1 VwGO in der ersten Stufe die Suspendierung eines Verwaltungsaktes erstrebt wird, ist § 78 VwGO insoweit analog anwendbar. Das gilt auch bezüglich des Annexantrages, weil bezüglich dessen der unmittelbare Bezug zu dem auf einen Verwaltungsakt bezogenen Suspendierungsantrag besteht. Besonders prozessführungsbefugt ist analog § 78 Abs. 1 Nr. 2 VwGO i.V.m. § 4 Abs. 2 VwGO das Landwirtschaftsministerium als Behörde.

2. Antragsbefugnis

Die A-GmbH muss zwecks der Vermeidung eines Popularantrages analog § 42 Abs. 2 VwGO antragsbefugt sein. Die Antragsbefugnis nach § 42 Abs. 2 VwGO setzt die Möglichkeit der Verletzung eines subjektiven Rechts voraus. Subjektive Rechte leiten sich aus Sonderbeziehungen, einfachen Gesetzen, subsidiär aus Grundrechten ab, wobei aufgrund des weiten Schutzbereiches des Art. 2 Abs. 1 GG bei unmittelbaren Grundrechtseingriffen für das subjektive Recht direkt auf Grundrechte abgestellt werden kann.

Durch den Subventionsbescheid des Staates an die S-Genossenschaft ergibt sich jedoch kein unmittelbarer Bezug zur A-GmbH, sodass durch dessen Erlass kein unmittelbarer Grundrechtseingriff in die Berufsfreiheit aus Art. 12 GG oder die Wettbewerbsfreiheit aus Art. 2 Abs. 1 GG, welche für die A-GmbH als juristische Person in der Weinbranche i.S.d. Art. 19 Abs. 3 GG anwendbar sind, möglich ist. Ebenso wenig ist jedoch eine Sonderrechtsbeziehung oder eine einfachgesetzliche Regelung ersichtlich, durch die Dritten bei Subventionen ein subjektives Recht gewährt wird. Maßgeblich sind letztlich also subsidiär die Grundrechte.

Mangels eines unmittelbaren Grundrechtseingriffes kann durch den Bescheid an die S-Genossenschaft ein mittelbarer Eingriff oder ein unmittelbarer Eingriff erfolgt sein, der lediglich das Umfeld des Grundrechts betrifft. In beiden Konstellationen ist die Möglichkeit eines Eingriffes nur gegeben, soweit eine Betroffenheit eines Dritten, der nicht Adressat einer Maßnahme ist, intendiert ist oder in besonderer Intensität erfolgt. Eine Intention des Staates, die A-GmbH durch die Subvention an die S-Genossenschaft zu treffen, ist nicht ersichtlich. Gleiches gilt für die Intensität, weil der A-GmbH keine Insolvenz, sondern lediglich eine Umsatzeinbuße in Höhe von etwa 10% droht.

Ausnahmsweise können die Kriterien für einen mittelbaren Grundrechtseingriff jedoch in praktischer Konkordanz mit dem sich unter anderem aus Art. 20 Abs. 3 GG ergebenden Rechtsstaatsprinzip abgeschwächt sein – nämlich beim Anschein einer willkürlichen Subvention durch den Staat (BVerwG – VII C 122/66). Dann ist die Möglichkeit der Verletzung eines subjektiven Rechts – bei abgeschwächter Betrachtung der mittelbaren Eingriffe – aus Grundrechten schon bei Nichterreichen der Schwelle des mittelbaren Eingriffes anzunehmen. Bei der Wettbewerbsfreiheit ist insoweit das Auffanggrundrecht aus Art. 2 Abs. 1 GG maßgeblich.

In Subventionskonstellationen besteht die Möglichkeit, dass seitens des Staates die Chancengleichheit beeinträchtigt wird, indem einem Gewerbetreibenden Vorteile zukommen, die dem Konkurrenten verweigert werden, und dadurch die Wettbewerbslage derart verzerrt wird, dass der Nichtbegünstigte nicht mehr existenzfähig ist. Dadurch wäre bereits die Schwelle des mittelbaren Eingriffes überschritten. Ist diese Eingriffsschwelle nicht erreicht, muss dem Dritten rechtsstaatlich zumindest dann eine Abwehrmöglichkeit gewährt werden, wenn er geltend macht, dass seine schutzwürdigen Interessen willkürlich vernachlässigt worden seien. Eine Begünstigung einzelner Gruppen darf nämlich nur erfolgen, wenn dies durch das öffentliche Wohl geboten ist – diese verfassungsrechtliche Vorgabe ist z.B. in § 14 HGrG spezifiziert worden – und schutzwürdige Interessen anderer nicht willkürlich vernachlässigt werden.

Der Verweis auf einen Leistungsantrag mit dem Ziel, selbst an der Begünstigung beteiligt zu werden, ist hinsichtlich eines effektiven Rechtsschutzes i.S.d. Art. 19 Abs. 4 GG nicht immer hinreichend, weil Konstellationen denkbar sind, in denen der Dritte den Förderungsberechtigten nicht gleichsteht, aber dessen schutzwürdige Interessen durch die Begünstigung einer bestimmten Gruppe dennoch beeinträchtigt sind. Bezüglich der engen Beziehungen der Antragstellerin zu den Winzern und der von der Antragstellerin aufgezeigten Gefahr, dass wegen der Förderung der Winzergenossenschaften sich die Winzer von ihr abwenden würden, ist eine Verletzung ihrer schutzwürdigen Interessen denkbar. Die Behauptungen der Klägerin sind in dieser Hinsicht jedenfalls nicht offensichtlich falsch. Vielmehr besteht der Anschein, dass die Subvention der S in Abweichung von der Richtlinie willkürlich ist. Somit besteht nach erweiterter Auslegung der Grundrechte in praktischer Konkordanz zu dem sich unter anderem aus Art. 20 Abs. 3 GG ergebenden Rechtsstaatsprinzip die Möglichkeit der Verletzung der sich aus Art. 2 Abs. 1 GG ergebenden Wettbewerbsfreiheit – durch die Freiheit der Entfaltung der Persönlichkeit wird nämlich auch ein grundrechtlicher Anspruch gewährt, durch die Staatsgewalt nicht mit einem Nachteil belastet zu werden, der nicht in der verfassungsmäßigen Ordnung begründet ist. Nach alledem ist die A-GmbH analog § 42 Abs. 2 VwGO antragsbefugt.

VI. Allgemeines Rechtsschutzbedürfnis

Aus dem unter anderem in Art. 20 Abs. 3 GG enthaltenen Rechtsstaatsprinzip ergibt sich für das Prozessrecht das Erfordernis des allgemeinen Rechtsschutzbedürfnisses als allgemeine Sachentscheidungsvoraussetzung.

1. Gesetzliche Suspendierung

Dem Antragsteller fehlt das allgemeine Rechtsschutzbedürfnis, wenn der Suspensiveffekt schon gemäß § 80 Abs. 1 VwGO aufgrund gesetzlicher Anordnung eingetreten ist oder vom Antragsteller außergerichtlich ohne Schwierigkeiten herbeigeführt werden kann.[9] Für die A-GmbH gab es keine andere Möglichkeit, den Suspensiveffekt herbeizuführen, da vom Landwirtschaftsministerium die sofortige Vollziehbarkeit des gegenüber der S-Genossenschaft erlassenen Subventionsbescheides gemäß § 80 Abs. 2 S. 1 Nr. 4 VwGO angeordnet worden ist, sodass die Einlegung eines Widerspruches – soweit dieser statthaft wäre – oder die Erhebung der Klage nicht zur Suspendierung des Bescheides i.S.d. § 80 Abs. 1 VwGO geführt hätten. Insoweit ist der A-GmbH das allgemeine Rechtsschutzbedürfnis nicht abzusprechen.

2. Aussetzungsantrag

Um ein Rechtsschutzbedürfnis zu haben, könnte für den Antragsteller ein vorheriger Antrag nach § 80 Abs. 6 S. 1 VwGO i.V.m. § 80a Abs. 3 S. 2 VwGO auf Aussetzung im Sinne des § 80 Abs. 4 S. 1 VwGO erforderlich sein.

Zunächst ist maßgeblich, welche Funktion dem Verweis in § 80 Abs. 6 S. 1 VwGO auf § 80 Abs. 2 S. 1 Nr. 1 VwGO zukommt. Sollte der Verweis als deklaratorisch einzuordnen sein, könnte ein vorheriger Aussetzungsantrag bei der Behörde erforderlich sein, weil dann stets vor dem Betreiben des einstweiligen Rechtsschutzes ein Aussetzungsantrag bei der Behörde erforderlich wäre. Dem Wortlaut nach ist § 80 Abs. 6 S. 1 VwGO abschließend. Die Norm soll nur in den dort explizit benannten Konstellationen angewandt werden, zumal im Gegensatz zur Analogie eine plangemäße Regelungslücke für verbleibende Konstellationen anzunehmen ist. Aus dem Umkehrschluss aus § 80 Abs. 6 S. 1 VwGO ergibt sich somit, dass in Konstellationen außerhalb des § 80 Abs. 2 Nr. 1 VwGO vor Betreibung des einstweiligen Rechtsschutzes kein Aussetzungsantrag bei der Behörde zu stellen ist. Demnach ist § 80 Abs. 6 S. 1 VwGO grundsätzlich nur in den explizit geregelten Konstellationen anwendbar.

Eine Ausnahme könnte sich wegen des expliziten und uneingeschränkten Verweises auf § 80 Abs. 6 S. 1 VwGO in § 80a Abs. 3 S. 2 VwGO ergeben. Insofern könnte eine Rechtsfolgenverweisung angenommen werden mit der Folge, dass die Anwendbarkeit des § 80 Abs. 6 S. 1 VwGO i.S.d. § 80a Abs. 3 S. 2 VwGO angenommen werden könnte. Eine Rechtsfolgenverweisung könnte anzunehmen

---

9 Teilweise wird die Problematik der gesetzlichen Suspendierung schon beim statthaften Antrag erörtert. Da es bei der statthaften Antragsart nur darum geht, das Begehren mit einer rechtlich vorgesehenen Antragsart zu verbinden, ist die Frage nach dem Bedürfnis für gerichtlichen Rechtsschutz weitergehend. Vertretbar – wenngleich nicht empfehlenswert – erscheint es jedoch, das allgemeine Rechtsschutzbedürfnis insoweit vorzuziehen und bei der statthaften Antragsart mitzuprüfen. Dann muss bei der Erörterung der statthaften Antragsart aber klargestellt werden, dass das allgemeine Rechtsschutzbedürfnis insoweit vorgezogen worden ist.

sein, weil Kostenkonstellationen i.S.d. § 80 Abs. 2 S. 1 Nr. 1 VwGO in dreipoligen Beziehungen selten sind und weil anders als bei § 80 Abs. 5 VwGO gemäß § 80a Abs. 1, 2 VwGO ein Antrag an die Behörde vorgesehen ist. Dies würde aber dem Ausnahmecharakter des § 80 Abs. 6 S. 1 VwGO nicht gerecht werden, durch den in Kostenkonstellationen des § 80 Abs. 2 S. 1 Nr. 1 VwGO i.V.m. § 80a Abs. 3 S. 1 VwGO eine besonders effiziente Verwaltung gewährleistet werden soll. In § 80a Abs. 1, 2 VwGO ist gerade keine Pflicht geregelt, zunächst einen Antrag auch bezüglich der Aussetzung bei der Behörde zu stellen, zumal der Verweis in § 80a Abs. 3 S. 2 VwGO dann nur deklaratorisch und daher sinnlos wäre. § 80a Abs. 1, 2 VwGO ist bezüglich der Auslegung des § 80a Abs. 3 S. 2 VwGO i.V.m. § 80 Abs. 6 VwGO also allenfalls rudimentär relevant. Somit ist § 80a Abs. 3 S. 2 VwGO bezüglich des § 80 Abs. 6 S. 1 VwGO dem Wortlaut entsprechend als Rechtsgrundverweisung einzustufen und daher nur in Konstellationen des § 80 Abs. 2 S. 1 Nr. 1 VwGO anwendbar. Da es bei dem Subventionsbescheid an die S-Genossenschaft nicht um Abgaben oder Kosten geht, ist ein Aussetzungsantrag der A-GmbH i.S.d. § 80 Abs. 6 S. 1 VwGO i.V.m. § 80a Abs. 3 S. 2 VwGO vor Beantragung des einstweiligen Rechtsschutzes beim Gericht nicht erforderlich.[10] Das Rechtsschutzbedürfnis der A-GmbH besteht insoweit.

3. Rechtsschutz in der Hauptsache
Es könnte erforderlich sein, vor oder gleichzeitig mit Beantragung des einstweiligen Rechtsschutzes den Rechtsschutz in der Hauptsache durch Klageerhebung bzw. durch Einlegung eines gegebenenfalls trotz Entbehrlichkeit des Vorverfahrens statthaften Widerspruches zu verfolgen.

a) Ausnahmslose Betreibung der Hauptsache
Die Erforderlichkeit der vorherigen oder gleichzeitigen Verfolgung des Rechtsschutzes in der Hauptsache könnte sich ausnahmslos daraus ergeben, dass eine Suspendierung, also eine Herstellung oder Wiederherstellung der aufschiebenden Wirkung bei Gericht sinnvoll nur erfolgen kann, wenn dies zuvor schon bei der Behörde beantragt worden ist (vgl. VG Göttingen, Beschluss vom 9.1.2013 – 1 B 7/13 m.w.N.). Insbesondere dient z.B. ein Widerspruchsverfahren der Selbstkontrolle der Verwaltung i.S.d. Art. 20 Abs. 3 GG, sodass ihr selbst die Möglichkeit zur Suspendierung gegeben werden müsste. Durch die Möglichkeit der Verwaltung, jederzeit nach § 80 Abs. 4 S. 1 VwGO die Vollziehung auszusetzen,

---

10 Die Problematik des Aussetzungsantrages ist in zweipoligen Konstellationen weniger bedeutend als bei Verfahren i.S.d. § 80a Abs. 3 S. 1, 2 VwGO.

wird die effektive Selbstkontrolle noch nicht zwingend gewährleistet, weil die Verwaltung naturgemäß in der Regel nur tätig und aussetzen wird, wenn sie davon Kenntnis erlangt, dass der Bürger mit der Bescheidung nicht einverstanden ist.

Jedenfalls kann es nicht grundsätzlich einer vorherigen Betreibung der Hauptsache bedürfen, weil in § 80 Abs. 5 S. 2 VwGO i.V.m. § 80a Abs. 3 S. 2 VwGO gesetzlich geregelt ist, dass der Antrag nach § 80a Abs. 1 Nr. 2 VwGO schon vor Erhebung der Anfechtungsklage zulässig ist. Das Erfordernis der vorherigen oder gleichzeitigen Verfolgung der Hauptsache kann in der Konstellation des § 80 Abs. 5 S. 2 VwGO i.V.m. § 80a Abs. 3 S. 2 VwGO auch nicht mittels einer verfassungskonformen Auslegung oder Reduktion i.S.d. Art. 20 Abs. 3 GG aus Gründen der Selbstkontrolle der Verwaltung notwendig sein, weil der Wortlaut die Grenze der Auslegung darstellt und der Wortlaut des § 80 Abs. 5 S. 2 VwGO i.V.m. § 80a Abs. 3 S. 2 VwGO insoweit nicht auslegungsfähig und nicht reduzierungsbedürftig ist. Die Annahme eines solchen Erfordernisses in allen Konstellationen wäre gesetzeswidrig.

b) Grundsätzliche Entbehrlichkeit des Betreibens der Hauptsache

Das vorherige Betreiben der Hauptsache könnte grundsätzlich entbehrlich sein. Das könnte sich daraus ergeben, dass durch das Erfordernis des vorherigen Betreibens der Hauptsache die Überlegungsfristen des Betroffenen i.S.d. § 70 Abs. 1 S. 1 VwGO oder nach § 74 Abs. 1 S. 2 VwGO für den Betroffenen verkürzt würden, weil er, um einstweiligen Rechtsschutz zu erlangen, schon vor Ablauf dieser Fristen in der Hauptsache tätig werden müsste. § 80 Abs. 5 S. 2 VwGO i.V.m. § 80a Abs. 3 S. 2 VwGO wäre dann eine deklaratorische Regelung, von der auch Konstellationen erfasst wären, in denen das Widerspruchsverfahren erforderlich wäre. Sinnvoll kann eine differenzierte Betrachtung sein.

c) Differenzierte Betrachtung

Bei differenzierter Betrachtung ist zwischen Konstellationen mit dem Erfordernis eines Widerspruchsverfahrens und ohne Erfordernis eines Widerspruchsverfahrens zu trennen. Sollte ein Widerspruchsverfahren gemäß § 68 Abs. 1 S. 2 VwGO – gegebenenfalls in Verbindung mit dem Landesrecht – entbehrlich sein, ist der Wortlaut des § 80 Abs. 5 S. 2 VwGO i.V.m. § 80a Abs. 3 S. 2 VwGO maßgeblich, sodass die Klage vor Stellung des Antrages auf einstweiligen Rechtsschutz nicht erhoben worden sein muss. Ist ein Widerspruchsverfahren allerdings erforderlich, ist vor Stellung des Antrages der Widerspruch einzulegen. Einerseits ist der Wortlaut des § 80 Abs. 5 S. 2 VwGO i.V.m. § 80 Abs. 3 S. 2

VwGO begrenzt, sodass die Norm eine Ausnahmeregelung darstellt, andererseits kann sinnvoll nur etwas suspendiert werden, das zuvor i.S. der in einem Rechtsstaat i.S.d. Art. 20 Abs. 3 GG erforderlichen Selbstkontrolle der Verwaltung bei der Behörde beantragt worden ist, zumal dies zu einer Entlastung der Gerichte führt.

Auch die Überlegungsfrist des § 70 Abs. 1 VwGO steht insoweit nicht entgegen. Während die Klagefrist aus § 74 Abs. 1 VwGO bei Entbehrlichkeit des Widerspruchsverfahrens nicht durch das Erfordernis des vorherigen Betreibens der Hauptsache verkürzt werden darf, ist dies bei der Widerspruchsfrist aus den genannten rechtsstaatlichen Gründen anders. Während die Hemmschwelle zur Erhebung einer Klage als Rechtsmittel höher als bei Stellung eines Antrages auf einstweiligen Rechtsschutz ist – schließlich besteht ein hohes Kostenrisiko sowie die psychische Belastung eines lange dauernden Verfahrens – ist die Hemmschwelle für die Einlegung eines Widerspruches als Rechtsbehelf geringer als beim einstweiligen Rechtsschutz. Wenn sich der Antragsteller bereits zu einem gerichtlichen Antrag im einstweiligen Rechtsschutz entschieden hat, ist es weniger problematisch, Widerspruch einzulegen.

Nach alledem ist bei der Erforderlichkeit eines Vorverfahrens vor Stellung des Antrages i.S.d. § 80a Abs. 1 Nr. 2 VwGO i.V.m. § 80a Abs. 3 S. 1 VwGO die Einlegung des Widerspruches erforderlich, um zu verdeutlichen, dass die Hauptsache auch tatsächlich betrieben wird. Aus rechtsstaatlichen Gründen i.S.d. Art. 20 Abs. 3 GG sowie aus Gründen des effektiven Rechtsschutzes i.S.d. Art. 19 Abs. 4 GG genügt die Einlegung des Widerspruches zeitgleich mit der Stellung des Antrages im einstweiligen Rechtsschutz, solange die Erhebung des Widerspruches nicht rechtsmissbräuchlich spät erfolgt, obgleich die Selbstkontrolle der Verwaltung insoweit minimiert wird.

Das Widerspruchsverfahren war für die A-GmbH gemäß § 68 Abs. 1 S. 2 Nr. 1 Alt. 2 VwGO entbehrlich, da mit dem Landwirtschaftsministerium des Landes eine Behörde gehandelt hat, die in der Verfassung als Ministerium verankert ist – somit eine oberste Landesbehörde. Unabhängig davon ist seitens der A-GmbH sogar ein Widerspruch eingelegt worden, wobei es für den Antrag beim Gericht irrelevant ist, ob der entbehrliche Widerspruch statthaft war.

d) Zwischenergebnis

Das Widerspruchsverfahren war für die A-GmbH entbehrlich, und es ist dennoch ein Widerspruch eingelegt worden.[11] Das allgemeine Rechtsschutzbedürf-

---

11 Es ist strittig, ob vor Stellung eines Antrages auf einstweiligen Rechtsschutz gemäß § 80 Abs. 5 S. 1 VwGO die Klageerhebung oder gegebenenfalls die Einlegung eines Widerspruches in

nis ist der A-GmbH nicht aufgrund eines Nichtbetreibens der Hauptsache abzusprechen.

4. Keine offensichtliche Verfristung der Hauptsache

Ein Rechtsschutzbedürfnis für den einstweiligen Rechtsschutz besteht nur, soweit Rechtsschutz in der Hauptsache möglich ist, dessen Sachentscheidungs-
bzw. Sachurteilsvoraussetzungen also nicht offensichtlich unerfüllt sind bzw.
bleiben werden. Dies ist anzunehmen, wenn der Rechtsbehelf bzw. das Rechtsmittel in der Hauptsache offensichtlich verfristet sind. Bezüglich des gegenüber
der S-Genossenschaft erlassenen Bescheides gibt es keine Anhaltspunkte dafür,
dass der von der A-GmbH als Dritter eingelegte Widerspruch oder die eigentlich
statthafte Klage – für die gemäß § 58 Abs. 2 S. 1 VwGO mangels Bekanntgabe ihr
gegenüber eine Jahresfrist gelten würde – verfristet ist. Vielmehr ist innerhalb
der Monatsfrist i.S.d. § 70 Abs. 1 VwGO ein Widerspruch erhoben worden, und
die Klage wäre mangels Verfristung noch möglich. Die A-GmbH ist allgemein
rechtsschutzbedürftig.

VII. Zwischenergebnis

Die Sachentscheidungsvoraussetzungen des Verfahrens nach § 80a Abs. 1 Nr. 2
Alt. 1 VwGO i.V.m. § 80a Abs. 3 S. 1 VwGO und nach § 80 Abs. 5 S. 3 VwGO i.V.m.
§ 80a Abs. 3 S. 2 VwGO sind erfüllt.

B. Begründetheit

Die Anträge der A-GmbH gemäß § 80a Abs. 1 Nr. 2 Alt. 1 VwGO i.V.m. § 80a
Abs. 3 S. 1 VwGO auf Suspendierung des Subventionsbescheides und der Annexantrag gemäß § 80 Abs. 5 S. 3 VwGO i.V.m. § 80a Abs. 3 S. 2 VwGO sind begründet, soweit die Vollziehungsanordnung nach § 80 Abs. 2 Nr. 4 VwGO rechts-

---

der Hauptsache erforderlich ist. Nach h.M. bedarf es jedenfalls bei Entbehrlichkeit des Vorverfahrens gemäß § 80 Abs. 5 S. 2 VwGO keiner vorherigen oder gleichzeitigen Erhebung der Anfechtungsklage. Dies gilt unabhängig vom Streitstand zur Statthaftigkeit des Widerspruches
trotz Entbehrlichkeit des Widerspruchsverfahrens. Ist das Vorverfahren nicht entbehrlich, ist
der Streitstand zu entscheiden. Da insoweit zwei verbreitete konträre Auffassungen mit jeweils
guten Argumenten bestehen, ist es empfehlenswert, in diesen Fällen nach Benennung der
Argumente klausurtaktisch zu entscheiden (zum Ganzen: vgl. Sodan/Ziekow, § 80, Rn 129;
Kopp/Schenke, § 80, Rn 139 m.w.N.; Posser/Wolff, § 80, Rn 164 m.w.N.).

widrig ist[12] bzw. bei summarischer Prüfung das Aussetzungsinteresse der A-GmbH als Antragstellerin das Vollziehungsinteresse der Behörde unter Berücksichtigung des Interesses der S-Genossenschaft überwiegt bzw. soweit ein Vollzugsfolgenbeseitigungsanspruch der A-GmbH besteht.

I. Subventionsbescheid

Zunächst könnte die Vollziehung des Subventionsbescheides an die S-Genossenschaft suspendiert werden.

1. Rechtmäßigkeit der Vollziehungsanordnung

Die Vollziehungsanordnung nach § 80 Abs. 2 Nr. 4 VwGO kann rechtmäßig sein. Insoweit könnte es wegen der Formulierung „im öffentlichen Interesse" nicht nur auf formelle, sondern auch auf materielle Voraussetzungen ankommen. Die Vollziehungsanordnung gehört systematisch aber zum Verwaltungsverfahren und ist im Verwaltungsprozessrecht geregelt mit der Folge, dass es sich dabei auch mangels gegenüber dem materiellen Verwaltungsakt eigenständiger materieller Regelung nicht um einen weiteren Verwaltungsakt handelt. Vielmehr ist die Vollziehungsanordnung lediglich eine besondere Verfahrensmöglichkeit, die ausschließlich von formellen Voraussetzungen abhängig ist. Ob eine gesonderte Anhörung vor der Anordnung der sofortigen Vollziehung erforderlich oder ob die Regelung des § 80 Abs. 3 VwGO abschließend ist, kann dahinstehen, weil eine solche durch die zuständige Behörde jedenfalls erfolgte. Verfahrensfehler sind nicht ersichtlich.

---

12 Bei der Vollziehungsanordnung gibt es mehrere **Problembereiche:**
1. Aufbau
    Denkbar wäre, die VZA nach der Erörterung des Vollziehungs-/Aussetzungsinteresses zu prüfen. Das ist nicht möglich, weil die VZA als Sonderanordnung im Rahmen eines Verwaltungsverfahrens bloß formalen Charakter hat. Formelle Voraussetzungen unterliegen klaren Vorgaben ohne Beurteilungs- und Ermessensspielräume und sind daher vor materiellen Voraussetzungen zu erörtern. Daher ist die VZA vorab zu prüfen, wobei dies problematisch ist, wenn die VZA rechtswidrig ist, weil der Antrag auf einstweiligen Rechtsschutz dann begründet ist. Vertretbar ist es insoweit, mit Verweis auf die Möglichkeit der Behörde, jederzeit eine neue VZA zu erlassen, dennoch das Aussetzungs- und Vollziehungsinteresse im Anschluss an die VZA zu erörtern. Korrekt wäre es insoweit aber, die Prüfung zu beenden und in einem Hilfsgutachten fortzuführen.
2. Voraussetzungen
    Nach h.M. bedarf es für die VZA keiner gesonderten Anhörung, da diese nach h.M. keinen VA darstellt und die Voraussetzungen für eine Analogie wegen der Anhörung bzgl. des Grund-VA nicht erfüllt sind.

Für eine ordnungsgemäße Begründung einer Vollziehungsanordnung bedarf es gemäß § 80 Abs. 3 S. 1 VwGO auch einer ordnungsgemäßen Begründung, soweit sie nicht gemäß § 80 Abs. 3 S. 2 VwGO entbehrlich ist (zum Ganzen: VG Cottbus, Beschluss vom 2.11.2007 – 2 L 236/07). Zwar könnte aus der Nichtnennung des § 80 Abs. 3 VwGO in § 80a Abs. 3 S. 2 VwGO geschlossen werden, dass § 80 Abs. 3 VwGO bezüglich eines Verfahrens nach § 80a VwGO nicht anwendbar ist, jedoch war eine Benennung nicht notwendig, da auf die Vollziehungsanordnung schon in dem gemäß § 80a Abs. 3 S. 1 VwGO geltenden § 80a Abs. 1, 2 VwGO Bezug genommen worden ist. § 80 Abs. 3 S. 1 VwGO ist somit bereits wegen der Inbezugnahme auf die Vollziehbarkeit in § 80a Abs. 1, 2 VwGO i.V.m. § 80a Abs. 3 S. 1 VwGO entsprechend anwendbar.

Nach § 80 Abs. 3 S. 1 VwGO hat die Behörde in den Fällen des § 80 Abs. 2 S. 1 Nr. 4 VwGO das besondere Interesse an der sofortigen Vollziehung des Verwaltungsakts schriftlich zu begründen. Durch diese Vorschrift soll die Behörde dazu angehalten werden, sich des Ausnahmecharakters der Vollziehungsanordnung mit Blick auf den grundsätzlich gemäß § 80 Abs. 1 VwGO durch Erhebung eines Rechtsbehelfs eintretenden Suspensiveffekt bewusst zu werden und die Abweichung vom Grundsatz sorgfältig zu prüfen. Zugleich soll der Betroffene über die für die Behörde maßgeblichen Gründe des ihrerseits angenommenen überwiegenden Interesses an der sofortigen Vollziehbarkeit informiert werden, damit in einem möglichen Rechtsschutzverfahren dem Gericht die Erwägungen der Behörde zur Kenntnis gebracht und zur Prüfung gereicht werden können.

Die Vorgaben des § 80 Abs. 3 S. 1 VwGO haben somit vorwiegend die Bedeutung, der Behörde den Ausnahmecharakter der sofortigen Vollziehbarkeit zu verdeutlichen. Ist das Interesse hinreichend erkennbar, kommt es für die formale Voraussetzung der ordnungsgemäßen Begründung gemäß § 80 Abs. 3 S. 1 VwGO nicht darauf an, ob die Annahme eines Überwiegens des sofortigen Vollzugsinteresses aus den angegebenen Gründen bereits voll zu überzeugen vermag (vgl. OVG für das Land Brandenburg, Beschluss vom 5.2.1998 – 4 B 134/97 –, veröffentlicht in Juris).

Aus der Begründung muss hinreichend nachvollziehbar hervorgehen, dass und aus welchen besonderen Gründen die Behörde im Einzelfall das besondere öffentliche Interesse an der sofortigen Vollziehung des Verwaltungsakts als gegenüber dem Aussetzungsinteresse des Betroffenen vorrangig einstuft und aus welchen im dringenden öffentlichen Interesse liegenden Gründen sie es für gerechtfertigt bzw. geboten hält, den durch die aufschiebende Wirkung eines Rechtsbehelfs grundsätzlich eintretenden Suspensiveffekt des Betroffenen einstweilen zurückzustellen. Pauschale und nichtssagende formelhafte Wendungen genügen dem Begründungserfordernis nicht. Allerdings kann sich die Behörde auf die den Verwaltungsakt selbst tragenden Erwägungen stützen, wenn die den Erlass des Verwaltungsaktes rechtfertigenden Gründe zugleich die Dringlichkeit der Vollziehung ergeben (vgl. OVG Münster, Beschluss vom 22.1.2001 – 19 B 1757/00 –, NZV 2001, 396).

Bei gleichartigen Tatbeständen können auch gleiche oder typisierende Begründungen ausreichen, wenn die zu beurteilenden Interessenkonstellationen in der Regel gleich gelagert sind. Stets bedarf es jedoch der Verdeutlichung der entgegenstehenden Rechte bzw. Rechtsgüter. Sollte es um jeweils gleiche Subventionen mit gleichen Auswirkungen gehen, ist es nicht zwingend geboten, eine ausschließlich auf den Einzelfall zugeschnittene Begründung zu geben. Es genügt, die typische Interessenlage aufzuzeigen und deutlich zu machen, dass diese Interessenlage auch im konkreten Einzelfall besteht (vgl. BayVGH, Beschluss vom 4.1.2006 – 11 CS 05.1878 –, zitiert nach Juris).

Insoweit genügt eine knappe und gleichartige Begründung dem Erfordernis des § 80 Abs. 3 S. 1 VwGO, wenn die Behörde die typischerweise entgegenstehenden Rechte bzw. Rechtsgüter aufzeigt, sie damit eine typische Konstellation aufgreift, in der das öffentliche Interesse an einer sofortigen Vollziehung regelmäßig überwiegt, und sie hinreichend deutlich macht, dass aus ihrer Sicht diese typische wiederkehrende eindeutige Konstellation auch auf die betroffene Person zutrifft.

Bezüglich der Subvention an die S-Genossenschaft ist wie gegenüber den anderen subventionierten Genossenschaften auf die notwendige sofortige Unterstützung der Weinbauern und auf das öffentliche Interesse hingewiesen worden, da ein Stück regionaler Kultur nur dadurch erhalten werden könne, dass auch kleineren Winzern die Möglichkeit erhalten bleibe, ihren eigenen Wein zu erzeugen. Es seien bereits mehrere Kleinwinzer im Bundesland H in ihrer Existenz bedroht. Insoweit sind die Subventionen der Genossenschaften gleich zu behandeln. Die Argumente übersteigen formal auch die Begründung des Bescheides, weil die bereits beeinträchtigten Winzer zur Begründung der Eilbedürftigkeit benannt worden sind.

Die Behörde durfte auf eine typische Konstellation abstellen. Die Anordnung der sofortigen Vollziehung ist nach alledem rechtmäßig.[13]

---

13 Bezüglich der Rechtswidrigkeit der Vollziehungsanordnung ist eine andere Lösung vertretbar. Insoweit müsste dann mit Verweis auf die Möglichkeit des jederzeitigen Ausspruches einer neuen Anordnung der sofortigen Vollziehbarkeit weitergeprüft oder ein Hilfsgutachten erstellt werden.

2. Aussetzungs-/Vollziehungsinteresse

Das Aussetzungsinteresse überwiegt grundsätzlich das Vollziehungsinteresse, soweit der Verwaltungsakt rechtswidrig ist, weil durch einen rechtswidrigen Verwaltungsakt materiell-rechtlich grundsätzlich kein Grundrechtseingriff gerechtfertigt werden kann und somit kein Vollziehungsinteresse des behördlichen Rechtsträgers bezüglich eines solchen Verwaltungsaktes besteht. Lediglich in Konstellationen, in denen der Verwaltungsakt rechtswidrig ist, jedoch trotz Möglichkeit der Rechtsverletzung im Rahmen der Antragsbefugnis kein subjektives Recht des Antragstellers betroffen ist, überwiegt aufgrund der zu berücksichtigenden Drittinteressen in Anlehnung an die Hauptsache das Vollziehungsinteresse der Behörde, da das Gericht anderenfalls im einstweiligen Rechtsschutz etwas gewähren würde, das in der Hauptsache nicht erreichbar wäre. Wenngleich die Behörde gemäß der sich für sie rechtsstaatlich unter anderem aus Art. 20 Abs. 3 GG ergebenden Pflicht zum rechtmäßigen Handeln zur Aufhebung verpflichtet wäre, dürfte dies nicht mittels einer unzulässigen Durchbrechung der Gewaltenteilung durch das Gericht erfolgen. Ist der Verwaltungsakt rechtmäßig, überwiegt grundsätzlich das Vollziehungsinteresse in Konstellationen des § 80 Abs. 2 S. 1 Nr. 1–3 VwGO, weil im Gesetz insoweit eine gesetzgeberische Wertung dahingehend enthalten ist, dass in derartigen Konstellationen bei rechtmäßigen Verwaltungsakten stets vollzogen werden soll. In Konstellationen einer Vollziehungsanordnung i.S.d. § 80 Abs. 2 S. 1 Nr. 4 VwGO bedarf es hingegen einer eigenen Abwägung des Gerichts, weil der Gesetzgeber insoweit die Anordnung der sofortigen Vollziehbarkeit nicht selbst getroffen, sondern sie der Behörde überlassen hat, deren diesbezügliche Entscheidung gesetzlich überprüfbar ist.

Von diesen Grundsätzen ist in den Drei-Personen-Konstellationen des § 80a VwGO jedoch abzuweichen, weil die Interessen eines Dritten zu berücksichtigen sind. Deshalb ist das Behördeninteresse von den Drittinteressen geprägt mit der Folge, dass die Drittinteressen mit denen der Antragstellerin gleichwertig sind. Somit überwiegt das Aussetzungsinteresse bei Rechtswidrigkeit des Verwaltungsaktes, während das Vollziehungsinteresse unabhängig von den in § 80 Abs. 2 S. 1 Nr. 1–3 VwGO enthaltenen Wertungen bei Rechtmäßigkeit des Bescheides überwiegt.[14]

---

14 In Konstellationen, in denen der Verwaltungsakt rechtswidrig, der Antragsteller aber trotz Möglichkeit der Rechtsverletzung bezüglich der Prozessstation in keinem subjektiven Recht betroffen ist, könnte dem Überwiegen des Vollziehungsinteresses entgegengehalten werden, dass sich die Tatsachen zugunsten der Betroffenheit eines subjektiven Rechts des Antragstellers ändern – summarische Prüfung – und somit kein effektiver Rechtsschutz i.S.d. Art. 19 Abs. 4 GG gewährt werden würde. Insoweit kann der Antragsteller aber auf einen gegebenenfalls neuen Antrag im einstweiligen Rechtsschutz verwiesen werden.

Maßgeblich ist also, ob der gegenüber der S-Genossenschaft erlassene Subventionsbescheid rechtswidrig ist.

a) Rechtswidrigkeit des Subventionsbescheides

Der Subventionsbescheid kann rechtswidrig sein.

aa) Rechtsgrundlage[15]

Es könnte eine Rechtsgrundlage für die Subvention bestehen, die anzuwenden wäre.

(1) Grundgesetz

Aus dem Grundgesetz kommen als Rechtsgrundlagen allenfalls Art. 74 Abs. 1 Nr. 17 GG und Art. 110 Abs. 1 GG in Betracht. Während Art. 74 Abs. 1 Nr. 17 GG nur die Gesetzgebungskompetenzen als Zuständigkeitsregelung betrifft, sind in Art. 110 Abs. 1 GG Vorgaben für die Aufstellung des Haushaltsplanes enthalten, sodass beide Normen keine Rechtsgrundlagen darstellen.

(2) Bundeslandwirtschaftsgesetz

Auch § 1 BLwG kommt als Rechtsgrundlage nicht in Betracht, da die Norm nicht hinreichend bestimmt ist, weil in ihr weder Tatbestand noch eine Rechtsfolge enthalten sind.

(3) Verwaltungsrichtlinie

Die Verwaltungsrichtlinie zur Subventionierung stellt keine Rechtsgrundlage dar, weil eine derartige Verwaltungsvorschrift unmittelbar nur behördenintern wirkt, sodass es für deren Einordnung als Rechtsgrundlage an einer Außenwirkung für den Bürger fehlt.

---

15 Der Begriff „Ermächtigungsgrundlage" sollte in dieser Konstellation nicht verwendet werden, da mit dessen Verwendung verschiedene Streitstände entschieden werden – nämlich über das Erfordernis einer Norm (Vorbehalt und Vorrang des Gesetzes) und den Schutzbereich des Art. 2 Abs. 1 GG.

(4) Haushaltsplan

Möglicherweise ist der Haushaltsplan die maßgebliche Rechtsgrundlage für den Erlass eines Subventionsbescheides. Dann müsste das Haushaltsrecht jedoch – zunächst unabhängig von landesrechtlichen haushaltsrechtlichen Regelungen und einzelnen Haushaltsplänen – Außenwirkung haben. Maßstab für das Haushaltsrecht ist das Haushaltsgrundsätzegesetz, welches gemäß § 1 Abs. 1 S. 1, 2 HGrG für den Bund und die Länder gilt. Gemäß § 3 Abs. 1 HGrG wird zwar die Verwaltung durch den Haushaltsplan intern ermächtigt, Ausgaben zu leisten und Verpflichtungen einzugehen, jedoch werden gemäß § 3 Abs. 2 HGrG im Außenverhältnis zum Bürger Ansprüche oder Verbindlichkeiten weder begründet noch aufgehoben. Somit stellt ein Haushaltsplan im Außenverhältnis zum Bürger keine Rechtsgrundlage für einen Subventionsbescheid dar.

(5) Gesetzesvorbehalt/Gesetzesvorrang

Da eine anwendbare Rechtsgrundlage nicht ersichtlich ist, ist maßgeblich, ob im Sinne des Gesetzesvorbehaltes eine Rechtsgrundlage erforderlich ist. Sollte keine Rechtsgrundlage erforderlich sein, darf durch ein Verwaltungshandeln lediglich nicht gegen rechtliche Vorgaben verstoßen werden. Es gilt dann nur der Vorrang des Gesetzes. Neben dem aus rechtsstaatlichen Gründen i.S.d. Art. 20 Abs. 3 GG stets geltenden Vorrang des Gesetzes gilt der Vorbehalt mit dem Erfordernis einer Ermächtigungsgrundlage nur, wenn es im Grundgesetz bzw. in der Landesverfassung ausdrücklich vorgeschrieben ist – etwa bei Verordnungen z.B. in Art. 80 Abs. 1 GG – oder bei Grundrechtseingriffen sowie in sonst wesentlichen Konstellationen. Im Übrigen ist eine Grundlage anzuwenden, die der Gesetzgeber geschaffen hat, wenngleich der Gesetzgeber sie nicht hätte schaffen müssen. Diese Rechtsgrundlage ist jedoch von der Exekutive in einer rechtsstaatlichen Demokratie wegen der Gesetzesbindung der Verwaltung gemäß Art. 20 Abs. 3 GG anzuwenden. Da eine derartige Rechtsgrundlage nicht ersichtlich ist, kann sich das Erfordernis einer Ermächtigungsgrundlage nur aufgrund eines Grundrechtseingriffes oder sonstiger Wesentlichkeit der Konstellation ergeben. Ob eine Rechtsgrundlage erforderlich ist, ist grundsätzlich objektiv bezüglich der verfassungsrechtlichen Grundlagen zu ermitteln, sodass es für die Ermittlung der Notwendigkeit einer Rechtsgrundlage für die Subvention eigentlich nicht nur auf die Grundrechte der A-GmbH und insoweit auch nicht auf die Anwendbarkeit der Grundrechte für die A-GmbH i.S.d. Art. 19 Abs. 3 GG ankommt. Da streitgegenständlich anderweitige Anhaltspunkte bezüglich Dritter fehlen, ist bezüglich der Voraussetzungen insoweit dennoch primär auf die Beeinträchtigung der A-GmbH abzustellen, da diese bei einer objektiven Prüfung ebenfalls zu berücksichtigen ist.

(a) Art. 2 Abs. 1 GG

Die Subvention des Ministeriums an die S-Genossenschaft kann allenfalls als ein mittelbarer Grundrechtseingriff in Form der Intensität eingestuft werden. Wie bereits bei der Möglichkeit der Rechtsverletzung bei der Antragsbefugnis erörtert, stellt eine Umsatzeinbuße von etwa 10% keine hinreichend schwere Beeinträchtigung dar (vgl. BVerwG – VII C 122/66).

Durch die Förderung der Kelleranlagen von Winzergenossenschaften wird die Wettbewerbsfreiheit des Handels nämlich nicht in einem für die Antragstellerin unerträglichen Maß eingeschränkt. Die geförderten Winzergenossenschaften stellen Produktionsgenossenschaften im Sinne von § 1 Abs. 1 Nr. 4 GenG dar. Sie stellen aus dem Most Wein her, lagern und veräußern diesen. Durch die Bundesrepublik Deutschland werden aber nur die Weinherstellung und -lagerung gefördert – nicht gefördert wird der Verkauf. Im Handel besteht zwischen der Antragstellerin und den Genossenschaften Chancengleichheit. Deshalb verkauft auch ein Teil der Winzergenossenschaften den Wein an den Zwischenhandel, ohne gegenüber denjenigen, die den Wein an den Verbraucher absetzen, benachteiligt zu sein. Es ist eine Frage der Kalkulation, welchen Weg die einzelne Genossenschaft einschlägt. Durch die Bundesrepublik Deutschland wird darin nicht durch irgendwelche Förderungen eingegriffen. Durch die Förderung der Kellerwirtschaft bei den Winzergenossenschaften werden die Winzer, die zur Schaffung eigener Kelleranlagen nicht in der Lage sind, nur von dem Zwang befreit, den Most bereits unbearbeitet abzugeben. Der Winzer hat daher durch die Begünstigung die Wahl, entweder den Most an Kellereien zu verkaufen, die selbständigen Handel treiben, oder aber über Genossenschaften den Most selbst zu Wein zu verarbeiten und diesen entweder an den Zwischenhandel oder den letzten Verbraucher weiterzugeben. Damit wird der Winzer wieder frei in seinen Entschlüssen. Wenn ein Handelsunternehmen den Winzern gute Bedingungen bietet, wie es möglicherweise bei der Antragstellerin gegeben ist, werden die Winzer weiterhin den Weg wählen, den Most an Kellereien des Handels zu veräußern. Nach alledem ist ein mittelbarer Eingriff in die Wettbewerbsfreiheit nicht ersichtlich.

(b) Art. 9 Abs. 3 S. 1 GG

Auch ein mittelbarer Eingriff in das sich aus Art. 9 Abs. 3 S. 1 GG ergebende Recht, zur Wahrung und Förderung der Arbeits- und Wirtschaftsbedingungen Vereinigungen zu bilden, ist ebenfalls nicht ersichtlich, da von der Norm nur korporative Vereinigungen erfasst sind. Ein sogenannter „Verbund" ist vom Schutzbereich nicht erfasst, da – wie zwischen der Antragstellerin und den einzelnen Winzern – nur schuldrechtliche zweiseitige Beziehungen bestehen. Die

Antragstellerin als Gesellschaft mit beschränkter Haftung kann eine Beeinträchtigung also nicht geltend machen, weil sie keine Vereinigung von Winzern darstellt und durch die Subventionierung nicht die Genossenschaften allgemein, sondern ausschließlich Winzergenossenschaften gefördert werden (BVerwG – VII C 122/66).

(c) Art. 14 Abs. 1 GG
Ein mittelbarer Eingriff in das durch Art. 14 Abs. 1 GG geschützte Eigentum zulasten der A-GmbH ist nicht ersichtlich, da einerseits keine konkrete bereichsspezifisch bestimmte Eigentumsposition wie z.b. der eingerichtete und ausgeübte Gewerbebetrieb betroffen ist, andererseits das Vermögen als solches nicht geschützt ist, zumal es aufgrund der verhältnismäßig geringen Umsatzeinbuße an der hinreichenden Schwere fehlt (BVerwG – VII C 122/66).

(d) Art. 3 Abs. 1 GG i.V.m. Art. 12 GG
Die A-GmbH könnte im allgemeinen Gleichheitsgrundsatz aus Art. 3 Abs. 1 GG i.V.m. Art. 12 GG – der Berufsfreiheit – verletzt sein. Voraussetzung ist eine Obergruppe als Vergleichspaar, in der zwei ungleiche Untergruppen ungerechtfertigt gleich oder zwei gleiche Untergruppen ungerechtfertigt ungleich behandelt werden. Aus dem Erfordernis der Ober- und Untergruppe ergibt sich zudem, dass Art. 3 Abs. 1 GG nur in Verbindung mit einem besonderen subjektiven Recht geltend gemacht werden kann, weil kein Gesetzesvollziehungsanspruch besteht und die Antragstellerin subjektiviert zur Untergruppe – für die A-GmbH hinsichtlich der Berufsfreiheit – gehören muss.

Ob durch die Beschränkung der Subventionen auf Genossenschaften der Gleichheitssatz insoweit verletzt wird, als auch sonstige Zusammenschlüsse von Winzern oder auch einzelne größere Winzer in die Förderung eingeschlossen werden müssten, ist irrelevant, weil die Antragstellerin und vergleichbare Unternehmen – für deren Existenz es keine Anhaltspunkte gibt – nicht zum Kreis der Erzeuger gehören und somit schon kein hinreichendes Vergleichspaar besteht. Die Antragstellerin ist kein horizontaler Verbund von Winzern und ist diesem auch nicht wirtschaftlich gleichgestellt. Es handelt sich bei ihr um eine vertikale Zusammenfassung von Erzeugern, Verarbeitern und Handelnden, während die Winzergenossenschaften einen horizontalen Zusammenschluss nur von Winzern darstellen. Es sind an dem Verbund also in erheblichem Umfang Personen beteiligt, die sich nicht überwiegend mit der Weinerzeugung befassen. Zudem arbeiten die Winzer beim „Verbund" ausschließlich aufgrund schuldrechtlicher Verträge mit der Antragstellerin zusammen und sind untereinander nicht rechtlich verbunden, während die Geschicke der Genossenschaft durch die Genossen geleitet werden. Gemäß § 43 Abs. 3 S. 1 GenG hat in der Generalversammlung jeder Genosse eine Stimme. Den Winzern, die im „Verbund" keinen Einfluss auf die Geschäftsführung haben, kommt die Subvention dennoch unmittelbar zugute. Dem Erzeuger ist vom Verbund ein garantierter Mindestpreis zu zahlen. Die Verbundweinkellerei ist verpflichtet, dem Erzeuger entsprechend der Entwicklung der Marktlage einen Aufpreis zu zahlen, dessen Höhe von der Verbund-Weinkellerei bestimmt wird. Da der Aufpreis ausschließlich von der Entwicklung der Marktlage abhängig ist, ist die Klägerin nicht verpflichtet, den Winzern Subventionsleistungen und die sich daraus ergebenden Vorteile weiterzureichen. Die Förderung würde ausschließlich der Antragstellerin und über diese indirekt den Gesellschaftern zugute kommen.

Der Gleichheitsgrundsatz aus Art. 3 Abs. 1 GG i.V.m. Art. 12 GG ist nicht verletzt.

(e) Wesentlichkeit

Da die Subvention an die S-Genossenschaft auch nicht sonst wesentlich im Sinne einer praktischen Konkordanz zwischen dem Demokratie- und dem Rechtsstaatsprinzip ist, ergibt sich auch insoweit nicht das Erfordernis einer Ermächtigungsgrundlage.

(f) Abgeschwächter Gesetzesvorbehalt

Weil die Voraussetzungen für das Erfordernis einer Grundlage nicht erfüllt sind und das Haushaltsrecht keine Außenwirkung entfaltet, bedarf es nach alledem keiner Grundlage, sodass nur der Vorrang des Gesetzes gilt. Eine Anwendung des Haushaltsrechts als abgeschwächte Rechtsgrundlage in einem abgeschwächten Gesetzesvorbehalt wäre nicht nur systemwidrig, sondern auch gesetzeswidrig, da eine derartige Annahme gegen § 3 Abs. 2 HGrG verstoßen würde.

(g) Zwischenergebnis

Nach alledem gilt nur der Vorrang des Gesetzes mit der Folge, dass es keiner Rechts- bzw. Ermächtigungsgrundlage bedarf.[16]

---

16 Da bei Subventionen i.d.R. nur der Vorrang des Gesetzes gilt (Ausnahme: mittelbare Grundrechtseingriffe etc. – z.B. bei Pressesubvention), müsste dies eigentlich auch in Leistungsfällen konsequent umgesetzt werden. Der Anspruch ergäbe sich dann eigentlich aus subjektiviertem Ermessen, während Erwägungen zu Art. 3 Abs. 1 GG i.V.m. anderen Aspekten le-

bb) Voraussetzungen
Die Voraussetzungen können erfüllt sein.

(1) Formell
Formell handelte mit dem Landwirtschaftsministerium die zuständige Behörde, während Verfahrens- und Formfehler nicht ersichtlich sind.

(2) Materiell
Materiell bestehen mangels Grundlage auch keine tatbestandlichen Voraussetzungen, sodass nur eine Reduktion des subjektivierten Ermessens in Betracht kommt. Als ermessenslenkende Aspekte sind bei Subventionen das Haushaltsrecht, das Unionsrecht sowie Art. 3 Abs. 1 GG i.V.m. der Verwaltungspraxis in Gestalt von Richtlinien bzw. der tatsächlichen Verwaltungspraxis zu berücksichtigen. Aus dem Haushaltsrecht ergibt sich gleichzeitig ein intendiertes Ermessen im Sinne der Wirtschaftlichkeit und Sparsamkeit i.S.d. § 6 Abs. 1 HGrG.

(a) Haushaltsrecht
Zwar gilt das Haushaltsrecht gemäß § 3 Abs. 2 HGrG nicht unmittelbar im Außenverhältnis zum Bürger, jedoch ist es aufgrund der sich unter anderem aus § 3 Abs. 1 HGrG ergebenden internen Bindung der Verwaltung im Subventionsermessen im Rahmen einer mittelbaren Außenwirkung zu berücksichtigen. Die Subvention an die S-Genossenschaft ist im Bundeshaushalt in Kapitel 1002 vorgesehen, sodass ein Verstoß gegen den Haushaltsplan nicht erfolgt und somit insoweit eine Ermessensreduktion nicht ersichtlich ist.

(b) Unionsrecht
Das Subventionsermessen kann durch das Unionsrecht, insbesondere durch die als primäres Unionsrecht national unmittelbar geltenden Artt. 107, 108 AEUV reduziert sein, weil das Unionsrecht wegen des Anwendungsvorranges des Unionsrechts, welcher sich aus dem jeweiligen nationalen Rechtsanwendungsbefehl in Form des jeweiligen Zustimmungsgesetzes zur Übertragung der Hoheitsgewalt auf die Europäische Union i.V.m. Art. 23 GG bzw. aus dem Grundsatz der

---

diglich zur Lenkung des sich aus dem Vorrang des Gesetzes ergebenden subjektivierten Ermessens führen dürften. Wenngleich dogmatisch nicht korrekt, wird in Leistungskonstellationen häufig Art. 3 Abs. 1 GG als Anspruchsgrundlage genannt.

effektiven Umsetzung des Unionsrechts ergibt, die Nichtanwendung oder Auslegung des nationalen Rechts zur Folge haben kann. Die EU-Kommission hatte aber in einem abschließenden Beschluss i.S.d. § 108 Abs. 3 S. 3 AEUV – eine Subvention in Höhe von € 500.000,– ist von der Norm erfasst – keine Bedenken gegen die Subventionen für die Genossenschaften zur Förderung der Entwicklung der Weinkultur als Wirtschaftszweig i.S.d. Art. 107 Abs. 3 lit. c AEUV geäußert, sodass eine Vereinbarkeit der Subventionen mit dem primären Unionsrecht anzunehmen ist und letztlich kein Verstoß gegen Artt. 107 Abs. 1, 3, 108 AEUV besteht.[17]

(c) Art. 3 Abs. 1 GG i.V.m. der Richtlinie bzw. Verwaltungspraxis

Die Verwaltung könnte durch die Vorgaben in der Richtlinie als Ausdruck der Verwaltungspraxis an diese gebunden sein. Zwar kann die A-GmbH mangels eines Vergleichspaares insoweit nicht in Art. 3 Abs. 1 GG verletzt sein, als sie selbst keine Leistung verlangen kann, jedoch könnte ihr Recht aus der Wettbewerbsfreiheit i.S.d. Art. 2 Abs. 1 GG dadurch betroffen sein, dass die S-Genossenschaft eine rechtswidrige Subvention bekommt, die durch die A-GmbH abgewehrt werden kann.

Durch eine Verwaltungsrichtlinie wird grundsätzlich die Verwaltungspraxis vorgegeben, welche die Verwaltung auszuüben hat. Vergleichbare Antragsteller können daran teilhaben – soweit die Richtlinie nicht rechtswidrig ist, da im Unrecht keine Gleichbehandlung verlangt werden kann – und andere Antragsteller können die Unterlassung der Praxis verlangen, soweit ihre subjektiven Rechte tangiert werden und insoweit jemand von einer Verwaltungspraxis begünstigt wird, obwohl er von ihr eigentlich nicht betroffen ist.

Die S-Genossenschaft ist subventioniert worden, obwohl sie auf ein Litervolumen in Höhe von 6.500 kommt, während in der Richtlinie ein Volumen in Höhe von 6.000 als Obergrenze angegeben worden ist. Insoweit könnte die Subvention wegen der Unvereinbarkeit mit der Richtlinie rechtswidrig sein. Allerdings sind in der Praxis über einen längeren Zeitraum Genossenschaften subventioniert worden, die ein Litervolumen bis zu 7.000 ermöglichten, sodass auch die S-Genossenschaft von der tatsächlichen Subventionspraxis erfasst gewesen wäre. Eine willkürliche Abweichung von der Richtlinie im Einzelfall zugunsten der S-Genossenschaft besteht darin nicht, weil regelmäßig von der Richtlinie abgewichen wird.

---

17 Während es bezüglich der Antragsbefugnis um die „Möglichkeit einer willkürlichen Subvention" geht, ist in der Sachstation eine dezidierte Prüfung der Abweichungsmöglichkeit von der Richtlinie erforderlich.

Dem könnte entgegenstehen, dass die S-Genossenschaft keine Gleichbehandlung im Unrecht hätte verlangen können, sodass ihr die Subvention trotz der tatsächlichen Praxis nicht hätte zugebilligt werden dürfen. Weicht allerdings die Verwaltung in der Praxis von einer Richtlinie ab, ist die Praxis das „Recht" und die Richtlinie wird durch sie überlagert. Das gilt auch bei erstmaliger Abweichung von einer Richtlinie, soweit die Verwaltungspraxis geändert wird. Eine solche Änderung ist der Behörde jederzeit möglich, soweit sie nicht rechtsstaatswidrig willkürlich ist. Die Verwaltungspraxis stellt nur dann kein die Richtlinie überlagerndes „Recht" dar, wenn sie ihrerseits rechtswidrig ist.

Das Ministerium ist regelmäßig von der Richtlinie abgewichen und hat damit eine Praxis dergestalt geschaffen, dass Genossenschaften mit einem Litervolumen in Höhe von 7.000 Litern subventionswürdig sind. Es gibt keine Anhaltspunkte für die Rechtswidrigkeit dieser Subvention – vielmehr ist sie von der EU-Kommission gebilligt worden. Nach alledem ist die Subvention an die S-Genossenschaft aufgrund der von der Richtlinie abweichenden Verwaltungspraxis rechtmäßig.

b) Zwischenergebnis

Der Subventionsbescheid an die S-Genossenschaft ist rechtmäßig. Das Vollziehungsinteresse überwiegt.

II. Vollzugsfolgenbeseitigung

Der Annexantrag ist begründet, soweit ein Anspruch der A-GmbH gegen die Behörde dahingehend besteht, einen Rückerstattungsbescheid an die S-Genossenschaft zu erlassen.[18]

1. Anspruchsgrundlage

Es bedarf für den Vollzugsfolgenbeseitigungsanspruch einer Anspruchsgrundlage.[19]

---

18 Es wäre vertretbar, die Folgenbeseitigung in wenigen Sätzen abzuhandeln, da der Subventionsbescheid auf der ersten Stufe nicht suspendiert wird. Durch eine Prüfung der Voraussetzungen wird aber nochmals Verständnis offenbart.

19 Der Vollzugsfolgenbeseitigungsanspruch ist zwar ein Abwehranspruch, jedoch ist er aufgrund seiner prozessualen Einkleidung in einen Leistungsantrag auf der „zweiten Stufe" im Anspruchsaufbau zu prüfen. In der Literatur wird z.T. sogar für die Abwehr wirksamer Verwaltungsakte ein Anspruchsaufbau vertreten. Insoweit ist ein Anspruchsaufbau im Examen aber

a) § 80 Abs. 5 S. 3 VwGO i.V.m. § 80a Abs. 3 S. 2 VwGO

Da es sich bei § 80 Abs. 5 S. 3 VwGO i.V.m. § 80a Abs. 3 S. 2 VwGO um eine prozessuale Norm handelt, durch die materiell-rechtliche Ansprüche lediglich in einem Verfahren durchgesetzt werden können, stellt die Norm keine Anspruchsgrundlage für einen materiell-rechtlichen Anspruch dar.

b) Spezialgesetz

Anspruchsgrundlage für den Vollzugsfolgenbeseitigungsanspruch kann eine spezialgesetzliche Norm sein. Als Anspruchsgrundlage für die Vollzugsfolgenbeseitigung eines Rückerstattungsbescheides kommt § 49a Abs. 1 S. 1, 2 VwVfG in Betracht. Eine Rechts- bzw. Ermächtigungsgrundlage ist gleichzeitig eine Anspruchsgrundlage, soweit sie ein subjektives Recht enthält. Schon die Subjektivierung der Norm zugunsten der S-Genossenschaft ist problematisch.

Die Folgenbeseitigung in Gestalt des Rückerstattungsbescheides könnte – vorausgesetzt die Voraussetzungen der Norm sind erfüllt – seitens der Behörde gegenüber der S-Genossenschaft als Dritter tatsächlich auf § 49a Abs. 1 S. 1, 2 VwVfG oder eine speziellere vergleichbare Norm gestützt werden.

Dieses Erfordernis einer Rechtsgrundlage betrifft jedoch nicht das für den Annexantrag maßgebliche Verhältnis der A-GmbH gegenüber dem Staat, sondern lediglich das Verhältnis des Staates gegenüber der S-Genossenschaft hinsichtlich der Frage, ob es seitens der Behörde möglich ist, an die S-Genossenschaft einen Rückerstattungsbescheid zu erlassen. Außerdem macht die A-GmbH keinen gesonderten Leistungsanspruch gegenüber der Behörde bzw. deren Rechtsträger geltend, sondern einen Abwehranspruch bezüglich der Folgen. Sowohl die prozessuale Verknüpfung mittels des Annexantrages i.S.d. § 80 Abs. 5 S. 3 VwGO i.V.m. § 80a Abs. 3 S. 2 VwGO als auch die materielle Verknüpfung des Subventionsbescheides mit einer etwaigen Vollzugsfolgenbeseitigungslast ist dogmatisch nur möglich, wenn der Antrag der A-GmbH auf Vollzugsfolgenbeseitigung als folgenbezogener Abwehranspruch eingestuft wird. Auch die Reichweite des Abwehranspruches ist in der Regel weitergehend als bei Leistungsansprüchen, weil – zumindest soweit es um grundrechtsbezogene Ansprüche oder um einfachgesetzliche Regelungen im Gefahrenabwehrrecht geht, die zumindest rückführbar sind – die Grundrechte in ihrer klassischen Funktion als Abwehrrechte zur Anwendung gelangen, während sie nur ausnahmsweise als originäre bzw. derivative Leistungsrechte anwendbar sind. Dem steht nicht entgegen, dass der Abwehranspruch auf Vollzugsfolgenbeseitigung

---

jedenfalls aufgrund der prozessualen Vorgaben in z.B. den §§ 113 Abs. 1 S. 1; 80 Abs. 5 S. 1 VwGO nicht empfehlenswert.

im Falle eines Nichtbestehens des § 80 Abs. 5 S. 3 VwGO i.V.m. § 80a Abs. 3 S. 2 VwGO mittels einer einstweiligen Anordnung i.S.d. § 123 VwGO geltend gemacht würde. Einerseits handelt es sich beim Vollzugsfolgenbeseitigungsanspruch um einen materiell-rechtlichen Anspruch, der lediglich prozessual durchgesetzt werden muss, während andererseits eine materiell-rechtliche Vollzugsfolgenbeseitigungslast lediglich bei Abwehransprüchen, nicht aber bei von der Grundverfügung unabhängigen Leistungsverfügungen geltend gemacht werden kann.

Nach alledem kann § 49a Abs. 1 S. 1, 2 VwVfG oder eine speziellere vergleichbare Norm nicht Anspruchsgrundlage für die Vollzugsfolgenbeseitigung im Verhältnis der A-GmbH zur Behörde bzw. deren Rechtsträger, sondern allenfalls im Rahmen der Duldungspflicht oder im Anspruchsinhalt maßgeblich sein.[20]

c) Nachwirkung Grundrechte

Da den beim allgemeinen Folgenbeseitigungsanspruch zu beseitigenden Folgen ein öffentlich-rechtliches Handeln – regelmäßig in Form eines Grundrechtseingriffes – in der Vergangenheit zugrunde liegt, kann sich der Folgenbeseitigungsanspruch aus einer Nachwirkung der Grundrechte ergeben. Dies könnte allerdings zu einer Konturenlosigkeit der ohnehin bereits weit formulierten Freiheitsrechte führen, zumal nicht jedes den Folgen zugrunde liegende öffentliche Handeln einen Grundrechtseingriff darstellen muss.

d) Rechtsstaatsprinzip

Der Folgenbeseitigungsanspruch kann sich aus dem unter anderem in Art. 20 Abs. 3 GG verankerten Rechtsstaatsprinzip ergeben. Während Art. 20 Abs. 3 GG beim schlichten Abwehr- und Unterlassungsanspruch nicht zur Anspruchsbegründung führen kann – sonst würde rechtsstaatswidrig ein Gesetzesvollziehungsanspruch gewährt werden – liegt bei der Folgenbeseitigung bereits ein öffentlich-rechtliches Handeln des Staates in der Vergangenheit zugrunde, welches ein subjektives Recht betrifft, sodass die Folgenbeseitigung aufgrund der im Hinblick auf das vergangene Handeln erfolgten Subjektivierung konstruktiv auf Art. 20 Abs. 3 GG gestützt werden könnte.

---

20 Vereinzelt ist die komplexe dogmatische Verknüpfung der Vollzugsfolgen mit der Ausgangsbelastung von Gerichten nicht exakt erschlossen und auf das Verhältnis zwischen dem öffentlichen Rechtsträger und dem Dritten (hier: Genossenschaft) abgestellt worden. Dies ist grundrechtsdogmatisch nicht begründbar.

e) Analog Zivilrecht

Eine analoge Anwendung des § 1004 Abs. 1 BGB erscheint mangels vergleichbarer Interessenlage – § 1004 Abs. 1 BGB ist grundsätzlich nicht auf vergangenes, sondern gegenwärtiges oder zukünftiges Handeln gerichtet – ebenso wenig maßgeblich wie eine analoge Anwendung des § 823 Abs. 1 BGB mit dem Inhalt der Naturalrestitution aus § 249 Abs. 1 BGB. Insoweit kann zwar die Beseitigung bezüglich in der Vergangenheit liegender Beeinträchtigungen verlangt werden, jedoch fehlt aufgrund des insoweit erforderlichen Verschuldens die Vergleichbarkeit.

f) Gewohnheitsrecht

Ob der allgemeine Folgenbeseitigungsanspruch ursprünglich aus einer Nachwirkung der Grundrechte oder aus Art. 20 Abs. 3 GG abgeleitet werden sollte, ist letztlich irrelevant, da der Anspruch nach jahrzehntelanger Praktizierung Gewohnheitsrecht ist. Im Sinne eines effektiven Rechtsschutzes gegen exekutives Handeln gemäß Art. 19 Abs. 4 GG ist es erforderlich, rechtswidrige Beeinträchtigungen, welche einem Träger hoheitlicher Macht zuzurechnen sind, zu beseitigen. Das ist nicht nur rechtspolitisch zu fordern, sondern ein Grundsatz geltenden Rechts und gilt vor allem, wenn sich rechtswidrige Beeinträchtigungen auf den Schutzbereich eines Grundrechts auswirken. Aus diesem grundgesetzlich gewährten Anspruch auf effektiven Rechtsschutz ergibt sich nicht nur ein Gebot zur Schaffung eines gerichtlichen Verfahrens, in dem eine Rechtsverletzung festgestellt wird, sondern auch der Anspruch auf Folgenbeseitigung als ein wirksames Sanktionsrecht gegen eingetretene Rechtsverletzungen. Zwar besteht aus dem sich unter anderem aus Art. 20 Abs. 3 GG ergebenden Rechtsstaatsprinzip die Pflicht eines öffentlichen Rechtsträgers, rechtmäßige Zustände herzustellen, jedoch muss i.S.d. Art. 19 Abs. 4 GG auch ein gerichtlich durchsetzbarer Anspruch gewährt werden.

Zwar ist die Ableitung des Folgenbeseitigungsanspruches dogmatisch problematisch (vgl. F. Schoch, Folgenbeseitigung und Wiedergutmachung im öffentlichen Recht, in: VerwArch 1988, 1ff., 32ff.; R. Steinberg/A. Lubberger, Aufopferung – Enteignung und Staatshaftung, 1991, S. 375ff.), jedoch überwiegen durch Richterrecht geprägte, gewohnheitsrechtliche Gesichtspunkte insoweit, als der Bundes- bzw. die Landesgesetzgeber ihre Regelungskompetenz nicht wahrgenommen haben (vgl. BVerfGE 61, 149, 203; BVerwG AZ: 4 C 24/91). Maßgebliche Anspruchsgrundlage ist der Vollzugsfolgenbeseitigungsanspruch aus Gewohnheitsrecht.

2. Voraussetzungen

Die Voraussetzungen des Folgenbeseitigungsanspruches müssen erfüllt sein.

a) Positive Voraussetzungen

Positiv ist ein Eingriff in der Vergangenheit erforderlich, dessen Folgen andauern.

aa) Eingriff in ein subjektives Recht in der Vergangenheit

Der Eingriff in ein subjektives Recht der A-GmbH besteht in dem Erlass des Subventionsbescheides an die S-Genossenschaft insoweit, als zwar kein Grundrechtseingriff erfolgt ist, jedoch in einer grundrechtlichen Vorstufe die Wettbewerbsfreiheit der A-GmbH tangiert worden ist.[21]

bb) Zurechenbare Folge dauert an

Ein Folgenbeseitigungsanspruch setzt des Weiteren voraus, dass eine dem Eingriff in der Vergangenheit zurechenbare Folge andauert, weil öffentliche Rechtsträger nicht für zufällige Folgen und aus rechtsstaatlichen Gründen grundsätzlich nicht für das Verhalten Dritter oder für allgemeine Lebensrisiken verantwortlich gemacht werden können. Zurechenbare Folge ist die finanziell gute Situation der S-Genossenschaft, weil diese durch die Eingabe des Geheimcodes in das elektronische Banksystem ohne weiteres Mitwirken der Behörde eine Bankgutschrift erhalten hat. Die positiven Voraussetzungen sind erfüllt.

b) Negative Voraussetzung

Negative Voraussetzung des Vollzugsfolgenbeseitigungsanspruches ist, dass keine Duldungspflicht bezüglich der Folgen bestehen darf. Eine Duldungspflicht kann sich insoweit aus dem Verwaltungsakt ergeben, welcher der Subvention an die S-Genossenschaft zugrunde liegt. Der Subventionsbescheid an die S-Genossenschaft war rechtmäßig und ist nicht aufgehoben worden mit der Folge, dass die A-GmbH die Folgen zu dulden hat. Die negativen Voraussetzungen sind nicht erfüllt.

---

21 Der Eingriff muss bezüglich des Vollzugsfolgenbeseitigungsanspruches nicht zwingend in ein Grundrecht erfolgen. Es genügt das bereits in der Antragsbefugnis benannte subjektive Recht.

c) Zwischenergebnis

Es besteht kein Vollzugsfolgenbeseitigungsanspruch der A-GmbH.[22]

C. Ergebnis

Die Anträge der A-GmbH werden abgewiesen.

---

22 Beachte: Ein Vollzugsfolgenbeseitigungsanspruch könnte verjähren i.S.d. 195 BGB i.V.m. Art. 20 Abs. 3 GG. Allerdings bleibt der durch den Hoheitsträger geschaffene Zustand rechtswidrig, sodass für diesen eine Duldungspflicht hinsichtlich der Beseitigung durch den Anspruchsinhaber besteht. Der Anspruch auf Duldung selbst unterliegt nicht der Verjährung (BVerwG, Beschluss vom 12.7.2013 – 9 B 12.13).

Allg. Verwaltungsrecht – Fall 13:
„Tabledance im Erdgeschoss"

B lebt im 1. Obergeschoss eines zentral gelegenen Mehrfamilienhauses im Bundesland L. In der groß angelegten Mehrfamilienhausanlage sind im Erdgeschoss diverse Ladenflächen an Anwälte, Architekten und Obsthändler vermietet, die in den Räumen alle ihren Berufen nachgehen. Im Erdgeschoss, direkt unter der Wohnung des B, befinden sich Geschäftsräume, die seit einiger Zeit leer stehen. B ist damit sehr zufrieden, da das Haus sehr hellhörig ist und er sich bereits durch den Geschäftsbetrieb des Architekturbüros, das zuvor in den Räumen betrieben wurde, gestört fühlte.

Am 13.10. entdeckt B jedoch an den Fenstern der Geschäftsräume die Ankündigung, dass dort – eine Gewerbeerlaubnis ist mittlerweile erteilt worden – ein Tabledance-Club eröffnet werden soll. Bei genauerem Hinsehen stellt B fest, dass Inhaber des zukünftigen Clubs Z sei und dieser die Räumlichkeiten zeitnah beziehen soll. B hat Z noch aus seiner Schulzeit als gehörigen Schwerenöter in Erinnerung.

B nimmt sich fest vor, gegen den Betrieb des Clubs vorzugehen. Allerdings möchte er sich nicht schon vor Antritt seiner lange geplanten Weltreise die Stimmung verderben und begibt sich zunächst auf die Reise. Erst nach seiner Rückkehr am 14.10. des Folgejahres legt er bei dem zuständigen Landratsamt als Sonderordnungsbehörde schriftlich Widerspruch gegen die Gewerbeerlaubnis bezüglich des Tabledance-Clubs ein. Das Landratsamt als zuständige Widerspruchsbehörde war nicht Ausgangsbehörde. Die zuständige Ausgangsbehörde hatte die Erlaubnis zum Betreiben des Tabledance-Clubs an Z erteilt. Zur Begründung argumentiert er, dass ihm Z als unzuverlässig bekannt sei und er dessen Geschäftsführung als Gefahr für die Nachbarschaft ansehe. Außerdem sei der Betrieb des Clubs schon deshalb zu untersagen oder zu beschränken, weil unzumutbare Lärmbelästigungen zu befürchten seien, falls Z wie nunmehr geplant im Dezember des Jahres, in dem B von seiner Reise zurückgekehrt ist, den Club eröffnen würde. Zu Verzögerungen bei der Eröffnung des Tabledance-Clubs kam es, weil Z zunächst noch in einem langwierigen Prozess die Finanzierung sichern musste. Um die an Z erteilte Erlaubnis nicht gemäß § 49 Abs. 2 GewO erlöschen zu lassen, hatte die Behörde die Frist zur Inbetriebnahme gemäß § 49 Abs. 3 GewO ordnungsgemäß verlängert.

Die Behörde – der Landrat als Landratsamtsleiter – hält die Ausführungen des B für beachtlich. Kann sie im Widerspruchsverfahren einen Bescheid erlassen, mittels dessen sie die Betriebsgenehmigung des Z aufhebt?

Abwandlung

B hat vor dem Antritt seiner Reise am 15.10. des Ausgangsjahres Widerspruch gegen die Gewerbeerlaubnis eingelegt bzw. erhoben. Aus dem von ihm beigebrachten Gutachten ergibt sich jedoch, dass die Lärmbelästigung in seiner Wohnung weit unterhalb des maximal erlaubten Geräuschpegels erfolgt. Das ist darauf zurückzuführen, dass Z ein neuartiges Tabledance-Konzept namens „Lautloser Tanzakt" verfolgt und sich so gesteigerte Umsätze erhofft. Bekannt ist ihm, dass auch die neue Form des Tabledance nicht als Kunst einzustufen ist.

Allerdings haben Nachforschungen ergeben, dass Z nunmehr wegen Vermögensdelikten und Zuhälterei mehrfach vorbestraft und außerdem drogenabhängig ist. Kann die Behörde zugunsten des B einen Abhilfebescheid erlassen, mittels dessen sie die Betriebsgenehmigung des Z aufhebt?

Bearbeitungsvermerk

Soweit es auf das Verwaltungsverfahrensgesetz des Landes ankommt, ist das Verwaltungsverfahrensgesetz des Bundes anzuwenden. Sollten die prozessualen Voraussetzungen bezüglich der Abwandlung nicht erfüllt sein, ist insoweit ein Hilfsgutachten zu fertigen.

Für die Ausgangskonstellation
§ 10 des Ausführungsgesetzes des Bundeslandes L zur VwGO
(1) Vor Erhebung einer Anfechtungsklage bedarf es einer Nachprüfung in einem Vorverfahren abweichend von § 68 Absatz 1 Satz 1 der Verwaltungsgerichtsordnung nicht. Vor Erhebung einer Verpflichtungsklage bedarf es einer Nachprüfung in einem Vorverfahren abweichend von § 68 Absatz 2 der Verwaltungsgerichtsordnung nicht.
[...]
(3) Absatz 1 Satz 1 ist nicht anwendbar auf im Verwaltungsverfahren nicht beteiligte Dritte, die sich gegen den Erlass eines einen anderen begünstigenden Verwaltungsaktes wenden. Dies gilt nicht,
1. wenn der Verwaltungsakt von einer Bezirksregierung erlassen worden ist, es sei denn, er ist auf dem Gebiet der Krankenhausplanung und -finanzierung ergangen,
2. bei Entscheidungen nach dem Arbeitsschutzgesetz und den dazu ergangenen Rechtsverordnungen,
3. bei Entscheidungen nach der Gewerbeordnung und den dazu ergangenen Rechtsverordnungen, soweit nicht Genehmigungen i.S.d. § 33a GewO betroffen sind,

4. bei Entscheidungen nach dem Geräte- und Produktsicherheitsgesetz und den dazu ergangenen Rechtsverordnungen,
5. bei Entscheidungen nach dem Arbeitszeitgesetz und den dazu ergangenen Rechtsverordnungen, [...]

Für die Abwandlung
§ 10 des Ausführungsgesetzes des Bundeslandes L zur VwGO
(1) Vor Erhebung einer Anfechtungsklage bedarf es einer Nachprüfung in einem Vorverfahren abweichend von § 68 Absatz 1 Satz 1 der Verwaltungsgerichtsordnung nicht. Vor Erhebung einer Verpflichtungsklage bedarf es einer Nachprüfung in einem Vorverfahren abweichend von § 68 Absatz 2 der Verwaltungsgerichtsordnung nicht.
[...]
(3) Absatz 1 Satz 1 ist nicht anwendbar auf im Verwaltungsverfahren nicht beteiligte Dritte, die sich gegen den Erlass eines einen anderen begünstigenden Verwaltungsaktes wenden. Dies gilt nicht,
1. wenn der Verwaltungsakt von einer Bezirksregierung erlassen worden ist, es sei denn, er ist auf dem Gebiet der Krankenhausplanung und -finanzierung ergangen,
2. bei Entscheidungen nach dem Arbeitsschutzgesetz und den dazu ergangenen Rechtsverordnungen,
3. bei Entscheidungen nach der Gewerbeordnung und den dazu ergangenen Rechtsverordnungen,
4. bei Entscheidungen nach dem Geräte- und Produktsicherheitsgesetz und den dazu ergangenen Rechtsverordnungen,
5. bei Entscheidungen nach dem Arbeitszeitgesetz und den dazu ergangenen Rechtsverordnungen, [...]

Schwerpunkte
Widerspruchsverfahren
Begrenzung des Prüfungsmaßstabes auf subjektive Rechte

Vertiefung
zum Ganzen: vgl. BVerwG 1 C 38/79; vgl. Rüssel NVwZ 2006, 523

Gliederung

1. Komplex: Ausgangskonstellation

A. Sachentscheidungsvoraussetzungen (–)
    I. Statthaftigkeit des Widerspruchsverfahrens (+)
        1. Anwendbarkeit der Verwaltungsgerichtsordnung (+)
        2. Erforderlichkeit des Widerspruches (+)
    II. Zuständigkeit (+)
    III. Beteiligte (+)
        1. Beteiligungsfähigkeit (+)
        2. Handlungsfähigkeit (+)
    IV. Verfahrensart
    V. Widerspruchsbefugnis (+)
        1. § 33a Abs. 2 Nr. 1 GewO (–)
        2. § 33a Abs. 2 Nr. 3 GewO (+)
    VI. Form und Frist (–)
        1. Form
        2. Frist (–)
            a) Monatsfrist i.S.d. § 70 Abs. 1 S. 1 VwGO i.V.m. § 79 VwVfG (–)
            b) Jahresfrist i.S.d. § 58 Abs. 2 VwGO i.V.m. §§ 70 Abs. 2 VwGO, 79 VwVfG (–)
            aa) Verwirkung (–)
            bb) Fristbeginn
            cc) Fristdauer
            c) Heilung durch sachliche Einlassung der Behörde (–)
            aa) Grundsatz der sachlichen Einlassung (+)
            bb) Dreipolige Beziehung (–)
B. Ergebnis

2. Komplex: Abwandlung

A. Sachentscheidungsvoraussetzungen (+)
    I. Statthaftigkeit des Widerspruchsverfahrens (+)
        1. Anwendbarkeit der Verwaltungsgerichtsordnung (+)
        2. Erforderlichkeit des Widerspruches (+)
        3. Entbehrlichkeit des Widerspruchsverfahrens (+)
    II. Zuständigkeit (+)
    III. Beteiligte (+)
        1. Beteiligungsfähigkeit (+)
        2. Handlungsfähigkeit (+)
    IV. Verfahrensart

V. Widerspruchsbefugnis (+)
1. § 33a Abs. 2 Nr. 1 GewO (−)
2. § 33a Abs. 2 Nr. 3 GewO (+)
VI. Form und Frist (+)
1. Form (+)
2. Frist (+)
 a) Monatsfrist i.S.d. § 70 Abs. 1 S. 1 VwGO i.V.m. § 79 VwVfG (+/−)
 b) Jahresfrist i.S.d. § 58 Abs. 2 VwGO i.V.m. §§ 70 Abs. 2 VwGO, 79 VwVfG (+)
VII. Zwischenergebnis
B. Begründetheit (−)
I. Rechtsgrundlage (+)
II. Voraussetzungen (+/−)
1. Formell (+)
a) Zuständigkeit (+)
b) Verfahren (+)
c) Form (+)
2. Materiell (+/−)
 a) Genehmigungsbedürftigkeit (+)
 b) Genehmigungsfähigkeit (−)
 aa) § 33a Abs. 2 Nr. 3 GewO (−)
 bb) § 33a Abs. 1 S. 3 GewO (−)
 cc) § 33a Abs. 2 Nr. 1 GewO (+/−)
 (1) Unzuverlässigkeit des Z (+)
 (2) Subjektives Recht des B (−)
 (3) Aufhebung ohne subjektives Recht (−)
 dd) Ungeschriebene Versagungsgründe (−)
III. Rechtsfolge
C. Ergebnis

Lösungsvorschlag

Die folgende Lösung ist als Lösungsvorschlag zu verstehen und ausführlicher, als es in der Klausurbearbeitung verlangt werden kann. Aufgrund der wissenschaftlichen Freiheit können andere Lösungswege vertreten werden, soweit sie dogmatisch begründbar sind. Die Nachweise aus Rechtsprechung und Literatur sowie die das Verständnis fördernden Randbemerkungen sind in der Examensklausur auszusparen. Die Abkürzung „Alt." steht für Alternativfall, nicht für Alternative.

1. Komplex: Ausgangskonstellation

Der Widerspruch des B wird jedenfalls erfolgreich sein, soweit die Sachentscheidungsvoraussetzungen erfüllt sind, der Widerspruch somit auch zulässig[1]
ist und der Widerspruch begründet ist.

A. Sachentscheidungsvoraussetzungen

Die Sachentscheidungsvoraussetzungen können erfüllt sein.

I. Statthaftigkeit des Widerspruchsverfahrens

Der Widerspruch muss statthaft sein. Dazu bedarf es der Anwendbarkeit der
Verwaltungsgerichtsordnung bezüglich der für den Widerspruch geltenden Vorschriften der Verwaltungsgerichtsordnung sowie der Erforderlichkeit eines Widerspruches.

1. Anwendbarkeit der Verwaltungsgerichtsordnung

Die für das öffentlich-rechtliche Widerspruchsverfahren teilweise maßgebliche
Verwaltungsgerichtsordnung muss anwendbar sein. Die Verwaltungsgerichtsordnung kann mangels aufdrängender Sonderzuweisung zum Verwaltungsverfahrensweg analog § 40 Abs. 1 S. 1 VwGO eröffnet sein. Im Übrigen kann mittels
eines Verweisungsbeschlusses analog § 17a Abs. 2 GVG i.V.m. § 173 VwGO gegebenenfalls verwiesen werden (vgl. Kopp/Schenke, § 70, Rn 16 m.w.N.).[2]

Fraglich ist zunächst, ob für die analoge Anwendung des § 40 Abs. 1 S. 1
VwGO eine planwidrige Regelungslücke bei vergleichbarer Interessenlage besteht. Die Verwaltungsgerichtsordnung könnte auch gemäß § 79 VwVfG anwendbar sein. In § 79 VwVfG ist jedoch nicht geregelt, dass die Verwaltungsgerichtsordnung entsprechend gilt, sondern lediglich, dass sie gilt. Daher ist sie
gemäß § 79 VwVfG insoweit direkt anwendbar, als dort in den §§ 68 ff. VwGO
Regelungen über das Widerspruchsverfahren enthalten sind. Soweit es sich um
verwaltungsprozessuale Normen im Übrigen handelt, ist die Verwaltungsge-

---

1 In dem Terminus „Sachentscheidungsvoraussetzungen", der weiter formuliert ist als der
Terminus „Zulässigkeit", sind auch die Zulässigkeitsvoraussetzungen enthalten.
2 Ein Verweisungsbeschluss wird bezüglich des Widerspruchsverfahrens selten vorkommen.
Denkbar wäre es, wenn ein fiskalisches Hausverbot ausgesprochen würde, der Adressat jedoch
Widerspruch bei einer anderen Behörde, bei welcher es einen Widerspruchsausschuss gibt,
einlegt. Die „falsche" Behörde würde im Widerspruchsausschuss einen Beschluss fassen, an
die zuständige Behörde verweisen, die dann aber privatrechtlich reagieren würde. In der Regel
wird kein Verweisungsbeschluss gefasst werden, sondern eine bloße Weiterleitung erfolgen.

richtsordnung aufgrund der Formulierung des § 79 VwVfG und der jeweils bestehenden planwidrigen Regelungslücke bei vergleichbarer Interessenlage lediglich analog anwendbar. § 40 Abs. 1 S. 1 VwGO ist nicht gemäß § 79 VwVfG direkt anwendbar, weil die Norm für den gerichtlichen Rechtsweg gilt. Da auch im Widerspruchsverfahren eine Abgrenzung zum öffentlichen Recht erfolgen muss, besteht eine planwidrige Regelungslücke bei vergleichbarer Interessenlage, sodass die Voraussetzungen einer Analogie für die Eröffnung der verwaltungsrechtlichen Streitigkeit erfüllt sind.

Die Verwaltungsgerichtsordnung ist analog § 40 Abs. 1 S. 1 VwGO anwendbar, wenn die streitentscheidende öffentlich-rechtliche Norm einen Hoheitsträger einseitig berechtigt oder verpflichtet bzw. wenn aufgrund typisch hoheitlichen Handelns zwischen den Beteiligten ein Subordinationsverhältnis besteht. Streitentscheidende öffentlich-rechtliche Norm ist § 33a Abs. 1 S. 1 GewO, da insoweit die Genehmigungsbedürftigkeit für die Zurschaustellung von Personen vorgesehen ist. Da keine Verfassungsorgane über Verfassungsrecht streiten, ist die öffentlich-rechtliche Streitigkeit nicht verfassungsrechtlicher Art. Abdrängende Sonderzuweisungen sind nicht ersichtlich. Die Verwaltungsgerichtsordnung ist anwendbar.

2. Erforderlichkeit des Widerspruches[3]

Ein Widerspruch als maßnahmespezifischer Rechtsschutz muss erforderlich sein. Ein Widerspruch ist jedenfalls nur erforderlich, soweit Verfahrensziel i.S.d. § 68 Abs. 1 S. 1 VwGO i.V.m. § 79 VwVfG die Aufhebung eines Verwaltungsaktes i.S.d. § 35 VwVfG ist bzw. soweit i.S.d. § 68 Abs. 2 VwGO i.V.m. § 79 VwVfG der Erlass eines Verwaltungsaktes i.S.d. § 35 VwVfG erreicht werden soll. Ein Verwaltungsakt i.S.d. § 35 S. 1 VwVfG ist jede Verfügung, Entscheidung oder andere hoheitliche Maßnahme, die eine Behörde zur Regelung eines Einzelfalls auf dem Gebiet des öffentlichen Rechts trifft und die auf unmittelbare Rechtswirkung nach außen gerichtet ist.

Die Gewerbeerlaubnis zugunsten des Z i.S.d. § 33a Abs. 1 S. 1 GewO ist eine Regelung mit Außenwirkung bezüglich deren Beseitigung allerdings sofort die Klage als Rechtsmittel, nicht aber ein Widerspruch als Rechtsbehelf statthaft sein könnte. Ein Widerspruchsverfahren könnte entbehrlich sein. Sollte ein Wi-

---

3 Es ist vertretbar, die Erforderlichkeit eines Widerspruches im allgemeinen Rechtsschutzbedürfnis zu prüfen. Allerdings ist sie bezüglich des Widerspruchsverfahrens von zentraler Bedeutung, sodass dieser Aspekt – so ist es üblich – bei der Statthaftigkeit des Widerspruches erörtert werden sollte, wenngleich insoweit gegebenenfalls inzident das Begehren des Antragstellers vorgezogen zu erörtern ist.

derspruch entbehrlich sein, ist fraglich, ob er bei Einlegung bzw. Erhebung dennoch statthaft ist. Die Statthaftigkeit eines entbehrlichen Widerspruches ist jedenfalls irrelevant, soweit die Durchführung eines Widerspruchsverfahrens erforderlich ist.

Ein Widerspruchsverfahren ist gemäß § 68 Abs. 1 S. 2 Alt. 1 VwGO i.V.m. § 79 VwVfG entbehrlich, soweit dies gesetzlich bestimmt ist, bzw. gemäß § 68 Abs. 1 S. 2 Alt. 2 Nr. 1 VwGO i.V.m. § 79 VwVfG, wenn ein Verwaltungsakt von einer obersten Bundes- oder Landesbehörde erlassen worden ist, bzw. gemäß § 68 Abs. 1 S. 2 Alt. 2 Nr. 2 VwGO i.V.m. § 79 VwVfG, wenn in einem Abhilfe- oder in einem Widerspruchsbescheid erstmals eine Beschwer enthalten ist.

Gemäß § 68 Abs. 1 S. 2 Alt. 1 VwGO i.V.m. §§ 10 Abs. 1 AG VwGO, 79 VwVfG ist die Durchführung eines Widerspruchsverfahrens grundsätzlich entbehrlich. Das gilt gemäß § 68 Abs. 1 S. 2 Alt. 1 VwGO i.V.m. §§ 10 Abs. 3 S. 1 AG VwGO, 79 VwVfG nicht für nicht am Verwaltungsverfahren beteiligte Dritte, die sich gegen den Erlass eines einen anderen begünstigenden Verwaltungsaktes wenden. Somit wäre die Durchführung eines Widerspruchsverfahrens durch B erforderlich, weil die Entbehrlichkeit i.S.d. § 68 Abs. 1 S. 2 Alt. 1 VwGO i.V.m. §§ 10 Abs. 1 S. 1 AG VwGO, 79 VwVfG ausgeschlossen ist.

Eine Rückausnahme zu § 68 Abs. 1 S. 2 Alt. 1 VwGO i.V.m. §§ 10 Abs. 3 S. 1 AG VwGO, 79 VwVfG ist jedoch in § 68 Abs. 1 S. 2 Alt. 1 VwGO i.V.m. §§ 10 Abs. 3 S. 2 Nr. 3 AG VwGO, 79 VwVfG für Genehmigungen im Sinne der Gewerbeordnung enthalten – ausgenommen von der Rückausnahme jedoch eine Gewerbeerlaubnis i.S.d. § 33a Abs. 1 S. 1 GewO. Somit ist § 68 Abs. 1 S. 2 Alt. 1 VwGO i.V.m. §§ 10 Abs. 1 AG VwGO, 79 VwVfG letztlich nicht anwendbar, weshalb ein Widerspruchsverfahren erforderlich ist.[4]

II. Zuständigkeit

Eine verfahrensrechtliche Unzuständigkeit aus Spezialregelungen bzw. i.S.d. § 73 VwGO i.V.m. § 79 VwVfG sachlich oder i.S.d. § 3 VwVfG örtlich ist nicht ersichtlich, wobei gegebenenfalls bei sachlicher bzw. örtlicher Unzuständigkeit ein Verweisungsbeschluss analog § 17a Abs. 2 S. 1 GVG i.V.m. § 83 VwGO als Weiterleitungsbeschluss gefasst werden kann, soweit ein Widerspruchsausschuss besteht.

---

4 Merke: Ob ein eingelegter bzw. erhobener Widerspruch trotz seiner Entbehrlichkeit statthaft ist, ist strittig. Diese Problematik ist mangels Entbehrlichkeit des Widerspruches des B jedoch nicht vertieft zu erörtern.

III. Beteiligte

Als verwaltungsverfahrensrechtliche, mit § 63 VwGO vergleichbare Regelung ist für die Beteiligten § 13 VwVfG maßgeblich.[5]

1. Beteiligungsfähigkeit

Beteiligungsfähig ist auf Antragstellerseite gemäß § 13 Abs. 1 Nr. 1 Alt. 1 VwVfG i.V.m. § 11 Nr. 1 Alt. 1 VwVfG B als natürliche Person. Beteiligungsfähig auf Antragsgegnerseite ist gemäß § 13 Abs. 1 Nr. 1 Alt. 2 VwVfG i.V.m. § 11 Nr. 3 VwVfG der Landrat als Behörde. Z wäre als derjenige, dessen Erlaubnis gegebenenfalls im Widerspruchsverfahren beseitigt wird, grundsätzlich nicht gemäß § 13 Abs. 1 Nr. 4 VwVfG i.V.m. den §§ 13 Abs. 2 S. 2 VwVfG, 11 Nr. 1 VwVfG als Beteiligter hinzuzuziehen, da er keinen Antrag gestellt hat. Eine einfache Beiladung i.S.d. § 13 Abs. 2 S. 1 VwVfG ist nicht erfolgt, wäre aber möglich.

Eine Beteiligung des Z kann sich aber bereits aus § 13 Abs. 1 Nr. 2 VwVfG ergeben, weil der Verwaltungsakt an Z gerichtet war. Zwar könnte § 13 Abs. 2 S. 2 VwVfG insoweit als speziellere Norm eingestuft werden, deren Anwendungsbereich sonst erheblich reduziert werden würde. Würde jedoch § 13 Abs. 1 Nr. 2 VwVfG auf Konstellationen reduziert werden, in denen es um den Adressaten im zu prüfenden Verfahren ginge, wäre die Regelung überflüssig, weil insoweit bereits die Regelung für den Antragsteller gemäß § 13 Abs. 1 Nr. 1 VwVfG hinreichend wäre. Z ist gemäß § 13 Abs. 1 Nr. 2 VwGO beteiligt.

2. Handlungsfähigkeit

Handlungsfähig ist auf Antragstellerseite gemäß § 13 Abs. 1 Nr. 1 Alt. 1 VwVfG i.V.m. § 12 Abs. 1 Nr. 1 VwVfG B als natürliche und i.S.d. §§ 104 ff. BGB geschäftsfähige Person. Handlungsfähig auf Antragsgegnerseite ist gemäß § 13 Abs. 1 Nr. 1 Alt. 2 VwVfG i.V.m. § 12 Abs. 1 Nr. 4 VwVfG das Landratsamt, vertreten durch den Landrat als geschäftsfähigen Behördenleiter i.S.d. § 12 Abs. 1 Nr. 1 VwVfG.

---

5 Zum Teil wird vertreten, dass es im Widerspruchsverfahren keinen Gegner gebe und es sich um ein nicht kontradiktorisches Verfahren handele. Allerdings ist schon § 13 Abs. 1 Nr. 1 VwVfG zu entnehmen, dass es eine Gegnerin – eine Behörde, abhängig davon, ob Ausgangs- und Widerspruchsbehörde identisch sind – gibt. Damit kann nicht ein Dritter gemeint sein, weil sonst dessen Nennung in § 13 Abs. 1 Nr. 4 VwVfG sinnlos wäre. In der Praxis wird die Behörde als Gegnerin allerdings nicht in das Rubrum eines Bescheides aufgenommen.

IV. Verfahrensart

Maßgeblich ist für die Art des Widerspruchsverfahrens analog § 88 VwGO das Begehren des Widerspruchsführers. Es handelt sich aus der Sicht des B um einen Anfechtungswiderspruch gemäß § 68 Abs. 1 S. 1 VwGO i.V.m. § 79 VwVfG gegen die gegenüber Z erteilte Erlaubnis, nicht aber um einen Verpflichtungswiderspruch i.S.d. § 68 Abs. 2 VwGO i.V.m. § 79 VwVfG.

V. Widerspruchsbefugnis

B muss widerspruchsbefugt sein. Für die Widerspruchsbefugnis analog § 42 Abs. 2 VwGO – die Norm ist nicht gemäß § 79 VwVfG direkt anwendbar, jedoch sind Popularwidersprüche zu vermeiden – ist es Voraussetzung, dass die Möglichkeit der Verletzung eines subjektiven Rechts besteht. Subjektive Rechte ergeben sich aus Sonderrechtsbeziehungen wie z.B. Leistungsbescheiden oder öffentlich-rechtlichen Verträgen, einfachen Gesetzen, subsidiär aus Grundrechten, wobei jedenfalls aufgrund des weiten Schutzbereiches des Art. 2 Abs. 1 GG bei unmittelbaren Grundrechtseingriffen für das subjektive Recht direkt auf Grundrechte abgestellt werden kann.[6] Ob ein Kläger tatsächlich in einem subjektiven Recht verletzt ist, ist für die Widerspruchsbefugnis irrelevant, da die Möglichkeit der Verletzung eines subjektiven Rechts genügt.

Für B als Widerspruchsführer kann nicht direkt auf die Grundrechte abgestellt werden, weil kein unmittelbarer Grundrechtseingriff ersichtlich ist. Zwar ist Gegenstand des Widerspruches ein Verwaltungsakt, durch den sich B in seinen Rechten beeinträchtigt fühlt – die Gewerbeerlaubnis zum Betrieb des Tabledance-Clubs –, jedoch ist dieser Verwaltungsakt nicht an ihn gerichtet, sondern an Z. B kann durch den Verwaltungsakt also nur mittelbar beeinträchtigt sein, sodass für seine subjektiven Rechte primär Sonderrechtsbeziehungen, einfache Gesetze und nur subsidiär Grundrechte maßgeblich sind.

1. § 33a Abs. 2 Nr. 1 GewO

Eine Sonderrechtsbeziehung ist nicht ersichtlich, sodass sich das subjektive Recht des B als Drittem aus § 33a Abs. 2 Nr. 1 GewO als einfachgesetzlicher Norm ergeben kann. Gemäß § 33a Abs. 2 Nr. 1 GewO ist eine Gewerbeerlaubnis zu versagen, wenn durch Tatsachen die Annahme gerechtfertigt werden kann, dass

---

6 Merke: Bei unmittelbaren Grundrechtseingriffen wird in der Regel das Grundrecht als subjektives Recht benannt, obwohl die Verletzung eines spezielleren subjektiven Rechts aus Sonderrechtsbeziehungen oder einfachen Gesetzen möglich ist. Das ist auf den nach h.M. weit auszulegenden Schutzbereich des Art. 2 Abs. 1 GG zurückzuführen.

der Antragsteller die für den Gewerbebetrieb erforderlichen Zuverlässigkeitskriterien nicht erfüllt. Die Norm scheint allerdings im Rahmen der ihr zugewiesenen ordnungsrechtlichen Funktion objektiviert und ohne Drittschutz bezüglich des Tatbestandsmerkmals der Zuverlässigkeit formuliert zu sein (zum Ganzen vgl. BVerwG – 1 C 38/79).

Eine einfachgesetzliche Norm, die im vorerwähnten Sinne zugunsten des Widerspruchsführers wirkt, kann durch den angefochtenen Verwaltungsakt bei dessen unterstellter Rechtswidrigkeit nicht verletzt worden sein. § 33a Abs. 2 Nr. 1 GewO, auf den die Gewerbeerlaubnis des Z gestützt worden ist, ist ausschließlich auf das Rechtsverhältnis zwischen der Behörde und dem Antragsteller Z bezogen.

Durch die Vorschrift wird dem Widerspruchsführer keine Rechtsposition eingeräumt, die verletzt ist, wenn entgegen der ursprünglichen Annahme der Behörde die in dieser Vorschrift festgelegten Voraussetzungen für die Versagung der beantragten Gewerbeerlaubnis zum Betrieb eines Tabledance-Clubs erfüllt waren.

Durch § 33a Abs. 2 Nr. 1 GewO in seinem für B maßgeblichen Regelungsumfang soll ausschließlich das öffentliche Interesse, den Betrieb von Tanzlustbarkeiten durch unzuverlässige Personen zu verhindern, geschützt werden. Ein darüber hinausgehender Schutzzweck ist weder dem Wortlaut noch dem Sinngehalt der Vorschrift zu entnehmen.

2. § 33a Abs. 2 Nr. 3 GewO

Ein subjektives Recht des B als Drittem kann sich aus § 33a Abs. 2 Nr. 3 GewO ergeben. Gemäß § 33a Abs. 2 Nr. 3 GewO ist eine Gewerbeerlaubnis zu versagen, wenn der Gewerbetreibende im Hinblick auf seine örtliche Lage oder auf die Verwendung der Räume dem öffentlichen Interesse widerspricht, insbesondere schädliche Umwelteinwirkungen i.S.d. Bundesimmissionsschutzgesetzes oder sonst erhebliche Nachteile, Gefahren oder Belästigungen für die Allgemeinheit befürchten lässt.

Aus den Tatbestandsmerkmalen „öffentliches Interesse" und „Allgemeinheit" ergibt sich kein subjektives Recht für den B als Dritten, da in der Bundesrepublik Deutschland entsprechend dem sich unter anderem aus Art. 20 Abs. 3 GG ergebenden Rechtsstaatsprinzip kein allgemeiner Gesetzesvollziehungsanspruch gewährt werden soll.

Das subjektive Recht des Dritten kann sich aus § 33a Abs. 2 Nr. 3 GewO im Hinblick auf die schädlichen Umwelteinwirkungen in Verbindung mit dem Verweis aus dem Nachbarbegriff i.S.d. § 3 Abs. 1 BImSchG ergeben. Fraglich ist insoweit, ob auf § 3 Abs. 1 BImSchG in § 33a Abs. 2 Nr. 3 GewO vollständig Bezug genommen wird, oder lediglich unter Ausklammerung des Nachbarbegriffes, weil die Formulierung „oder sonst erhebliche Nachteile, Gefahren oder Belästigungen für die Allgemeinheit" enthalten ist. Daraus könnte sich ergeben, dass die schädlichen Umwelteinwirkungen mit dem Verweis in § 33a Abs. 2 Nr. 3 GewO bereichsspezifisch lediglich objektiv geregelt sind, ohne dass also der Nachbar geschützt ist. Insoweit ist § 33a Abs. 2 Nr. 3 GewO einerseits systematisch in Konnexität zu § 33a Abs. 1 S. 3 GewO, andererseits verfassungskonform auszulegen.

Sollte ein mittelbarer Grundrechtseingriff in Form der Intensität oder der Intention erfolgt sein, wäre es möglich, § 33a Abs. 2 Nr. 3 GewO verfassungskonform auszulegen bevor direkt auf die Grundrechte abgestellt würde. Eine verfassungskonforme Auslegung wäre einerseits ein materielles Problem und ist andererseits insoweit irrelevant, als Dritte mittels der in § 33a Abs. 1 S. 3 GewO enthaltenen Regelung geschützt werden.

Gemäß § 33a Abs. 1 S. 3 GewO kann die Gewerbeerlaubnis mit einer Befristung erteilt und mit anderen Auflagen verbunden werden, soweit dies zum Schutz der Allgemeinheit, der Gäste oder der Bewohner des Betriebsgrundstückes oder der Nachbargrundstücke vor Gefahren, erheblichen Nachteilen oder erheblichen Belästigungen erforderlich ist, wobei unter denselben Voraussetzungen auch die nachträgliche Aufnahme, Änderung und Ergänzung von Auflagen zulässig ist.

Durch § 33a Abs. 1 S. 3 GewO wird Dritten zwar kein vollständiges subjektives Recht auf Beseitigung der Gewerbeerlaubnis bezüglich der Zurschaustellung von Personen gewährt, jedoch zumindest ein partielles subjektives Recht.

Ergänzend besteht zumindest die Möglichkeit, dass B mittelbar in Form der Intensität in seinem sich aus Art. 2 Abs. 1 GG i.V.m. Art. 1 Abs. 1 GG ergebenden allgemeinen Persönlichkeitsrecht verletzt ist. Somit ist § 33a Abs. 2 Nr. 3 GewO verfassungskonform und systematisch versubjektiviert auch für den Nachbarn auszulegen. B ist widerspruchsbefugt.

VI. Form und Frist
Form und Frist des Widerspruches müssen eingehalten worden sein.

1. Form
Der Widerspruch ist gemäß § 70 Abs. 1 S. 1 VwGO i.V.m. § 79 VwVfG innerhalb eines Monats, nachdem der Verwaltungsakt dem Beschwerten bekannt gegeben worden ist, schriftlich oder zur Niederschrift bei der Behörde einzulegen bzw. zu erheben,[7] die den Verwaltungsakt erlassen hat, wobei die Einlegung bzw.

---

7 Sowohl der Terminus „Einlegung" (§ 75 S. 2 VwGO) als auch der Terminus „Erhebung" (§ 69 VwGO) sind vom Gesetzgeber verwendet worden, sodass insoweit ein Wahlrecht besteht.

Erhebung des Widerspruches gemäß § 70 Abs. 1 S. 2 VwGO i.V.m. § 79 VwVfG auch bei der Behörde erfolgen darf, durch die der Widerspruchsbescheid erlassen wird. B hat den Widerspruch schriftlich bei der zuständigen Behörde eingelegt.

2. Frist
Fraglich ist, ob B die Widerspruchsfrist eingehalten hat.

a) Monatsfrist i.S.d. § 70 Abs. 1 S. 1 VwGO i.V.m. § 79 VwVfG
Die Widerspruchsfrist von einem Monat beginnt gemäß § 70 Abs. 1 S. 1 VwGO i.V.m. § 79 VwVfG mit der Bekanntgabe des Verwaltungsaktes. Die Bekanntgabe richtet sich nach den §§ 43, 41 VwVfG. Grundsätzlich kommt es gemäß § 41 Abs. 1 S. 1 VwVfG auf die tatsächliche Bekanntgabe gegenüber dem Betroffenen an. Der Bescheid ist B als betroffenem Dritten nicht zugestellt worden, sodass die Monatsfrist nicht beginnen konnte. Anderenfalls wäre die Monatsfrist verstrichen.

b) Jahresfrist i.S.d. § 58 Abs. 2 VwGO i.V.m. §§ 70 Abs. 2 VwGO, 79 VwVfG
Ist eine Rechtsbehelfsbelehrung unterblieben oder unrichtig erteilt, ist die Einlegung des Rechtsbehelfs gemäß § 58 Abs. 2 VwGO i.V.m. §§ 70 Abs. 2 VwGO, 79 VwVfG nur innerhalb eines Jahres seit Zustellung, Eröffnung oder Verkündung zulässig, außer wenn die Einlegung vor Ablauf der Jahresfrist infolge höherer Gewalt unmöglich war oder eine schriftliche oder elektronische Belehrung dahin erfolgt ist, dass ein Rechtsbehelf nicht gegeben sei.

Da die Gewerbeerlaubnis für Z dem Widerspruchsführer B nicht bekannt gegeben worden ist, gab es auch keine Rechtsbehelfsbelehrung, sodass nicht die Monatsfrist i.S.d. § 70 Abs. 1 S. 1 VwGO i.V.m. § 79 VwVfG, sondern die Jahresfrist i.S.d. § 58 Abs. 2 VwGO i.V.m. §§ 70 Abs. 2 VwGO, 79 VwVfG gilt.

aa) Verwirkung
Eine Fristberechnung ist insoweit irrelevant, als ohnehin eine Verwirkung erfolgt wäre.[8] Gemäß dem sich unter anderem aus Art. 20 Abs. 3 GG ergebenden Rechtsstaatsprinzip in Verbindung mit dem sich auch bezüglich der nach dem

---

[8] Es ist vertretbar, die Verwirkung stets nach der Fristberechnung zu erörtern mit der Folge, dass die Prüfung der Verwirkung mangels Fristeinhaltung des B irrelevant wäre.

Bürgerlichen Gesetzbuch zu berechnenden Fristenregelungen der §§ 187 ff. BGB i.V.m. §§ 57 Abs. 2 VwGO, 79 VwVfG, 222 Abs. 1 ZPO bzw. § 31 VwVfG geltenden Grundsatz des Verbotes widersprüchlichen Verhaltens i.S.d. § 242 BGB als Ausprägung von Treu und Glauben ist eine Verwirkung möglich. Das gilt für Nachbarschaftsverhältnisse insoweit, als der begünstigte Nachbar, dem eine Genehmigung erteilt worden ist, davon ausgehen durfte, dass der möglicherweise betroffene nicht begünstigte Nachbar nicht mehr gegen die Genehmigung vorgehen werde, weil letzterer rechtsstaatlich gehalten ist, einen etwaigen Schaden des begünstigten Nachbarn möglichst gering zu halten.

Die Verwirkung enthält einen Zeit- und einen Umstandsmoment. Der Zeitmoment bedeutet, dass seit der Möglichkeit ein Recht geltend zu machen, ein längerer Zeitraum verstrichen sein muss, wobei die Umstände des Einzelfalles maßgeblich sind.

Ein widersprüchliches Verhalten des B ist jedoch nicht ersichtlich, da er nicht etwa Z suggerierte, nicht gegen dessen Gewerbeerlaubnis vorzugehen. Zudem besteht zwischen B und Z keine einem Nachbarschaftsverhältnis vergleichbare Beziehung, da Z die Räumlichkeiten zumindest noch nicht bezogen hatte und eine Bekanntschaft aus der Schulzeit zwischen B und Z nicht hinreichend ist.

Eine Verwirkung ist nicht erfolgt, sodass die Fristberechnung maßgeblich ist.

bb) Fristbeginn

Fraglich ist, wann die Jahresfrist i.S.d. § 58 Abs. 2 VwGO i.V.m. §§ 70 Abs. 2 VwGO, 79 VwVfG beginnt. Grundsätzlich gilt entsprechend dem Wortlaut auch insoweit der Zeitpunkt der Bekanntgabe.

Aufgrund seiner systematischen Stellung und inhaltlichen Ausgestaltung ist § 41 Abs. 2 VwVfG gegenüber § 41 Abs. 1 VwVfG insoweit vorrangig. Nach § 41 Abs. 2 S. 1 VwVfG gilt ein schriftlicher Verwaltungsakt am dritten Tage nach der Aufgabe zur Post als bekannt gegeben, es sei denn, er ist gemäß § 41 Abs. 2 S. 2 VwVfG nicht oder zu einem späteren Zeitpunkt zugegangen. Die Genehmigung des Tabledance-Clubs ist B jedoch zu keinem Zeitpunkt bekannt gegeben worden mit der Folge, dass es keine Aufgabe zur Post und keine Fiktion i.S.d. § 41 Abs. 2 S. 1 VwVfG gibt.

Aus dem sich unter anderem aus Art. 20 Abs. 3 GG ergebenden Rechtsstaatsprinzip ergibt sich jedoch, dass bei verfassungskonformer Auslegung des § 58 Abs. 2 VwGO der Zeitpunkt der Bekanntgabe durch den Zeitpunkt der Kenntnis oder des Kennenmüssens zu ersetzen ist.

Somit gilt als Zeitpunkt der Bekanntgabe der 13.10. des Ausgangsjahres, an dem B durch den eindeutigen Aushang an der Gewerbefläche unter seiner Wohnung von der an Z erteilten Gewerbeerlaubnis erfahren hat.

Fraglich ist, ob der 13.10. des Ausgangsjahres auch der Tag ist, an dem die Frist tatsächlich beginnt. Insoweit könnten die §§ 57 Abs. 2 VwGO i.V.m. § 79 VwVfG, 222 Abs. 1 ZPO, 187 ff. BGB zur Anwendung gelangen. Dafür spricht, dass die Ermittlung des Fristbeginns der Widerspruchsfrist letztlich dazu dient, die Einhaltung der Klagefrist nach § 74 VwGO i.V.m. § 79 VwVfG für ein späteres Verfahren aus gerichtlicher Sicht zu klären, zumal die Widerspruchsfrist in den §§ 70, 58 VwGO i.V.m. § 79 VwVfG, also auch in der Verwaltungsprozessordnung geregelt ist. Für Fristen der Verwaltungsgerichtsordnung gilt allgemein § 57 Abs. 2 VwGO.

Bei genauer dogmatischer Zuordnung geht es bei der Ermittlung des Beginns der Frist nach § 70 VwGO inzident um das Merkmal der „Bekanntgabe" der Verwaltungsakte, die im vorprozessualen Bereich, nämlich im Rahmen des Wirksamwerdens des Rechtssetzungsaktes im Verwaltungsverfahren erfolgt. Den diesbezüglichen Bekanntgabezeitpunkt gilt es zu ermitteln mit der Folge, dass im vorprozessualen Stadium das Verwaltungsverfahrensgesetz anzuwenden ist. Die Berechnung des Bekanntgabezeitpunktes i.S.d. § 41 Abs. 2 VwVfG richtet sich daher nach den §§ 31 VwVfG, 187 ff. BGB.[9] Letztlich sind jedenfalls die §§ 187 ff. BGB anwendbar.

Ist für den Beginn einer Frist ein Ereignis – so die Kenntnis des B anstelle der Bekanntgabe – maßgeblich, wird gemäß § 187 Abs. 1 BGB bei der Berechnung der Frist der Tag nicht mitberechnet, in welchen das Ereignis fällt. Die Kenntnis des B erfolgte am 13.10. des Ausgangsjahres, sodass die Frist am 14.10. des Ausgangsjahres um 00:00 Uhr begann.

cc) Fristdauer

Die Fristdauer der Jahresfrist aus § 58 Abs. 2 VwGO i.V.m. §§ 70 Abs. 2 VwGO, 79 VwVfG wird nach den §§ 57 Abs. 2 VwGO, 222 Abs. 1 ZPO, 187 ff. BGB berechnet, weil die Zeitspanne im Verwaltungsverfahren bis zur Bekanntgabe des Verwaltungsaktes mit der Bekanntgabe bzw. mit dem Ersetzen der Bekanntgabe durch den Zeitpunkt der Kenntnis bzw. des Kennenmüssens grundsätzlich beendet ist. Das Widerspruchsverfahren ist zunächst ein neues Verfahren, welches auch in Erfüllung der Sachurteilsvoraussetzungen einer etwaigen Klage durchgeführt

---

9 Die Anwendung des § 31 VwVfG kann gegenüber § 57 Abs. 2 VwGO insoweit zu Modifizierungen führen, als z.B. in § 31 Abs. 2–7 VwVfG Sonderregelungen enthalten sind.

werden muss, sodass insoweit die in der Verwaltungsgerichtsordnung als Prozessordnung enthaltene Frist maßgeblich ist.[10]

Als Jahresfrist endete die Frist gemäß § 58 Abs. 2 VwGO i.V.m. §§ 70 Abs. 2 VwGO, 79 VwVfG gemäß § 188 Abs. 2 BGB als solche Frist, deren Beginn ein Ereignis gemäß § 187 Abs. 1 BGB zugrunde liegt, mit dem Ablauf desjenigen Tages, welcher durch seine Benennung oder Zahl dem Tage entspricht, in welchen das Ereignis fällt. Das Ereignis war die Kenntnis des B am 13.10. des Ausgangsjahres, sodass die Frist am 13.10. um 24:00 Uhr des Folgejahres endet.

B hat gegen den Bescheid bezüglich der Erteilung der Gewerbeerlaubnis an Z am 14.10. des Folgejahres Widerspruch eingelegt, sodass die Widerspruchsfrist nicht eingehalten und der Widerspruch verfristet ist.

c) Heilung durch sachliche Einlassung der Behörde

Die Verfristung kann jedoch aufgrund einer sachlichen Einlassung der Behörde unbeachtlich sein.

aa) Grundsatz der sachlichen Einlassung

Der Möglichkeit der sachlichen Einlassung bei Verfristung des Widerspruches kann entgegengehalten werden, dass die Fristen in der Verwaltungsgerichtsordnung zur Schaffung einer Rechtssicherheit i.S.d. sich unter anderem aus Art. 20 Abs. 3 GG ergebenden Rechtsstaatsprinzips präzise definiert sind. Die Verwaltungsgerichtsordnung wäre somit bindend, ohne dass eine Abweichung auf Veranlassung der Behörde möglich wäre.

Bei Betrachtung der Funktion des Widerspruchsverfahrens ist eine sachliche Einlassung der Behörde möglich. Gemäß der behördlichen Pflicht zum rechtmäßigen Handeln aus Art. 20 Abs. 3 GG soll die Behörde durch das Widerspruchsverfahren die Möglichkeit zur Selbstkontrolle bekommen, um etwaige Fehler im Widerspruchsverfahren korrigieren zu können. Sie ist Herrin des Vorverfahrens. Das gilt auch nach Ablauf der Widerspruchsfrist. Der Bürger ist insoweit nicht schutzwürdig, weil er die Durchführung des Widerspruchsverfahrens selbst veranlasst und wünscht. Außerdem kann ein Verwaltungsakt gemäß den §§ 48, 49 VwVfG oder diese verdrängenden Spezialregelungen sogar nach Bestandskraft seitens der Behörde und gegebenenfalls auf Antrag aufgehoben werden. Das muss erst recht gelten, wenn der Bürger und die Behörde sich über die Durch-

---

10 Es ist vertretbar, auch bezüglich der Fristdauer den verwaltungsverfahrensrechtlichen Aspekt in den Vordergrund zu stellen und § 31 VwVfG anzuwenden.

führung eines Widerspruchsverfahrens verfahrensrechtlich einig sind, wenngleich es sich bei der Aufhebung eines Verwaltungsaktes um ein gesondertes Verfahren handelt. Damit ist – unabhängig von den materiellen, möglicherweise einzuschränkenden Konsequenzen – die sachliche Einlassung zur Selbstkontrolle der Verwaltung möglich, soweit in zweipoligen Beziehungen lediglich die Interessen einer Behörde und eines Widerspruchsführers im Widerspruchsverfahren maßgeblich sind.

Nicht disponibel ist – auch in zweipoligen Beziehungen – die Klagefrist, weil insoweit die Effektivität der Judikative in einem Rechtsstaat i.s.d. Art. 20 Abs. 3 GG gewährleistet werden muss. Eine außergesetzliche Belastung der Gerichte als von der sachlichen Einlassung betroffenen Gewalt ist wider die Verwaltungsgerichtsordnung nicht zulässig. Bezüglich des Widerspruches des B sind jedoch nicht lediglich Interessen des B und des zuständigen Landratsamtes als zuständiger Sonderordnungsbehörde zu berücksichtigen, sondern auch die Interessen des Genehmigungsadressaten Z, sodass es sich um eine dreipolige Beziehung handelt.

bb) Dreipolige Beziehung

Fraglich ist, ob eine Heilung bezüglich einer Verfristung durch eine sachliche Einlassung der Behörde im Widerspruchsverfahren auch in dreipoligen Beziehungen möglich ist (zum Ganzen: BVerwG BayVBl 1983, 27, 28). Dabei ist entscheidend, dass die Rechte durch einen Verwaltungsakt begünstigter Dritter nicht zur Disposition der Behörde stehen.

Verwaltungsakte mit Doppelwirkung, durch die einige Personen begünstigt und andere belastet werden, werden, wenn sie nicht fristgerecht beseitigt werden, unanfechtbar und erwachsen danach in Bestandskraft. Durch diese Bestandskraft wird dem durch die Genehmigung Begünstigten eine gesicherte Rechtsposition vermittelt. Diese gesicherte Rechtsposition darf dem durch den bestandskräftig gewordenen Verwaltungsakt Begünstigten nur dann entzogen werden, wenn hierfür eine gesetzliche Grundlage besteht. In den §§ 68 ff. VwGO ist eine derartige Ermächtigungsgrundlage nicht enthalten.

Bei einem verspäteten Widerspruch kann die Behörde allerdings veranlasst sein, die Voraussetzungen für die Rücknahme bzw. den Widerruf eines Verwaltungsaktes i.s.d. §§ 48, 49 VwVfG bzw. im Sinne von Spezialvorschriften von Amts wegen zu prüfen. Dies ist jedoch letztlich irrelevant, weil keine Anhaltspunkte für die Voraussetzungen der Rücknahme oder des Widerrufes ersichtlich sind und eine Sachentscheidung der Behörde über einen verspäteten Widerspruch bei Verwaltungsakten mit Doppelwirkung durch die Rücknahme bzw. den Widerruf nicht gerechtfertigt werden kann. Die Widerspruchsbehörde darf wegen der durch die Bestandskraft der Genehmigung vermittelten gesicherten Rechtsposition nicht über den verspäteten Widerspruch des Nachbarn sachlich entscheiden, sodass einer gleichwohl ergehenden Sachentscheidung eine die Fristversäumung heilende Wirkung nicht zuzusprechen ist.

Eine sachliche Einlassung der Behörde mit einer die Fristversäumung des B heilenden Wirkung ist nicht möglich. Der Widerspruch ist demnach verfristet und die Behörde nicht zur Heilung durch sachliche Einlassung befugt.

B. Ergebnis

Die Behörde darf keinen Abhilfebescheid gemäß § 72 VwGO gegenüber B erlassen, sondern sie muss – soweit sie die Einwände des B für beachtlich hält – ein neues Verfahren nach § 33a Abs. 1 S. 3 letzter Halbsatz GewO durchführen bzw. die Gewerbeerlaubnis des Z gemäß den §§ 48, 49 VwVfG aufheben und die Ausübung des Gewerbes gemäß § 15 Abs. 2 S. 1 GewO untersagen. § 35 Abs. 1 S. 1 GewO ist insoweit gemäß § 35 Abs. 8 GewO nicht maßgeblich.

2. Komplex: Abwandlung

Der Widerspruch des B wird erfolgreich sein, soweit die Sachentscheidungsvoraussetzungen erfüllt sind, der Widerspruch somit auch zulässig ist und der Widerspruch begründet ist.

A. Sachentscheidungsvoraussetzungen

Die Sachentscheidungsvoraussetzungen können erfüllt sein.

I. Statthaftigkeit des Widerspruchsverfahrens

Der Widerspruch muss statthaft sein. Dazu bedarf es der Anwendbarkeit der Verwaltungsgerichtsordnung bezüglich der für den Widerspruch geltenden Vorschriften der Verwaltungsgerichtsordnung sowie der Erforderlichkeit eines Widerspruches.

1. Anwendbarkeit der Verwaltungsgerichtsordnung

Die für das öffentlich-rechtliche Widerspruchsverfahren teilweise maßgebliche Verwaltungsgerichtsordnung muss anwendbar sein. Die Verwaltungsgerichtsordnung kann mangels aufdrängender Sonderzuweisung zum Verwaltungsverfahrensweg analog § 40 Abs. 1 S. 1 VwGO eröffnet sein. Im Übrigen kann mittels eines Verweisungsbeschlusses analog § 17a Abs. 2 S. 1 GVG i.V.m. § 173 VwGO gegebenenfalls verwiesen werden (vgl. Kopp/Schenke, § 70, Rn 16 m.w.N.). Die Verwaltungsgerichtsordnung ist anwendbar, wenn die streitentscheidende öffentlich-rechtliche Norm einen Hoheitsträger einseitig berechtigt oder verpflichtet bzw. wenn aufgrund typisch hoheitlichen Handelns zwischen den Beteiligten ein Subordinationsverhältnis besteht. Streitentscheidende öffentlich-rechtliche Norm ist § 33a Abs. 1 S. 1 GewO, da insoweit die Genehmigungsbedürftigkeit für die Zurschaustellung von Personen vorgesehen ist. Da keine Verfassungsorgane über Verfassungsrecht streiten, ist die öffentlich-rechtliche Streitigkeit nicht verfassungsrechtlicher Art. Abdrängende Sonderzuweisungen sind nicht ersichtlich. Die Verwaltungsgerichtsordnung ist anwendbar.

2. Erforderlichkeit des Widerspruches

Ein Widerspruch als maßnahmespezifischer Rechtsschutz muss erforderlich sein. Ein Widerspruch ist jedenfalls nur erforderlich, soweit Verfahrensziel i.S.d. § 68 Abs. 1 S. 1 VwGO die Aufhebung eines Verwaltungsaktes i.S.d. § 35 VwVfG ist bzw. soweit i.S.d. § 68 Abs. 2 VwGO i.V.m. § 79 VwVfG der Erlass eines Verwaltungsaktes i.S.d. § 35 VwVfG erreicht werden soll. Ein Verwaltungsakt i.S.d. § 35 S. 1 VwVfG ist jede Verfügung, Entscheidung oder andere hoheitliche Maßnahme, die eine Behörde zur Regelung eines Einzelfalls auf dem Gebiet des öffentlichen Rechts trifft und die auf unmittelbare Rechtswirkung nach außen gerichtet ist.

Die Gewerbeerlaubnis zugunsten des Z i.S.d. § 33a Abs. 1 S. 1 GewO ist eine Regelung mit Außenwirkung bezüglich deren Beseitigung allerdings sofort die Klage als Rechtmittel, nicht aber ein Widerspruch als Rechtsbehelf statthaft sein könnte. Ein Widerspruchsverfahren könnte entbehrlich sein. Sollte ein Widerspruch entbehrlich sein, ist fraglich, ob er bei Einlegung bzw. Erhebung dennoch statthaft ist. Die Statthaftigkeit eines entbehrlichen Widerspruches ist jedenfalls irrelevant, soweit die Durchführung eines Widerspruchsverfahrens erforderlich ist.

Ein Widerspruchsverfahren ist gemäß § 68 Abs. 1 S. 2 Alt. 1 VwGO i.V.m. § 79 VwVfG entbehrlich, soweit dies gesetzlich bestimmt ist bzw. gemäß § 68 Abs. 1 S. 2 Alt. 2 Nr. 1 VwGO i.V.m. § 79 VwVfG, wenn ein Verwaltungsakt von einer obersten Bundes- oder Landesbehörde erlassen worden ist bzw. gemäß § 68 Abs. 1 S. 2 Alt. 2 Nr. 2 VwGO i.V.m. § 79 VwVfG, wenn in einem Abhilfe- oder in einem Widerspruchsbescheid erstmals eine Beschwer enthalten ist.

Gemäß § 68 Abs. 1 S. 2 Alt. 1 VwGO i.V.m. §§ 10 Abs. 1 AG VwGO, 79 VwVfG ist die Durchführung eines Widerspruchsverfahrens grundsätzlich entbehrlich. Das gilt gemäß § 68 Abs. 1 S. 2 Alt. 1 VwGO i.V.m. §§ 10 Abs. 3 S. 1 AG VwGO, 79

VwVfG nicht für nicht am Verwaltungsverfahren beteiligte Dritte, die sich gegen den Erlass eines anderen begünstigenden Verwaltungsaktes wenden. Somit wäre die Durchführung eines Widerspruchsverfahrens durch B erforderlich, weil die Entbehrlichkeit i.S.d. § 68 Abs. 1 S. 2 Alt. 1 VwGO i.V.m. §§ 10 Abs. 1 S. 1 AG VwGO, 79 VwVfG ausgeschlossen ist.

Eine Rückausnahme ist jedoch in § 68 Abs. 1 S. 2 Alt. 1 VwGO i.V.m. §§ 10 Abs. 3 S. 2 Nr. 3 AG VwGO, 79 VwVfG für Genehmigungen im Sinne der Gewerbeordnung enthalten, weshalb ein Widerspruchsverfahren entbehrlich ist. Fraglich ist, ob ein Widerspruch trotz der Entbehrlichkeit des Widerspruchsverfahrens statthaft ist.

3. Entbehrlichkeit des Widerspruchsverfahrens

Wenn es eines Vorverfahrens nicht bedarf, könnte ein Widerspruch unstatthaft sein.[11] Das würde faktisch zwar zu einer Entlastung der Behörden, dafür aber zu einer noch größeren Belastung der Gerichte führen. Obwohl die Hemmschwelle zur Klage gegenüber der zur Einlegung bzw. Erhebung eines Widerspruches höher einzustufen sein mag, wird zumindest ein großer Teil derjenigen, die grundsätzlich bereit sind, einen Widerspruch einzulegen, auch Klage erheben (vgl. Rüssel NVwZ 2006, 523). Eine Auslegung des § 68 Abs. 1 S. 2 HS. 1 VwGO i.V.m. § 79 VwVfG dahingehend, dass ein Widerspruch bei Entbehrlichkeit nicht statthaft wäre, erscheint verfassungsrechtlich bedenklich.

Dem Wortlaut der Norm ist ein Verbot des Widerspruchsverfahrens nicht zu entnehmen – ebenso wenig dem Wortlaut der entsprechenden Ausführungsgesetze der Länder oder sonstigen Normen der Verwaltungsgerichtsordnung. Sinn und Zweck des Widerspruchsverfahren sind im Sinne des sich aus der Verfassung – insbesondere Art. 20 Abs. 2, 3 GG – ableitenden Rechtsstaatsprinzips die Selbstkontrolle der Verwaltung sowie grundsätzlich die Entlastung der Gerichte. Art. 19 Abs. 4 GG ist bezüglich des Widerspruchsverfahrens zwar nicht direkt anwendbar, kann jedoch eine Vorwirkung zum Schutz des Bürgers beinhalten, da durch Art 19 Abs. 4 GG ein effektiver Rechtsschutz durch einen instanzlichen Rechtsweg gewährleistet werden soll. Zwar ist die Widerspruchsinstanz keine eigenständige Instanz im Sinne eines Rechtsweges, jedoch ist mit dem Verwaltungsverfahren eine Art – wenngleich nicht in erheblicher Weise – schützenswerte Vorinstanz geschaffen worden.

---

11 Die Statthaftigkeit eines entbehrlichen Widerspruches ist umstritten und in der Praxis nur begrenzt relevant (vgl. etwa Schoch/Schmidt-Aßmann/Pietzner, VwGO, § 80, Rn 63 ff. m.w.N.). Es ist vertretbar, die Statthaftigkeit eines entbehrlichen Widerspruches abzulehnen. Im Zweifel sollte klausurtaktisch entschieden werden.

Soweit der Wortlaut nicht ohnehin schon als diesbezüglich eindeutig erachtet wird, ist daher § 68 Abs. 1 S. 2 HS. 1 VwGO i.V.m. § 79 VwVfG verfassungskonform dahingehend auszulegen, dass ein Widerspruch, soweit es dessen nicht „bedarf", zumindest nicht unstatthaft ist. Die Entbehrlichkeit nach den Ausführungsgesetzen kann zu keinem anderen Ergebnis führen, da bei engerer Auslegung des Landesrechts zulasten des Widerspruchsverfahrens gegen das soeben dargelegte Verständnis des § 68 Abs. 1 S. 2 VwGO i.V.m. § 79 VwVfG verstoßen würde. Ein solcher Verstoß ist wegen Art. 31 GG zu vermeiden, weil Bundesrecht das Landesrecht bricht und die Verfassung wegen des sich aus dem Rechtsstaatsprinzip ableitenden Vorranges des Gesetzes nicht unterlaufen werden darf. Eine entsprechend eng formulierte Norm im Landesrecht wäre somit nicht nur wegen rechtsstaatlicher Grundsätze verfassungskonform zu reduzieren, sondern auch aufgrund des wiederum selbst verfassungskonform ausgelegten bundesrechtlichen § 68 Abs. 1 S. 2 VwGO i.V.m. § 79 VwVfG. Soweit es eines Widerspruchsverfahrens nicht bedarf, ist ein Widerspruch bei Einlegung somit dennoch statthaft.

Allerdings ist die Behörde nicht verpflichtet, über einen solchen Widerspruch zu entscheiden. In der Praxis wird die Behörde regelmäßig nicht über den Widerspruch entscheiden, soweit das Widerspruchsverfahren entbehrlich ist. Ausnahme dürfte sein, dass die Behörde anlässlich des Widerspruches ihr Unrecht gegebenenfalls erkennt und abhelfen wird.

Aber auch darüber hinaus erscheint die Einlegung eines entbehrlichen Widerspruches sinnvoll. Dieser führt nämlich zur Suspendierung des Verwaltungsaktes. Das ergibt sich aus § 80 Abs. 1 VwGO i.V.m. § 79 VwVfG, zusätzlich aber auch aus dem Sinn und dem Zweck des § 74 VwGO. Die Klagefrist beträgt einen Monat, unter anderem deshalb, weil dem Betroffenen für die Überschreitung der recht hohen Schwelle der Klageerhebung aus rechtsstaatlichen Gründen unter Berücksichtigung des Art. 19 Abs. 4 GG eine gewisse Bedenkzeit gewährt werden soll. Diese Besonderheit gäbe es nicht, sofern eine Suspendierung gemäß § 80 Abs. 1 VwGO i.V.m. § 79 VwVfG nur durch eine Klageerhebung oder – über den aus rechtsstaatlichen Gründen geschaffenen § 80 Abs. 2 Nr. 1–4 VwGO i.V.m. § 79 VwVfG hinausgehend – durch einen Antrag auf einstweiligen Rechtsschutz beim Verwaltungsgericht erreicht werden kann.

Da allerdings auch die Entbehrlichkeit des Widerspruchsverfahrens einen Sinn behalten muss, dauert die Suspendierung nur bis zum Ablauf der Klagefrist, also der Frist des nunmehr primär vorgesehenen Rechtsbehelfes bzw. Rechtsmittels. Sollte tatsächlich ein Widerspruchsbescheid erlassen werden, beginnt die Klagefrist mit dessen Zustellung nicht erneut zu laufen, soweit sich nicht im Rahmen einer verfassungskonformen Auslegung i.S.d. sich unter anderem aus Art. 20 Abs. 3 GG ergebenden Rechtsstaatsprinzips mangels hinreichender Zeit zur Klageerhebung etwas anderes ergibt, wobei der Schutz des Adressaten des Dritten irrelevant ist, weil die Statthaftigkeit des Widerspruches letztlich auf der Auslegung des § 68 Abs. 1 S. 1 VwGO beruht, sodass zugunsten des Dritten mangels expliziten Verbotes des Widerspruchsverfahrens kein Schutzstatus erreicht ist.

Durch diese Möglichkeit des Widerspruchs ohne Fristveränderung werden einerseits verfassungsrechtliche Grundsätze gewahrt, andererseits wird durch die Entlastung der Verwaltung dem Sinn der Entbehrlichkeit des Widerspruchsverfahrens Rechnung getragen, weil faktisch deutlich weniger Betroffene einen Widerspruch einlegen dürften, wenn ihnen bewusst ist, dass die Behörde in der Regel nicht tätig werden wird. Die Wahrung der Verfassungsmäßigkeit der Entbehrlichkeit des Widerspruches würde mit dem bloßen Verweis auf die Möglichkeit einer Aussetzung i.S.d. § 80 Abs. 4 VwGO nicht gleichermaßen gewahrt, weil die Behörde eine Anregung des Betroffenen, soweit es sie überhaupt gäbe, weniger ernst nehmen dürfte als einen Widerspruch. Da die Widerspruchsfrist gemäß § 70 Abs. 1 VwGO i.V.m. § 79 VwVfG zum Vorgehen gegen einen Verwaltungsakt entfällt, erfolgt bei einer Gesamtbetrachtung der gesetzlichen Regelungen über die Entbehrlichkeit des Widerspruchsverfahrens die Verkürzung der Frist von grundsätzlich zwei Monaten auf einen Monat. Ist das Widerspruchsverfahren entbehrlich, erfolgt die Suspendierung durch den Widerspruch nur bis zum Ablauf der Klagefrist, während im Übrigen eine Widerspruchsfrist gemäß § 70 Abs. 1 VwGO i.V.m. § 79 VwVfG und eine Klagefrist gemäß § 74 Abs. 1 VwGO i.V.m. § 79 VwVfG zu beachten wären, soweit nicht die Voraussetzungen des § 58 Abs. 2 VwGO gegebenenfalls i.V.m. §§ 70 Abs. 2 VwGO, 79 VwVfG erfüllt sind.

Nach alledem ist der entbehrliche Widerspruch des B statthaft.

II. Zuständigkeit

Eine verfahrensrechtliche Unzuständigkeit aus Spezialregelungen bzw. i.S.d. § 73 VwGO i.V.m. § 79 VwVfG sachlich oder i.S.d. § 3 VwVfG örtlich ist nicht ersichtlich, wobei gegebenenfalls bei sachlicher bzw. örtlicher Unzuständigkeit ein Verweisungsbeschluss analog § 17a Abs. 2 S. 1 GVG i.V.m. § 83 VwGO als Weiterleitungsbeschluss gefasst werden kann, soweit ein Widerspruchsausschuss besteht.

III. Beteiligte

Als verwaltungsverfahrensrechtliche, mit § 63 VwGO vergleichbare Regelung ist für die Beteiligten § 13 VwVfG maßgeblich.

1. Beteiligungsfähigkeit

Beteiligungsfähig ist auf Antragstellerseite gemäß § 13 Abs. 1 Nr. 1 Alt. 1 VwVfG i.V.m. § 11 Nr. 1 Alt. 1 VwVfG B als natürliche Person. Beteiligungsfähig auf Antragsgegnerseite ist gemäß § 13 Abs. 1 Nr. 1 Alt. 2 VwVfG i.V.m. § 11 Nr. 3 VwVfG der Landrat als Behörde. Z wäre als derjenige, dessen Erlaubnis gegebenenfalls im Widerspruchsverfahren beseitigt wird, grundsätzlich nicht gemäß § 13 Abs. 1 Nr. 4 VwVfG i.V.m. den §§ 13 Abs. 2 S. 2 VwVfG, 11 Nr. 1 VwVfG als Beteiligter hinzuzuziehen, da er keinen Antrag gestellt hat. Eine einfache Beiladung i.S.d. § 13 Abs. 2 S. 1 VwVfG ist nicht erfolgt, wäre aber möglich.

Eine Beteiligung des Z kann sich aber bereits aus § 13 Abs. 1 Nr. 2 VwVfG ergeben, weil der Verwaltungsakt an Z gerichtet war. Zwar könnte § 13 Abs. 2 S. 2 VwVfG insoweit als speziellere Norm eingestuft werden, deren Anwendungsbereich sonst erheblich reduziert werden würde. Würde jedoch § 13 Abs. 1 Nr. 2 VwVfG auf Konstellationen reduziert werden, in denen es um den Adressaten im zu prüfenden Verfahren ginge, wäre die Regelung überflüssig, weil insoweit bereits die Regelung für den Antragsteller gemäß § 13 Abs. 1 Nr. 1 VwVfG hinreichend wäre. Z ist gemäß § 13 Abs. 1 Nr. 2 VwGO beteiligt.

2. Handlungsfähigkeit

Handlungsfähig ist auf Antragstellerseite gemäß § 13 Abs. 1 Nr. 1 Alt. 1 VwVfG i.V.m. § 12 Abs. 1 Nr. 1 VwVfG B als natürliche und i.S.d. §§ 104 ff. BGB geschäftsfähige Person. Handlungsfähig auf Antragsgegnerseite ist gemäß § 13 Abs. 1 Nr. 1 Alt. 2 VwVfG i.V.m. § 12 Abs. 1 Nr. 4 VwVfG das Landratsamt, vertreten durch den Landrat als geschäftsfähigen Behördenleiter i.S.d. § 12 Abs. 1 Nr. 1 VwVfG.

IV. Verfahrensart

Maßgeblich ist für die Art des Widerspruchsverfahrens analog § 88 VwGO das Begehren des Widerspruchsführers. Es handelt sich aus der Sicht des B um einen Anfechtungswiderspruch gemäß § 68 Abs. 1 S. 1 VwGO i.V.m. § 79 VwVfG gegen die gegenüber Z erteilte Erlaubnis, nicht aber um einen Verpflichtungswiderspruch i.S.d. § 68 Abs. 2 VwGO i.V.m. § 79 VwVfG.

V. Widerspruchsbefugnis

B muss widerspruchsbefugt sein. Für die Widerspruchsbefugnis analog § 42 Abs. 2 VwGO – zwecks Vermeidung von Popularwidersprüchen – ist es Voraussetzung, dass die Möglichkeit der Verletzung eines subjektiven Rechts besteht.

Subjektive Rechte ergeben sich aus Sonderrechtsbeziehungen wie z.B. Leistungsbescheiden oder öffentlich-rechtlichen Verträgen, einfachen Gesetzen, subsidiär aus Grundrechten, wobei jedenfalls aufgrund des weiten Schutzbereiches des Art. 2 Abs. 1 GG bei unmittelbaren Grundrechtseingriffen für das subjektive Recht direkt auf Grundrechte abgestellt werden kann. Ob ein Kläger tatsächlich in einem subjektiven Recht verletzt ist, ist für die Widerspruchsbefugnis irrelevant, da die Möglichkeit der Verletzung eines subjektiven Rechts genügt.

Für B als Widerspruchsführer kann nicht direkt auf die Grundrechte abgestellt werden, weil kein unmittelbarer Grundrechtseingriff ersichtlich ist. Zwar ist Gegenstand des Widerspruches ein Verwaltungsakt, durch den sich B in seinen Rechten beeinträchtigt fühlt – die Gewerbeerlaubnis zum Betrieb des Tabledance-Clubs –, jedoch ist dieser Verwaltungsakt nicht an ihn gerichtet, er kann durch den Verwaltungsakt also nur mittelbar beeinträchtigt sein, sodass für seine subjektiven Rechte primär Sonderrechtsbeziehungen, einfache Gesetze und nur subsidiär Grundrechte maßgeblich sind.

1. § 33a Abs. 2 Nr. 1 GewO

Da eine Sonderrechtsbeziehung nicht ersichtlich ist, könnte sich das subjektive Recht des B als Drittem aus § 33a Abs. 2 Nr. 1 GewO als einfachgesetzlicher Norm ergeben. Gemäß § 33a Abs. 2 Nr. 1 GewO ist eine Gewerbeerlaubnis zu versagen, wenn durch Tatsachen die Annahme gerechtfertigt werden kann, dass der Antragsteller die für den Gewerbebetrieb erforderlichen Zuverlässigkeitskriterien nicht erfüllt. Die Norm scheint allerdings im Rahmen der ihr zugewiesenen ordnungsrechtlichen Funktion objektiviert und ohne Drittschutz bezüglich des Tatbestandsmerkmals der Zuverlässigkeit formuliert zu sein (zum Ganzen: vgl. BVerwG – 1 C 38/79).

Eine einfachgesetzliche Norm, die im vorerwähnten Sinne zugunsten des Widerspruchsführers wirkt, kann durch den angefochtenen Verwaltungsakt bei dessen unterstellter Rechtswidrigkeit nicht verletzt worden sein. § 33a Abs. 2 Nr. 1 GewO, auf den die Gewerbeerlaubnis des Z gestützt worden ist, ist ausschließlich auf das Rechtsverhältnis zwischen der Behörde und dem Antragsteller Z bezogen.

Durch die Vorschrift wird dem Widerspruchsführer keine Rechtsposition eingeräumt, die verletzt ist, wenn entgegen der ursprünglichen Annahme der Behörde die in dieser Vorschrift festgelegten Voraussetzungen für die Versagung der beantragten Gewerbeerlaubnis zum Betrieb eines Tabledance-Clubs erfüllt waren.

Durch § 33a Abs. 2 Nr. 1 GewO in seinem für B maßgeblichen Regelungsumfang soll ausschließlich das öffentliche Interesse, den Betrieb von Tanzlustbarkeiten durch unzuverlässige Personen zu verhindern, geschützt werden. Ein darüber hinausgehender Schutzzweck ist weder dem Wortlaut noch dem Sinngehalt der Vorschrift zu entnehmen.

2. § 33a Abs. 2 Nr. 3 GewO

Ein subjektives Recht des B als Drittem kann sich aus § 33a Abs. 2 Nr. 3 GewO ergeben. Gemäß § 33a Abs. 2 Nr. 3 GewO ist eine Gewerbeerlaubnis zu versagen, wenn der Gewerbetreibende im Hinblick auf seine örtliche Lage oder auf die Verwendung der Räume dem öffentlichen Interesse widerspricht, insbesondere schädliche Umwelteinwirkungen i.S.d. Bundesimmissionsschutzgesetzes oder sonst erhebliche Nachteile, Gefahren oder Belästigungen für die Allgemeinheit befürchten lässt.

Aus den Tatbestandsmerkmalen „öffentliches Interesse" und „Allgemeinheit" ergibt sich kein subjektives Recht für den B als Dritten, da in der Bundesrepublik Deutschland entsprechend dem sich unter anderem aus Art. 20 Abs. 3 GG ergebenden Rechtsstaatsprinzip kein allgemeiner Gesetzesvollziehungsanspruch gewährt werden soll.

Sollte ein mittelbarer Grundrechtseingriff in Form der Intensität oder der Intention erfolgt sein, wäre es möglich, § 33a Abs. 2 Nr. 3 GewO verfassungskonform auszulegen, bevor direkt auf die Grundrechte abgestellt würde. Eine verfassungskonforme Auslegung wäre einerseits ein materielles Problem und ist andererseits insoweit irrelevant, als Dritte mittels der in § 33a Abs. 1 S. 3 GewO enthaltenen Regelung geschützt werden.

Das subjektive Recht des Dritten kann sich aus § 33a Abs. 2 Nr. 3 GewO im Hinblick auf die schädlichen Umwelteinwirkungen in Verbindung mit dem Verweis aus dem Nachbarbegriff i.S.d. § 3 Abs. 1 BImSchG ergeben. Fraglich ist insoweit, ob auf § 3 Abs. 1 BImSchG in § 33a Abs. 2 Nr. 3 GewO vollständig Bezug genommen wird oder lediglich unter Ausklammerung des Nachbarbegriffes, weil die Formulierung „oder sonst erhebliche Nachteile, Gefahren oder Belästigungen für die Allgemeinheit" enthalten ist. Daraus könnte sich ergeben, dass die schädlichen Umwelteinwirkungen mit dem Verweis in § 33a Abs. 2 Nr. 3 GewO bereichsspezifisch lediglich objektiv geregelt sind, ohne dass also der Nachbar geschützt ist. Insoweit ist § 33a Abs. 2 Nr. 3 GewO zwar grundsätzlich einerseits systematisch in Konnexität zu § 33 Abs. 1 S. 3 GewO, andererseits verfassungskonform auszulegen.

Sollte ein mittelbarer Grundrechtseingriff in Form der Intensität oder der Intention erfolgt sein, wäre zwar es möglich, § 33a Abs. 2 Nr. 3 GewO verfassungskonform auszulegen, bevor direkt auf die Grundrechte abgestellt würde. Eine verfassungskonforme Auslegung wäre jedoch einerseits möglicherweise eine

Überdehnung der Prozessstation, anderseits insoweit irrelevant, als Dritte mittels der in § 33a Abs. 1 S. 3 GewO enthaltenen Regelung geschützt werden. Insbesondere, weil wegen des „Lautlosen Tanzaktes" Lärm nicht erfolgt, ist eine Auslegung des Terminus „schädliche Umwelteinwirkungen" i.S.d. § 33a Abs. 2 Nr. 3 GewO nicht maßgeblich, sondern es ist primär im Rahmen systematischer Auslegung auf § 33a Abs. 1 S. 3 GewO abzustellen.

Gemäß § 33a Abs. 1 S. 3 GewO kann die Gewerbeerlaubnis mit einer Befristung erteilt und mit anderen Auflagen verbunden werden, soweit dies zum Schutz der Allgemeinheit, der Gäste oder der Bewohner des Betriebsgrundstückes oder der Nachbargrundstücke vor Gefahren, erheblichen Nachteilen oder erheblichen Belästigungen erforderlich ist, wobei unter denselben Voraussetzungen auch die nachträgliche Aufnahme, Änderung und Ergänzung von Auflagen zulässig ist.

Durch § 33a Abs. 1 S. 3 GewO wird Dritten zwar kein vollständiges subjektives Recht auf Beseitigung der Gewerbeerlaubnis bezüglich der Zurschaustellung von Personen gewährt, jedoch zumindest ein partielles subjektives Recht.

Ergänzend besteht zumindest die Möglichkeit, dass B mittelbar in Form der Intensität in seinem sich aus Art. 2 Abs. 1 GG i.V.m. Art. 1 Abs. 1 GG ergebenden allgemeinen Persönlichkeitsrecht verletzt ist. Somit ist § 33a Abs. 2 Nr. 3 GewO verfassungskonform und systematisch versubjektiviert auch für den Nachbarn auszulegen. B ist widerspruchsbefugt.

VI. Form und Frist
Form und Frist des Widerspruches müssten eingehalten worden sein.

1. Form
Der Widerspruch ist gemäß § 70 Abs. 1 S. 1 VwGO i.V.m. § 79 VwVfG innerhalb eines Monats, nachdem der Verwaltungsakt dem Beschwerten bekannt gegeben worden ist, schriftlich oder zur Niederschrift bei der Behörde einzulegen bzw. zu erheben, die den Verwaltungsakt erlassen hat, wobei die Einlegung bzw. Erhebung des Widerspruches gemäß § 70 Abs. 1 S. 2 VwGO i.V.m. § 79 VwVfG auch bei der Behörde erfolgen darf, durch die der Widerspruchsbescheid erlassen wird. B hat den Widerspruch schriftlich bei der zuständigen Behörde eingelegt.

2. Frist
Fraglich ist, ob B die Widerspruchsfrist eingehalten hat.

a) Monatsfrist i.S.d. § 70 Abs. 1 S. 1 VwGO i.V.m. § 79 VwVfG

Die Widerspruchsfrist von einem Monat beginnt gemäß § 70 Abs. 1 S. 1 VwGO i.V.m. § 79 VwVfG mit der Bekanntgabe des Verwaltungsaktes. Die Bekanntgabe richtet sich nach den §§ 43, 41 VwVfG. Grundsätzlich kommt es gemäß § 41 Abs. 1 S. 1 VwVfG auf die tatsächliche Bekanntgabe gegenüber dem Betroffenen an. Der Bescheid ist B als betroffenem Dritten nicht zugestellt worden, sodass die Monatsfrist nicht beginnen konnte.[12]

b) Jahresfrist i.S.d. § 58 Abs. 2 VwGO i.V.m. §§ 70 Abs. 2 VwGO, 79 VwVfG

Ist eine Rechtsbehelfsbelehrung unterblieben oder unrichtig erteilt, ist die Einlegung des Rechtsbehelfs gemäß § 58 Abs. 2 VwGO i.V.m. §§ 70 Abs. 2 VwGO, 79 VwVfG nur innerhalb eines Jahres seit Zustellung, Eröffnung oder Verkündung zulässig, außer wenn die Einlegung vor Ablauf der Jahresfrist infolge höherer Gewalt unmöglich war oder eine schriftliche oder elektronische Belehrung dahin erfolgt ist, dass ein Rechtsbehelf nicht gegeben sei.

Die Gewerbeerlaubnis für Z ist dem Widerspruchsführer B nicht bekannt gegeben worden ist. Daher gab es auch keine Rechtsbehelfsbelehrung, sodass nicht die Monatsfrist i.S.d. § 70 Abs. 1 S. 1 VwGO i.V.m. § 79 VwVfG, sondern die Jahresfrist i.S.d. § 58 Abs. 2 VwGO i.V.m. §§ 70 Abs. 2 VwGO, 79 VwVfG gilt.

Diese Frist hat B mit der Einlegung des Widerspruches vor dem 15.10. des Ausgangsjahres eingehalten.

VII. Zwischenergebnis

Die Sachentscheidungsvoraussetzungen sind erfüllt und der Widerspruch ist zulässig.

B. Begründetheit

Der Widerspruch ist i.S.d. § 68 Abs. 1 S. 1 VwGO i.V.m. § 79 VwVfG begründet, soweit der Verwaltungsakt rechtswidrig bzw. zweckwidrig und der Widerspruchsführer analog § 113 Abs. 1 S. 1 VwGO dadurch in seinen Rechten verletzt ist. Die Prüfungspflicht durch die Behörde ist somit insoweit beschränkt, als subjektive Rechte des Antragstellers betroffen sind. Zwar könnte insoweit an-

---

12 Es ist vertretbar, die genaue Fristdauer nicht zu bestimmen und darzulegen, dass zumindest die kürzere Monatsfrist eingehalten wurde, wenngleich zumindest der Fristbeginn bei fundierter juristischer Bearbeitung dargestellt werden müsste.

ders als bei Gerichtsverfahren umfassend zu prüfen sein, als die Behörde einen Verwaltungsakt ohnehin aufheben oder nach dem materiellen Recht erneut handeln kann, jedoch ergibt sich dies aus ihrer rechtsstaatlichen Pflicht zum rechtmäßigen Handeln und nicht gegenüber dem Drittwiderspruchsführer, weil diesem kein Gesetzesvollziehungsanspruch zusteht.

I. Rechtsgrundlage
Als Rechtsgrundlage für die an die an Z erteilte Gewerbeerlaubnis ist zunächst § 33a Abs. 1 S. 1 GewO maßgeblich.

II. Voraussetzungen
Die Voraussetzungen der Rechtsgrundlage können erfüllt sein.

1. Formell
Die formellen Voraussetzungen können erfüllt sein.

a) Zuständigkeit
Formell hat die zuständige Ausgangsbehörde als Gewerbeaufsicht gegenüber Z bei Erlass der Gewerbeerlaubnis gehandelt.

b) Verfahren
Eine Anhörung war i.S.d. § 28 Abs. 1, 2 VwVfG entbehrlich, weil bezüglich des B einerseits bereits kein Eingriff in die Rechte eines Beteiligten i.S.d. § 13 VwVfG erfolgt ist – B war seitens der Behörde bezüglich der Genehmigungserteilung für Z nicht gemäß § 13 Abs. 1 Nr. 4, Abs. 2 S. 1 VwVfG hinzugezogen worden, weil er unter anderem schon keinen Antrag i.S.d. § 13 Abs. 2 S. 2 VwVfG als Dritter gestellt hatte – und andererseits die Anhörung eines Dritten in der Regel i.S.d. § 28 Abs. 2 S. 1 VwVfG nicht geboten ist.

c) Form
Die in § 37 Abs. 3 S. 1, 2 VwVfG enthaltenen weit gefassten Formvorgaben für Verwaltungsakte sind bei Erlass der Gewerbeerlaubnis an Z mangels gegenteiliger Anhaltspunkte eingehalten worden.

2. Materiell
Die materiellen Voraussetzungen des § 33a Abs. 1 S. 1 GewO können erfüllt sein.

a) Genehmigungsbedürftigkeit
Der Tabledance-Club des Z ist zunächst gemäß den §§ 1 Abs. 1, 33a Abs. 1 S. 1 GewO genehmigungsbedürftig, da es sich auch bei der Zurschaustellung von Personen nach dem von Z entwickelten Konzept des „Lautlosen Tanzaktes" um eine erlaubte, jedenfalls nicht sozial unwertige, auf Gewinnerzielung gerichtete, dauerhaft ausgeübte, selbstständige Tätigkeit handelt, die nicht Urproduktion, freier Beruf oder Verwaltung eigenen Vermögens i.S.d. § 6 Abs. 1 GewO ist und ein überwiegend künstlerischer Charakter dabei nicht ersichtlich ist.[13]

b) Genehmigungsfähigkeit
Der Tabledance-Club des Z kann auch genehmigungsfähig sein. Die Genehmigungsfähigkeit fehlt, falls die Erlaubnis gemäß § 33a Abs. 2 GewO zu versagen ist. Dabei kann problematisch sein, ob die in der Norm enthaltenen Versagungstatbestände abschließend sind oder – entsprechend dem Wortlaut – nur Regelbeispiele darstellen.

Da es sich bei § 33a GewO um ein präventives Verbot mit Erlaubnisvorbehalt – durch Genehmigungspflicht wird die Spontaneität der Grundrechtsausübung einerseits, durch die Versagungstatbestände die Grundrechtsausübung teilweise im Übrigen verkürzt – handelt, bei welchem trotz der beiden in der Norm enthaltenen Grundrechtseingriffe anders als bei repressiven Verboten die Grundrechte im nicht in der Norm geregelten Bereich zu berücksichtigen sind, kann eine verfassungskonforme Auslegung der Norm dahingehend erforderlich sein, dass eine Versagung der Erlaubnis nur bei Erfüllung der geregelten Versagungstatbestände erfolgen darf, nicht aber darüber hinaus.

Dies ist letztlich irrelevant, soweit die ausdrücklich geregelten Versagungstatbestände jedenfalls erfüllt sind.

---

13 Mangels Anhaltspunkten im Sachverhalt ist der Gewerbebegriff i.S.d. § 6 Abs. 1 GewO nicht dezidiert zu erörtern.

aa) § 33a Abs. 2 Nr. 3 GewO[14]

Gemäß § 33a Abs. 2 Nr. 3 GewO ist die Erlaubnis zu versagen, wenn der Gewerbebetrieb im Hinblick auf seine örtliche Lage oder auf die Verwendung der Räume dem öffentlichen Interesse widerspricht, insbesondere schädliche Umwelteinwirkungen i.S.d. Bundesimmissionsschutzgesetzes oder sonst erhebliche Nachteile, Gefahren oder Belästigungen für die Allgemeinheit befürchten lässt.

Aus den Tatbestandsmerkmalen „öffentliches Interesse" sowie „sonst erhebliche Nachteile, Gefahren oder Belästigungen für die Allgemeinheit" ergibt sich kein subjektives Recht des Widerspruchsführers, sodass diese Aspekte im Widerspruchsverfahren des B nicht prüfbar sind. Nur ein Teilbereich des öffentlichen Interesses – nämlich die schädlichen Umwelteinwirkungen – ist versubjektiviert ausgestaltet. Schädliche Umwelteinwirkungen sind gemäß § 3 Abs. 1 BImSchG Immissionen, die nach Art, Ausmaß oder Dauer geeignet sind, Gefahren, erhebliche Nachteile oder erhebliche Belästigungen für die Allgemeinheit oder die Nachbarschaft herbeizuführen. Durch den neben der „Allgemeinheit" genannten Terminus „Nachbarschaft" wird zwar Drittschutz gewährt, jedoch sind die maßgeblichen Grenzwerte unterschritten, sodass keine schädlichen Umwelteinwirkungen gegeben sind.

Somit ergibt sich aus § 33a Abs. 2 Nr. 3 GewO kein für die an Z erteilte Genehmigung im Widerspruchsverfahren maßgeblicher Versagungsgrund.

bb) § 33a Abs. 1 S. 3 GewO

Möglicherweise ergibt sich schon aus § 33a Abs. 1 S. 3 GewO ein Versagungsgrund für die Erteilung einer Gewerbeerlaubnis ohne Auflage an Z. Gemäß § 33a Abs. 1 S. 3 GewO kann eine Erlaubnis mit einer Befristung erteilt und mit Auflagen verbunden werden, soweit dies zum Schutz der Allgemeinheit, der Gäste oder der Bewohner des Betriebsgrundstückes oder der Nachbargrundstücke vor Gefahren, erheblichen Nachteilen oder erheblichen Belästigungen erforderlich ist. Unter denselben Voraussetzungen ist die nachträgliche Aufnahme, Änderung und Ergänzung von Auflagen zulässig. Allerdings hat B keinen Verpflichtungswiderspruch auf Erteilung einer Auflage bzw. einer eingeschränkten Genehmigung an Z erhoben, sondern einen Anfechtungswiderspruch.

---

14 Es ist dogmatisch überzeugender, direkt mit § 33a Abs. 2 Nr. 1 GewO zu beginnen, jedoch ist es klausurtaktisch in einem Gutachten sinnvoll, nicht in Betracht kommende Tatbestände abzulehnen.

Selbst wenn der Widerspruch dahingehend ausgelegt werden würde, dass eine Auflage oder eine Genehmigung mit Auflage zu erteilen wäre, würde es jedenfalls an den Gefahren, erheblichen Nachteilen bzw. Belästigungen fehlen. Somit ergibt sich aus § 33a Abs. 1 S. 3 GewO kein Versagungsgrund.

cc) § 33a Abs. 2 Nr. 1 GewO
Ein Versagungsgrund kann sich aus § 33a Abs. 2 Nr. 1 GewO ergeben.

(1) Unzuverlässigkeit des Z
Eine Gewerbeerlaubnis ist danach zu versagen, wenn Tatsachen die Annahme rechtfertigen, dass der Antragsteller die für den Gewerbebetrieb erforderliche Zuverlässigkeit nicht besitzt.

Unzuverlässig ist ein Gewerbetreibender, der nach dem Gesamteindruck seines Verhaltens keine Gewähr zur künftigen ordnungsgemäßen Ausübung des Gewerbes bietet. Maßgeblich sind das jeweils konkrete Gewerbe im Einzelfall und eine Prognoseentscheidung für die Zukunft, bei der auch Tatsachen aus der Vergangenheit berücksichtigt werden dürfen. Entscheidend ist ein Gesamtbild des Verhaltens, bei dem auch Umstände außerhalb der Berufsausübung relevant sein können, solange sich daraus ein Rückschluss auf berufliches Verhalten ergibt. Ein Verschulden des Betroffenen ist hingegen irrelevant.

Z ist wegen Vermögensdelikten und Zuhälterei verurteilt sowie drogenabhängig. Jedenfalls in Kumulation sind dies Umstände, bei denen es sehr wahrscheinlich ist, dass Z einen Tabledance-Club nicht ordnungsgemäß führen kann, weil es dazu einer seriösen Finanzbearbeitung sowie eines seriösen Umgangs mit den Akttänzerinnen und -tänzern bedarf. Z ist unzuverlässig.

(2) Subjektives Recht des B
Fraglich ist, ob die nicht mit der Ausgangsbehörde identische Widerspruchsbehörde die gegenüber Z erteilte Gewerbeerlaubnis aufgrund dessen Unzuverlässigkeit aufheben darf. Dazu müsste grundsätzlich ein subjektives Recht des Widerspruchsführers betroffen sein.

§ 33a Abs. 2 Nr. 1 GewO, auf den die Gewerbeerlaubnis des Z gestützt worden ist, ist jedoch ausschließlich auf das Rechtsverhältnis zwischen der Behörde und dem Antragsteller Z bezogen. Durch die Vorschrift wird dem Widerspruchsführer keine Rechtsposition eingeräumt, die verletzt ist, wenn entgegen der ursprünglichen Annahme der Behörde die in dieser Vorschrift festgelegten Voraussetzungen für die Versagung der beantragten Gewerbeerlaubnis zum

Betrieb eines Tabledance-Clubs erfüllt waren, weil in der Bundesrepublik Deutschland als Rechtsstaat i.S.d. Art. 20 Abs. 3 GG kein Gesetzesvollziehungsanspruch besteht. Ein subjektives Recht des B ist nicht verletzt.

(3) Aufhebung ohne subjektives Recht

Fraglich ist, ob die Widerspruchsbehörde die an Z erteilte Gewerbeerlaubnis dennoch aufheben darf. Gemäß § 68 Abs. 1 S. 1 VwGO i.V.m. § 79 VwVfG sind in einem Widerspruchsverfahren die Rechtmäßigkeit und die Zweckmäßigkeit[15] maßgeblich. Während bei der richterlichen Prüfung lediglich die Rechtmäßigkeit maßgeblich ist, weil insoweit im Rechtsstaat i.S.d. Art. 20 Abs. 3 GG eine Durchbrechung der Gewaltenteilung erfolgt und somit die Kernkompetenz in der Ermessensabwägung bzw. der Ausfüllung der Beurteilungsspielräume nicht angetastet werden darf, ist die Widerspruchsbehörde, welche auch zur Exekutive gehört, grundsätzlich berechtigt, die Zweckmäßigkeit zu prüfen und die Erwägungen der Ausgangsbehörde durch eigene Erwägungen zu ersetzen. Die Zweckmäßigkeit ist auf Tatbestandsseite allerdings lediglich bei Beurteilungsspielräumen – unbestimmte Rechtsbegriffe auf Tatbestandsseite, die seitens der Gerichte nicht prüfbar sind, dafür hingegen von der Widerspruchsbehörde – relevant, die bezüglich der an Z erteilten Gewerbeerlaubnis nicht bestehen. Beim Terminus der Unzuverlässigkeit handelt es sich lediglich um einen unbestimmten Rechtsbegriff ohne Beurteilungsspielraum.

Allerdings bedarf es auch insoweit stets einer Rechtsverletzung des Widerspruchsführers. Verfahrensrechtlich ergibt sich dies schon aus der Formulierung „nachdem der Verwaltungsakt dem Beschwerten bekannt gegeben worden ist" in § 70 Abs. 1 S. 1 VwGO. Materiell wäre es mit dem rechtsstaatlichen Prinzip der vertikalen Gewaltenteilung nicht vereinbar, wenn die Widerspruchsbehörde ohne Erfüllung der verfahrensrechtlichen Vorgaben Entscheidungen der Ausgangsbehörde, die nicht mit der Widerspruchsbehörde identisch ist, aufhebt.

Das Landratsamt als zuständige Widerspruchsbehörde i.S.d. § 73 Abs. 1 VwGO i.V.m. § 79 VwVfG darf den Ausgangsbescheid nicht aufheben. Auch eine Aufhebung in einem neuen Aufhebungsverfahren aufgrund von Spezialvorschriften bzw. der §§ 48 ff. VwVfG ist ihr nicht möglich, da sie diesbezüglich unzuständig und die Ausgangsbehörde zuständig ist. Auch die Ausgangsbehörde ist dem Drittwiderspruchsführer im subjektivierten Widerspruchsverfahren jedoch nicht verpflichtet, sondern muss gegebenenfalls anlässlich des Wi-

---

15 Die Zweckmäßigkeit wird im Tatbestand nur bei Beurteilungsspielräumen in Betracht kommen und ist gegebenenfalls bei der Prüfung des Ermessens maßgeblich.

derspruchsverfahrens gegenüber dem Adressaten des Verwaltungsaktes aus ihrer Pflicht zum rechtmäßigen Handeln heraus handeln.[16]

dd) Ungeschriebene Versagungsgründe
Zwar ist der Wortlaut des § 33a Abs. 2 GewO weit formuliert, sodass die Versagungsgründe insoweit nicht abschließend sein könnten, jedoch ist die Norm als präventives Verbot mit Erlaubnisvorbehalt verfassungskonform i.S.d. Berufsfreiheit gemäß Art. 12 GG dahingehend auszulegen, dass die in der Norm genannten Versagungsgründe abschließend sind. Selbst wenn eine verfassungskonforme Auslegung insoweit nicht möglich wäre, sind keine weiteren zugunsten des B versubjektivierten Versagungsgründe ersichtlich, aufgrund derer die Widerspruchsbehörde die an Z erteilte Genehmigung zum Betrieb des Tabledance-Clubs aufheben dürfte.

III. Rechtsfolge
Rechtsfolge ist zumindest bei verfassungskonformer Auslegung der Norm eine gebundene Entscheidung, sodass insoweit keine Rechtsverletzung des B durch Ermessenserwägungen der Ausgangsbehörde in Betracht kommt.

C. Ergebnis
Der Widerspruch ist mangels Beschwer des B trotz Rechtswidrigkeit der an Z erteilten Gewerbeerlaubnis unbegründet, sodass nur die Möglichkeit besteht, dass die Ausgangsbehörde aus ihrer Pflicht zum rechtmäßigen Handeln i.S.d. Art. 20 Abs. 3 GG die Erlaubnis aufhebt oder Nebenbestimmungen erlässt. Dem Widerspruch des B wird nicht gemäß § 72 VwGO abgeholfen, sondern es kann allenfalls – soweit die Behörde trotz Entbehrlichkeit des Widerspruchsverfahrens entscheiden will – ein ablehnender Widerspruchsbescheid erlassen werden.

---

16 Es ist strittig, ob die Widerspruchsbehörde bei Beurteilungsspielräumen selbst entscheiden darf, soweit es nicht lediglich um Beurteilungsfehler geht. Dies kann durch Spezialregelungen wie z.B. teilweise im Prüfungsrecht ausdrücklich oder verfassungsrechtlich (z.B. Art. 3 Abs. 1 GG) ausgeschlossen sein. Im Übrigen ist eine derartige Prüfung aber grundsätzlich möglich, wobei auch die Behördenzuständigkeiten relevant sein können.

Allg. Verwaltungsrecht – Fall 14:
„Der „Kuttler" und die „BRocker" –
Raus aus dem Haus!"

Ab dem 1. November soll vor dem Landgericht P im Bundesland B ein Strafprozess (ein Verhandlungstag) gegen einige Mitglieder der international agierenden kriminellen Rockerbande „BRocker" (Brutale Rocker) stattfinden. Deren
Mitglieder tragen als Kennzeichen ihrer Zugehörigkeit stets sogenannte Kutten
mit dem Emblem ihres Motorradclubs und dessen Namen oder entsprechenden
Abkürzungen des Namens.

Im Vorfeld des Prozesses hatte es bereits mehrere Versuche seitens der Mitglieder der Rockerbande gegeben, Zeugen und Sachverständige, welche in dem
Prozess aussagen sollten, einzuschüchtern und zu einer unwahren Aussage zu
verleiten. Aus Sorge, dass sich solche Versuche vor oder während der Haupt-
verhandlung wiederholen könnten, hatte der Präsident des Landgerichts (BL)
am 2. Oktober im Gerichtsgebäude ein Schreiben mit einem Hinweis auf den
§ 2 der „Verwaltungsrichtlinie zur Verwaltung des Landgerichtsgebäudes" (RL)
aufhängen lassen, mittels derer die Justizbeamten angewiesen werden, Personen, von welchen zu erwarten sei, dass sie die öffentliche Sicherheit und Ordnung im Gebäude des Landgerichtes gefährden, den Zutritt zu verweigern.

A ist Mitglied dieser Rockerbande und trägt 24 Stunden am Tag an 365 Tagen im Jahr stolz seine besonders eingefärbte Kutte, weshalb er in Rockerkrei-
sen berüchtigt ist und auch „Der Kuttler" genannt wird. Er fürchtet, aufgrund
des Hinweises auf § 2 RL durch den Landgerichtspräsidenten keinen Zutritt zu
der bevorstehenden Strafverfahrensverhandlung gegen seine Kameraden zu bekommen, obwohl er diese um jeden Preis unterstützen möchte. Deshalb legt er
am 5. Oktober Widerspruch gegen den Hinweis ein.

BL, dessen Kenntnisse im öffentlichen Recht nach langjähriger fehlender
Anwendung überschaubar sind, möchte sich rechtlich absichern. Er lässt daher
am 6. Oktober nach Rücksprache mit dem Vorsitzenden Richter der Hauptver-
handlung erneut einen Aushang im Gerichtsgebäude machen. Dieser ist als
„Verfügung" überschrieben und es ist darin geregelt, dass es aus Sicherheitsgründen für die Dauer der im einzelnen bestimmten Verhandlungstage jedem,
der Kutten oder andere auf die Zugehörigkeit zu den „BRockers" hinweisende
Zugehörigkeitssymbole als Kleidung trage oder sonst mit sich führe, untersagt
sei, das Gelände des zum Landgericht gehörigen Justizzentrums zu betreten. Die
Verfügung wurde für sofort vollziehbar erklärt. Eine weitere Begründung enthielt diese nicht. Es war ein Hinweis enthalten, dass die Verfügung und deren

Begründung jederzeit zu den Geschäftszeiten bei der Geschäftsstelle des Landgerichts eingesehen werden könne.

A wendet sich am 29. Oktober an das Verwaltungsgericht, begehrt dort vorläufigen Rechtsschutz bezüglich des Hausverbotes und legt zeitgleich Widerspruch gegen den Aushang vom 6. Oktober beim Landgerichtspräsidenten als der zuständigen Widerspruchsbehörde ein. Er meint, für eine derartige Verfügung des Landgerichtspräsidenten fehle die Rechtsgrundlage. Immerhin werde durch jene in seine Grundrechte und den mittels des § 169 GVG gewährleisteten Öffentlichkeitsgrundsatz eingegriffen. Darüber hinaus bestünden keine konkreten Hinweise für eine mögliche Beeinflussung der Zeugen. Der Widerspruch wurde sofort zurückgewiesen und A hat – innerhalb der Widerspruchsfrist – vor Beschlussfassung im Eilverfahren eine Klage erhoben.

Wird der Antrag des A beim Verwaltungsgericht Erfolg haben?

Normen
§ 169 GVG
Die Verhandlung vor dem erkennenden Gericht einschließlich der Verkündung der Urteile und Beschlüsse ist öffentlich. Ton- und Fernseh-Rundfunkaufnahmen sowie Ton- und Filmaufnahmen zum Zwecke der öffentlichen Vorführung oder Veröffentlichung ihres Inhalts sind unzulässig.

§ 176 GVG
Die Aufrechterhaltung der Ordnung in der Sitzung obliegt dem Vorsitzenden.

§ 12 AG GVG (Bundesland B)
Für die Ausübung des Hausrechts und der Ordnungsgewalt im zum Landgerichtsgebäude gehörenden Justizzentrum ist der Landgerichtspräsident zuständig.

§ 4 AG VwGO (Ausführungsgesetz zur VwGO Bundesland B)
(1) Fähig, am Verfahren beteiligt zu sein, sind auch Behörden.
(2) Die Klage ist gegen die Behörde zu richten, die den angefochtenen Verwaltungsakt erlassen bzw. den beantragten Verwaltungsakt unterlassen hat.

Allgemeine Ordnungsbehördengesetze des Bundeslandes B
§ 14 OBG

Die Ordnungsbehörden können die notwendigen Maßnahmen treffen, um eine im Einzelfall bestehende Gefahr für die öffentliche Sicherheit und Ordnung abzuwehren.

§ 17 OBG

(1) Verursacht eine Person eine Gefahr, so sind die Maßnahmen gegen diese Person zu richten.

(2) Ist die Person noch nicht 14 Jahre alt oder ist für sie zur Besorgung aller ihrer Angelegenheiten ein Betreuer bestellt, können Maßnahmen auch gegen die Person gerichtet werden, die zur Aufsicht über sie verpflichtet ist. Dies gilt auch, wenn der Aufgabenkreis des Betreuers die in § 1896 Abs. 4 und § 1905 des Bürgerlichen Gesetzbuchs bezeichneten Angelegenheiten nicht erfasst.

(3) Verursacht eine Person, die zu einer Verrichtung bestellt ist, die Gefahr in Ausführung der Verrichtung, so können Maßnahmen auch gegen die Person gerichtet werden, die die andere zu der Verrichtung bestellt hat.

(4) Die Absätze 1 bis 3 sind nicht anzuwenden, soweit andere Vorschriften dieses Gesetzes oder andere Rechtsvorschriften bestimmen, gegen wen eine Maßnahme zu richten ist.

§ 18 OBG

(1) Geht von einer Sache oder einem Tier eine Gefahr aus, so sind die Maßnahmen gegen den Eigentümer zu richten. Soweit nichts anderes bestimmt ist, sind die nachfolgenden für Sachen geltenden Vorschriften entsprechend auf Tiere anzuwenden.

(2) Die Ordnungsbehörde kann ihre Maßnahmen auch gegen den Inhaber der tatsächlichen Gewalt richten. Sie muss ihre Maßnahmen gegen den Inhaber der tatsächlichen Gewalt richten, wenn er diese gegen den Willen des Eigentümers oder anderer Verfügungsberechtigter ausübt oder auf einen im Einverständnis mit dem Eigentümer schriftlich oder protokollarisch gestellten Antrag von der zuständigen Ordnungsbehörde als allein verantwortlich anerkannt worden ist.

(3) Geht die Gefahr von einer herrenlosen Sache aus, so können die Maßnahmen gegen die Person gerichtet werden, die das Eigentum an der Sache aufgegeben hat.

(4) § 17 Abs. 4 gilt entsprechend.

Bearbeitungsvermerk

Im Bundesland B ist ein Widerspruchsverfahren nach dem Landesrecht nicht entbehrlich. Soweit es auf das Verwaltungsverfahrensrecht ankommt, ist das Verwaltungsverfahrensgesetz des Bundes anzuwenden. Gehen Sie auf die materiellen rechtlichen Probleme ein und erstellen Sie gegebenenfalls ein Hilfsgutachten. Unterstellen Sie, dass im Bundesland B für die Anwendbarkeit des OBG kein Zuständigkeitskatalog oder Ähnliches besteht.

Schwerpunkte
Verfahren nach § 80 Abs. 5 VwGO
Hausrecht
Richtlinie
Form und Inhalt des Handelns der Verwaltung
Verbindlichkeit der Handlungsform der Verwaltung

Vertiefung

vgl. dazu: VG Neustadt, Beschluss vom 23.2.2010 – 4 L; BGH, Beschluss vom 28.3.2007 – IV AR (VZ) 1/07; zum Ganzen: VG Cottbus, Beschluss vom 2.11. 2007 – 2 L 236/07; vgl. OVG für das Land Brandenburg, Beschluss vom 5.2. 1998 – 4 B 134/97 –, veröffentlicht in Juris; vgl. OVG Berlin-Brandenburg, Entscheidung vom 26.10.2010 – OVG 10 B 2.10; vgl. zur Abgrenzung des fiskalischen Hausrechts vom öffentlich-rechtlichen Hausrecht z.B.: OLG Karlsruhe, Kartellsenat, Urteil vom 13.5.2009 – 6 U 50/08; Brüning DÖV 2003, 389, 392ff.; Butzer JuS 1997, 1014, 1016; a.A. Wilrich DÖV 2002, 152, 154; Ehlers DÖV 1977, 737, 739; vgl. VG Göttingen, Urteil vom 20.9.2012 – 4 A 258 und 259/09 mit sehr fragwürdiger Annahme eines öffentlich-rechtlichen Hausrechts; vgl. VG Göttingen, Beschluss vom 9.1.2013 – 1 B 7/13 m.w.N.

Gliederung

A. Sachentscheidungsvoraussetzungen (+)
    I. Rechtsweg (+)
        1. Aufdrängende Zuweisung und § 40 Abs. 1 S. 1 VwGO (+)
        2. Abdrängende Zuweisung (–)
    II. Zuständigkeit (+)
    III. Beteiligte (+)
    IV. Statthafte Verfahrensart
        1. Aushang vom 2. Oktober
        2. Aushang vom 6. Oktober

V. Besondere Sachentscheidungsvoraussetzungen (+)
 1. Besondere Prozessführungsbefugnis (+)
 2. Antragsbefugnis (+)
VI. Allgemeines Rechtsschutzbedürfnis (+)
 1. Gesetzliche Suspendierung (–)
 2. Aussetzungsantrag (–)
 3. Rechtsschutz in der Hauptsache (+/–)
    a) Ausnahmsloses Betreiben der Hauptsache
    b) Grundsätzliche Entbehrlichkeit des Betreibens
       der Hauptsache
    c) Differenzierte Betrachtung
 4. Keine offensichtliche Verfristung der Hauptsache
VII. Zwischenergebnis
B. Begründetheit (–)
I. Rechtmäßigkeit der Vollziehungsanordnung (–)
 1. Zuständigkeit (+)
 2. Verfahren (+)
 3. Form (–)
II. Aussetzungs-/Vollziehungsinteresse
 1. Rechtsgrundlage
    a) § 1004 Abs. 1 S. 1, 2 BGB (–)
    b) Richtlinie (–)
    c) Annexkompetenz (–)
    d) Analog § 1004 Abs. 1 S. 1, 2 BGB (–)
    e) Kompetenznorm (–)
    f) Generalklausel (+)
 2. Voraussetzungen (+)
    a) Formelle Voraussetzungen (+)
    aa) Zuständigkeit (+)
    bb) Verfahren und Form (+)
    b) Materielle Voraussetzungen (+)
    aa) Gefahr (+)
    (1) Handlungsform gegenüber Benutzern und Mitgliedern
    (2) Handlungsform gegenüber Besuchern
    bb) Ordnungspflicht (+)
 3. Rechtsfolge
    a) Legitimer Zweck (+)
    b) Eignung (+)
    c) Erforderlichkeit (+)
    d) Verhältnismäßigkeit i.e.S. (Disproportionalität) (+)

aa) § 176 GVG (+)

bb) § 169 GVG (+)

cc) Meinungs- und Informationsfreiheit (+)

(1) Schutzbereichseingriff (+)

(2) Rechtfertigung (+)

(a) Sonderrecht

(b) Abwägung

(c) Kombination

(d) Zwischenergebnis

(3) Schranken-Schranke

dd) Allgemeines Persönlichkeitsrecht und allgemeine
Handlungsfreiheit (+)

III. Gesetzliche Wertung

C. Ergebnis

Lösungsvorschlag

Die folgende Lösung ist als Lösungsvorschlag zu verstehen und ausführlicher, als es in der Klausurbearbeitung verlangt werden kann. Aufgrund der wissenschaftlichen Freiheit können andere Lösungswege vertreten werden, soweit sie dogmatisch begründbar sind. Die Nachweise aus Rechtsprechung und Literatur sowie die das Verständnis fördernden Randbemerkungen sind in der Examensklausur auszusparen. Die Abkürzung „Alt." steht für Alternativfall, nicht für Alternative.

Der Antrag wird jedenfalls erfolgreich sein, soweit die Sachentscheidungsvoraussetzungen erfüllt sind und der Antrag begründet ist.

A. Sachentscheidungsvoraussetzungen[1, 2]

Die Sachentscheidungsvoraussetzungen können erfüllt sein.

---

1 Hinweis: Andere Aufbauvarianten werden vertreten (z.B. dreistufig oder Prüfung des Verwaltungsrechtsweges als Untergliederungspunkt der Zuständigkeit des Gerichts). Derartige Aufbauvarianten sind aber mit § 17a Abs. 2 GVG bzw. mit der Überschrift des 6. Abschnitts der VwGO sowie mit § 83 VwGO unvereinbar und daher bei exakter dogmatischer Zuordnung der Prüfungspunkte nicht zu empfehlen. Die Überschrift „Sachentscheidungsvoraussetzungen" anstelle der Überschrift „Zulässigkeit" ist sinnvoll, weil nach § 63 Nr. 3 VwGO auch der Beige-

I. Rechtsweg
Ein Rechtsweg kann eröffnet sein.

1. Aufdrängende Zuweisung und § 40 Abs. 1 S. 1 VwGO
Der Verwaltungsrechtsweg kann mangels aufdrängender Sonderzuweisung gemäß § 40 Abs. 1 S. 1 VwGO eröffnet sein. Gegebenenfalls kommt ein Verweisungsbeschluss i.S.d. § 17a Abs. 2 GVG i.V.m. § 173 VwGO in Betracht. Der Verwaltungsrechtsweg ist eröffnet, wenn die streitentscheidende öffentlich-rechtliche Norm einen Hoheitsträger einseitig berechtigt oder verpflichtet bzw. wenn aufgrund typisch hoheitlichen Handelns zwischen den Beteiligten ein Subordinationsverhältnis besteht.

Als streitentscheidende Normen kommen § 14 OBG bzw. § 12 AG GVG in Betracht. Beide Normen sind öffentlich-rechtlich, wobei in § 12 AG GVG keine eindeutige Berechtigung zum hoheitlichen Handeln, sondern möglicherweise nur eine Kompetenzbegründung enthalten ist. Jedenfalls besteht ein Subordinationsverhältnis, weil zumindest der zweite Aushang formal als Verfügung bezeichnet ist und somit eine typisch hoheitliche Handlungsform gewählt worden ist, zumal aufgrund der Zielsetzung der ordnungsgemäßen Gerichtsabläufe auch ein Sachzusammenhang zum öffentlichen Recht besteht. Der Verwaltungsrechtsweg wäre gemäß § 40 Abs. 1 S. 1 VwGO eröffnet.

2. Abdrängende Zuweisung
Möglicherweise besteht eine abdrängende Zuweisung zum ordentlichen Gericht (vgl. dazu: BGH, Beschluss vom 28.3.2007 – IV AR (VZ) 1/07). Gemäß § 23 Abs. 1 S. 1 EGGVG ist bezüglich der Rechtmäßigkeit von Anordnungen, Verfügungen oder sonstigen Maßnahmen, die von den Justizbehörden zur Regelung einzelner Angelegenheiten auf dem Gebiet des bürgerlichen Rechts einschließlich des Handelsrechts, des Zivilprozesses, der freiwilligen Gerichtsbarkeit und der Strafrechtspflege getroffen werden, also bei Justizverwaltungsakten, auf Antrag von den ordentlichen Gerichten zu entscheiden. Grund für diese besondere Rechtswegregelung ist es, dass die ordentlichen Gerichte den Verwaltungsmaßnahmen in den aufgeführten Gebieten gegenüber den Gerichten der allgemeinen

---

ladene zu den Beteiligten gehört, das Fehlen einer notwendigen Beiladung i.S.d. § 65 Abs. 2 VwGO aber nur dazu führt, dass das Urteil keine materielle Rechtskraft entfaltet.

2 Es ist wichtig, bei Verfahren im einstweiligen Rechtsschutz die Überschrift „Sachentscheidungsvoraussetzungen", nicht aber „Sachurteilsvoraussetzungen" zu verwenden, weil kein Urteil ausgesprochen, sondern ein Beschluss gefasst wird.

Verwaltungsgerichtsbarkeit sachnäher sind und den dort tätigen Richtern die zur Nachprüfung justizmäßiger Verwaltungsakte erforderlichen zivil- und strafrechtlichen Erkenntnisse und Erfahrungen zuzusprechen sind. Die Norm ist bei der Berücksichtigung des sich unter anderem aus Art. 20 Abs. 3 GG ergebenden rechtsstaatlichen Grundsatzes der Effektivität der Verwaltung als Ausnahme zu § 40 Abs. 1 S. 1 VwGO eng auszulegen. § 23 Abs. 1 S. 1 EGGVG ist somit nur anwendbar, soweit die nach Sinn und Zweck der Norm erforderliche Sachnähe zu der zur Prüfung berufenen ordentlichen Gerichtsbarkeit tatsächlich besteht.

Eine derartige Sachnähe der das Hausverbot enthaltenen Aushänge zur ordentlichen Gerichtsbarkeit ist nicht ersichtlich, da es sich dabei nicht um straf- oder zivilverfahrensrechtliche Aspekte, sondern um Aspekte der Gerichtsverwaltung handelt. Eine abdrängende Sonderzuweisung i.S.d. § 23 Abs. 1 S. 1 EGGVG besteht nicht, sodass letztlich der Verwaltungsrechtsweg eröffnet ist.

II. Zuständigkeit

In Verfahren des einstweiligen Rechtsschutzes ist unabhängig davon, um welches Verfahren im einstweiligen Rechtsschutz es sich handelt, gemäß den §§ 123 Abs. 2 S. 1, 80 Abs. 5 S. 1, 80a Abs. 3 S. 1, 2 VwGO das Gericht der Hauptsache zuständig. Außer beim einstweiligen Rechtsschutz i.S.d. § 47 Abs. 6 VwGO – insoweit wäre wie in der Hauptsache stets das Oberverwaltungsgericht zuständig – ist in der Hauptsache in der Regel gemäß § 45 VwGO das Verwaltungsgericht als Eingangsinstanz für den von der zuständigen Behörde erlassenen Verwaltungsakt sachlich zuständig, sodass kein Verweisungsbeschluss gemäß §§ 17a Abs. 2 GVG, 83 VwGO gefasst werden wird.[3]

III. Beteiligte

A und der Landgerichtspräsident können Beteiligte des Verfahrens sein. Ob sich die Beteiligungsfähigkeit aus der direkten Anwendung der §§ 63, 61, 62, 65 VwGO ergibt oder ob sie wegen des Wortlautes in § 63 VwGO – Kläger und Beklagter – zumindest teilweise analog anzuwenden sind, ist irrelevant, wenngleich sich aus der gesetzlichen Abschnittsüberschrift „Allgemeine Verfahrensvorschriften" ergeben kann, dass sämtliche Verfahren und damit auch die

---

[3] Die örtliche Zuständigkeit ist nur anzusprechen, wenn es dafür im Sachverhalt Anhaltspunkte gibt. Gegebenenfalls ist die örtliche Zuständigkeit grundsätzlich im Anschluss an die sachliche Zuständigkeit zu prüfen. Ist sie jedoch gemäß § 52 Nr. 2 VwGO ausnahmsweise von der Klageart abhängig, sollte sie offen mit Verweis auf § 17a Abs. 2 GVG i.V.m. § 83 VwGO formuliert werden.

Verfahren des einstweiligen Rechtsschutzes von der direkten Anwendung erfasst sind. Beteiligte sind nach § 63 Nr. 1, 2 VwGO jedenfalls unter anderem der
Antragsteller und der Antragsgegner, beteiligungsfähig nach § 61 Nr. 1 VwGO
natürliche und juristische Personen. Behörden sind gemäß § 61 Nr. 3 VwGO
i.V.m. § 4 Abs. 1 AG VwGO des Bundeslandes B beteiligungsfähig. Als Antragsteller ist A gemäß § 61 Nr. 1 Alt. 1 VwGO beteiligungsfähig und gemäß § 62
Abs. 1 Nr. 1 VwGO prozessfähig.

Als Antragsgegner ist die Behörde maßgeblich. Der gemäß § 12 AG GVG für
das Hausrecht zuständige Landgerichtspräsident ist gemäß §§ 63 Nr. 2, 61 Nr. 3
VwGO i.V.m. § 4 Abs. 1 AG VwGO beteiligungs- und mangels Anhaltspunkten
bezüglich des für die Behörde handelnden Organwalters gemäß § 62 Abs. 3, 1
VwGO prozessfähig.

IV. Statthafte Verfahrensart

Die statthafte Verfahrensart richtet sich gemäß den §§ 88, 122 Abs. 1 VwGO
i.V.m. § 80 Abs. 7 VwGO oder § 123 Abs. 2 S. 1 VwGO oder § 80a Abs. 3 S. 2 VwGO
nach dem Antragsbegehren.[4] Gemäß § 123 Abs. 5 VwGO sind die Verfahren nach
den §§ 80, 80a VwGO gegenüber der einstweiligen Anordnung nach § 123 Abs. 5
VwGO spezieller.

Der Antrag nach § 80 Abs. 5 S. 1 VwGO ist statthaft, soweit der Antragsteller
die Suspendierung, also die Herstellung oder Wiederherstellung der aufschiebenden Wirkung eines Rechtsbehelfes oder Rechtsmittels bezüglich eines Verwaltungsaktes begehrt.[5] Ein Verwaltungsakt ist gemäß § 35 S. 1 VwVfG jede Verfügung, Entscheidung oder andere hoheitliche Maßnahme, die eine Behörde zur
Regelung eines Einzelfalls auf dem Gebiet des öffentlichen Rechts trifft und die
auf unmittelbare Rechtswirkung nach außen gerichtet ist.

A möchte das in den beiden Aushängen enthaltene Hausverbot einstweilen
suspendieren. Da diese Aushänge nicht ausschließlich auf ihn bezogen sind,
handelt es sich insoweit nicht um eine Einzelfallregelung i.S.d. § 35 S. 1 VwVfG.
Es könnte durch die Aushänge jedoch ein Verwaltungsakt in Form einer Allge-

---

4 Beim einstweiligen Rechtsschutz muss das Antragsbegehren anders als das Klagebegehren
in der Hauptsache nicht um maßnahmespezifische Aspekte und den rechtsstaatlichen Grundsatz der Effektivität ergänzt werden, weil es insoweit eine gesetzlich vorgegebene Rangfolge in
§ 123 Abs. 5 VwGO gibt.
5 Die häufig verwendete „Faustformel", dass ein Verfahren nach § 80 Abs. 5 VwGO statthaft
ist, wenn es sich in der Hauptsache um eine Anfechtungsklage handelt, während eine einstweilige Anordnung nach § 123 VwGO danach bei Leistungs- und Feststellungsklagen in der
Hauptsache statthaft sein soll, ist falsch. Es gibt Fälle, in denen Begehren in der Hauptsache
und im einstweiligen Rechtsschutz divergieren (vgl. § 81 Abs. 3 AufenthaltsG).

meinverfügung gemäß § 35 S. 2 Var. 1 VwVfG ausgesprochen worden sein. Eine Allgemeinverfügung ist gemäß § 35 S. 2 VwVfG ein Verwaltungsakt, der an einen nach allgemeinen Merkmalen bestimmten oder bestimmbaren Personenkreis gerichtet ist oder die öffentlich-rechtliche Eigenschaft einer Sache oder ihre Benutzung durch die Allgemeinheit betrifft.

1. Aushang vom 2. Oktober

Der seitens des Landgerichtspräsidenten veranlasste Aushang mit dem Hinweis auf § 2 RL kann eine Allgemeinverfügung darstellen. Dazu müsste der Hinweis eine Regelungswirkung haben. Zunächst handelt es sich bei der Richtlinie nicht um eine Hausordnung, deren Rechtsnatur sowie Außenwirkung problematisch ist. Die Richtlinie ist jedenfalls Verwaltungsbinnenrecht. Somit ergibt sich aus der Richtlinie keine Außenwirkung. Wird durch den Aushang auf die Richtlinie verwiesen, wird jedenfalls kein deklaratorischer Verwaltungsakt ausgesprochen, weil sich aus der Richtlinie keine Außenwirkung ergibt, die durch einen deklaratorischen Akt bekräftigt werden könnte.

Somit ist eine Allgemeinverfügung durch den Aushang vom 2. Oktober nur erfolgt, soweit darin eine inhaltliche Regelung im Außenverhältnis ausgesprochen wurde, die über eine Feststellung hinausgeht. Dann müsste der Inhalt der Richtlinie im Außenverhältnis zum Inhalt einer Allgemeinverfügung gemacht worden sein. Soweit auf den Willen der Behörde abgestellt würde, könnte der erste Aushang als Allgemeinverfügung eingestuft werden. Bei rechtsstaatlicher Betrachtung i.S.d. Art. 20 Abs. 3 GG muss sich die Behörde jedoch an der Handlungsform messen lassen, die sie gewählt hat. Es kommt nicht darauf an, welche Handlungsform sie hätte wählen müssen, da hoheitliche Rechtsträger dann stets unbedacht hoheitliche Handlungsformen wie Verwaltungsakte wählen könnten, ohne dass sie rechtswidrig wären, wenn die gewählte Handlungsform im Einzelfall nicht vorgesehen wäre. Die Rechtssicherheit der Bürger wäre massiv gefährdet. Vielmehr sollen Rechtsträger im Rechtsstaat mittels ihrer Behörden von ihrer Hoheitsgewalt mit Bedacht Gebrauch machen mit der Folge, dass sie sich an der Handlungsform messen lassen müssen, die sie gewählt haben.

Da die materielle Funktion des ersten Aushanges nicht eindeutig ist, muss bei formaler Betrachtung mangels einer eindeutigen Bezeichnung von einem bloßen Hinweis ausgegangen werden, der keinen Verwaltungsakt darstellt. Mag es bei Hinweisen im Einzelfall eventuell möglich sein, solche aufgrund der Personenkonkretisierung und der damit verbundenen Aufforderung als Verwaltungsakte einzustufen, ist dies bei mehreren Personen als Adressaten allenfalls in Ausnahmekonstellationen bei verfassungskonformer Auslegung möglich. Da ein Bedürfnis zur verfassungskonformen Auslegung nicht besteht, ist der erste Aushang nicht als Verwaltungsakt in Form einer Allgemeinverfügung i.S.d. § 35 S. 2 Var. 1 VwVfG einzustufen, sondern als bloßer Hinweis, als der er auch bezeichnet wurde.

2. Aushang vom 6. Oktober

Der Aushang vom 6. Oktober kann jedoch als Allgemeinverfügung einzuordnen sein. In dem zweiten Aushang wird jedem, der Kutten oder andere auf die Zugehörigkeit zu den „BRockers" hinweisende Zugehörigkeitssymbole als Kleidung trägt oder sonst mit sich führt, untersagt, das Gelände des zum Landgericht gehörigen Justizzentrums zu betreten. Somit wird gegenüber einem bestimmbaren Personenkreis ein Hausverbot und damit eine Allgemeinverfügung i.S.d. § 35 S. 2 Var. 1 VwVfG ausgesprochen. Dabei ist es für die Qualifizierung des Handelns des Landgerichtspräsidenten irrelevant, ob die Allgemeinverfügung wirksam ist, weil auch nichtige Verwaltungsakte wegen der Notwendigkeit der Gewährung eines effektiven Rechtsschutzes i.S.d. Art. 19 Abs. 4 GG sowie i.S.d. sich unter anderem aus Art. 20 Abs. 3 GG ergebenden Rechtsstaatsprinzips Gegenstand eines Suspendierungsantrages sein können.

Sogar eine etwaige Fehlerhaftigkeit der Formenwahl durch die Verwaltung ist irrelevant. Sollte der Landgerichtspräsident das öffentlich-rechtliche Hausverbot fehlerhaft anstelle eines möglicherweise rechtmäßig notwendig auszusprechenden fiskalischen Hausrechts ausgesprochen haben, muss sich die Verwaltung an der gewählten Handlungsform wegen des i.S.d. Artt. 19 Abs. 4, 20 Abs. 3 GG zu berücksichtigenden Grundsatzes des effektiven Rechtsschutzes messen lassen. Nach alledem ist der Suspendierungsantrag gemäß § 80 Abs. 5 S. 1 VwGO statthaft.

V. Besondere Sachentscheidungsvoraussetzungen

Die besonderen Sachentscheidungsvoraussetzungen müssen erfüllt sein. Ausdrückliche Regelungen über die besonderen Sachentscheidungsvoraussetzungen bestehen für das Verfahren nach § 80 Abs. 5 S. 1 VwGO nicht.

1. Besondere Prozessführungsbefugnis

§ 78 VwGO als Regelung der besonderen Prozessführungsbefugnis ist gemäß der Abschnittsüberschrift des 8. Abschnitts der Verwaltungsgerichtsordnung bei Anfechtungs- und Verpflichtungsklagen anwendbar. Analog ist § 78 VwGO bei Verfahren anwendbar, bei denen es um Verwaltungsakte geht, weil insoweit eine vergleichbare Interessenlage bei planwidriger Regelungslücke besteht. Da beim Verfahren nach § 80 Abs. 5 S. 1 VwGO in der ersten Stufe die Suspendierung eines Verwaltungsaktes erstrebt wird, ist § 78 VwGO insoweit analog anwendbar. Besonders prozessführungsbefugt ist analog § 78 Abs. 1 Nr. 2 VwGO i.V.m. § 4 Abs. 2 VwGO der Landgerichtspräsident.

2. Antragsbefugnis

A muss zwecks der Vermeidung von Popularanträgen analog § 42 Abs. 2 VwGO antragsbefugt sein. Voraussetzung für die Antragsbefugnis analog § 42 Abs. 2 VwGO ist die Möglichkeit der Verletzung eines subjektiven Rechts. Subjektive Rechte leiten sich aus Sonderbeziehungen, einfachen Gesetzen, subsidiär aus Grundrechten ab, wobei aufgrund des weiten Schutzbereiches des Art. 2 Abs. 1 GG bei unmittelbaren Grundrechtseingriffen für das subjektive Recht direkt auf Grundrechte abgestellt werden kann. Die Allgemeinverfügung i.S.d. § 35 S. 2 Var. 1 VwVfG ist ein den A belastender Verwaltungsakt, durch den dieser möglicherweise in seinem sich aus Art. 2 Abs. 1 GG i.V.m. Art. 1 Abs. 1 GG ergebenden allgemeinen Persönlichkeitsrecht, seiner sich aus Art. 5 Abs. 1 S. 1 Var. 1 GG ergebenden Meinungsfreiheit, subsidiär jedenfalls in der ihm grundsätzlich i.S.d. Art. 2 Abs. 1 GG zustehenden allgemeinen Handlungsfreiheit verletzt sein kann. A ist analog § 42 Abs. 2 VwGO antragsbefugt.

VI. Allgemeines Rechtsschutzbedürfnis

Aus dem unter anderem in Art. 20 Abs. 3 GG enthaltenen Rechtsstaatsprinzip ergibt sich für das Prozessrecht das Erfordernis des allgemeinen Rechtsschutzbedürfnisses als allgemeine Sachentscheidungsvoraussetzung.

1. Gesetzliche Suspendierung

Dem Antragsteller fehlt das allgemeine Rechtsschutzbedürfnis, wenn der Suspensiveffekt schon gemäß § 80 Abs. 1 VwGO aufgrund gesetzlicher Anordnung eingetreten ist oder vom Antragsteller außergerichtlich ohne Schwierigkeiten herbeigeführt werden kann.[6] Für A gab es keine andere Möglichkeit, den Sus-

---

6 Teilweise wird die Problematik der gesetzlichen Suspendierung schon beim statthaften Antrag erörtert. Da es bei der statthaften Antragsart nur darum geht, das Begehren mit einer rechtlich vorgesehenen Antragsart zu verbinden, ist die Frage nach dem Bedürfnis für gerichtlichen Rechtsschutz weitergehend. Vertretbar – wenngleich nicht empfehlenswert – erscheint es jedoch, das allgemeine Rechtsschutzbedürfnis insoweit vorzuziehen und bei der statthaften

pensiveffekt herbeizuführen, da seitens des Landgerichtspräsidenten die sofortige Vollziehbarkeit des Hausverbotes gemäß § 80 Abs. 2 S. 1 Nr. 4 VwGO angeordnet worden ist, sodass die Einlegung eines Widerspruches – soweit dieser statthaft wäre – oder die Erhebung der Klage nicht zur Suspendierung des Bescheides i.S.d. § 80 Abs. 1 VwGO geführt hätten. Insoweit ist A das allgemeine Rechtsschutzbedürfnis nicht abzusprechen.

2. Aussetzungsantrag

Um ein Rechtsschutzbedürfnis zu haben, könnte für den Antragsteller ein vorheriger Antrag nach § 80 Abs. 6 S. 1 VwGO auf Aussetzung im Sinne des § 80 Abs. 4 S. 1 VwGO erforderlich sein. Das wäre nur anzunehmen, wenn der Verweis in § 80 Abs. 6 S. 1 VwGO auf § 80 Abs. 2 S. 1 Nr. 1 VwGO nur eine deklaratorische Funktion hätte. Dem Wortlaut nach ist § 80 Abs. 6 S. 1 VwGO abschließend. Die Norm soll nur in den dort explizit benannten Konstellationen angewandt werden, zumal im Gegensatz zur Analogie eine plangemäße Regelungslücke für verbleibende Konstellationen anzunehmen ist. Aus dem Umkehrschluss aus § 80 Abs. 6 S. 1 VwGO ergibt sich somit, dass in Konstellationen außerhalb des § 80 Abs. 2 Nr. 1 VwGO vor Betreibung des einstweiligen Rechtsschutzes kein Aussetzungsantrag bei der Behörde zu stellen ist.[7] Das Rechtsschutzbedürfnis ist A insoweit nicht abzusprechen.

3. Rechtsschutz in der Hauptsache

Es könnte erforderlich sein, vor oder zumindest gleichzeitig mit der Beantragung des einstweiligen Rechtsschutzes den Rechtsschutz in der Hauptsache durch Klageerhebung bzw. durch Einlegung eines gegebenenfalls trotz Entbehrlichkeit des Vorverfahrens statthaften Widerspruches zu verfolgen. Hätte A schon vor der Beantragung des einstweiligen Rechtsschutzes beim Gericht den Widerspruch eingelegt, wäre das etwaige Erfordernis des Rechtsschutzes in der Hauptsache obsolet, da er jedenfalls erfolgt wäre. A hat jedoch erst zeitgleich mit dem Antrag beim Gericht den Widerspruch bei der Behörde eingelegt.

Antragsart mitzuprüfen. Dann muss bei der Erörterung der statthaften Antragsart aber klargestellt werden, dass das allgemeine Rechtsschutzbedürfnis insoweit vorgezogen worden ist.

7 Die Problematik des Aussetzungsantrages ist in zweipoligen Konstellationen weniger bedeutend als bei Verfahren i.S.d. § 80a Abs. 3 S. 1, 2 VwGO, weil für die dort geregelten dreipoligen Konstellationen in Satz 2 auch auf § 80 Abs. 6 VwGO verwiesen wird. Insofern handelt es sich nach h.M. um eine Rechtsgrund-, nicht um eine Rechtsfolgenverweisung (strittig).

a) Ausnahmsloses Betreiben der Hauptsache

Die Erforderlichkeit der vorherigen oder gleichzeitigen Verfolgung des Rechtsschutzes in der Hauptsache könnte sich ausnahmslos daraus ergeben, dass eine Suspendierung, also eine Herstellung oder Wiederherstellung der aufschiebenden Wirkung bei Gericht sinnvoll nur erfolgen kann, wenn dies zuvor schon bei der Behörde beantragt worden ist (vgl. VG Göttingen, Beschluss vom 9.1.2013 – 1 B 7/13 m.w.N.). Insbesondere dient z.b. ein Widerspruchsverfahren der Selbstkontrolle der Verwaltung i.S.d. Art. 20 Abs. 3 GG, sodass ihr selbst die Möglichkeit zur Suspendierung gegeben werden müsste. Durch die Möglichkeit der Verwaltung, jederzeit nach § 80 Abs. 4 S. 1 VwGO die Vollziehung auszusetzen, wird die effektive Selbstkontrolle noch nicht zwingend gewährleistet, weil die Verwaltung naturgemäß in der Regel nur tätig und aussetzen wird, wenn sie davon Kenntnis erlangt, dass der Bürger mit der Bescheidung nicht einverstanden ist.

Jedenfalls in den Konstellationen, in denen das Widerspruchsverfahren gemäß § 68 Abs. 1 S. 2 VwGO entbehrlich ist, bedarf es keiner vorherigen Betreibung der Hauptsache, weil in § 80 Abs. 5 S. 2 VwGO gesetzlich geregelt ist, dass der Antrag nach § 80 Abs. 5 S. 1 VwGO schon vor Erhebung der Anfechtungsklage zulässig ist. Das Erfordernis der vorherigen oder gleichzeitigen Verfolgung der Hauptsache kann in der Konstellation des § 80 Abs. 5 S. 2 VwGO auch nicht mittels einer verfassungskonformen Auslegung oder Reduktion im Sinne des Art. 20 Abs. 3 GG aus Gründen der Selbstkontrolle der Verwaltung notwendig sein, weil der Wortlaut die Grenze der Auslegung darstellt und der Wortlaut des § 80 Abs. 5 S. 2 VwGO insoweit nicht auslegungsfähig und nicht reduzierungsbedürftig ist. Die Annahme eines solchen Erfordernisses wäre in den Konstellationen der Entbehrlichkeit des Vorverfahrens gesetzeswidrig. Zwar ist möglicherweise auch bei der Entbehrlichkeit des Widerspruchsverfahrens ein Widerspruch statthaft, um die rechtsstaatliche Selbstkontrolle der Verwaltung i.S.d. Art. 20 Abs. 3 GG zu ermöglichen, und weil der Widerspruch in den Normen über die Entbehrlichkeit – § 68 Abs. 1 S. 2 VwGO gegebenenfalls i.V.m. Landesrecht – nicht verboten worden ist, jedoch kann insoweit jedenfalls kein Widerspruchsverfahren erzwungen werden, weil eine Entbehrlichkeit gesetzlich geregelt ist.

Da das Widerspruchsverfahren für A nicht gemäß § 68 Abs. 1 S. 2 VwGO – auch nicht i.V.m. dem Landesrecht des Bundeslandes B – entbehrlich ist, ist nicht unmittelbar die Klage statthaft mit der Folge, dass sich daraus noch keine Entbehrlichkeit des vorherigen Betreibens der Hauptsache in Form eines Widerspruchsverfahrens ergibt.

b) Grundsätzliche Entbehrlichkeit des Betreibens der Hauptsache

Unabhängig davon, ob ein Widerspruchsverfahren gemäß § 68 Abs. 1 S. 2 VwGO entbehrlich ist oder nicht, könnte das vorherige Betreiben der Hauptsache entbehrlich sein. Das könnte sich daraus ergeben, dass durch das Erfordernis des vorherigen Betreibens der Hauptsache die Überlegungsfristen des Betroffenen i.S.d. § 70 Abs. 1 S. 1 VwGO oder nach § 74 Abs. 1 S. 2 VwGO für den Betroffenen verkürzt würden, weil er, um einstweiligen Rechtsschutz zu erlangen, schon vor Ablauf dieser Fristen in der Hauptsache tätig werden müsste. § 80 Abs. 5 S. 2 VwGO wäre dann eine deklaratorische Regelung, von der auch Konstellationen erfasst wären, in denen das Widerspruchsverfahren erforderlich wäre. Sinnvoll kann eine differenzierte Betrachtung sein.

c) Differenzierte Betrachtung

Bei differenzierter Betrachtung ist zwischen Konstellationen mit dem Erfordernis eines Widerspruchsverfahrens und ohne Erfordernis eines Widerspruchsverfahrens zu trennen. Sollte ein Widerspruchsverfahren gemäß § 68 Abs. 1 S. 2 VwGO entbehrlich sein, ist der Wortlaut des § 80 Abs. 5 S. 2 VwGO maßgeblich, sodass die Klage vor Stellung des Antrages auf einstweiligen Rechtsschutz nicht erhoben worden sein muss. Ist ein Widerspruchsverfahren allerdings erforderlich, ist vor Stellung des Antrages der Widerspruch einzulegen. Einerseits ist der Wortlaut des § 80 Abs. 5 S. 2 VwGO begrenzt, sodass die Norm eine Ausnahmeregelung darstellt, andererseits kann sinnvoll nur etwas suspendiert werden, das zuvor im Sinne der in einem Rechtsstaat i.S.d. Art. 20 Abs. 3 GG erforderlichen Selbstkontrolle der Verwaltung bei der Behörde beantragt worden ist, zumal dies zu einer Entlastung der Gerichte führt.

Auch die Überlegungsfrist des § 70 Abs. 1 VwGO steht insoweit nicht entgegen. Während die Klagefrist aus § 74 Abs. 1 VwGO bei Entbehrlichkeit des Widerspruchsverfahrens nicht durch das Erfordernis des vorherigen Betreibens der Hauptsache verkürzt werden darf, ist dies bei der Widerspruchsfrist aus den genannten rechtsstaatlichen Gründen anders. Während die Hemmschwelle zur Erhebung einer Klage als Rechtsmittel höher als bei Stellung eines Antrages auf einstweiligen Rechtsschutz ist – schließlich besteht ein hohes Kostenrisiko sowie die psychische Belastung eines lange dauernden Verfahrens – ist die Hemmschwelle für die Einlegung eines Widerspruches als Rechtsbehelf geringer als beim einstweiligen Rechtsschutz. Wenn sich der Antragsteller bereits zu einem gerichtlichen Antrag im einstweiligen Rechtsschutz entschieden hat, ist es weniger problematisch, Widerspruch einzulegen.

Nach alledem ist bei der Erforderlichkeit eines Vorverfahrens vor Stellung des Antrages i.S.d. § 80 Abs. 5 S. 1 VwGO die Einlegung des Widerspruches erforderlich, um zu verdeutlichen, dass die Hauptsache auch tatsächlich betrieben wird. Aus rechtsstaatlichen Gründen i.S.d. Art. 20 Abs. 3 GG sowie aus Gründen des effektiven Rechtsschutzes i.S.d. Art. 19 Abs. 4 GG genügt die Einlegung des Widerspruches zeitgleich mit der Stellung des Antrages im einstweiligen Rechtsschutz, solange die Erhebung des Widerspruches nicht rechtsmissbräuchlich spät erfolgt, obgleich die Selbstkontrolle der Verwaltung insoweit minimiert wird. A hat den Widerspruch zeitgleich mit der Stellung des Antrages auf einstweiligen Rechtsschutz beim Gericht eingelegt.

Problematisch ist allerdings, dass der Widerspruch des A umgehend zurückgewiesen wurde. Insoweit könnte es nicht erforderlich sein, innerhalb der Klagefrist vor der Beschlussfassung im Eilverfahren eine Klage zu erheben, weil zum Zeitpunkt der Antragstellung bezüglich des Eilverfahrens ein Widerspruch gleichzeitig eingelegt worden ist, der noch nicht zurückgewiesen war und aus dem sich die Suspendierung hätte ergeben können. Allerdings muss die Klage jedenfalls vor Ablauf der Klagefrist erhoben werden, weil mittels des Verfahrens nach § 80 Abs. 5 S. 1 VwGO die Suspendierung durch den Widerspruch oder die Klage i.S.d. § 80 Abs. 1 VwGO erreicht werden soll. Ist der Widerspruch aber zurückgewiesen worden und wäre die Klage verfristet, wäre eine Suspendierung nicht mehr möglich und der Antrag im Eilverfahren unzulässig.

Inwieweit es für das allgemeine Rechtsschutzbedürfnis im Eilverfahren erforderlich ist, dass die Klage nach der Zurückweisung des Widerspruches vor der Beschlussfassung – falls im Sinne des § 101 Abs. 3 VwGO eine mündliche Verhandlung stattfindet bis zur mündlichen Verhandlung – erhoben werden muss, damit die Klage zur Suspendierung führen kann oder inwieweit die aufschiebende Wirkung im Hinblick auf eine noch zu erhebende Klage angeordnet werden kann, ist irrelevant. A hat die Klage nämlich unmittelbar nach der Zurückweisung des Widerspruches erhoben.

d) Zwischenergebnis

Das Widerspruchsverfahren des A war nicht entbehrlich,[8] jedoch ist zeitgleich mit der Stellung des Antrages nach § 80 Abs. 5 S. 1 VwGO Widerspruch beim

---

8 Es ist strittig, ob vor Stellung eines Antrages auf einstweiligen Rechtsschutz gemäß § 80 Abs. 5 S. 1 VwGO die Klageerhebung oder gegebenenfalls die Einlegung eines Widerspruches in der Hauptsache erforderlich ist. Nach h.M. bedarf es jedenfalls bei Entbehrlichkeit des Vorverfahrens gemäß § 80 Abs. 5 S. 2 VwGO keiner vorherigen oder gleichzeitigen Erhebung der Anfechtungsklage. Dies gilt unabhängig vom Streitstand zur Statthaftigkeit des Widerspruches trotz Entbehrlichkeit des Widerspruchsverfahrens. Ist das Vorverfahren nicht entbehrlich, ist der Streitstand zu entscheiden. Da insoweit zwei verbreitete konträre Auffassungen mit jeweils guten Argumenten bestehen, ist es empfehlenswert, in diesen Fällen nach Benennung der Ar-

zuständigen Landgerichtspräsidenten eingelegt worden. Eine rechtsmissbräuchliche Verzögerung des A ist nicht ersichtlich. Das allgemeine Rechtsschutzbedürfnis ist A nicht aufgrund eines Nichtbetreibens der Hauptsache abzusprechen.

4. Keine offensichtliche Verfristung der Hauptsache
Ein Rechtsschutzbedürfnis für den einstweiligen Rechtsschutz besteht nur, soweit Rechtsschutz in der Hauptsache möglich, dessen Sachentscheidungs- bzw. Sachurteilsvoraussetzungen also nicht offensichtlich unerfüllt sind bzw. bleiben werden. Dies ist anzunehmen, wenn der Rechtsbehelf bzw. das Rechtsmittel in der Hauptsache offensichtlich verfristet sind. Bezüglich des gegenüber A erlassenen Bescheides gibt es keine Anhaltspunkte dafür, dass der von ihm eingelegte Widerspruch verfristet ist. Vielmehr ist am 29. Oktober sogar innerhalb der Monatsfrist i.S.d. § 70 Abs. 1 VwGO ein Widerspruch erhoben worden, sodass es irrelevant ist, ob möglicherweise sogar die Jahresfrist i.S.d. §§ 58 Abs. 2, 70 Abs. 2 VwGO maßgeblich ist. A ist allgemein rechtsschutzbedürftig.

VII. Zwischenergebnis
Die Sachentscheidungsvoraussetzungen des Verfahrens nach § 80 Abs. 5 S. 1 VwGO sind erfüllt.

B. Begründetheit
Der Antrag des A gemäß § 80 Abs. 5 S. 1, 3 VwGO auf Suspendierung ist begründet, soweit die Vollziehungsanordnung nach § 80 Abs. 2 S. 1 Nr. 4 VwGO rechtswidrig ist[9] bzw. bei summarischer Prüfung das Aussetzungsinteresse des A als Antragsteller das Vollziehungsinteresse der Behörde überwiegt.

---

gumente klausurtaktisch zu entscheiden (zum Ganzen vgl. Sodan/Ziekow, § 80, Rn 129; Kopp/Schenke, § 80, Rn 139 m.w.N.; Posser/Wolff, § 80, Rn 164 m.w.N.).
9 Bei der Vollziehungsanordnung gibt es mehrere **Problembereiche:**
1. Aufbau
Denkbar wäre es, die Vollziehungsanordnung (VZA) nach der Erörterung des Vollziehungs-/Aussetzungsinteresses zu prüfen. Das ist nicht möglich, weil die VZA als Sonderanordnung im Rahmen eines Verwaltungsverfahrens bloß formalen Charakter hat. Formelle Voraussetzungen unterliegen klaren Vorgaben ohne Beurteilungs- und Ermessensspielräume und sind daher vor materiellen Voraussetzungen zu erörtern. Daher ist die VZA vorab zu prüfen, wobei dies problematisch ist, wenn die VZA rechtswidrig ist, weil der Antrag auf einstweiligen Rechtsschutz dann begründet ist. Sinnvoll ist es insoweit mit Verweis auf die Möglichkeit der

I. Rechtmäßigkeit der Vollziehungsanordnung

Die Vollziehungsanordnung nach § 80 Abs. 2 S. 1 Nr. 4 VwGO kann rechtmäßig sein. Insoweit könnte es wegen der Formulierung „im öffentlichen Interesse" nicht nur auf formelle, sondern auch auf materielle Voraussetzungen ankommen. Die Vollziehungsanordnung gehört systematisch aber zum Verwaltungsverfahren und ist im Verwaltungsprozessrecht geregelt mit der Folge, dass es sich dabei auch mangels gegenüber dem materiellen Verwaltungsakt eigenständiger materieller Regelung nicht um einen weiteren Verwaltungsakt handelt. Vielmehr ist die Vollziehungsanordnung lediglich eine besondere Verfahrensmöglichkeit, die ausschließlich von formellen Voraussetzungen abhängig ist.

1. Zuständigkeit

Die Vollziehungsanordnung i.S.d. § 80 Abs. 2 S. 1 Nr. 4 VwGO ist vom Landgerichtspräsidenten als zuständige Behörde angeordnet worden.

2. Verfahren

Eine gesonderte Anhörung z.B. gemäß § 28 Abs. 1 VwVfG ist bezüglich der Vollziehungsanordnung nicht erforderlich, da sie mangels eigener materieller Regelungswirkung gegenüber dem für sofort vollziehbar erklärten Verwaltungsakt

---

Behörde, jederzeit eine neue VZA zu erlassen, dennoch das Aussetzungs- und Vollziehungsinteresse im Anschluss an die VZA zu erörtern. Denkbar wäre es insoweit aber, die Prüfung zu beenden und in einem Hilfsgutachten fortzuführen, da sonst seitens des Gerichts die Gewaltenteilung unzulässig übermäßig durchbrochen werden könnte, weil der Suspensiveffekt zumindest in einigen Konstellationen schon bei Aufhebung der Vollziehungsanordnung bestehen würde. Allerdings ist die Vollziehungsanordnung als solche gemäß § 80 Abs. 5 S. 1 nicht Verfahrensgegenstand, sondern es geht um die „aufschiebende Wirkung". Mit diesem Argument ist es für das Gericht möglich, über die Vollziehungsanordnung hinaus zu prüfen. Sind die Vollziehungsanordnung und der Verwaltungsakt rechtswidrig, wird die Wiederherstellung der aufschiebenden Wirkung tenoriert werden. Ist die Vollziehungsanordnung rechtswidrig, der Verwaltungsakt aber rechtmäßig, wird das Gericht nur die Vollziehungsanordnung (als Minus zum Widerherstellungstenor) aufheben, damit die Behörde die Möglichkeit hat, mittels des Erlasses einer rechtmäßigen Vollziehungsanordnung rechtmäßige Zustände herzustellen. Die Vollziehungsanordnung muss aber zunächst aufgehoben werden, da die Regelung des § 80 Abs. 3 S. 1 VwGO anderenfalls vollständig ausgehebelt würde.
2. Voraussetzungen
Nach h.M. bedarf es für die VZA keiner gesonderten Anhörung, da diese nach h.M. keinen VA darstellt und die Voraussetzungen für eine Analogie wegen der Anhörung bzgl. des Grund-VA nicht erfüllt sind.

keinen Verwaltungsakt darstellt. Einer analogen Anwendung des § 28 Abs. 1 VwVfG bedarf es mangels planwidriger Regelungslücke aufgrund der abschließenden Regelung in § 80 Abs. 3 S. 1 VwGO ebenso wenig wie einer sich rechtsstaatlich aus Art. 20 Abs. 3 GG ergebenden Anhörung, weil – falls erforderlich – bezüglich der Hauptregelung eine Anhörung stattfindet, zumal sie bei einer Allgemeinverfügung gemäß § 28 Abs. 2 Nr. 4 VwVfG sogar bezüglich der eigentlichen Regelung in Form des Hausverbotes entbehrlich ist, weil es diesbezüglich z.B. in § 41 VwVfG spezielle Verfahrensvorschriften gibt. Somit bedarf es bezüglich der Vollziehungsanordnung erst recht keiner gesonderten Anhörung, damit die speziellen Regelungen bezüglich einer Allgemeinverfügung nicht ausgehebelt werden. Verfahrensfehler sind nicht ersichtlich.

3. Form
Bezüglich der Form bedarf es für eine ordnungsgemäße Begründung einer Vollziehungsanordnung gemäß § 80 Abs. 3 S. 1 VwGO auch einer ordnungsgemäßen Begründung, soweit sie nicht gemäß § 80 Abs. 3 S. 2 VwGO entbehrlich ist (zum Ganzen: VG Cottbus, Beschluss vom 2.11.2007 – 2 L 236/07).

Nach § 80 Abs. 3 S. 1 VwGO hat die Behörde in den Konstellationen des § 80 Abs. 2 S. 1 Nr. 4 VwGO das besondere Interesse an der sofortigen Vollziehung des Verwaltungsakts schriftlich zu begründen. Durch diese Vorschrift soll die Behörde dazu angehalten werden, sich des Ausnahmecharakters der Vollziehungsanordnung mit Blick auf den grundsätzlich gemäß § 80 Abs. 1 VwGO durch Erhebung eines Rechtsbehelfs eintretenden Suspensiveffekt bewusst zu werden und die Abweichung vom Grundsatz sorgfältig zu prüfen (vgl. VG Cottbus, Beschluss vom 2.11.2007 – 2 L 236/07). Zugleich soll der Betroffene über die für die Behörde maßgeblichen Gründe des ihrerseits angenommenen überwiegenden Interesses an der sofortigen Vollziehbarkeit informiert werden, damit in einem möglichen Rechtsschutzverfahren dem Gericht die Erwägungen der Behörde zur Kenntnis gebracht und zur Prüfung gereicht werden können.

Die Vorgaben des § 80 Abs. 3 S. 1 VwGO haben somit vorwiegend die Bedeutung, der Behörde den Ausnahmecharakter der sofortigen Vollziehbarkeit zu verdeutlichen. Ist das Interesse hinreichend erkennbar, kommt es für die formale Voraussetzung der ordnungsgemäßen Begründung gemäß § 80 Abs. 3 S. 1 VwGO nicht darauf an, ob die Annahme eines Überwiegens des sofortigen Vollzugsinteresses aus den angegebenen Gründen bereits voll zu überzeugen vermag (vgl. OVG für das Land Brandenburg, Beschluss vom 5.2.1998 – 4 B 134/97 –, veröffentlicht in Juris).

Aus der Begründung muss hinreichend nachvollziehbar hervorgehen, dass und aus welchen besonderen Gründen die Behörde im Einzelfall das besondere

öffentliche Interesse an der sofortigen Vollziehung des Verwaltungsakts als gegenüber dem Aussetzungsinteresse des Betroffenen vorrangig einstuft und aus
welchen im dringenden öffentlichen Interesse liegenden Gründen sie es für gerechtfertigt bzw. geboten hält, den durch die aufschiebende Wirkung eines
Rechtsbehelfs grundsätzlich eintretenden Suspensiveffekt des Betroffenen einstweilen zurück zu stellen. Pauschale und nichtssagende formelhafte Wendungen
genügen dem Begründungserfordernis nicht. Allerdings kann sich die Behörde
auf die den Verwaltungsakt selbst tragenden Erwägungen stützen, wenn die
den Erlass des Verwaltungsaktes rechtfertigenden Gründe zugleich die Dringlichkeit der Vollziehung ergeben. Das kann unter dem Aspekt der Gefahrenabwehr gegeben sein (vgl. OVG Münster, Beschluss vom 22.1.2001 – 19 B 1757/
00 –, NZV 2001, 396).

Bei gleichartigen Tatbeständen können auch gleiche oder typisierende Begründungen ausreichen, soweit aufgezeigt wird, dass die typische Interessenlage auch im konkreten Einzelfall besteht (vgl. BayVGH, Beschluss vom 4.1.
2006 – 11 CS 05.1878 –, zitiert nach Juris).

Eine Begründung fehlt bezüglich des seitens des Landgerichtspräsidenten
mit dem Aushang vom 6. Oktober verfügten Hausverbotes. Somit ist die Vollziehungsanordnung formell rechtswidrig, sodass dem Antrag gemäß § 80 Abs. 5
S. 1 VwGO schon aus diesem Grund stattzugeben ist. Wenngleich die Aufhebung
der Vollziehungsanordnung i.S.d. § 80 Abs. 3 S. 1 VwGO nicht explizit vorgesehen ist, ist sie zumindest als Minus im Antrag nach § 80 Abs. 5 S. 1 VwGO enthalten, während sie in der Hauptsache nicht Gegenstand eines Verfahrens sein
kann. Allerdings wird das Gericht den Tenor des Beschlusses nicht auf die Aufhebung der formellen Vollziehungsanordnung beschränken, sondern wegen
der Möglichkeit der Behörde, jederzeit eine neue Vollziehungsanordnung zu
erlassen, die Wiederherstellung der aufschiebenden Wirkung tenorieren, soweit
die aufschiebende Wirkung des Widerspruches nicht nur aufgrund der formell
rechtswidrigen Vollziehungsanordnung, sondern auch wegen eines materiell-
rechtlichen Überwiegens des Aussetzungsinteresses wiederherzustellen ist.
Dazu muss das Aussetzungsinteresse des Antragstellers A das Vollziehungsinteresse überwiegen.

II. Aussetzungs-/Vollziehungsinteresse

Das Aussetzungsinteresse überwiegt das Vollziehungsinteresse, soweit der Verwaltungsakt rechtswidrig ist, weil durch einen rechtswidrigen Verwaltungsakt
materiell-rechtlich grundsätzlich kein Grundrechtseingriff gerechtfertigt werden
kann und somit kein Vollziehungsinteresse des behördlichen Rechtsträgers bezüglich eines solchen Verwaltungsaktes besteht. Ist der Verwaltungsakt recht-

mäßig, überwiegt das Vollziehungsinteresse in Konstellationen des § 80 Abs. 2 S. 1 Nr. 1–3 VwGO, weil im Gesetz insoweit eine gesetzgeberische Wertung dahingehend enthalten ist, dass in derartigen Konstellationen bei rechtmäßigen Verwaltungsakten stets vollzogen werden soll. In Konstellationen einer Vollziehungsanordnung i.S.d. § 80 Abs. 2 S. 1 Nr. 4 VwGO bedarf es hingegen grundsätzlich einer eigenen Abwägung des Gerichts, weil der Gesetzgeber insoweit die Anordnung der sofortigen Vollziehbarkeit nicht selbst getroffen, sondern sie der Behörde überlassen hat, deren diesbezügliche Entscheidung gesetzlich prüfbar ist.

Eine Ausnahme erfolgt insoweit, als es in einigen Konstellationen aufgrund der Erledigung nicht zu einer Hauptsacheentscheidung kommen wird, sodass es zur Gewährung eines i.S.d. Art. 19 Abs. 4 GG effektiven Rechtsschutzes und i.S.d. sich unter anderem aus Art. 20 Abs. 3 GG ergebenden Rechtsstaatsprinzips bezüglich des Aussetzungs- und des Vollziehungsinteresses nur auf die Rechtmäßigkeit bzw. Rechtswidrigkeit des Verwaltungsaktes ankommt – auch in Konstellationen des § 80 Abs. 2 S. 1 Nr. 4 VwGO.

Maßgeblich ist somit zunächst, ob das mittels der Allgemeinverfügung i.S.d. § 35 S. 2 Var. 1 VwVfG ausgesprochene Hausverbot rechtmäßig ist.

1. Rechtsgrundlage

Fraglich ist, ob für das Hausrecht eine Rechtsgrundlage besteht (zum Ganzen: vgl. VG Neustadt, Beschluss vom 23.2.2010, Az 4 L).

a) § 1004 Abs. 1 S. 1, 2 BGB

Grundlage für das Hausrecht könnte § 1004 Abs. 1 S. 1, 2 BGB sein. Eine direkte Anwendung der Norm würde aber eine zivilrechtliche Streitigkeit voraussetzen. Eine solche Streitigkeit bestünde nur, soweit der Landgerichtspräsident als Behörde vom fiskalischen Hausrecht Gebrauch gemacht hätte, soweit es sich also um den Bereich der Bedarfsdeckung, Bestandsverwaltung oder der erlaubten wirtschaftlichen Tätigkeit handeln würde. Welche Art des Hausrechts der Landgerichtspräsident hätte wählen müssen, ist irrelevant, da er mit dem zweiten Aushang jedenfalls vom öffentlichen, nicht vom fiskalischen Hausrecht Gebrauch gemacht hat. § 1004 Abs. 1 S. 1, 2 BGB ist nicht anwendbar.

b) Richtlinie

Die Richtlinie in Gestalt des ersten Aushangs stellt nicht die Rechtsgrundlage für das öffentliche Hausrecht dar, da Richtlinien abgesehen von einer mittelbaren Außenwirkung mittels Art. 3 Abs. 1 GG oder speziellen Gleichheitssätzen lediglich verwaltungsintern wirken.

c) Annexkompetenz

Das öffentliche Hausrecht könnte sich – soweit nicht spezialgesetzlich geregelt – aus einer Annexkompetenz des gestörten Hoheitsträgers ergeben (vgl. OVG Berlin-Brandenburg, Entscheidung vom 26.10.2010 – OVG 10 B 2.10), wobei die Erfüllung des Tatbestandes einer Generalklausel bezüglich des insoweit ungeschriebenen öffentlich-rechtlichen Hausrechts notwendig wäre. Ein öffentliches Hausrecht aus einer Annexkompetenz würde jedoch eine Handlungsbefugnis bedeuten, die sich aus der Sachkompetenz bzw. der Verantwortung der Behörde oder des Gerichts für die Erfüllung der zugewiesenen Aufgaben und aus dem rechtsstaatlichen Gebot des ordnungsgemäßen Ablaufes der Verwaltungsgeschäfte ergeben kann.

Durch das öffentlich-rechtliche Hausrecht erfolgt eine Ermächtigung, zur Gewährleistung des Dienstbetriebs Regelungen über den Zutritt zum Dienstgebäude und den Aufenthalt von Personen in den Räumen des Gerichts zu treffen. Somit erfolgt insoweit möglicherweise jedenfalls ein Grundrechtseingriff in die allgemeine Handlungsfreiheit aus Art. 2 Abs. 1 GG des Hausverbotsadressaten, eventuell sogar in dessen Grundrechte auf Meinungs- und Informationsfreiheit i.S.d. Art. 5 Abs. 1 S. 1 GG sowie in das allgemeine Persönlichkeitsrecht aus Art. 2 Abs. 1 GG i.V.m. Art. 1 Abs. 1 GG. Unabhängig von etwaigen sich aus dem Grundsatz der Öffentlichkeit der Verhandlung und den sitzungspolizeilichen Befugnissen des Vorsitzenden nach § 169 GVG und § 176 GVG für die Ausübung des Hausrechts an Gerichtsgebäuden ergebenden Grenzen, gilt bei Grundrechtseingriffen jedenfalls der Gesetzesvorbehalt. Selbst wenn es sich lediglich um die Modifizierung einer Leistung handeln sollte, ist der Ausspruch eines öffentlich-rechtlichen Hausverbotes zumindest bezüglich des Umfeldes des Grundrechtes als eventuell bestehendes derivatives oder sogar originäres Leistungsrecht grundrechtsrelevant.

Insoweit bedarf es einer zumindest im Ansatz bestimmten Grundlage für den Ausspruch eines öffentlich-rechtlichen Hausverbotes. Eine Annexkompetenz eines gestörten Hoheitsträgers ist nicht hinreichend.

d) Analog § 1004 Abs. 1 S. 1, 2 BGB

Das öffentlich-rechtliche Hausrecht könnte sich aus einer analogen Anwendung des § 1004 Abs. 1 S. 1, 2 BGB ergeben. Voraussetzung wäre eine planwidrige Regelungslücke bei vergleichbarer Interessenlage. Im Hinblick auf eine eventuell in § 12 AG GVG bzw. § 14 OBG bestehende Rechtsgrundlage ist schon das Bestehen einer planwidrigen Regelungslücke fraglich. Zudem ist die analoge Anwendung der Normen eines anderen – nicht auf die Ausübung von Hoheitsgewalt ausgerichteten – Rechtsgebietes bezüglich der erforderlichen vergleichbaren Interessenlage problematisch. Jedenfalls ist die analoge Anwendung einer zivilrechtlichen Norm bezüglich der Grundrechtsrelevanz nicht hinreichend bestimmt.

e) Kompetenznorm

Das öffentlich-rechtliche Hausrecht könnte sich aus § 12 AG GVG ergeben. Die Norm kann als Rechtsgrundlage für das öffentlich-rechtliche Hausrecht jedoch zu unbestimmt sein. Sind die auf das öffentlich-rechtliche Hausrecht gestützten Verbote nicht grundrechtsrelevant, kann eine anwendbare Rechtsgrundlage unbestimmter sein als bei einer Grundrechtsrelevanz. Ist eine Maßnahme grundrechtsrelevant, bedarf es einer Rechtsgrundlage, die zumindest einen hinreichend bestimmten Tatbestand enthält. Je wesentlicher eine Maßnahme ist, desto höher sind die Anforderungen an die Regelungsdichte der Rechtsgrundlage. Eine Norm ist für Grundrechtseingriffe zu unbestimmt, wenn keine Tatbestandsvoraussetzungen enthalten sind. In § 12 AG GVG sind das „Hausrecht" und die „Ordnungsgewalt" geregelt. Es fehlen Tatbestandsvoraussetzungen, durch die eine Handlungsbefugnis begründet wird. Mit dem Merkmal „Hausrecht" ist mangels Bestimmtheit der Norm nur die Zuständigkeit für das fiskalische Hausrecht (vgl. Jarass/Pieroth, Art. 40, Rn 11; Wilrich DÖV 2002, 152, 155 m.w.N.), nicht aber ein öffentliches Hausrecht geregelt. Auch durch das Merkmal der „Ordnungsgewalt" erfolgt keine Ermächtigung zum hoheitlichen Handeln, denn auch insoweit handelt es sich um eine reine Kompetenzzuweisung, aus der sich ergibt, wer die Ordnungsgewalt inne hat, jedoch nicht, unter welchen Voraussetzungen ihre Ausübung geschehen kann (vgl. Jarass/Pieroth, Art. 40, Rn 10–12; Ehlers DÖV 1977, 737, 740 ff.). Ein materieller Tatbestand ist nicht enthalten, denn eine Implementierung der Voraussetzungen einer Generalklausel in § 12 AG GVG ergibt sich nicht aus dem Wortlaut der Norm (a.A. vgl. Wilrich DÖV 2002, 152, 155 m.w.N.). Mangels weiterer Tatbestandsmerkmale ist die Norm für Grundrechtseingriffe zu unbestimmt und insoweit als Kompetenznorm einzuordnen (vgl. Brüning DÖV 2003, 389, 392 ff.; Butzer JuS 1997, 1014, 1016; a.A. Wilrich DÖV 2002, 152, 154). Für eine verfassungskonforme Auslegung des § 12 AG GVG dahingehend, dass darin trotz geringer Regelungsdichte eine Rechtsgrundlage gegeben ist, fehlt es an entsprechend gewichtigen Verfassungsgütern, die eine derartige Auslegung in praktischer Konkordanz zu betroffenen Grundrechten rechtfertigen – denkbar wäre insoweit allenfalls die Funk-

tionsfähigkeit der Gerichte i.S.d. sich unter anderem aus Art. 20 Abs. 3 GG ergebenden Rechtsstaatsprinzips.
Da durch das A gegenüber ausgesprochene Hausverbot die sich aus Art. 2 Abs. 1 GG ergebende allgemeine Handlungsfreiheit tangiert ist, genügt § 12 AG GVG als Rechtsgrundlage nicht.

f) Generalklausel[10]

Letztlich verbleibt als Rechtsgrundlage für das öffentlich-rechtliche Hausrecht auf Landesebene die landesrechtliche Generalklausel – gegenüber A § 14 OBG, während auf Bundesebene mangels Generalklausel eine verfassungskonforme Auslegung der Kompetenznorm erforderlich und möglich sein kann. Soweit die Anwendbarkeit der Generalklausel auf Landesebene aufgrund von Zuständigkeitsregelungen und Beschränkungen auf bestimmte Ordnungsbehörden beschränkt ist, ist die Generalklausel verfassungskonform i.S.d. sich unter anderem aus Art. 20 Abs. 3 GG ergebenden Rechtsstaatsprinzips anzuwenden – im Rahmen der Zuständigkeit ergänzt durch die speziellere Kompetenznorm. Mangels der Beschränkung der Anwendbarkeit des § 14 OBG auf bestimmte Behörden ist § 14 OBG nach alledem die maßgebliche Rechtsgrundlage.[11]

2. Voraussetzungen
Die Voraussetzungen des § 14 OBG können erfüllt sein.

a) Formelle Voraussetzungen
Die formellen Voraussetzungen können erfüllt sein.

---

10 Das öffentlich-rechtliche Hausrecht ist sehr umstritten. Wegen des hinreichend bestimmten Tatbestandes erscheint es sinnvoll, Generalklauseln anzuwenden, soweit keine Spezialregelungen bestehen. Vereinzelt können Kompetenznormen einen „Terminus" wie Maßnahmen enthalten, sodass die Norm zumindest vertretbar als eine Rechtsgrundlage eingestuft werden kann. Soweit die Generalklausel aufgrund etwaiger Zuständigkeitsbegrenzungen nicht anwendbar wäre, sind die allgemeinen Zuständigkeitsregelungen verfassungskonform durch die Kompetenznorm zu ersetzen. Es ist sinnvoller eine Generalklausel mit Tatbestand verfassungskonform durch eine Kompetenznorm zu ergänzen als umgekehrt.
11 Auch soweit das öffentliche Hausrecht nicht auf die Generalklausel gestützt wird, wird überwiegend ungeschrieben inzident der Tatbestand einer Generalklausel geprüft und in das öffentlich-rechtliche Hausrecht hineingelesen (andere Auffassung wird vertreten; zum Ganzen: vgl. Brüning, in: DÖV 2003, 389, 392ff. m.w.N.).

aa) Zuständigkeit

Der Landgerichtspräsident muss für den Ausspruch des Hausverbotes in Gestalt des zweiten Aushanges zuständig gewesen sein. Er ist gemäß § 12 AG GVG für das fiskalische Hausrecht und für die Ordnungsgewalt zuständig. Von dem Merkmal der „Ordnungsgewalt" in § 12 AG GVG als Kompetenznorm ist zumindest bei verfassungskonformer Auslegung im Sinne einer gemäß Art. 20 Abs. 3 GG effektiven Gefahrenabwehr auch ein Handeln aufgrund der ordnungsrechtlichen Generalklausel und damit auch die Zuständigkeit zur Wahrnehmung eines öffentlich-rechtlichen Hausrechts in Konstellationen erfasst, die nicht Eilkonstellationen sind. In Eilkonstellationen ist nach dem jeweiligen Landesrecht in der Regel die Polizei zuständig. Durch das Merkmal „Hausrecht" wird hingegen die Zuständigkeit zur Ausübung des fiskalischen Hausrechts begründet. Handelt es sich bei dem durch den zweiten Aushang ausgesprochenen Hausverbot materiell nicht um ein öffentlich-rechtliches, sondern ein privatrechtliches Hausrecht, ergibt sich die Zuständigkeit des Landgerichtspräsidenten insoweit aufgrund des Merkmals des Hausrechts.

Der Landgerichtspräsident war für die Ausübung des öffentlich-rechtlichen Hausrechts zuständig, da ihm dieses für Nichteilfälle mittels des § 12 AG GVG zugewiesen worden ist.

bb) Verfahren und Form

Die Verfahrens- und Formvorschriften für die Allgemeinverfügung aus § 41 Abs. 3 S. 2 VwVfG müssen eingehalten worden sein. Demnach darf eine Allgemeinverfügung unabhängig von einer ausdrücklichen gesetzlichen Regelung i.S.d. § 41 Abs. 3 S. 1 VwVfG auch dann öffentlich bekannt gegeben werden, wenn eine Bekanntgabe an die Beteiligten untunlich ist. Die öffentliche Bekanntgabe wird gemäß § 41 Abs. 4 S. 1 VwVfG dadurch bewirkt, dass sein verfügender Teil ortsüblich bekannt gemacht wird. In der ortsüblichen Bekanntmachung ist gemäß § 41 Abs. 4 S. 2 VwVfG anzugeben, wo der Verwaltungsakt und seine Begründung eingesehen werden können, wobei der Verwaltungsakt gemäß § 41 Abs. 4 S. 3 VwVfG zwei Wochen nach der ortsüblichen Bekanntgabe als bekannt gegeben gilt.

Das seitens des Landgerichtspräsidenten ausgesprochene Hausverbot ist mittels des zweiten Aushanges im Gebäude ortsüblich bekannt gemacht worden, weil eine Bekanntgabe an alle Betroffenen mangels Überschaubarkeit der Daten der einzelnen Personen untunlich war. Auf die Möglichkeit der Einsichtnahme wurde ordnungsgemäß hingewiesen, während eine Abweichung der Bekanntgabefiktion i.S.d. § 41 Abs. 4 S. 2 VwVfG nicht ersichtlich ist. Die Verfahrens- und Formvorschriften sind eingehalten worden.

b) Materielle Voraussetzungen

Materiell bedarf es einer Gefahr für die öffentliche Sicherheit oder Ordnung und der Ordnungspflicht.

aa) Gefahr

Eine konkrete Gefahr für die öffentliche Sicherheit, welche gegenüber der bezüglich der Bestimmtheit i.S.d. sich unter anderem aus Art. 20 Abs. 3 GG ergebenden Rechtsstaatsprinzips möglicherweise verfassungswidrig tatbestandlich normierten öffentlichen Ordnung jedenfalls primär maßgeblich ist, kann bestehen. Eine konkrete Gefahr ist eine Sachlage, bei der im Einzelfall die hinreichende Wahrscheinlichkeit besteht, dass in absehbarer Zeit ein Schaden für die öffentliche Sicherheit oder Ordnung eintreten wird. Vom Merkmal der öffentlichen Sicherheit sind der Staat und seine Einrichtungen, Individualrechtsgüter bzw. -rechte sowie die öffentliche Rechtsordnung umfasst. Eine Gefahr besteht jedenfalls nicht, soweit der Landgerichtspräsident öffentlich-rechtlich gehandelt hat, obwohl er fiskalisch hätte handeln müssen (vgl. zur Abgrenzung des fiskalischen Hausrechts vom öffentlich-rechtlichen Hausrecht z.B.: OLG Karlsruhe, Kartellsenat, Urteil vom 13.5.2009 – 6 U 50/08; Brüning DÖV 2003, 389, 392ff.; Butzer JuS 1997, 1014, 1016; a.A. Wilrich DÖV 2002, 152, 154; Ehlers DÖV 1977, 737, 739). Hätte der Landgerichtspräsident in der konkreten Konstellation das öffentlich-rechtliche Hausrecht gewählt, obwohl das fiskalische Hausrecht hätte angewendet werden müssen, bestünde keine Gefahr für die öffentliche Sicherheit.[12]

(1) Handlungsform gegenüber Benutzern und Mitgliedern

Die Wahl der Handlungsform bezüglich des Hausrechts könnte ausschließlich davon abhängig gemacht werden, ob es sich bei denjenigen, denen gegenüber das Hausverbot ausgesprochen wird, um Benutzer, Mitglieder oder Besucher handelt. Bei Benutzern öffentlich-rechtlicher Anstalten könnte aufgrund des öffentlich-rechtlichen Benutzungsverhältnisses und bei Mitgliedern öffentlich-rechtlicher Körperschaften aufgrund der öffentlich-rechtlichen Selbstverwaltungskonstellation stets das öffentlich-rechtliche Hausrecht anzuwenden sein. Diesbezüglich kann die mittels des Hausrechts zu beseitigende Störung jedoch außerhalb des jeweiligen Widmungszwecks einzuordnen sein. Sollte die zu un-

---

12 Es ist vertretbar, die Wahl der Art des Hausrechts bereits bei der Zuständigkeit zu erörtern, wenn insoweit auf die Zuständigkeit in der konkreten Handlungsform des Verwaltungsaktes abgestellt wird.

terbindende Handlung nicht dem Widmungszweck zuzuordnen sein, kann der Bezug zum öffentlichen Recht und zur Funktionsfähigkeit der Anstalt bzw. der Körperschaft fehlen. In derartigen Konstellationen sind Mitglieder und Benutzer ebenso wie Besucher zu behandeln.

Beim „Kuttler" A als Mitglied der „BRocker" handelt es sich nicht um das Mitglied einer öffentlich-rechtlichen Körperschaft oder den Benutzer einer öffentlichen Einrichtung, da das Landgericht weder eine Körperschaft öffentlichen Rechts noch eine öffentlich-rechtliche Anstalt ist. A ist also Besucher.

(2) Handlungsform gegenüber Besuchern

Welches Hausrecht gegenüber Besuchern und solchen Mitgliedern einer öffentlich-rechtlichen Körperschaft sowie Benutzern einer Anstalt öffentlichen Rechts anzuwenden ist, deren Verhalten nicht auf den Widmungszweck bezogen ist, sodass sie wie Besucher zu behandeln sind, könnte vom Besuchszweck abhängig sein. Dabei könnte einerseits auf den subjektiven Besuchszweck abgestellt werden, andererseits auf den Besuchszweck aus verobjektivierter Empfängersicht. Sollte der Besuchszweck maßgeblich sein, muss schon wegen des sich unter anderem aus Art. 20 Abs. 3 GG ergebenden Rechtsstaatsprinzips und der damit verbundenen Rechtssicherheit eine verobjektivierte Empfängersicht maßgeblich sein.

Demnach wäre bei einem privatrechtlichen Besuchszweck das fiskalische Hausrecht maßgeblich, bei einem öffentlich-rechtlichen Besuchszweck hingegen das öffentlich-rechtliche Hausrecht. In einigen Konstellationen lässt sich der Besuchszweck allerdings nicht präzise privatrechtlichen oder öffentlich-rechtlichen Zwecken zuordnen, weil er doppelfunktional sein kann. Somit ist die Abgrenzung nach dem Kriterium des Besuchszwecks ungeeignet, sodass nach alledem der Verbotszweck der Behörde aus verobjektivierter Empfängersicht maßgeblich ist (vgl. z.B. Ehlers DÖV 1977, 737, 739).[13]

Der Landgerichtspräsident wollte die Funktionsfähigkeit und die Effektivität des Gerichts als staatliche Einrichtung gewährleisten. Insofern wurde das Hausverbot bezüglich eines öffentlich-rechtlichen Zwecks ausgesprochen. Die Gefahr für die öffentliche Sicherheit bestand somit für die Funktionsfähigkeit

---

13 Merke: Das fiskalische Hausrecht ist vom öffentlich-rechtlichen Hausrecht abzugrenzen (Abgrenzung sehr umstritten); sinnvoll:
- bei Benutzern und Mitgliedern grundsätzlich öffentlich-rechtlich, es sei denn, die Störung betrifft nicht den Widmungszweck, sodass sie dann wie Besucher zu behandeln sind
- bei Besuchern: Abgrenzung nach dem Verbotszweck im Rechtsstaat bestimmter als Abgrenzung nach dem Besuchszweck.

des Gerichts als staatliche Einrichtung, da seitens der „BRocker" bereits im Vorfeld auf Zeugen und Sachverständige Einfluss genommen wurde. Der Gefahrentatbestand ist nach alledem erfüllt.

bb) Ordnungspflicht
Da die befürchteten Einschüchterungen maßgeblich von den Kutten der „BRockers" ausgehen, und A als solcher mit seiner besonders eingefärbten Kutte berüchtigt ist, ist er als Handlungsstörer i.S.d. § 17 Abs. 1 OBG einzustufen.

3. Rechtsfolge
In der Rechtsfolge ist in § 14 OBG Ermessen geregelt, sodass ein Entschließungs- und ein Auswahlermessen des Landgerichtspräsidenten bestanden. Das Ermessen kann fehlerhaft ausgeübt worden sein. Mangels Anhaltspunkten für eine Ermessensreduktion auf Null sind lediglich Ermessensfehler in Form des Ermessensausfalls, der Ermessensüberschreitung und des Ermessensfehlgebrauches maßgeblich. Zwar ist weder ein vollständiger noch ein partieller Ermessensausfall ersichtlich, jedoch kann das Ermessen durch einen unverhältnismäßigen Eingriff in einfachgesetzliche Rechte bzw. in Grundrechte sowie wegen der Nichtbeachtung einfachgesetzlicher Normen überschritten worden sein, wobei sich der Grundsatz der Verhältnismäßigkeit primär aus den Grundrechten als Schranken-Schranke im Rahmen der Wechselwirkung zur Rechtfertigungsebene, subsidiär aus dem sich unter anderem aus Art. 20 Abs. 3 GG ergebenden Rechtsstaatsprinzip ergibt, allerdings auch einfachgesetzlich geregelt sein kann.

a) Legitimer Zweck
Es muss mit dem Hausverbot ein legitimer Zweck verfolgt werden. Mit dem in Form des zweiten Aushanges ausgesprochenen Hausverbot hinsichtlich des Betretens des Gerichts mit den benannten Symbolen und Kleidungsstücken soll der ordnungsgemäße Gerichtsbetrieb insbesondere im Hinblick auf den ordnungsgemäßen Ablauf der Verfahren gewährleistet werden. Dies ist ein legitimer Zweck.

b) Eignung
Das Hausverbot muss zur Erreichung des verfolgten Zwecks geeignet sein. Es muss also der gewünschte Erfolg gefördert werden (BVerfGE 96, 10, 23; 67, 157,

173; 100, 313, 373; Jarass/Pieroth, 11. Aufl., Art. 20 GG, Rn 84). Durch das Hausverbot bezüglich des Betretens des Gerichts mit furchteinflößenden Symbolen und Kleidungsstücken sind die Mitglieder der „BRocker" – insbesondere der „Kuttler" – nicht in ihrer gewohnten Form für Zeugen und Sachverständige erkennbar, zumal insoweit seitens des Staates ein Zeichen gesetzt wird, dass auch die „BRocker" der Staatsgewalt unterliegen. Dadurch wird die Einschüchterung der Zeugen und Sachverständigen gemindert, sodass das Hausverbot zur Erreichung des Zwecks geeignet ist.

c) Erforderlichkeit

Die getroffene Regelung darf nicht über das zur Verfolgung ihres Zweckes notwendige Maß hinaus-, also nicht weitergehen, als der mit ihr intendierte Schutzzweck reicht (BVerfGE 79, 179, 198; 100, 226, 241; 110, 1, 28). Es darf zur Erreichung des Zwecks kein gleich geeignetes milderes Mittel ersichtlich sein. Ein milderes Mittel wäre es z.B. gewesen, den Adressaten des Hausverbotes aufzugeben, sich auch auf den Gängen ruhig zu verhalten. Dieses und ähnliche denkbare Ausweichmittel sind bezüglich der Verminderung der Einschüchterung der Sachverständigen und der Zeugen jedenfalls nicht gleich geeignet.

d) Verhältnismäßigkeit i.e.S. (Disproportionalität)

Das Verbot darf nicht unverhältnismäßig im engen Sinne, also nicht disproportional zum angestrebten Zweck sein und somit nicht in einem erheblichen Missverhältnis dazu stehen. Voraussetzung für die Verhältnismäßigkeit im engen Sinne ist es, dass der Eingriff in angemessenem Verhältnis zu dem Gewicht und der Bedeutung des Grundrechts steht (BVerfGE 67, 157, 173). Dabei sind die Rechte des Vorsitzenden i.S.d. § 176 GVG, der Grundsatz der Öffentlichkeit i.S.d. § 169 GVG ebenso zu berücksichtigen wie die Meinungsfreiheit i.S.d. Art. 5 Abs. 1 S. 1 GG und die allgemeine Handlungsfreiheit i.S.d. Art. 2 Abs. 1 GG.[14]

aa) § 176 GVG

Soweit die Aufrechterhaltung der Ordnung in der Sitzung tangiert ist, hat sich der Landgerichtspräsident mit dem Vorsitzenden abgestimmt, sodass eine Ermessensüberschreitung insoweit nicht ersichtlich ist.

---

14 Es ist vertretbar, die Grundrechte bereits bei den Anforderungen an die Rechtsgrundlage für das Hausrecht detailliert zu prüfen, wobei es insoweit grundsätzlich genügt, wenn das Umfeld eines Grundrechts betroffen ist.

bb) § 169 GVG

Das mittels der Allgemeinverfügung verfügte Hausverbot könnte mit dem sich aus dem Demokratieprinzip i.S.d. Art. 20 Abs. 2 S. 1 GG und dem Rechtsstaatsprinzip i.S.d. Art. 20 Abs. 2 S. 2, Abs. 3 GG ergebenden und in § 169 S. 1 GVG spezifizierten Öffentlichkeitsgrundsatz unvereinbar sein, wenngleich der sich ebenfalls aus dem Rechtsstaatsprinzip ergebende Grundsatz der Funktionsfähigkeit der Judikative in praktischer Konkordanz als gegenläufiges Verfassungsprinzip zu berücksichtigen ist (vgl. OVG Berlin-Brandenburg, Beschlus vom 20.12. 2010 – 10 S 51.10).

Maßnahmen, durch die der Zugang zu einer Gerichtsverhandlung nur unwesentlich erschwert wird und aus denen sich keine persönlichkeitsbezogene Auswahl der Zuhörerschaft ergibt, sind mit dem Öffentlichkeitsgrundsatz zu vereinbaren, wenn für sie aus Sicherheitsgründen ein verständlicher Anlass besteht. Maßgebend ist daher, ob für die hausrechtliche Verfügung ein verständlicher Anlass besteht und der Grundsatz der Verhältnismäßigkeit gewahrt wird. Dabei sind die Schwere der mit der Sicherheitsverfügung verbundenen Beeinträchtigungen, der Wert des zu sichernden Schutzgutes und der Grad der Gefährdung in den Blick zu nehmen und in die Abwägung einzustellen.

Dass ein demonstratives Auftreten der Mitglieder der „BRockers" grundsätzlich geeignet sein kann, dritte Personen zu beunruhigen, ist eine plausible Befürchtung, aufgrund derer präventive Maßnahmen zum Schutz der Zeugen und Sachverständigen erfolgen müssen. Der Landgerichtspräsident hat zutreffend darauf hingewiesen, dass es zu seinen Aufgaben als Gerichtspräsident gehört, auf dem Gelände des Justizzentrums für eine angstfreie Atmosphäre zu sorgen, damit Zeugen unbelastet ihren staatsbürgerlichen Pflichten nachkommen können und das Vertrauen der Öffentlichkeit in die Leistungsfähigkeit der Justiz nicht erschüttert wird. Angesichts des hohen Wertes des zu schützenden Gutes – die ordnungsgemäße Durchführung eines Strafverfahrens und die Sicherung des Justizbetriebs – dürfen die Anforderungen an die Annahme einer konkreten Gefahr nicht überspannt werden. Bezüglich des Grundsatzes der Öffentlichkeit ist der Ausspruch des Hausverbotes verhältnismäßig, zumal kein umfassendes Hausverbot für die „BRockers" ausgesprochen wurde, sondern ein lediglich auf das Mitführen der Kutten und sonstigen Symbolen bezogenes Hausverbot, sodass ein Beiwohnen am Prozess ohne Symbole möglich ist.

cc) Meinungs- und Informationsfreiheit

Durch das verfügte Hausverbot kann ungerechtfertigt in die Meinungs- und Informationsfreiheit der Adressaten eingegriffen worden sein.

(1) Schutzbereichseingriff

Zunächst kann in den Schutzbereich des Art. 5 Abs. 1 S. 1 GG eingegriffen worden sein. In Art. 5 Abs. 1 S. 1 GG wird die Meinungsfreiheit geschützt, wobei Meinungen Werturteile sind, unabhängig davon, ob sie einen Wertgehalt haben, unbegründet, irrational oder gefährlich sind. Durch die Informationsfreiheit wird gewährleistet, sich aus allgemeinen zugänglichen Quellen informieren zu können. Die Meinungs- und die Informationsfreiheit aus Art. 5 Abs. 1 S. 1 GG sind für die Demokratie schlechthin konstituierend. Aufgrund des Hausverbotes dürfen die „BRockers" – also auch der „Kuttler" – ihre Meinung über gewisse Gegebenheiten und ihren Club, welche sie mittels der Kutten und der Symbole zum Ausdruck bringen wollen, nicht kundtun und können sich nicht ungehindert in der von ihnen präferierten Form aus den allgemein zugänglichen Gerichtsverfahren informieren. Der Schutzbereich ist somit persönlich und sachlich eröffnet.

Der Eingriff in die Meinungs- und Informationsfreiheit aus Art. 5 Abs. 1 S. 1 GG besteht in dem Verbot, im öffentlichen Gerichtsgebäude die Kutten und ähnliche Symbole bei sich zu führen und dadurch Meinungen kundzutun sowie sich in der seitens der Adressaten bevorzugten Weise über den Verlauf des Prozesses zu informieren.[15]

(2) Rechtfertigung

Die Schranken der Meinungs- und Informationsfreiheit sind gemäß Art. 5 Abs. 2 GG allgemeine Gesetze sowie gesetzliche Bestimmungen zum Schutze Jugend und im Recht der persönlichen Ehre, wobei auch das Recht der persönlichen Ehre grundsätzlich in einem einfachen Gesetz zum Ausdruck kommen muss, weil Wesentliches durch den Gesetzgeber geregelt werden muss. Während es sich bei den allgemeinen Gesetzen um eine einfache Schranke handelt, stellen die Gesetze zum Schutz der Jugend bzw. der persönlichen Ehre eine Qualifizierung dar, sodass es sich insoweit um einen qualifizierten Gesetzesvorbehalt handelt. In Betracht kommen die Schranken der allgemeinen Gesetze.

Es kann sich bei § 14 OBG als Grundlage für das öffentliche Hausrecht um ein allgemeines Gesetz i.S.d. Art. 5 Abs. 2 GG handeln.

(a) Sonderrecht

Für den Terminus „allgemein" könnte es darauf ankommen, dass ein Gesetz kein Sonderrecht enthält, sich also nicht gegen den Inhalt bzw. die geistige Ziel-

---

15 Es ist vertretbar, bezüglich der Informationsfreiheit bereits die Schutzbereichseröffnung abzulehnen.

richtung oder Art. 5 Abs. 1 S. 1 GG als solches richtet. § 14 OBG ist nicht auf das Verbot bestimmter Meinungen gerichtet und stellt somit kein Sonderrecht dar.

(b) Abwägung

Ebenso könnte es für den Terminus „allgemein" darauf ankommen, dass im Rahmen einer praktischen Konkordanz Art. 5 Abs. 1 S. 1 GG einem vorrangigen durch ein Gesetz geschützten Recht bzw. Rechtsgut weichen muss. § 14 wäre danach nur ein allgemeines Gesetz, wenn nach einer Abwägung feststünde, dass durch die Norm Rechte bzw. Rechtsgüter geschützt werden, die der Meinungsfreiheit gegenüber vorrangig sind. Auch insoweit ist bezüglich des § 14 OBG ein allgemeines Gesetz anzunehmen, da mittels der Maßnahmen gemäß § 14 OBG in bestimmten Konstellationen zum Beispiel auch Leib und Leben geschützt werden können, welche der Meinungsfreiheit gegenüber zumindest vorrangig sein können.

(c) Kombination

Bei einer Kombination der bereits erörterten Ansätze ist ein Gesetz allgemein, das nicht gegen die Meinungsfreiheit als Institut oder die Äußerung einer bestimmten Meinung gerichtet ist, jedoch unabhängig von Einzelmeinungen dem Schutz eines gegenüber der Meinungsfreiheit aus Art. 5 Abs. 1 S. 1 GG vorrangigen Rechtes oder Rechtsgutes dient. Auch insoweit ist § 14 OBG als allgemeines Gesetz einzustufen, da es weder Sonderrecht darstellt, noch im Rahmen der Abwägung der Meinungsfreiheit mit anderen Schutzgütern lediglich geringwertige Schutzgüter erfasst.

(d) Zwischenergebnis

§ 14 OBG ist ein allgemeines Gesetz.

(3) Schranken-Schranke

Als Schranken-Schranke im Rahmen der Wechselwirkung zu anderen Verfassungsgütern muss das seitens des Landgerichtspräsidenten verfügte Hausverbot – es ist zur Erreichung des benannten legitimen Zwecks geeignet und erforderlich – verhältnismäßig im engen Sinne sein (dazu OVG Berlin-Brandenburg, Entscheidung vom 26.10.2010 – OVG 10 B 2.10).

Mit dem Recht auf Informationsfreiheit i.S.d. Art. 5 Abs. 1 S. 1 GG ist das Hausverbot ebenso vereinbar wie mit dem Grundsatz der Öffentlichkeit. Durch die Informationsfreiheit wird kein Anspruch gewährt, eine Informationsquelle auf bestimmte Weise zugänglich zu machen. Über die Zugänglichkeit und die Art der Zugangsöffnung entscheidet vielmehr, wer nach der Rechtsordnung über ein entsprechendes Bestimmungsrecht verfügt, wobei der Bestimmungsberechtigte sein Bestimmungsrecht auch in differenzierender Weise ausüben und Modalitäten des Zugangs festlegen kann. Gerichtsverhandlungen einschließlich der Verkündung der Entscheidung sind Informationsquellen, deren öffentliche Zugänglichkeit der Gesetzgeber im Rahmen seiner Befugnis zur Ausgestaltung des Gerichtsverfahrens und unter Beachtung verfassungsrechtlicher Vorgaben regelt. Dies ist mittels der Bestimmung einer Saalöffentlichkeit gemäß § 169 GVG erfolgt. Das Grundrecht der Informationsfreiheit ist dabei nicht umfassender als das durch den Öffentlichkeitsgrundsatz Gewährleistete. Sind danach im Hinblick auf § 169 GVG unwesentliche Beeinträchtigungen wie Einlasskontrollen zulässig, ist das Grundrecht der Informationsfreiheit aus Art. 5 Abs. 1 S. 1 GG nicht verletzt.

Gleiches gilt bezüglich der Meinungsfreiheit. Die Meinungsfreiheit ist nur geringfügig betroffen, weil die Einschränkung der Meinungskundgabe mittels der Kutten und Symbole nur auf das Gerichtsverfahren beschränkt ist. In diesem Zusammenhang überwiegt der ordnungsgemäße Ablauf des Gerichtsverfahrens ohne Beeinflussung der Zeugen und Sachverständigen sowie jeglicher Angsteinflößungen.

Das Hausverbot ist bezüglich der Meinungs- und Informationsfreiheit i.S.d. Art. 5 Abs. 1 S. 1 GG verhältnismäßig.

dd) Allgemeines Persönlichkeitsrecht und allgemeine Handlungsfreiheit

Möglicherweise ist mittels des Hausverbotes in das allgemeine Persönlichkeitsrecht aus Art. 2 Abs. 1 GG i.V.m. Art. 1 Abs. 1 GG und in die allgemeine Handlungsfreiheit des Antragstellers aus Art. 2 Abs. 1 GG ungerechtfertigt eingegriffen worden. Unabhängig davon, dass die allgemeine Handlungsfreiheit wegen der Eröffnung des spezielleren Schutzbereiches des Art. 5 Abs. 1 S. 1 GG verdrängt sein kann, ist der Schutzbereich in das neben der Meinungs- und der Informationsfreiheit anwendbare allgemeine Persönlichkeitsrecht und in die allgemeine Handlungsfreiheit jedenfalls gerechtfertigt.

Der Schutzbereichseingriff beim „Kuttler" A erfolgt durch die Beschränkung des Tragens der Kutte und der Symbole mittels des zweiten Aushanges als Verfügung. § 14 OBG ist bezüglich der erforderlichen Rechtfertigung ein einfaches Parlamentsgesetz, sodass es als Schranken-Schranke der Verhältnismäßigkeit bedarf. Das zum Zweck des ordnungsgemäßen Ablaufes bei der Justiz geeignete und erforderliche Hausverbot muss auch verhältnismäßig im engen Sinne sein (dazu OVG Berlin-Brandenburg, Beschluss vom 20.12.2010 – 10 S 51.10).

Der verfügte Eingriff in die Handlungsfreiheit und in das Persönlichkeitsrecht in Form des Rechts auf informationelle Selbstbestimmung potentieller Zuschauer des betroffenen Strafverfahrens – und damit auch des Antragstellers – ist gegenüber dem Schutzzweck vergleichsweise gering einzustufen. Auch wenn der Antragsteller persönlich ein großes affektives Interesse am sichtbaren Tragen seiner Szenekleidung haben mag, erscheint die Beeinträchtigung, die darin besteht, vorübergehend für einen überschaubaren Zeitraum in einem örtlich begrenzten Bereich die vertraute Kleidung nicht zu tragen oder von sichtbaren Zeichen der Zugehörigkeit zu seinem Motorradclub zu befreien, objektiv nicht gravierend und daher durchaus zumutbar, zumal insoweit nur die geringwertige Öffentlichkeitssphäre, nicht jedoch die Privat- oder die Intimsphäre betroffen ist. Im Hinblick darauf, dass es um das hohe Gut der Funktionsfähigkeit der Strafrechtspflege geht und die hinreichend realistische Möglichkeit besteht, dass das Verfahren durch die erkennbare und demonstrative Anwesenheit von Mitgliedern der „BRockers" oder vergleichbarer Gruppierungen beeinträchtigt werden könnte, ist das präventive Verbot des sichtbaren Tragens der entsprechenden Kleidung sachlich begründet und nicht unangemessen.

Die Eingriffe in das allgemeine Persönlichkeitsrecht und in die allgemeine Handlungsfreiheit sind gerechtfertigt.

III. Gesetzliche Wertung

Da es sich um eine Konstellation i.S.d. § 80 Abs. 2 S. 1 Nr. 4 VwGO handelt, ist grundsätzlich eine eigene Abwägung des Gerichts vorzunehmen (BVerfG NVwZ 2004, 93).[16] Die nach § 80 Abs. 1 VwGO für den Regelfall vorgeschriebene aufschiebende Wirkung eines Widerspruches bzw. einer verwaltungsgerichtlichen Klage ist nämlich insoweit eine adäquate Ausprägung der verfassungsrechtlichen Rechtsschutzgarantie und ein fundamentaler Grundsatz des öffentlich-rechtlichen Prozesses. Andererseits wird durch Art. 19 Abs. 4 GG die aufschie-

---

16 **Es gilt:**
- bei rechtswidrigen Verwaltungsakten überwiegt das Aussetzungsinteresse
- bei rechtmäßigen Verwaltungsakten überwiegt in Konstellationen des § 80 Abs. 2 S. 1 Nr. 1–3 VwGO das Vollziehungsinteresse
- in Konstellationen des § 80 Abs. 2 S. 1 Nr. 4 VwGO bedarf es einer Abwägung (Ausnahmen: Zeitmoment, sodass keine Hauptsache stattfinden wird; Drittbetroffenheit)
- Besonderheiten auch bei § 80a VwGO.

bende Wirkung der Rechtsbehelfe im Verwaltungsprozess nicht uneingeschränkt gewährleistet. Aus überwiegenden öffentlichen Belangen kann sich eine Rechtfertigung zur einstweiligen Zurückstellung des Rechtsschutzanspruches des Grundrechtsträgers ergeben, um unaufschiebbare Maßnahmen im Interesse des allgemeinen Wohls rechtzeitig durchführen zu können. Für die sofortige Vollziehbarkeit ist daher ein besonderes öffentliches Interesse erforderlich, das über jenes Interesse hinausgeht, durch das der Verwaltungsakt selbst gerechtfertigt wird.

Eine Ausnahme erfolgt insoweit, als es in einigen Konstellationen aufgrund der Erledigung nicht zu einer Hauptsacheentscheidung kommen wird, sodass es zur Gewährung eines i.S.d. Art. 19 Abs. 4 GG effektiven Rechtschutzes und i.S.d. sich unter anderem aus Art. 20 Abs. 3 GG ergebenden Rechtsstaatsprinzips bezüglich des Aussetzungs- und des Vollziehungsinteresses nur auf die Rechtmäßigkeit bzw. Rechtswidrigkeit des Verwaltungsaktes ankommt – auch in Konstellationen des § 80 Abs. 2 S. 1 Nr. 4 VwGO.

Da das Gerichtsverfahren schon Anfang November beginnt und vor Ablauf eines verwaltungsgerichtlichen Hauptsacheverfahrens beendet sein wird, wird es im verwaltungsgerichtlichen Hauptsacheverfahren allenfalls noch zur Prüfung eines erledigten Verwaltungsaktes kommen, sodass ohne weitere Abwägung das Vollziehungsinteresse des Staates überwiegt. Selbst wenn ein Strafverfahren – angesetzt ist ein Tag – aber so lange dauern sollte, dass eine Hauptsacheentscheidung im verwaltungsgerichtlichen Verfahren zuvor ausgesprochen wird, sind damit einerseits zumindest die Beeinträchtigungen an den ersten Verhandlungstagen im Strafprozess nicht revidierbar, andererseits überwiegt das Vollziehungsinteresse jedenfalls auch bei eigener Abwägung des Gerichts. Sowohl aufgrund der Funktionsfähigkeit der Strafrechtspflege, als auch aufgrund der möglicherweise betroffenen Grundrechte der Zeugen und Sachverständigen überwiegt das Vollziehungsinteresse des Landgerichtspräsidenten wegen der nur geringfügigen Beeinträchtigungen des „Kuttlers".

C. Ergebnis

Dem Antrag des A wird aufgrund der fehlerhaften Anordnung der sofortigen Vollziehung i.S.d. § 80 Abs. 3 S. 1 VwGO stattgegeben, wenngleich der Landgerichtspräsident jederzeit eine neue formell rechtmäßige Vollziehungsanordnung erlassen kann mit der Folge, dass ein erneuter Antrag des A nach § 80 Abs. 5 S. 1 VwGO erfolglos wäre.

Allg. Verwaltungsrecht – Fall 15: „Saenk ju for Träwelling! (NRW)"

Ulf Umtriebig (U) ist ein erfolgreicher Unternehmer, der sich seinen Lebensunterhalt mit der unionsweiten Beförderung von Personen in seinem Busunternehmen Bu (keine juristische Person) verdient. Am 19.7. beantragt U in seiner Funktion als Unternehmer eine Genehmigung zur Einrichtung eines Linienbusverkehrs zwischen Münster und Heidelberg und nimmt dabei Bezug auf das Personenbeförderungsgesetz. Es handelt sich bei dem Vorhaben des U gemäß § 13 Abs. 2 S. 2 PBefG nicht um Personenfernverkehr im Sinne des § 42a S. 1 PBefG, sondern um Theaterfahrten als Sonderform des Linienverkehrs gemäß § 43 S. 1 Nr. 4 PBefG. Da es sich um eine Strecke zwischen denen aus seiner Sicht schönsten Städten Deutschlands handelt, ist U für dieses neue Projekt Feuer und Flamme. Er plant täglich 5 Fahrten zwischen den Städten – jeweils mit Hin- und Rückfahrt.

Damit es sich lohnt, setzt er als Preis 30,– € pro einfacher Strecke, 60,– € für die Hin- und Rückfahrt an. Als gewiefter Geschäftsmann überlegt er sich ein Lockmittel, mit dem er seine Buslinie für seine Kundschaft attraktiv machen will – ein Rabattsystem. Er plant, bei einer Buchung von mindestens 14 Tagen im Voraus 50% Ermäßigung zu geben.

Ein umfangreiches und ordnungsgemäßes Anhörungsverfahren findet bei der zuständigen Landesbehörde statt. Der größte Konkurrent des U – Eisenbahnfreak Emil Energielos (E) ärgert sich über den Antrag des U maßlos und denkt sich, er bediene die Strecke mit seinem Eisenbahnunternehmen EB (keine juristische Person) hinreichend. Er fürchtet Umsatzeinbußen und meint, er würde 25% seines Umsatzes einbüßen, zumal seine Preise deutlich über denen des U liegen. Dies würde seine Berufsfreiheit beeinträchtigen. Außerdem sei seine Eisenbahn nicht nur umweltfreundlicher und komfortabler, sondern auch schneller als der Bus. E teilt der Behörde nur mit, dass die Genehmigung zu versagen sei, versäumt es jedoch, seine Gedanken als Einwendung i.S.d. § 15 Abs. 1 S. 1 PBefG zu formulieren. U ist anderer Meinung. Er trägt vor, die Bahnpreise des E seien viel zu hoch. Außerdem kämen die veralteten Züge des E ständig zu spät und seien zudem gesundheitsgefährdend, weil sie im Sommer wegen defekter Klimaanlagen zu heiß, im Winter erfrierend kalt seien, zumal die Luftfilter niemals ausgetauscht würden, sodass die Luft in den Zügen schon deshalb ungesund sei.

Die beantragte Genehmigung wurde U trotz der Bedenken des E wie beantragt mit Bescheid vom 14.11. befristet auf 8 Jahre erteilt und nur ihm bekannt gegeben. Vorsichtshalber hatte die Behörde die Frist i.S.d. § 15 Abs. 1 S. 3, 4

PBefG zuvor rechtmäßig um 3 Monate verlängert, sodass eine Genehmigungsfiktion i.S.d. §§ 15 Abs. 1 S. 5 PBefG, 42a VwVfG nicht eingetreten ist. E legt gegen die Genehmigung zehn Tage später Widerspruch ein und erhebt gegen die Genehmigung mit Schriftsatz vom 21.12. Klage.

Die Behörde ist anderer Auffassung. Die hoch frequentierte Strecke könne mit der Eisenbahn nur begrenzt bedient werden. Zwar biete E eine recht hohe Taktung der Fahrten an, jedoch sei die Kundschaft aufgrund ständiger Verspätungen der Züge zum Teil sehr unzufrieden. Hinzu kämen die veralteten Züge mit den von U benannten Belüftungsproblemen sowie die aus Sicht der Kundschaft meist überhöhten Preise bei sehr mäßigem Service und Kundenunfreundlichkeit. Insbesondere das Billigsegment gewinne bei der stetig ärmer werdenden Masse der Bevölkerung zunehmend an Bedeutung. Der Busverkehr ermögliche insoweit eine Belebung des Marktes in der sozialen Marktwirtschaft der Bundesrepublik Deutschland, in der es grundsätzlich keinen Schutz vor Wettbewerb gäbe.

Im Prozess ergänzt E seine gegenüber der Behörde schon in einem als Widerspruch überschriebenen Schriftsatz – auf den die Behörde nicht reagiert hatte – gemachten Ausführungen. Es sei nicht möglich, ihm die auf der Überlastung des Schienennetzes beruhenden Verspätungen anzulasten, während Verzögerungen durch Stau auf den Autobahnen für das Busunternehmen des U unberücksichtigt bleiben sollen. Es sei zudem nicht dargelegt, dass der Kundschaft die Eisenbahn zu teuer sei. Das ergäbe sich nicht schon aus der in der Bevölkerung weit verbreiteten Nutzung von Kraftfahrzeugen auch auf Fernstrecken. Die Behörde habe § 13 Abs. 2 PBefG nicht sorgfältig gelesen, aus dem hervorgehe, dass etablierte Verkehrsunternehmen gegenüber Konkurrenten vorrangig zu berücksichtigen seien. E ist der Auffassung, dass er vor Erteilung der Genehmigung an U hätte gefragt werden müssen, ob er nicht ein ähnliches Angebot hätte eröffnen können. Eine Doppelbindung des Staates sei nicht möglich. E trägt weiter vor, er habe sich gut vorstellen können, sein Schienenverkehrsunternehmen auf den Busbetrieb zu erweitern. Auch ein Spezialangebot auf der Schiene wäre denkbar gewesen. Insoweit hatte E eine BahnCard Gold und Green in Erwägung gezogen. Während die BahnCard Green einen Billigtarif beinhalten sollte (wenngleich unter vereinfachten Beförderungsbedingungen), der den Buspreisen vergleichbar wäre, sollte die BahnCard Gold Zusatzprodukte zu günstigen Preisen beinhalten – z.B. ein vergünstigtes Zeitschriftenabonnement wahlweise einer Boulevard- oder Modezeitschrift sowie pro Fahrt ein köstliches Frühstück aus dem Bahnsegment inklusive.

Seitens der Behörde wird vorgetragen, dass eine Berücksichtigung der Verkehrssituation und etwaige Stauprobleme auf der Straße die Genehmigungserteilung nicht beeinträchtigt hätten, weil die Nachfrage im Billigsegment bei Reisen extrem hoch sei. Dies sei auch im Flugverkehr zu beobachten. E könne allerdings jederzeit im laufenden Gerichtsverfahren Vorschläge zur Verbesserung des eigenen Angebotes erläutern. Diese sollten aber ernsthaft und nicht realitätsfremd sein. Die Vorschläge zur Einführung der BahnCard Gold und Green seien nur bedingt tauglich. Neue Vorschläge würden das bereits laufende Genehmigungsverfahren auch nur bedingt beeinflussen.

Wie wird das Verwaltungsgericht entscheiden?

Bearbeitungsvermerk

Wenden Sie für die Prozessstation ggf. ergänzend das AG VwGO bzw. vergleichbare Gesetze aus dem Bundesland an, in dem Sie Ihre Prüfung absolvieren. Für das Verwaltungsverfahren gilt das Verwaltungsverfahrensgesetz des Bundes.

Schwerpunkte

Grundzüge des Personenbeförderungsgesetzes
Subjektive Rechte in dreipoligen Beziehungen
Heilung von Verfahrensfehlern

Vertiefung

zum Ganzen: Ehlers, Festschrift für Menger, S. 379 ff.; Hufen, Verwaltungsprozessrecht, § 12, Rn 38 ff. m.w.N.; vgl. OVG Münster NVwZ 1990, 188; BVerwG, Urteil vom 24.6.2010 – 3 C 14.09

Gliederung

B. Begründetheit (+)
    I.   Rechtsgrundlage (+)
    II. Voraussetzungen (–)
        1. Formell (–)
            a) Zuständigkeit (+)
            b) Verfahren (+)
            aa) Anhörungsverfahren (+)
            bb) Aufforderungsverfahren (+)
            (1) Verfahrensverstoß bzgl. § 13 Abs. 2 Nr. 3 lit. c PBefG (+)
            (2) Subjektives Recht (+)
            (3) Heilung des Verfahrensfehlers (–)
            cc) Zwischenergebnis
        2. Materiell (+)
            a) Allgemeine Genehmigungsvoraussetzungen (+)
            b) Besondere Genehmigungsvoraussetzungen (Linienverkehr) (+)
            aa) Drittschützende Wirkung des § 13 Abs. 2 Nr. 3 lit. a, b PBefG (+)
            bb) Vorhandene Verkehrsmittel (+)
            (1) Beurteilungsspielraum (+)
            (2) Beurteilungsmaßstab
            (3) Beurteilungsfehler (–)
            (a) Unvollständigkeit (–)
            (b) Fehleinschätzung (–)
            cc) Verbesserung der Verkehrsbedienung (–)
            dd) Zwischenergebnis
        3. Unbeachtlichkeit des formellen Fehlers (–)
            a) Anwendbarkeit des § 46 VwVfG (+)
            b) Nichtigkeit gemäß § 44 VwVfG (–)
            c) Offensichtlich fehlende Beeinflussung (–)
            aa) Angebot des E
            bb) Günstigere Angebote
            d) Zwischenergebnis
C. Ergebnis

Lösungsvorschlag

Die folgende Lösung ist als Lösungsvorschlag zu verstehen und ausführlicher, als es in der Klausurbearbeitung verlangt werden kann. Aufgrund der wissenschaftlichen Freiheit können andere Lösungswege vertreten werden, soweit sie dogmatisch begründbar sind. Die Nachweise aus Rechtsprechung und Literatur

sowie die das Verständnis fördernden Randbemerkungen sind in der Examensklausur auszusparen. Die Abkürzung „Alt." steht für Alternativfall, nicht für
Alternative.

A. Sachurteilsvoraussetzungen[1]

Die Sachurteilsvoraussetzungen können erfüllt und die Klage kann zulässig
sein.

I. Rechtsweg

Der Verwaltungsrechtsweg kann mangels aufdrängender Sonderzuweisung
gemäß § 40 Abs. 1 S. 1 VwGO eröffnet sein. Im Übrigen kommt ein Verweisungsbeschluss i.S.d. §§ 173 VwGO, 17a Abs. 2 GVG in Betracht. Der Verwaltungsrechtsweg ist eröffnet, wenn eine öffentlich-rechtliche Streitigkeit
nicht verfassungsrechtlicher Art gegeben ist, durch die streitentscheidende öffentlich-rechtliche Norm also zunächst ein Hoheitsträger einseitig berechtigt
oder verpflichtet wird bzw. wenn aufgrund typisch hoheitlichen Handelns zwischen den Beteiligten ein Subordinationsverhältnis besteht.

Durch § 13 PBefG, welcher der Genehmigung zugrunde liegt, wird die Behörde gegenüber dem Bürger – dem U – einseitig zur Erteilung der Genehmigung verpflichtet, zumal es sich beim Erlass eines Verwaltungsaktes um typisch
hoheitliches Handeln in einem Subordinationsverhältnis handelt. Da die Streitigkeit mangels doppelter Verfassungsunmittelbarkeit nicht verfassungsrechtlicher Art und eine abdrängende Sonderzuweisung nicht ersichtlich ist, bleibt es
bei der Eröffnung des Verwaltungsrechtsweges.

II. Zuständigkeit

Das Verwaltungsgericht ist gemäß § 45 VwGO als Eingangsinstanz für die
von der Behörde gegenüber U erteilte Genehmigung sachlich zuständig, da Anhaltspunkte für abweichende Regelungen wie z.B. § 50 VwGO nicht ersichtlich

---

1 **Hinweis:** Andere Aufbauvarianten werden vertreten (z.B. dreistufig oder Prüfung des Verwaltungsrechtsweges als Untergliederungspunkt der Zuständigkeit des Gerichts). Derartige
Aufbauvarianten sind aber mit § 17a Abs. 2 GVG bzw. mit der Überschrift des 6. Abschnitts der
VwGO sowie mit § 83 VwGO unvereinbar und daher bei exakter dogmatischer Zuordnung der
Prüfungspunkte nicht zu empfehlen. Die Überschrift „Sachurteilsvoraussetzungen" anstelle
der Überschrift „Zulässigkeit" ist sinnvoll, weil nach § 63 Nr. 3 VwGO auch der Beigeladene zu
den Beteiligten gehört, das Fehlen einer notwendigen Beiladung i.S.d. § 65 Abs. 2 VwGO aber
nur dazu führt, dass das Urteil keine materielle Rechtskraft entfaltet.

sind, sodass kein Verweisungsbeschluss gemäß §§ 17a Abs. 2 GVG, 83 VwGO gefasst werden wird. Das örtlich zuständige Verwaltungsgericht wurde angerufen.[2]

III. Beteiligte

E und das Land Nordrhein-Westfalen als Körperschaft öffentlichen Rechts können Beteiligte des Verfahrens sein. Beteiligte sind nach § 63 Nr. 1, 2 VwGO unter anderem der Kläger und der Beklagte, beteiligungsfähig nach § 61 Nr. 1 VwGO natürliche und juristische Personen. Behörden sind in Nordrhein-Westfalen gemäß § 61 Nr. 3 VwGO i.V.m. dem Landesrecht nicht beteiligungsfähig. Als Kläger ist E gemäß § 61 Nr. 1 Alt. 1 VwGO beteiligungsfähig und gemäß § 62 Abs. 1 Nr. 1 VwGO prozessfähig.

Als Beklagter ist das Land Nordrhein-Westfalen als Körperschaft öffentlichen Rechts, vertreten durch die Behörde, gemäß §§ 63 Nr. 2, 61 Nr. 1 Alt. 2 VwGO beteiligungs- und mangels Anhaltspunkten bezüglich des für die Behörde handelnden Organwalters gemäß § 62 Abs. 1, 3 VwGO prozessfähig.

Da die Entscheidung des Verwaltungsgerichts auch gegenüber dem Genehmigungsempfänger U nur einheitlich ergehen kann, ist er gemäß § 63 Nr. 3 VwGO als Beteiligter gemäß § 65 Abs. 2 VwGO notwendig beizuladen. Er ist als natürliche Person gemäß § 61 Nr. 1 VwGO beteiligungs- und gemäß § 62 Abs. 1 Nr. 1 VwGO prozessfähig.[3]

IV. Statthafte Klageart

Die statthafte Klageart richtet sich gemäß § 88 VwGO nach dem klägerischen Begehren unter Berücksichtigung des Anwendungsvorrangs maßnahmespezifischer Rechtsschutzformen und des rechtsstaatlichen Grundsatzes der Effektivität des Rechtsschutzes. Dem klägerischen Begehren entspricht i.d.R. die effektivste Klageart, also nach Möglichkeit die Anfechtungsklage gemäß § 42 Abs. 1 Alt. 1 VwGO als Gestaltungsklage der Verwaltungsgerichtsordnung.[4] Voraussetzung der Anfechtungsklage ist, dass es dem Kläger um die Aufhebung eines

---

2 Gegebenenfalls ist die örtliche Zuständigkeit grundsätzlich im Anschluss an die sachliche Zuständigkeit zu prüfen. Ist sie jedoch gemäß § 52 Nr. 2 VwGO ausnahmsweise von der Klageart abhängig, sollte sie offen mit Verweis auf § 17a Abs. 2 GVG i.V.m. § 83 VwGO formuliert werden. Zum Ganzen: Heinze/Starke JURA 2012, 175 ff.

3 Es ist vertretbar, die Beteiligungsfähigkeit der GbR über § 61 Nr. 2 VwGO anzunehmen.

4 Die Anfechtungsklage ist besonders rechtsschutzintensiv, weil das Gericht als Judikative mittels einer Durchbrechung der Gewaltenteilung einen Verwaltungsakt als Rechtssetzungsakt der Exekutive aufhebt.

Verwaltungsaktes geht. Ein Verwaltungsakt ist gemäß § 35 S. 1 VwVfG jede Verfügung, Entscheidung oder andere hoheitliche Maßnahme, die eine Behörde zur Regelung eines Einzelfalls auf dem Gebiet des öffentlichen Rechts trifft und die auf unmittelbare Rechtswirkung nach außen gerichtet ist, somit auch die dem U erteilte Genehmigung zur Personenbeförderung, die E mittels der Klage beseitigen möchte. Es handelt sich insoweit um einen Verwaltungsakt, gegen den die Anfechtungsklage statthaft ist.

V. Besondere Sachurteilsvoraussetzungen
Die besonderen Sachurteilsvoraussetzungen können erfüllt sein.

1. Besondere Prozessführungsbefugnis
Besonders prozessführungsbefugt ist gemäß § 78 Abs. 1 Nr. 1 VwGO das Land Nordrhein-Westfalen als Körperschaft öffentlichen Rechts, da im Landesrecht keine Ausführungsvorschrift i.S.d. § 78 Abs. 1 Nr. 2 VwGO enthalten ist.[5]

2. Klagebefugnis
E muss klagebefugt sein. Die Klagebefugnis nach § 42 Abs. 2 VwGO setzt die Möglichkeit der Verletzung eines subjektiven Rechts voraus. Subjektive Rechte leiten sich aus Sonderbeziehungen, einfachen Gesetzen, subsidiär aus Grundrechten ab, wobei jedenfalls aufgrund des weiten Schutzbereiches des Art. 2 Abs. 1 GG bei unmittelbaren Grundrechtseingriffen für das subjektive Recht direkt auf Grundrechte abgestellt werden kann. E ist nicht Adressat eines belas-

---

5 § 78 VwGO enthält nach h.M. eine Regelung über die besondere Prozessführungsbefugnis, die von der Beteiligungsfähigkeit und der Passivlegitimation zu trennen ist (MA: § 78 VwGO als Sonderregelung der Passivlegitimation, die aber in der Sachstation, also der Begründetheit, zu prüfen ist, da Passivlegitimation der Terminus für den materiell richtigen Klagegegner ist). Die besondere Prozessführungsbefugnis ist ein Unterpunkt bei den besonderen Sachurteilsvoraussetzungen und wird teilweise (vertretbar aber bzgl. der materiell-rechtlichen Passivlegitimation verwechslungsfähig) mit „Klagegegner" überschrieben.
   Einige Argumente für die h.M.:
   – § 78 VwGO steht systematisch bei besonderen Sachurteilsvoraussetzungen
   – Gesetzgebungskompetenzen
   – falsche Behörde bzw. falscher Rechtsträger können nicht zum materiell richtigen Anspruchsgegner i.S. einer Passivlegitimation werden (zum Ganzen: Ehlers, Festschrift für Menger, S. 379 ff.; Hufen, Verwaltungsprozessrecht, § 12, Rn 38 ff. m.w.N.; vgl. OVG Münster NVwZ 1990, 188).

tenden Verwaltungsaktes, sondern Drittbetroffener. Ob E durch die Erteilung der Genehmigung an U tatsächlich in einem subjektiven Recht verletzt ist, ist für die Klagebefugnis irrelevant, da die Möglichkeit der Verletzung eines subjektiven Rechts genügt. Ein subjektives Recht des E kann sich aus § 13 Abs. 2 Nr. 3 lit. a–e PBefG ergeben, da dort bereits vorhandene Unternehmen benannt sind und zumindest die Möglichkeit der Rechtsverletzung in Form der Nichtberücksichtigung des E besteht. E ist klagebefugt.[6]

3. Vorverfahren (+)

Ein Vorverfahren gemäß §§ 68 ff. VwGO wurde von E mit seinem Widerspruchsschriftsatz angestrebt, jedoch ist das Widerspruchsverfahren in Nordrhein-Westfalen gemäß § 110 Abs. 1 JustizG grundsätzlich entbehrlich. Ob der Widerspruch dennoch statthaft ist und bis zum Ablauf der Klagefrist eventuell sogar aufschiebende Wirkung entfaltet,[7] ist irrelevant, weil seitens der Behörde keine Reaktion erfolgte und E mittlerweile Klage erhoben hat. Aus § 55 PBefG ergibt sich trotz der Formulierung „auch" nicht die Vorgabe, abweichend vom Landesrecht ein Vorverfahren durchzuführen, da insoweit nur eine Ausnahme zu § 68 Abs. 1 S. 2 Nr. 1 VwGO, nicht aber darüber hinaus geregelt worden ist. Die ordnungsgemäße Durchführung eines Vorverfahrens ist wegen dessen Entbehrlichkeit keine Sachurteilsvoraussetzung.[8]

---

6 Zur Klagebefugnis: Ist jemand Adressat eines belastenden Verwaltungsaktes, kann beim subjektiven Recht wegen des unmittelbaren Grundrechtseingriffes nach h.M. direkt auf Grundrechte abgestellt werden. Mittlerweile wird – dogmatisch überzeugend – auch insoweit vermehrt auf vorrangige speziellere subjektive Rechte abgestellt, soweit es sie gibt. E ist Drittbetroffener, sodass die Ableitung des subjektiven Rechts einen Schwerpunkt des Falles darstellt. Es wäre vertretbar, dies schon abschließend in der Prozessstation zu erörtern. Da im Rahmen des § 42 Abs. 2 VwGO aber die Möglichkeit der Verletzung eines subjektiven Rechts genügt, ist es nicht empfehlenswert, die Klausur kopflastig zu lösen.

7 Auch bei Entbehrlichkeit des Widerspruchsverfahrens ist der Widerspruch statthaft und entfaltet bis zum Ablauf der Klagefrist aufschiebende Wirkung (Arg.: Wortlaut des Landesrechts und des § 68 Abs. 1 S. 2 VwGO sowie Vorwirkung der Artt. 19 Abs. 4, 31 GG; a.A. vertretbar).

8 Typische Klausurprobleme bei Widersprüchen sind die Verfristung und die Heilung durch sachliche Einlassung der Behörde. Während die Heilungsmöglichkeit mit Verweis auf die Verbindlichkeit des § 70 VwGO z.T. abgelehnt wird, ist sie nach überwiegender Auffassung mit Verweis auf Art. 20 Abs. 3 GG (Behörde ist Herrin des Vorverfahrens) in zweipoligen Beziehungen möglich. In dreipoligen Beziehungen ist eine Heilung durch sachliche Einlassung der Behörde aufgrund entgegenstehender Rechte des Dritten ausgeschlossen.

4. Klagefrist

Die für die Anfechtungsklagen grundsätzlich geltende Klagefrist von einem Monat nach Zustellung des Widerspruchsbescheides gemäß § 74 Abs. 1 S. 1 VwGO wäre überschritten worden. Die am 21.12. gegen die Genehmigung erhobene Klage gegen den am 14.11. dem U gegenüber bekannt gegebenen Bescheid wäre zwar bezüglich einer Monatsfrist verfristet, jedoch ist die Genehmigung dem E als Drittem nicht bekannt gegeben worden. E ist somit auch nicht belehrt worden, sodass gemäß § 58 Abs. 2 VwGO eine Jahresfrist ab Bekanntgabe, jedenfalls aber seit Kenntnis bzw. Kennenmüssen gilt. Da seit dem 14.11. kein Jahr vergangen ist, war die Klage des E nicht verfristet. Für eine Verwirkung gemäß § 242 BGB i.V.m. Art. 20 Abs. 3 GG fehlen Anhaltspunkte.

VI. Zwischenergebnis

Die Sachurteilsvoraussetzungen für die Klage des E gegen die dem U erteilte Genehmigung zur Personenbeförderung sind erfüllt.

B. Begründetheit

Die Anfechtungsklage ist gemäß § 113 Abs. 1 S. 1 VwGO begründet, soweit der Verwaltungsakt rechtswidrig und der Kläger dadurch in seinen Rechten verletzt ist.

I. Rechtsgrundlage

Rechtsgrundlage für die dem U erteilte Genehmigung ist § 9 Abs. 1 Nr. 3 PBefG i.V.m. § 13 Abs. 1, 2 PBefG.

II. Voraussetzungen
1. Formell

Formell muss die zuständige Behörde die Personenbeförderungsgenehmigung verfahrens- und formfehlerfrei erlassen haben.

a) Zuständigkeit

Die Genehmigung für U wurde von der zuständigen Behörde erteilt.

b) Verfahren

Das Verfahren kann von der zuständigen Behörde fehlerhaft durchgeführt worden sein. Das Verfahren zur Erteilung der Personenbeförderungsgenehmigung ist in ein Anhörungs- und ein Aufforderungsverfahren unterteilt. Die gegenüber E nicht i.S.d. § 15 Abs. 1 S. 1 PBefG erfolgte Zustellung ist mangels der dafür notwendigen rechtzeitigen Einwendung des E im Vorfeld verfahrensrechtlich irrelevant.

aa) Anhörungsverfahren

Das Anhörungsverfahren i.S.d. § 14 Abs. 1, 2 PBefG wurde von der zuständigen Behörde ordnungsgemäß durchgeführt.

bb) Aufforderungsverfahren

Auch eine Aufforderung der bzw. eine Anfrage bei bereits vorhandenen Beförderungsunternehmern oder Eisenbahnen müssen gemäß § 13 Abs. 2 Nr. 3 lit. c PBefG stattgefunden haben.

(1) Verfahrensverstoß bzgl. § 13 Abs. 2 Nr. 3 lit. c PBefG

Gegen die Verfahrensvorschrift des § 13 Abs. 2 Nr. 3 lit. c PBefG kann seitens der zuständigen Behörde verstoßen worden sein. Ein Verstoß gegen § 13 Abs. 2 Nr. 3 lit. c PBefG ist anzunehmen, wenn bereits vorhandene Unternehmen nicht dazu aufgefordert worden sind, sich innerhalb einer von der Behörde gesetzten Frist zu erklären, ob sie selbst zur Ausgestaltung des Verkehrs in vergleichbarer Weise bereit sind. Dahingehend wurde E als bereits vorhandener Unternehmer nicht befragt. Die gegenüber U erteilte Genehmigung ist somit verfahrensfehlerhaft ergangen.

(2) Subjektives Recht

Fraglich ist, ob der Verstoß gegen § 13 Abs. 2 Nr. 3 lit. c PBefG für die Drittanfechtungsklage des E beachtlich ist. Gemäß § 113 Abs. 1 S. 1 VwGO darf das Gericht einen Verwaltungsakt nur insoweit aufheben, als der Kläger in seinem subjektiven Recht verletzt ist. Anderenfalls würde mit dem Verwaltungsakt als Rechtssetzungsakt der Behörde als Teil der Exekutive in einem gesetzlich nicht vorgesehenen Maß aufgehoben. Das wäre eine unzulässige Durchbrechung der Gewaltenteilung und somit rechtsstaatswidrig. E muss durch den Verfahrensfehler der Behörde somit in seinen Rechten verletzt sein. Durch § 13 Abs. 2 Nr. 3

lit. c PBefG muss E also ein subjektives Recht vermittelt werden. Durch eine Norm wird ein subjektives Recht, also Drittschutz vermittelt, soweit sie zumindest neben der Allgemeinheit den Einzelnen schützt. Während Verfahrensvorschriften grundsätzlich Formvorgaben für ein ordnungsgemäßes Verwaltungsverfahren darstellen und kein subjektives Recht für Einzelne enthalten, werden in § 13 Abs. 2 Nr. 3 lit. c PBefG explizit die „vorhandenen Unternehmen oder Eisenbahnen" benannt, zumal eine Personenbeförderungsgenehmigung bei einer Zusage vorhandener Beförderer i.S.d. § 13 Abs. 2 Nr. 3 lit. c PBefG materiell zu versagen ist. In § 13 Abs. 2 Nr. 3 lit. c PBefG ist das für E als Eisenbahnunternehmer, der seitens der Behörde nicht zu einer Stellungnahme aufgefordert worden ist, subjektive Recht enthalten. Der Verfahrensfehler der Behörde ist für die Klage des E beachtlich. Die gegenüber U erteilte Personenbeförderungsgenehmigung wäre demnach rechtswidrig.

(3) Heilung des Verfahrensfehlers

Der Verfahrensfehler kann gemäß § 45 Abs. 1 Nr. 3 VwVfG geheilt sein. Dazu muss § 45 Abs. 1 Nr. 3 VwVfG anwendbar sein. Die Norm gilt dem Wortlaut nach für Anhörungen. Problematisch ist, dass ein Anhörungsverfahren in § 14 PBefG gegenüber § 13 Abs. 2 Nr. 3 lit. c PBefG gesondert geregelt ist, sodass die Aufforderung zu einer Stellungnahme i.S.d. § 13 Abs. 2 Nr. 3 lit. c PBefG zumindest eine erweiterte Anhörung darstellt. Dennoch handelt es sich bei der Aufforderung i.S.d. § 13 Abs. 2 Nr. 3 lit. c PBefG um eine spezielle Art der Anhörung mit der Besonderheit, dass die Stellungnahme des Angehörten unmittelbare materielle Wirkung entfaltet. Insoweit kann ein besonderer Schutz des aufzufordernden Dritten seitens des Gesetzgebers gewollt gewesen sein, sodass die Heilungsvorschrift des § 45 Abs. 1 Nr. 3 VwVfG zulasten des aufzufordernden Dritten aufgrund eines erhöhten Bedürfnisses effektiven Rechtsschutzes i.S.d. Art. 19 Abs. 4 GG nicht anwendbar sein könnte. Dem steht aber das Bedürfnis eines effektiven Verwaltungshandelns i.S.d. Art. 20 Abs. 3 GG, das in § 45 Abs. 1 Nr. 3 VwVfG zum Ausdruck kommt, entgegen mit der Folge, dass § 45 Abs. 1 Nr. 3 VwVfG verfassungskonform i.S.d. Art. 20 Abs. 3 GG dahingehend weit auszulegen ist, dass das Aufforderungsverfahren i.S.d. § 13 Abs. 2 Nr. 3 lit. c PBefG formell von der Heilungsvorschrift des § 45 Abs. 1 Nr. 3 VwVfG erfasst ist. Aus dem Aufforderungsverfahren entgegenstehende materielle Rechte des aufzufordernden E sind nicht mittels einer restriktiven Auslegung des formell ausgerichteten § 45 Abs. 1 Nr. 3 VwVfG, sondern materiell zu berücksichtigen.

Gemäß § 45 Abs. 2 VwVfG kann eine Anhörung bis zum Abschluss der letzten Tatsacheninstanz – in der Regel bis zum Zeitpunkt der letzten mündlichen

Tatsachenverhandlung – nachgeholt werden. Gegenüber E kann die Anhörung in Form des Aufforderungsverfahrens im Prozess nachgeholt worden sein, da seitens der Behörde im Prozess erklärt wird, dass E noch während des gerichtlichen Verfahrens Vorschläge zur eigenen Ausgestaltung unterbreiten kann. Eine Anhörung setzt aber einen Verfahrensvorgang mit formeller Bezugnahme auf das Verwaltungsverfahren voraus, in welchem dem Angehörten im Funktionszusammenhang zum Verwaltungsverfahren die Möglichkeit zur Stellungnahme mit uneingeschränkter Beeinflussung des behördlichen Entscheidungsvorganges gewährt wird. Durch Rechtsverteidigungen im Gerichtsverfahren kann die Anhörung jedenfalls bei Beurteilungsspielräumen und Entscheidungen mit Planungselementen nicht ersetzt werden, weil der Entscheidungsvorgang der Behörde einerseits durch ein mögliches Prozesskostenrisiko beeinträchtigt ist, andererseits mangels gezielter Durchführung eines formalen Vorganges seitens der Behörde nicht hinreichend beeinflusst wird. Ob ein Beurteilungsspielraum besteht, ist insoweit irrelevant, da es jedenfalls an der Fristsetzung i.S.d. § 13 Abs. 2 Nr. 3 lit. c PBefG fehlt.

cc) Zwischenergebnis

Der Formmangel ist nicht gemäß § 45 Abs. 1 Nr. 3 VwVfG geheilt worden. Eine Unbeachtlichkeit nach § 46 VwVfG kommt zwar in Betracht, jedoch wird insoweit der formelle Fehler nicht beseitigt, sondern ist lediglich nicht beachtlich, soweit sich daraus nicht bestimmte materielle Auswirkungen ergeben, sodass zunächst materielle Aspekte maßgeblich sind.[9]

2. Materiell

Materiell können die allgemeinen und die besonderen Genehmigungsvoraussetzungen des § 13 PBefG erfüllt sein.

a) Allgemeine Genehmigungsvoraussetzungen

Die allgemeinen, gewerbespezifischen Genehmigungsvoraussetzungen wie die fachliche Kompetenz und die Zuverlässigkeit sind jedenfalls erfüllt, zumal durch sie lediglich die Allgemeinheit geschützt wird, nicht aber der Kläger mit

---

9 Merke: Zwar wird auch in § 46 VwVfG auf formelle Fehler Bezug genommen, jedoch sind insoweit auch materielle Aspekte maßgeblich. Insoweit ist § 46 VwVfG erst im Anschluss an die materielle Prüfung zu erörtern (a.A. vertretbar mit Inzidentprüfung des materiellen Rechts bei den formellen Voraussetzungen).

der Folge, dass sie für die Rechtsverletzung gemäß § 113 Abs. 1 S. 1 VwGO und somit für die Klage des E letztlich nicht maßgeblich sind.[10]

b) Besondere Genehmigungsvoraussetzungen (Linienverkehr)

Eine Beförderungsgenehmigung gemäß § 13 PBefG ist nur rechtmäßig, soweit auch die besonderen Genehmigungsvoraussetzungen des § 13 Abs. 2 Nr. 3 lit. a, b PBefG erfüllt sind.

aa) Drittschützende Wirkung des § 13 Abs. 2 Nr. 3 lit. a, b PBefG

Da eine Klage gemäß § 113 Abs. 1 S. 1 VwGO nur insoweit Erfolg haben kann, als ein subjektives Recht besteht, bedarf es eines subjektiven Rechts des E aus § 13 Abs. 2 Nr. 3 lit. a, b PBefG. Eine Norm enthält ein subjektives Recht, wenn durch sie neben der Allgemeinheit dem Einzelnen nicht nur reflexartig Schutz gewährt wird. Dabei werden durch die Normen des Wirtschaftsverwaltungsrechts, insbesondere des Gewerberechts, grundsätzlich nicht die Wettbewerber vor Konkurrenten geschützt, sondern die Allgemeinheit z.B. zwecks Qualitätssicherung. In § 13 Abs. 2 Nr. 3 lit. a, b werden die „vorhandenen Unternehmer oder Eisenbahnen" hingegen explizit erwähnt. Systematisch ergibt sich auch aus dem sich anschließenden § 13 Abs. 3 PBefG der drittschützende Charakter der Norm. § 13 Abs. 2 Nr. 3 lit. a, b PBefG enthält unter anderem Drittschutz zugunsten vorhandener Eisenbahnen, also auch zugunsten des E.

bb) Vorhandene Verkehrsmittel

Fraglich ist, ob der Verkehr i.S.d. § 13 Abs. 2 Nr. 3 lit. a, b PBefG schon durch vorhandene Verkehrsmittel befriedigend bedient werden kann.

---

10 Die allgemeinen Genehmigungsvoraussetzungen des § 13 Abs. 1 PBefG müssen nicht zwingend geprüft werden, da insoweit kein Bezug zum subjektiven Recht des Klägers besteht. Das Gericht darf die Genehmigung aber nur insoweit aufheben, als der Kläger in seinen subjektiven Rechten verletzt ist und würde praxisnah auch nur im Rahmen des subjektiven Rechts prüfen. Zwar darf das Gericht den Verwaltungsakt entsprechend der Vorgabe in § 113 Abs. 1 S. 1 VwGO vollständig prüfen, jedoch darf anschließend nur soweit kassiert werden, als das subjektive Recht des Klägers verletzt ist. Eine darüber hinausgehende Aufhebung wäre eine unzulässige Durchbrechung der Gewaltenteilung und somit rechtsstaatswidrig. In der Klausur erscheint es empfehlenswert, klausurtaktisch vorzugehen. Wird offensichtlich nur die Prüfung bezüglich des subjektiven Rechts erwartet, ist die Prüfung insoweit von Beginn an zu beschränken. Im Übrigen sollte der Verwaltungsakt vollständig geprüft, mit anschließendem Verweis auf das subjektive Recht aber nur begrenzt aufgehoben werden.

(1) Beurteilungsspielraum[11]

Insoweit ist zunächst maßgeblich, inwieweit das Gericht diese Voraussetzungen überprüfen darf. Grundsätzlich darf ein Gericht in einem Rechtsstaat im Rahmen der Gewaltenteilung unbestimmte Rechtsbegriffe auf Tatbestandsseite vollumfänglich prüfen. Das gilt nicht, wenn für die Exekutive auf Tatbestandsebene seitens des Gesetzgebers Beurteilungsspielräume geschaffen worden sind. Beurteilungsspielräume für die Exekutive gibt es nur begrenzt, nämlich in Bereichen, in denen wegen der Komplexität bzw. der Dynamik der Materie die Funktionsgrenzen der Rechtsprechung erreicht sind. Dies betrifft das Prüfungs- und Beamtenrecht, Gremienentscheidungen wertender Art, Prognoseentscheidungen und Risikobewertungen sowie bestimmte verwaltungspolitische Entscheidungen. Ein Gericht darf insoweit nur prüfen, ob das Handeln der Verwaltung beurteilungsfehlerhaft war, ob also eine Unvollständigkeit oder Fehleinschätzung bezüglich der behördlichen Entscheidung gegeben ist bzw. sachfremde Erwägungen zugrunde lagen.

Bei der Bewertung von Verkehrsbedürfnissen der unterschiedlichsten Art und ihrer befriedigenden Bedienung sowie einer wesentlichen Verbesserung der Verkehrsbedienung i.S.d. § 13 Abs. 2 Nr. 3 lit. a, b PBefG bedarf es unter anderem einer Prognose, wie wichtig einzelne öffentliche Verkehrsinteressen sowohl für sich gesehen als auch im Verhältnis zu anderen Interessen zu bewerten sind. Dazu hat die Genehmigungsbehörde Verkehrsbedürfnisse zu ermitteln und zu bewerten, um dann entscheiden zu können, ob und in welchem Maße sie befriedigt werden können und sollen. Neben der Prognose setzt eine solche Entscheidung verkehrs- und raumordnerische Wertungen auch in Anlehnung an § 8 Abs. 3 PBefG voraus. Somit besteht ein Beurteilungsspielraum der Behörde mit der Folge, dass das Gericht die Genehmigung für U nur in Bezug auf Beurteilungsfehler überprüfen darf.

(2) Beurteilungsmaßstab

Grenze des Beurteilungsspielraumes i.S.d. § 13 Abs. 2 Nr. 3 lit. a PBefG ist eine Doppelbedienung der Verkehrsnachfrage, während eine Nichtbedienung der Nachfrage nur besteht, wenn die Nachfrage das Angebot insbesondere im Hin-

---

11 **Fallgruppen Beurteilungsspielräume:**
1. Prüfungen und prüfungsähnliche Entscheidungen
2. Beamtenrechtliche Beurteilungen
3. Gremienentscheidungen wertender Art
4. Prognoseentscheidungen und Risikobewertungen
5. Bestimmte Entscheidungen verwaltungspolitischer Art.

blick auf einen bisher nicht erschlossenen Teil des Verkehrsangebotes übersteigt. Besteht keine Lücke im Verkehrsangebot, darf eine Genehmigung nicht erteilt werden. Es besteht ein Parallelbedienungsverbot (vgl. BVerwGE 55, 159, 161), damit ein weiterer Anbieter eine kostendeckende Bedienung und Frequentierung einer Linie nicht gefährdet und eine Konkurrenz bei einem unstrittig erschöpften Kontingent nicht zu einem ruinösen Wettbewerb führt (vgl. BVerwG 80, 270, 272). Die Genehmigungsbehörde geht von einer Lücke im Verkehrsangebot aus und sieht eine erhöhte Nachfrage darin, dass U die Bedienung der Strecke zu deutlich geringeren Preisen anbietet als E.

(3) Beurteilungsfehler[12]

Die Einschätzung der Genehmigungsbehörde kann beurteilungsfehlerhaft sein. Beurteilungsfehler sind die Unvollständigkeit, Fehleinschätzung bzw. sachfremde Erwägungen.

(a) Unvollständigkeit

Die Erwägungen der Genehmigungsbehörde können wegen Unvollständigkeit fehlerhaft sein. Dazu müsste die Genehmigungsbehörde den Sachverhalt unvollständig oder falsch ermittelt haben. Falsch ist der Sachverhalt seitens der Behörde jedenfalls nicht ermittelt worden, weil U die Strecke zwischen Münster und Heidelberg trotz der erweiterten BahnCard-Angebote günstiger anbietet als E.

Eine Unvollständigkeit der Sachverhaltsermittlung kann sich aber daraus ergeben, dass die Genehmigungsbehörde mögliche Verkehrsstaus beim Betrieb des Busverkehrs nicht in ihre Erwägungen für die Genehmigungsbegründung für U einbezogen hat. Insbesondere weil die Behörde auf Verspätungen bei E abstellt, sind Verkehrsstaus bei Bussen, die ebenfalls zu Verzögerungen führen, ein maßgeblicher Entscheidungsbelang, der nicht außer Acht gelassen werden durfte.

Fraglich ist, ob die zuständige Behörde die Begründungen verfahrenswirksam im Prozess nachgeholt hat. Gemäß § 114 S. 2 VwGO können Erwägungen des Ermessens im Prozess nachgeholt werden. Im Rahmen des § 13 Abs. 2 Nr. 3 lit. a PBefG ist aber ein Beurteilungsspielraum eröffnet. Da insoweit eine planwidrige Regelungslücke im Gesetz und eine vergleichbare Interessenlage beste-

---

12 **Beurteilungsfehler:**
1. Unvollständigkeit
2. Fehleinschätzung
3. Sachfremde Erwägungen.

hen, ist § 114 S. 2 VwGO bei Beurteilungsspielräumen – Entscheidungsspielräume der Behörde auf Tatbestandsseite – analog anwendbar. Insoweit ist eine Ergänzung der Beurteilung im Prozess möglich. Mögliche durch Verkehrsstaus eintretende Verzögerungen im Busverkehr sind für die Genehmigungserteilung an U nur ein Aspekt unter mehreren. Die Genehmigungsbehörde hat mit der nachträglichen Berücksichtigung von Verkehrsstaus nicht erstmals abgewogen, sondern lediglich bereits erfolgte Abwägungen, die sich z.B. auf Preise bezogen, ergänzt. Sie hat ihre Beurteilung nachträglich analog § 114 S. 2 VwGO ergänzt. Eine Unvollständigkeit der Beurteilung ist nicht gegeben. Insoweit ist die Beurteilung der Behörde nicht fehlerhaft.

(b) Fehleinschätzung
Die Entscheidung der Behörde kann wegen einer Fehleinschätzung beurteilungsfehlerhaft sein, weil die Behörde den gegenüber der Busreise größeren Komfort nicht hinreichend berücksichtigt und damit die objektive Gewichtung der maßgeblichen Belange unvertretbar verfehlt hat. Insoweit ist aber zu berücksichtigen, dass für eine erhebliche Anzahl der Kunden der Preis gegenüber dem Komfort und der Reisedauer vorrangig ist. Diese Gewichtung auch seitens der Behörde ist nicht objektiv unvertretbar, da ein erheblicher Anteil der Bevölkerung ebenso gewichtet und von den öffentlichen Verkehrsinteressen im Sinne des § 13 Abs. 2 Nr. 2 PBefG, wie sich aus § 8 Abs. 2b und Abs. 3 PBefG ergibt, auch das Interesse der Nutzer an einer wirtschaftlichen Verkehrsgestaltung erfasst ist. Die Behörde hat ihren Beurteilungsspielraum insoweit daher nicht überschritten.

cc) Verbesserung der Verkehrsbedienung
In Bezug auf die wesentliche Verbesserung der Verkehrsbedienung gemäß § 13 Abs. 2 Nr. 3 lit. b PBefG besteht ebenfalls ein Beurteilungsspielraum der Behörde. Insoweit ist mit gleicher Argumentation wie bei § 13 Abs. 2 Nr. 3 lit. a PBefG – der Bewertung der preisgünstigeren Beförderung – die Beurteilungsfehlerhaftigkeit der Behörde abzulehnen, weil die Gewichtung der Erheblichkeit der preislichen Komponente die Grenze des behördlichen Spielraumes nicht überschreitet.

dd) Zwischenergebnis
Die Beförderungsgenehmigung der Behörde zugunsten des U ist somit materiell rechtmäßig.

3. Unbeachtlichkeit des formellen Fehlers

Die nicht erfolgte Aufforderung i.S.d. § 13 Abs. 2 Nr. 3 lit. c PBefG kann gemäß § 46 VwVfG unbeachtlich sein. Die Aufhebung eines – nicht gemäß § 44 VwVfG nichtigen – Verwaltungsaktes kann gemäß § 46 VwVfG nicht allein deshalb beansprucht werden, weil er mittels eines Verstoßes gegen die Vorschriften über das Verfahren, die Form oder die örtliche Zuständigkeit zustande gekommen ist, vorausgesetzt, die Verletzung der Vorschriften hat die Entscheidung in der Sache offensichtlich nicht beeinflusst.

a) Anwendbarkeit des § 46 VwVfG

Voraussetzung für die Unbeachtlichkeit eines formellen Fehlers i.S.d. § 46 VwVfG ist die Anwendbarkeit der Norm. Zwar gilt § 46 VwVfG grundsätzlich auch bei einer Verletzung von Verfahrensvorschriften aus speziellen Normen, jedoch kann ein absolutes – also stets beachtliches Verfahrenshindernis – der Anwendbarkeit des § 46 VwVfG entgegenstehen. Ein absolutes Verfahrenshindernis ergibt sich aus der nicht erfolgten Aufforderung i.S.d. § 13 Abs. 2 Nr. 3 lit. c PBefG aber nicht. § 46 VwVfG ist somit anwendbar.

b) Nichtigkeit gemäß § 44 VwVfG

Eine zur Nichtigkeit i.S.d. § 44 VwVfG führende Evidenz des Verfahrensfehlers der fehlenden Aufforderung gemäß § 13 Abs. 2 Nr. 3 lit. c PBefG ist nicht ersichtlich.

c) Offensichtlich fehlende Beeinflussung

Zur Heilung des Verfahrensfehlers nach § 46 VwVfG muss dieser ohne Einfluss auf die von der Behörde getroffene Entscheidung gewesen sein. Diese Voraussetzung wäre gegeben, wenn die Behörde ohne den Verfahrensfehler zweifellos ebenso entschieden hätte.

aa) Angebot des E

Das Angebot des E in Reaktion auf eine Aufforderung, möglicherweise selbst eine kostengünstige Buslinie einzurichten, hätte dazu führen können, dass die Behörde eine andere Entscheidung trifft. Für die Einführung einer Buslinie durch U hätte kein Bedarf mehr bestanden. In § 13 Abs. 2 Nr. 3 lit. c PBefG wird jedoch vorausgesetzt, dass ein Angebot vorhandener Unternehmer „ausgestaltet", nicht umgestaltet wird. Durch die Regelung soll bestehenden Verkehrsangeboten vorrangig die Ergänzung ermöglicht werden, insbesondere, um ein Überangebot zu verhindern. Durch die Norm soll kein vollständiger Konkurrentenschutz vor neuen Verkehrsmitteln gewährt bzw. die wirtschaftliche Ausweitung eines bestehenden Unternehmens in andere Verkehrsbereiche gefördert werden. Es soll bestehenden Unternehmen nicht die Möglichkeit gegeben werden, bestehende Angebote durch neue, andere Angebote zu ersetzen oder zu ergänzen. Unter Berücksichtigung dieser der Norm zugrunde liegenden Grundsätze ist ein Interesse des E, selbst einen Busbetrieb einzurichten, für die Entscheidung der Behörde irrelevant.

bb) Günstigere Angebote
Unabhängig von der Einrichtung einer eigenen Buslinie durch E hätte allerdings eine durch E bei Aufforderung angedachte Preissenkung zu einer anderen Behördenentscheidung führen können. Zwar hätte die von E in Erwägung gezogene BahnCard Gold keine Billigtarife zur Folge gehabt, die von E angedachte BahnCard Green hingegen schon. Selbst wenn eine Preissenkung vergleichbar mit den Billigtarifen bei Bussen nicht sehr wahrscheinlich ist, erscheint sie jedenfalls nicht ausgeschlossen, zumal E entsprechend vorgetragen hat. Somit hätte die Aufforderung i.S.d. § 13 Abs. 2 Nr. 3 lit. c PBefG die behördliche Entscheidung möglicherweise beeinflusst. Die Aufforderung ist daher nicht offensichtlich unbeachtlich.

d) Zwischenergebnis
Der Verfahrensfehler der nicht erfolgten Aufforderung i.S.d. § 13 Abs. 2 Nr. 3 lit. c PBefG ist nicht unbeachtlich.

C. Ergebnis
Die Klage des E hat Erfolg. Das Verwaltungsgericht hebt die Beförderungsgenehmigung für U auf.

Allg. Verwaltungsrecht – Fall 16:
„Karl und die Topmodels – da machste nix!"

Wieder einmal steht das alljährliche Hochfest in der Stadt S im Bundesland B an – der Karneval. Innenminister I ist jedoch – trotz des großen jährlichen Erfolges des in S veranstalteten Karnevalsfestes – wegen des „Scherbenmeeres" besorgt, welches sich nach und während der Karnevalstage regelmäßig auf den Straßen in S befindet. In den letzten Jahren hatten zahlreiche Feiernde teilweise ernsthafte Schnittverletzungen durch zerstörte herumliegende Glasflaschen erlitten. Zudem gab es zahlreiche platte Reifen bei den Aufräumdiensten.

Aufgrund dessen entschließt sich I, diese Missstände endgültig zu beheben. Unter dem Motto „Mehr Spaß ohne Glas" erlässt er folgende Regelung, welche im Amts- und Gesetzesblatt Anfang August verkündet wird:

„Verordnung über das Verbot des Mitführens und Benutzens von Glasbehältnissen"

Weiberfastnacht
Von 8 Uhr morgens (auf den Ringen ab 18 Uhr) bis 8 Uhr des Folgetages ist in der Altstadt, im Z-Viertel und auf den Ringen das Mitführen, Benutzen und Verkaufen von Glasflaschen und Gläsern untersagt.

Ein Verstoß gegen diese Regelung wird mit einem Ordnungsgeld in Höhe von 1.000 Euro beim ersten Verstoß, sowie 5.000 Euro bei weiteren Verstößen geahndet.

Der Innenminister

Karnevalsjeck K ist empört über diese Neuregelung, durch welche seine Feierfreuden erheblich beeinträchtigt werden würden, zumal er sich für den bevorstehenden Karneval schon ein perfektes Kostüm überlegt hat, mit dem er als Star des Abends der Weiberfastnacht auftreten möchte. Dazu hat er zwei Jahresgehälter investiert. Als Karl Lagerfeld verkleidet möchte er mit vier nur für diesen Anlass engagierten Models den Abend bestreiten. Er könne Champagner mit den Damen schließlich nicht aus Plastikflaschen trinken. Die neue Regelung sei ihm gegenüber daher nicht haltbar. Er selbst entsorge seine Flaschen schließlich immer ordnungsgemäß und könne nicht einfach unter Generalverdacht gestellt werden.

Deswegen beabsichtigt er, gegen die erlassene Regelung vorzugehen. K erhebt Anfang September eine Klage vor dem örtlich zuständigen Verwaltungsgericht und stellt den Antrag, festzustellen, dass die Regelung „ungültig" sei. Mit Erfolg?

Auszug aus den Gesetzen des Bundeslandes B
§ 5 AG VwGO
(1) Fähig, am Verfahren beteiligt zu sein, sind auch Landesbehörden.
(2) Hat eine Landesbehörde den angefochtenen Verwaltungsakt erlassen oder den beantragten Verwaltungsakt unterlassen, so ist die Klage gegen sie zu richten.

§ 6 AG VwGO
Das Oberverwaltungsgericht entscheidet nach Maßgabe des § 47 der Verwaltungsgerichtsordnung auf Antrag über die Gültigkeit einer landesrechtlichen Verordnung oder einer anderen im Range unter dem Landesgesetz stehenden Rechtsvorschrift.

§ 11 SOG: Allgemeine Befugnisse
Die Verwaltungsbehörden und die Polizei können die notwendigen Maßnahmen treffen, um eine Gefahr abzuwehren, soweit nicht die Vorschriften des Dritten Teils die Befugnisse der Verwaltungsbehörden und der Polizei besonders regeln.

§ 55 SOG: Verordnungsermächtigung
(1) Zur Abwehr abstrakter Gefahren werden zum Erlass von Verordnungen ermächtigt:
[...]
4. das für Inneres zuständige Ministerium und im Einvernehmen mit ihm die Fachministerien für das Land oder für Teile des Landes, an denen mehr als ein Bezirk einer Polizeidirektion beteiligt ist. [...]

Bearbeitungsvermerk
Gehen Sie davon aus, dass besondere Vorschriften des in § 11 SOG benannten dritten Teils nicht anwendbar sind und dass die seitens des Innenministers als „Verordnung" bezeichnete Vorschrift formell rechtmäßig ist. Soweit ein Verwaltungsverfahrensgesetz maßgeblich ist, ist das Verwaltungsverfahrensgesetz des Bundes anzuwenden. § 55 SOG ist verfassungsgemäß. Der Terminus „Erfolg" i.S.d. Fallfrage ist nicht auf das Verwaltungsgericht bezogen.

Schwerpunkte
Nichtigkeitsfeststellung Verwaltungsakt
§ 47 VwGO
Abgrenzung nach Form und Inhalt des Verwaltungshandelns
Allgemeinverfügung und Verordnung

Vertiefung
vgl. VG Osnabrück, Entscheidung vom 11.2.2010 – 6 B 9/10; vgl. OVG Münster, Entscheidung vom 9.11.2010 – 5 B 1475/10; zum Ganzen: VG Köln, Entscheidung vom 16.9.2010 – 20 K 441/10, Rn 18

Gliederung

1. Komplex: Klage beim Verwaltungsgericht
A. Sachurteilsvoraussetzungen (–)
    I.   Rechtsweg (+)
    II. Zuständigkeit (+/–)
    III. Beteiligte (+)
    IV. Statthafte Klageart
        1. Feststellungsklagen
        2. Nichtigkeitsfeststellungsklage (–)
           a) Form des Handelns
           b) Inhalt des Handelns
           c) Divergenz von Form und Inhalt
           aa) Rechtmäßige Handlungsform
           bb) Rechtsschutzintensivste Handlungsform
           cc) Form
B. Ergebnis (–)

2. Komplex: Verfahren beim Oberverwaltungs-gericht
A. Sachentscheidungsvoraussetzungen (+)
    I.   Rechtsweg (+)
    II. Zuständigkeit (+)
    III. Beteiligte (+)
    IV. Statthafte Verfahrensart
    V. Besondere Sachentscheidungsvoraussetzungen (+)
        1. Besondere Prozessführungsbefugnis (+)
        2. Antragsbefugnis (+)

Lösungsvorschlag

Die folgende Lösung ist als Lösungsvorschlag zu verstehen und ausführlicher, als es in der Klausurbearbeitung verlangt werden kann. Aufgrund der wissenschaftlichen Freiheit können andere Lösungswege vertreten werden, soweit sie dogmatisch begründbar sind. Die Nachweise aus Rechtsprechung und Literatur sowie die das Verständnis fördernden Randbemerkungen sind in der Examensklausur auszusparen. Die Abkürzung „Alt." steht für Alternativfall, nicht für Alternative.

1. Komplex: Klage beim Verwaltungsgericht
K wird mit seiner Klage Erfolg haben, soweit die Sachurteilsvoraussetzungen erfüllt sind, die Klage zulässig und begründet ist.

A. Sachurteilsvoraussetzungen[1]
Die Sachurteilsvoraussetzungen können erfüllt sein.

---

1 **Hinweis:** Andere Aufbauvarianten werden vertreten (z.B. dreistufig oder Prüfung des Verwaltungsrechtsweges als Untergliederungspunkt der Zuständigkeit des Gerichts). Derartige Aufbauvarianten sind aber mit § 17a Abs. 2 GVG bzw. mit der Überschrift des 6. Abschnitts der VwGO sowie mit § 83 VwGO unvereinbar und daher bei exakter dogmatischer Zuordnung der Prüfungspunkte nicht zu empfehlen. Die Überschrift „Sachurteilsvoraussetzungen" anstelle der Überschrift „Zulässigkeit" ist sinnvoll, weil nach § 63 Nr. 3 VwGO auch der Beigeladene zu den Beteiligten gehört, das Fehlen einer notwendigen Beiladung i.S.d. § 65 Abs. 2 VwGO aber nur dazu führt, dass das Urteil keine materielle Rechtskraft entfaltet.

I. Rechtsweg

Der Verwaltungsrechtsweg kann mangels aufdrängender Sonderzuweisung gemäß § 40 Abs. 1 S. 1 VwGO eröffnet sein. Im Übrigen kommt ein Verweisungsbeschluss i.S.d. § 17a Abs. 2 S. 1 GVG i.V.m. § 173 VwGO in Betracht. Der Verwaltungsrechtsweg ist eröffnet, wenn die streitentscheidende öffentlich-rechtliche Norm einen Hoheitsträger einseitig berechtigt oder verpflichtet bzw. wenn aufgrund typisch hoheitlichen Handelns zwischen den Beteiligten ein Subordinationsverhältnis besteht.

Als streitentscheidende Normen kommen § 55 Abs. 1 Nr. 4 SOG und § 11 SOG in Betracht. Soweit es um den Erlass einer Verordnung geht, ergibt sich eine Berechtigung zum Erlass aus § 55 Abs. 1 Nr. 4 SOG, während sich eine Berechtigung zum Erlass eines Einzelaktes aus § 11 SOG ergibt. Zudem besteht zwischen den von der Regelung Betroffenen und dem hoheitlichen Rechtsträger ein Subordinationsverhältnis, da der Minister von einer hoheitlichen Handlungsform – einer Verordnung bzw. einem Verwaltungsakt – Gebrauch gemacht hat. Da die Streitigkeit mangels doppelter Verfassungsunmittelbarkeit nicht verfassungsrechtlicher Art und eine abdrängende Sonderzuweisung nicht ersichtlich ist, bleibt es bei der Eröffnung des Verwaltungsrechtsweges. Der Verwaltungsrechtsweg ist gemäß § 40 Abs. 1 S. 1 VwGO eröffnet.

II. Zuständigkeit[2]

Grundsätzlich ist das Verwaltungsgericht gemäß § 45 VwGO als Eingangsinstanz für öffentlich-rechtliche Streitigkeiten sachlich zuständig. Dieses kann jedoch gemäß § 17a Abs. 2 S. 1 GVG i.V.m. § 83 VwGO in einigen Konstellationen mangels sachlicher Zuständigkeit an das Oberverwaltungsgericht verweisen. Zwar gilt § 17a Abs. 2 S. 1 GVG für die Zuständigkeit nicht gemäß § 173 VwGO, sondern gemäß § 83 VwGO, jedoch soll, auch wenn gemäß § 17a Abs. 2 S. 1 GVG i.V.m. § 173 VwGO mangels Rechtswegeröffnung ein Verweisungsbeschluss gefasst wird, sogleich an das zuständige Gericht verwiesen werden, wenngleich der Beschluss dem Wortlaut der Norm gemäß nicht für die Zuständigkeit, son-

---

2 Es ist vertretbar und dogmatisch eigentlich notwendig, zur Bestimmung der Zuständigkeit inzident die statthafte Verfahrensart zu prüfen. Das wirkt jedoch unübersichtlich und ist klausurtaktisch nicht empfehlenswert. Dogmatisch wäre es auch unpräzise, die Zuständigkeit nach der statthaften Verfahrensart zu prüfen, weil die Zuständigkeit als Annex zum Rechtsweg zu erörtern ist. Das ergibt sich einerseits daraus, dass § 17a Abs. 2 GVG gemäß § 83 VwGO auch für die Zuständigkeit gilt und auch insoweit ein Verweisungsbeschluss möglich ist. Außerdem sind der Verwaltungsrechtsweg und die Zuständigkeit in der gesetzlichen Abschnittsüberschrift des 6. Abschnitts der VwGO als unterschiedliche Aspekte, jedoch als konnex konstatiert.

dern gemäß § 17a Abs. 2 S. 3 GVG nur für den Rechtsweg bindend ist. Sind mehrere Gerichte zuständig, an die verwiesen werden könnte, wird gemäß § 17a Abs. 2 S. 2 GVG an das vom Kläger oder Antragsteller auszuwählende Gericht verwiesen, hilfsweise an das vom angerufenen Gericht bestimmte Gericht.

Da § 17a Abs. 2 S. 1 GVG gemäß § 83 VwGO für die Zuständigkeit entsprechend anwendbar ist, ist fraglich, ob ein etwaiger Beschluss mangels Zuständigkeit gemäß § 17a Abs. 2 S. 3 GVG i.V.m. § 83 VwGO bindend wäre. Dem Wortlaut nach erscheint dies möglich, jedoch ist systematisch § 17a Abs. 2 S. 1 GVG zu berücksichtigen. Obwohl in Konstellationen, in denen mangels Rechtswegeröffnung verwiesen wird, zugleich an das zuständige Gericht verwiesen wird, ist der Verweisungsbeschluss gemäß § 17a Abs. 2 S. 3 GVG nur bezüglich des Rechtsweges bindend, sodass eine Bindung bezüglich der Zuständigkeit seitens des Gesetzgebers nicht gewollt ist, obwohl er die Problematik insoweit offenkundig erkannt hat. Zudem würde bei einer Bindung des Gerichts auch bezüglich der Zuständigkeit gemäß § 17a Abs. 2 S. 3 GVG i.V.m. § 83 VwGO zugleich ein weiterer Verweisungsbeschluss mangels Rechtswegeröffnung – bei einem Verweisungsbeschluss mangels Zuständigkeit an ein Gericht eines nicht eröffneten Rechtsweges – ausgeschlossen werden. Das wäre im Hinblick auf den gesetzlichen Richter i.S.d. Art. 101 Abs. 1 S. 2 GG in Verbindung mit dem sich unter anderem aus Art. 20 Abs. 3 GG ergebenden Rechtsstaatsprinzip verfassungsrechtlich bedenklich. Somit wäre ein Verweisungsbeschluss des Verwaltungsgerichts bezüglich der Zuständigkeit gemäß § 17a Abs. 2 S. 1 GVG i.V.m. § 83 VwGO nicht gemäß § 17a Abs. 2 S. 3 GVG i.V.m. § 83 VwGO bindend. Ob ein solcher erfolgt, muss zunächst offenbleiben.[3]

III. Beteiligte

K und die zuständige Landesbehörde können Beteiligte des Verfahrens sein. Beteiligte sind nach § 63 Nr. 1, 2 VwGO jedenfalls unter anderem der Kläger und der Beklagte. Beteiligungsfähig sind gemäß § 61 Nr. 1 VwGO natürliche und juristische Personen. Landesbehörden sind gemäß § 61 Nr. 3 VwGO i.V.m. § 5 Abs. 1 AG VwGO beteiligungsfähig.

Als Kläger ist K gemäß § 61 Nr. 1 Alt. 1 VwGO beteiligungsfähig und gemäß § 62 Abs. 1 Nr. 1 VwGO prozessfähig.

---

3 Die örtliche Zuständigkeit ist nur anzusprechen, wenn es dafür im Sachverhalt Anhaltspunkte gibt. Gegebenenfalls ist die örtliche Zuständigkeit grundsätzlich im Anschluss an die sachliche Zuständigkeit zu prüfen. Ist sie jedoch gemäß § 52 Nr. 2 VwGO ausnahmsweise von der Klageart abhängig, sollte sie offen mit Verweis auf § 17a Abs. 2 GVG i.V.m. § 83 VwGO formuliert werden.

Als Beklagter ist der Innenminister als oberste Landesbehörde[4] gemäß den §§ 63 Nr. 2, 61 Nr. 3 VwGO i.V.m. § 5 Abs. 1 AG VwGO beteiligungs- und mangels Anhaltspunkten bezüglich des für den Innenminister – gegebenenfalls ist der Minister als natürliche Person selbst maßgeblich – handelnden Organwalters gemäß § 62 Abs. 3, 1 Nr. 1 VwGO prozessfähig.

IV. Statthafte Klageart

Die statthafte Klageart richtet sich gemäß § 88 VwGO nach dem klägerischen Begehren unter Berücksichtigung des Anwendungsvorrangs maßnahmespezifischer Rechtsschutzformen und des rechtsstaatlichen Grundsatzes der Effektivität des Rechtsschutzes. Dem klägerischen Begehren entspricht i.d.R. die effektivste Klageart, also nach Möglichkeit die Anfechtungsklage gemäß § 42 Abs. 1 Alt. 1 VwGO als Gestaltungsklage der Verwaltungsgerichtsordnung, soweit sie zielführend ist und es keinen anderweitigen ausdrücklichen Antrag gibt, der nicht überschritten werden darf.[5]

K hat beantragt festzustellen, dass die als Verordnung bezeichnete Regelung ungültig ist. Insoweit ist zunächst sein ausdrücklicher Klageantrag zu berücksichtigen. Zwar ist das Gericht gemäß § 88 VwGO an die Fassung der Anträge nicht gebunden, jedoch darf über das Klagebegehren nicht hinausgegangen werden. Unabhängig davon, dass ein Feststellungsantrag ein geringeres Begehren als z.B. ein Gestaltungsantrag enthält, ist jedenfalls zunächst das explizit beantragte Feststellungsbegehren maßgeblich.

1. Feststellungsklagen

In der Verwaltungsgerichtsordnung sind drei besondere und eine allgemeine Feststellungsklage geregelt. Als besondere Feststellungsklagen sind die Fortsetzungsfeststellungsklage gemäß § 113 Abs. 1 S. 4 VwGO bezüglich der Prüfung erledigter Verwaltungsakte, die prinzipale Normenkontrolle gemäß § 47 VwGO zur Prüfung einiger abstrakt-genereller Regelungen sowie die Nichtigkeitsfeststellungsklage[6] gemäß § 43 Abs. 1 Alt. 2 VwGO i.V.m. § 43 Abs. 2 S. 2 VwGO be-

---

4 Obersten Landesbehörden ist ihre Wahrnehmungskompetenz aus der jeweiligen Verbandsverfassung zugewiesen – insbesondere Ministerien. Oberbehörden sind in der Verfassung nicht mit Verwaltungsaufgaben versehen worden.

5 Die Anfechtungsklage ist besonders rechtsschutzintensiv, weil das Gericht als Judikative mittels einer Durchbrechung der Gewaltenteilung einen Verwaltungsakt als Rechtssetzungsakt der Exekutive aufhebt.

6 Die Nichtigkeitsfeststellungsklage i.S.d. § 43 Abs. 1 Alt. 2 VwGO i.V.m. § 43 Abs. 2 S. 2 VwGO ist in der Praxis in der Regel nur insoweit relevant, als die Anfechtungsklage

züglich der Feststellung der Nichtigkeit eines Verwaltungsakts enthalten. Mittels der allgemeinen Feststellungsklage gemäß § 43 Abs. 1 Alt. 1 VwGO kann ein Kläger das Bestehen oder das Nichtbestehen eines konkreten Rechtsverhältnisses prüfen lassen. Seitens des K kommt bezüglich der beim Verwaltungsgericht erhobenen Klage die Nichtigkeitsfeststellungsklage bei Verwaltungsakten gemäß § 43 Abs. 1 Alt. 2 VwGO i.V.m. § 43 Abs. 2 S. 2 VwGO in Betracht. Ebenso kann die prinzipale Normenkontrolle gemäß § 47 Abs. 1 Nr. 2 VwGO i.V.m. § 6 AG VwGO statthaft sein.

2. Nichtigkeitsfeststellungsklage

Es ist eine Voraussetzung der Nichtigkeitsfeststellungsklage gemäß § 43 Abs. 1 Alt. 2 VwGO i.V.m. § 43 Abs. 2 S. 2 VwGO, dass ein Verwaltungsakt erlassen worden ist. Ein Verwaltungsakt ist gemäß § 35 S. 1 VwVfG jede Verfügung, Entscheidung oder andere hoheitliche Maßnahme, die eine Behörde zur Regelung eines Einzelfalls auf dem Gebiet des öffentlichen Rechts trifft und die auf unmittelbare Rechtswirkung nach außen gerichtet ist. Die als Verordnung bezeichnete Regelung des Innenministers ist jedenfalls nicht als Einzelfallregelung einzustufen.

Das Verbot der Glasbehältnisse in der Regelung könnte jedoch als ein Verwaltungsakt in Form einer Allgemeinverfügung gemäß § 35 S. 2 Var. 1 VwVfG einzustufen sein. Eine Allgemeinverfügung ist gemäß § 35 S. 2 VwVfG ein Verwaltungsakt, der an einen nach allgemeinen Merkmalen bestimmten oder bestimmbaren Personenkreis gerichtet ist oder die öffentlich-rechtliche Eigenschaft einer Sache oder ihre Benutzung durch die Allgemeinheit betrifft. Ist das Verbot bezüglich der Glasbehältnisse als Verordnung einzustufen, ist die prinzipale Normenkontrolle gemäß § 47 Abs. 1 Nr. 2 VwGO i.V.m. § 6 AG VwGO statthaft, sodass gemäß § 17a Abs. 2 S. 1 GVG i.V.m. § 83 VwGO mangels Zuständigkeit des Gerichts der bereits avisierte Verweisungsbeschluss gefasst und an das Oberverwaltungsgericht verwiesen wird.

Maßgeblich ist somit, ob das seitens des Innenministers erteilte Verbot bezüglich der Glasbehältnisse als eine Allgemeinverfügung oder als eine Verordnung einzustufen ist.

---

verfristet ist, weil es nahezu unstrittig ist, dass auch nichtige Verwaltungsakte anfechtbar sind.

a) Form des Handelns

Eine Einordnung des Verbotes als Verordnung oder als Allgemeinverfügung könnte mittels der Form des Handelns erfolgen. Einerseits hat der Minister die Regelung bezüglich der Benutzung und des Mitführens von Glasbehältnissen als Verordnung bezeichnet, andererseits ist die Regelung im Amts- und Gesetzesblatt verkündet worden. Formell ist die Verbotsregelung als Verordnung ausgestaltet worden.

b) Inhalt des Handelns

Bei inhaltlicher Betrachtung des Verbotes des Innenministers bezüglich der Glasbehältnisse könnte es sich um eine Allgemeinverfügung i.S.d. § 35 S. 2 Var. 1 VwVfG handeln, wenn sich die Regelung für konkrete Situationen an einen noch nicht bestimmten bzw. bestimmbaren Personenkreis richtet, wobei eine Benutzungsregelung i.S.d. § 35 S. 2 Var. 3 VwVfG gegeben ist, soweit die Benutzung einer öffentlichen Sache festgelegt wird. Das seitens des Innenministers erlassene Verbot ist an alle potentiellen – noch nicht feststehenden – Passanten, die sich in bestimmten Bereichen zu bestimmten Zeiten aufhalten und Glasbehältnisse benutzen sowie mitführen, gerichtet. Die Situationen, auf welche das Verbot für Glasbehälter bezogen ist, sind somit konkretisiert (zum Ganzen: VG Köln, Entscheidung vom 16.9.2010 – 20 K 441/10, Rn 18).

Inhaltlich ist das seitens des Innenministers erlassene und als Verordnung bezeichnete sowie im Amts- und Gesetzesblatt verkündete Verbot als konkret-generelle Regelung in Form einer personenbezogenen Allgemeinverfügung i.S.d. § 35 S. 2 Var. 1 VwGO sowie als Benutzungsregelung für bestimmte Straßenabschnitte i.S.d. § 35 S. 2 Var. 3 VwVfG einzustufen.

c) Divergenz von Form und Inhalt

Fraglich ist, wie eine Divergenz zwischen Form und Inhalt zu beurteilen ist. Formal ist das seitens des Innenministers ausgesprochene Glasbehälterverbot als Verordnung, inhaltlich als Allgemeinverfügung einzustufen.

aa) Rechtmäßige Handlungsform

Bei einer Divergenz zwischen Form und Inhalt könnte auf die rechtlich vorgesehene und somit rechtmäßige Handlungsform abzustellen sein. Der Verwaltung ist eine bestimmte Anzahl von öffentlich-rechtlichen Handlungsformen – darunter die Verordnung und der Verwaltungsakt – zugewiesen, von denen sie unter bestimmten Situationen Gebrauch machen darf. Somit wäre maßgeblich, wie die Verwaltung rechtmäßig i.S.d. sich unter anderem aus Art. 20 Abs. 3 GG ergebenden Rechtsstaatsprinzips hätte handeln dürfen. Ob es sich bei dem Glasbehälterverbot demnach um eine Verordnung oder um eine Allgemeinverfügung handelt, wäre davon abhängig, ob materiell eine konkrete Gefahr als Voraussetzung für den Erlass einer Allgemeinverfügung oder eine abstrakte Gefahr als Voraussetzung für den Erlass einer Verordnung bestünde.

bb) Rechtsschutzintensivste Handlungsform

Es könnte im Rahmen der gewählten Handlungsform stets auf die rechtsschutzintensivste Handlungsform abgestellt werden, damit die Behörde nicht entgegen der Gewährung eines umfassenden und effektiven Rechtsschutzes i.S.d. Art. 19 Abs. 4 GG – eine bestimmte Art des Rechtsschutzes wird dort allerdings nicht gewährleistet – sowie i.S.d. sich unter anderem aus Art. 20 Abs. 3 GG ergebenden Rechtsstaatsprinzips an eine Handlungsform gebunden ist, welche für den Bürger nachteilig ist. Da eine Verordnung nur mittels einer prinzipalen Normenkontrolle gemäß § 47 Abs. 1 Nr. 2 VwGO i.V.m. § 6 AG VwGO direkt zum Verfahrensgegenstand gemacht werden könnte, wäre das Glasbehälterverbot als Allgemeinverfügung i.S.d. § 35 S. 2 Var. 1 VwVfG einzustufen, weil insoweit eine Suspendierung i.S.d. § 80 Abs. 1 S. 1 VwGO sowie ein mehrinstanzlicher Rechtsweg eröffnet sind.

cc) Form

Bei rechtsstaatlicher Betrachtung i.S.d. sich unter anderem aus Art. 20 Abs. 3 GG ergebenden Rechtsstaatsprinzips ist die seitens der Behörde gewählte Handlungsform maßgeblich. Die rechtmäßig mögliche bzw. rechtsschutzintensivste Handlungsform kann nicht maßgeblich sein, weil eine rechtsstaatswidrige Rechtsunsicherheit entstehen würde, zumal für den Bürger nicht klar wäre, welcher Rechtsschutz effektiv i.S.d. Art. 19 Abs. 4 GG möglich wäre. Zudem würde in dreipoligen Beziehungen bezüglich etwaiger Fristen eine Rechtsunsicherheit entstehen.

Somit muss sich die Behörde in einem Rechtsstaat an der von ihr gewählten – gegebenenfalls hoheitlichen – Handlungsform messen lassen, die sie im Rahmen der ihr zugewiesenen Handlungsmöglichkeiten gewählt hat.

Somit ist das seitens des Innenministers verfügte Glasbehälterverbot wie bezeichnet prozessual als Verordnung einzustufen mit der Folge, dass insoweit die prinzipale Normenkontrolle gemäß § 47 Abs. 1 Nr. 2 VwGO i.V.m. § 6 AG VwGO als Verfahrensart statthaft ist. Da insoweit das Oberverwaltungsgericht zuständig ist, wird letztlich mangels sachlicher Zuständigkeit der bereits avisierte Verweisungsbeschluss i.S.d. § 17a Abs. 2 S. 1 GVG i.V.m. § 83 VwGO gefasst und an das Oberverwaltungsgericht verwiesen.

B. Ergebnis

Die Sachurteilsvoraussetzungen für die Klage beim Verwaltungsgericht sind nicht erfüllt. Es wird ein Verweisungsbeschluss i.S.d. § 17a Abs. 2 S. 1 GVG i.V.m. § 83 VwGO gefasst und an das Oberverwaltungsgericht verwiesen.

2. Komplex: Verfahren beim Oberverwaltungsgericht

K wird mit seinem Antrag Erfolg haben, soweit die Sachentscheidungsvoraussetzungen[7] erfüllt sind und der Antrag zulässig sowie begründet ist.[8]

A. Sachentscheidungsvoraussetzungen

Die Sachentscheidungsvoraussetzungen können erfüllt sein.

I. Rechtsweg

Der Verwaltungsrechtsweg kann mangels aufdrängender Sonderzuweisung gemäß § 40 Abs. 1 S. 1 VwGO eröffnet sein. Im Übrigen kommt ein Verweisungsbeschluss i.S.d. § 17a Abs. 2 S. 1 GVG i.V.m. § 173 VwGO in Betracht. Der Verwaltungsrechtsweg ist eröffnet, wenn die streitentscheidende öffentlich-rechtliche Norm einen Hoheitsträger einseitig berechtigt oder verpflichtet bzw. wenn aufgrund typisch hoheitlichen Handelns zwischen den Beteiligten ein Subordinationsverhältnis besteht.

Streitentscheidende Norm ist § 55 Abs. 1 Nr. 4 SOG, da sich daraus eine Berechtigung zum Erlass einer Gefahrenabwehrverordnung ergibt. Zudem besteht

---

7 Bei einer prinzipalen Normenkontrolle sollte der Terminus „Sachentscheidungsvoraussetzungen" gewählt werden. Er ist weiter als der Terminus „Sachurteilsvoraussetzungen", welcher darin enthalten ist. Letzterer darf nur verwendet werden, soweit seitens des Gerichts ein Urteilsspruch erfolgt. Dies ist bei der prinzipalen Normenkontrolle zwar der Regelfall, jedoch kann das Oberverwaltungsgericht gemäß § 47 Abs. 5 S. 1 VwGO auch durch einen Beschluss entscheiden.

8 **Weitere Besonderheiten:**
–   Terminus „Prinzipale Normenkontrolle"
–   teilweise subjektives, teilweise objektives Beanstandungsverfahren
–   Entscheidung durch Urteil oder durch Beschluss
–   Wirkung inter omnes.

zwischen den von der Regelung Betroffenen und dem hoheitlichen Rechtsträger ein Subordinationsverhältnis, da der Minister von einer hoheitlichen Handlungsform – einer Verordnung – Gebrauch gemacht hat. Da die Streitigkeit mangels doppelter Verfassungsunmittelbarkeit nicht verfassungsrechtlicher Art und eine abdrängende Sonderzuweisung nicht ersichtlich ist, bleibt es bei der Eröffnung des Verwaltungsrechtsweges. Der Verwaltungsrechtsweg ist gemäß § 40 Abs. 1 S. 1 VwGO eröffnet.

II. Zuständigkeit

Das Oberverwaltungsgericht ist gemäß § 47 Abs. 1 Nr. 2 VwGO i.V.m. § 6 AG VwGO für die Verwerfung des Glasbehälterverbotes zuständig, sodass kein Verweisungsbeschluss gemäß § 17a Abs. 2 S. 1 GVG i.V.m. § 83 VwGO gefasst werden wird – unabhängig davon, dass der vorherige Verweisungsbeschluss an das Oberverwaltungsgericht gemäß § 17a Abs. 2 S. 3 GVG i.V.m. § 83 VwGO nicht bindend war.[9]

III. Beteiligte

K und die handelnde Landesbehörde können Beteiligte des Verfahrens sein.[10] Ob sich die Beteiligungsfähigkeit aus der direkten Anwendung der §§ 63, 61, 62, 65 VwGO ergibt oder ob die Normen wegen des Wortlautes in § 63 VwGO – Kläger und Beklagter – zumindest partiell unter Umständen analog anzuwenden sind, ist irrelevant, wenngleich sich aus der gesetzlichen Abschnittsüberschrift „Allgemeine Verfahrensvorschriften" ergeben kann, dass sämtliche Verfahren und damit auch die Verfahren, die nicht als Klagen einzustufen sind, von der

---

9 Der einzige dogmatisch unangreifbare Aufbau bestünde – soweit kein Verweisungsbeschluss erlassen worden und der Antrag direkt beim OVG gestellt worden wäre – darin, die statthafte Verfahrensart inzident zu prüfen, da eine Prüfung der Verfahrensart dogmatisch nicht logisch ist, da der Rechtsweg und die Zuständigkeit schon wegen der gesetzlichen Überschrift vor § 40 VwGO konnex sind und für den Rechtsweg sowie für die Zuständigkeit § 17a Abs. 2 GVG gilt. Zudem ist es z.B. möglich, dass beim VG ein Antrag auf Feststellung der Nichtigkeit einer Satzung gestellt wird. Würde insoweit die Verfahrensart vor der Zuständigkeit geprüft werden, würde bezüglich eines Antrages beim VG eine Verfahrensart benannt werden, die es dort nicht gibt mit der Folge der späteren Verweisung an das OVG (zum Ganzen: Heinze/Starke JURA 2012, 175 ff.). Eine Inzidentprüfung ist klausurtaktisch jedoch nicht sinnvoll, sodass eine offene Formulierung der Zuständigkeit erfolgen sollte (anders als ein Vorziehen der Verfahrensart dogmatisch haltbar).

10 Aus § 47 Abs. 2 S. 2 VwGO ergibt sich, dass die prinzipale Normenkontrolle als kontradiktorisches Verfahren einzustufen ist.

direkten Anwendung erfasst sind. Beteiligte sind nach § 63 Nr. 1, 2 VwGO jedenfalls unter anderem der Antragsteller und der Antragsgegner, beteiligungsfähig nach § 61 Nr. 1 VwGO natürliche und juristische Personen.

Fraglich ist, ob die §§ 63, 61, 62, 65 VwGO durch § 47 Abs. 2 S. 1 und 2 VwGO als Spezialregelung verdrängt werden.[11] Gemäß § 47 Abs. 2 S. 1 VwGO kann jede natürliche oder juristische Person, die geltend macht, durch die Rechtsvorschrift oder deren Anwendung in ihren Rechten verletzt zu sein oder in absehbarer Zeit verletzt zu werden, sowie jede Behörde innerhalb eines Jahres nach Bekanntmachung der Rechtsvorschriften den Antrag stellen. Insoweit könnte sich bereits aus § 47 Abs. 2 S. 4 VwGO ableiten lassen, dass die §§ 63, 61, 62, 65 VwGO verdrängt sind, weil anderenfalls keine entsprechende Anwendbarkeit des § 65 Abs. 1, Abs. 4 VwGO und des § 66 VwGO angeordnet worden wäre. Die Anordnung der entsprechenden Anwendbarkeit dieser Normen ist aber nicht erfolgt, weil die allgemeinen Normen der §§ 63, 61, 62, 65 VwGO bei der prinzipalen Normenkontrolle i.S.d. § 47 Abs. 1 VwGO nicht anwendbar sind, sondern weil gegenüber den benannten öffentlich-rechtlichen juristischen Personen der Wortlaut der §§ 65, 66 VwGO nicht direkt passend ist, da es weniger um deren rechtliche Interessen, als vielmehr um deren Kompetenzen geht. Die §§ 63, 61, 62, 65 VwGO sind also nicht schon wegen der Regelung des § 47 Abs. 2 S. 4 VwGO ausgeschlossen.

Somit sind die §§ 63, 61, 62, 65 VwGO grundsätzlich – unter Umständen analog – insoweit anwendbar, als sie nicht durch § 47 Abs. 2 S. 1 VwGO ergänzt werden. Ebenso wie die Beteiligungsfähigkeit i.S.d. § 61 Nr. 1 VwGO nicht durch § 61 Nr. 3 VwGO ausgeschlossen, sondern nur ergänzt wird, ist § 47 Abs. 2 S. 1 VwGO unter anderem als Ergänzung zur Beteiligungsfähigkeit der Rechtsträger nach § 61 Nr. 1 Alt. 2 VwGO einzustufen.

Als Antragsteller ist K gemäß § 61 Nr. 1 Alt. 1 VwGO beteiligungsfähig und gemäß § 62 Abs. 1 Nr. 1 VwGO prozessfähig. Landesbehörden sind gemäß § 61 Nr. 3 VwGO i.V.m. § 5 Abs. 1 AG VwGO des Bundeslandes B beteiligungsfähig. Als Antragsgegner ist der Innenminister als oberste Landesbehörde gemäß den §§ 63 Nr. 2, 61 Nr. 3 VwGO i.V.m. § 5 Abs. 1 AG VwGO zwar grundsätzlich beteiligungs- und mangels Anhaltspunkten bezüglich des für den Innenminister – gegebenenfalls ist der Minister als natürliche Person selbst maßgeblich – handelnden Organwalters gemäß § 62 Abs. 3, 1 Nr. 1 VwGO prozessfähig, wobei § 47 Abs. 2 S. 2 VwGO als Sonderregelung bezüglich der besonderen Prozessführungsbefugnis hinsichtlich der Beteiligten irrelevant ist. Allerdings wird § 61 Nr. 1 Alt. 2 VwGO durch § 61 Nr. 3 VwGO i.V.m. § 5 Abs. 1 AG VwGO nur er-

---

11 Das Verhältnis des § 47 Abs. 2 S. 1, 2 VwGO zu § 61 VwGO ist strittig.

gänzt,[12] sodass – soweit eine Divergenz zur besonderen Prozessführungsbefugnis besteht – letztlich das Bundesland B gemäß § 61 Nr. 1 Alt. 2 VwGO als Rechtsträger öffentlichen Rechts in Form einer Gebietskörperschaft auf der Antragsgegnerseite beteiligungsfähig und mittels des handelnden Organwalters gemäß § 62 Abs. 3, 1 Nr. 1 VwGO prozessfähig ist.

IV. Statthafte Verfahrensart[13]

Die statthafte Verfahrensart richtet sich i.S.d. § 88 VwGO – soweit ein Beschluss gemäß § 47 Abs. 5 S. 1 VwGO ergeht in Verbindung mit § 122 Abs. 1 VwVGO – nach dem Antragsbegehren unter Berücksichtigung des Anwendungsvorrangs maßnahmespezifischer Rechtsschutzformen und des rechtsstaatlichen Grundsatzes der Effektivität des Rechtsschutzes. Dem Antragsbegehren entspricht die Feststellung der Ungültigkeit bzw. der Nichtigkeit des prozessual als Verordnung zu behandelnden Glasbehälterverbotes, sodass gemäß § 47 Abs. 1 Nr. 2 VwGO i.V.m. § 6 AG VwGO die prinzipale Normenkontrolle statthaft ist.[14]

V. Besondere Sachentscheidungsvoraussetzungen

Die besonderen Sachentscheidungsvoraussetzungen können erfüllt sein.

---

12 § 61 Nr. 1 VwGO ist neben § 61 Nr. 3 VwGO anwendbar, sodass ein Wahlrecht des Bürgers besteht, da sein Rechtsschutz durch § 61 Nr. 3 VwGO erweitert und eine Divergenz zwischen Beteiligungsfähigkeit und besonderer Prozessführungsbefugnis gegebenenfalls vermieden werden soll.

13 Da gemäß § 47 Abs. 5 S. 1 VwGO ein Urteilspruch oder ein Beschluss erfolgen kann, ist nicht der Terminus „Klageart", sondern der weiter gefasste Terminus „Verfahrensart" zu verwenden.

14 Für die Stadtstaaten bestehen Sonderregelungen. Das ergibt sich aus § 246 Abs. 2 S. 1 (Hamburg und Berlin) und S. 2 (Bremen) BauGB. In Hamburg ist dies in § 3 BauLPlFestG geregelt (grundsätzlich Verordnung; unter Umständen Gesetz) und in Berlin in § 6 Abs. 5 S. 2 AG BauGB. In § 47 Abs. 1 Nr. 1 VwGO ist auf § 246 Abs. 2 BauGB Bezug genommen worden. Soweit ein Bebauungsplan in Hamburg als Gesetz erlassen werden kann, soll eine Verfassungsbeschwerde mangels Rechtswegerschöpfung bzw. Subsidiarität nach der Rechtsprechung des BVerfG unzulässig sein, da bezüglich des Gesetzes ein Verfahren nach § 47 VwGO möglich sein soll. Diese „verfassungskonforme Auslegung" i.S.d. sich unter anderem aus Art. 20 Abs. 3 GG ergebenden Rechtsstaatsprinzips ist wegen der Überschreitung der Wortlautgrenzen dogmatisch höchst problematisch.

1. Besondere Prozessführungsbefugnis
Besonders prozessführungsbefugt ist gemäß § 47 Abs. 2 S. 2 VwGO das Bundesland B als Gebietskörperschaft öffentlichen Rechts und Rechtsträger des Innenministers als oberste Landesbehörde.

2. Antragsbefugnis
K muss antragsbefugt sein. Voraussetzung für die Antragsbefugnis gemäß § 47 Abs. 2 S. 1 VwGO – K als natürliche Person bedarf der Antragsbefugnis im engen Sinne – ist die Möglichkeit der Verletzung eines subjektiven Rechts.[15] Subjektive Rechte werden aus Sonderrechtsbeziehungen, einfachen Gesetzen und subsidiär aus Grundrechten abgeleitet, wobei jedenfalls aufgrund des weiten Schutzbereiches des Art. 2 Abs. 1 GG bei unmittelbaren Grundrechtseingriffen für das subjektive Recht direkt auf Grundrechte abgestellt werden kann. Da die Verordnung des Innenministers als formell der Exekutive zuzurechnender Rechtssetzungsakt dem Bürger – auch K – gegenüber unmittelbar wirkt, besteht zumindest die Möglichkeit eines unmittelbaren Grundrechtseingriffes in die sich aus Art. 2 Abs. 1 GG ergebende allgemeine Handlungsfreiheit des K. K ist antragsbefugt.

3. Antragsfrist
Der gerichtliche Antrag des K ist i.S.d. § 47 Abs. 2 S. 1 VwGO innerhalb eines Jahres seit der Bekanntmachung über das Glasbehälterverbot gestellt worden. Sogar der Verweisungsbeschluss erfolgte innerhalb des Jahres seit der Bekanntmachung der Verordnung über das Glasbehälterverbot. Der Antrag ist nicht verfristet.

4. Vorrang der Verfassungsgerichtsbarkeit
Eine ausschließliche Zuweisung der Prüfung der Verordnung zum Glasbehälterverbot zum Landesverfassungsgericht i.S.d. § 47 Abs. 3 VwGO ist nicht ersichtlich, sodass ein Ausschluss der Entscheidung des Oberverwaltungsgerichts nicht erfolgt ist.

---

15 Die prinzipale Normenkontrolle ist für natürliche und juristische Personen gemäß § 47 Abs. 2 S. 1 VwGO ein subjektives Beanstandungsverfahren, aus Sicht der Behörde ein objektives Beanstandungsverfahren, da insoweit lediglich ein Bezug zur streitgegenständlichen Rechtsvorschrift erforderlich ist.

VI. Allgemeines Rechtsschutzbedürfnis

Das allgemeine Rechtsschutzbedürfnis für eine prinzipale Normenkontrolle besteht nicht, soweit die Verwerfung der streitgegenständlichen Rechtsvorschrift für den Antragsteller keine rechtlichen oder tatsächlichen Vorteile zur Folge hätte. Bei einer Verwerfung der Verordnung zum Glasbehälterverbot bestünde kein Glasbehälterverbot beim Karneval, sodass K seine Champagnerflaschen in beabsichtigter Form leeren könnte. Das allgemeine Rechtsschutzbedürfnis besteht.

B. Begründetheit

Der Antrag ist begründet, soweit die Verordnung rechtswidrig ist und keine Ausnahme von dem sich unter anderem aus Art. 20 Abs. 3 GG ergebenden grundsätzlich geltenden Normennichtigkeitsdogma[16] geregelt ist. Das Oberverwaltungsgericht wird die Verordnung insoweit gemäß § 47 Abs. 5 S. 2 VwGO für unwirksam erklären, wobei die Entscheidung allgemein verbindlich und die Entscheidungsformel in gleicher Weise wie die Bekanntmachung der Rechtsvorschrift bekannt zu machen ist.

I. Ermächtigungsgrundlage[17]

Für den Erlass einer Verordnung gilt gemäß Art. 80 Abs. 1 S. 1 GG bzw. der entsprechenden Regelung in der jeweiligen Landesverfassung der Vorbehalt des Gesetzes, sodass es einer Ermächtigungsgrundlage bedarf. Ermächtigungsgrundlage ist § 55 Abs. 1 Nr. 4 SOG.

---

[16] Grundsätzlich gilt bei Normen ein Nichtigkeitsdogma, jedoch sind gesetzliche Ausnahmen möglich – z.B. gemäß den §§ 214, 215 BauGB. Deshalb ist der Terminus „Normennichtigkeitsfeststellungsklage" veraltet. Der teilweise verwendete Terminus „Normenungültigkeitsfeststellungsklage" ist ebenfalls problematisch, weil auch insoweit nicht alle Variablen der Fehlergraduierung bei Normen erfasst werden, während der Terminus „abstrakte Normenkontrolle" mit dem Verfassungsprozessrecht verwechslungsfähig ist, sodass der Terminus „prinzipale Normenkontrolle" sinnvoll erscheint.

[17] Der Terminus „Rechtsgrundlage" ist weiter gefasst als der Terminus „Ermächtigungsgrundlage". Mit letzterem werden im Extremfall mehrere Entscheidungen getroffen – z.B., dass eine Grundlage zwingend geschaffen werden musste sowie eine Entscheidung des Streitstandes über den Schutzbereich des Art. 2 Abs. 1 GG. Ist eine Norm nur geschaffen worden und seitens der Exekutive anzuwenden, ohne dass der Gesetzgeber sie hätte schaffen müssen, wäre die Verwendung des Terminus „Ermächtigungsgrundlage" falsch, da die Verwaltung auch ohne die Norm im Rahmen ihres Handlungsermessens hätte handeln dürfen. Im Zweifel ist daher der Terminus „Rechtsgrundlage" zu verwenden, der stets korrekt ist.

II. Voraussetzungen

Die formellen und die materiellen Voraussetzungen für den Erlass einer Verordnung können erfüllt sein.

1. Formell

Die formellen Voraussetzungen sind erfüllt.

2. Materiell

Materiell muss es sich bei der getroffenen Regelung gemäß § 55 Abs. 1 Nr. 4 SOG in Abgrenzung zur Allgemeinverfügung i.S.d. § 35 S. 2 VwVfG um eine hinreichend bestimmte Verordnung zur Abwehr einer abstrakten Gefahr handeln. Die Verordnung muss wegen des sich primär aus den Grundrechten, subsidiär aus dem Rechtsstaatsprinzip ergebenden Grundsatz der Verhältnismäßigkeit verhältnismäßig sowie wegen des sich unter anderem aus Art. 20 Abs. 3 GG ableitenden Rechtsstaatsprinzips im Übrigen mit höherrangigem Recht i.S.d. Gesetzesvorranges vereinbar sein.

Die Abgrenzung der Gefahrenabwehrverordnung zur Allgemeinverfügung bestimmt sich nach der äußeren Form des Verwaltungshandelns. Durch die Verkündung des abstrakt-generellen Glasbehälterverbotes im Gesetzes- und Verordnungsblatt und die Überschreibung der Regelung als Verordnung wählt die Behörde für ihr Verwaltungshandeln die Form der Verordnung. Fraglich ist, ob die avisierte Regelung als Verordnung erlassen werden durfte oder ob formell eine Allgemeinverfügung hätte erlassen werden müssen. Für die Gefahrenabwehrverordnung sind zwei Kriterien kennzeichnend, die kumulativ erfüllt sein müssen. Einerseits muss sich der Regelungsgegenstand auf eine unbestimmte Anzahl von Fällen beziehen, andererseits muss als Adressat eine unbestimmte Anzahl von Personen, anstelle eines Einzelnen betroffen sein. In den Regelungen der das Glasbehälterverbot enthaltenden Gefahrenabwehrverordnung wird zumindest teilweise auf die Benutzung öffentlicher Plätze, die gemäß § 35 S. 2 Var. 3 VwVfG grundsätzlich auch einer Regelung in Form einer Allgemeinverfügung zugänglich ist, Bezug genommen.

Eine Benutzungsregelung i.S.d. § 35 S. 2 Var. 3 VwVfG ist nur möglich, wenn die Nutzung einer konkreten Sache geregelt wird. Die Abgrenzung zur Gefahrenabwehrverordnung kann nur danach erfolgen, ob eine bestimmte Gefahrensituation – Allgemeinverfügung – oder eine bestimmte Anzahl von Gefahrensituationen – Verordnung – geregelt wird. Die Anknüpfung an eine konkrete, räumlich begrenzte Gefahrensituation wie im Bereich „Altstadt und Ringe" ist ein Indiz für den Erlass einer Allgemeinverfügung. Allerdings ist auch die zeitliche Dauer eines Verbotes zu berücksichtigen. Je umfangreicher und weiter die Regelung hinsichtlich der Gebietshoheit und des Zeitmoments ist, desto eher bedarf es der gegenüber einer Allgemeinverfügung förmlicheren Verordnung. Sobald für einen großen räumlichen Bereich mit unterschiedlichen örtlichen Verhältnissen flächendeckend rechtliche Regelungen geschaffen werden sollen, ist eine Allgemeinverfügung als Regelungsinstrumentarium nicht mehr hinreichend (vgl. VG Osnabrück am 11.2.2010 – 6 B 9/10). Im Zweifel ist aus rechtsstaatlichen Gründen die Allgemeinverfügung als milderes Mittel zu wählen. Da das seitens des Innenministers ausgesprochene Glasbehälterverbot sich nur auf einen eng begrenzten Zeitraum – die Weiberfastnacht – und auf einen eng umgrenzten räumlichen Bereich bezieht, wäre die Handlungsform der Allgemeinverfügung zumindest das mildere zu wählende Mittel gewesen (vgl. OVG Münster, 9.11.2010 – 5 B 1475/10).

Für den Erlass einer Verordnung hätte gemäß § 55 Abs. 1 Nr. 4 SOG zudem eine abstrakte Gefahr bestehen müssen. Eine abstrakte Gefahr besteht, wenn bei generell-abstrakter Betrachtung bestimmter Arten von Verhaltensweisen oder Zuständen mit hinreichender Wahrscheinlichkeit ein Schaden an einem Schutzgut eintreten wird. Der erforderliche Wahrscheinlichkeitsgrad hängt von der Bedeutung der gefährdeten Rechte bzw. Rechtsgüter sowie dem Ausmaß des möglichen Schadens ab. Die abstrakte Gefahr wird von der konkreten Gefahr nicht durch den Grad der Wahrscheinlichkeit des Schadenseintritts, sondern durch die Betrachtungsweise unterschieden. Bei der konkreten Gefahr ist Auslöser des ordnungsbehördlichen Einschreitens der jeweilige Einzelfall. Die Behörde handelt, um einen Schadenseintritt im Einzelfall zu verhindern. Bei einer abstrakten Gefahr wird hingegen an eine generelle Betrachtung angeknüpft, also an eine typische Gefahrensituation, bei der Anlass besteht, in gleicher Art und Weise wiederkehrende Gefahren mit generell-abstrakten Mitteln durch Rechtssetzung zu bekämpfen. Auch bei der Abwehr abstrakter Gefahren geht es im Ergebnis allerdings um die Verhinderung eines Schadens im Einzelfall.

Es bedarf also einer abgesicherten Prognose. Bei einer Prognose ist zu bedenken, dass die vorhergesagten Ereignisse ausbleiben können. Die Prognoseunsicherheit darf sich aber nicht bereits auf die tatsächlichen Grundlagen beziehen, also darauf, ob typischerweise eine Gefahrensituation besteht, ein Schadenseintritt also hinreichend wahrscheinlich erscheint. Ist es der Behörde nicht möglich, darzulegen, warum die ihrerseits mittels Verordnung geregelte typische Situation auch typischerweise in einen Schaden mündet, besteht keine Gefahr, sondern allenfalls ein Gefahrenverdacht, der grundsätzlich lediglich Anknüpfungspunkt für Gefahrenforschungsmaßnahmen sein kann.

Zur Begründung einer abstrakten Gefahr ist es nicht hinreichend, dass die Behörde damit überfordert ist, gegen alle „echten" Störer Einzelfallmaßnahmen zu erlassen. In einem Rechtsstaat dürfen Gefahrenabwehrverordnungen nicht lediglich der Erleichterung behördlicher Aufsicht dienen. Faktische Schwierigkeiten bei der Ermittlung der Störer im Einzelfall sind nicht geeignet, die Beeinträchtigungen grundrechtlich geschützter Belange nicht störender Adressaten zu rechtfertigen.

Jedenfalls bezog sich die Problematik der Glasscherben nicht auf einen zeitlich und räumlich unüberschaubaren Zeitraum. Sie war vielmehr im Wesentlichen auf den Bereich der Altstadt und der Ringe begrenzbar mit der Folge, dass eine Allgemeinverfügung als milderes Mittel, bezüglich dessen keine Hoheitsgewalt unter der Durchbrechung der Gewaltenteilung erforderlich ist, hinreichend gewesen wäre, zumal die für die abstrakte Gefahr erforderliche hinreichende Gefahrenprognose nicht in hinreichendem Umfang möglich war.[18]

Die Voraussetzungen zum Erlass einer Verordnung sind nicht erfüllt.[19]

III. Zwischenergebnis
Die Verordnung ist rechtswidrig.

C. Ergebnis
K wird mit seinem Antrag nach der erfolgten Verweisung an das Oberverwaltungsgericht Erfolg haben.

---

18 Die Abgrenzung der Allgemeinverfügung zur Verordnung ist teilweise problematisch. Gleiches gilt für das Tatbestandsmerkmal der abstrakten Gefahr. Mit guter Argumentation ist eine andere Lösung vertretbar.
19 Als Allgemeinverfügung wäre das Glasbehälterverbot rechtmäßig gewesen (vgl. OVG Münster, 9.11.2010 – 5 B 1475/10).

Allg. Verwaltungsrecht – Fall 17: „Techno-Kunst mit Öko-Kreide und Leuchtmütze"

Der Künstler K hat sich – nachdem ihm die ursprünglich geplante Universitäts-karriere wegen erheblicher Differenzen mit den Dozenten nicht mehr möglich erscheint – entschlossen, als freier Künstler durchzustarten. Nunmehr malt er regelmäßig in der Fußgängerzone in der Innenstadt der Stadt S im Bundes-land B riesige Kunstwerke auf die Straße. Während seine Bewunderer darüber hocherfreut sind, gilt dies weniger für die Ladeninhaber und die übrigen Perso-nen, welche sich durch die Anwesenheit des Künstlers gestört fühlen. Das ist insbesondere darauf zurückzuführen, dass K zusätzlich zu den Malaktionen mittels einer Sound-Anlage stundenlang auf einem hohen Lautstärkepegel oh-renbetäubende Techno-Musik abspielt, um die gemalten Kunstwerke dadurch besser wirken zu lassen. Dies hat bei Bewohnern der anliegenden Häuser teil-weise bereits zu Gesundheitsschäden geführt. Die von K verwendete konventio-nelle Farbe lässt sich von Schuhen der Passanten zudem schlecht entfernen.

Aufgrund dieser Entwicklung kam es zu zahlreichen Beschwerden der An-wohner und der Passanten. Letztere tragen überwiegend vor, sie mögen Geiger, Opernsänger und Rockmusiker, die in Fußgängerzonen live auftreten, nicht aber Techno-Gedudel aus der Stereoanlage. K will sich jedoch nicht in seiner künstlerischen Freiheit beeinträchtigen lassen. Sicherheitshalber beantragt er dennoch eine Genehmigung für seine Kreide-Techno-Kunstkombination.

Die zuständige Behörde erlässt daraufhin folgenden Bescheid, der K am 5.4. zugeht:

„Ihnen wird die Erlaubnis zum Bemalen der Straße im Bereich der Fußgän-gerzone der Stadt S für Kunstwerke von 5 × 5 Metern erteilt. Um die Umwelt-freundlichkeit der Stadt S im Rahmen der Initiative „Umweltschutz schützt Bür-ger" zu stärken, wird Ihnen die Erlaubnis nur erteilt, wenn Sie mit ökologisch abbaubarer Kreide malen. Zudem ist die Genehmigung auf die Sommermonate April-September beschränkt. Die Musik darf lediglich zwischen 10–12 Uhr und 15–18 Uhr abgespielt werden, wobei eine Lautstärke von 60 dB(A) nicht über-schritten werden darf. Die Genehmigung kann jederzeit widerrufen werden. Au-ßerdem erteilen wir Ihnen die Auflage, eine Leuchtmütze zu tragen, damit Sie in der Fußgängerzone auch in der Dunkelheit gesehen werden."

K ist verärgert. Zum einen ist er der Meinung, keine Genehmigung zu benö-tigen. Jedenfalls dürfe diese nicht mit derartigen Einschränkungen erteilt wer-den. Dabei stört ihn vor allem, dass ihm die Benutzung ökologisch abbaubarer Kreide vorgeschrieben wird. Durch die Benutzung derartiger Kreide würde sei-nen Meisterwerken die Strahlkraft genommen, da ökologisch abbaubare Farben nicht die gleiche Deckkraft hätten, nicht zur Techno-Musik passen und „nach Wald" riechen würden. Durch das Tragen einer Leuchtmütze würde er sich als Künstler zudem „zum Affen machen". Zudem werde durch die Leuchtmütze, die einer „Leuchtboje" gleiche, die Aufmerksamkeit vom Gemälde und der Musik abgezogen, zumal auch sein eigentliches „Outfit" mit französischer Schirmmütze zu seinem Gesamtkunstwerk gehöre, welches er dann nicht mehr in vollendeter Form vorführen könnte. Außerdem sei es eine „Frechheit", dass die zuständige Behörde seinen Antrag auf Erteilung einer Erlaubnis ohne Nebenbestimmungen abgelehnt habe. Deswegen erhebt er gegen die Zusätze, ökologische Kreide verwenden und eine Leuchtmütze tragen zu müssen, bereits drei Tage nach deren Bekanntgabe Klagen beim Verwaltungsgericht.

Dennoch wird ihm von der zuständigen Behörde insoweit ein Ordnungsgeld in Aussicht gestellt, als er keine ökologische Kreide verwendet und keine Leuchtmütze trägt. K möchte nun zusätzlich beim Verwaltungsgericht feststellen lassen, dass er die von ihm bisher verwendete Kreide bis zur Entscheidung über seine Klage weiterhin benutzen darf. Sein Rechtsanwalt beantragt beim Gericht im Hauptsacheverfahren, die Zusätze, ökologische Kreide zu verwenden und eine Mütze mit Lampe tragen zu müssen, aufzuheben – hilfsweise – falls der jeweilige Zusatz nicht separat beseitigt werden kann – diesbezüglich eine Sondernutzungserlaubnis ohne Zusätze zu erteilen. Im Eilverfahren beantragt der Rechtsanwalt für K, festzustellen, dass die erhobene Klage zur Suspendierung des Zusatzes, ökologische Kreide zu verwenden, geführt hat und K die bisher verwendete Kreide somit weiterhin benutzen darf. Haben die Anträge des K beim Verwaltungsgericht Erfolg?

§ 14 LStrG: Gemeingebrauch

(1) [1]Der Gebrauch der öffentlichen Straßen ist jedermann im Rahmen der Widmung und der Straßenverkehrsvorschriften innerhalb der verkehrsüblichen Grenzen gestattet (Gemeingebrauch). [2]Kein Gemeingebrauch liegt vor, wenn durch die Benutzung einer öffentlichen Straße der Gemeingebrauch anderer unzumutbar beeinträchtigt wird.
[...]

§ 18 LStrG: Sondernutzung

(1) [1]Die Benutzung der Straße über den Gemeingebrauch hinaus ist Sondernutzung. [2]Sie bedarf der Erlaubnis des Trägers der Straßenbaulast, in Ortsdurchfahrten der Erlaubnis der Gemeinde. [3]Soweit die Gemeinde nicht Träger der Straßenbaulast ist, darf sie die Erlaubnis nur mit dessen Zustimmung erteilen.

[4] Die Gemeinde kann durch Satzung bestimmte Sondernutzungen in den Ortsdurchfahrten und in Gemeindestraßen von der Erlaubnis befreien und die Ausübung regeln. [5] Soweit die Gemeinde nicht Träger der Straßenbaulast ist, bedarf die Satzung der Zustimmung des Trägers der Straßenbaulast.

(2) [1] Die Erlaubnis darf nur auf Zeit oder Widerruf erteilt werden. [2] Soweit die Gemeinde nicht Träger der Straßenbaulast ist, hat sie eine widerruflich erteilte Erlaubnis zu widerrufen, wenn der Träger der Straßenbaulast dies aus Gründen des Straßenbaues oder der Sicherheit oder Leichtigkeit des Verkehrs verlangt.

§ 8a AG VwGO

(1) Vor Erhebung der Anfechtungsklage bedarf es abweichend von § 68 Abs. 1 Satz 1 der Verwaltungsgerichtsordnung keiner Nachprüfung in einem Vorverfahren.

(2) Für die Verpflichtungsklage gilt Absatz 1 entsprechend.

Bearbeitungsvermerk

Behörden sind im Bundesland B nicht beteiligungsfähig und nicht besonders prozessführungsbefugt. Soweit es auf das Verwaltungsverfahrensgesetz des Landes ankommen sollte, ist das Verwaltungsverfahrensgesetz des Bundes anzuwenden. Unterstellen Sie, dass es im Bundesland B bezüglich der streitgegenständlichen Konstellation keine gegenüber dem Verwaltungsverfahrensgesetz speziellen Regelungen für den Erlass von Nebenbestimmungen gibt. Prüfen Sie den einstweiligen Rechtsschutz zuerst und gehen Sie beim Hilfsantrag – soweit es darauf ankommt – nur auf solche Zusätze ein, die auch Gegenstand des Hauptantrages waren.

Schwerpunkte
Nebenbestimmungen
Einstweiliger Rechtsschutz

Vertiefung

vgl. BVerwG, 7 C 81/88; vgl. VG Berlin, 1. Kammer am 3.6.2010 – 1 K 275.09; OVG Berlin-Brandenburg, Urteil vom 3.11.2011 – OVG 1 B 65.11; VGH München, Urteil vom 22.6.2010 in NVwZ-RR 2010, 830; OVG Magdeburg, Beschluss vom 2.8.2012, NVwZ-RR 2013, 85

Gliederung

1. Komplex: Eilverfahren

A. Sachentscheidungsvoraussetzungen (+)
    I.   Rechtsweg (+)
    II. Zuständigkeit (+)
    III. Beteiligte (+)
    IV. Statthafte Verfahrensart
        1.   Antrag gemäß § 80 Abs. 5 S. 1 VwGO (–)
        2.   Antrag gemäß § 123 Abs. 1 VwGO (–)
        3.   Antrag analog § 80 Abs. 5 S. 1 VwGO (+/–)
            a) Nebenbestimmung (+)
            aa) Inhaltsbestimmung oder Nebenbestimmung
            bb) Art der Nebenbestimmung
            b) Unteilbarkeit der Nebenbestimmungen (–)
            c) Differenzierung nach Art der Neben-
                bestimmung (–)
            d) Rechtsfolge bezüglich der Haupt-
                regelung (–)
            e) Umfassende prozessuale Teilbarkeit (+)
            f) Zwischenergebnis
B. Ergebnis (–)

2. Komplex: Hauptantrag im Hauptsacheverfahren

A. Sachurteilsvoraussetzungen (+/–)
    I.   Rechtsweg (+)
    II. Zuständigkeit (+)
    III. Beteiligte (+)
    IV. Statthafte Klageart
    V. Besondere Sachurteilsvoraussetzungen (+)
        1.   Besondere Prozessführungsbefugnis (+)
        2.   Klagebefugnis (+)
        3.   Ordnungsgemäßes Vorverfahren (+/–)
        4.   Klagefrist (+)
    VI. Allgemeines Rechtsschutzbedürfnis (+)
B. Begründetheit (+)
    I.   Materielle Teilbarkeit (+)
        1.   Nebenbestimmung zur Tatbestandssicherung (–)
        2.   Nebenbestimmung als Ausfluss eines Ermessens-/
            Beurteilungsspielraumes

    a) Rechtmäßigkeit der Nebenbestimmung (–)

    aa) Rechtsgrundlage (+)

    bb) Voraussetzungen (+)

    cc) Rechtsfolge

    (1) Ermessensüberschreitung (+)

    (a) Schutzbereichseingriff bezüglich der Kunstfreiheit (+)

    (b) Rechtfertigung (–)

    (2) Zwischenergebnis

    b) Zwischenergebnis

  II. Rechtswidrigkeit der Nebenbestimmung (+)

  III. Rechtsverletzung (+)

C. Ergebnis

3. Komplex: Hilfsantrag im Hauptsacheverfahren

A. Sachurteilsvoraussetzungen (+)

  I. Rechtsweg (+)

  II. Zuständigkeit (+)

  III. Beteiligte (+)

  IV. Statthafte Klageart

  V. Besondere Sachurteilsvoraussetzungen (+)

    1. Besondere Prozessführungsbefugnis (+)

    2. Klagebefugnis (+)

    3. Ordnungsgemäßes Vorverfahren (+/–)

    4. Klagefrist (+)

  VI. Allgemeines Rechtsschutzbedürfnis (+)

B. Begründetheit (+/–)

  I. Anspruchsgrundlage (+)

  II. Anspruchsvoraussetzungen (+)

    1. Formelle Voraussetzungen (+)

    2. Materielle Voraussetzungen (+)

  III. Rechtsfolge

    1. Gebundene Entscheidung i.S.d. § 113 Abs. 5 S. 1 VwGO

    a) Schutzbereichseingriff bezüglich der Kunstfreiheit

    b) Rechtfertigung (+/–)

    c) Zwischenergebnis

    2. Anspruch auf fehlerfreie Bescheidung i.S.d. § 113 Abs. 5 S. 2 VwGO (+)

    a) Rechtsgrundlage (+)

    b) Voraussetzungen (+)

    c) Rechtsfolge

3. Zwischenergebnis

C. Ergebnis

4. Komplex: Gesamtergebnis

Lösungsvorschlag

Die folgende Lösung ist als Lösungsvorschlag zu verstehen und ausführlicher, als es in der Klausurbearbeitung verlangt werden kann. Aufgrund der wissenschaftlichen Freiheit können andere Lösungswege vertreten werden, soweit sie dogmatisch begründbar sind. Die Nachweise aus Rechtsprechung und Literatur sowie die das Verständnis fördernden Randbemerkungen sind in der Examensklausur auszusparen. Die Abkürzung „Alt." steht für Alternativfall, nicht für Alternative.

1. Komplex: Eilverfahren

K wird mit seinem Antrag jedenfalls Erfolg haben, soweit die Sachentscheidungsvoraussetzungen erfüllt sind und der Antrag zulässig sowie begründet ist.

A. Sachentscheidungsvoraussetzungen[1, 2]

Die Sachentscheidungsvoraussetzungen können erfüllt sein.

I. Rechtsweg

Der Verwaltungsrechtsweg kann mangels aufdrängender Sonderzuweisung gemäß § 40 Abs. 1 S. 1 VwGO eröffnet sein. Unter Umständen kommt ein Verwei-

---

1 Hinweis: Andere Aufbauvarianten werden vertreten (z.B. dreistufig oder Prüfung des Verwaltungsrechtsweges als Untergliederungspunkt der Zuständigkeit des Gerichts). Derartige Aufbauvarianten sind aber mit § 17a Abs. 2 GVG bzw. mit der Überschrift des 6. Abschnitts der Verwaltungsgerichtsordnung sowie mit § 83 VwGO unvereinbar und daher bei exakter dogmatischer Zuordnung der Prüfungspunkte nicht zu empfehlen. Die Überschrift „Sachentscheidungsvoraussetzungen" anstelle der Überschrift „Zulässigkeit" ist sinnvoll, weil nach § 63 Nr. 3 VwGO auch der Beigeladene zu den Beteiligten gehört, das Fehlen einer notwendigen Beiladung i.S.d. § 65 Abs. 2 VwGO aber nur dazu führt, dass das Urteil keine materielle Rechtskraft entfaltet.

2 Wichtig ist es, bei Verfahren im einstweiligen Rechtsschutz die Überschrift „Sachentscheidungsvoraussetzungen", nicht aber „Sachurteilsvoraussetzungen" zu verwenden, weil kein Urteil ausgesprochen, sondern ein Beschluss gefasst wird.

sungsbeschluss i.S.d. § 17a Abs. 2 S. 1 GVG i.V.m. § 173 VwGO in Betracht. Der Verwaltungsrechtsweg ist eröffnet, wenn ein Hoheitsträger in der streitentscheidenden öffentlich-rechtlichen Norm einseitig berechtigt oder verpflichtet wird bzw. wenn aufgrund typisch hoheitlichen Handelns zwischen den Beteiligten ein Subordinationsverhältnis besteht.

Als streitentscheidende Normen kommen § 18 Abs. 2 S. 1 LStrG i.V.m. § 18 Abs. 1 LStrG sowie § 36 Abs. 1, 2 VwVfG in Betracht. Durch diese Normen wird ein Hoheitsträger zum hoheitlichen Handeln in Form der Erteilung einer Sondernutzungserlaubnis bzw. zum Erlass von Nebenbestimmungen gegenüber Bürgern berechtigt bzw. verpflichtet. Die Normen stehen in verwaltungsrechtlichen Gesetzen und sind öffentlich-rechtlicher Natur. Da die Streitigkeit mangels doppelter Verfassungsunmittelbarkeit nicht verfassungsrechtlicher Art und eine abdrängende Sonderzuweisung nicht ersichtlich ist, bleibt es bei der Eröffnung des Verwaltungsrechtsweges.

II. Zuständigkeit

In Verfahren des einstweiligen Rechtsschutzes ist unabhängig davon, um welches Verfahren im einstweiligen Rechtsschutz es sich handelt, gemäß den §§ 123 Abs. 2 S. 1, 80 Abs. 5 S. 1, 80a Abs. 3 S. 1, 2 VwGO das Gericht der Hauptsache zuständig. Außer beim einstweiligen Rechtsschutz i.S.d. § 47 Abs. 6 VwGO – insoweit wäre wie in der Hauptsache stets das Oberverwaltungsgericht zuständig – ist in der Hauptsache in der Regel gemäß § 45 VwGO das Verwaltungsgericht als Eingangsinstanz für den von der zuständigen Behörde erlassenen Verwaltungsakt sachlich zuständig. Das wäre lediglich anders, wenn es Anhaltspunkte für abweichende Regelungen wie z.B. § 50 VwGO gäbe, die jedoch nicht ersichtlich sind, sodass kein Verweisungsbeschluss gemäß § 17a Abs. 2 S. 1 GVG i.V.m. § 83 VwGO gefasst werden wird.[3]

III. Beteiligte

K und die Stadt S können Beteiligte des Verfahrens sein. Ob sich die Beteiligungsfähigkeit aus der direkten Anwendung der §§ 63, 61, 62, 65 VwGO ergibt oder ob sie wegen des Wortlautes in § 63 VwGO – Kläger und Beklagter – ana-

---

3 Die örtliche Zuständigkeit ist nur anzusprechen, wenn es dafür im Sachverhalt Anhaltspunkte gibt. Gegebenenfalls ist die örtliche Zuständigkeit grundsätzlich im Anschluss an die sachliche Zuständigkeit zu prüfen. Ist sie jedoch gemäß § 52 Nr. 2 VwGO ausnahmsweise von der Klageart abhängig, sollte sie mit Verweis auf § 17a Abs. 2 GVG i.V.m. § 83 VwGO offen formuliert werden.

log anzuwenden sind, ist irrelevant, wenngleich sich aus der gesetzlichen Abschnittsüberschrift des 7. Abschnitts des II. Teils der Verwaltungsgerichtsordnung „Allgemeine Verfahrensvorschriften" ergeben kann, dass sämtliche Verfahren und damit auch die Verfahren des einstweiligen Rechtsschutzes von der direkten Anwendung erfasst sind. Beteiligte sind nach § 63 Nr. 1, 2 VwGO jedenfalls unter anderem der Antragsteller und der Antragsgegner, beteiligungsfähig nach § 61 Nr. 1 VwGO natürliche und juristische Personen. Behörden sind gemäß § 61 Nr. 3 VwGO i.V.m. dem Landesrecht des Bundeslandes B nicht beteiligungsfähig. Als Antragsteller ist K gemäß § 61 Nr. 1 Alt. 1 VwGO beteiligungsfähig und gemäß § 62 Abs. 1 Nr. 1 VwGO prozessfähig.

Als Antragsgegner ist die Stadt S als Rechtsträgerin gemäß §§ 63 Nr. 2, 61 Nr. 1 Alt. 2 VwGO beteiligungs- und mangels Anhaltspunkten bezüglich des für die Behörde handelnden Organwalters gemäß § 62 Abs. 3, Abs. 1 Nr. 1 VwGO prozessfähig.

IV. Statthafte Verfahrensart

Die statthafte Verfahrensart richtet sich gemäß den §§ 88, 122 Abs. 1 VwGO i.V.m. § 80 Abs. 7 VwGO, § 123 Abs. 2 S. 1 VwGO, § 80a Abs. 3 S. 2 VwGO oder § 47 Abs. 6 VwGO i.V.m. § 47 Abs. 5 S. 1 Alt. 2 VwGO nach dem Antragsbegehren.[4] Gemäß § 123 Abs. 5 VwGO sind die Verfahren nach den §§ 80, 80a VwGO gegenüber der einstweiligen Anordnung spezieller.

1. Antrag gemäß § 80 Abs. 5 S. 1 VwGO

Der Antrag nach § 80 Abs. 5 S. 1 VwGO ist statthaft, soweit der Antragsteller die Suspendierung, also die Herstellung oder Wiederherstellung der aufschiebenden Wirkung eines Rechtsbehelfes oder Rechtsmittels bezüglich eines Verwaltungsaktes begehrt.[5] Ein Verwaltungsakt ist gemäß § 35 S. 1 VwVfG jede Verfügung, Entscheidung oder andere hoheitliche Maßnahme, die eine Behörde zur Regelung eines Einzelfalls auf dem Gebiet des öffentlichen Rechts trifft und

---

4 Beim einstweiligen Rechtsschutz muss das Antragsbegehren anders als das Klagebegehren in der Hauptsache nicht um maßnahmespezifische Aspekte und den rechtsstaatlichen Grundsatz der Effektivität ergänzt werden, weil es insoweit eine gesetzlich vorgegebene Rangfolge in § 123 Abs. 5 VwGO gibt.

5 Die häufig verwendete „Faustformel", dass ein Verfahren nach § 80 Abs. 5 VwGO statthaft ist, wenn es sich in der Hauptsache um eine Anfechtungsklage handelt, während eine einstweilige Anordnung nach § 123 VwGO danach bei Leistungs- und Feststellungsklagen in der Hauptsache statthaft sein soll, ist falsch. Es gibt Fälle, in denen Begehren in der Hauptsache und im einstweiligen Rechtsschutz divergieren (vgl. § 81 Abs. 3 AufenthaltsG).

die auf unmittelbare Rechtswirkung nach außen gerichtet ist. K erstrebt die Feststellung durch das Gericht, dass er die bisher verwendete Kreide weiterhin benutzen darf. Die Erteilung der Erlaubnis, die Straße für Kunstwerke zu nutzen, ist eine Einzelfallregelung mit Außenwirkung im Bereich des öffentlichen Rechts i.S.d. § 35 S. 1 VwVfG gegenüber K und stellt somit einen Verwaltungsakt dar.

Problematisch ist einerseits, dass K nicht die Erlaubnis selbst – dazu besteht bei einer Begünstigung auch kein Anlass – suspendieren möchte, sondern lediglich den Zusatz, dass er ökologische Kreide verwenden soll. Andererseits begehrt K nicht die Herstellung bzw. Wiederherstellung der aufschiebenden Wirkung seiner gegen den Zusatz erhobenen Klage durch das Gericht, sondern lediglich die Feststellung, dass der Suspensiveffekt bereits wegen der Erhebung der Klage besteht.

Selbst wenn der seitens des K angegriffene Zusatz einen selbständig suspendierbaren Verwaltungsakt darstellen sollte, ist nicht die Suspendierung durch das Gericht, sondern die Feststellung beantragt. Direkt ist der Antrag nach § 80 Abs. 5 S. 1 VwGO nicht statthaft.

2. Antrag gemäß § 123 Abs. 1 VwGO

Der Antrag des K könnte als solcher auf Erlass einer einstweiligen Anordnung gemäß § 123 Abs. 1 S. 2 VwGO dahingehend auszulegen sein, dass das Gericht die Behörde einstweilen verpflichten soll, eine Erlaubnis ohne Zusatz zu erteilen. Unabhängig davon, dass eine Bindung an den Antrag i.S.d. § 88 VwGO nicht besteht und lediglich nicht über das Begehren hinausgegangen werden darf, ist zumindest primär der ausdrücklich gestellte Antrag zu prüfen – insbesondere, soweit er von einem Rechtsanwalt, der Volljurist ist, formuliert worden ist. Da es K um die Feststellung des nach seiner Auffassung bereits eingetretenen Suspensiveffektes geht und diese mittels des Rechtsanwaltes ausdrücklich beantragt worden ist, ist der Antrag auf den Erlass einer einstweiligen Anordnung gemäß § 123 Abs. 1 VwGO jedenfalls nicht statthaft, soweit eine Feststellung bezüglich des Suspensiveffektes möglich ist.

3. Antrag analog § 80 Abs. 5 S. 1 VwGO

Da der Antrag nach § 80 Abs. 5 S. 1 VwGO nicht direkt statthaft ist, kann er analog § 80 Abs. 5 S. 1 VwGO im „Erst-recht-Schluss" statthaft sein. Ein „Erst-recht-Schluss" kann als Minus mit vergleichbarer Zielrichtung vom Wortlaut erfasst und somit im Rahmen einer Auslegung möglich sein. Anderenfalls ist er gegebenenfalls als Analogie zu konstruieren. Da in § 80 Abs. 5 S. 1 VwGO ein gestaltendes Handeln des Richters vorgesehen ist, welches bei einer Feststellung fehlt, ist die Zielrichtung der Feststellung eine andere als bei der Suspendierung, sodass sie mittels einer bloßen Auslegung des § 80 Abs. 5 S. 1 VwGO nicht möglich wäre. Somit bedarf es der Erfüllung der Voraussetzungen einer Analogie – einer planwidrigen Regelungslücke bei vergleichbarer Interessenlage. Die Regelungslücke besteht darin, dass § 80 Abs. 5 S. 1 VwGO direkt nicht anwendbar und die Feststellung der Suspendierung auch von § 123 Abs. 1 VwGO nicht erfasst ist. Die Interessenlage ist mit § 80 Abs. 5 S. 1 VwGO vergleichbar, weil es insoweit um die Suspendierung geht, als sie festgestellt werden soll, wenngleich es an dem Gestaltungshandeln des Richters fehlt, zumal gemäß Art. 19 Abs. 4 GG effektiver, also umfassender Rechtsschutz zu gewähren ist. Somit ist der Feststellungsantrag des K analog § 80 Abs. 5 S. 1 VwGO als Verfahrensart statthaft,[6] soweit der streitgegenständliche Zusatz – möglicherweise als Nebenbestimmung – prozessual teilbar ist.[7]

Die nach der Auffassung des K bereits erfolgte Suspendierung des Gebotes der Verwendung ökologischer Kreide als Zusatz zur Erlaubnis, Kunst auf der Straße zu betreiben, kann seitens des Gerichts nur festgestellt werden, soweit der Zusatz prozessual teilbar ist. Zusätze – also Nebenbestimmungen – können in Spezialgesetzen geregelt sein und sind allgemein in § 36 Abs. 2 VwVfG ihrer Art nach regelbeispielhaft normiert.

a) Nebenbestimmung[8]

Es kann sich bei dem mit der an K erteilten Erlaubnis ausgesprochenen Gebot, ökologische Kreide zu verwenden, um eine Nebenbestimmung handeln, welche in § 36 Abs. 2 VwVfG regelbeispielhaft normiert sind.[9] Eine Nebenbestimmung ist nicht gegeben, soweit der Zusatz als Inhaltsbestimmung einzustufen ist.

---

6 Es ist vertretbar, die Feststellung a maiore ad minus mittels einer Auslegung als vom Antrag nach § 80 Abs. 5 S. 1 VwGO erfasst anzusehen.

7 Bezüglich der Teilbarkeit der Nebenbestimmungen von der jeweiligen Hauptregelung ist zwischen der prozessualen und der materiellen Teilbarkeit zu unterscheiden. Bei der prozessualen Teilbarkeit in der Prozessstation (Sachurteils- bzw. Sachentscheidungsvoraussetzungen) ist nur zu prüfen, ob es verfahrensrechtlich möglich ist, einen Zusatz von der Hauptregelung zu trennen. Im Rahmen der materiellen Teilbarkeit (Begründetheit) ist maßgeblich, ob eine Teilung in der betroffenen Rechtsmaterie möglich ist. Die Regelung über die Arten der Nebenbestimmungen in § 36 Abs. 2 VwVfG ist regelbeispielhaft und somit nicht abschließend.

8 Nebenbestimmungen: „Ja, aber …".

9 Nebenbestimmungen können auch aufgrund spezieller Regelungen zulässig sein.

aa) Inhaltsbestimmung oder Nebenbestimmung

Während mit Inhaltsbestimmungen die Hauptregelung im Kern etwa durch eine negative Umschreibung der Hauptregelung definiert wird, wird mittels Nebenbestimmungen lediglich das Umfeld der Kernaussage der Hauptregelungen tangiert – z.B. durch Auflagen i.S.d. § 36 Abs. 2 Nr. 4 VwVfG und Bedingungen i.S.d. § 36 Abs. 2 Nr. 2 VwVfG. Während eine Hauptregelung ohne eine „einfache Auflage" zwar rechtswidrig sein kann, bleibt die Hauptregelung ohne diese einfache Auflage dennoch grundsätzlich wirksam mit der Folge, dass diese „einfache Auflage" nur als Zusatz in Form einer Nebenbestimmung einzuordnen ist. Eine „inhaltsmodifizierende Auflage"[10] ist zwar dem Terminus nach eine Nebenbestimmung, jedoch ist die Hauptregelung ohne die inhaltsmodifizierende Auflage nicht hinreichend bestimmt und somit unwirksam mit der Folge, dass die inhaltsmodifizierende Auflage trotz des Terminus „Auflage" eine Inhaltsbestimmung darstellt und somit nicht gesondert suspendierbar ist. Zwar ist es nicht ausgeschlossen, dass eine inhaltsmodifizierende Auflage auch besteht, wenn der Verwaltungsakt ohne sie nicht unwirksam wäre, jedoch wird es sich in derartigen Konstellationen um eine andere Gesamtregelung und nicht nur um eine inhaltsmodifizierende Auflage handeln.

Ohne den gegenüber K angeordneten Zusatz, ökologische Kreide zu verwenden, wäre die Erteilung der Erlaubnis, in der von K erstrebten Form Kunst auf der Straße zu betreiben, zwar möglicherweise rechtswidrig, jedoch wirksam, sodass der Zusatz nicht als Inhaltsbestimmung, sondern als Nebenbestimmung einzustufen ist, zumal der Kernbereich der künstlerischen Betätigung in der Straßenmalerei nicht betroffen ist. Fraglich ist, um welche Art einer Nebenbestimmung es sich handelt.

bb) Art der Nebenbestimmung

In Betracht kommen eine Auflage i.S.d. § 36 Abs. 2 Nr. 4 VwVfG und eine Bedingung i.S.d. § 36 Abs. 2 Nr. 2 VwVfG.[11] Durch Bedingungen wird die Hauptregelung suspendiert, sodass sich aus dieser zunächst keine Wirkung ergibt. Sie sind nicht selbständig vollstreckbar.

---

10 Gelegentlich wird der Terminus „inhaltsmodifizierende Auflage" auch bei einem Aliud verwendet (z.B. genehmigtes Flachdach anstelle eines Spitzdaches bei einer Baugenehmigung). Dabei handelt es sich dogmatisch allerdings nicht um den beantragten Verwaltungsakt, sondern um einen anderen, sodass die Inhaltsveränderung keine Nebenbestimmung darstellt.

11 Abgrenzung Bedingung zur Auflage:
- Bezeichnung
- Wille der Behörde (verobjektiviert)
- im Zweifel Auflage als milderes Mittel.

Durch Auflagen wird die Hauptregelung nicht suspendiert, sondern es handelt sich um einen eigenständigen Zusatz, der selbständig vollstreckbar ist. Ob eine Bedingung oder eine Auflage besteht, kann sich zunächst aus Bezeichnung der Nebenbestimmung durch die Behörde ergeben. Maßgeblich ist i.S.d. sich unter anderem aus Art. 20 Abs. 3 GG ergebenden Rechtsstaatsprinzips der Wille der durch die Amtswalter vertretenen Behörde aus verobjektivierter Empfängersicht. Im Zweifel ist eine Nebenbestimmung als Auflage einzuordnen, da die Hauptregelung durch sie nicht suspendiert wird und sie somit das mildere Mittel darstellt.

Eine Bezeichnung des gegenüber K angeordneten Zusatzes bezüglich der Verwendung ökologischer Kreide durch die Behörde ist gegenüber K nicht erfolgt, sodass der Wille der durch ihre Amtswalter vertretenen Behörde aus verobjektivierter Empfängersicht maßgeblich ist. Es ist angeordnet worden, dass die Straßenkunst „nur" betrieben werden darf, „wenn" ökologische Kreide verwendet wird. Bei Verwendung nicht ökologischer Kreide soll die Erlaubnis somit nicht wirken. Das Gebot, ökologische Kreide zu verwenden, ist also zunächst als aufschiebende Bedingung einzustufen. Sollte K die ökologische Kreide einmalig benutzen, um dann wieder auf konventionelle Kreide umzustellen, würde die Nebenbestimmung gleichzeitig als auflösende Bedingung wirken, bezüglich einer weiteren Verwendung dann jedoch – wie derzeit – wieder als eine aufschiebende Bedingung einzustufen sein.

b) Unteilbarkeit der Nebenbestimmungen

Die gesonderte Suspendierung von Nebenbestimmungen könnte prozessual ausgeschlossen sein, da sie in der Verwaltungsgerichtsordnung nicht ausdrücklich geregelt ist mit der Folge, dass gegebenenfalls eine Regelung in Form einer Erlaubnis ohne Zusatz beantragt werden müsste. Allerdings wird z.B. im Hauptsacheverfahren in § 113 Abs. 1 S. 1 VwGO – das ergibt sich aus dem Wort „soweit" – die lediglich teilweise Gestaltung in Form der Aufhebung des Verwaltungsaktes vorausgesetzt. Soweit dies für einen eng verbundenen einheitlichen Verwaltungsakt gilt, gilt es erst recht für die zumindest teilweise weniger mit der eigentlichen Regelung des Hauptverwaltungsaktes verbundene Nebenbestimmung – auch bezüglich der Suspendierung im einstweiligen Rechtsschutz. Somit ist die Teilbarkeit von Nebenbestimmungen zumindest nicht ausgeschlossen.

c) Differenzierung nach Art der Nebenbestimmung

Ob eine Nebenbestimmung prozessual teilbar ist, könnte von der Art der Nebenbestimmung abhängig sein. Bei Berücksichtigung des Wortlautes des § 36

Abs. 2 VwVfG könnte sich ergeben, dass die Nebenbestimmungen i.S.d. § 36 Abs. 2 Nr. 1–3 VwVfG wegen der Formulierung „erlassen werden mit" eine untrennbare Einheit mit dem Hauptverwaltungsakt darstellen und somit schon prozessual unteilbar sind, während Nebenbestimmungen i.S.d. § 36 Abs. 2 Nr. 4–5 VwVfG wegen der Formulierung „verbunden werden mit" aufgrund der erfolgten Verbindung auch wieder trennbar und daher vom Hauptverwaltungsakt prozessual teilbar sind. Bedingungen i.S.d. § 36 Abs. 2 Nr. 2 VwVfG wären demnach prozessual z.B. unteilbar, während Auflagen i.S.d. § 36 Abs. 2 Nr. 4 VwVfG prozessual teilbar wären. Eine derartige Differenzierung ist aber wegen des sich unter anderem aus Art. 20 Abs. 3 GG ergebenden Rechtsstaatsprinzips und dem sich daraus ergebenden Grundsatz der Effizienz der Judikative sowie wegen des Gebotes der Gewährung effektiven Rechtsschutzes gemäß Art. 19 Abs. 4 GG – selbst wenn insoweit keine bestimmte Art des Rechtsschutzes gewährt wird – nicht sinnvoll. Bezüglich der Teilbarkeit von Nebenbestimmungen ist nicht entsprechend dem Wortlaut des § 36 Abs. 2 VwVfG zu differenzieren, sodass die gegenüber K verfügte aufschiebende Bedingung in Form des Gebotes, ökologische Kreide zu verwenden, nicht bereits aufgrund der systematischen Stellung in § 36 Abs. 2 Nr. 2 VwVfG prozessual unteilbar ist.

d) Rechtsfolge bezüglich der Hauptregelung

Die Teilbarkeit von Nebenbestimmungen könnte von der Rechtsfolge bezüglich der Hauptregelung abhängig sein. Diese würde sich bezüglich des K nach der Sondererlaubnisvorschrift des § 18 Abs. 1 S. 2 LStrG richten. Soweit die Rechtsfolge bezüglich der Hauptregelung – sei es aufgrund einer gesetzlichen Regelung oder aufgrund einer Ermessensreduktion auf Null – eine gebundene Entscheidung ist, könnten Nebenbestimmungen teilbar und selbständig suspendierbar sein, in Konstellationen, in welchen bezüglich der Hauptregelung Ermessen besteht, hingegen nicht. Dies könnte sich aus § 36 VwVfG ergeben. Gemäß § 36 Abs. 1 VwVfG können Nebenbestimmungen zur Erfüllung der Voraussetzungen der für die Hauptregelung maßgeblichen Norm – also zur Tatbestandssicherung – erlassen werden. Gemäß § 36 Abs. 2 VwVfG können Nebenbestimmungen einerseits zur Erfüllung des Tatbestandes – das ergibt sich aus dem Terminus „unbeschadet" – erlassen werden, während sie insoweit ebenso Ausfluss der Ermessenserwägungen der Behörde sein können.

Da seitens des Gerichts wegen des sich unter anderem aus Art. 20 Abs. 3 GG ergebenden Rechtsstaatsprinzips lediglich Ermessensfehler geprüft werden dürfen und das seitens der Behörde ausgeübte Ermessen somit nicht durch richterliches Ermessen ersetzt werden darf, würde der Behörde durch die Suspendierung lediglich der Nebenbestimmung möglicherweise eine – nach Suspendierung der Nebenbestimmung verbleibende – Ermessensentscheidung aufgedrängt, die sie nicht hätte treffen wollen.

Zwar ist es zutreffend, dass seitens des Gerichts lediglich Ermessensfehler geprüft werden dürfen, jedoch ist dies ein materieller Aspekt, der zur materiellen Teilbarkeit gehört, jedoch nicht zur prozessualen Teilbarkeit. Außerdem erfolgt bei Ermessen in der Rechtsfolge bezüglich der Hauptregelung durch die Suspendierung einer Nebenbestimmung nicht zwingend die Aufdrängung einer Ermessensentscheidung des Gerichts gegenüber der Behörde. Auch soweit die Rechtsfolge bezüglich der Hauptregelung Ermessen ist, kann die Nebenbestimmung wegen des Terminus „unbeschadet" schließlich zur Erfüllung des Tatbestandes erlassen worden sein. Umgekehrt darf eine Nebenbestimmung auch bei gebundenen Entscheidungen bezüglich der Hauptregelung nicht eigenständig suspendierbar sein, wenn eine Nebenbestimmung Ausfluss eines Beurteilungsspielraumes – eines seitens des Gerichts ausnahmsweise nicht vollständig prüfbaren unbestimmten Rechtsbegriffs mit Spielraum für die Behörde auf Tatbestandsseite – ist, da insoweit der Behörde eine Beurteilungsentscheidung des Gerichts aufgedrängt würde, die sie in der verbleibenden Form nicht erlassen hätte.

Somit sind Beurteilungs- und Ermessensspielräume einerseits materielle Kriterien, die für die prozessuale Teilbarkeit irrelevant sind. Andererseits ist die Rechtsfolge bezüglich der Hauptregelung auch im Übrigen kein geeignetes Kriterium zur Feststellung der prozessualen Teilbarkeit von Nebenbestimmungen, sodass die Rechtsfolge des § 18 Abs. 1 S. 2 LStrG für die Teilbarkeit der gegenüber K ausgesprochenen aufschiebenden Bedingung in Form des Gebotes, ökologische Kreide zu verwenden, irrelevant ist.

e) Umfassende prozessuale Teilbarkeit

Letztlich bedarf es aufgrund des sich unter anderem aus Art. 20 Abs. 3 GG ergebenden Rechtsstaatsprinzips sowie aufgrund des Gebotes effektiven Rechtsschutzes i.S.d. Art. 19 Abs. 4 GG – wenngleich diesbezüglich kein konkreter Rechtsschutz gewährleistet wird – einer umfassenden prozessualen Teilbarkeit und somit gesonderten Angreifbarkeit von Nebenbestimmungen. Somit sind grundsätzlich alle Nebenbestimmungen prozessual teilbar und somit selbständig suspendierbar. Eine Ausnahme erfolgt nur, soweit rechtsstaatlich eine derart feste Verbindung besteht, dass schon die prozessuale Teilbarkeit rechtsstaatswidrig wäre.

Jedenfalls die wie eine Nebenbestimmung bezeichneten inhaltsmodifizierenden Auflagen sind prozessual nicht gesondert suspendierbar, weil es sich bei ihnen trotz des Terminus „Auflage" um Inhaltsbestimmungen handelt.[12] Ebenso prozessual unteilbar sind aufschiebende Bedingungen i.S.d. § 36 Abs. 2 Nr. 2 VwVfG, weil durch sie von vornherein die Wirkung der Hauptregelung zunächst unterbunden werden soll, sodass eine offensichtliche Unteilbarkeit i.S.d. Rechtsstaatsprinzips und der sich daraus ergebenden Eigenständigkeit der Exekutive besteht. Gleiches könnte bei Befristungen i.S.d. § 36 Abs. 2 Nr. 1 VwVfG gegeben sein. Allerdings bestand insoweit im Rechtsverkehr zunächst eine Wirkung der Hauptregelung, sodass die Offensichtlichkeit des Erfordernisses der Nichtwirkung der Hauptregelung nicht vergleichbar der Bedingung anzunehmen ist. Somit sind sämtliche Nebenbestimmungen grundsätzlich prozessual teilbar. Nicht teilbar sind lediglich als Ausnahme die aufschiebende Bedingung und die inhaltsmodifizierende Auflage, wobei letztere nicht als Nebenbestimmung, sondern als Inhaltsbestimmung einzuordnen ist. Denkbar wäre das auch bei einer Befristung oder einer auflösenden Bedingung, jedoch ist die rechtsstaatliche Verknüpfung insoweit nicht so intensiv wie bei der aufschiebenden Bedingung, weil bei letzterer der Verwaltungsakt anders als bei der Befristung und der auflösenden Bedingung nicht zu wirken beginnt.

Da gegenüber K eine aufschiebende Bedingung ausgesprochen wurde, ist diese nicht teilbar,[13] weil bei aufschiebenden Bedingungen eine derart enge Verknüpfung mit der Hauptregelung erfolgt ist, dass eine Suspendierung nur der Bedingung rechtsstaatlich schon prozessual nicht möglich ist.[14]

f) Zwischenergebnis

Der Antrag analog § 80 Abs. 5 S. 1 VwGO ist nicht statthaft.[15]

---

12 Bei dogmatischer Betrachtung müsste die „inhaltsmodifizierende Auflage" als Ausnahme unbenannt bleiben, da sie keine Nebenbestimmung darstellt. Dennoch ist die Abgrenzung zu Nebenbestimmungen bei der prozessualen Teilbarkeit üblich und wird erwartet.

13 Die prozessuale Teilbarkeit von Nebenbestimmungen ist eine sehr strittige Thematik, sodass mit guter Argumentation andere Auffassungen vertretbar sind. Auch die Befristung kann z.B. als prozessual unteilbare Nebenbestimmung eingeordnet werden.

14 **Merke** zur prozessualen Teilbarkeit von Nebenbestimmungen:
- MA: nicht teilbar
- MA: Teilbarkeit von Selbständigkeit bzw. Unselbständigkeit der Nebenbestimmung i.S.d. § 36 Abs. 2 VwVfG abhängig
- MA: von der Rechtsfolge bzgl. der Hauptregelung abhängig
- h.M.: grundsätzlich teilbar (Ausnahmen: inhaltsmodifizierende Auflagen und aufschiebende Bedingungen).

15 In der Praxis würde der Antrag möglicherweise dahingehend ausgelegt werden, dass eine Genehmigung ohne Nebenbestimmung zu erteilen ist mit der Folge, dass eine einstweilige Anordnung i.S.d. § 123 Abs. 1 VwGO denkbar wäre (vgl. oben). Zwar ist das Gericht gemäß den

B. Ergebnis

Der Antrag des K auf Feststellung der Suspendierung der Nebenbestimmung wird abgelehnt, da mangels prozessualer Teilbarkeit der aufschiebenden Bedingung von der Hauptregelung kein Suspensiveffekt eingetreten sein kann und somit nicht einmal ein Antrag statthaft ist.

2. Komplex: Hauptantrag im Hauptsacheverfahren
A. Sachurteilsvoraussetzungen

Die Klage des K hat jedenfalls Erfolg, soweit die Sachurteilsvoraussetzungen erfüllt sind und die Klage zulässig sowie begründet ist.

I. Rechtsweg

Der Verwaltungsrechtsweg kann mangels aufdrängender Sonderzuweisung gemäß § 40 Abs. 1 S. 1 VwGO eröffnet sein. Im Übrigen kann unter Umständen mittels eines Verweisungsbeschlusses i.S.d. § 17a Abs. 2 GVG i.V.m. § 173 VwGO an ein anderes Gericht verwiesen werden. Der Verwaltungsrechtsweg ist eröffnet, wenn ein Hoheitsträger durch die streitentscheidende öffentlich-rechtliche Norm einseitig berechtigt oder verpflichtet wird bzw. wenn aufgrund typisch hoheitlichen Handelns zwischen den Beteiligten ein Subordinationsverhältnis besteht.

Als streitentscheidende Normen kommen § 18 Abs. 2 S. 1 LStrG i.V.m. § 18 Abs. 1 LStrG sowie § 36 Abs. 1, 2 VwVfG in Betracht. Durch diese Normen wird ein Hoheitsträger zum hoheitlichen Handeln in Form der Erteilung einer Sondernutzungserlaubnis bzw. zum Erlass von Nebenbestimmungen gegenüber Bürgern berechtigt bzw. verpflichtet. Sie stehen in öffentlich-rechtlichen Gesetzen und sind öffentlich-rechtlicher Natur. Da die Streitigkeit mangels doppelter Verfassungsunmittelbarkeit nicht verfassungsrechtlicher Art und eine abdrängende Sonderzuweisung nicht ersichtlich ist, bleibt es bei der Eröffnung des Verwaltungsrechtsweges.

---

§§ 88, 122 Abs. 1 VwGO nicht an den Antrag gebunden, jedoch darf es über das Begehren auch nicht hinausgehen. Ein Leistungsbegehren ist unter anderem wegen der sich aus § 168 Abs. 1 Nr. 2 VwGO ergebenden Vollstreckbarkeit der einstweiligen Anordnung weiter gefasst als ein Feststellungsbegehren. Das Gericht würde über das Begehren des Antragstellers hinausgehen. Jedenfalls bei der Antragstellung durch einen Anwalt wäre die Annahme eines Leistungsbegehrens nicht von der Antragsauslegung erfasst. Es müsste ein richterlicher Hinweis – entsprechend der in § 104 Abs. 1 VwGO geregelten Erörterungspflicht – erfolgen, aufgrund dessen der Klageantrag umgestellt wird.

II. Zuständigkeit

Das Verwaltungsgericht ist gemäß § 45 VwGO als Eingangsinstanz für die von der Behörde gegenüber K erlassene Verfügung sachlich zuständig, da Anhaltspunkte für abweichende Regelungen wie z.B. § 50 VwGO nicht ersichtlich sind, sodass kein Verweisungsbeschluss gemäß §§ 17a Abs. 2 GVG, 83 VwGO gefasst werden wird. Von der örtlichen Zuständigkeit des angerufenen Verwaltungsgerichts ist auszugehen.

III. Beteiligte

K und die Stadt als Gebietskörperschaft öffentlichen Rechts können Beteiligte des Verfahrens sein. Beteiligte sind nach § 63 Nr. 1, 2 VwGO unter anderem der Kläger und der Beklagte, beteiligungsfähig nach § 61 Nr. 1 VwGO natürliche und juristische Personen. Behörden sind gemäß § 61 Nr. 3 VwGO i.V.m. dem Landesrecht des Bundeslandes B nicht beteiligungsfähig. Als Kläger ist K gemäß § 61 Nr. 1 Alt. 1 VwGO beteiligungsfähig und gemäß § 62 Abs. 1 Nr. 1 VwGO prozessfähig.

Als Beklagte ist der Rechtsträger der handelnden Behörde maßgeblich. Die Verwaltung erfolgte durch die Ordnungsbehörde der Stadt, sodass die Stadt gemäß §§ 63 Nr. 2, 61 Nr. 1 VwGO beteiligungs- und mangels Anhaltspunkten bezüglich des für die Behörde handelnden Organwalters gemäß § 62 Abs. 3, Abs. 1 Nr. 1 VwGO prozessfähig ist.

IV. Statthafte Klageart

Die statthafte Klageart richtet sich gemäß § 88 VwGO nach dem klägerischen Begehren unter Berücksichtigung des Anwendungsvorranges maßnahmespezifischer Rechtsschutzformen und des rechtsstaatlichen Grundsatzes der Effektivität des Rechtsschutzes. Dem klägerischen Begehren entspricht i.d.R. die effektivste Klageart, also nach Möglichkeit die Anfechtungsklage gemäß § 42 Abs. 1 Alt. 1 VwGO als Gestaltungsklage der Verwaltungsgerichtsordnung. Voraussetzung der Anfechtungsklage ist, dass es dem Kläger um die Aufhebung eines Verwaltungsaktes geht. Ein Verwaltungsakt ist gemäß § 35 S. 1 VwVfG jede Verfügung, Entscheidung oder andere hoheitliche Maßnahme, die eine Behörde zur Regelung eines Einzelfalls auf dem Gebiet des öffentliche Rechts trifft und die auf unmittelbare Rechtswirkung nach außen gerichtet ist. Die Erlaubnis, Kunst auf der Straße zu betreiben, ist eine Einzelfallregelung mit Außenwirkung gegenüber K, der seinen Aufhebungsantrag jedoch auf die Zusätze beschränkt. Der Zusatz, eine Leuchtmütze zur Identifizierbarkeit im Dunkeln zu tragen, ist formal als Auflage bezeichnet worden und auch als selbständig vollstreckbare

Nebenbestimmung gewollt und erlassen worden, während das Gebot, ökologische Kreide zu verwenden, als aufschiebende Bedingung einzustufen ist. Ziel des K ist es entsprechend der durch seinen Rechtsanwalt gestellten Hauptanträge, zumindest einen der Zusätze gesondert durch das Gericht aufheben zu lassen.

Die aufschiebende Bedingung, ökologische Kreide zu benutzen, ist mit der Hauptregelung, die Straße benutzen zu dürfen, derart eng verbunden, dass sie prozessual nicht teilbar und somit nicht gesondert anfechtbar ist. Das Gebot, während der Kunstbetätigung eine Leuchtmütze aufzusetzen, ist jedoch als selbständig vollstreckbare Auflage, welche nicht inhaltsmodifizierend ist – die Hauptregelung ist auch ohne diesen Zusatz wirksam – prozessual teilbar.[16] Entsprechend dem Hauptantrag des K ist die Anfechtungsklage i.S.d. § 42 Abs. 1 Alt. 1 VwGO statthaft, während die Anfechtungsklage gegen den Zusatz, ökologische Kreide zu verwenden, mangels prozessualer Teilbarkeit unzulässig ist. Eine objektive Klagehäufung gemäß § 44 VwGO kommt bezüglich der Anfechtung unabhängig von der partiellen Unzulässigkeit nicht in Betracht, weil es sich insoweit lediglich um einen Verwaltungsakt handelt, bezüglich dessen der Anfechtungsantrag auf die Nebenbestimmungen begrenzt wird.[17]

V. Besondere Sachurteilsvoraussetzungen
Die besonderen Sachurteilsvoraussetzungen können erfüllt sein.

1. Besondere Prozessführungsbefugnis
Besonders prozessführungsbefugt ist gemäß § 78 Abs. 1 Nr. 1 VwGO die Stadt als Gebietskörperschaft öffentlichen Rechts, da Behörden im Bundesland B gemäß

---

16 Die prozessuale (Un-)Teilbarkeit von Nebenbestimmungen ist bereits eingangs im Rahmen des einstweiligen Rechtsschutzes erörtert worden und beim Prüfer als bekannt vorauszusetzen.

17 Eine objektive Klagehäufung gemäß § 44 VwGO ist bezüglich der Anfechtung der Nebenbestimmungen nicht zu prüfen, da es sich um einen Verwaltungsakt handelt, der „soweit" angegriffen wird. Bezüglich des Hilfsantrages ist § 44 VwGO erst später zu erörtern, um Inzidentprüfungen zu vermeiden. Denkbar ist eine Konstellation, in der z.B. 5 Nebenbestimmungen erlassen werden, von denen 4 prozessual teilbar sind, eine hingegen nicht. Der Kläger müsste im Rahmen einer Eventualklagehäufung i.S.d. § 44 VwGO beantragen, alle Nebenbestimmungen als Teile der Hauptregelung aufzuheben und die Behörde hilfsweise zur Erteilung einer Erlaubnis ohne Nebenbestimmung zu verpflichten (wegen der prozessual unteilbaren Nebenbestimmung). Bezüglich der Anfechtung der übrigen 4 Nebenbestimmungen würde es sich nicht um eine objektive Klagehäufung handeln.

§ 78 Abs. 1 Nr. 2 VwGO i.V.m. dem Landesrecht nicht besonders prozessführungsbefugt sind.

2. Klagebefugnis

K muss klagebefugt sein. Es ist Voraussetzung der Klagebefugnis i.S.d. § 42 Abs. 2 VwGO, dass die Möglichkeit der Verletzung eines subjektiven Rechts besteht. Subjektive Rechte ergeben sich aus Sonderbeziehungen, einfachen Gesetzen, subsidiär aus Grundrechten, wobei jedenfalls aufgrund des weiten Schutzbereiches des Art. 2 Abs. 1 GG bei unmittelbaren Grundrechtseingriffen für das subjektive Recht direkt auf Grundrechte abgestellt werden kann. Ob ein Kläger tatsächlich in einem subjektiven Recht verletzt ist, ist für die Klagebefugnis irrelevant, da die Möglichkeit der Verletzung eines subjektiven Rechts genügt. Ob durch die Erteilung einer Sondernutzungserlaubnis mit dem Zusatz, bei der Kunstausübung eine Leuchtmütze zu tragen, ein unmittelbarer Grundrechtseingriff bei K erfolgt ist, ist problematisch, weil die Gewährung einer eingeschränkten Leistung bzw. die Modifizierung einer Leistung nicht zwingend einen Grundrechtseingriff darstellt. Jedenfalls ist es möglich, dass K durch das Gebot, bei der Kunstausübung eine Leuchtmütze zu tragen, in seinem einfachgesetzlichen subjektiven Recht auf Sondernutzung i.S.d. § 18 Abs. 1, 2 LStrG verletzt ist, welches jedenfalls verfassungskonform i.S.d. sich aus Art. 5 Abs. 3 Alternative 1 Alt. 1 GG[18] ergebenden Kunstfreiheit auszulegen ist.

3. Ordnungsgemäßes Vorverfahren

Ein Vorverfahren des K i.S.d. §§ 68 ff. VwGO ist gemäß § 68 Abs. 1 S. 2 VwGO i.V.m. § 8a Abs. 1 AG VwGO entbehrlich. Rückausnahmen sind diesbezüglich nicht ersichtlich.

4. Klagefrist

Die für die Anfechtungsklage bei ordnungsgemäßer Rechtsmittelbelehrung geltende Klagefrist von einem Monat nach Bekanntgabe des Verwaltungsaktes gemäß § 74 Abs. 1 S. 1, 2 VwGO wurde seitens des K eingehalten, da er schon drei Tage nach Bekanntgabe der Verfügung mit den Nebenbestimmungen die Klage erhoben hat.

---

18 Art. 5 Abs. 3 enthält 2 Alternativen mit je 2 Alternativfällen.

VI. Allgemeines Rechtsschutzbedürfnis
Anhaltspunkte für ein Fehlen des allgemeinen Rechtsschutzbedürfnisses bestehen nicht.

B. Begründetheit
Die Klage des K ist gemäß § 113 Abs. 1 S. 1 VwGO begründet, soweit der Verwaltungsakt rechtswidrig und der Kläger dadurch in seinen Rechten verletzt ist. Der Verwaltungsakt i.S.d. § 113 Abs. 1 S. 1 VwGO ist insoweit die Erlaubnis zur Kunstausübung, nicht jedoch die Nebenbestimmung, bei der Kunstausübung eine Leuchtmütze tragen zu müssen, da diese als Auflage trotz eigenständiger Vollstreckbarkeit von der Hauptregelung abhängig und somit nicht als vollständig eigenständig einzustufen ist. Da jedoch der Klageantrag des K auf die Nebenbestimmung begrenzt ist und das Gericht gemäß § 88 VwGO nicht über das klägerische Begehren hinausgehen darf, ist die Rechtswidrigkeit nur soweit maßgeblich, als es um die prozessual teilbare Nebenbestimmung, die Leuchtmütze bei der Kunstausübung tragen zu müssen, geht, wobei wegen des Terminus „soweit" insoweit zunächst die materielle Teilbarkeit maßgeblich ist.[19]

I. Materielle Teilbarkeit[20]
Die Klage des K kann lediglich begründet sein, soweit die Nebenbestimmung, die Leuchtmütze bei der Kunstausübung tragen zu müssen, materiell teilbar ist. Eine Nebenbestimmung ist materiell unteilbar, soweit sie i.S.d. § 36 Abs. 1, 2 VwVfG zur Tatbestandssicherung bezüglich der Hauptregelung erforderlich ist. Darüber hinaus ist eine Nebenbestimmung von der Hauptregelung nicht materiell teilbar, soweit die Nebenbestimmung Ausfluss eines rechtmäßig ausgeübten Beurteilungsspielraumes bzw. eines rechtmäßig ausgeübten Ermessens ist. Würde eine derartige Nebenbestimmung seitens des Gerichts aufgehoben wer-

---

19 Merke: Der Verwaltungsakt i.S.d. § 113 Abs. 1 S. 1 VwGO ist nicht die Nebenbestimmung, da diese zwar eigenständig vollstreckbar sein kann, sie jedoch keinen von der Hauptregelung unabhängigen Verwaltungsakt darstellt. Wäre die Nebenbestimmung ein vollständig eigenständiger Verwaltungsakt, wäre sie problemlos gesondert anfechtbar, ohne dass es auf die Problematik der Teilbarkeit von Nebenbestimmungen ankäme. Nur aufgrund des Terminus „soweit" in § 113 Abs. 1 S. 1 VwGO darf die Nebenbestimmung gegebenenfalls gesondert aufgehoben werden.

20 Die materielle Teilbarkeit ist vorab zu prüfen, weil das Merkmal „soweit" einerseits systematisch vor der Rechtswidrigkeit und der Rechtsverletzung geregelt ist, andererseits, weil die Prüfung anderenfalls nicht auf die Nebenbestimmung beschränkt werden dürfte, weil der Verwaltungsakt i.S.d. § 113 Abs. 1 S. 1 VwGO die Erlaubnis, nicht aber die Nebenbestimmung ist.

den, würde dies unzulässig die Gewaltenteilung i.S.d. sich unter anderem aus Art. 20 Abs. 3 GG ergebenden Rechtsstaatsprinzips durchbrechen, weil der Behörde dann anstelle ihrer eigenen rechtmäßigen Beurteilungs- bzw. Ermessensentscheidung eine solche des Gerichts aufgedrängt werden würde, welche von der Behörde nicht getroffen worden wäre. Lediglich bei ermessens- bzw. beurteilungsfehlerhaftem Handeln der Behörde ist der Handlungsspielraum des Gerichts im Rahmen der Gewaltenteilung zur Aufhebung einer Nebenbestimmung eröffnet.

1. Nebenbestimmung zur Tatbestandssicherung

Die gegenüber K verfügte Nebenbestimmung, bei der Kunstausübung eine Leuchtmütze zu tragen, ist nicht Ausdruck eines für die Sondernutzungserlaubnis i.S.d. § 18 Abs. 2 S. 1 LStrG bestehenden Tatbestandes und somit nicht zur Sicherung des Tatbestandes erlassen worden.[21]

2. Nebenbestimmung als Ausfluss eines Ermessens-/Beurteilungsspielraumes

Die gegenüber K verfügte streitgegenständliche Nebenbestimmung kann Ausfluss eines Beurteilungs- bzw. Ermessensspielraumes sein. Ein unbestimmter Rechtsbegriff mit Beurteilungsspielraum ist im Tatbestand des § 18 Abs. 2 S. 1 LStrG nicht ersichtlich. Die Nebenbestimmung kann aber Ausfluss des seitens der Behörde rechtmäßig ausgeübten Ermessens bezüglich der Erteilung der Sondernutzungserlaubnis i.S.d. § 18 Abs. 2 S. 1 LStrG sein. Die Nebenbestimmung ist nur insoweit Ausfluss des in § 18 Abs. 2 S. 1 LStrG geregelten Ermessens, soweit sie rechtmäßig ist.

a) Rechtmäßigkeit der Nebenbestimmung

Die gegenüber K verfügte Nebenbestimmung, bei der Kunstausübung eine Leuchtmütze zu tragen, kann rechtswidrig sein.

---

21 Eine rechtswidrige Nebenbestimmung würde nicht der Tatbestandssicherung dienen mit der Folge, dass bei deren Aufhebung ein rechtswidriger Torso verbleiben würde, den die Behörde dann ihrerseits aus ihrer rechtsstaatlichen Pflicht zum rechtmäßigen Handeln i.S.d. sich unter anderem aus Art. 20 Abs. 3 GG ergebenden Rechtsstaatsprinzips heraus aufheben müsste. Die Aufhebung der Nebenbestimmung ist vom Klagebegehren i.S.d. § 88 VwGO erfasst – nicht aber der Hauptverwaltungsakt, sodass es auf dessen vollständige Prüfung nicht ankommt.

aa) Rechtsgrundlage

Mangels spezialgesetzlicher Rechtsgrundlage im Landesstraßengesetz kommt als Rechtsgrundlage lediglich die allgemeine Regelung des § 36 VwVfG in Betracht.

Da in der für die Sondernutzungserlaubnis als Hauptregelung maßgeblichen Norm – § 18 Abs. 2 S. 1 LStrG – Ermessen als Rechtsfolge enthalten ist, gilt für die Nebenbestimmung nicht § 36 Abs. 1 VwVfG – insoweit bedarf es für die Hauptregelung einer gebundenen Entscheidung –, sondern § 36 Abs. 2 VwVfG. § 36 Abs. 2 VwVfG ist als Rechtsgrundlage maßgeblich.

bb) Voraussetzungen

Formell hat die zuständige Behörde gehandelt. Materiell bedarf es einer Hauptregelung, bezüglich deren Erlasses Ermessen besteht. Die Hauptregelung gegenüber K ist die Sondernutzungserlaubnis zur Betreibung der Kunst in der Fußgängerzone, wobei insoweit gemäß § 18 Abs. 2 S. 1 LStrG Ermessen besteht.

cc) Rechtsfolge

Rechtsfolge des § 36 Abs. 2 VwVfG ist Ermessen i.S.d. § 40 VwVfG, welches nicht ermessensfehlerhaft ausgeübt worden sein darf. Anhaltspunkte für eine Ermessensreduktion auf Null dahingehend, dass die verfügte Nebenbestimmung erlassen werden musste oder keinesfalls erlassen werden durfte, bestehen nicht, da gegebenenfalls auch die Kunstfreiheit i.S.d. Art. 5 Abs. 3 S. 1 Alternative 1 Alt. 1 GG im Rahmen verfassungsimmanenter Schranken z.B. zum Schutz von Leib und Leben i.S.d. Art. 2 Abs. 2 S. 1 GG verkürzt werden kann. Als Ermessensfehler kommen Ermessensausfall, Ermessensüberschreitung und Ermessensfehlgebrauch in Betracht. Ein Ermessensausfall ist weder vollständig noch partiell ersichtlich. Durch den Erlass der Nebenbestimmung gegenüber K kann jedoch wegen eines unverhältnismäßigen Grundrechtseingriffes in die Kunstfreiheit i.S.d. Art. 5 Abs. 3 S. 1 Alternative 1 Alt. 1 GG das Ermessen überschritten worden sein. Hilfsweise kommt ein Ermessensfehlgebrauch wegen einer sachwidrigen Kopplung i.S.d. § 36 Abs. 3 VwVfG in Betracht.

(1) Ermessensüberschreitung

Das Nebenbestimmungsermessen i.S.d. § 36 Abs. 2 VwVfG kann überschritten worden sein.

(a) Schutzbereichseingriff bezüglich der Kunstfreiheit

Unabhängig von der Geltung eines formellen, materiellen oder offenen Kunstbegriffes im Rahmen des Art. 5 Abs. 3 S. 1 Alternative 1 Alt. 1 GG ist die Kreation
von Kreidekunstwerken sogar i.S.d. engen formellen Kunstbegriffes jedenfalls
Kunst, wobei durch die Verfügung bezüglich des Tragens einer Leuchtmütze
bei der Kunstausübung nicht das Kunstwerk als solches beeinträchtigt sein
könnte. Da K sein Kunstwerk jedoch als Gesamteinheit aus Bild, Musik und
Outfit mit französischer Schirmmütze versteht, wird dem eigentlichen Kunstwerk durch das Gebot des Tragens der Leuchtmütze die Strahlkraft genommen.
Durch das Gebot zum Tragen der Leuchtmütze wird in die Kunstfreiheit des K,
hilfsweise in die aufgrund der Spezialität der Kunstfreiheit nur rudimentär
maßgebliche allgemeine Handlungsfreiheit i.S.d. Art. 2 Abs. 1 GG eingegriffen.
Durch das allgemeine Persönlichkeitsrecht des K aus Art. 2 Abs. 1 GG i.V.m.
Art. 1 Abs. 1 GG wird die Kunstfreiheit zwar im Rahmen der Verhältnismäßig-
keit verstärkt, jedoch ist das allgemeine Persönlichkeitsrecht gegenüber der
Kunstfreiheit wegen des stärkeren Bezuges zu Art. 5 Abs. 3 S. 1 Alternative 1
Alt. 1 GG subsidiär.

(b) Rechtfertigung

Mangels ausdrücklicher Schrankensystematik bezüglich des Art. 5 Abs. 3 GG –
Art. 5 Abs. 2 GG ist systematisch nach Art. 5 Abs. 3 GG normiert und somit nicht
anwendbar – gelten nur verfassungsimmanente Schranken, sodass es eines Gesetzes bedürfte, das Ausdruck verfassungsimmanenter Schranken ist.[22] Unabhängig davon, ob § 36 Abs. 2 VwVfG als Gesetz einzustufen ist, das Ausdruck
verfassungsimmanenter Schranken ist, sind jedenfalls keine gegenläufigen Verfassungsgüter ersichtlich, durch die ein Eingriff in die Kunstfreiheit des K gerechtfertigt werden kann, da Schutzpflichten für Leib und Leben i.S.d. Art. 2
Abs. 2 S. 1 GG nicht ersichtlich sind, da in der Fußgängerzone keine Gefahr besteht, dass K nicht gesehen und somit z.B. überfahren wird. Der Grundrechtseingriff in die Kunstfreiheit ist nicht gerechtfertigt und wäre im Übrigen
sogar bezüglich des Auffanggrundrechtes der allgemeinen Handlungsfreiheit
i.S.d. Art. 2 Abs. 1 GG unverhältnismäßig.

---

22 Vereinzelt wird die Schrankensystematik des Art. 5 Abs. 2 GG seitens der Literatur auch auf
Art. 5 Abs. 3 GG bezogen.

(2) Zwischenergebnis

Durch den Erlass der Nebenbestimmung i.S.d. § 36 Abs. 2 VwVfG, die Leuchtmütze bei der Kunstausübung tragen zu müssen, ist das Ermessen überschritten worden.

b) Zwischenergebnis

Die Nebenbestimmung ist wegen der Ermessensüberschreitung der Behörde rechtswidrig und somit nicht Ausfluss des rechtmäßig ausgeübten Ermessens der Behörde. Die Nebenbestimmung ist von der Hauptregelung somit materiell teilbar.

II. Rechtswidrigkeit der Nebenbestimmung

Die Nebenbestimmung, bei der Kunstausübung eine Leuchtmütze tragen zu müssen, ist als mit der Anfechtungsklage angegriffener Teil der Hauptregelung wegen der Überschreitung des Nebenbestimmungsermessens rechtswidrig.

III. Rechtsverletzung

K ist durch die Nebenbestimmung auch in seinem subjektiven Recht aus § 18 Abs. 2 S. 1 LStrG i.V.m. Art. 5 Abs. 3 S. 1 Alternative 1 Alt. 1 GG verletzt, weil das Ermessen bezüglich des Erlasses der Sondernutzungserlaubnis unter Verletzung der Kunstfreiheit – das Nebenbestimmungsermessen i.S.d. § 36 Abs. 2 VwVfG ist fehlerhaft ausgeübt und bezüglich § 18 Abs. 2 S. 1 VwVfG fortgeführt worden – ausgeübt worden ist.

C. Ergebnis

Die prozessual und materiell teilbare Nebenbestimmung bezüglich des Tragens einer Leuchtmütze bei der Kunstausübung ist rechtswidrig und wird aufgehoben, während die Anfechtungsklage bezüglich des Gebotes der Nutzung ökologischer Kreide mangels prozessualer Teilbarkeit unzulässig ist.

3. Komplex: Hilfsantrag im Hauptsacheverfahren
A. Sachurteilsvoraussetzungen

Die Klage des K wird jedenfalls erfolgreich sein, soweit die Sachurteilsvoraussetzungen erfüllt sind und die Klage zulässig sowie begründet ist.

I. Rechtsweg

Der Verwaltungsrechtsweg kann mangels aufdrängender Sonderzuweisung gemäß § 40 Abs. 1 S. 1 VwGO eröffnet sein. Im Übrigen kann mittels eines Verweisungsbeschlusses i.S.d. § 17a Abs. 2 GVG i.V.m. § 173 VwGO gegebenenfalls an ein anderes Gericht verwiesen werden. Der Verwaltungsrechtsweg ist eröffnet, wenn in der streitentscheidenden öffentlich-rechtlichen Norm ein Hoheitsträger einseitig berechtigt oder verpflichtet wird bzw. wenn aufgrund typisch hoheitlichen Handelns zwischen den Beteiligten ein Subordinationsverhältnis besteht.

Als streitentscheidende Normen kommen § 18 Abs. 2 S. 1 LStrG i.V.m. § 18 Abs. 1 LStrG sowie § 36 Abs. 1, 2 VwVfG in Betracht. Durch diese Normen wird ein Hoheitsträger zum hoheitlichen Handeln in Form der Erteilung einer Sondernutzungserlaubnis bzw. zum Erlass von Nebenbestimmungen gegenüber Bürgern berechtigt bzw. verpflichtet. Sie stehen in öffentlich-rechtlichen Gesetzen und sind öffentlich-rechtlicher Natur. Da die Streitigkeit mangels doppelter Verfassungsunmittelbarkeit nicht verfassungsrechtlicher Art und eine abdrängende Sonderzuweisung nicht ersichtlich ist, bleibt es bei der Eröffnung des Verwaltungsrechtsweges.

II. Zuständigkeit

Das Verwaltungsgericht ist gemäß § 45 VwGO als Eingangsinstanz für die von der Behörde gegenüber K erlassene Verfügung sachlich zuständig, da Anhaltspunkte für abweichende Regelungen wie z.B. § 50 VwGO nicht ersichtlich sind, sodass kein Verweisungsbeschluss gemäß §§ 17a Abs. 2 GVG, 83 VwGO gefasst werden wird. Von der örtlichen Zuständigkeit des angerufenen Verwaltungsgerichts ist auszugehen.

III. Beteiligte

K und die Stadt als Gebietskörperschaft öffentlichen Rechts können Beteiligte des Verfahrens sein. Beteiligte sind nach § 63 Nr. 1, 2 VwGO unter anderem der Kläger und der Beklagte, beteiligungsfähig nach § 61 Nr. 1 VwGO natürliche und juristische Personen. Behörden sind gemäß § 61 Nr. 3 VwGO i.V.m. dem Landesrecht des Bundeslandes B nicht beteiligungsfähig. Als Kläger ist K gemäß § 61 Nr. 1 Alt. 1 VwGO beteiligungsfähig und gemäß § 62 Abs. 1 Nr. 1 VwGO prozessfähig.

Als Beklagte ist der Rechtsträger der handelnden Behörde maßgeblich. Die Verwaltung erfolgte durch die Ordnungsbehörde der Stadt, sodass die Stadt gemäß §§ 63 Nr. 2, 61 Nr. 1 VwGO beteiligungs- und mangels Anhaltspunkten bezüglich des für die Behörde handelnden Organwalters gemäß § 62 Abs. 3, Abs. 1 Nr. 1 VwGO prozessfähig ist.

IV. Statthafte Klageart

Die statthafte Klageart richtet sich gemäß § 88 VwGO nach dem klägerischen Begehren unter Berücksichtigung des Anwendungsvorranges maßnahmespezifischer Rechtsschutzformen und des rechtsstaatlichen Grundsatzes der Effektivität des Rechtsschutzes. Bezüglich des Hilfsantrages erstrebt K die Erteilung einer Sondernutzungserlaubnis ohne den Zusatz, ökologische Kreide nutzen zu müssen, weil sein diesbezüglicher Hauptantrag auf Anfechtung dieser Nebenbestimmung mangels prozessualer Teilbarkeit unzulässig ist. Es handelt sich insoweit um eine Verpflichtungsklage i.S.d. § 42 Abs. 1 Alt. 2 VwGO.

Die insoweit erfolgte objektive eventuale Klagehäufung i.S.d. § 44 VwGO ist möglich, da die Beteiligten und das Gericht identisch sind, beide Anträge im Zusammenhang mit der Kunstausübung des K auf der Straße stehen und somit konnex sowie mangels Stufenverhältnisses gleichzeitig entscheidungsreif sind.

V. Besondere Sachurteilsvoraussetzungen

Die besonderen Sachurteilsvoraussetzungen können erfüllt sein.

1. Besondere Prozessführungsbefugnis

Besonders prozessführungsbefugt ist gemäß § 78 Abs. 1 Nr. 1 VwGO die Stadt als Gebietskörperschaft öffentlichen Rechts, da Behörden im Bundesland B gemäß § 78 Abs. 1 Nr. 2 VwGO i.V.m. dem Landesrecht nicht besonders prozessführungsbefugt sind.

2. Klagebefugnis

K muss klagebefugt sein. Es ist Voraussetzung der Klagebefugnis i.S.d. § 42 Abs. 2 VwGO, dass die Möglichkeit der Verletzung eines subjektiven Rechts besteht. Subjektive Rechte ergeben sich aus Sonderbeziehungen, einfachen Gesetzen, subsidiär aus Grundrechten, wobei jedenfalls aufgrund des weiten Schutzbereiches des Art. 2 Abs. 1 GG bei unmittelbaren Grundrechtseingriffen für das subjektive Recht direkt auf Grundrechte abgestellt werden kann. Da K eine Erlaubnis ohne Zusatz und somit Leistung erstrebt, ist auf sein einfachgesetzliches subjektives Recht auf Sondernutzung i.S.d. § 18 Abs. 1, 2 LStrG abzustellen.

3. Ordnungsgemäßes Vorverfahren

Ein Vorverfahren des K i.S.d. §§ 68 ff. VwGO ist gemäß § 68 Abs. 1 S. 2 VwGO i.V.m. § 8a Abs. 2 AG VwGO i.V.m. § 8a Abs. 1 AG VwGO entbehrlich, da Rückausnahmen nicht ersichtlich sind.

4. Klagefrist

Die für die Anfechtungsklagen bei ordnungsgemäßer Rechtsmittelbelehrung geltende Klagefrist von einem Monat nach Bekanntgabe des Verwaltungsaktes gemäß § 74 Abs. 1 S. 1, 2 VwGO wurde seitens des K eingehalten, da er schon 3 Tage nach Bekanntgabe der Verfügung mit den Nebenbestimmungen die Klage erhoben hat.

VI. Allgemeines Rechtsschutzbedürfnis

Anhaltspunkte für ein Fehlen des allgemeinen Rechtsschutzbedürfnisses sind nicht ersichtlich.

B. Begründetheit

Die Klage des K ist gemäß § 113 Abs. 5 S. 1, 2 VwGO begründet, soweit die Ablehnung der Erteilung einer Sondernutzungserlaubnis ohne Nebenbestimmung rechtswidrig, der Kläger dadurch in seinen Rechten verletzt und die Sache spruchreif bzw. soweit die Unterlassung der diesbezüglichen Bescheidung rechtswidrig oder die erfolgte Bescheidung fehlerhaft und der Kläger dadurch in seinen Rechten verletzt ist. Somit ist die Klage begründet, soweit der Kläger einen Anspruch auf zumindest fehlerfreie Bescheidung hat.[23]

I. Anspruchsgrundlage

Ein Anspruch des K auf Erteilung einer Sondernutzungserlaubnis ohne Nebenbestimmung kann sich aus § 18 Abs. 2 S. 1 LStrG i.V.m. § 18 Abs. 1 LStrG als Anspruchsgrundlage ergeben.

---

23 Der Antrag auf fehlerfreie Bescheidung i.S.d. § 113 Abs. 5 S. 2 VwGO ist in dem Antrag auf Erlass des Verwaltungsaktes i.S.d. § 113 Abs. 5 S. 1 VwGO als Minus enthalten. Wichtig ist es, im Obersatz nicht „ermessensfehlerfreie Bescheidung", sondern „fehlerfreie Bescheidung" zu schreiben, da auch Beurteilungsfehler vom Regelungsbereich des § 113 Abs. 5 S. 2 VwGO erfasst sind. Es ist ebenso vertretbar, zu Beginn der Begründetheit zwischen der Prüfung des § 113 Abs. 5 S. 1 VwGO und der des § 113 Abs. 5 S. 2 VwGO zu differenzieren.

II. Anspruchsvoraussetzungen

Die Anspruchsvoraussetzungen müssen erfüllt sein.

1. Formelle Voraussetzungen

Die formellen Voraussetzungen können erfüllt sein. Das setzt voraus, dass bei der zuständigen Stelle ein rechtmäßiges Verfahren in den gesetzlich vorgesehenen Formen durchgeführt worden ist. K hatte einen Antrag bei der zuständigen Behörde gestellt, sodass die formellen Voraussetzungen somit erfüllt sind.

2. Materielle Voraussetzungen

Die Tätigkeit des K muss eine Sondernutzung i.S.d. § 18 Abs. 2 S. 1 LStrG darstellen. Da es sich bei der Kunstmalerei mit Musik nicht um den typischen Straßengebrauch im Verkehr handelt, ist die Tätigkeit des K nicht als Gemeingebrauch i.S.d. § 14 Abs. 1 LStrG einzustufen, sondern als Sondernutzung, sodass die materiellen Voraussetzungen erfüllt sind. Zwar könnte Kunst bei verfassungskonformer Auslegung des § 14 Abs. 1 LStrG i.S.d. Kunstfreiheit gemäß Art. 5 Abs. 3 S. 1 Alternative 1 Alt. 1 GG als Gemeingebrauch auszulegen sein, jedoch ist dies aufgrund gegenläufiger Verfassungsrechte – z.B. dem Gemeingebrauch anderer gemäß Art. 2 Abs. 1 GG – nur bei Spontankunst möglich, die nicht ersichtlich ist.

III. Rechtsfolge

Rechtsfolge des § 18 Abs. 2 S. 1 LStrG ist Ermessen. Ein Anspruch i.S.d. § 113 Abs. 5 S. 1 VwGO des K besteht insoweit, als das Ermessen zu seinen Gunsten auf Null reduziert ist. Ein Anspruch auf fehlerfreie Bescheidung i.S.d. § 113 Abs. 5 S. 2 VwGO – dieser Antrag ist jedenfalls als Minus im Antrag des K auf Erteilung der Sondernutzungserlaubnis ohne Nebenbestimmung enthalten – besteht, falls das Ermessen fehlerhaft ausgeübt worden ist, wobei dies anzunehmen ist, soweit die verfügte Nebenbestimmung bezüglich der Nutzung ökologischer Kreide rechtswidrig ist.

1. Gebundene Entscheidung i.S.d. § 113 Abs. 5 S. 1 VwGO

Ein Anspruch des K auf eine gebundene Entscheidung in Form einer Sondernutzungserlaubnis, die Straße zu nutzen, ohne ökologische Kreide zu verwenden, besteht nur, soweit das Ermessen der Behörde zugunsten des K wegen dessen Kunstfreiheit i.S.d. Art. 5 Abs. 3 S. 1 Alternative 1 Alt. 1 GG auf Null reduziert ist.

a) Schutzbereichseingriff bezüglich der Kunstfreiheit

Unabhängig von der Geltung eines formellen, materiellen oder offenen Kunstbegriffes im Rahmen des Art. 5 Abs. 3 S. 1 Alternative 1 Alt. 1 GG ist die Kreation von Kreidekunstwerken sogar i.S.d. engen formellen Kunstbegriffes jedenfalls Kunst, wobei durch die Verfügung zur Nutzung ökologischer Kreide bei der Kunstausübung nicht das Kunstwerk als solches beeinträchtigt sein könnte. Da K sein Kunstwerk jedoch als Gesamteinheit aus Bild, Musik und Outfit mit französischer Schirmmütze versteht, wird dem eigentlichen Kunstwerk durch das Gebot zur Nutzung ökologischer Kreide die Strahlkraft genommen. Durch das Gebot zur Nutzung ökologischer Kreide wird in die Kunstfreiheit des K eingegriffen.

b) Rechtfertigung

Mangels ausdrücklicher Schrankensystematik bezüglich des Art. 5 Abs. 3 GG – Art. 5 Abs. 2 GG ist systematisch nach Art. 5 Abs. 3 GG normiert und somit nicht anwendbar – gelten nur verfassungsimmanente Schranken, sodass es eines Gesetzes bedürfte, das Ausdruck verfassungsimmanenter Schranken ist. Unabhängig davon, ob § 36 Abs. 2 VwVfG als Gesetz einzustufen ist, das Ausdruck verfassungsimmanenter Schranken ist, sind mit dem Gemeingebrauch anderer i.S.d. Art. 2 Abs. 1 GG i.V.m. Art. 3 Abs. 1 GG sowie dem Staatsprinzip des Umweltschutzes aus Art. 20a GG gegenläufige Verfassungsgüter im Rahmen praktischer Konkordanz ersichtlich,[24] welche durch die Gesundheit anderer i.S.d. Art. 2 Abs. 2 S. 1 GG allenfalls zu ergänzen sind, da K seine Kunst zwar mit der Musik als Einheit betrachtet, der Lärm jedoch mit der Bemalung der Straße nur mittelbar im Zusammenhang steht und bereits durch die seitens des K akzeptierte zeitliche Beschränkung berücksichtigt worden wird. Eine Ermessensreduktion auf Null erfolgt wegen der gegenläufigen Verfassungsgüter somit nicht, wenngleich diese gegenüber der Kunstfreiheit des K im Rahmen der Abwägung zurücktreten würden (vgl. BVerwG, 7 C 81/88, R. 15). Die Kunstfreiheit ist nicht hinreichend gewichtig gegenüber sonstigen Grundrechten, zumal nicht ökologische Farbe auch von Schuhen der anderen Fußgänger schlechter zu entfernen ist. Auch Art. 20a GG als Umweltschutz ist insoweit als gegenläufiges Verfassungsgut zu berücksichtigen.

---

24 Im Rahmen der Grundrechtsabwägung darf Art. 20a GG berücksichtigt werden, obwohl bezüglich der Nebenbestimmung gemäß § 36 Abs. 3 VwVfG ein Verbot sachwidriger Kopplung besteht.

c) Zwischenergebnis

Es besteht kein Anspruch im Sinne einer gebundenen Entscheidung des K auf Erteilung einer Sondernutzungserlaubnis ohne die Nebenbestimmung, ökologische Kreide zu benutzen.

2. Anspruch auf fehlerfreie Bescheidung i.S.d. § 113 Abs. 5 S. 2 VwGO

Ein Anspruch des K auf fehlerfreie Bescheidung i.S.d. § 113 Abs. 5 S. 2 VwGO – dieser ergibt sich aus den erfüllten Tatbestandsvoraussetzungen – besteht fort, soweit er seitens der Behörde nicht bereits erfüllt worden ist. Die Erfüllung wäre erfolgt, wenn die Erteilung der Sondernutzungserlaubnis mit dem Gebot zur Verwendung ökologischer Kreide ermessensfehlerfrei war. Sie war hingegen fehlerhaft, soweit die gegenüber K verfügte Nebenbestimmung fehlerhaft war. Die gegenüber K verfügte Nebenbestimmung, ökologische Kreide zu verwenden, kann rechtswidrig sein.

a) Rechtsgrundlage

Mangels spezialgesetzlicher Rechtsgrundlage im Landesstraßengesetz kommt als Rechtsgrundlage lediglich die allgemeine Regelung des § 36 VwVfG in Betracht. Da in der für die Sondernutzungserlaubnis als Hauptregelung maßgeblichen Norm – § 18 Abs. 2 S. 1 LStrG – Ermessen als Rechtsfolge enthalten ist, gilt für die Nebenbestimmung nicht § 36 Abs. 1 VwVfG – insoweit bedarf es für die Hauptregelung einer gebundenen Entscheidung –, sondern § 36 Abs. 2 VwVfG. § 36 Abs. 2 VwVfG ist als Rechtsgrundlage maßgeblich.

b) Voraussetzungen

Formell hat die zuständige Behörde gehandelt. Materiell bedarf es einer Hauptregelung, bezüglich deren Erlasses Ermessen besteht. Die Hauptregelung gegenüber K ist die Sondernutzungserlaubnis zur Betreibung der Kunst in der Fußgängerzone, wobei insoweit gemäß § 18 Abs. 2 S. 1 LStrG Ermessen besteht.

c) Rechtsfolge

Rechtsfolge des § 36 Abs. 2 VwVfG ist Ermessen i.S.d. § 40 VwVfG, welches nicht ermessensfehlerhaft ausgeübt worden sein darf. Als Ermessensfehler kommen Ermessensausfall, Ermessensüberschreitung und Ermessensfehlgebrauch in Betracht. Ein Ermessensausfall ist weder vollständig noch partiell ersichtlich. Unabhängig davon, ob das Ermessen überschritten worden ist, weil K z.B. unverhältnismäßig in Grundrechten verletzt worden ist, ist jedenfalls das explizit geregelte Verbot der sachwidrigen Kopplung i.S.d. § 36 Abs. 3 VwVfG als Sonderregelung für den Ermessensfehlgebrauch verletzt worden, weil die straßenrechtliche Sondernutzungserlaubnis mit Aspekten des Umweltschutzes verbunden worden ist (vgl. VGH München, Urteil vom 22.6.2010, in: NVwZ-RR 2010, 830; anders im Ansatz mit nicht überzeugender Argumentation zu den Besonderheiten des Berliner Landesrechts vgl. VG Berlin, 1. Kammer, 3.6.2010 – 1 K 275.09; OVG Berlin-Brandenburg, Urteil vom 3.11.2011 – OVG 1 B 65.11). Insoweit hätte aufgrund bereichsspezifischer Regelungen seitens der Verwaltung gehandelt werden müssen. Somit ist die Entscheidung der Behörde ermessensfehlerhaft.

3. Zwischenergebnis

Eine fehlerfreie Bescheidung über den Antrag des K, ihm eine Erlaubnis ohne das Gebot zur Verwendung ökologischer Kreide zu erteilen, ist nicht erfolgt.

C. Ergebnis

Die Gemeinde als Rechtsträgerin wird verurteilt, über den Leistungsantrag des K fehlerfrei unter der Berücksichtigung der Rechtsauffassung des Gerichts neu zu bescheiden. Im Übrigen wird die Klage abgewiesen.

4. Komplex: Gesamtergebnis

Der Antrag des K gemäß § 80 Abs. 5 S. 1 VwGO auf Suspendierung der Nebenbestimmung wird abgelehnt. Die Nebenbestimmung bezüglich der Leuchtmütze wird aufgehoben. Die Gemeinde als Rechtsträgerin wird verurteilt, über den Leistungsantrag des K fehlerfrei unter der Berücksichtigung der Rechtsauffassung des Gerichts neu zu bescheiden. Im Übrigen werden die Klagen abgewiesen.[25]

---

25 Die Verpflichtungsklage bezüglich der Erteilung einer Erlaubnis ohne Nebenbestimmungen ist nicht auf die zeitliche Begrenzung bezogen („diesbezüglich" in der Fallfrage).

Allg. Verwaltungsrecht – Fall 18: „Gartenzwerge, Hecken und 'ne warme Mahlzeit für das Kind ..."

D und B sind Nachbarn in der schönen Stadt S im Bundesland Bu. Beide bewohnen ein jeweils individuell hergerichtetes Reihenhaus im Vorort von S, für welchen kein Bebauungsplan existiert. Die Reihenhäuser in der Gegend sind alle in einstöckiger Bauweise errichtet und sind nicht mit den Mauern der Wohngebäude, sondern durch zwischen den Häusern gemauerte Garagen verbunden.

Das „Zusammenleben" des D und des B gestaltet sich allerdings wenig harmonisch. Seit Jahren stehen die beiden Nachbarn im edlen Wettstreit um den schönsten Vorgarten, die schönste Weihnachtsdekoration, die schönsten Gartenzwerge und natürlich die am akkuratesten geschnittene Hecke. Zum Leidwesen des D liegt B meistens weit vorn.

Als D am Nachmittag des 1.3. von der Arbeit nach Hause kommt, sieht er zu seinem Entsetzen, dass Bauarbeiten am Haus des B durchgeführt werden.

Auf Nachfrage bei B teilt dieser ihm mit, er habe seitens der Stadt eine Genehmigung für den Bau eines teilweise zurückgesetzten, nur einen Teil der Grundfläche seines Hauses in Anspruch nehmenden Dachgeschosses mit stark gegliedertem Dach sowie zum Anbau eines Treppenhauses erteilt bekommen. Das Dachgeschoss würde dabei das erste Stockwerk um einige Meter in Richtung des D „überlappen".

D ist darüber zutiefst empört. Die Errichtung des Dachgeschosses hätte zur Folge, dass er unzumutbare Beeinträchtigungen hinsichtlich der Sonneneinstrahlung auf seinem Grundstück erleiden würde. Nach seiner Ansicht ist die Baugenehmigung, die an B erteilt wurde, nichtig.

Die Baugenehmigung sei zudem zur Bebauung eines Grundstücks der Größe von 503 qm erteilt worden. Ein Grundstück mit dieser Größe gebe es in Wirklichkeit nicht und könne deshalb auch nicht bebaut werden. Unabhängig davon, ob das tatsächlich vorhandene Grundstück etwa 420 qm oder über 440 qm – darüber sind sich B und D nicht einig – groß sei, sei die Abweichung zwischen ihm und demjenigen, auf das sich die Genehmigung beziehe, so groß, dass es sich nicht mehr um eine die Beurteilung der Identität des Grundstücks unberührt lassende Ungenauigkeit handele, sondern um einen anderen Genehmigungsgegenstand. Für ein nicht bestehendes Grundstück von 503 qm sei die Baugenehmigung nicht in die Wirklichkeit umzusetzen.

Des Weiteren hat er erfahren, dass B der zaudernden Beamtin Bea der Stadt S die Entscheidung über seinen Bauantrag mit der Zuwendung einer Karibik-Reise einschließlich eines „Dance-Club-Besuches"„erleichtert" habe. Außerdem sei der Verwaltungsakt nichtig, weil Bea nicht diejenige ist, die für derartige Entscheidungen in der grundsätzlich zuständigen Stadt S zuständig ist. Zwar ist nach dem Landesorganisationsrecht eine Übertragung auf die Behördeneinheit der Bea möglich, jedoch waren die Voraussetzungen entsprechend einer sehr strittigen – wenngleich praktisch anerkannten – Rechtsprechung nicht erfüllt.

D konsultiert einen Rechtsanwalt. Dieser erhebt für D deshalb am 1.5. Klage vor dem örtlich zuständigen Verwaltungsgericht. Er stellt den Antrag „die Nichtigkeit des Verwaltungsaktes feststellen zu lassen", nachdem die Behörde einen solchen Antrag abgelehnt hatte. Mit Erfolg?

Abwandlung 1
D stellt den Antrag auf Feststellung der Nichtigkeit des Verwaltungsaktes ohne Rechtsanwalt selbst. Sind die Sachurteilsvoraussetzungen der Klage erfüllt?

Abwandlung 2
Als ob der Ärger mit seinem Nachbarn nicht genug wäre, hat B nun auch noch Probleme mit der Gemeinde G bekommen. Sein jüngster Sohn S besucht die Kindertagesstätte der Gemeinde G. In G wurde gerade eine neue Satzung erlassen, wonach unter bestimmten Voraussetzungen die Verträge mit der Kindertagesstätte gekündigt werden können. B, der sich derzeit in einer Finanzkrise befindet, hat Angst vor einer Kündigung der Gemeinde auf der Grundlage der neuen Satzung und möchte daher gegen die Satzung vorgehen. Diese ist seiner Ansicht nach nichtig. Es gäbe schon keine Rechtsgrundlage. Eine Kündigung bestehender Verträge – dies ist in der Satzung geregelt – sei ausgeschlossen, weil es sich bei der Kindertagesstätte um eine öffentliche Einrichtung handele. Zudem könne eine Kündigung nicht an Verpflichtungen gegenüber Dritten gekoppelt werden. Darüber hinaus sei das Aufdrängen einer warmen Mahlzeit wie in der Satzung vorgesehen rechtswidrig. Auch behauptet B, die Satzung sei bereits formell fehlerhaft, weil im Laufe der entscheidenden Ratssitzung mehrere Ratsmitglieder die Sitzung verließen (es blieben 2 weniger als die Hälfte übrig) und nicht über die Entscheidung der Satzung mit abstimmten, auch wenn zu Beginn der Sitzung die Beschlussfähigkeit (rechtmäßig) festgestellt worden sei.

Seitens der G wird vorgetragen, dass die „warme Mittagsmahlzeit" zu ihrem kommunal frei zu verantwortenden Konzept gehöre. Zudem habe B diesbezüglich einen „alten Vertrag", in dem auf die Kündigungsoption kein Bezug genommen wird. B sei somit nicht befugt, gegen die Satzung vorzugehen.

Wird B mit seinem Antrag beim Oberverwaltungsgericht bezüglich der Feststellung der Ungültigkeit der Satzung Erfolg haben?

Relevante Normen des Landes Bu (für Ausgangskonstellation und Abwandlungen)

§ 5 AG VwGO des Landes Bu
(1) Fähig, am Verfahren beteiligt zu sein, sind auch Behörden.
(2) Hat eine Behörde den angefochtenen Verwaltungsakt erlassen oder den beantragten Verwaltungsakt unterlassen, so ist die Klage gegen sie zu richten.

§ 6 AG VwGO des Landes Bu
Vor Erhebung der Anfechtungsklage bedarf es abweichend von § 68 Abs. 1 Satz 1 der Verwaltungsgerichtsordnung keiner Nachprüfung in einem Vorverfahren.

§ 7 AG VwGO des Landes Bu
Das Oberverwaltungsgericht entscheidet nach Maßgabe des § 47 der Verwaltungsgerichtsordnung auf Antrag über die Gültigkeit einer landesrechtlichen Verordnung oder einer anderen im Range unter dem Landesgesetz stehenden Rechtsvorschrift.

§ 7 LBauO – Grenzabstände
(1) [1]Gebäude müssen mit allen auf ihren Außenflächen oberhalb der Geländeoberfläche gelegenen Punkten von den Grenzen des Baugrundstücks Abstand halten. [2]Der Abstand ist zur nächsten Lotrechten über der Grenzlinie zu messen. [3]Er richtet sich jeweils nach der Höhe des Punktes über der Geländeoberfläche (H). [4]Der Abstand darf auf volle 10 cm abgerundet werden.
[...]
(3) Der Abstand beträgt 1 H, mindestens jedoch 3 m.

§ 68 LBauO – Genehmigungsvorbehalt
(1) Baumaßnahmen bedürfen der Genehmigung durch die Bauaufsichtsbehörde (Baugenehmigung), soweit sich aus Absatz 2 und den §§ 69 bis 70, 82 und 84 nichts anderes ergibt.
[...]

§ 72 LBauO – Beteiligung der Nachbarn

(1) Nachbarn, deren Belange eine Baumaßnahme berühren kann, dürfen den Entwurf bei der Bauaufsichtsbehörde oder bei der Gemeinde einsehen. Dies gilt nicht für die Teile des Entwurfs, die Belange der Nachbarn nicht berühren können.

(2) Soll eine Ausnahme von Vorschriften des öffentlichen Baurechts, die auch dem Schutz von Nachbarn dienen, insbesondere von den Vorschriften über die Grenzabstände, zugelassen oder eine Befreiung von solchen Vorschriften erteilt werden, so soll die Bauaufsichtsbehörde den betroffenen Nachbarn, soweit sie erreichbar sind, Gelegenheit zur Stellungnahme innerhalb angemessener Frist geben. Auch sonst kann die Bauaufsichtsbehörde nach Satz 1 verfahren, wenn eine Baumaßnahme möglicherweise Belange berührt, die durch Vorschriften des öffentlichen Baurechts geschützt werden.

Hinweis

Gehen Sie bei der Bearbeitung davon aus, dass ein Verstoß gegen die in der Bauordnung geregelten Abstandsregeln zwischen Grundstücken erfolgt ist.

§ 75 LBauO

(1)[1]Die Baugenehmigung ist zu erteilen, wenn die Baumaßnahme, soweit sie genehmigungsbedürftig ist und soweit die Prüfung nicht entfällt, dem öffentlichen Baurecht entspricht. [...]

Auszug aus der Satzung über die Benutzung von Tageseinrichtungen
§ 11 Abs. 3 TageseinBenS

In allen Tageseinrichtungen wird eine warme Mittagsmahlzeit bereitgestellt. Darüber hinaus werden Getränke und Kaltverpflegungen angeboten. Die Verpflegungskosten sind von den Eltern zu tragen. Die Abrechnung erfolgt auf privatrechtlicher Basis zwischen den Eltern und dem Essenslieferanten.

§ 12 Abs. 4 TageseinBenS

Der Betreuungsvertrag kann gekündigt werden, wenn der Verpflegungsbeitrag trotz schriftlicher Mahnung länger als 2 Monate nicht entrichtet wird.

§ 13 TageseinBenS
[...] [2]Die bisher gültigen Satzungen treten mit dem Inkrafttreten der neuen Satzung außer Kraft.

§ 3 KiFöG (Kinderförderungsgesetz)
(1) Jedes Kind mit gewöhnlichem Aufenthalt im Land Bu hat bis zur Versetzung in den 7. Schuljahrgang Anspruch
1.   auf einen ganztägigen Platz (§ 17 Abs. 2) in einer Tageseinrichtung
[...]
(2) Von der Versetzung in den 7. Schuljahrgang bis zur Vollendung des 14. Lebensjahres hat jedes Kind mit gewöhnlichem Aufenthalt im Land Bu Anspruch auf Förderung und Betreuung in einer Tageseinrichtung, soweit Plätze vorhanden sind.
(3) Der Anspruch nach den Absätzen 1 und 2 richtet sich gegen die Gemeinde, in der das Kind seinen gewöhnlichen Aufenthalt hat. Ist die Gemeinde Mitglied einer Verwaltungsgemeinschaft, richtet sich der Anspruch gegen diese, wenn ihr diese Aufgabe von allen Mitgliedsgemeinden zur Erfüllung übertragen wurde.

§ 5 KiFöG: Aufgaben der Tageseinrichtungen
[...]
(3) Die Träger der Tageseinrichtungen gestalten die Umsetzung des Erziehungs- und Bildungsauftrages in eigener Verantwortung. Für jede Tageseinrichtung ist eine Konzeption zu erarbeiten und ständig fortzuschreiben, in welcher Schwerpunkte und Ziele der Arbeit in der Tageseinrichtung und deren Umsetzung unter Berücksichtigung ihres Umfeldes und unter Beteiligung der Fachkräfte und des Kuratoriums festgelegt werden. Die Konzeption soll insbesondere Aussagen zu Fragen der Gestaltung der Zusammenarbeit mit den Schulen des Einzugsbereiches enthalten.

§ 8 KiFöG: Vertrag
(1) Das Benutzungsverhältnis wird nach Anmeldung durch die Eltern durch den Abschluss eines Betreuungsvertrages begründet.
[...]

§ 13 KiFöG: Elternbeiträge

Hinsichtlich der Erhebung von Elternbeiträgen gelten die Regelungen in § 90 des Achten Buches Sozialgesetzbuch. Vor der Festlegung der Elternbeitragshöhe ist das Kuratorium zu hören. Träger gemäß § 9 Abs. 1 Nr. 1, in deren Gebiet ein Elternbeirat entsprechend § 19 Abs. 5 gebildet wurde, haben auch diesen Elternbeirat zu beteiligen.

Auszug aus der Gemeindeordnung (GO) des Landes Bu
§ 4 Abs. 1

(1) Zum eigenen Wirkungskreis gehören alle Angelegenheiten der örtlichen Gemeinschaft sowie die Aufgaben, die den Gemeinden durch Gesetz oder sonstige Rechtsvorschrift als eigene zugewiesen sind. Neue Pflichten können den Gemeinden nur durch Gesetz auferlegt werden; dabei ist gleichzeitig die Aufbringung der Mittel sicherzustellen.

§ 6 Abs. 1 und 3

(1) Die Gemeinden können im Rahmen der Gesetze ihre eigenen Angelegenheiten durch Satzung regeln. Im übertragenen Wirkungskreis können Satzungen aufgrund besonderer gesetzlicher Ermächtigung erlassen werden.

(3) Satzungen sind von der Bürgermeisterin oder dem Bürgermeister zu unterzeichnen und öffentlich bekannt zu machen. Das für Inneres zuständige Ministerium wird ermächtigt, durch Verordnung die Form der öffentlichen Bekanntmachung von Satzungen einschließlich der Ersatzbekanntmachung von Plänen, Karten und sonstigen Anlagen sowie die Form der öffentlichen Auslegung von Satzungen und Satzungsentwürfen zu regeln. Dabei können unterschiedliche Regelungen für Gemeinden verschiedener Größenordnung getroffen, die Bekanntmachung in bestimmten Verkündungsblättern vorgesehen und Gebietskörperschaften zur Einrichtung von Verkündungsblättern verpflichtet werden.

§ 8

Die Gemeinden können im eigenen Wirkungskreis durch Satzung insbesondere
(1) die Benutzung ihres Eigentums und ihrer öffentlichen Einrichtungen regeln und Gebühren für die Benutzung festsetzen;
(2) für die Grundstücke ihres Gebiets den Anschluss an Wasserleitung, Kanalisation, Abfallentsorgung, Straßenreinigung, Fernwärmeversorgung von Heizungsanlagen an bestimmte Energieversorgungsanlagen und ähnliche dem öffentlichen Wohl dienende Einrichtungen (Anschlusszwang) und die Benutzung

dieser Einrichtungen, der öffentlichen Begräbnisplätze, Bestattungseinrichtungen und Schlachthöfe (Benutzungszwang) vorschreiben, wenn sie ein dringendes öffentliches Bedürfnis dafür feststellen. Die Satzung kann Ausnahmen vom Anschluss- oder Benutzungszwang zulassen; sie kann ihn auf bestimmte Teile des Gemeindegebiets und auf bestimmte Gruppen von Grundstücken oder Personen beschränken.

§ 21 Abs. 1
(1) Einwohnerin oder Einwohner einer Gemeinde ist, wer in dieser Gemeinde ihren oder seinen Wohnsitz oder ständigen Aufenthalt hat.

§ 40 Abs. 1 Nr. 4
(1) Der Rat beschließt ausschließlich über
4. den Erlass, die Änderung und die Aufhebung von Satzungen und Verordnungen, [...]

§ 46
(1) Der Rat ist beschlussfähig, wenn nach ordnungsmäßiger Einberufung die Mehrheit seiner Mitglieder anwesend ist oder wenn alle Ratsmitglieder anwesend sind und keines eine Verletzung der Vorschriften über die Einberufung des Rates rügt. Die oder der Ratsvorsitzende stellt die Beschlussfähigkeit zu Beginn der Sitzung fest. Der Rat gilt sodann, auch wenn sich die Zahl der anwesenden Ratsmitglieder im Laufe der Sitzung verringert, als beschlussfähig, solange nicht ein Ratsmitglied die Beschlussunfähigkeit geltend macht; dieses zählt zu den Anwesenden.
(2) Ist eine Angelegenheit wegen Beschlussunfähigkeit des Rates zurückgestellt worden und wird der Rat zur Verhandlung über den gleichen Gegenstand zum zweiten Mal einberufen, so ist er ohne Rücksicht auf die Zahl der anwesenden Ratsmitglieder beschlussfähig, wenn in der Ladung zur zweiten Sitzung ausdrücklich hierauf hingewiesen worden ist.
(3) Besteht bei mehr als der Hälfte der Ratsmitglieder ein gesetzlicher Grund, der ihrer Anwesenheit entgegensteht, so ist der Rat ohne Rücksicht auf die Zahl der anwesenden Ratsmitglieder beschlussfähig; seine Beschlüsse bedürfen in diesem Fall der Genehmigung der Kommunalaufsichtsbehörde.

Auszug aus der Verfassung des Landes Bu
Art. 11
(1) Pflege und Erziehung der Kinder unter Achtung ihrer Persönlichkeit und ihrer wachsenden Einsichtsfähigkeit sind das natürliche Recht der Eltern und die zuvörderst ihnen obliegende Pflicht. Über ihre Betätigung wacht die staatliche Gemeinschaft.

(2) Gegen den Willen der Erziehungsberechtigten dürfen Kinder nur auf Grund eines Gesetzes von der Familie getrennt werden, wenn die Erziehungsberechtigten versagen oder die Kinder aus anderen Gründen zu verwahrlosen drohen.

Art. 24
(1) Ehe und Familie stehen unter dem besonderen Schutze der staatlichen Ordnung.

(2) Wer in häuslicher Gemeinschaft für Kinder oder Hilfsbedürftige sorgt, verdient Förderung und Entlastung. Das Land und die Kommunen wirken insbesondere darauf hin, dass für die Kinder angemessene Betreuungseinrichtungen zur Verfügung stehen.

(3) Kinder genießen den besonderen Schutz des Landes vor körperlicher und seelischer Misshandlung und Vernachlässigung.

(4) Jugendliche sind vor Gefährdung ihrer körperlichen und seelischen Entwicklung zu schützen.

Bearbeitungsvermerk (für alle Konstellationen)
Soweit es auf ein Verwaltungsverfahrensgesetz ankommt, ist das Verwaltungsverfahrensgesetz des Bundes anzuwenden. Gehen Sie davon aus, dass Ausnahmen i.S.d. § 68 Abs. 2 LBauO, der §§ 69–70 LBauO und der §§ 82, 84 LBauO nicht bestehen. Unterstellen Sie zudem, dass das Bauvorhaben des B bauplanungsrechtlich nicht zu beanstanden und als Regelbebauung – nicht als Ausnahme – einzustufen ist. Gehen Sie davon aus, dass es sich bei der Kindertagesstätte der Gemeinde (Abwandlung 2) um eine öffentliche Einrichtung im Rahmen einer Angelegenheit der Gemeinde handelt. Unterstellen Sie, dass ein Verwaltungsgericht bei der Stellung eines fehlerhaften Antrages durch einen Rechtsanwalt keinen richterlichen Hinweis i.S.d. § 86 Abs. 3 VwGO geben wird.

Schwerpunkte
Nichtigkeit eines Verwaltungsaktes
Prüfung einer Satzung
Anfechtungsklage
Nichtigkeitsfeststellungsklage
Prinzipale Normenkontrolle

Vertiefung
zum Ganzen: BVerwG NJW 1985, 2658, 2659; vgl. Amtl. Begr. des Entwurfs
des Verwaltungsverfahrensgesetzes, BT-Dr 7/910, S. 64; vgl. BVerwG 4 C 36/
88; zum Ganzen: OVG Sachsen-Anhalt, K 483/10; zum Ganzen: VGH Kassel –
6 TG 3547/87; OVG Münster NVwZ 1990, 393; NVBl 1990, 266; OVGE 39,
49

Gliederung

1. Komplex: Klage mit Rechtsanwalt
A. Sachurteilsvoraussetzungen (+)
    I.   Rechtsweg (+)
    II. Zuständigkeit (+)
    III. Beteiligte (+)
    IV. Statthafte Klageart
    V. Besondere Sachurteilsvoraussetzungen (+)
       1. Besondere Prozessführungsbefugnis (+)
       2. Feststellungsinteresse (+)
       3. Keine Subsidiarität (+)
       4. Klagebefugnis (+)
    VI. Allgemeines Rechtsschutzbedürfnis (+)
B. Begründetheit (–)
    I.   Rechtsgrundlage (+)
    II. Voraussetzungen (–)
       1. Formelle Voraussetzungen (–)
          a) Zuständigkeit (+/–)
          aa) Zuständigkeitsfehler (+)
          bb) Nichtigkeitsfolge (–)
          (1) Absoluter Nichtigkeitsgrund (–)
          (2) Ausschluss der Nichtigkeit (–)
          (3) Generalklausel (–)
          b) Verfahren (+/–)

        aa) Stellungnahme und Einsichtnahme des D
        bb) Zusatzleistung
      c) Form (+)
    2. Materielle Voraussetzungen (+/−)
      a) Genehmigungsbedürftigkeit (+)
      b) Genehmigungsfähigkeit (+/−)
    3. Sonstige inhaltliche Anforderungen (−)
      a) Absoluter Nichtigkeitsgrund (−)
      b) Relativer Nichtigkeitsgrund i.S.d.
          § 44 Abs. 1 VwVfG (−)
  III. Zwischenergebnis
C. Ergebnis

2. Komplex: Klage ohne Rechtsanwalt

A. Sachurteilsvoraussetzungen (+)
  I. Rechtsweg (+)
  II. Zuständigkeit (+)
  III. Beteiligte (+)
  IV. Statthafte Klageart
  V. Besondere Sachurteilsvoraussetzungen (+)
    1. Besondere Prozessführungsbefugnis (+)
    2. Klagebefugnis (+)
    3. Vorverfahren (+/−)
    4. Klagefrist (+)
B. Ergebnis

3. Komplex: Klage bezüglich der Satzung

A. Sachentscheidungsvoraussetzungen (+)
  I. Rechtsweg (+)
  II. Zuständigkeit (+)
  III. Beteiligte (+)
  IV. Statthafte Verfahrensart
  V. Besondere Sachentscheidungsvoraussetzungen (+)
    1. Besondere Prozessführungsbefugnis (+)
    2. Antragsbefugnis (+)
    3. Antragsfrist (+)
    4. Vorrang der Verfassungsgerichtsbarkeit
  VI. Allgemeines Rechtsschutzbedürfnis (+)
B. Begründetheit (+)
  I. Rechtsgrundlage (+)

Lösungsvorschlag

Die folgende Lösung ist als Lösungsvorschlag zu verstehen und ausführlicher, als es in der Klausurbearbeitung verlangt werden kann. Aufgrund der wissenschaftlichen Freiheit können andere Lösungswege vertreten werden, soweit sie dogmatisch begründbar sind. Die Nachweise aus Rechtsprechung und Literatur sowie die das Verständnis fördernden Randbemerkungen sind in der Examensklausur auszusparen. Die Abkürzung „Alt." steht für Alternativfall, nicht für Alternative.

1. Komplex: Klage mit Rechtsanwalt
D wird mit seiner Klage jedenfalls Erfolg haben, soweit die Sachurteilsvoraussetzungen erfüllt sind, die Klage zulässig und begründet ist.

A. Sachurteilsvoraussetzungen[1]
Die Sachurteilsvoraussetzungen können erfüllt sein.

---

1 **Hinweis:** Andere Aufbauvarianten werden vertreten (z.B. dreistufig oder Prüfung des Verwaltungsrechtsweges als Untergliederungspunkt der Zuständigkeit des Gerichts). Derartige Aufbauvarianten sind aber mit § 17a Abs. 2 GVG bzw. mit der Überschrift des 6. Abschnitts der VwGO sowie mit § 83 VwGO unvereinbar und daher bei exakter dogmatischer Zuordnung der Prüfungspunkte nicht zu empfehlen. Die Überschrift „Sachurteilsvoraussetzungen" anstelle der Überschrift „Zulässigkeit" ist sinnvoll, weil nach § 63 Nr. 3 VwGO auch der Beigeladene zu den Beteiligten gehört, das Fehlen einer notwendigen Beiladung i.S.d. § 65 Abs. 2 VwGO aber nur dazu führt, dass das Urteil keine materielle Rechtskraft entfaltet.

I. Rechtsweg

Der Verwaltungsrechtsweg kann mangels aufdrängender Sonderzuweisung gemäß § 40 Abs. 1 S. 1 VwGO eröffnet sein. Im Übrigen kommt ein Verweisungsbeschluss i.S.d. § 17a Abs. 2 S. 1 GVG i.V.m. § 173 VwGO in Betracht. Der Verwaltungsrechtsweg ist eröffnet, wenn die streitentscheidende öffentlich-rechtliche Norm einen Hoheitsträger einseitig berechtigt oder verpflichtet bzw. wenn aufgrund typisch hoheitlichen Handelns zwischen den Beteiligten ein Subordinationsverhältnis besteht.

Streitentscheidende Norm ist § 75 Abs. 1 S. 1 LBauO, weil insoweit ein Hoheitsträger zur Erteilung einer Baugenehmigung berechtigt bzw. verpflichtet wird. Da die Streitigkeit mangels doppelter Verfassungsunmittelbarkeit nicht verfassungsrechtlicher Art und eine abdrängende Sonderzuweisung nicht ersichtlich ist, bleibt es bei der Eröffnung des Verwaltungsrechtsweges. Der Verwaltungsrechtsweg ist gemäß § 40 Abs. 1 S. 1 VwGO eröffnet.

II. Zuständigkeit

Das Verwaltungsgericht ist gemäß § 45 VwGO als Eingangsinstanz für die Klage des D bezüglich der gegenüber B erlassenen Verfügung sachlich zuständig, da Anhaltspunkte für abweichende Regelungen wie z.B. § 50 VwGO nicht ersichtlich sind, sodass kein Verweisungsbeschluss gemäß § 17a Abs. 2 S. 1 GVG i.V.m. § 83 VwGO gefasst werden wird. Die örtliche Zuständigkeit des angerufenen Verwaltungsgerichts ist gemäß § 52 VwGO gegeben.[2]

III. Beteiligte

D und die zuständigen Behörden können Beteiligte des Verfahrens sein. Beteiligte sind nach § 63 Nr. 1, 2 VwGO jedenfalls unter anderem der Kläger und der Beklagte. Beteiligungsfähig sind gemäß § 61 Nr. 1 VwGO natürliche und juristische Personen. Behörden sind gemäß § 61 Nr. 3 VwGO i.V.m. § 5 Abs. 1 AG VwGO beteiligungsfähig.

Als Kläger ist D gemäß § 61 Nr. 1 Alt. 1 VwGO beteiligungsfähig und gemäß § 62 Abs. 1 Nr. 1 VwGO prozessfähig.

---

2 Die örtliche Zuständigkeit ist nur anzusprechen, wenn es dafür im Sachverhalt Anhaltspunkte gibt. Gegebenenfalls ist die örtliche Zuständigkeit grundsätzlich im Anschluss an die sachliche Zuständigkeit zu prüfen. Ist sie jedoch gemäß § 52 Nr. 2 VwGO ausnahmsweise von der Klageart abhängig, sollte sie offen mit Verweis auf § 17a Abs. 2 GVG i.V.m. § 83 VwGO formuliert werden.

Als Beklagte ist die handelnde Behörde gemäß den §§ 63 Nr. 2, 61 Nr. 3 VwGO i.V.m. § 5 Abs. 1 AG VwGO beteiligungs- und mangels Anhaltspunkten bezüglich der handelnden Organwalterin Bea gemäß § 62 Abs. 3, 1 Nr. 1 VwGO prozessfähig.

Da die Entscheidung des Verwaltungsgerichts gegenüber B als Empfänger der Baugenehmigung nur einheitlich ergehen kann, ist er gemäß § 63 Nr. 3 VwGO als Beteiligter gemäß § 65 Abs. 2 VwGO notwendig beizuladen. Er ist als natürliche Person gemäß § 61 Nr. 1 Alt. 1 VwGO beteiligungs- und gemäß § 62 Abs. 1 Nr. 1 VwGO prozessfähig.

IV. Statthafte Klageart

Die statthafte Klageart richtet sich gemäß § 88 VwGO nach dem klägerischen Begehren unter Berücksichtigung des Anwendungsvorranges maßnahmespezifischer Rechtsschutzformen und des rechtsstaatlichen Grundsatzes der Effektivität des Rechtsschutzes. Dem klägerischen Begehren entspricht i.d.R. die effektivste Klageart, also nach Möglichkeit die Anfechtungsklage gemäß § 42 Abs. 1 Alt. 1 VwGO als Gestaltungsklage der Verwaltungsgerichtsordnung, soweit sie zielführend ist und es keinen anderweitigen ausdrücklichen Antrag gibt, der nicht überschritten werden darf.[3]

D begehrt die Feststellung, dass die gegenüber B verfügte Baugenehmigung nichtig ist. Die Baugenehmigung für B als einzelfallbezogene Regelung im Außenverhältnis stellt einen Verwaltungsakt i.S.d. § 35 S. 1 VwVfG dar. Aufgrund des ausdrücklich formulierten Feststellungsantrages des Rechtsanwaltes kommt eine Nichtigkeitsfeststellungsklage gemäß § 43 Abs. 1 Alt. 2 VwGO i.V.m. § 43 Abs. 2 S. 2 VwGO in Betracht. Das Gericht ist gemäß § 88 VwGO zwar nicht zwingend an den Antrag gebunden, jedoch an das geltend gemachte Begehren, wobei ein Feststellungsbegehren als weniger effizient als ein Gestaltungsbegehren einzustufen ist. Fraglich ist, ob das explizit seitens des Rechtsanwaltes formulierte Feststellungsbegehren bei einem Misserfolg der Nichtigkeitsfeststellung als Anfechtungsbegehren ausgelegt werden kann (zum Ganzen: BVerwG NJW 1985, 2658, 2660).

Jedenfalls sind auch nichtige Verwaltungsakte anfechtbar, um effektiven und umfassenden Rechtsschutz gegen hoheitliches Handeln i.S.d. Artt. 19 Abs. 4, 20 Abs. 3 GG zu gewährleisten, da anderenfalls bei Erhebung der Nichtigkeitsfeststellungsklage bezüglich eines „nur" rechtswidrigen Verwaltungsak-

---

3 Die Anfechtungsklage ist besonders rechtsschutzintensiv, weil das Gericht als Judikative mittels einer Durchbrechung der Gewaltenteilung einen Verwaltungsakt als Rechtssetzungsakt der Exekutive aufhebt.

tes diese unbegründet, die diesbezüglich mögliche Anfechtungsklage jedoch bereits verfristet wäre, wobei die Grenze zwischen der Rechtswidrigkeit und der Nichtigkeit nicht exakt festlegbar ist. Ein nichtiger Verwaltungsakt ist allerdings jedenfalls rechtswidrig. Die Anfechtbarkeit nichtiger Verwaltungsakte ergibt sich zudem daraus, dass die Subsidiaritätsregelung in § 43 Abs. 2 S. 1 VwGO bei Nichtigkeitsfeststellungsklagen gemäß § 43 Abs. 2 S. 2 VwGO nicht anwendbar ist. Wären nichtige Verwaltungsakte nicht anfechtbar, hätte der Gesetzgeber zumindest bezüglich der Gestaltungsklage i.S.d. § 43 Abs. 2 S. 1 Alt. 1 VwGO – einzige reine Gestaltungsklage in der Verwaltungsgerichtsordnung ist die Anfechtungsklage gemäß § 42 Abs. 1 S. 1 Alt. 1 VwGO – keinen Ausschluss der Subsidiaritätsklausel zu regeln brauchen.[4]

Eine den Klageantrag ausweitende Umdeutung in einen Gestaltungsantrag ist also zwar letztlich denkbar, jedoch rechtsstaatlich bei einer durch einen Prozessbevollmächtigten abgegebenen Rechtsmittelerklärung nicht möglich. Für eine Auslegung des Klageantrages dahingehend, dass der wirkliche Wille des Klägers hauptsächlich auf die Feststellung und hilfsweise auf die Anfechtung der Erlaubnis gerichtet ist, fehlen Anhaltspunkte, zumal in der Begründung ausdrücklich auf die Nichtigkeit Bezug genommen und ein ebenso klar formulierter Klageantrag gestellt worden ist. Ein richterlicher Hinweis i.S.d. § 86 Abs. 3 VwGO wird aufgrund dessen, dass der Kläger D anwaltlich vertreten ist, nicht erfolgen.[5]

Somit ist die Nichtigkeitsfeststellungsklage gemäß § 43 Abs. 1 Alt. 2 VwGO i.V.m. § 43 Abs. 2 S. 2 VwGO statthaft.

V. Besondere Sachurteilsvoraussetzungen
Die besonderen Sachurteilsvoraussetzungen können erfüllt sein.

1. Besondere Prozessführungsbefugnis
§ 78 VwGO als Regelung der besonderen Prozessführungsbefugnis ist gemäß der Abschnittsüberschrift des 8. Abschnitts der Verwaltungsgerichtsordnung bei Anfechtungs- und Verpflichtungsklagen anwendbar. Analog ist § 78 VwGO bei

---

4 Die Nichtigkeitsfeststellungsklage i.S.d. § 43 Abs. 1 Alt. 2 VwGO i.V.m. § 43 Abs. 2 S. 2 VwGO ist in der Praxis i.d.R. nur insoweit relevant, als die Anfechtungsklage verfristet ist, weil es nahezu unstrittig ist, dass auch nichtige Verwaltungsakte anfechtbar sind. Die Anfechtungsklage ist für einen Kläger insoweit günstiger, als er von vornherein nicht das Risiko trägt, dass ein Verwaltungsakt nur rechtswidrig, nicht aber schon nichtig ist.
5 Es ist bedeutsam, ob ein Laie oder ein Rechtsanwalt den Antrag gestellt hat.

Verfahren anwendbar, bei denen es um Verwaltungsakte geht, weil insoweit eine vergleichbare Interessenlage bei planwidriger Regelungslücke besteht. Das gilt auch bei der Nichtigkeitsfeststellungsklage gemäß § 43 Abs. 1 VwGO i.V.m. § 43 Abs. 2 S. 2 VwGO. Die bei der Erteilung der Baugenehmigung an B handelnde Behörde ist analog § 78 Abs. 1 Nr. 2 VwGO i.V.m. § 5 Abs. 2 VwGO besonders prozessführungsbefugt.

2. Feststellungsinteresse

Es muss ein Feststellungsinteresse des D bestehen. Maßgeblich sind rechtliche, wirtschaftliche und ideelle Interessen. Ein rechtliches Interesse des D ergibt sich aus § 75 Abs. 1 S. 1 LBauO i.V.m. § 72 Abs. 2 LBauO und § 7 Abs. 1 LBauO, da insoweit drittschützend Grenzabstände geregelt worden sind, die möglicherweise nicht eingehalten werden. Zudem ist mangels geringerer Sonneneinstrahlung auf dem Grundstück des D der Verkehrswert nunmehr geringer mit der Folge, dass zudem ein wirtschaftliches Interesse des D besteht. Das erforderliche Feststellungsinteresse des Klägers besteht.[6]

3. Keine Subsidiarität

Die Nichtigkeitsfeststellungsklage ist gemäß § 43 Abs. 2 S. 2 VwGO gegenüber anderen Feststellungsklagen nicht subsidiär.

4. Klagebefugnis

D muss zwecks der Vermeidung einer Popularklage analog § 42 Abs. 2 VwGO klagebefugt sein, da in dreipoligen Beziehungen – anders in der Regel in zweipoligen Beziehungen, bei welchen im Rechtsverhältnis oder dem Verwaltungs-

---

6 **Merke:** Bei gegenwärtigen Rechtsverhältnissen ist das Feststellungsinteresse i.S.d. § 43 Abs. 1 VwGO ebenso weit gefasst wie bei nicht erledigten Verwaltungsakten i.S.d. § 43 Abs. 1 i.V.m. § 43 Abs. 2 S. 2 VwGO:
- rechtlich
- wirtschaftlich
- ideell.

Bei erledigten Rechtsverhältnissen i.S.d. § 43 Abs. 1 VwGO sowie bei erledigten Verwaltungsakten i.S.d. § 113 Abs. 1 S. 4 VwGO bedarf es wegen der geringeren gegenwärtigen Betroffenheit der Interessen eines qualifizierten Feststellungsinteresses:
- Wiederholungsgefahr
- Rehabilitierung (einschließlich schwerer Grundrechtseingriffe und Art. 19 Abs. 4 GG)
- Präjudiz (Vorbereitung einer Amtshaftung).

akt das subjektive Recht impliziert sein kann – jedenfalls eine planwidrige Regelungslücke bei vergleichbarer Interessenlage besteht. Voraussetzung für die Klagebefugnis analog § 42 Abs. 2 VwGO ist die Möglichkeit der Verletzung eines subjektiven Rechts. Subjektive Rechte ergeben sich aus Sonderrechtsbeziehungen, einfachen Gesetzen, subsidiär aus Grundrechten, wobei aufgrund des weiten Schutzbereiches des Art. 2 Abs. 1 GG bei unmittelbaren Grundrechtseingriffen für das subjektive Recht direkt auf Grundrechte abgestellt werden kann. Zwar ist kein unmittelbarer, sondern allenfalls ein lediglich subsidiär relevanter mittelbarer Grundrechtseingriff ersichtlich, jedoch ergibt sich mittels des „öffentlichen Baurechts", dem einfachgesetzlichen § 75 Abs. 1 S. 1 LBauO i.V.m. § 72 Abs. 2 LBauO und § 7 Abs. 1 LBauO bezüglich der Grenzabstände ein subjektives Recht für den Nachbarn D, das möglicherweise verletzt worden ist, wobei § 72 Abs. 2 LBauO nur bei Ausnahmen und Befreiungen, nicht aber bei einer Regelbebauung gilt, sodass die Norm allenfalls ergänzend von Interesse ist. D ist analog § 42 Abs. 2 VwGO klagebefugt.

VI. Allgemeines Rechtsschutzbedürfnis

Mangels gegenteiliger Anhaltspunkte ist D allgemein rechtsschutzbedürftig. Ein fehlender Antrag bei der Behörde gemäß § 44 Abs. 5 VwVfG steht der Klage nicht entgegen, weil D diesen Antrag zuvor einerseits gestellt hatte und dieser andererseits nicht erforderlich ist, weil anderenfalls eine Art Vorverfahren eingeführt würde, obwohl dies anders als z.B. in § 80 Abs. 6 S. 1 VwGO nicht gesetzlich geregelt ist.

B. Begründetheit

Die Klage des D ist begründet, soweit die gegenüber B ausgesprochene Baugenehmigung nichtig ist. Ein nichtiger Verwaltungsakt ist stets rechtswidrig, sodass es für die Nichtigkeit maßgeblich ist, ob die Baugenehmigung rechtswidrig ist und der zur Rechtswidrigkeit führende Fehler bezüglich des Drittschutzes zur Nichtigkeit führt.[7]

I. Rechtsgrundlage

Rechtsgrundlage für die Baugenehmigung ist § 75 Abs. 1 S. 1 LBauO.

---

7 Auch bei der Nichtigkeitsfeststellungsklage ist wegen der analog § 42 Abs. 2 VwGO geprüften Klagebefugnis zur Vermeidung von Popularklagen drittschutzbezogen zu prüfen, sodass vertretbar das subjektive Recht des D vorangestellt werden könnte.

II. Voraussetzungen
Die Voraussetzungen müssen erfüllt sein.

1. Formelle Voraussetzungen
Die formellen Voraussetzungen müssen erfüllt sein.

a) Zuständigkeit
Zwar ist die Stadt S als Rechtsträgerin zur Erteilung der Baugenehmigung zuständig, jedoch hat mit Bea nicht die zuständige Person die Baugenehmigung erlassen.

aa) Zuständigkeitsfehler
Der Zuständigkeitsfehler besteht darin, dass mit Bea eine Person die Genehmigung erteilt hat, die zwar zur sachlich zuständigen Rechtsträgerin – der Gemeinde G – gehört, jedoch nach dem Landesorganisationsrecht nicht zur zuständigen Behördeneinheit, wobei eine bezüglich der grundsätzlich möglichen Übertragung die formellen Voraussetzungen nicht erfüllt sind. Der Verwaltungsakt in Form der Genehmigung ist formell rechtswidrig – unabhängig davon, ob der Fehler i.S.d. § 46 VwVfG beachtlich ist oder gemäß § 45 VwVfG geheilt werden kann, weil lediglich die Nichtigkeitsfeststellung bezüglich der erhobenen Klage maßgeblich ist.

bb) Nichtigkeitsfolge
Fraglich ist, ob der Fehler, aus dem sich die Rechtswidrigkeit ergibt, derart gravierend ist, dass sich daraus auch die Nichtigkeit ergibt. Mangels spezieller Nichtigkeitsgründe ist insoweit § 44 VwVfG maßgeblich.[8]

(1) Absoluter Nichtigkeitsgrund
Zunächst können die Voraussetzungen für einen absoluten Nichtigkeitsgrund i.S.d. § 44 Abs. 2 VwVfG erfüllt sein. Gemäß § 44 Abs. 2 Nr. 3 VwVfG ist ein Ver-

---

8 **Prüfungsfolge bei § 44 VwVfG:**
–   absolute Nichtigkeitsgründe i.S.d. § 44 Abs. 1 VwVfG
–   kein Ausschluss der Nichtigkeit i.S.d. § 44 Abs. 2 VwVfG
–   Generalklausel i.S.d. § 44 Abs. 1 VwVfG.

waltungsakt nichtig, den die Behörde außerhalb ihrer durch § 3 Abs. 1 Nr. 1 VwVfG begründeten Zuständigkeit erlassen hat, ohne dazu ermächtigt zu sein. § 3 Abs. 1 Nr. 1 VwVfG, auf den in § 44 Abs. 2 Nr. 3 VwVfG Bezug genommen worden ist, ist jedoch auf die örtliche Zuständigkeit bei besonderer Ortsgebundenheit bezogen (vgl. VGH Mannheim NVwZ-RR 2007, 82) und ist bezüglich der sachlichen Zuständigkeit nicht anwendbar. Bea ist in der sachlich unzuständigen Behördeneinheit tätig, sodass der Fehler auf die sachliche, nicht jedoch auf die örtliche Zuständigkeit bezogen ist. Die Genehmigung ist nicht gemäß § 44 Abs. 2 Nr. 3 VwVfG nichtig.

(2) Ausschluss der Nichtigkeit

Ein Ausschluss der Nichtigkeit i.S.d. § 44 Abs. 3 VwVfG ist nicht ersichtlich.

(3) Generalklausel

Die an B erteilte Baugenehmigung kann gemäß § 44 Abs. 1 VwVfG nichtig sein. Ein Verwaltungsakt ist demnach nichtig, soweit er an einem besonders schwerwiegenden Fehler leidet und dies bei verständiger Würdigung aller in Betracht kommenden Umstände offensichtlich, also evident ist (zum Ganzen: BVerwG NJW 1974, 1961, 1962; BVerwG, NVwZ 1998, 1061).

Demnach ist ein Verwaltungsakt nicht schon deshalb nichtig und damit rechtlich unwirksam, weil er unter Verstoß gegen zwingende gesetzliche Vorschriften oder ohne hinreichende rechtliche Grundlage ergangen ist. Zur Nichtigkeit führt vielmehr nur ein besonders schwerer Form- oder Inhaltsfehler, der mit der Rechtsordnung unter keinen Umständen vereinbar ist und überdies für den urteilsfähigen Bürger offensichtlich sein muss (vgl. z.B. Urteile vom 8.11. 1963 – IV C 123/62 – und vom 12.5.1966 – II C 84/63 – in Buchholz 310 Vorbem. III zu § 42 VwGO Ziff. 2 Nr. 14 und 17). Ein derart schwerwiegender Mangel ist bei einer sachlichen Zuständigkeitsverletzung nur anzunehmen, falls eine absolute Unzuständigkeit besteht, die Behörde also unter keinen wie auch immer gearteten Umständen mit der Angelegenheit befasst sein kann. Ein solcher Mangel ist nicht ersichtlich, weil nicht primär die sachliche Zuständigkeit der Bea selbst – eine Übertragung auf ihre Behördeneinheit ist möglich – fraglich ist. Nicht erfüllt waren die formellen Voraussetzungen, unter denen nach dem Landesorganisationsrecht die Zuständigkeitsübertragung stattzufinden hatte. Das führte bezüglich der materiellen Übereinstimmung zwischen der bei der Genehmigungserteilung tatsächlich in Anspruch genommenen Zuständigkeit und der Kompetenzübertragung schon zu keiner schwerwiegenden Kompetenzverfehlung. Jedenfalls fehlt es an der Offensichtlichkeit der Kompetenzverfehlung (vgl. BVerwGE 30, 138). Eine Evidenz des formellen Fehlers besteht nicht. Die Baugenehmigung ist wegen des Zuständigkeitsfehlers nicht gemäß § 44 Abs. 1 VwVfG nichtig.

b) Verfahren

Ein Verfahrensfehler, aus dem sich die Nichtigkeit ergibt, kann bestehen.

aa) Stellungnahme und Einsichtnahme des D

Ein Verfahrensfehler könnte insoweit erfolgt sein, als D als Nachbar keine Möglichkeit zur Stellungnahme gemäß § 72 Abs. 2 S. 1 LBauO erhalten hat. Ob ihm diese tatsächlich hätte gegeben werden müssen – es handelte sich bei B nicht um eine Ausnahmebebauung, wie in § 72 Abs. 2 S. 1 LBauO geregelt – ist irrelevant, da jedenfalls keine Evidenz i.S.d. § 44 VwVfG ersichtlich ist, aus der sich eine Nichtigkeit ergäbe. Auf die Möglichkeit der Einsichtnahme i.S.d. § 72 Abs. 1 LBauO musste D nicht hingewiesen werden, sodass sich daraus kein Verfahrensfehler ergibt, aus dem sich eine Nichtigkeit nach § 44 Abs. 2, 1 VwVfG ergeben könnte.

bb) Zusatzleistung

Ein Verfahrensfehler besteht insoweit, als die Handlung der Bea nicht lediglich auf die üblichen verwaltungsverfahrensrechtlichen Vorgänge zurückzuführen ist, sondern zumindest auch auf die zusätzliche Zuwendung bzw. das Inaussichtstellen der Karibik-Reise einschließlich eines „Dance-Club-Besuches" rückführbar ist, da die Vorteilsannahme bzw. die Bestechlichkeit rechtsstaatswidrig i.S.d. Art. 20 Abs. 3 GG und gemäß den §§ 331, 332 StGB sogar strafbar ist. Fraglich ist, ob dieser Fehler, mittels dessen die Rechtswidrigkeit der Genehmigung begründet werden kann, derart gravierend ist, dass sich daraus die Nichtigkeit des Verwaltungsaktes ergibt.

§ 44 Abs. 2 Nr. 5, 6 VwVfG kommen als absolute Nichtigkeitsgründe nicht in Betracht, da in § 44 Abs. 2 Nr. 5 VwVfG an eine Straftat infolge des Verwaltungsaktes angeknüpft wird – nicht an eine zum Verwaltungsakt führende – und in § 44 Abs. 2 Nr. 6 VwVfG nicht auf das zum Verwaltungsakt führende Verhalten, sondern auf den Verwaltungsakt als solchen abgestellt wird.

Insoweit kommt lediglich eine Nichtigkeit i.S.d. Generalklausel gemäß § 44 Abs. 1 VwVfG in Betracht, sodass maßgeblich ist, ob der Fehler evident ist. Die Evidenz könnte sich daraus ergeben, dass das Fehlverhalten der Behörde „besonders schwerwiegend" rechtswidrig ist. Dies wäre jedoch mit dem Wortlaut des § 44 Abs. 1 VwVfG nicht vereinbar, weil lediglich auf das Fehlverhalten der Behörde, insbesondere darauf Bezug genommen würde, in welchem Maße dieses Fehlverhalten der Behörde vorzuwerfen wäre, also gleichsam grob schuldhaft sei.

Der Fehler i.S.d. § 44 Abs. 1 VwVfG ist aber auf den Verwaltungsakt, nicht aber auf das Verhalten der Behörde bezogen. Das ergibt sich auch aus der Wertung des § 48 Abs. 2 S. 3 Nr. 1 VwVfG, wonach durch Willensmängel erlassene Verwaltungsakte – bei arglistiger Täuschung, Drohung oder Bestechung – rechtswidrig und aufhebbar, aber nicht nichtig sind (zum Ganzen: BVerwG NJW 1985, 2658, 2659). Außerdem sind für die Auslegung des § 44 Abs. 1 VwVfG die absoluten Nichtigkeitsgründe i.S.d. § 44 Abs. 2 VwVfG als Auslegungshilfe maßgeblich (vgl. Amtl. Begr. des Entwurfs des Verwaltungsverfahrensgesetzes, BT-Dr 7/910, S. 64). In § 44 Abs. 2 VwVfG ist kein Tatbestand enthalten, aus dem sich ergibt, dass ein Verhalten der Behörde und der Grad ihres Verschuldens für die Beurteilung des Merkmals „besonders schwerwiegender Fehler" ausschlaggebend von Belang sein kann, da es bezüglich der in § 44 Abs. 2 VwVfG enthaltenen Gründe – auch bezüglich der guten Sitten i.S.d. § 44 Abs. 2 Nr. 6 VwVfG – an einer Verhaltensbezogenheit fehlt. Dies ist auf § 44 Abs. 1 VwVfG zu übertragen.

Somit ergibt sich aus der Zuwendung bzw. dem Inaussichtstellen der Karibik-Reise einschließlich eines „Dance-Club-Besuches" zwar die formelle Rechtswidrigkeit, nicht jedoch die Nichtigkeit der an B erteilten Baugenehmigung.

c) Form
Formfehler sind nicht ersichtlich.

2. Materielle Voraussetzungen
Materiell kann die gegenüber B verfügte Baugenehmigung rechtswidrig mit der Folge der Nichtigkeit sein. Maßgeblich ist, ob das Vorhaben des B genehmigungsbedürftig und genehmigungsfähig ist.

a) Genehmigungsbedürftigkeit
Die Umbaumaßnahmen des B sind gemäß § 68 Abs. 1 LBauO genehmigungsbedürftig, da Ausnahmen i.S.d. § 68 Abs. 2 LBauO, der §§ 70-72 LBauO und der §§ 82, 84 LBauO nicht bestehen.

b) Genehmigungsfähigkeit

Genehmigungsfähig ist ein Bauvorhaben, wenn es gemäß § 75 Abs. 1 S. 1 LBauO bauplanungsrechtlich i.S.d. §§ 29 ff. BauGB und bauordnungsrechtlich ordnungsgemäß erreichtet worden sowie im Übrigen mit dem öffentlich-rechtlichen Baurecht vereinbar ist. Das Bauvorhaben des B ist zwar bauplanungsrechtlich rechtmäßig. Es ist jedoch mit dem Bauordnungsrecht unvereinbar, da die auch zur Erreichung eines effektiven Drittschutzes geregelten Grenzabstände i.S.d. § 7 LBauO zum Grundstück des D nicht eingehalten worden sind. Das Bauvorhaben ist somit rechtswidrig und nicht genehmigungsfähig.

Fraglich ist, ob der zur Rechtswidrigkeit führende Fehler der gegenüber B verfügten Baugenehmigung zur Nichtigkeit führt. Insoweit kommt lediglich eine objektive Evidenz i.S.d. § 44 Abs. 1 VwVfG in Betracht. Da ein Überbau nicht mit der Rechtsordnung unter keinen Umständen vereinbar ist und überdies für den urteilsfähigen Bürger nicht offensichtlich ist (vgl. z.B. Urteile vom 8.11.1963 – IV C 123/62 – und vom 12.5.1966 – II C 84/63 – in Buchholz 310 Vorbem. III zu § 42 VwGO Ziff. 2 Nr. 14 und 17), ist bei Würdigung aller Umstände keine zur Nichtigkeit führende Evidenz anzunehmen (BVerwG – 4 C 34/85, Rn 17; vgl. BVerwG – 4 B 244.84).

3. Sonstige inhaltliche Anforderungen

Die gegenüber B verfügte Baugenehmigung könnte jedoch materiell nichtig sein, weil insoweit von einem Grundstück mit der Fläche von 503 qm und nicht von einem Grundstück mit der Fläche von 420–440 qm ausgegangen worden ist.

a) Absoluter Nichtigkeitsgrund

Der absolute Nichtigkeitsgrund des § 44 Abs. 2 Nr. 4 VwVfG könnte bestehen (zum Ganzen: BVerwG – 4 C 36/88). Das könnte sich daraus ergeben, dass es ein Grundstück mit der Größe von 503 qm in Wirklichkeit nicht gibt und ein solches auch deshalb nicht bebaut werden kann. Die Angaben darüber, welches Grundstück bebaut werden soll und wie die räumlichen Beziehungen des Gebäudes zu dem Grundstück sind, könnten nicht nur Kriterien für die Beurteilung sein, ob ein Vorhaben zulässig sei oder nicht, sondern ebenso wie die sonstigen Planungsunterlagen Gegenstand des Vorhabens selbst. Nicht nur die räumliche Relation von Bauwerk und Grundstück, sondern auch die auf das Maß der baulichen Nutzung bezogenen Relationen sind Kriterien, durch die der Gegenstand des Vorhabens bestimmt wird. Die in der Baugenehmigung oder den zur Baugenehmigung gehörenden Planzeichnungen und sonstigen Unterlagen angegebene Grundstücksgröße ist schließlich nicht weniger Bestandteil des Vorhabens, als es die Angaben über die Größe und Lage des Baukörpers auf dem Grundstück sind, zumal die Baugenehmigung für ein Vorhaben auf einem Grundstück von bestimmter Größe erteilt wird. Aufgrund dieser Aspekte könnte die gegenüber B erteilte Baugenehmigung nichtig sein.

Entscheidend ist jedoch letztlich, dass durch die fehlerhafte Größenangabe des Baugrundstückes in den Bauantragsunterlagen keine tatsächliche Unmöglichkeit der Ausführung der Baugenehmigung i.S.d. § 44 Abs. 2 Nr. 4 VwVfG begründet wird. Dass der dem Beigeladenen erteilte Bescheid einer tatsächlichen Ausführung zugänglich ist, ergibt sich bereits aus den begonnenen Arbeiten an dem vorhandenen Wohnhaus, dessen veränderte Ausführung Inhalt der streitgegenständlichen Genehmigung ist. Die Frage der Verwirklichung eines Bauvorhabens im Einklang mit den bauplanungs- und bauordnungsrechtlichen Vorschriften darf nicht mit derjenigen nach dessen bautechnischer Durchführbarkeit verwechselt werden, welche letztlich maßgeblich ist, wenn es um die Nichtigkeit einer Baugenehmigung i.S.d. § 44 Abs. 2 Nr. 4 VwVfG geht.

Indem darauf verwiesen würde, die Größe des Baugrundstücks sei „Gegenstand des Vorhabens" und nicht lediglich Kriterium für dessen Zulässigkeit, würde letztlich nur erörtert, ob das Grundstück seinen tatsächlichen Gegebenheiten entsprechend nach den maßgeblichen rechtlichen Bestimmungen bebaut werden kann. In einem Baugenehmigungsverfahren kann die Größe des Grundstücks bei der Beurteilung der Zulässigkeit des Vorhabens ein zu beachtender Faktor sein, durch den die Lage des Vorhabens auf dem Grundstück sowie das Maß der baulichen Nutzung beeinflusst werden. Insoweit ist die Größe des Baugrundstücks ebenso bedeutsam wie andere Faktoren, beispielsweise seine natürliche Lage, sein Zuschnitt oder seine Bodenbeschaffenheit. Geht die Baugenehmigungsbehörde diesbezüglich von unrichtigen tatsächlichen Voraussetzungen aus, erteilt sie möglicherweise eine Baugenehmigung für ein Vorhaben, das bei zutreffender Berücksichtigung der tatsächlichen Verhältnisse nicht genehmigungsfähig wäre.

Eine solche Genehmigung kann rechtswidrig sein und bei Erfüllung der Voraussetzungen nach § 48 Abs. 1 S. 1 VwVfG zurückgenommen werden. Wird eine Baugenehmigung auf der Grundlage unzutreffender tatsächlicher Voraussetzungen erteilt, mag dies im Einzelfall dazu führen, dass das Vorhaben im Falle seiner Verwirklichung auch materiell illegal errichtet wird, gleichwohl ist die Verwirklichung tatsächlich nicht schlechthin unmöglich.

Der Ansatz, dass die Größe eines Grundstückes maßgebliches Identitätskriterium ist, wird auch der Lebenswirklichkeit nicht gerecht. Im praktischen Rechtsverkehr wird die Identität eines Grundstücks durch andere Kriterien bestimmt, nämlich Straße, Hausnummer, Grundbuch und Liegenschaftskataster mit den dort verwandten Bezeichnungen nach Gemarkung, Flur und Flurstück. Diese Angaben genügen, um das Grundstück, um dessen Bebauung es geht, in einem Baugenehmigungsverfahren hinreichend bestimmt zu bezeichnen. Die sonstigen erforderlichen Angaben in dem Genehmigungsantrag dienen nicht der Bezeichnung des Grundstücks, sondern sind für die rechtliche Beurteilung des Bauvorhabens erforderlich.

Somit war die gegenüber dem Beigeladenen verfügte Baugenehmigung ausführbar, sodass sie nicht gemäß § 44 Abs. 2 Nr. 4 VwVfG nichtig ist.

b) Relativer Nichtigkeitsgrund i.S.d. § 44 Abs. 1 VwVfG
Der Nichtigkeitsgrund des § 44 Abs. 1 VwVfG könnte mangels eines Ausschlusses der Nichtigkeit i.S.d. § 44 Abs. 3 VwVfG erfüllt sein. Er ist nur erfüllt, soweit ein evidenter Fehler ersichtlich ist. Besonders schwerwiegend i.S.d. § 44 Abs. 1 VwVfG sind nur Rechtsfehler, die deshalb mit der Rechtsordnung unter keinen Umständen vereinbar sein können, weil sie im Widerspruch zu tragenden Verfassungsprinzipien oder den der Rechtsordnung immanenten Wertvorstellungen stehen (BVerwG, Urteil vom 22.2.1985 – BVerwG 8 C 107.83 – Buchholz 406.11 § 134 BBauG Nr. 6 = DVBl. 1985, 624). Dies ist bezüglich eines Baugenehmigungsbescheides, der auf ein Baugesuch zurückzuführen ist, in dem die Größe des Baugrundstücks unrichtig angegeben wird, nicht ersichtlich, da die Genehmigung im Übrigen hinreichend bestimmt ist. Die gegenüber B verfügte Baugenehmigung ist nicht gemäß § 44 Abs. 1 VwVfG nichtig.

III. Zwischenergebnis
Der Verwaltungsakt ist somit nicht nichtig. Die Klage ist unbegründet.

C. Ergebnis
D wird mit seiner Klage beim Verwaltungsgericht nicht erfolgreich sein.

2. Komplex: Klage ohne Rechtsanwalt
D wird mit seiner Klage jedenfalls Erfolg haben, soweit die Sachurteilsvoraussetzungen erfüllt sind, die Klage zulässig und begründet ist.

A. Sachurteilsvoraussetzungen
Die Sachurteilsvoraussetzungen können erfüllt sein.

I. Rechtsweg

Der Verwaltungsrechtsweg kann mangels aufdrängender Sonderzuweisung gemäß § 40 Abs. 1 S. 1 VwGO eröffnet sein. Im Übrigen kommt ein Verweisungsbeschluss i.S.d. § 17a Abs. 2 S. 1 GVG i.V.m. § 173 VwGO in Betracht. Der Verwaltungsrechtsweg ist eröffnet, wenn die streitentscheidende öffentlich-rechtliche Norm einen Hoheitsträger einseitig berechtigt oder verpflichtet bzw. wenn aufgrund typisch hoheitlichen Handelns zwischen den Beteiligten ein Subordinationsverhältnis besteht.

Streitentscheidende Norm ist § 75 Abs. 1 S. 1 LBauO, weil insoweit ein Hoheitsträger zur Erteilung einer Baugenehmigung berechtigt bzw. verpflichtet wird. Da die Streitigkeit mangels doppelter Verfassungsunmittelbarkeit nicht verfassungsrechtlicher Art und eine abdrängende Sonderzuweisung nicht ersichtlich ist, bleibt es bei der Eröffnung des Verwaltungsrechtsweges. Der Verwaltungsrechtsweg ist gemäß § 40 Abs. 1 S. 1 VwGO eröffnet.

II. Zuständigkeit

Das Verwaltungsgericht ist gemäß § 45 VwGO als Eingangsinstanz für die Klage des D bezüglich der gegenüber B erlassenen Verfügung sachlich zuständig, da Anhaltspunkte für abweichende Regelungen wie z.B. § 50 VwGO nicht ersichtlich sind, sodass kein Verweisungsbeschluss gemäß §§ 17a Abs. 2 S. 1 GVG i.V.m. 83 VwGO gefasst werden wird. Von der örtlichen Zuständigkeit des angerufenen Verwaltungsgerichts ist gemäß § 52 VwGO auszugehen.

III. Beteiligte

D und die zuständigen Behörden können Beteiligte des Verfahrens sein. Beteiligte sind nach § 63 Nr. 1, 2 VwGO jedenfalls unter anderem der Kläger und der Beklagte. Beteiligungsfähig sind gemäß § 61 Nr. 1 VwGO natürliche und juristische Personen. Behörden sind gemäß § 61 Nr. 3 VwGO i.V.m. § 5 Abs. 1 AG VwGO beteiligungsfähig.

Als Kläger ist D gemäß § 61 Nr. 1 Alt. 1 VwGO beteiligungsfähig und gemäß § 62 Abs. 1 Nr. 1 VwGO prozessfähig.

Als Beklagter ist die handelnde Behörde gemäß den §§ 63 Nr. 2, 61 Nr. 3 VwGO i.V.m. § 5 Abs. 1 AG VwGO beteiligungs- und mangels Anhaltspunkten bezüglich der handelnden Organwalterin Bea gemäß § 62 Abs. 3, 1 Nr. 1 VwGO prozessfähig.

Da die Entscheidung des Verwaltungsgerichts gegenüber B als Empfänger der Baugenehmigung nur einheitlich ergehen kann, ist er gemäß § 63 Nr. 3 VwGO als Beteiligter gemäß § 65 Abs. 2 VwGO notwendig beizuladen. Er ist als natürliche Person gemäß § 61 Nr. 1 Alt. 1 VwGO beteiligungs- und gemäß § 62 Abs. 1 Nr. 1 VwGO prozessfähig.

IV. Statthafte Klageart

Die statthafte Klageart richtet sich gemäß § 88 VwGO nach dem klägerischen Begehren unter Berücksichtigung des Anwendungsvorranges maßnahmespezifischer Rechtsschutzformen und des rechtsstaatlichen Grundsatzes der Effektivität des Rechtsschutzes. Dem klägerischen Begehren entspricht i.d.R. die effektivste Klageart, also nach Möglichkeit die Anfechtungsklage gemäß § 42 Abs. 1 Alt. 1 VwGO als Gestaltungsklage der Verwaltungsgerichtsordnung, soweit sie zielführend ist und es keinen anderweitigen ausdrücklichen Antrag gibt, der nicht überschritten werden darf.

D begehrt die Feststellung, dass die gegenüber B verfügte Baugenehmigung nichtig ist. Die Baugenehmigung für B als einzelfallbezogene Regelung im Außenverhältnis stellt einen Verwaltungsakt i.S.d. § 35 S. 1 VwVfG dar. Es kommt eine Nichtigkeitsfeststellungsklage gemäß § 43 Abs. 1 VwGO i.V.m. § 43 Abs. 2 S. 2 VwGO in Betracht. Das Gericht ist gemäß § 88 VwGO zwar nicht zwingend an den Antrag gebunden, jedoch an das geltend gemachte Begehren, wobei ein Feststellungsbegehren als weniger effizient als ein Gestaltungsbegehren einzustufen ist. Fraglich ist, ob das explizit formulierte Feststellungsbegehren bei einem Misserfolg der Nichtigkeitsfeststellung als Anfechtungsbegehren ausgelegt werden kann (zum Ganzen: BVerwG NJW 1985, 2658, 2660).

Jedenfalls sind auch nichtige Verwaltungsakte anfechtbar, um effektiven und umfassenden Rechtsschutz gegen hoheitliches Handeln i.S.d. Artt. 19 Abs. 4, 20 Abs. 3 GG zu gewährleisten, da anderenfalls bei Erhebung der Nichtigkeitsfeststellungsklage bezüglich eines „nur" rechtswidrigen Verwaltungsaktes diese unbegründet, die diesbezüglich mögliche Anfechtungsklage jedoch bereits verfristet wäre, wobei die Grenze zwischen der Rechtswidrigkeit und der Nichtigkeit nicht exakt festlegbar ist. Ein nichtiger Verwaltungsakt ist allerdings jedenfalls rechtswidrig. Die Anfechtbarkeit nichtiger Verwaltungsakte ergibt sich zudem daraus, dass die Subsidiaritätsregelung in § 43 Abs. 2 S. 1 VwGO bei Nichtigkeitsfeststellungsklagen gemäß § 43 Abs. 2 S. 2 VwGO nicht anwendbar ist. Wären nichtige Verwaltungsakte nicht anfechtbar, hätte der Gesetzgeber zumindest bezüglich der Gestaltungsklage i.S.d. § 43 Abs. 2 S. 1 Alt. 1 VwGO – einzige reine Gestaltungsklage in der Verwaltungsgerichtsordnung ist die Anfechtungsklage gemäß § 42 Abs. 1 S. 1 Alt. 1 VwGO – keinen Ausschluss der Subsidiaritätsklausel zu regeln brauchen.

Eine den Klageantrag ausweitende Umdeutung in einen Gestaltungsantrag ist also zwar letztlich denkbar, jedoch rechtsstaatlich bei einer durch einen Prozessbevollmächtigten abgegebenen Rechtsmittelerklärung nicht möglich. D hat aber keinen Prozessbevollmächtigten konsultiert, sondern er agiert selbst.

Sein Antrag ist zwar auf die Feststellung der Nichtigkeit der gegenüber B verfügten Baugenehmigung gerichtet. Durch diese Formulierung des Antrages wird es jedoch nicht ausgeschlossen, die Genehmigung gemäß § 42 Abs. 1 Alt. 1 VwGO bzw. § 113 Abs. 1 S. 1 VwGO aufzuheben, wenn sich ergibt, dass aus dem Fehler keine Nichtigkeit folgt, sondern lediglich eine Anfechtbarkeit (vgl. BVerwGE 35, 334 Rn12). Dem Kläger wird trotz der Gestaltung bei der Anfechtungsklage dadurch nichts anderes, sondern nur weniger zugesprochen als er begehrt. Die Aufhebung eines rechtswidrigen Verwaltungsaktes nach § 113 Abs. 1 S. 1 VwGO ist gegenüber der Feststellung seiner Nichtigkeit nach § 43 Abs. 1 VwGO i.V.m. § 43 Abs. 2 S. 2 VwGO ein Weniger, nicht aber etwas wesentlich anderes. Rechtswidrig sind sowohl unwirksame Verwaltungsakte, die infolge schwerer Mängel nichtig sind, als auch diejenigen, die zwar wirksam, aber wegen eines ihnen anhaftenden Mangels anfechtbar sind. Der Unterschied zwischen diesen beiden Arten der Rechtswidrigkeit ist nur ein gradueller. Sie stehen im Verhältnis weitreichenderer oder geringerer Rechtsfolgen, stellen aber nicht etwas grundsätzlich anderes dar. Die gegenüber der Feststellung bei der Anfechtung erfolgende Gestaltung enthält zwar durch den Aufhebungsakt eine Durchbrechung der Gewaltenteilung, jedoch ist das Ergebnis mit dem Ergebnis bei der Nichtigkeitsfeststellung gleichzusetzen.

Nach alledem ist die Anfechtungsklage gemäß § 42 Abs. 1 Alt. 1 VwGO statthaft.

V. Besondere Sachurteilsvoraussetzungen

Die besonderen Sachurteilsvoraussetzungen können erfüllt sein.

1. Besondere Prozessführungsbefugnis

Besonders prozessführungsbefugt ist gemäß § 78 Abs. 1 Nr. 2 VwGO i.V.m. § 5 Abs. 2 VwGO die bezüglich der an B verfügten Baugenehmigung handelnde Behörde.

2. Klagebefugnis

D muss klagebefugt sein. Die Klagebefugnis nach § 42 Abs. 2 VwGO setzt die Möglichkeit der Verletzung eines subjektiven Rechts voraus. Subjektive Rechte ergeben sich aus Sonderbeziehungen, einfachen Gesetzen, subsidiär aus Grundrechten, wobei jedenfalls aufgrund des weiten Schutzbereiches des Art. 2 Abs. 1

GG bei unmittelbaren Grundrechtseingriffen für das subjektive Recht direkt auf Grundrechte abgestellt werden kann. Ob ein Kläger tatsächlich in einem subjektiven Recht verletzt ist, ist für die Klagebefugnis irrelevant, da die Möglichkeit der Verletzung eines subjektiven Rechts genügt.

Während die Grundrechtsbetroffenheit wegen der Subsidiarität der Grundrechte bei mittelbaren Eingriffen nicht maßgeblich ist, kann sich das subjektive Recht des D mangels einer ersichtlichen Sonderrechtsbeziehung aus einer einfachgesetzlichen Norm ergeben. Insoweit ist § 75 Abs. 1 S. 1 LBauO i.V.m. den §§ 72 Abs. 2, 7 Abs. 1 LBauO wegen der Benennung des Nachbarn durch den Gesetzgeber drittschützend und es besteht die Möglichkeit, dass D durch den gegenüber B genehmigten Umbau und der damit verbundenen Änderung der Grenzabstände in diesem subjektiven Recht verletzt ist. D ist klagebefugt.

3. Vorverfahren
Ein Vorverfahren war für D gemäß § 68 Abs. 1 S. 2 Alt. 1 VwGO i.V.m. § 6 AG VwGO entbehrlich.

4. Klagefrist
Grundsätzlich gilt für die Anfechtungsklage gemäß § 74 Abs. 1 S. 1 VwGO eine Monatsfrist nach Zustellung des Widerspruchsbescheides. Die Zustellung eines Bescheides ist gegenüber dem Kläger D nicht erfolgt. Somit ist gegenüber D auch keine Rechtsbehelfsbelehrung erfolgt, sodass gemäß § 58 Abs. 2 S. 1 VwGO eine Jahresfrist seit Zustellung des Bescheides gilt. Um eine i.S.d. Art. 20 Abs. 3 GG rechtsstaatswidrige und mangels Zustellung eines Verwaltungsaktes nahezu unbegrenzte Möglichkeit des Vorgehens gegen einen Verwaltungsakt trotz Kenntnis auszuschließen, kann für den Fristbeginn die tatsächliche Kenntnis maßgeblich sein. Unabhängig davon, ob der Fristbeginn i.S.d. § 58 Abs. 2 S. 1 VwGO durch eine Kenntnis oder ein Kennenmüssen des D modifiziert wird,[9] ist die Jahresfrist jedenfalls nicht verstrichen, da eine Zustellung der Verfügung gegenüber D nicht erfolgte und er erst am 1. März durch die Wahrnehmung der Bauarbeiten Kenntnis erhielt, ein vorheriges Kennenmüssen nicht ersichtlich ist und er schon am 1. Mai klagt. Eine Verwirkung i.S.d. § 242 BGB i.V.m. Art. 20 Abs. 3 GG ist nicht ersichtlich, da seit der Kenntnis des D erst zwei Monate verstrichen sind. Die Klage des D ist nicht verfristet.

---

9 Seitens der Rechtsprechung wird mittels einer verfassungskonformen Auslegung des Art. 58 Abs. 2 S. 1 GG auf die Kenntnis oder das Kennenmüssen abgestellt (vgl. BVerwG – 4 N 3/86 10).

B. Ergebnis
Die Sachurteilsvoraussetzungen bezüglich der Klage des D sind erfüllt.

3. Komplex: Klage bezüglich der Satzung
Der Antrag des D hat jedenfalls Erfolg, soweit die Sachentscheidungsvoraussetzungen[10] erfüllt, der Antrag zulässig begründet ist.[11]

A. Sachentscheidungsvoraussetzungen
Die Sachentscheidungsvoraussetzungen können erfüllt sein.

I. Rechtsweg
Der Verwaltungsrechtsweg kann mangels aufdrängender Sonderzuweisung gemäß § 40 Abs. 1 S. 1 VwGO eröffnet sein. Im Übrigen kommt ein Verweisungsbeschluss i.S.d. § 17a Abs. 2 S. 1 GVG i.V.m. § 173 VwGO in Betracht. Der Verwaltungsrechtsweg ist eröffnet, wenn die streitentscheidende öffentlich-rechtliche Norm einen Hoheitsträger einseitig berechtigt oder verpflichtet bzw. wenn aufgrund typisch hoheitlichen Handelns zwischen den Beteiligten ein Subordinationsverhältnis besteht.

Ein Subordinationsverhältnis ist nicht ersichtlich, da eine Satzung keine typisch hoheitliche Handlungsform darstellt, sondern auch zivilrechtlich möglich ist. Die §§ 6, 8 GO können streitentscheidende öffentlich-rechtliche Normen sein. Jedenfalls ist die Satzung auf eine öffentliche Institution bezogen, sodass ein Sachzusammenhang zum öffentlichen Recht besteht. Der Verwaltungsrechtsweg ist gemäß § 40 Abs. 1 S. 1 VwGO eröffnet.

---

10 Bei einer prinzipalen Normenkontrolle sollte der Terminus „Sachentscheidungsvoraussetzungen" gewählt werden. Er ist weiter als der Terminus „Sachurteilsvoraussetzungen", welcher darin enthalten ist. Letzterer darf nur verwendet werden, soweit seitens des Gerichts ein Urteilsspruch erfolgt. Dies ist bei der prinzipalen Normenkontrolle zwar der Regelfall, jedoch kann das OVG gemäß § 47 Abs. 5 S. 1 VwGO auch durch einen Beschluss entscheiden.
11 Weitere Besonderheiten:
- Terminus „Prinzipale Normenkontrolle"
- teilweise subjektives, teilweise objektives Beanstandungsverfahren
- Entscheidung durch Urteil oder durch Beschluss
- Wirkung inter omnes.

II. Zuständigkeit

Das Oberverwaltungsgericht ist gemäß § 47 Abs. 1 Nr. 2 VwGO i.V.m. § 7 AG VwGO für die Verwerfung der Satzung als unter dem Landesrecht stehende Rechtsvorschrift zuständig, falls die prinzipale Normenkontrolle statthaft ist, sodass insoweit kein Verweisungsbeschluss gemäß § 17a Abs. 2 S. 1 GVG i.V.m. § 83 VwGO gefasst werden würde.[12]

III. Beteiligte

B und die zuständigen Behörden können Beteiligte des Verfahrens sein.[13] Ob sich die Beteiligungsfähigkeit aus der direkten Anwendung der §§ 63, 61, 62, 65 VwGO ergibt oder ob die Normen wegen des Wortlautes des § 63 VwGO – Kläger und Beklagter – zumindest teilweise gegebenenfalls analog anzuwenden sind, ist irrelevant, wenngleich sich aus der gesetzlichen Abschnittsüberschrift „Allgemeine Verfahrensvorschriften" ergeben kann, dass sämtliche Verfahren und damit auch die Verfahren, die nicht als Klagen einzustufen sind, von der direkten Anwendung erfasst sind. Beteiligte sind nach § 63 Nr. 1, 2 VwGO jedenfalls unter anderem der Antragsteller und der Antragsgegner, beteiligungsfähig nach § 61 Nr. 1 VwGO natürliche und juristische Personen.

Fraglich ist, ob die §§ 63, 61, 62, 65 VwGO durch § 47 Abs. 2 S. 1 VwGO als Spezialregelung verdrängt werden.[14] Gemäß § 47 Abs. 2 S. 1 VwGO kann jede natürliche oder juristische Person, die geltend macht, durch die Rechtsvorschrift oder deren Anwendung in ihren Rechten verletzt zu sein oder in absehbarer Zeit verletzt zu werden, sowie jede Behörde innerhalb eines Jahres nach Bekanntmachung der Rechtsvorschriften den Antrag stellen. Insoweit könnte

---

12 Der einzige dogmatisch unangreifbare Aufbau bestünde darin, die statthafte Verfahrensart inzident zu prüfen, da eine Prüfung der Verfahrensart dogmatisch nicht logisch ist, da der Rechtsweg und die Zuständigkeit schon wegen der gesetzlichen Überschrift vor § 40 VwGO konnex sind und für den Rechtsweg sowie für die Zuständigkeit § 17a Abs. 2 GVG gilt. Zudem ist es z.B. möglich, dass beim VG ein Antrag auf Feststellung der Nichtigkeit einer Satzung gestellt wird. Würde insoweit die Verfahrensart vor der Zuständigkeit geprüft werden, würde bezüglich eines Antrages beim VG eine Verfahrensart benannt werden, die es dort nicht gibt mit der Folge der späteren Verweisung an das OVG (zum Ganzen: Heinze/Starke JURA 2012, 175 ff.). Eine Inzidentprüfung ist klausurtaktisch jedoch nicht sinnvoll, sodass eine offene Formulierung der Zuständigkeit erfolgen sollte (anders als ein Vorziehen der Verfahrensart dogmatisch haltbar).
13 Aus § 47 Abs. 2 S. 2 VwGO ergibt sich, dass die prinzipale Normenkontrolle als kontradiktorisches Verfahren einzustufen ist.
14 Das Verhältnis des § 47 Abs. 2 S. 1, 2 VwGO zu § 61 VwGO ist strittig.

sich bereits aus § 47 Abs. 2 S. 4 VwGO ableiten lassen, dass die §§ 63, 61, 62, 65 VwGO verdrängt sind, weil anderenfalls keine entsprechende Anwendbarkeit des § 65 Abs. 1, Abs. 4 VwGO und des § 66 VwGO angeordnet worden wäre. Die Anordnung der entsprechenden Anwendbarkeit dieser Normen ist aber nicht erfolgt, weil die allgemeinen Normen der §§ 63, 61, 62, 65 VwGO bei der prinzipalen Normenkontrolle i.S.d. § 47 Abs. 1 VwGO nicht anwendbar sind, sondern weil gegenüber den benannten öffentlich-rechtlichen juristischen Personen der Wortlaut der §§ 65, 66 VwGO nicht direkt passend ist, da es weniger um deren rechtliche Interessen, als vielmehr um deren Kompetenzen geht. Die §§ 63, 61, 62, 65 VwGO sind also nicht schon wegen der Regelung des § 47 Abs. 2 S. 4 VwGO ausgeschlossen.

Somit sind die §§ 63, 61, 62, 65 VwGO grundsätzlich – gegebenenfalls analog – insoweit anwendbar, als sie nicht durch § 47 Abs. 2 S. 1 VwGO ergänzt werden. Ebenso wie die Beteiligungsfähigkeit i.S.d. § 61 Nr. 1 VwGO nicht durch § 61 Nr. 3 VwGO ausgeschlossen, sondern nur ergänzt wird, ist § 47 Abs. 2 S. 1 VwGO als Ergänzung zur Beteiligungsfähigkeit der Rechtsträger nach § 61 Nr. 1 Alt. 2 VwGO einzustufen.

Als Antragsteller ist B gemäß § 61 Nr. 1 Alt. 1 VwGO beteiligungsfähig und gemäß § 62 Abs. 1 Nr. 1 VwGO prozessfähig. Behörden sind gemäß § 61 Nr. 3 VwGO i.V.m. § 5 Abs. 1 AG VwGO des Bundeslandes Bu beteiligungsfähig.

Als Antragsgegnerin ist die handelnde Behörde gemäß den §§ 63 Nr. 2, 61 Nr. 3 VwGO i.V.m. § 5 Abs. 1 AG VwGO zwar grundsätzlich beteiligungs- und mangels Anhaltspunkten bezüglich des handelnden Organwalters gemäß § 62 Abs. 3, 1 Nr. 1 VwGO prozessfähig, wobei § 47 Abs. 2 S. 2 VwGO als Sonderregelung bezüglich der besonderen Prozessführungsbefugnis hinsichtlich der Beteiligten irrelevant ist. Allerdings wird § 61 Nr. 1 Alt. 2 VwGO durch § 61 Nr. 3 VwGO i.V.m. § 61 Nr. 3 VwGO i.V.m. § 5 Abs. 1 AG VwGO nur ergänzt,[15] sodass – soweit eine Divergenz zur besonderen Prozessführungsbefugnis besteht – letztlich die Gemeinde G gemäß § 61 Nr. 1 Alt. 2 VwGO als Rechtsträger öffentlichen Rechts in Form einer Gebietskörperschaft auf der Beklagtenseite beteiligungsfähig und mittels des handelnden Organwalters gemäß § 62 Abs. 3, 1 Nr. 1 VwGO prozessfähig ist.

---

15 § 61 Nr. 1 VwGO ist neben § 61 Nr. 3 VwGO anwendbar, sodass ein Wahlrecht des Bürgers besteht, da sein Rechtsschutz durch § 61 Nr. 3 VwGO erweitert und eine Divergenz zwischen Beteiligungsfähigkeit und besonderer Prozessführungsbefugnis gegebenenfalls vermieden werden soll.

IV. Statthafte Verfahrensart[16]

Die statthafte Verfahrensart richtet sich i.S.d. § 88 VwGO nach dem Antragsbegehren unter Berücksichtigung des Anwendungsvorranges maßnahmespezifischer Rechtsschutzformen und des rechtsstaatlichen Grundsatzes der Effektivität des Rechtsschutzes. Dem Antragsbegehren entspricht die Feststellung der Ungültigkeit bzw. der Nichtigkeit der seitens der G erlassenen Satzung, sodass gemäß § 47 Abs. 1 Nr. 2 VwGO i.V.m. § 7 AG VwGO die prinzipale Normenkontrolle statthaft ist.[17]

V. Besondere Sachentscheidungsvoraussetzungen

Die besonderen Sachentscheidungsvoraussetzungen können erfüllt sein.

1. Besondere Prozessführungsbefugnis

Besonders prozessführungsbefugt ist gemäß § 47 Abs. 2 S. 2 VwGO die Gemeinde G als Gebietskörperschaft öffentlichen Rechts.

2. Antragsbefugnis

B muss antragsbefugt sein. Voraussetzung für die Antragsbefugnis gemäß § 47 Abs. 2 S. 1 VwGO – B als natürliche Person bedarf der Antragsbefugnis im engen Sinne – ist die Möglichkeit der Verletzung eines subjektiven Rechts.[18] Subjektive Rechte werden aus Sonderrechtsbeziehungen, einfachen Gesetzen und subsidi-

---

16 Da gemäß § 47 Abs. 5 S. 1 VwGO ein Urteilspruch oder ein Beschluss erfolgen kann, ist nicht der Terminus Klageart, sondern der weiter gefasste Terminus Verfahrensart zu verwenden.

17 Für die Stadtstaaten bestehen Sonderregelungen. Das ergibt sich aus § 246 Abs. 2 S. 1 (Hamburg und Berlin) und S. 2 (Bremen) BauGB. In Hamburg ist dies in § 3 BauLPlFestG geregelt (grundsätzlich Verordnung; unter Umständen Gesetz) und in Berlin in § 6 Abs. 5 S. 2 AG BauGB. In § 47 Abs. 1 Nr. 1 VwGO ist auf § 246 Abs. 2 BauGB Bezug genommen worden. Soweit ein Bebauungsplan in Hamburg als Gesetz erlassen werden kann, soll eine Verfassungsbeschwerde mangels Rechtswegerschöpfung bzw. Subsidiarität nach der Rechtsprechung des Bundesverfassungsgerichtes unzulässig sein, da bezüglich des Gesetzes ein Verfahren nach § 47 VwGO möglich sein soll. Diese „verfassungskonforme Auslegung" i.S.d. sich unter anderem aus Art. 20 Abs. 3 GG ergebenden Rechtsstaatsprinzips ist wegen der Überschreitung der Wortlautgrenzen dogmatisch höchst problematisch.

18 Die prinzipale Normenkontrolle ist für natürliche und juristische Personen gemäß § 47 Abs. 2 S. 1 VwGO ein subjektives Beanstandungsverfahren, aus Sicht der Behörde ein objektives Beanstandungsverfahren, da insoweit lediglich ein Bezug zur streitgegenständlichen Rechtsvorschrift erforderlich ist.

är aus Grundrechten abgeleitet, wobei jedenfalls aufgrund des weiten Schutzbereiches des Art. 2 Abs. 1 GG bei unmittelbaren Grundrechtseingriffen für das subjektive Recht direkt auf Grundrechte abgestellt werden kann. Insoweit kommt der Vertrag zwischen B und der Gemeinde bezüglich der Kindertageseinrichtung als bestehende Sonderrechtsbeziehung in Betracht (zum Ganzen: OVG Sachsen-Anhalt – K 483/10).

Eine Verletzung des sich aus dieser Sonderrechtsbeziehung ergebenden subjektiven Rechts könnte jedoch ausgeschlossen sein, weil die neu gefasste Satzung nur für die ab dem 1. Januar 2011 abzuschließenden Betreuungsverträge gelte und die Wirksamkeit der mit dem Antragsteller bereits zuvor geschlossenen Betreuungsverträge unberührt bliebe. In der streitgegenständlichen Satzung über die Benutzung der Tageseinrichtungen der Gemeinde sind weder Ausnahmen noch Übergangsbestimmungen für die auf der Grundlage der bisher gültigen Satzungen begründeten Rechtsverhältnisse enthalten. Zudem treten die bisher gültigen Satzungen nach § 13 S. 2 TageseinBenS mit dem Inkrafttreten der neuen Satzung außer Kraft. Unter diesen Umständen hat der Antragsteller damit zu rechnen, dass die Antragsgegnerin unter Berufung auf das nunmehr allein geltende Satzungsrecht eine Anpassung der geschlossenen Betreuungsverträge i.S.d. § 60 Abs. 1 S. 1 VwVfG einfordert. Somit besteht die Möglichkeit, dass B durch die Satzung in seinem sich aus dem Vertrag ergebenden subjektiven Recht verletzt wird. B ist antragsbefugt.

3. Antragsfrist
Der gerichtliche Antrag des B ist i.S.d. § 47 Abs. 2 S. 1 VwGO innerhalb eines Jahres seit der Bekanntmachung der Satzung gestellt worden, da Gegenteiliges nicht ersichtlich ist.

4. Vorrang der Verfassungsgerichtsbarkeit
Eine ausschließliche Zuweisung der Prüfung der Satzung zum Landesverfassungsgericht i.S.d. § 47 Abs. 3 VwGO ist nicht ersichtlich, sodass ein Ausschluss der Entscheidung des Oberverwaltungsgerichts nicht erfolgt ist.

VI. Allgemeines Rechtsschutzbedürfnis
Das allgemeine Rechtsschutzbedürfnis für eine prinzipale Normenkontrolle besteht nicht, soweit die Verwerfung der streitgegenständlichen Rechtsvorschrift für den Antragsteller keine rechtlichen oder tatsächlichen Vorteile zur Folge hätte. Bei einer Verwerfung der Satzung bestünde keine Beeinträchtigung der

Rechte des B, sodass er in seiner ohnehin problematischen finanziellen Lage keine weiteren Vorkehrungen treffen müsste. Das allgemeine Rechtsschutzbedürfnis besteht.

B. Begründetheit

Der Antrag ist begründet, soweit die Satzung rechtswidrig ist und keine Ausnahme von dem sich unter anderem aus Art. 20 Abs. 3 GG ergebenden grundsätzlich geltenden Normennichtigkeitsdogma[19] geregelt ist. Das Oberverwaltungsgericht wird die Satzung insoweit gemäß § 47 Abs. 5 S. 2 VwGO für unwirksam erklären, wobei die Entscheidung allgemein verbindlich und die Entscheidungsformel in gleicher Weise wie die Bekanntmachung der Rechtsvorschrift bekannt zu machen ist.

I. Rechtsgrundlage

Als Rechtsgrundlage kommt § 6 Abs. 1 S. 1 GO in Betracht. Danach können Gemeinden ihre eigenen Angelegenheiten im eigenen Wirkungskreis i.S.d. § 4 Abs. 1 S. 1, 2 GO im Kernbereich der kommunalen Selbstverwaltung i.S.d. Art. 28 Abs. 2 S. 1 GG durch Satzung regeln. Problematisch ist allerdings die Bestimmtheit i.S.d. sich unter anderem aus Art. 20 Abs. 3 GG ergebenden Rechtsstaatsprinzips. Soweit der Gesetzesvorbehalt im engen Sinne – bei ausdrücklichen Vorgaben des Gesetzgebers, bei massiven Grundrechtseingriffen sowie bei sonst wesentlichen Aspekten – gilt, bedarf es einer dezidierten Regelung. Bei einer kommunalen Satzung handelt es sich jedoch um kommunale Selbstverwaltung im Rahmen der Daseinsvorsorge, also der Leistungsverwaltung, sodass die Anforderungen an die Rechtsgrundlage – soweit sie erforderlich ist und nicht ausschließlich der Vorrang des Gesetzes gilt – geringer sein können (zum Ganzen: VG Braunschweig – 6 A 269/10; BVerfGE 33, 125).

Indem im Kommunalrecht als Spezifizierung des Art. 28 Abs. 2 S. 1 GG die Gemeinden im eigenen Wirkungskreis nur zur Regelung der eigenen Angelegenheiten ermächtigt werden, wird die Satzungsbefugnis der Kommunen in zweier-

---

19 Grundsätzlich gilt bei Normen ein Nichtigkeitsdogma, jedoch sind gesetzliche Ausnahmen möglich – z.B. gemäß den §§ 214, 215 BauGB. Deshalb ist der Terminus „Normennichtigkeitsfeststellungsklage" veraltet. Der teilweise verwendete Terminus „Normenungültigkeitsfeststellungsklage" ist ebenfalls problematisch, weil auch insoweit nicht alle Variablen der Fehlergraduierung bei Normen erfasst werden, während der Terminus „abstrakte Normenkontrolle" mit dem Verfassungsprozessrecht verwechslungsfähig ist, sodass der Terminus „prinzipale Normenkontrolle" sinnvoll erscheint.

lei Hinsicht begrenzt. Die Satzungen dürfen sachlich nur für das Gemeindegebiet gelten und müssen personell auf die Einwohnerinnen und Einwohner der Gemeinde i.S.d. § 21 Abs. 1 GO oder auf Personen bezogen sein, die zu der Gemeinde in einer besonderen Beziehung stehen (vgl. Wefelmeier in: KVR-NGO, § 6, Rn 6; Baumgarten in: KVR-NGO, a.a.O., § 16, Rn 9; Maurer in DÖV 1993, 184, 188).

Trotzdem bleibt auch im Rahmen einer an sich zulässigen Autonomiegewährung der Grundsatz bestehen, dass der Gesetzgeber sich seiner Rechtssetzungsbefugnis nicht vollständig entäußern und seinen Einfluss auf den Inhalt der von den körperschaftlichen Organen zu erlassenden Normen nicht gänzlich preisgeben darf. Das ergibt sich sowohl aus dem unter anderem in Art. 20 Abs. 3 GG geregelten Rechtsstaatsprinzip als auch aus dem in Art. 20 Abs. 2 S. 1 GG geregelten Demokratieprinzip.

Ergibt sich aus dem Rechtsstaatsprinzip, die öffentliche Gewalt in allen ihren Äußerungen auch durch klare Kompetenzordnung und Funktionentrennung rechtlich zu binden, um Machtmissbrauch zu verhüten und die Freiheit des Einzelnen zu wahren, ergibt sich aus dem Demokratieprinzip, dass jede Ordnung eines Lebensbereichs durch Sätze objektiven Rechts auf eine Willensentschließung der vom Volke bestellten Gesetzgebungsorgane rückführbar sein muss.

Der Gesetzgeber darf seine Aufgaben nicht anderen Stellen innerhalb oder außerhalb der Staatsorganisation zur freien Verfügung überlassen. Das gilt insbesondere, wenn durch den Akt der Autonomieverleihung dem autonomen Verband nicht nur allgemein das Recht zu eigenverantwortlicher Wahrnehmung der übertragenen Aufgaben und zum Erlass der erforderlichen Organisationsnormen eingeräumt wird, sondern zugleich eine Ermächtigung zu Eingriffen in Grundrechte erfolgt.

Ob demgemäß zur Rechtsetzung ermächtigt werden darf und welche Anforderungen im Einzelfall an die Ermächtigung zu stellen sind, ist von der jeweiligen Intensität des Eingriffs abhängig. Da es sich bei der Satzungsermächtigung um den Bereich der kommunalen Daseinsvorsorge im Rahmen der kommunalen Selbstverwaltung handelt mit der Folge, dass die Grundrechtsbetroffenheit aufgrund der gebietsbezogenen Körperschaft öffentlichen Rechts gering ist, bedarf es keiner dezidierten Regelung.

Eine weit formulierte Regelung ist hinreichend, sodass § 6 Abs. 1 GO letztlich als geeignete Rechtsgrundlage einzustufen ist.

II. Voraussetzungen
Die Voraussetzungen zum Erlass der Satzung könnten erfüllt sein.

1. Formelle Voraussetzungen

Die formellen Voraussetzungen können erfüllt sein. Mit dem Rat der sachlich und örtlich zuständigen Gemeinde handelte das zuständige Organ i.S.d. § 40 Abs. 1 Nr. 4 GO. Zudem muss ein ordnungsgemäßes Verfahren durchgeführt worden sein. Zunächst war nach ordnungsgemäßer Einberufung des Rates gemäß des § 46 Abs. 1 S. 1, 2 GO die Mehrheit der Ratsmitglieder anwesend, wobei der Ratsvorsitzende die Beschlussfähigkeit zu Beginn des Rates festgestellt hatte. Fraglich ist, wie es sich auswirkt, dass bei der Beschlussfassung weniger als die Hälfte der Mitglieder anwesend war (zum Ganzen: VGH Kassel – 6 TG 3547/87).

Bei der Regelung des § 46 Abs. 1 S. 1, 3 GO handelt es sich um eine widerlegbare Rechtsvermutung. Sie ist hingegen nicht als gesetzliche Fiktion einzustufen, da der grundsätzlich nicht widerlegbaren Fiktion die Annahme zugrunde liegt, dass der fingierte Umstand nicht gegeben ist (Leipold, in: Stein-Jonas, Zivilprozessordnung, Kommentar, 20. Aufl., § 292, Rn 5; Schneider „Gesetzgebung" 1982, § 12, 5. und 6., S. 200). Bezüglich des § 46 Abs. 1 S. 1, 3 GO kann die Gemeindevertretung sowohl beschlussfähig als auch beschlussunfähig sein. Zudem ist in § 46 Abs. 1 S. 3 GO die Widerlegbarkeit bei einem entsprechenden Antrag geregelt, während unwiderlegbaren Vermutungen teilweise ausdrücklich – z.B. in § 1566 BGB – zu entnehmen ist, dass der Gesetzgeber eine gegenteilige Feststellung nicht zulassen will (vgl. zu der eine Widerlegbarkeit gesetzlicher Vermutungen begründenden Vorschrift des § 292 ZPO: Leipold, a.a.O., Rn 1, Rosenberg, Zivilprozessrecht, 14. Aufl. 1986, § 117, I.4.; vgl. Achterberg, Parlamentsrecht, 1984, § 22, 3.a), aa), 2, S. 632; ähnlich Braun, Kommentar zur Verfassung Baden-Württemberg, 1984, Art. 33, Rn 36; Meder, Kommentar zur Verfassung des Freistaates Bayern, 3. Aufl. 1985, Art. 23, Rn 2, § 131 der Geschäftsordnung des Bayerischen Landtages; Vonderbeck, Die parlamentarische Beschlussfähigkeit, in: H.A. Roll, Plenarsitzungen des Deutschen Bundestages, – Festgabe für Werner Blischke –, 1982 S. 192, 196, 198 f.).

Ein Antrag bezüglich der Beschlussunfähigkeit des Rates muss gemäß § 46 Abs. 1 S. 3 GO somit aus der Mitte der Gemeindevertretung gestellt werden. Eine spätere Rüge des B ist insoweit nicht hinreichend, sodass letztlich kein Verfahrensfehler ersichtlich ist.

Die Satzung ist auch schriftlich und mit Unterschrift des Bürgermeisters i.S.d. § 6 Abs. 3 S. 1 GO erlassen und ordnungsgemäß bekannt gemacht worden, sodass sie auch formgerecht erlassen worden ist.

2. Materielle Voraussetzungen

Materiell handelt es sich bei der Kindertagesstätte gemäß § 5 Abs. 3 S. 1 KiFöG um eine öffentliche Einrichtung im Rahmen der eigenen kommunalen Angelegenheiten im Rahmen der Gesetze, sodass die Voraussetzungen des § 6 Abs. 1 S. 1 GO erfüllt sind.

III. Rechtsfolge

Die Gemeinden können ihre eigenen Angelegenheiten gemäß § 6 Abs. 1 S. 1 GO im Rahmen der Gesetze regeln, müssen es jedoch nicht, sodass G grundsätzlich Satzungsermessen i.S.d. § 8 Nr. 1 GO zusteht. Mangels ersichtlicher Ermessensreduktion auf Null kommen lediglich Ermessensfehler in Betracht. Dabei ist die Einschätzungsprärogative des Satzungsgebers geringer als beim Gesetzgeber formeller Gesetze und weiter als bei der Exekutive bezüglich der Rechtssetzung bei Verwaltungsakten i.S.d. § 35 VwVfG.

§ 40 VwVfG ist bezüglich des Satzungsermessens nicht anwendbar, da dieser unmittelbar nur für Verwaltungsakte i.S.d. § 35 VwVfG gilt. Das Ermessensvorgaben ergeben sich vielmehr aus dem unter anderem in Art. 20 Abs. 3 GG geregelten Rechtsstaatsprinzip in Form des Vorranges des Gesetzes.[20]

1. Ermessensausfall

Möglicherweise ist ein Ermessensfehler in Form eines zumindest partiellen Ermessensausfalls erfolgt (zum Ganzen: vgl. OVG Münster NVwZ-RR 2003, 376). Möglicherweise war die Sachaufklärung durch den Gemeinderat bezüglich der Bemessung der Höhe der Zahlungen fehlerhaft. Dieser Einwand ist jedoch nicht auf den Inhalt der streitgegenständlichen Ratsbeschlüsse, sondern auf den diesen Beschlüssen vorangehenden internen Entscheidungsvorgang bezogen. Die Entscheidung darüber, in welcher Form und in welcher Höhe Zuwendungen aus Haushaltsmitteln gewährt werden bzw. Entgelte entrichtet werden sollen, unterliegt der gerichtlichen Prüfung grundsätzlich nur in materiell-rechtlicher Hinsicht. Es ist unerheblich, wie der Gemeinderat verfahrensmäßig den angenommenen Bedarf der Fraktionen ermittelt hat. Insoweit gelten dieselben Grundsätze, die auch bei der gerichtlichen Prüfung kommunaler Rechtssetzungsakte anzuwenden sind. Gegenstand der Prüfung sind nur diese Rechtssetzungsakte als solche, also das Ergebnis des Rechtssetzungsverfahrens. Die subjektiven Vorstellungen und Motive der am Verfahren beteiligten Organe oder Personen sind unbeachtlich. Nur die objektive Unvereinbarkeit des sachlichen Inhalts der Norm mit höherrangigem Recht führt zu ihrer Ungültigkeit (OVG Münster, NVwZ 1990, 393; NVBl 1990, 266; OVGE 39, 49).

---

[20] Einen Schwerpunkt stellt die Ermessensprüfung bezüglich der Satzung insoweit dar, als eigenständige Argumentation gefordert ist.

Auch aus § 40 VwVfG ergibt sich nichts anderes. § 40 VwVfG gilt nur für Au-
ßenrechtssetzungsakte, nicht aber für Innenrechtsbeziehungen zwischen kommunalen Funktionsträgern, bei denen es an der für den Verwaltungsakt charak-
teristischen Außenwirkung fehlt. Soweit eine analoge Anwendung des § 40
VwVfG auf andere Handlungsformen wie solcher zur Ausübung des Organisa-
tionsermessens im verwaltungsinternen Bereich möglich sein sollte (Sachs, in:
Stelkens/Bonk/Sachs, VwVfG, 6. Aufl. [2001], § 40, Rn 47 m.w.N.), gilt dies jedenfalls nicht für die Willensbildung bei Ratsbeschlüssen. Wie bei Rechtsnor-
men ist auch insoweit nur die Regelung als solche maßgeblich, nicht aber auch
der verfahrensmäßige Weg des Zustandekommens (OVG Münster, NVwZ 1990,
393; Sachs, in: Stelkens/Bonk/Sachs, VwVfG, 6. Aufl. [2001], § 40, Rn 48). Der
Entscheidungsvorgang ist neben dem Inhalt der Satzung als dem Produkt dieses
Vorgangs nur bedeutsam, wenn der Gesetzgeber nicht nur den sachlichen Inhalt der Norm, sondern auch den Vorgang der Willensbildung besonderen Anforderungen zugeordnet hat (OVG Münster NVwZ 1987, 727).

Nach alledem besteht kein Ermessensausfall.

2. Ermessensüberschreitung

Wegen des sich aus dem Rechtsstaatsprinzip ergebenden und stets geltenden
Vorranges des Gesetzes ist das Ermessen überschritten worden, soweit ein Verstoß gegen höherrangiges Recht erfolgt ist. In Betracht kommt ein Verstoß gegen § 3 LKiFöG. Beschränkungen des i.S.d. § 3 Abs. 1 KiFöG gesetzlich begründeten Betreuungsanspruchs durch eine Benutzungssatzung des Trägers der
Einrichtung müssen mit dem sich subsidiär aus dem Rechtsstaatsprinzip ergebenden Verhältnismäßigkeitsgrundsatz[21] vereinbar sein.

Der Zugang zur Einrichtung darf deshalb nur beschränkt werden, wenn und
soweit dies notwendig erscheint, um die Funktionsfähigkeit der Einrichtung
sicherzustellen. Die Regelung der Mitfinanzierung der Einrichtung durch Elternbeiträge in § 13 KiFöG ist nicht fehlerhaft, wenn in der Satzung geregelt ist,
dass das Benutzungsverhältnis beendet werden kann, wenn und soweit die Eltern ihren Pflichten zur Zahlung von Elternbeiträgen nicht genügen.

---

21 Der Grundsatz der Verhältnismäßigkeit ergibt sich primär als Schranken-Schranke im
Rahmen der Wechselwirkung aus den Grundrechten. Lediglich subsidiär ist der Verhältnismäßigkeitsgrundsatz aus dem Rechtsstaatsprinzip abzuleiten.

a) Ermessensüberschreitung durch § 11 TageseinBenS

Wenn der Satzungsgeber in § 11 Abs. 3 S. 3, 4 TageseinBenS bestimmt, dass die Kosten für die in den Tageseinrichtungen bereitgestellten Getränke und Verpflegung von den Eltern zu tragen und auf privatrechtlicher Grundlage zwischen den Eltern und dem Essenslieferanten abzurechnen sind, ist es nicht Sache des Trägers der Einrichtung, darüber zu wachen, ob und inwieweit die Eltern ihren privatrechtlichen vertraglichen Verpflichtungen gegenüber dem Essenslieferanten nachkommen, wobei letzteres nicht in § 11 TageseinBenS, sondern in § 12 TageseinBenS geregelt ist.

Durch § 11 TageseinBenS soll eine einheitliche Verpflegung der Kinder sichergestellt werden, die Bestandteil der Konzeption der Tageseinrichtungen ist. In § 11 Abs. 3 TageseinBenS wird keine Rechtspflicht begründet, die angebotene einheitliche Verpflegung abzunehmen. Wenn in den Tageseinrichtungen gemäß § 11 Abs. 3 S. 1 TageseinBenS eine warme Mittagsmahlzeit bereitgestellt wird und darüber hinaus gemäß § 11 Abs. 3 S. 2 TageseinBenS in den Einrichtungen Getränke und Kaltverpflegungen angeboten werden, haben die Eltern die Verpflegungskosten auf der Grundlage von Abrechnungen zwischen den Essenslieferanten und sich gemäß § 11 Abs. 3 S. 3, 4 TageseinBenS zu tragen, wenn sie von dem Angebot nach Maßgabe des § 11 Abs. 3 S. 1, 2 TageseinBenS Gebrauch machen und die Mahlzeiten und sonstige Verpflegung abnehmen. Ist die Abnahme nach der satzungsrechtlichen Regelung der Entscheidung den Eltern überlassen, bedarf es keiner Entscheidung, ob eine satzungsrechtliche Regelung, in der eine Verpflichtung zur Abnahme einer für die Kinder einheitlichen Mittagsmahlzeit enthalten ist, unter Berücksichtigung der sich aus Art. 24 Abs. 2 S. 2 LVerf ergebenden Pflicht des Landes und der Kommunen, für Kinder angemessene Betreuungseinrichtungen zur Verfügung zu stellen und der Befugnis der Kommunen, die Benutzung ihrer öffentlichen Einrichtungen gemäß § 6 Abs. 1 S. 1 GO eigenständig zu regeln, rechtmäßig wäre oder ob damit das Elternrecht i.S.d. Art. 11 Abs. 1 LVerf und der Zulassungsanspruch aus § 3 Abs. 1 KiFöG unverhältnismäßig eingeschränkt werden würden. Etwas anderes ergibt sich nicht daraus, dass in dem Konzept der Einrichtungen die gemeinschaftliche Einnahme einer einheitlichen Mittagsmahlzeit vorgesehen ist. Denn der Gegenstand des Normenkontrollverfahrens ist die Benutzungssatzung, nicht das Konzept als solches. Somit ist die Regelung des § 11 Abs. 3 S. 3, 4 TageseinBenS verhältnismäßig.

b) Ermessensüberschreitung durch § 12 TageseinBenS

Als rechtsstaatswidrig kann jedoch § 12 Abs. 4 TageseinBenS einzustufen sein, soweit damit der Antragsgegnerin die Befugnis eingeräumt wird, den Betreuungsvertrag zu kündigen, wenn der Verpflegungsbeitrag trotz schriftlicher Mahnung länger als 2 Monate nicht entrichtet wird (zum Ganzen: OVG Sachsen-Anhalt – K 483/10, Rn 22 ff.).

Durch diesen Kündigungsgrund wird die Ausgestaltung der Entgelte für die Verpflegung der Kinder in den Einrichtungen in § 11 Abs. 3 TageseinBenS aufgegriffen. Nach § 11 Abs. 3 S. 1 TageseinBenS wird in allen Tageseinrichtungen eine warme Mittagsmahlzeit bereitgestellt. Darüber hinaus werden gemäß § 11 Abs. 3 S. 2 TageseinBenS Getränke und Kaltverpflegungen angeboten. Die Verpflegungskosten sind gemäß § 11 Abs. 3 S. 3 TageseinBenS von den Eltern zu tragen. Die Abrechnung erfolgt gemäß § 11 Abs. 3 S. 4 TageseinBenS auf privatrechtlicher Basis zwischen den Eltern und dem Essenslieferanten. Der Verpflegungsbeitrag i.S.d. § 12 Abs. 4 TageseinBenS stellt somit keine Gebühr für die Inanspruchnahme einer Leistung im Rahmen eines öffentlich-rechtlichen Benutzungsverhältnisses, sondern ein privatrechtliches Entgelt dar, das die Eltern dem die Verpflegung bereitstellenden Unternehmer zu zahlen haben.

Es ist grundsätzlich möglich, dass in der Satzung mit § 12 TageseinBenS bestimmt wird, unter welchen Voraussetzungen die Betreuungsverträge vom Träger der Einrichtung gekündigt werden können. Dass ein Benutzungsverhältnis öffentlich-rechtlich ausgestaltet ist, steht der Zulässigkeit der Auflösung desselben durch eine Kündigung nicht entgegen. Gemäß § 8 Abs. 1 der Satzung wird das Benutzungsverhältnis nach Anmeldung durch die Eltern durch Abschluss eines Betreuungsvertrages begründet. Dabei handelt es sich nicht um ein privatrechtliches Vertragsverhältnis, weil mit dem Abschluss des Vertrages über den Zugang zu der Einrichtung entschieden und damit das öffentlich-rechtliche Benutzungsverhältnis i.S.d. „Ob" begründet wird. Es bedarf auch keines Verwaltungsaktes, um das öffentlich-rechtliche Benutzungsverhältnis zu beenden. Denn auch öffentlich-rechtliche Verträge können gemäß § 60 VwVfG gekündigt werden.

§ 12 Abs. 4 TageseinBenS ist jedoch dennoch als Ermessensüberschreitung einzustufen, weil es nicht statthaft ist, den Betreuungsvertrag zu kündigen, wenn die Eltern privaten Dritten gegenüber mit Zahlungen im Rückstand sind. Nach § 54 S. 1 VwVfG kann ein Rechtsverhältnis auf dem Gebiet des öffentlichen Rechts begründet werden, soweit Rechtsvorschriften nicht entgegenstehen. Dieser Vorbehalt für die Zulässigkeit der Begründung des öffentlich-rechtlichen Vertragsverhältnisses gilt wegen des sich unter anderem aus Art. 20 Abs. 3 GG ergebenden Rechtsstaatsprinzips auch für die Auflösung durch eine Kündigung. Der Auflösung des öffentlich-rechtlichen Benutzungsverhältnisses stehen Rechtsvorschriften entgegenstehen.

Nach § 3 Abs. 1 KiFöG hat jedes Kind mit gewöhnlichem Aufenthalt im Land einen Anspruch auf Betreuung in einer Tageseinrichtung. Dieser Anspruch ist gemäß § 3 Abs. 3 S. 1 KiFöG gegen die Gemeinde gerichtet, in der das Kind seinen gewöhnlichen Aufenthalt hat. Ist G als mit der Erfüllung der Aufgaben nach Kinderförderungsgesetz zuständige Gebietskörperschaft zur Erfüllung des Betreuungsanspruchs von Gesetzes wegen verpflichtet, kann sie sich dieser Pflicht nicht entledigen, indem sie unverhältnismäßige Beschränkungen für den Zugang bzw. die Aufrechterhaltung des Zugangs zu der von ihr zur Erfüllung des Betreuungsanspruchs geschaffenen und unterhaltenen Kindertageseinrichtung regelt.

Dem könnte allerdings entgegenstehen, dass der Betreuungsanspruch nicht schrankenlos gewährt wird. Die Tageseinrichtungen erfüllen gemäß § 5 Abs. 1 S. 1 KiFöG einen eigenständigen alters- und entwicklungsspezifischen Betreuungs-, Bildungs- und Erziehungsauftrag im Rahmen einer auf die Förderung der Persönlichkeit des Kindes orientierten Gesamtkonzeption. Durch sie sollen die Gesamtentwicklung des Kindes altersgerecht gefördert und durch allgemeine und erzieherische Hilfen und Bildungsangebote die körperliche, geistige und seelische Entwicklung der Kinder angeregt, sowie deren Gemeinschaftsfähigkeit gefördert und Benachteiligungen ausgeglichen werden. Dabei gestalten die Träger der Einrichtungen die Umsetzung des Erziehungs- und Bildungsauftrages gemäß § 5 Abs. 3 S. 1 KiFöG in eigener Verantwortung. Gemäß § 5 Abs. 3 S. 2 KiFöG ist für jede Tageseinrichtung eine Konzeption zu erarbeiten und ständig fortzuschreiben.

Zudem ergibt sich aus § 13 S. 1 KiFöG, dass die Kinderbetreuung nicht eine ausschließlich aus Steuermitteln finanzierte staatliche Wohlfahrtsleistung darstellt. Vielmehr sind für die Inanspruchnahme der Tageseinrichtungen grundsätzlich Elternbeiträge zu erheben, durch die neben den Zuschüssen des Landes zu den laufenden Kosten nach Maßgabe des § 11 Abs. 3 KiFöG zur Kostendeckung der Einrichtung beigetragen wird. Deshalb ist es grundsätzlich nicht zu beanstanden, wenn der Träger der Einrichtung den Zugang zur Einrichtung und ihre Benutzung i.S.d. § 6 Abs. 1 S. 1 GO durch Satzung regelt und dabei von Bedingungen abhängig macht, durch die sichergestellt wird, dass die Einrichtungen die ihnen überantworteten Aufgaben sachgerecht wahrnehmen können. Auch diese Beschränkungen für den Zugang oder bei der Benutzung der Einrichtung müssen jedoch in Bezug auf den gesetzlich begründeten Betreuungsanspruch verhältnismäßig sein. Der Zugang zur Einrichtung darf deshalb nur beschränkt werden, wenn und soweit dies notwendig erscheint, um die Funktionsfähigkeit der Einrichtung sicherzustellen. Da in § 13 KiFöG die Mitfinanzierung der Einrichtung durch Elternbeiträge geregelt ist, ist es nicht zu beanstanden, wenn in der Satzung geregelt ist, dass das Benutzungsverhältnis beendet werden kann, wenn und soweit die Eltern ihren Pflichten zur Zahlung von Elternbeiträgen nicht genügen.

Es ist für die Funktionsfähigkeit der Einrichtung aber weder erforderlich, noch ist es verhältnismäßig im engeren Sinne, den Bestand des zwischen dem Träger der Einrichtung und dem Benutzer bestehenden öffentlich-rechtlichen Rechtsverhältnisses davon abhängig zu machen, ob der Benutzer privatrechtliche Zahlungspflichten Dritten gegenüber erfüllt. Wenn der Satzungsgeber in § 11 Abs. 3 S. 3, 4 TageseinBenS regelt, dass die Kosten für die in den Tageseinrichtungen bereitgestellten Getränke und Verpflegung von den Eltern zu tragen sind und auf privatrechtlicher Grundlage zwischen den Eltern und dem Essenslieferanten abzurechnen sind, ist es nicht Sache des Trägers der Einrichtung, darüber zu wachen, ob und inwieweit die Eltern ihren privatrechtlichen vertraglichen Verpflichtungen gegenüber dem Essenslieferanten nachkommen.

Nach alledem ist das Satzungsermessen seitens der G überschritten worden.

IV. Zwischenergebnis
Die Satzung ist rechtswidrig.

C. Ergebnis
Da die Satzung rechtswidrig ist, wird aufgrund des grundsätzlich rechtsstaatlich geltenden Nichtigkeitsdogmas mangels ersichtlicher Ausnahme die Nichtigkeit der Satzung gemäß § 47 Abs. 5 S. 2 VwGO allgemein verbindlich erklärt.

Allg. Verwaltungsrecht – Fall 19:
„Hotelsubventionen – da werden Sie geholfen!"

A betreibt einen großangelegten Hotelbetrieb im Bundesland L.

Für das in ihren Hotelbetrieben beschäftigte Personal beantragt A bei der zuständigen Behörde zur Durchführung einer „praxisorientierten Trainingsmaßnahme für Hotelpersonal" am 1.8. in ihrem Hotel eine Zuwendung bei der zuständigen Behörde. Die Maßnahme soll nach den Angaben der A dem Ziel dienen, Arbeitserfahrung zu vermitteln, um so die Wettbewerbsfähigkeit und damit Arbeitsplätze zu sichern. Als Summe wird insgesamt ein Betrag in Höhe von € 150.000,– angegeben. Für Unterkunft und Verpflegung im Hotel, dessen Inhaberin A ist, werden dabei Beträge in Höhe von € 100,– bzw. € 25,– pro Tag und Teilnehmer angesetzt.

Am 1.6. wird die Zuwendung an A seitens der Behörde unter Bezugnahme auf die Antragsunterlagen der A und den Haushaltsplan bewilligt und ausgezahlt. Dabei nimmt die Behörde unter anderem auf die Verwaltungsvorschriften des Landes Bezug. Der zuvor erlassene Subventionsbescheid enthielt eine ordnungsgemäße Rechtsmittelbelehrung.

In den Verwaltungsvorschriften des Landes ist jedoch einerseits zusätzlich vorgesehen, dass für die erbrachten Leistungen der Behörde zur Kontrolle eine Rechnung vorgelegt werden soll. Dieses Erfordernis soll bei Subventionsbescheiden durch eine Nebenbestimmung sichergestellt werden. Mit einer solchen Nebenbestimmung ist auch der Subventionsbescheid für A versehen. Andererseits ist es Zweck der Subvention, Eigenaufwendungen der Betroffenen zu decken.

Als die Behörde B am 1.11. von A Nachweise über die tatsächlich angefallenen Kosten in Form von Rechnungen verlangt, legt A bezüglich der Übernachtungen und der Verpflegung eine Aufstellung der in Anspruch genommenen Leistungen in ihrem Hotel vor – dies allerdings ohne Rechnung.

Am 1.7. des Folgejahres erlässt die Behörde daraufhin einen „Aufhebungsbescheid" – mittels dessen wird der Subventionsbescheid aufgehoben – sowie einen „Rückforderungsbescheid" – mittels dessen wird der ausgezahlte Betrag zurückgefordert –, in dem die Behörde einen Betrag in Höhe von € 100.000,– zurückfordert. Zur Begründung führt sie an, dass A keine Nachweise in Erfüllung der im Subventionsbescheid als „Auflage" bezeichneten Nebenbestimmung geliefert habe. Dies sei jedoch aufgrund ihrer Verwaltungsvorschriften notwendig gewesen, zumal dies der ständigen Verwaltungspraxis entspreche. In der Aufstellung der A sei hingegen ausschließlich der Empfang der Sachleistungen deklariert worden. Zudem habe A die Subvention zum Teil zweckentfremdet, weil sie für einen Betrag in Höhe von € 10.000,– den Garten des Hotels erweitert habe. Letzteres trifft zu, wobei die Behörde von der falschen Verwendung erst am 3.3. Kenntnis erlangt hatte.

A ist verärgert. Es sei ihr schließlich aufgrund der Natur der empfangenen Leistung und des Ziels zwar faktisch möglich gewesen, derartige Nachweise zu erbringen, jedoch sei dies sinnlos und mit dem Zweck der Subvention nicht vereinbar, sodass die Subventionsbewilligung insofern widersprüchlich sei. Eine Aufhebung komme somit nicht in Betracht. Zudem entspreche die Förderung gerade dem Förderungsziel der Verwaltungsvorschriften des Landes. Auch habe der zuständige Sachbearbeiter kurz nach der Auszahlung des Geldes, am 15.6., bereits Kenntnis von diesem Widerspruch erhalten. Das trifft zu. Zudem hat der zuständige Sachbearbeiter A in diesem Zusammenhang „vertraulich" erzählt, er halte die Subventionsbewilligung für rechtlich nicht haltbar. A habe aber aufgrund der klaren Behördenentscheidung darauf vertraut, die Zuwendung behalten zu dürfen. A trägt auch vor, dass bezüglich des Aufhebungsbescheides ein partieller Ermessensausfall insoweit anzunehmen sei, als ihre Situation im Einzelfall nicht berücksichtigt worden sei, weil sie durch die Aufgabe der Rechnungslegung dazu gezwungen würde, den Teilnehmern zunächst eine Rechnung auszustellen, sich die Beträge dann auszahlen zu lassen, um sie dann zurückzuzahlen. Der Ermessensausfall sei einheitlich auch bezüglich des für die Erweiterung des Gartens verwendeten Betrages in Höhe von € 10.000,– anzunehmen, zumal jedenfalls auch insoweit – auch das trifft zu – nicht alle für die Abwägung erheblichen Tatsachen bei der Ausübung des Ermessens berücksichtigt worden sind.

A erhebt Klage beim örtlich zuständigen Verwaltungsgericht. In dem Prozess führt die Behörde aus, dass A bezüglich des partiellen Ermessensausfalls zwar Recht habe, sie es aber dennoch für angebracht halte, wegen der fehlenden Nachweise die Subvention zu widerrufen. Es sei schließlich nicht prüfbar, ob Netto-Realkosten in der angegebenen Höhe tatsächlich entstanden sind. Des Weiteren führt sie aus, dass A selbst zugegeben hat, sie hätte die Trainingsmaßnahme auch ohne die Zuwendung durchgeführt. Zudem werde sie zu gegebener Zeit Gründe „nachschieben". Wird A mit ihrer Klage Erfolg haben?

Artikel 2 Verordnung (EG) Nr. 1998/2006: De-minimis-Beihilfen

[...]

(2) Die Gesamtsumme der einem Unternehmen gewährten De-minimis-Beihilfen darf in einem Zeitraum von drei Steuerjahren 200.000 EUR nicht übersteigen. Der Gesamtbetrag der De-minimis-Beihilfe an ein Unternehmen, das im Bereich des Straßentransportsektors tätig ist, darf in einem Zeitraum von drei Steuerjah-

ren 100.000 EUR nicht überschreiten. Diese Höchstbeträge gelten für De-minimis-Beihilfen gleich welcher Art und Zielsetzung und unabhängig davon, ob die von dem Mitgliedstaat gewährte Beihilfe ganz oder teilweise aus Gemeinschaftsmitteln finanziert wird. Der Zeitraum bestimmt sich nach den Steuerjahren, die für das Unternehmen in dem betreffenden Mitgliedstaat maßgebend sind.
[...]

Abwandlung

A erlangt die Subvention ohne die Nebenbestimmung der Behörde. Allerdings erhält sie statt eines Betrages in Höhe von € 150.000,– eine Subvention in Höhe von € 1.000.000,– aus einem vorgesehenen Subventionsetat in Höhe von € 500.000.000,– für großangelegte Praxisseminare. Die Kommission stellt einen Verstoß gegen die Artt. 107, 108 AEUV fest. Drei Jahre später fordert die zuständige Behörde die Subvention von A nach deren Anhörung zurück, obwohl dem zuständigen Amtswalter alle für die Aufhebung erforderlichen Rechtsgründe und Tatsachen bereits mit der Entscheidung der Kommission bekannt waren. A ist entsetzt. Sie habe – das trifft zu – die Subvention im Vertrauen auf deren Bestand bereits vollumfänglich ausgegeben. Sind der Aufhebungsbescheid und der Rückforderungsbescheid rechtmäßig, wenn die Subvention unwesentlich ist?

Zusatzfrage

Wie wirkt es sich auf den Vertrauensschutz beim Aufhebungsbescheid und beim Rückforderungsbescheid aus, wenn eine juristische Person des öffentlichen Rechts subventioniert wird?

Bearbeitungsvermerk

Auf etwaige Möglichkeiten der A, die Nebenbestimmung zu beseitigen, ist nicht einzugehen. Ausführungsvorschriften zu den §§ 61, 78 VwGO bestehen auf Landesebene nicht. Soweit Vorschriften des Verwaltungsverfahrensrechts maßgeblich sind, ist das Bundesrecht anwendbar. Gehen Sie davon aus, dass die formellen Voraussetzungen für den Subventionsbescheid, den Aufhebungsbescheid und für den Rückforderungsbescheid erfüllt sind. Unterstellen Sie, dass eine Rechnungslegung für Eigenaufwendungen nicht sinnvoll ist. Soweit es um Beihilfen in Höhe eines Betrages unter den in der EU-Verordnung genannten geht, sind sie mit den Artt. 107, 108 AEUV vereinbar.

§ 10 des Ausführungsgesetzes des Bundeslandes L zur VwGO
(1) Vor Erhebung einer Anfechtungsklage bedarf es einer Nachprüfung in einem Vorverfahren abweichend von § 68 Absatz 1 Satz 1 der Verwaltungsgerichtsordnung nicht. Vor Erhebung einer Verpflichtungsklage bedarf es einer Nachprüfung in einem Vorverfahren abweichend von § 68 Absatz 2 der Verwaltungsgerichtsordnung nicht.
[...]
(3) Absatz 1 Satz 1 ist nicht anwendbar auf im Verwaltungsverfahren nicht beteiligte Dritte, die sich gegen den Erlass eines einen anderen begünstigenden Verwaltungsaktes wenden. Dies gilt nicht,

1. wenn der Verwaltungsakt von einer Bezirksregierung erlassen worden ist, es sei denn, er ist auf dem Gebiet der Krankenhausplanung und -finanzierung ergangen,
2. bei Entscheidungen nach dem Arbeitsschutzgesetz und den dazu ergangenen Rechtsverordnungen,
3. bei Entscheidungen nach der Gewerbeordnung und den dazu ergangenen Rechtsverordnungen, soweit nicht Genehmigungen i.S.d. § 33a GewO betroffen sind,
4. bei Entscheidungen nach dem Geräte- und Produktsicherheitsgesetz und den dazu ergangenen Rechtsverordnungen,
5. bei Entscheidungen nach dem Arbeitszeitgesetz und den dazu ergangenen Rechtsverordnungen, [...]

Schwerpunkte
Rücknahme/Widerruf
Artt. 107, 108 AEUV
Subventionen

Vertiefung
vgl. BVerfG, Beschluss vom 22.10.1974 – 1 BvL 3/72 – BVerfGE 38, 121/12; BVerwGE 35, 159/161 ff.; § 48 Abs. 4 VwVfG: BVerwGE GS 70, 356; vgl. BVerwG NVwZ 1987, 498

Gliederung

1. Komplex: Aufhebung/Rückforderung (Ausgangskonstellation)
A. Sachurteilsvoraussetzungen (+)
    I. Rechtsweg (+)

II. Zuständigkeit (+)

III. Beteiligte (+)

IV. Statthafte Klageart

    1. Verwaltungsakt (+)

    2. Objektive Klagehäufung (+)

V. Besondere Sachurteilsvoraussetzungen (+)

    1. Besondere Prozessführungsbefugnis (+)

    2. Klagebefugnis (+)

    3. Vorverfahren (+)

    4. Klagefrist (+)

VI. Zwischenergebnis

B. Begründetheit (–)

    I. Aufhebungsbescheid

        1. Rechtswidrigkeit als Rücknahme (+)

            a) Rechtsgrundlage (+)

            aa) Generalklauseln der §§ 48, 49 VwVfG zur Aufhebung (+)

            bb) Rücknahme Geld- oder teilbarer Sachleistungen (+)

            b) Voraussetzungen (+)

            aa) Formelle Voraussetzungen (+)

            bb) Materielle Voraussetzungen (+)

            (1) Rechtsgrundlage (+/–)

            (a) Grundgesetz (–)

            (b) Verwaltungsrichtlinie (–)

            (c) Haushaltsplan (–)

            (d) Gesetzesvorbehalt/Gesetzesvorrang

            (aa) Grundrechte (–)

            (bb) Wesentlichkeit (–)

            (cc) Abgeschwächter Gesetzesvorbehalt (–)

            (dd) Zwischenergebnis

            (2) Voraussetzungen Gesetzesvorrang (+)

            (a) Formell (+)

            (b) Materiell (+)

            (aa) Haushaltsrecht (+)

            (bb) Unionsrecht (+)

            (cc) Art. 3 Abs. 1 GG i.V.m. der Richtlinie bzw. Verwaltungspraxis (+)

            (dd) Ermessensüberschreitung im Übrigen (+)

            (aaa) Rechtmäßigkeit der Nebenbestimmungen (–)

            (aaaa) Inhaltsbestimmung oder Nebenbestimmung

            (bbbb) Rechtsgrundlage (+)

(cccc) Voraussetzungen und Rechtsfolge (–)
(dddd) Zwischenergebnis
(bbb) Subvention ohne Nebenbestimmung (–)
(3) Zwischenergebnis
c) Rechtsfolge
aa) Vertrauensschutz gemäß § 48 Abs. 2 VwVfG
bb) Präklusion gemäß § 48 Abs. 4 S. 1 VwVfG (+)
d) Zwischenergebnis
2. Rechtswidrigkeit als Widerruf (+)
a) Rechtsgrundlage (+)
b) Voraussetzungen (+)
aa) Formelle Voraussetzungen (+)
bb) Materielle Voraussetzungen (+)
(1) Zweckwidrige VVerwendung (+)
(2) Auflagenverstoß (+)
(a) Art der Nebenbestimmung
(b) Beachtlichkeit der rechtswidrigen Nebenbestimmung (+)
c) Rechtsfolge
aa) Präklusion (–)
bb) Ermessensfehler im Übrigen (+)
II. Rückforderungsbescheid
III. Rechtsverletzung (+)
C. Ergebnis

2. Komplex: Abwandlung
I. Aufhebungsbescheid
1. Rechtsgrundlage (+)
2. Voraussetzungen (+)
a) Formelle Voraussetzungen (+)
b) Materielle Voraussetzungen (+)
aa) Rechtsgrundlage (+/–)
bb) Voraussetzungen Gesetzesvorrang (–)
(1) Formell (+)
(2) Materiell (+)
(a) Unionsrecht (–)
(b) Zwischenergebnis
3. Rechtsfolge
a) Vertrauensschutz gemäß § 48 Abs. 2 VwVfG (–)
b) Präklusion gemäß § 48 Abs. 4 S. 1 VwVfG (–)

3. Komplex: Zusatzfrage

Lösungsvorschlag

Die folgende Lösung ist als Lösungsvorschlag zu verstehen und ausführlicher, als es in der Klausurbearbeitung verlangt werden kann. Aufgrund der wissenschaftlichen Freiheit können andere Lösungswege vertreten werden, soweit sie dogmatisch begründbar sind. Die Nachweise aus Rechtsprechung und Literatur sowie die das Verständnis fördernden Randbemerkungen sind in der Examensklausur auszusparen. Die Abkürzung „Alt." steht für Alternativfall, nicht für Alternative.

1. Komplex: Aufhebung/Rückforderung (Ausgangskonstellation)
Die Klage der A hat jedenfalls Erfolg, soweit die Sachurteilsvoraussetzungen erfüllt sind und die Klage begründet ist.

A. Sachurteilsvoraussetzungen[1]
Die Sachurteilsvoraussetzungen können erfüllt sein.

---

1 Hinweis: Andere Aufbauvarianten werden vertreten (z.B. dreistufig oder Prüfung des Verwaltungsrechtsweges als Untergliederungspunkt der Zuständigkeit des Gerichts). Derartige Aufbauvarianten sind aber mit § 17a Abs. 2 GVG bzw. mit der Überschrift des 6. Abschnitts der VwGO sowie mit § 83 VwGO unvereinbar und daher bei exakter dogmatischer Zuordnung der Prüfungspunkte nicht zu empfehlen. Die Überschrift „Sachurteilsvoraussetzungen" anstelle der Überschrift „Zulässigkeit" ist sinnvoll, weil nach § 63 Nr. 3 VwGO auch der Beigeladene zu den Beteiligten gehört, das Fehlen einer notwendigen Beiladung i.S.d. § 65 Abs. 2 VwGO aber nur dazu führt, dass das Urteil keine materielle Rechtskraft entfaltet (zum Ganzen: Heinze/Starke JURA 2012, 175 ff.).

I. Rechtsweg

Der Verwaltungsrechtsweg kann aufgrund einer aufdrängenden Sonderzuweisung, hilfsweise gemäß der Generalklausel des § 40 Abs. 1 S. 1 VwGO eröffnet sein, soweit keine abdrängende Sonderzuweisung besteht. Gegebenenfalls wird ein Verweisungsbeschluss i.S.d. § 17a Abs. 2 GVG i.V.m. § 173 VwGO gefasst werden.

Mangels aufdrängender Sonderzuweisung bezüglich der Aufhebung sowie der Rückzahlung der Subvention kann der Verwaltungsrechtsweg nur gemäß § 40 Abs. 1 S. 1 VwGO eröffnet sein. Der Verwaltungsrechtsweg ist demnach jedenfalls eröffnet, wenn die streitentscheidende öffentlich-rechtliche Norm einen Hoheitsträger einseitig berechtigt oder verpflichtet bzw. wenn aufgrund typisch hoheitlichen Handelns zwischen den mutmaßlichen Beteiligten ein Subordinationsverhältnis besteht.

Da spezielle streitentscheidende Normen bezüglich der Aufhebung des Subventionsbescheides sowie der Rückzahlung nicht ersichtlich sind, kommen die §§ 48, 49 VwVfG als streitentscheidende Normen für die Aufhebung sowie § 49a VwVfG für die Rückzahlung in Betracht. Zudem handelt es sich bei der Aufhebung des Subventionsbescheides durch die Behörde um die Kehrseite des Erlasses des Subventionsbescheides, also um typisch hoheitliches Handeln im Subordinationsverhältnis. Abdrängende Sonderzuweisungen sind nicht ersichtlich, sodass der Verwaltungsrechtsweg eröffnet ist.

II. Zuständigkeit

Das Verwaltungsgericht ist gemäß § 45 VwGO als Eingangsinstanz sachlich zuständig, soweit die Voraussetzungen abweichender Regelungen wie z.B. die §§ 47, 50 VwGO etwa bei besonderen Verfahren – solche sind nicht ersichtlich – nicht erfüllt sind. Das Verwaltungsgericht ist mangels anderweitiger Anhaltspunkte örtlich i.S.d. § 52 VwGO zuständig, sodass kein Verweisungsbeschluss gemäß § 17a Abs. 2 GVG i.V.m. § 83 VwGO gefasst werden wird.[2]

III. Beteiligte

A und das Bundesland L als Körperschaft öffentlichen Rechts können Beteiligte des Verfahrens sein. Beteiligte sind nach § 63 Nr. 1, 2 VwGO unter anderem der

---

2 Die örtliche Zuständigkeit ist nur anzusprechen, wenn es dafür im Sachverhalt Anhaltspunkte gibt. Gegebenenfalls ist die örtliche Zuständigkeit grundsätzlich im Anschluss an die sachliche Zuständigkeit zu prüfen. Ist sie jedoch gemäß § 52 Nr. 2 VwGO ausnahmsweise von der Klageart abhängig, sollte sie offen mit Verweis auf § 17a Abs. 2 GVG i.V.m. § 83 VwGO formuliert werden.

Kläger und der Beklagte, beteiligungsfähig nach § 61 Nr. 1 Alt. 1, 2 VwGO natürliche und juristische Personen. Behörden sind im Bundesland L nicht i.S.d. § 61 Nr. 3 VwGO beteiligungsfähig. Als Klägerin ist gemäß § 61 Nr. 1 Alt. 1 VwGO A als natürliche Person beteiligungsfähig. A ist gemäß § 62 Abs. 1 Nr. 1 VwGO mangels gegenteiliger Anhaltspunkte prozessfähig.

Beklagte ist das Bundesland L als Gebietskörperschaft des öffentlichen Rechts, vertreten durch die zuständige Behörde. Sie ist gemäß den §§ 63 Nr. 2, 61 Nr. 1 Alt. 2 VwGO beteiligungs- und mangels Anhaltspunkten bezüglich des jeweils für die Behörde handelnden Organwalters gemäß § 62 Abs. 3, 1 VwGO prozessfähig.

IV. Statthafte Klageart
Die statthafte Klageart richtet sich i.S.d. § 88 VwGO nach dem klägerischen Begehren unter Berücksichtigung des Anwendungsvorrangs maßnahmespezifischer Rechtsschutzformen und des rechtsstaatlichen Grundsatzes der Effektivität des Rechtsschutzes. Dem klägerischen Begehren entspricht regelmäßig die effektivste Klageart, also nach Möglichkeit die Anfechtungsklage gemäß § 42 Abs. 1 Alt. 1 VwGO als Gestaltungsklage der Verwaltungsgerichtsordnung, es sei denn, es gibt einen Antrag, der nicht überschritten werden darf, weil das Begehren diesbezüglich ausdrücklich zum Ausdruck gebracht wird.

1. Verwaltungsakt
Eine Voraussetzung der Anfechtungsklage ist, dass der Kläger die Aufhebung eines gegenwärtig wirkenden Verwaltungsaktes erstrebt. Ein Verwaltungsakt ist gemäß § 35 S. 1 VwVfG i.V.m. § 1 VwVfG jede Verfügung, Entscheidung oder andere hoheitliche Maßnahme, die eine Behörde zur Regelung eines Einzelfalls auf dem Gebiet des öffentlichen Rechts trifft und die auf unmittelbare Rechtswirkung nach außen gerichtet ist.

Einerseits erstrebt A die Aufhebung des Aufhebungsbescheides, damit die ursprünglich zugesprochene Subvention wieder auflebt. Letztere erfolgte durch einen Subventionsbescheid mit der Folge, dass bei rechtsstaatlichem Handeln i.S.d. sich unter anderem aus Art. 20 Abs. 3 GG ergebenden Rechtsstaatsprinzips die Kehrseite – die Aufhebung der Subvention – auch als Einzelfallregelung mit Außenwirkung, also als Verwaltungsakt, einzustufen ist.

Auch die Rückforderung ist schon deshalb als Verwaltungsakt einzustufen, weil die Behörde ihn formell als solchen deklariert hat und sich rechtsstaatlich so behandeln lassen muss wie sie gehandelt hat und nicht wie sie hätte handeln müssen.

Sowohl der Aufhebungsbescheid, als auch der Rückforderungsbescheid stellen Verwaltungsakte dar.

2. Objektive Klagehäufung

Die beiden Klagen der A können durch eine objektive Klagehäufung verbindbar sein.[3] Die Grundregel für die objektive Klagehäufung stellt § 44 VwGO dar. Eine objektive Klagehäufung ist gemäß § 44 VwGO möglich, wenn sich die Klagen gegen denselben Beklagten richten, im Zusammenhang stehen und dasselbe Gericht zuständig ist. Zudem ist eine gleichzeitige Entscheidungsreife erforderlich, weil anderenfalls rechtsstaatswidrig und damit unter anderem entgegen Art. 20 Abs. 3 GG die Judikative entscheiden würde, obwohl das Verfahren der Exekutive noch nicht abgeschlossen wäre. Möglich sind i.S.d. § 44 VwGO somit die kumulative Klagehäufung sowie die eventuale Klagehäufung in Form eines Haupt- und eines Hilfsantrages. Während eine alternative Klagehäufung mangels Bestimmtheit des Klageantrages nicht möglich ist, ist eine objektive Klagehäufung der Stufenklage grundsätzlich ausgeschlossen, weil aufgrund des Erfordernisses, zunächst über die erste Stufe zu entscheiden, keine gleichzeitige Entscheidungsreife besteht.

A verfolgt zwei Anfechtungsbegehren, die allerdings in einem Stufenverhältnis voneinander abhängig sind. Die Aufhebung des Rückforderungsbescheides ist von der Aufhebung des Subventionsbescheides abhängig, weil der Subventionsbescheid den Rechtsgrund für die Zahlung darstellt. Somit könnte es wegen des Stufenverhältnisses an der gleichzeitigen Entscheidungsreife fehlen.[4]

---

3 Beide Klagen können zusammen geprüft werden. Die Klageverbindung – § 113 Abs. 4 VwGO stellt eine Ausnahme vom grundsätzlichen Verbot der Stufenklage dar – ist aber keine Zulässigkeitsvoraussetzung, sodass dies nur im Rahmen der Überschrift „Sachurteils-/Sachentscheidungsvoraussetzungen" möglich ist. Sollte einmal nach der Zulässigkeit und Begründetheit einer Klage gefragt sein, dürften bei genauer Beantwortung der Fallfrage weder die Beiladung i.S.d. § 65 VwGO noch die Klageverbindung i.S.d. §§ 44, 113 Abs. 1 S. 2, 113 Abs. 4 VwGO in der Falllösung geprüft werden.

4 Die Stufenklage ist gemäß § 44 VwGO mangels gleichzeitiger Entscheidungsreife nicht erlaubt. Soweit das BVerwG bezüglich der Prozesszinsen in der 2. Stufe mit Verweis auf den BFH dennoch davon ausgeht, sind Prozesszinsen als Eigenart der Verzögerung durch den Prozess einerseits nicht mit einer originären Leistung einer Behörde vergleichbar, andererseits müsste dies dann konsequent für alle Stufenverhältnisse (auch bei Leistung in beiden Stufen wie z.B. bei Subventionen) gelten. Dies würde eine unzulässige Durchbrechung der Gewaltenteilung darstellen, da der Verwaltungsakt in der 1. Stufe nicht vom Gericht erlassen werden kann. Zudem würde § 113 Abs. 4 VwGO dann i.d.R. nur noch die Funktion zukommen, das Vorverfahren in der 2. Stufe verzichtbar werden zu lassen. Dies hätte der Gesetzgeber aber dann ausdrücklich

Stufenklagen können gemäß den Spezialregelungen der §§ 113 Abs. 1 S. 2 VwGO, 113 Abs. 4 VwGO als Ausnahmen vom grundsätzlichen Verbot der Stufenklage dennoch möglich sein. Während von § 113 Abs. 4 VwGO als gegenüber § 113 Abs. 1 S. 2 VwGO allgemeinerer Regelung Konstellationen erfasst sind, in denen ein materiell-rechtlicher Anspruch, der nicht Vollzugsfolgenbeseitigungsanspruch ist, prozessual mit einer Anfechtungsklage in der ersten Stufe verknüpft werden soll, sind von § 113 Abs. 1 S. 2 VwGO solche Konstellationen erfasst, in denen materiell-rechtlich ein Vollzugsfolgenbeseitigungsanspruch auf der zweiten Stufe mit der Anfechtungsklage auf der ersten Stufe verknüpft werden soll. In beiden Normen wird in der ersten Stufe jedoch eine Anfechtungsklage als Gestaltungsklage der Verwaltungsgerichtsordnung vorausgesetzt, weil das Gericht nur insoweit in der ersten Stufe mit Rechtskraft des Urteils selbst verbindlich gestalten kann, sodass keine unzulässige Durchbrechung der Gewaltenteilung seitens der Judikative in Bereichen der Exekutive erfolgt.

A erstrebt mit der Aufhebung der Rückzahlungsforderung in der zweiten Stufe keine Vollzugsfolgenbeseitigung, weil der Rückzahlungsbescheid nicht als unmittelbar zurechenbare Folge der Aufhebung des Subventionsbescheides einzustufen ist, sondern auf ein gesondertes Zwischenhandeln der Behörde abstellt. Somit kommt eine prozessuale Verknüpfung der beiden Begehren der A nach § 113 Abs. 1 S. 2 VwGO nicht in Betracht.

Somit könnte sich die Möglichkeit einer objektiven Klagehäufung für A aus § 113 Abs. 4 VwGO ergeben. Dazu bedürfte es jedoch in der zweiten Stufe einer Leistungsklage, während A zwei Anfechtungs-, also Gestaltungsbegehren verfolgt. § 113 Abs. 4 VwGO könnte somit allenfalls analog anwendbar sein. Dazu bedürfte es einer planwidrigen Regelungslücke bei vergleichbarer Interessenlage. Eine Regelungslücke besteht nicht, falls eine passende gesetzliche Regelung besteht. Insoweit kommt § 44 VwGO in Betracht, wenngleich keine gleichzeitige Entscheidungsreife besteht. Die gleichzeitige Entscheidungsreife ist kein in § 44 VwGO geregeltes Tatbestandsmerkmal, sondern wird mittels verfassungskonformer Auslegung i.S.d. sich unter anderem aus Art. 20 Abs. 3 GG ergebenden Rechtsstaatsprinzips zur Vermeidung einer unzulässigen Durchbrechung der Gewaltenteilung regelmäßig in die Norm hineingelesen.

---

geregelt, zumal zumindest das Vorverfahren im Beamtenrecht i.S.d. § 54 Abs. 2 BeamtStG und des § 126 Abs. 2 BBG nicht durch die allgemeine Norm des § 113 Abs. 4 VwGO ausgehebelt werden darf. Somit sind Stufenklagen nur in den Ausnahmen nach § 113 Abs. 1 S. 2 und Abs. 4 VwGO sowie bei 2 Anfechtungsklagen (z.B. vollstreckbarer Verwaltungsakt und Androhung im Stufenverhältnis) möglich (bei 2 Anfechtungen im Stufenverhältnis nach h.M. direkt § 44 VwGO bei „Nichtanwendung" der „gleichzeitigen Entscheidungsreife" i.S.d. Art. 20 Abs. 3 GG – nicht analog § 113 Abs. 4 VwGO).

Bevor nunmehr § 44 VwGO aufgrund einer nicht explizit geregelten Voraussetzung nicht angewendet wird, somit eine Regelungslücke entsteht und eine analoge Anwendung des § 113 Abs. 4 VwGO notwendig wird, ist § 44 VwGO entsprechend seinem Wortlaut ohne das Merkmal der gleichzeitigen Entscheidungsreife anwendbar, solange dies verfassungsgemäß ist. Soweit es sich um zwei Anfechtungsklagen handelt, die in einem Stufenverhältnis stehen, droht keine unzulässige Durchbrechung der Gewaltenteilung. Es handelt sich jeweils um eine Gestaltungsklage, sodass vor der Entscheidung über die zweite Stufe durch das Gericht nach der Entscheidung über die erste Stufe kein Zwischenhandeln der Verwaltung erforderlich ist, da der Verwaltungsakt in der ersten Stufe mit Rechtskraft des Urteils i.S.d. § 121 VwGO aufgehoben wird.

Nach alledem sind die zwei Anfechtungsklagen der A trotz des Stufenverhältnisses objektiv gemäß § 44 VwGO und nicht analog § 113 Abs. 4 VwGO zu verbinden.

V. Besondere Sachurteilsvoraussetzungen

Die besonderen Sachurteilsvoraussetzungen können erfüllt sein.

1. Besondere Prozessführungsbefugnis

Besonders prozessführungsbefugt ist gemäß § 78 Abs. 1 Nr. 1 VwGO das die Bescheide erlassene Bundesland L als Körperschaft öffentlichen Rechts, da keine Ausführungsvorschrift i.S.d. § 78 Abs. 1 Nr. 2 VwGO ersichtlich ist.

2. Klagebefugnis

A muss klagebefugt sein. Die Klagebefugnis nach § 42 Abs. 2 VwGO setzt die Möglichkeit der Verletzung eines subjektiven Rechts voraus. Subjektive Rechte leiten sich aus Sonderrechtsbeziehungen, einfachen Gesetzen, subsidiär aus Grundrechten ab, wobei jedenfalls aufgrund des weiten Schutzbereiches des Art. 2 Abs. 1 GG bei unmittelbaren Grundrechtseingriffen für das subjektive Recht direkt auf Grundrechte abgestellt werden kann. A ist Adressatin zweier Bescheide. Inwieweit der Aufhebungsbescheid einen Grundrechtseingriff darstellt – die Modifizierung bzw. Aufhebung einer Leistung ist nicht immer als unmittelbarer Eingriff einzustufen, sondern nur, falls durch die Leistung eine grundrechtsfähige Position z.B. in Form einer Eigentumsdefinition i.S.d. Art. 14 Abs. 1 S. 2 GG erfolgt –, ist irrelevant, weil durch den ursprünglichen Subventionsbescheid jedenfalls eine Sonderrechtsbeziehung und damit eine Position für A geschaffen worden ist, welche durch die Aufhebung des Subventionsbescheides beeinträchtigt wird. Es besteht diesbezüglich also zumindest die Möglichkeit der Rechtsverletzung.

Durch den Rückerstattungsbescheid wird A möglicherweise in ihrem Grundrecht auf allgemeine Handlungsfreiheit aus Art. 2 Abs. 1 GG verletzt, weil sie mit ihrem geldwerten Vermögen nicht wie gewünscht agieren kann. A ist klagebefugt.

3. Vorverfahren

Ein Vorverfahren ist gemäß § 68 Abs. 1 S. 1 VwGO grundsätzlich durchzuführen. Gemäß § 68 Abs. 1 S. 2 Alt. 1 VwGO i.V.m. § 10 Abs. 1 S. 1 AG VwGO des Landes L ist es jedoch bei Anfechtungsklagen – so bei A – entbehrlich, da eine Rückausnahme i.S.d. § 68 Abs. 1 S. 2 Alt. 1 VwGO i.V.m. § 10 Abs. 3 AG VwGO nicht ersichtlich ist.

4. Klagefrist

Die Klagefrist von einem Monat gemäß § 74 Abs. 1 S. 2 VwGO seit Bekanntgabe des Verwaltungsaktes ist mangels gegenteiliger Anhaltspunkte eingehalten worden.

VI. Zwischenergebnis

Die Sachurteilsvoraussetzungen sind erfüllt und die Klagen der A sind zulässig.

B. Begründetheit

Die Klagen sind gemäß § 113 Abs. 1 S. 1 VwGO begründet, soweit die Verwaltungsakte rechtswidrig sind und die Klägerin dadurch in ihren Rechten verletzt ist.

I. Aufhebungsbescheid

Der Aufhebungsbescheid kann rechtswidrig sein.

1. Rechtswidrigkeit als Rücknahme

Der Aufhebungsbescheid kann als Rücknahme rechtswidrig sein. Während rechtswidrige Verwaltungsakte grundsätzlich zurückgenommen werden, werden rechtmäßige Verwaltungsakte widerrufen. Da die Rücknahme unter geringeren Voraussetzungen möglich ist, ist eine solche primär maßgeblich.

a) Rechtsgrundlage

Fraglich ist, welche Rechtsgrundlage für die Aufhebung des Subventionsbescheides in Betracht kommt.

aa) Generalklauseln der §§ 48, 49 VwVfG zur Aufhebung[5]

Mangels einer ersichtlichen Spezialregelung für die Aufhebung von Subventionsbescheiden sind die Generalklauseln der §§ 48, 49 VwVfG maßgeblich.[6] Während gemäß § 49 VwVfG die Aufhebung rechtmäßiger Verwaltungsakte, also der Widerruf, möglich ist – zu unterscheiden ist bezüglich der maßgeblichen Absätze der Regelung zwischen belastenden Verwaltungsakten sowie

---

5 **System der §§ 48, 49 VwVfG:**
   Rechtsgrundlage für die Rücknahme ist immer § 48 Abs. 1 S. 1 VwVfG mit unterschiedlichem Vertrauensschutz, wobei auch für die Vergangenheit zurückgenommen werden kann. Bei belastenden Verwaltungsakten besteht kein Vertrauensschutz, bei Geld- oder teilbaren Sachleistungen auf der Primärebene i.S.d. § 48 Abs. 1 S. 2 VwVfG i.V.m. § 48 Abs. 2 VwVfG, bei sonstigen Begünstigungen auf der Sekundärebene gemäß § 48 Abs. 3 VwVfG.
   Rechtsgrundlage beim Widerruf:
   – bei Belastungen § 49 Abs. 1 VwVfG ohne Vertrauensschutz für die Zukunft
   – bei Geld- oder teilbaren Sachleistungen primär § 49 Abs. 3 S. 1 VwVfG auch für die Vergangenheit (Vertrauensschutz auf der Primärebene mittels der Voraussetzungen), sekundär ergänzend § 49 Abs. 2 VwVfG für die Zukunft (Vertrauensschutz auf der Sekundärebene gemäß § 49 Abs. 6 VwVfG)
   – bei sonstigen Begünstigungen gemäß § 49 Abs. 2 VwVfG für die Zukunft (Vertrauensschutz auf der Sekundärebene gemäß § 49 Abs. 6 VwVfG).
6 Teilweise wird zur Bestimmung der Rechtsgrundlage (z.B. § 48 oder § 49 VwVfG) eine Vorprüfung bezüglich der Rechtswidrigkeit des aufgehobenen Bescheides empfohlen. Das erscheint nicht vertretbar, weil eine Vorprüfung – so im Übrigen auch beim Versuch im Strafrecht – nicht im Gesetz steht. Daher ist es sinnvoll, mit einer Rechtsgrundlage zu beginnen und bei Nichterfüllung der Voraussetzungen die nächste Rechtsgrundlage zu prüfen. § 48 VwVfG sollte stets vor § 49 geprüft werden, weil einerseits die Voraussetzungen für die Aufhebung eines rechtswidrigen Bescheides geringer sind als die für die Aufhebung eines rechtmäßigen Bescheides. Andererseits kann ein aufgehobener Verwaltungsakt rechtswidrig sein, ohne dass die Voraussetzungen des § 48 VwVfG erfüllt sind. Dann ist es denkbar, dass der Verwaltungsakt analog § 49 VwVfG aufgehoben werden kann, denn wenn schon ein rechtmäßiger Verwaltungsakt aufgehoben werden kann, gilt das erst recht für einen rechtswidrigen Verwaltungsakt. Insoweit erscheint es übersichtlicher zunächst § 48 VwVfG, dann § 49 VwVfG und analog § 49 VwVfG zu prüfen als mit der direkten Anwendung des § 49 VwVfG zu beginnen, dann § 48 VwVfG zu erörtern, um analog § 49 VwVfG wieder eine andere Norm zu prüfen.

solchen, durch die eine teilbare Geld- oder Sachleistung gewährt wird, und sonstigen Begünstigungen –, können mittels der Regelung des § 48 VwVfG rechtswidrige Verwaltungsakte aufgehoben, also zurückgenommen werden, wobei ebenfalls zwischen belastenden Verwaltungsakten sowie solchen, durch die eine teilbare Geld- oder Sachleistung gewährt wird, und sonstigen Begünstigungen zu unterscheiden ist. Da rechtswidrige Verwaltungsakte unter geringeren Voraussetzungen aufhebbar sind, ist primär eine Aufhebung gemäß § 48 VwVfG maßgeblich.

Während bei belastenden Verwaltungsakten und bei Begünstigungen, die nicht als Geld- oder teilbare Sachleistung einzustufen sind, § 48 Abs. 1 S. 1 VwVfG als Rechtsgrundlage für die Aufhebung maßgeblich ist – bei derartigen Begünstigungen stellt die Regelung des § 48 Abs. 3 S. 1 VwVfG keine Rechtsgrundlage für die Aufhebung auf der Primärebene, sondern nur eine Ausgleichsregelung auf der Sekundärebene dar –, ist die Zuordnung der Rechtsgrundlage zur Rücknahme Geld- oder teilbarer Sachleistungen – eine solche hat A in Form der Subvention erhalten –problematisch.

bb) Rücknahme Geld- oder teilbarer Sachleistungen
Jedenfalls kommt § 48 Abs. 2 VwVfG nicht als Rechtsgrundlage in Betracht. Einerseits ist in § 48 Abs. 2 S. 1 VwVfG nur geregelt, wann ein Verwaltungsakt nicht zurückgenommen werden darf, andererseits sind dort die Termini „Abwägung" und „öffentliches Interesse" benannt, welche für einen Tatbestand i.S.d. sich unter anderem aus Art. 20 Abs. 3 GG ergebenden Rechtsstaatsprinzips zu unbestimmt sind.

§ 48 Abs. 1 S. 2 VwVfG könnte daher als Rechtsgrundlage maßgeblich sein. Insoweit fehlt es aber an einem rechtsstaatlich erforderlichen Tatbestandsmerkmal, weil dort das Erfordernis der Rechtswidrigkeit nicht geregelt ist. Möglich erscheint es, als Rechtsgrundlage daher § 48 Abs. 1 S. 2 VwVfG i.V.m. § 48 Abs. 2 VwVfG einzustufen. Allerdings fehlt in § 48 Abs. 1 S. 2 VwVfG das maßgebliche Tatbestandmerkmal, welches zwar in § 48 Abs. 2 VwVfG enthalten ist, welcher jedoch im Übrigen für einen Tatbestand zu unbestimmt ist.[7]

Nach alledem ist § 48 Abs. 1 S. 1 VwVfG auch bezüglich der Rücknahme Geld- bzw. teilbarer Sachleistung die maßgebliche Rechtsgrundlage mit der Besonderheit des Vertrauensschutzes gemäß § 48 Abs. 1 S. 2 VwVfG i.V.m. § 48 Abs. 2 VwVfG in der Rechtsfolge auf der Primärebene.

§ 48 Abs. 1 S. 1 VwVfG kommt als Rechtsgrundlage in Betracht.

---

7 Es ist vertretbar, § 48 Abs. 1 S. 2 VwVfG i.V.m. § 48 Abs. 2 VwVfG als Rechtsgrundlage einzustufen.

516 — Allgemeines Verwaltungsrecht

b) Voraussetzungen

Die Voraussetzungen des § 48 Abs. 1 S. 1 VwVfG könnten erfüllt sein.

aa) Formelle Voraussetzungen

Die formellen Voraussetzungen für den Erlass des Aufhebungsbescheides sind erfüllt. Insbesondere gilt dies soweit erforderlich für die Zuständigkeit gemäß § 48 Abs. 5 VwVfG i.V.m. § 3 VwVfG.

bb) Materielle Voraussetzungen

Die materiellen Voraussetzungen des § 48 Abs. 1 S. 1 VwVfG könnten erfüllt sein. Materiell wird ein rechtswidriger Verwaltungsakt vorausgesetzt. Der aufgehobene Subventionsbescheid müsste somit rechtswidrig sein. Die Zweckentfremdung des Betrages in Höhe von € 10.000,– ist bezüglich der Voraussetzungen des § 48 Abs. 1 S. 1 VwVfG hingegen irrelevant, weil ein über die Rechtswidrigkeit hinausgehender Rücknahmegrund – vergleichbar § 49 Abs. 3 S. 1 VwVfG – für die Rücknahme nicht erforderlich ist.

(1) Rechtsgrundlage

Es könnte eine Rechtsgrundlage für die Subvention bestehen, die anzuwenden wäre.

(a) Grundgesetz

Aus dem Grundgesetz kommen als Rechtsgrundlagen allenfalls Art. 74 Abs. 1 Nr. 11 GG und Art. 110 Abs. 1 GG in Betracht. Während Art. 74 Abs. 1 Nr. 11 GG nur die Gesetzgebungskompetenzen als Zuständigkeitsregelung betrifft, sind in Art. 110 Abs. 1 GG Vorgaben für die Aufstellung des Haushaltsplanes enthalten, sodass beide Normen keine Rechtsgrundlagen darstellen.

(b) Verwaltungsrichtlinie

Die Verwaltungsrichtlinie zur Subventionierung stellt keine Rechtsgrundlage dar, weil eine derartige Verwaltungsvorschrift unmittelbar nur behördenintern wirkt (BVerwGE 58, 45/49), sodass es für deren Einordnung als Rechtsgrundlage an einer Außenwirkung für den Bürger fehlt.

(c) Haushaltsplan

Möglicherweise ist der Haushaltsplan die maßgebliche Rechtsgrundlage für den Erlass eines Subventionsbescheides. Dann müsste das Haushaltsrecht jedoch Außenwirkung haben. Maßstab für das Haushaltsrecht ist das Haushaltsgrundsätzegesetz, welches gemäß § 1 Abs. 1 S. 1, 2 HGrG für den Bund und die Länder gilt. Gemäß § 3 Abs. 1 HGrG wird zwar die Verwaltung durch den Haushaltsplan intern ermächtigt, Ausgaben zu leisten und Verpflichtungen einzugehen, jedoch werden gemäß § 3 Abs. 2 HGrG im Außenverhältnis zum Bürger Ansprüche oder Verbindlichkeiten weder begründet noch aufgehoben. Somit stellt ein Haushaltsplan im Außenverhältnis zum Bürger keine Rechtsgrundlage für einen Subventionsbescheid dar.

(d) Gesetzesvorbehalt/Gesetzesvorrang

Da eine anwendbare Rechtsgrundlage nicht ersichtlich ist, ist maßgeblich, ob i.S.d. Gesetzesvorbehaltes eine Rechtsgrundlage erforderlich ist. Sollte keine Rechtsgrundlage erforderlich sein, darf durch ein Verwaltungshandeln lediglich nicht gegen rechtliche Vorgaben verstoßen werden. Es gilt dann nur der Vorrang des Gesetzes. Neben dem aus rechtsstaatlichen Gründen i.S.d. Art. 20 Abs. 3 GG stets geltenden Vorrang des Gesetzes gilt der Vorbehalt mit dem Erfordernis einer Ermächtigungsgrundlage nur, wenn es im Grundgesetz bzw. in der Landesverfassung ausdrücklich vorgeschrieben ist – etwa bei Verordnungen z.B. in Art. 80 Abs. 1 GG – oder bei Grundrechtseingriffen sowie in sonst wesentlichen Konstellationen. Im Übrigen ist eine Grundlage anzuwenden, die der Gesetzgeber geschaffen hat, wenngleich der Gesetzgeber sie nicht hätte schaffen müssen. Diese Rechtsgrundlage ist jedoch von der Exekutive in einer rechtsstaatlichen Demokratie wegen der Gesetzesbindung der Verwaltung gemäß Art. 20 Abs. 3 GG anzuwenden. Da eine derartige Rechtsgrundlage nicht ersichtlich ist, kann sich das Erfordernis einer Ermächtigungsgrundlage nur aufgrund eines Grundrechtseingriffes oder sonstiger Wesentlichkeit der Konstellation ergeben. Ob eine Rechts- bzw. Ermächtigungsgrundlage erforderlich ist, ist grundsätzlich objektiv bezüglich der verfassungsrechtlichen Grundlagen zu ermitteln, sodass es für die Ermittlung der Notwendigkeit einer Rechtsgrundlage für die Subvention nicht nur auf die Grundrechte der A ankommt.

(aa) Grundrechte

Eine Rechts- bzw. Ermächtigungsgrundlage wäre erforderlich, soweit z.B. mittelbar in Grundrechte anderer eingegriffen würde. Das wäre unter Umständen bei Pressesubventionen wegen der in der Demokratie schlechthin konstituierenden Pressefreiheit gemäß Art. 5 Abs. 2 Alt. 1 GG oder bei intensiven wettbewerbsverzerrenden Subventionen bezüglich der Berufsfreiheit gemäß Art. 12 Abs. 1 GG bzw. der Wettbewerbsfreiheit i.S.d. Art. 2 Abs. 1 GG anzunehmen. Da derartige Grundrechtseingriffe jedoch nicht ersichtlich sind, gilt der Vorbehalt des Gesetzes nicht aufgrund der Grundrechte.

(bb) Wesentlichkeit
Da die Subvention an die A auch nicht sonst wesentlich im Sinne einer praktischen Konkordanz zwischen dem Demokratie- und dem Rechtsstaatsprinzip aus Art. 20 Abs. 2 und Abs. 3 GG ist, ergibt sich auch insoweit nicht das Erfordernis einer Ermächtigungsgrundlage.

(cc) Abgeschwächter Gesetzesvorbehalt
Weil die Voraussetzungen für das Erfordernis einer Grundlage nicht erfüllt sind und das Haushaltsrecht keine Außenwirkung entfaltet, bedarf es nach alledem keiner Grundlage, sodass nur der Vorrang des Gesetzes gilt. Eine Anwendung des Haushaltsrechts als abgeschwächte Rechtsgrundlage in einem abgeschwächten Gesetzesvorbehalt wäre nicht nur systemwidrig, sondern auch gesetzeswidrig, da eine derartige Annahme gegen § 3 Abs. 2 HGrG verstoßen würde.

(dd) Zwischenergebnis
Nach alledem gilt nur der Vorrang des Gesetzes mit der Folge, dass es keiner Rechts- bzw. Ermächtigungsgrundlage bedarf.[8]

(2) Voraussetzungen Gesetzesvorrang
Die Voraussetzungen für eine Subvention können erfüllt sein.

---

8 Da bei Subventionen i.d.R. nur der Vorrang des Gesetzes gilt (Ausnahme: mittelbare Grundrechtseingriffe etc. – z.B. bei Pressesubvention), müsste dies eigentlich auch in Leistungsfällen konsequent umgesetzt werden. Der Anspruch ergäbe sich dann eigentlich aus subjektiviertem Ermessen, während Erwägungen zu Art. 3 Abs. 1 GG i.V.m. anderen Aspekten lediglich zur Lenkung des sich aus dem Vorrang des Gesetzes ergebenden subjektivierten Ermessens führen dürften. Wenngleich dogmatisch nicht korrekt, wird in Leistungskonstellationen häufig Art. 3 Abs. 1 GG als Anspruchsgrundlage genannt.

(a) Formell

Die formellen Voraussetzungen bezüglich des Subventionsbescheides sind erfüllt.

(b) Materiell

Materiell bestehen mangels Grundlage auch keine tatbestandlichen Voraussetzungen, sodass nur eine Reduktion des subjektivierten Ermessens in Betracht kommt. Als ermessenslenkende Aspekte sind bei Subventionen das Haushaltsrecht, das Unionsrecht sowie Art. 3 Abs. 1 GG i.V.m. der Verwaltungspraxis in Gestalt von Richtlinien bzw. der tatsächlichen Verwaltungspraxis zu berücksichtigen, wobei bereits durch die erstmalige Praktizierung eine antizipierte Verwaltungspraxis begründet werden kann. Aus dem Haushaltsrecht ergibt sich gleichzeitig ein intendiertes Ermessen i.S.d. Wirtschaftlichkeit und Sparsamkeit nach § 6 Abs. 1 HGrG.

(aa) Haushaltsrecht

Zwar gilt das Haushaltsrecht gemäß § 3 Abs. 2 HGrG nicht unmittelbar im Außenverhältnis zum Bürger (vgl. BVerfG, Beschluss vom 22.10.1974 – 1 BvL 3/72 – BVerfGE 38, 121/126), jedoch ist es aufgrund der sich unter anderem aus § 3 Abs. 1 HGrG ergebenden internen Bindung der Verwaltung im Subventionsermessen im Rahmen einer mittelbaren Außenwirkung zu berücksichtigen. Die Subvention an A ist aber vom Haushaltsplan gedeckt, sodass ein Verstoß gegen diesen nicht erfolgt und somit insoweit eine Ermessensreduktion nicht ersichtlich ist.

(bb) Unionsrecht

Das Subventionsermessen kann durch das Unionsrecht, insbesondere durch die als primäres Unionsrecht national unmittelbar geltenden Artt. 107, 108 AEUV reduziert sein, weil das Unionsrecht wegen des Anwendungsvorranges des Unionsrechts, der sich aus dem jeweiligen nationalen Rechtsanwendungsbefehl in Form des jeweiligen Zustimmungsgesetzes zur Übertragung der Hoheitsgewalt auf die Europäische Union i.V.m. Art. 23 GG bzw. aus dem Grundsatz der effektiven Umsetzung des Unionsrechts ergibt, die Nichtanwendung oder Auslegung des nationalen Rechts zur Folge haben kann. Die EU-Kommission hat bei Subventionen ab einer bestimmten Höhe einen abschließenden Beschluss gemäß § 108 Abs. 3 S. 3 AEUV zu fassen, soweit es sich um einen Wirtschaftszweig i.S.d. Art. 107 Abs. 1 AEUV handelt.

Ein Verstoß gegen Art. 107 Abs. 1 AEUV erfolgt, soweit durch staatliche oder aus staatlichen Mitteln gewährte Beihilfen gleich welcher Art, mittels derer durch die Begünstigung bestimmter Unternehmen oder Produktionszweige der Wettbewerb verfälscht wird oder verfälscht zu werden droht, der Handel zwischen Mitgliedstaaten im Binnenmarkt beeinträchtigt wird.

Die Subvention zugunsten der A müsste von den Artt. 107, 108 AEUV bezüglich eines Kommissionsbeschlusses i.S.d. Art. 108 Abs. 3 S. 3 AEUV erfasst sein, da Beihilfen unter dem Betrag mit dem Unionsrecht vereinbar sind. Dazu müsste sie einen bestimmten Betrag übersteigen. Die Höhe der Beträge, die insoweit unbeachtlich sind – De-minimis-Beihilfen – ergibt sich für die Hotelbranche aus Art. 2 Abs. 2 S. 1 Verordnung (EG) Nr. 1998/2006, die auf Art. 108 Abs. 4 AEUV bzw. Art. 109 AEUV beruht. Danach ist eine Subvention in Höhe von € 200.000,– über drei Steuerjahre unbeachtlich. A erhält insgesamt einen Betrag in Höhe von € 150.000,–, sodass es sich um keine Subvention gemäß Art. 107 Abs. 1 AEUV handelt. Die zugunsten der A erfolgte Subvention ist mit dem Unionsrecht somit vereinbar.[9]

(cc) Art. 3 Abs. 1 GG i.V.m. der Richtlinie bzw. Verwaltungspraxis

Die Subvention könnte aufgrund der Beachtlichkeit der Richtlinie bzw. der Verwaltungspraxis im Rahmen des durch den Grundsatz der Wirtschaftlichkeit und Sparsamkeit im Rahmen des gemäß Art. 6 Abs. 1 GG intendierten Subventionsermessens rechtswidrig sein.

Die Verwaltung könnte durch die Vorgaben in der Richtlinie als Ausdruck der Verwaltungspraxis an diese gebunden sein. Die Richtlinie ist in Verbindung mit dem allgemeinen Gleichheitsgrundsatz gemäß Art. 3 Abs. 1 GG mittelbar im Außenverhältnis zu berücksichtigen (BVerwGE 35, 159/161 ff.).

Durch eine Verwaltungsrichtlinie wird grundsätzlich die Verwaltungspraxis vorgegeben, welche die Verwaltung auszuüben hat. Vergleichbare Antragsteller können daran teilhaben – soweit die Richtlinie nicht rechtswidrig ist, da im Unrecht keine Gleichbehandlung verlangt werden kann – und andere Antragsteller können die Unterlassung der Praxis verlangen, soweit ihre subjektiven Rechte tangiert werden und insoweit jemand von einer Verwaltungspraxis begünstigt wird, obwohl er von ihr eigentlich nicht betroffen ist.

Weicht die Verwaltung in der Praxis von einer Richtlinie ab, stellt die Praxis das „Recht" dar und die Richtlinie wird durch sie überlagert, soweit die tatsäch-

---

9 Im Bearbeitungsvermerk steht, dass Beihilfen unter dem Höchstbetrag mit Unionsrecht vereinbar sind.

liche Verwaltungspraxis nicht ihrerseits rechtswidrig ist. Das gilt auch bei erst-maliger Abweichung von einer Richtlinie, soweit die Verwaltungspraxis geän-dert wird. Eine solche Änderung ist der Behörde jederzeit möglich, soweit sie nicht rechtsstaatswidrig willkürlich ist.

In der Richtlinie des Landes ist die Subvention dem Grunde nach zum Aus-gleich der Eigenaufwendungen vorgesehen. Auch die gegenüber A ausgespro-chene Nebenbestimmung ist in der Richtlinie angelegt. Eine abweichende Ver-waltungspraxis ist nicht ersichtlich, sodass es keine Kollision zwischen der Richtlinie und der tatsächlichen Verwaltungspraxis gibt.

Aufgrund der Richtlinie i.V.m. Art. 3 Abs. 1 GG bzw. der Verwaltungspraxis i.V.m. Art. 3 Abs. 1 GG ist die Subvention für A nicht rechtswidrig.

(dd) Ermessensüberschreitung im Übrigen

Die Subvention für A kann aufgrund einer Ermessensüberschreitung im Übrigen rechtswidrig sein. Eine solche könnte sich aus einer Nichtigkeit der Nebenbe-stimmung i.S.d. § 44 Abs. 2 Nr. 4 VwVfG oder aus § 44 Abs. 1 VwVfG – es ergäbe sich gemäß § 44 Abs. 4 VwVfG die Teilnichtigkeit des Subventionsbescheides im Hinblick auf die Nebenbestimmung – ergeben, jedoch ist eine solche nicht er-sichtlich. Eine sachwidrige Kopplung gemäß § 36 Abs. 3 VwVfG kann erfolgt sein.

Der Subventionsbescheid gegenüber A ist wegen einer Ermessensüber-schreitung jedenfalls rechtswidrig, falls die Kopplung mit der Nebenbestim-mung rechtswidrig war und die Behörde den Subventionsbescheid nicht ohne die Nebenbestimmung erlassen hätte. Ob nur die Rechtswidrigkeit der Nebenbe-stimmung aufgrund einer einheitlichen Ermessensentscheidung und der dann fehlerhaften Ermessensausübung zum fehlerhaften Subventionsermessen führt, ist fraglich. In Anknüpfung an die materielle Teilbarkeit von Nebenbe-stimmungen könnte auch darauf abgestellt werden, dass die rechtswidrige Ne-benbestimmung als Ausfluss rechtswidrigen Ermessens teilbar ist und somit der Subventionsbescheid im Übrigen rechtmäßig wäre. Wenngleich insoweit auf-grund der Einheitlichkeit der Ermessensentscheidung dennoch die Rechtswid-rigkeit des Subventionsbescheides anzunehmen wäre, kann dies jedenfalls da-hinstehen, soweit die Nebenbestimmung rechtswidrig ist und die Behörde einen Subventionsbescheid ohne Nebenbestimmung – z.B. wegen des dienstlichen Weisungsverhältnisses bei Vorgaben zur Subvention in einer alten rechtswidri-gen Richtlinie ohne eine neue rechtmäßige Richtlinie zu haben – nicht erlassen hätte. Maßgeblich ist somit, ob die Nebenbestimmung rechtswidrig war, und ob die Behörde den Subventionsbescheid gegebenenfalls auch ohne die Nebenbe-stimmung erlassen hätte.

(aaa) Rechtmäßigkeit der Nebenbestimmung

Die Nebenbestimmung zur Rechnungslegung kann rechtswidrig sein. Dazu muss es sich zunächst um eine Nebenbestimmung gleich welcher Art handeln.

(aaaa) Inhaltsbestimmung oder Nebenbestimmung

Während mit Inhaltsbestimmungen die Hauptregelung im Kern etwa durch eine negative Umschreibung der Hauptregelung definiert wird, wird mittels Nebenbestimmungen lediglich das Umfeld der Kernaussage der Hauptregelungen tangiert – z.B. durch Auflagen i.S.d. § 36 Abs. 2 Nr. 4 VwVfG und Bedingungen i.S.d. § 36 Abs. 2 Nr. 2 VwVfG. Während eine Hauptregelung ohne eine „einfache Auflage" zwar rechtswidrig sein kann, bleibt die Hauptregelung ohne diese einfache Auflage dennoch grundsätzlich wirksam mit der Folge, dass diese „einfache Auflage" nur als Zusatz in Form einer Nebenbestimmung einzuordnen ist. Eine „inhaltsmodifizierende Auflage" ist zwar dem Terminus nach eine Nebenbestimmung, jedoch ist die Hauptregelung ohne die inhaltsmodifizierende Auflage nicht hinreichend bestimmt und somit unwirksam mit der Folge, dass die inhaltsmodifizierende Auflage trotz des Terminus „Auflage" eine Inhaltsbestimmung darstellt und somit nicht gesondert suspendierbar ist.

Ohne die Vorgabe der Rechnungslegung wäre die Subvention an A zwar rechtswidrig, jedoch nicht nichtig, sodass es sich nicht um eine inhaltsmodifizierende Auflage handelt, sondern um eine Nebenbestimmung.

(bbbb) Rechtsgrundlage

Mangels spezialgesetzlicher Grundlagen für eine Nebenbestimmung zur Rechnungsvorlegung kommt nur die allgemeine Regelung des § 36 VwVfG in Betracht. Gemäß § 36 Abs. 1 Alt. 1 VwVfG kann eine Nebenbestimmung erlassen werden, soweit dies gesetzlich bestimmt ist, während sie gemäß § 36 Abs. 1 Alt. 2 VwVfG zur Tatbestandssicherung bzw. zur Ausfüllung eines Beurteilungsspielraumes erlassen werden kann.

Gemäß § 36 Abs. 2 VwVfG kann eine Nebenbestimmung als Ausfluss des Ermessens oder – unbeschadet des Absatzes 1 – zur Tatbestandssicherung bzw. zur Ausfüllung eines Beurteilungsspielraumes erfolgen. Da bezüglich der Subvention als für die Nebenbestimmung maßgebliche Hauptregelung nur der Vorrang des Gesetzes gilt und somit keine Rechtsgrundlage besteht, kann die Nebenbestimmung in Form der Aufgabe der Rechnungsvorlage nur Ausfluss des Subventionsermessens sein.

Maßgebliche Rechtsgrundlage für die Nebenbestimmung ist § 36 Abs. 2 VwVfG.

(cccc) Voraussetzungen und Rechtsfolge

Die Nebenbestimmung ist rechtswidrig, soweit das Nebenbestimmungsermessen in der Rechtsfolge – eine Hauptregelung als Tatbestandsvoraussetzung besteht – fehlerhaft ausgeübt wurde. Das Nebenbestimmungsermessen ist gemäß § 36 Abs. 3 VwVfG wegen sachwidriger Kopplung jedenfalls fehlerhaft ausgeübt worden, falls die Nebenbestimmung dem Zweck des Verwaltungsaktes zuwiderläuft.

Der Zweck der Subvention für Hoteliers ist die Förderung von Arbeitsplätzen einerseits und die Deckung der Eigenaufwendungen andererseits. Das ergibt sich aus der Richtlinie als niedergeschriebene Vorgabe der Verwaltungspraxis. Eine Förderung bzw. Sicherung der Arbeitsplätze erfolgt zwar durch die Subvention gegenüber A zur internen Schulung, jedoch ist die Nebenbestimmung mit diesem Zweck nicht vereinbar, weil eine Rechnungslegung der Eigenaufwendung zwar faktisch möglich, jedoch bezüglich einer effektiven Eigenaufwendungskontrolle widersinnig ist, weil A dann von den Teilnehmern ein Entgelt für Unterkunft und Verpflegung verlangen müsste. Durch die Nebenbestimmung wird der Zweck der Förderung der Eigenaufwendung somit konterkariert.

(dddd) Zwischenergebnis

Die Nebenbestimmung mit dem Inhalt der Aufforderung zur Rechnungslegung ist rechtswidrig.

(bbb) Subvention ohne Nebenbestimmung

Das Subventionsermessen als solches könnte aber dennoch fehlerfrei ausgeübt sein, soweit die Behörde den Subventionsbescheid auch ohne die Nebenbestimmung erlassen hätte. Ein rechtmäßiger Subventionsbescheid ohne Nebenbestimmung ergibt sich nicht bereits aus der Rechtswidrigkeit der Nebenbestimmung, weil diese weder direkt noch konkludent angefochten wurde und Anhaltspunkte für deren Nichtigkeit gemäß § 44 Abs. 2 Nr. 4 VwVfG oder aus § 44 Abs. 1 VwVfG – es ergäbe sich gemäß § 44 Abs. 4 VwVfG die Teilnichtigkeit des Subventionsbescheides im Hinblick auf die Nebenbestimmung – nicht ersichtlich sind, da die Rechnungslegung zwar widersinnig, jedoch in Eigenregie nicht unmöglich oder sonst evident fehlerhaft ist.

Aus dem in der Richtlinie auch benannten Zweck des Ausgleiches der Eigenproduktverluste könnte sich jedoch ergeben, dass die Subvention auch ohne die Vorgabe zur Rechnungslegung erfolgt wäre. Ob dies ohne konkludente Anfechtung der Nebenbestimmung aus rechtsstaatlichen Gründen i.S.d. sich unter anderem aus Art. 20 Abs. 3 GG ergebenden Rechtsstaatsprinzips beachtlich wäre, ist problematisch, jedoch irrelevant, wenn der Subventionsbescheid ohne die Nebenbestimmung nicht erlassen worden wäre. Im Übrigen würde eine Auslegung des Begehrens dahingehend, dass die Nebenbestimmung konkludent mit angefochten wäre, einerseits ohne richterliche Hinwirkung auf die Anträge i.S.d. § 86 Abs. 3 VwGO unter Umständen eine Überdehnung des Wortlautes des § 88 VwGO darstellen, während andererseits eine Verfristung eingetreten wäre, da der Subventionsbescheid eine ordnungsgemäße Rechtsmittelbelehrung enthielt. Gemäß § 6 Abs. 1 HGrG sind jedoch die Grundsätze der Wirtschaftlichkeit und Sparsamkeit zu berücksichtigen. Subventionen werden somit nur zugebilligt, soweit dies den Vorgaben des Gesetzgebers und den Vorgaben Vorgesetzter entspricht. Da es bei Eigenaufwendungen aber nicht möglich ist, objektiv sinnvoll nachprüfbare Rechnungen zu erhalten, ist die Nebenbestimmung zu dem in der Richtlinie der Behörde und im Haushaltsplan vorgegebenen Subventionszweck konträr. Die Richtlinie ist also in sich widersprüchlich und würde von den für die Subvention zuständigen Amtswaltern ohne klare Kontrollmöglichkeiten der Subventionsverwendung bis zur Klärung nicht unter eingeschränkten Voraussetzungen angewendet werden. Somit wäre die Subvention ohne die Nebenbestimmung bei Bestehen der derzeitigen in sich widersprüchlichen Richtlinie nicht erfolgt, sodass der Subventionsbescheid rechtswidrig ist.

(3) Zwischenergebnis
Der Subventionsbescheid ist rechtswidrig.

c) Rechtsfolge
Bezüglich des § 48 Abs. 1 S. 1 VwVfG besteht in der Rechtsfolge Ermessen. Diesbezüglich sind in § 48 Abs. 1 S. 2 VwVfG i.V.m. § 48 Abs. 2 VwVfG spezielle Ermessensvorgaben sowie in § 48 Abs. 4 S. 1 VwVfG eine Präklusionsfrist geregelt.[10] Zudem dürfen im Übrigen keine Ermessensfehler bestehen.

---

10 Da § 48 Abs. 1 S. 2 VwVfG i.V.m. § 48 Abs. 2 VwVfG aus den genannten Gründen im Ermessen zu prüfen ist, gilt dies auch für § 48 Abs. 4 S. 1 VwVfG. Einerseits steht § 48 Abs. 4 S. 1 VwVfG systematisch vor § 48 Abs. 1 S. 2 VwVfG i.V.m. § 48 Abs. 2 VwVfG, andererseits wird in § 48 Abs. 4 S. 2 VwVfG auf § 48 Abs. 2 S. 3 Nr. 1 VwVfG verwiesen, der folglich vorab zu prüfen ist. Ist § 48 Abs. 2 S. 3 Nr. 1 VwVfG aber schon im Ermessen zu prüfen und § 48 Abs. 4 S. 1 VwVfG danach, gehört auch letzterer in die Rechtsfolge. Anderes wäre nur vertretbar, wenn bereits § 48 Abs. 1 S. 2 VwVfG i.V.m. § 48 Abs. 2 VwVfG im Tatbestand geprüft würde.

aa) Vertrauensschutz gemäß § 48 Abs. 2 VwVfG

Gemäß § 48 Abs. 2 S. 1 VwVfG darf ein rechtswidriger Verwaltungsakt, durch den eine einmalige oder laufende Geldleistung oder teilbare Sachleistung gewährt wird oder hierfür Voraussetzung ist, nicht zurückgenommen werden, soweit der Begünstigte auf den Verwaltungsakt vertraut hat und sein Vertrauen unter Abwägung mit dem öffentlichen Interesse an einer Rücknahme schutzwürdig ist. Das Vertrauen ist gemäß § 48 Abs. 2 S. 2 VwVfG in der Regel schutzwürdig, wenn der Begünstigte gewährte Leistungen verbraucht oder eine Vermögensdisposition getroffen hat, die er nicht mehr oder nur unter unzumutbaren Nachteilen rückgängig machen kann. Ein Ausschluss der Möglichkeit, sich auf Vertrauen zu berufen, ergibt sich aus § 48 Abs. 2 S. 3 VwVfG oder bei unionsrechtlichen Vorgaben aus dem Anwendungsvorrang des Unionsrechts.

A wurde die Subvention als verlorener Zuschuss ausbezahlt. Es handelt sich um eine Geldleistung i.S.d. § 48 Abs. 2 S. 1 VwVfG. A hat die Subvention auch bereits verbraucht, sodass sie sich nach den Regelvoraussetzungen des § 48 Abs. 2 S. 2 VwVfG auf Vertrauensschutz berufen könnte, weil eine Rückausnahme nach § 48 Abs. 2 S. 3 Nr. 1, 2 VwVfG nicht ersichtlich ist.

Allerdings bedarf es gemäß § 48 Abs. 2 S. 1 VwVfG trotz der Regelfallregelung in möglicher Abweichung von § 48 Abs. 2 S. 2 VwVfG in § 48 Abs. 2 S. 2 VwVfG einer Interessenabwägung zwischen dem Vertrauensschutz und dem öffentlichen Interesse. Dabei ist zu berücksichtigen, dass A die Veranstaltungen auch ohne die Subvention durchgeführt hätte. Gerade insoweit ist das öffentliche Interesse an einer effektiven Kontrolle der Ausgabe der Gelder groß, zumal A bei Aufhebung letztlich tatsächlich nicht mit Ausgaben kalkulieren müsste, die sie üblicherweise nicht getätigt hätte. Somit ist das öffentliche Interesse auch bei verfassungskonformer Betrachtung i.S.d. sich unter anderem aus Art. 20 Abs. 3 GG ergebenden Rechtsstaatsprinzips schutzwürdig. Jedenfalls hatte A vom zuständigen Sachbearbeiter – bevor er die Subventionen ausgegeben hatte – von der nach dessen Auffassung bestehenden Rechtswidrigkeit der Subvention erfahren, sodass dieses Unrecht in Abweichung vom Regelfall aufgehoben worden sein müsste. Es bestand zumindest eine grob fahrlässige Unkenntnis der A von der Rechtswidrigkeit der Subvention, da die Aussage vom zuständigen Sachbearbeiter getätigt wurde, wobei Gründe für die Abweichung vom Regelfall nicht ersichtlich sind.[11] Somit kann sich der Begünstigte gemäß § 48 Abs. 2 S. 3 Nr. 3 VwVfG nicht auf den Vertrauensschutz berufen, sodass gemäß § 48 Abs. 2 S. 4 VwVfG ohne Ausnahme von der Regel zurückzunehmen

---

11 Bezüglich der Interessenabwägung könnte auch eine Parallele zu § 818 Abs. 3 BGB aufgezeigt werden, da darauf z.B. in § 49a Abs. 2 S. 1 VwVfG verwiesen wird.

ist. Die Rücknahme ist mangels hinreichenden Vertrauensschutzes nicht gemäß § 48 Abs. 2 S. 1 VwVfG ausgeschlossen.[12]

bb) Präklusion gemäß § 48 Abs. 4 S. 1 VwVfG

Erhält die Behörde von Tatsachen Kenntnis, durch welche die Rücknahme eines rechtswidrigen Verwaltungsaktes gerechtfertigt werden kann, ist die Rücknahme gemäß § 48 Abs. 4 S. 1 VwVfG nur innerhalb eines Jahres seit dem Zeitpunkt der Kenntnisnahme zulässig. Bei verfassungskonformer Auslegung (zum Ganzen bei § 48 Abs. 4 VwVfG: BVerwGE GS 70, 356) i.S.d. sich unter anderem aus Art. 20 Abs. 3 GG ergebenden Rechtsstaatsprinzips gilt die Frist nicht nur für Tatsachen, sondern auch für Rechtsanwendungsfehler. Aufgrund effektiver Verwaltung ist zudem die Kenntnis des einzelnen Bearbeiters in der Behörde – ausnahmsweise eines Handelnden einer Behördeneinheit, soweit rechtsstaatlich geboten – maßgeblich. Aus ebensolchen Effektivitätsgründen ist die Frist nicht als Bearbeitungsfrist, sondern als Entscheidungsfrist einzustufen, sodass sie erst beginnt, wenn alle zur Aufhebung erheblichen Tatsachen bzw. Rechtsfehler bekannt sind.

Der zuständige Sachbearbeiter hatte bereits am 1.6. – also von Beginn an – Kenntnis von den Tatsachen bzw. Rechtsfehlern, da stets klar war, dass objektiv sinnvolle Rechnungen zur Ausgabenkontrolle nicht beigebracht werden können. Selbst wenn die Kenntnis ihm am 1.6. trotz ohnehin schon weiter Auslegung des § 48 Abs. 4 S. 1 VwVfG und der Offensichtlichkeit nicht zugerechnet werden würde, bestand diese Kenntnis jedenfalls ab dem 15.6. Die Fristberechnung erfolgt insoweit gemäß § 31 VwVfG i.V.m. den §§ 187 ff. BGB, wobei ein Jahr am 1.7. des Folgejahres verstrichen ist. Gemäß § 187 Abs. 1 BGB beginnt die Frist am 2.6. des Ausgangsjahres um 00:00 Uhr und endet gemäß § 188 Abs. 2 S. 2 BGB am 1.6. des Folgejahres um 24:00 Uhr. Die Rücknahme ist somit präkludiert.[13]

---

12 Mit guter Argumentation könnte die Annahme des Vertrauensschutzes i.S.d. § 48 Abs. 2 S. 1 VwVfG vertreten werden, soweit im Rahmen des § 48 Abs. 2 S. 2, 3 VwVfG gegenläufig argumentiert würde.

13 **Merke:** Drei Probleme bei § 48 Abs. 4 S. 1 VwVfG:
–   Erweiterung auf Rechtsanwendungsfehler (gut für den Bürger, da effektivere Präklusion)
–   Kenntnis des Einzelnen maßgeblich (schlecht für den Bürger, da keine Zurechnung in der Verwaltung)
–   Entscheidungs- und keine Bearbeitungsfrist (schlecht für den Bürger, da spätere Präklusion).
     Fazit: im Zweifel verwaltungsfreundliche Auslegung.

d) Zwischenergebnis

Die Rücknahme des Subventionsbescheides für A ist rechtswidrig.

2. Rechtswidrigkeit als Widerruf

Die Aufhebung der Subvention zugunsten der A kann als Widerruf rechtmäßig sein. Insoweit ist zunächst maßgeblich, inwieweit eine Aufhebung ohne Weiteres als Rücknahme oder Widerruf eingeordnet werden darf. Ist eine Aufhebung explizit als Rücknahme oder als Widerruf bezeichnet, könnte eine gegenüber der ausdrücklichen Bezeichnung abweichende Einordnung nur mittels einer Umdeutung gemäß § 47 Abs. 1 VwVfG möglich sein. Das würde jedoch voraussetzen, dass ein Verwaltungsakt in einen anderen Verwaltungsakt umgedeutet werden würde.[14]

Ist eine Aufhebung jedoch als Rücknahme oder Widerruf bezeichnet, ist das tenorierte Ziel letztlich die Aufhebung. Lediglich die Voraussetzungen können unterschiedlich sein. Zwar hat sich die Behörde aufgrund des sich unter anderem aus Art. 20 Abs. 3 GG ergebenden Rechtsstaatsprinzips so behandeln zu lassen, wie sie gehandelt hat, nicht aber, wie sie hätte handeln müssen, jedoch sind Rücknahme und Widerruf als einheitliche Handlungen einzustufen, weil beide die Aufhebung zur Folge haben. Somit wäre eine Einstufung als Rücknahme oder Widerruf entgegen der ausdrücklichen Bezeichnung rechtsstaatlich i.S.d. Art. 20 Abs. 3 GG von einer Auslegung gedeckt. Eine Umdeutung i.S.d. § 47 Abs. 1 VwVfG wäre nicht erforderlich.

Da eine ausdrückliche Bezeichnung als Rücknahme oder Widerruf gegenüber A nicht erfolgte, sondern lediglich die Bezeichnung als Aufhebung, bedarf es nicht einmal einer Auslegung, sodass eine Einstufung als Widerruf möglich ist.

a) Rechtsgrundlage

Zunächst bedarf es einer passenden Rechtsgrundlage. Mangels spezialgesetzlicher Regelungen kommt für den Widerruf § 49 VwVfG in Betracht. Für den Widerruf belastender Verwaltungsakte ist § 49 Abs. 1 VwVfG maßgeblich, während für Begünstigungen, die eine einmalige oder laufende Geldleistung oder teilbare Sachleistung enthalten, § 49 Abs. 3 S. 1 VwVfG die Rechtsgrundlage für den Widerruf auch für die Vergangenheit darstellt. § 49 Abs. 2 S. 1 VwVfG gilt insoweit ergänzend nur für die Zukunft.

---

14 Mit guter Argumentation ist eine Umdeutung in einigen Konstellationen vertretbar, soweit es um die Einstufung als „Rücknahme" oder „Widerruf" geht.

Jegliche dieser Rechtsgrundlagen gilt jedoch direkt nur bezüglich eines rechtmäßigen Verwaltungsaktes. Somit kommt eine analoge Anwendung des § 49 Abs. 3 S. 1 VwVfG – A hat eine Geldleistung erhalten – in Form eines „Erst-recht-Schlusses" in Betracht (vgl. BVerwG NVwZ 1987, 498). Soweit sogar die gegenüber der Rücknahme höheren Anforderungen zum Widerruf eines Verwaltungsaktes gemäß § 49 Abs. 3 S. 1 VwVfG erfüllt sind, können analog § 49 Abs. 3 S. 1 VwVfG erst recht rechtswidrige Verwaltungsakte aufgehoben werden. Bedenken, dass die dezidierte Regelung zum Vertrauensschutz in § 48 Abs. 2 VwVfG, die für den Widerruf mangels planwidriger Regelungslücke aufgrund der expliziten Regelung gemäß § 49a VwVfG nicht analog anwendbar ist, umgangen werden könnte, bestehen nicht.

Zwar könnte argumentiert werden, dass auch der Vertrauensschutz bei analoger Anwendung des § 49 Abs. 3 S. 1 VwVfG ebenfalls gelten müsste, jedoch ist dies nicht notwendig. Über klare Ausgleichsregelungen gemäß § 49a VwVfG auf der Sekundärebene hinaus, sind in § 49 Abs. 3 S. 1 VwVfG über den Widerrufsgrund Wertungen enthalten. Z.B. ist ein Schutz des Betroffenen bei zweckwidriger Verwendung i.S.d. § 49 Abs. 3 S. 1 Nr. 1 VwVfG anders als in diversen Konstellationen des § 48 Abs. 1 S. 1 VwVfG nicht erforderlich, denn bei einer zweckwidrigen Verwendung ist nicht schutzwürdiges subjektives Unrecht enthalten, während von § 48 Abs. 1 S. 1 VwVfG aufgrund des rechtswidrigen Verwaltungsaktes zwar seitens der Behörde veranlasstes objektives Unrecht besteht, dieses jedoch insoweit anders als subjektives Unrecht seitens des Betroffenen schutzwürdig sein kann.

Nach alledem kommt eine Aufhebung gegenüber A analog § 49 Abs. 3 S. 1 Nr. 1, 2 VwVfG in Betracht.

b) Voraussetzungen
Die Voraussetzungen für einen Widerruf können erfüllt sein.

aa) Formelle Voraussetzungen
Die formellen Voraussetzungen für eine Aufhebung des Subventionsbescheides für A sind erfüllt. Insbesondere hat die gemäß § 49 Abs. 5 VwVfG i.V.m. § 3 VwVfG zuständige Behörde gehandelt.

bb) Materielle Voraussetzungen
Materiell bedarf es gemäß § 49 Abs. 3 S. 1 VwVfG eines rechtmäßigen Verwaltungsaktes und eines Widerrufsgrundes. Da § 49 Abs. 3 S. 1 VwVfG nicht direkt,

sondern analog angewendet wird, bedarf es keines rechtmäßigen Verwaltungsaktes, sondern der gegenüber A erlassene rechtswidrige Subventionsbescheid
ist hinreichend. Es bedarf jedoch auch eines Widerrufsgrundes.

(1) Zweckwidrige Verwendung

Als Widerrufsgrund kommt zunächst eine zweckwidrige Verwendung gemäß
§ 49 Abs. 3 S. 1 Nr. 1 VwVfG in Betracht. Wenngleich die zweckwidrige Verwendung der Subvention durch A sich noch nicht aus der Nichterbringung des
Nachweises ergibt, weil der Hauptzweck mit der Durchführung des Praxissemi-
nars verfolgt wird, ist jedenfalls die Verwendung eines Betrages in Höhe von
€ 10.000,– für die Gartenerweiterung zweckwidrig gewesen. Bezüglich eines
Teilbetrages in Höhe von € 10.000,– wurde die Subvention zweckwidrig verwendet.

(2) Auflagenverstoß

Im Übrigen kann durch die Nichterbringung des Abrechnungsnachweises gemäß § 49 Abs. 3 S. 1 Nr. 2 VwVfG verstoßen worden sein (dazu: OVG Magdeburg
NVwZ 2000, 585). Dazu bedarf es einer Nebenbestimmung in Form einer Auflage. Fraglich ist, um welche Art einer Nebenbestimmung es sich bei der Vorgabe zur Rechnungslegung handelt.

(a) Art der Nebenbestimmung

In Betracht kommen eine Auflage i.S.d. § 36 Abs. 2 Nr. 4 VwVfG und eine Bedingung i.S.d. § 36 Abs. 2 Nr. 2 VwVfG. Durch Bedingungen wird die Hauptregelung
suspendiert, sodass sich aus dieser zunächst keine Wirkung ergibt. Sie sind
nicht selbständig vollstreckbar.

Durch Auflagen wird die Hauptregelung nicht suspendiert, sondern es handelt sich um einen eigenständigen Zusatz, der selbständig vollstreckbar ist. Ob
eine Bedingung oder eine Auflage besteht, kann sich zunächst aus der Bezeichnung der Nebenbestimmung durch die Behörde ergeben. Maßgeblich ist i.S.d.
sich unter anderem aus Art. 20 Abs. 3 GG ergebenden Rechtsstaatsprinzips der
Wille der durch die Amtswalter vertretenen Behörde aus verobjektivierter Empfängersicht. Im Zweifel ist eine Nebenbestimmung als Auflage einzuordnen, da
die Hauptregelung durch sie nicht suspendiert wird und sie somit das mildere
Mittel darstellt.

Gegenüber A wurde die Nebenbestimmung als „Auflage" bezeichnet. Zwar
wäre es aufgrund der sachwidrigen Kopplung i.S.d. § 36 Abs. 3 VwVfG seitens

der Behörde geschickter gewesen, eine Bedingung oder Befristung zu formulieren, jedoch ist die Aufforderung zur Rechnungslegung formal als Auflage bezeichnet worden und als milderes Mittel anzusehen, während ein Wille der Behördenmitarbeiter, eine Bedingung oder Befristung auszusprechen, nicht ersichtlich ist.

Die gegenüber A ausgesprochene Nebenbestimmung stellt eine Auflage dar.

(b) Beachtlichkeit der rechtswidrigen Nebenbestimmung

Eine rechtswidrige Auflage – die gegenüber A ausgesprochene Auflage ist rechtswidrig – könnte bezüglich einer zweckwidrigen Verwendung i.S.d. § 49 Abs. 3 S. 1 Nr. 2 VwVfG irrelevant sein. Dabei ist jedoch zu berücksichtigen, dass eine Auflage einen an den Hauptverwaltungsakt angelehnten Zusatz darstellt, der eigenständig vollstreckbar ist. Soweit die Auflage nicht i.S.d. § 44 Abs. 3, 1 VwVfG nichtig ist – dafür bestehen bezüglich der Rechnungslegung keine Anhaltspunkte – ist sie wirksam und vollstreckbar und somit auch im Rahmen einer zweckwidrigen Verwendung i.S.d. § 49 Abs. 3 S. 1 Nr. 2 VwVfG beachtlich (OVG Magdeburg NVwZ 2000, 585). Die gegenüber A ausgesprochene Auflage ist somit beachtlich.

c) Rechtsfolge

Rechtsfolge des § 49 Abs. 3 S. 1 VwVfG ist Ermessen, welches einerseits speziellen Vorgaben gerecht werden muss und andererseits nicht fehlerhaft i.S.d. § 40 VwVfG ausgeübt worden sein darf.

aa) Präklusion

Gemäß § 49 Abs. 3 S. 2 VwVfG gilt § 48 Abs. 4 VwVfG entsprechend, sodass der Widerruf präkludiert sein könnte. Bezüglich einer Präklusion ist ebenso wie im Rahmen des § 48 VwVfG auf den Bezug zum Tatbestand abzustellen. In § 49 Abs. 3 S. 1 VwVfG wird über die Rechtmäßigkeit bzw. Rechtswidrigkeit hinaus ein Widerrufsgrund vorausgesetzt, bezüglich dessen die Kenntnis gemäß § 48 Abs. 4 VwVfG i.V.m. § 49 Abs. 3 S. 2 VwVfG bestehen muss.

Sowohl bezüglich der Zweckentfremdung der € 10.000,–, als auch bezüglich der Verletzung der Auflage ist noch kein Jahr seit der Behördenkenntnis verstrichen. Von der Zweckentfremdung erfuhr die Behörde erst am 3.3., während die Aufhebung am 1.7. erfolgte. Von der Nichtbeibringung einer ordnungsgemäßen Rechnung konnte die Behörde erst seit der Veranstaltung am 1.8. Kenntnis haben, weil eine Rechnungstellung im Vorfeld nicht möglich ist. Auch insoweit ist bis zum 1.7. des Folgejahres nach den §§ 31 VwVfG i.V.m. den §§ 187 ff. BGB kein Jahr verstrichen.

Eine Präklusion ist nicht erfolgt.

bb) Ermessensfehler im Übrigen

Ermessensfehler im Übrigen können in Form eines Ermessensausfalls, einer Ermessensüberschreitung sowie eines Ermessensfehlgebrauchs begangen worden sein. In Betracht kommt ein partieller Ermessensausfall. Im Rahmen der Ermessensausübung analog § 49 Abs. 3 S. 1 VwVfG hat die Behörde die Besonderheiten der Subvention der Hotelbranche nicht hinreichend berücksichtigt (OVG Magdeburg NVwZ 2000, 585/586). Es wurde außer Acht gelassen, dass eine ordnungsgemäße Rechnungsstellung zwar faktisch möglich ist, jedoch nicht, ohne dass A von den Teilnehmern ein Entgelt für Unterkunft und Verpflegung verlangt, welches diese erst entrichten müssten, um es anschließend von A zurückerstattet zu bekommen. Unabhängig davon, ob die gesamte Konstruktion rechtmäßig ist, fanden Ermessenserwägungen insoweit jedenfalls nicht statt, sodass ein partieller Ermessensausfall gegeben ist.

Insoweit ist das Ermessen jedenfalls fehlerhaft, als es um das auf den Widerrufsgrund gemäß § 49 Abs. 3 S. 1 Nr. 2 VwVfG bezogene ausgeübte Ermessen geht – soweit es um die Aufhebung über den Betrag von € 10.000,– hinausgeht. Bezüglich des Betrages in Höhe von € 10.000,– gilt jedoch der Widerrufsgrund gemäß § 49 Abs. 3 S. 1 Nr. 1 VwVfG mit der Folge, dass eine Trennung des Ermessens vorgenommen werden könnte, zumal eine Anfechtungsklage wegen der Formulierung in § 113 Abs. 1 S. 1 VwGO auch partiell erfolgreich sein kann. Selbst wenn trotz rechtsstaatlicher Erwägungen i.S.d. Art. 20 Abs. 3 GG keine einheitliche Ermessensbeurteilung erforderlich sein sollte und eine Trennung möglich wäre, sind bezüglich der Aufhebung hinsichtlich des Betrages in Höhe von € 10.000,– jedenfalls nicht alle erforderlichen Abwägungsumstände bei der Abwägung berücksichtigt worden, sodass die Aufhebung auch diesbezüglich wegen eines partiellen Ermessensausfalls ermessensfehlerhaft ist.

Zwar ist gemäß § 114 S. 2 VwGO eine Ergänzung des Ermessens und über den Wortlaut hinaus unter Umständen auch ein Nachschieben von Gründen möglich,[15] jedoch hat die Behörde das Ermessen bisher weder ergänzt noch Gründe nachgeschoben, sondern dies nur angekündigt, sodass weder bezüglich

---

[15] Obwohl in § 114 S. 2 VwGO ausdrücklich die Ergänzung des Ermessens geregelt ist, geht das BVerwG davon aus, dass auch ein Nachschieben von Gründen möglich ist, welches von der formellen nachträglichen Begründung gemäß § 45 Abs. 1 Nr. 2 VwVfG zu unterscheiden ist.

des § 49 Abs. 3 S. 1 Nr. 1 VwVfG noch bezüglich des § 49 Abs. 3 S. 1 Nr. 2 VwVfG der Ermessensfehler berichtigt wurde.

Aufgrund des partiellen Ermessensausfalls ist der Aufhebungsbescheid somit rechtswidrig.

II. Rückforderungsbescheid

Als Rechtsgrundlage für den Rückforderungsbescheid kommt § 49a Abs. 1 S. 1 VwVfG als Spezialregelung eines öffentlich-rechtlichen Erstattungsanspruches zugunsten des öffentlichen Rechtsträgers – gemäß § 49a Abs. 1 S. 2 VwVfG wird ein Verwaltungsakt erlassen – in Betracht. Unabhängig vom Vertrauensschutz i.S.d. § 49a Abs. 2 VwVfG mit einem Teilverweis auf das Bürgerliche Gesetzbuch ist der Rückforderungsbescheid jedenfalls rechtswidrig, weil es an der gemäß § 49a Abs. 1 S. 1 VwVfG erforderlichen Aufhebung für die Vergangenheit oder dem Eintritt einer auflösenden Bedingung fehlt, weil der Aufhebungsbescheid aufgrund der Rechtswidrigkeit seinerseits mit Rechtskraft des Urteils durch das Gericht aufgehoben wird.

III. Rechtsverletzung

A wird durch den rechtswidrigen Aufhebungs- und den rechtswidrigen Rückforderungsbescheid in dem ursprünglichen Subventionsbescheid – dieser galt trotz der Auflage – als Sonderrechtsbeziehung sowie subsidiär in ihrem Auffanggrundrecht aus Art. 2 Abs. 1 GG verletzt, weil sie eine Leistung rückgewähren soll.

C. Ergebnis

Die Bescheide werden vom Verwaltungsgericht aufgehoben. Die Klagen werden erfolgreich durchgeführt werden.

2. Komplex: Abwandlung

Der Aufhebungsbescheid und der Rückforderungsbescheid könnten rechtswidrig sein.

I. Aufhebungsbescheid

Der Aufhebungsbescheid könnte rechtswidrig sein.

1. Rechtsgrundlage

Mangels spezieller Regelungen kommt primär § 48 Abs. 1 S. 1 VwVfG als Rechtsgrundlage in Betracht.

2. Voraussetzungen

Die Voraussetzungen des § 48 Abs. 1 S. 1 VwVfG können erfüllt sein.

a) Formelle Voraussetzungen

Die formellen Voraussetzungen für den Erlass des Aufhebungsbescheides sind erfüllt. Insbesondere hat die gemäß § 48 Abs. 5 VwVfG zuständige Behörde gehandelt.

b) Materielle Voraussetzungen

Die materiellen Voraussetzungen des § 48 Abs. 1 S. 1 VwVfG können erfüllt sein. Materiell wird ein rechtswidriger Verwaltungsakt vorausgesetzt. Der aufgehobene Subventionsbescheid müsste somit rechtswidrig sein.

aa) Rechtsgrundlage

Die Zuständigkeitsnormen aus dem Grundgesetz sind als Rechtsgrundlage mangels materieller Voraussetzungen ebenso wenig geeignet wie die Verwaltungsrichtlinie und das Haushaltsrecht, weil es jeweils an der Außenwirkung fehlt.

Fraglich ist, ob es überhaupt einer Rechtsgrundlage bedarf oder ob mangels eines Grundrechtseingriffes bzw. mangels Wesentlichkeit lediglich der Vorrang des Gesetzes gilt. Wesentlich ist die Subvention in Höhe von € 1.000.000,– bei einem Subventionsetat in Höhe von € 500.000.000,– nicht. Mittelbare Grundrechtseingriffe sind nicht ersichtlich. Es bedurfte keiner Grundlage, sodass nur der Vorrang des Gesetzes maßgeblich ist.

bb) Voraussetzungen Gesetzesvorrang

Die Voraussetzungen für eine Subvention können erfüllt sein.

(1) Formell

Die formellen Voraussetzungen bezüglich des Subventionsbescheides sind erfüllt.

(2) Materiell

Materiell bestehen mangels Grundlage keine tatbestandlichen Voraussetzungen, sodass nur eine Reduktion des subjektivierten Ermessens in Betracht kommt. Als ermessenslenkende Aspekte sind bei Subventionen das Haushaltsrecht, das Unionsrecht sowie Art. 3 Abs. 1 GG i.V.m. der Verwaltungspraxis in Gestalt von Richtlinien bzw. der tatsächlichen Verwaltungspraxis zu berücksichtigen, wobei bereits durch die erstmalige Praktizierung eine antizipierte Verwaltungspraxis begründet werden kann. Aus dem Haushaltsrecht ergibt sich gleichzeitig ein intendiertes Ermessen i.S.d. Wirtschaftlichkeit und Sparsamkeit nach § 6 Abs. 1 HGrG.

(a) Unionsrecht

Das Subventionsermessen kann durch das Unionsrecht, insbesondere durch die als primäres Unionsrecht national unmittelbar geltenden Artt. 107, 108 AEUV reduziert sein, weil das Unionsrecht wegen des Anwendungsvorranges des Unionsrechts, welcher sich aus dem jeweiligen nationalen Rechtsanwendungsbefehl in Form des jeweiligen Zustimmungsgesetzes zur Übertragung der Hoheitsgewalt auf die Europäische Union i.V.m. Art. 23 GG bzw. aus dem Grundsatz der effektiven Umsetzung des Unionsrechts ergibt,[16] die Nichtanwendung oder Auslegung des nationalen Rechts zur Folge haben kann. Die EU-Kommission hat bei Subventionen ab einer bestimmten Höhe einen abschließenden Beschluss gemäß § 108 Abs. 3 S. 3 AEUV zu fassen, soweit es sich um einen Wirtschaftszweig i.S.d. Art. 107 Abs. 1 AEUV handelt.

Ein Verstoß gegen Art. 107 Abs. 1 AEUV erfolgt, soweit staatliche oder aus staatlichen Mitteln gewährte Beihilfen gleich welcher Art, die durch die Begünstigung bestimmter Unternehmen oder Produktionszweige den Wettbewerb verfälschen oder zu verfälschen drohen, mit dem Binnenmarkt unvereinbar sind, bzw. soweit durch sie der Handel zwischen Mitgliedstaaten beeinträchtigt wird.

Die Subvention zugunsten der A müsste von den Artt. 107, 108 AEUV erfasst sein. Dazu müsste sie einen bestimmten Betrag übersteigen. Die Höhe der Beträge, die insoweit unbeachtlich sind – De-minimis-Beihilfen – ergibt sich für die Hotelbranche aus Art. 2 Abs. 2 S. 1 Verordnung (EG) Nr. 1998/2006. Danach ist eine Subvention in Höhe von € 200.000,– über drei Steuerjahre unbeachtlich. A erhält insgesamt einen Betrag in Höhe von € 1.000.000,–, sodass es sich um eine Subvention gemäß Art. 107 Abs. 1 AEUV handelt. Der Verstoß gegen

---

16 Ob sich der Anwendungsvorrang des Unionsrecht aus dem jeweiligen nationalen Zustimmungsgesetz zur Übertragung von Hoheitsgewalt auf die Europäische Union (so BVerfG) oder aus dem AEUV und dem EUV ergibt (so EuGH: effet utile), ist letztlich nicht entscheidend.

das Unionsrecht ist von der Kommission auch festgestellt worden. Die zugunsten der A erfolgte Subvention ist mit dem Unionsrecht somit nicht vereinbar.

(b) Zwischenergebnis
Das Subventionsermessen ist fehlerhaft ausgeübt worden.

3. Rechtsfolge
Bezüglich des § 48 Abs. 1 S. 1 VwVfG besteht in der Rechtsfolge Ermessen. Diesbezüglich sind in § 48 Abs. 1 S. 2 VwVfG i.V.m. § 48 Abs. 2 VwVfG spezielle Ermessensvorgaben sowie in § 48 Abs. 4 S. 1 VwVfG eine Präklusionsfrist geregelt. Zudem dürfen im Übrigen keine Ermessensfehler bestehen.

a) Vertrauensschutz gemäß § 48 Abs. 2 VwVfG
Gemäß § 48 Abs. 2 S. 1 VwVfG darf ein rechtswidriger Verwaltungsakt, durch den eine einmalige oder laufende Geldleistung oder teilbare Sachleistung gewährt wird oder hierfür Voraussetzung ist, nicht zurückgenommen werden, soweit der Begünstigte auf den Verwaltungsakt vertraut hat und sein Vertrauen unter Abwägung mit dem öffentlichen Interesse an einer Rücknahme schutzwürdig ist. Das Vertrauen ist gemäß § 48 Abs. 2 S. 2 VwVfG in der Regel schutzwürdig, wenn der Begünstigte gewährte Leistungen verbraucht oder eine Vermögensdisposition getroffen hat, die er nicht mehr oder nur unter unzumutbaren Nachteilen rückgängig machen kann. Ein Ausschluss der Möglichkeit, sich auf Vertrauen zu berufen, ergibt sich aus § 48 Abs. 2 S. 3 VwVfG oder bei unionsrechtlichen Vorgaben aus dem Anwendungsvorrang des Unionsrechts.

A wurde die Subvention als verlorener Zuschuss ausbezahlt. Es handelt sich um eine Geldleistung i.S.d. § 48 Abs. 2 S. 1 VwVfG. A hat die Subvention auch bereits verbraucht, sodass sie sich nach den Regelvoraussetzungen des § 48 Abs. 2 S. 2 VwVfG auf Vertrauensschutz berufen könnte, weil eine Ausnahme i.S.d. § 48 Abs. 2 S. 3 VwVfG nicht ersichtlich ist.

Allerdings ist durch die Subvention das Unionsrecht i.S.d. Artt. 107, 108 AEUV verletzt worden. Insoweit gilt der Anwendungsvorrang des Unionsrechts, welcher sich aus dem jeweiligen Zustimmungsgesetz, mittels dessen Hoheitsgewalt i.S.d. Art. 23 Abs. 1 GG auf die Europäische Union übertragen worden ist, zumindest aber aus dem im AEUV und EUV verankerten Grundsatz der effektiven Umsetzung des Unionsrechts – effet utile – ergibt. Zwar sind im Hinblick auf die Übertragung der Hoheitsgewalt auf die Europäische Union verfassungsrechtliche Grenzen gemäß Art. 20 GG i.V.m. Art. 79 Abs. 3 GG und Art. 23 Abs. 1

S. 3 GG einzuhalten, jedoch bestehen bezüglich der Überschreitung derartiger Grenzen keine Anhaltspunkte.

Ein etwaiger Vertrauensschutz gemäß § 48 Abs. 2 VwVfG ist wegen des Anwendungsvorranges der Artt. 107, 108 AEUV irrelevant.

b) Präklusion gemäß § 48 Abs. 4 S. 1 VwVfG

Erhält die Behörde von Tatsachen Kenntnis, durch welche die Rücknahme eines rechtswidrigen Verwaltungsaktes gerechtfertigt werden kann, ist die Rücknahme gemäß § 48 Abs. 4 S. 1 VwVfG nur innerhalb eines Jahres seit dem Zeitpunkt der Kenntnisnahme zulässig. Es handelt sich dabei zwar um eine Entscheidungs- und keine Bearbeitungsfrist, die für Tatsachen und Rechtsanwendungsfehler bezüglich der Kenntnis des konkret zuständigen Amtswalters relevant ist, jedoch hatte die Behörde bereits drei Jahre vor dem Erlass des Aufhebungsbescheides Kenntnis, sodass die Aufhebung eigentlich präkludiert wäre.

Allerdings ist auch insoweit der Anwendungsvorrang des Unionsrechts zu berücksichtigen. Zwar ist dem Mitgliedstaat das „Wie" der Aufhebung der Subvention überlassen, jedoch ist das „Ob" vorgegeben. Somit ist die nationale Präklusionsvorschrift des § 48 Abs. 4 S. 1 VwVfG aufgrund des Anwendungsvorranges des Unionsrechts nicht anwendbar, da dieses anderenfalls nicht effektiv umgesetzt werden würde (EuGH EuZW 1997, 276 ff.). Die Rücknahme des Subventionsbescheides ist somit nicht präkludiert.

c) Ermessen im Übrigen

Aufgrund des Anwendungsvorranges der Artt. 107, 108 AEUV ist das Ermessen zulasten der A auf Null reduziert, sodass aufgehoben werden muss.

4. Ergebnis

Der Aufhebungsbescheid ist rechtmäßig.

II. Rückforderungsbescheid

Der Rückforderungsbescheid kann rechtmäßig sein.

1. Rechtsgrundlage

Rechtsgrundlage ist § 49a Abs. 1 S. 1 VwVfG.

2. Voraussetzungen

Die Voraussetzungen für den Rückforderungsbescheid können erfüllt sein.

a) Formelle Voraussetzungen

Die formellen Voraussetzungen sind erfüllt. Insbesondere ist gemäß § 49a Abs. 1 S. 2 VwVfG ein Verwaltungsakt erlassen worden.

b) Materielle Voraussetzungen

Materiell ist – wie gemäß § 49a Abs. 1 S. 1 VwVfG als positive Voraussetzung erforderlich – mittels der Aufhebung des Subventionsbescheides ein Verwaltungsakt mit Wirkung für die Vergangenheit zurückgenommen worden.

Negativ sind gemäß § 49a Abs. 2 S. 1 VwVfG für den Umfang der Erstattung mit Ausnahme der Verzinsung – insoweit ist § 49a Abs. 3, 4 VwVfG spezieller – die §§ 818 ff. BGB anwendbar. Gemäß § 818 Abs. 3 BGB ist somit eine Entreicherung denkbar, wenngleich die verschärfte Haftung i.S.d. § 819 Abs. 1 BGB durch die Spezialregelung des § 49a Abs. 2 S. 2 VwVfG – es genügt anstelle der positiven Kenntnis bereits grob fahrlässige Unkenntnis – modifiziert wird.

A hat die Subvention zwar bereits verbraucht, kann sich aber dennoch nicht auf die Einwendung der Entreicherung gemäß § 818 Abs. 3 BGB i.V.m. § 49a Abs. 1 S. 1 VwVfG stützen, weil insoweit der Anwendungsvorrang des Unionsrechts wegen des Verstoßes gegen die Artt. 107, 108 AEUV gilt. Muss auf der Primärebene eine Aufhebung erfolgen, ist aufgrund des Erfordernisses der effektiven Umsetzung des Unionsrechts auch die effektive Rückabwicklung auf der Sekundärebene erforderlich.

Die Voraussetzungen des § 49a Abs. 1 S. 1 VwVfG sind erfüllt.

3. Rechtsfolge

Die Rechtsfolge ist gebunden, sodass zurückzufordern ist.

4. Ergebnis

Der Aufhebungsbescheid und der Rückforderungsbescheid sind rechtmäßig.

3. Komplex: Zusatzfrage

Wird eine juristische Person des öffentlichen Rechts subventioniert, ist diese wegen des sich unter anderem aus Art. 20 Abs. 3 GG ergebenden Rechtsstaatsprinzips in besonderem Maß zum rechtmäßigen Handeln verpflichtet.

Die juristische Person des öffentlichen Rechts könnte sich bei verfassungskonformer Reduktion bzw. Auslegung des § 48 Abs. 2 VwVfG nicht auf den Vertrauensschutz auf der Primärebene berufen. Gleiches gilt bezüglich der Auslegung des § 49a Abs. 2 VwVfG auf der Sekundärebene, sodass auch eine Entreicherung insoweit nicht möglich ist.

Allg. Verwaltungsrecht – Fall 20: „Versprochen ist versprochen!"

Der 1972 geborene K ist türkischer Staatsangehöriger und kam 1989 im Wege der Familienzusammenführung nach Deutschland. Eine Aufenthaltsgenehmigung wurde ihm 1997 erteilt.

2007 beantragte K über das zuständige Bürgermeisteramt der Stadt B seine Einbürgerung in den deutschen Staatsverband. Nach Zusammenstellung der notwendigen Unterlagen, aus denen sich keine Anhaltspunkte für Beanstandungen ergaben, erteilte B am 9.6.2007 eine schriftliche Einbürgerungszusicherung. Darin wird – mit einem Gültigkeitszeitraum bis zum 8.6.2009 – K die Einbürgerung für den Fall zugesagt, dass der Verlust der türkischen Staatsangehörigkeit nachgewiesen werde. Diese Zusicherung wurde zugleich unter dem Vorbehalt erteilt, dass sich die für die Einbürgerung maßgebliche Sach- und Rechtslage, insbesondere die persönlichen Verhältnisse, bis zur Einbürgerung nicht änderten.

K beantragte daraufhin beim türkischen Generalkonsulat die Entlassung aus dem türkischen Staatsverband und erhielt von dort gemäß § 403 IIO des türkischen Staatsangehörigkeitsgesetzes Anfang 2009 die Genehmigung über den Austritt aus der türkischen Staatsangehörigkeit. In der hierzu erteilten Urkunde heißt es, die (endgültige) Urkunde zum Verlust der türkischen Staatsangehörigkeit erhalte der K erst, nachdem die Annahme der deutschen Staatsangehörigkeit nachgewiesen worden sei.

Nachdem K die Behörden der B telefonisch über diese ihm erteilte Genehmigung informiert hatte, begannen die Behörden der B ab 18.4.2009 mit der Aktualisierung der ihnen vorliegenden Unterlagen. In diesem Zusammenhang teilte das Landesamt für Verfassungsschutz am 7.6.2009 mit, der Vorgang sei dem Innenministerium zur weiteren Entscheidung vorgelegt worden. In einem Aktenvermerk vom 13.6.2009 wurde seitens der B notiert, K sei nach Auskunft des das entsprechende Vereinsregister führenden Amtsgerichts weiterhin stellvertretender Vorsitzender der Islamischen Gemeinschaft G im Ortsverein S.

Seitens der B wurde die Einbürgerungsakte ebenfalls dem Innenministerium weitergeleitet. Dieses teilte am 5.4.2010 der B mit, K sei am 15.2.2006 vom Bundesvorstand der Islamischen Gemeinschaft G e.V. (IGMG) zum stellvertretenden Vorsitzenden des IGMG-Ortsvereins S ernannt worden. Dem Landratsamt sei vom Amtsgericht auf Anfrage bestätigt worden, dass der Einbürgerungsbewerber diese Funktion weiterhin inne habe. Dieses Engagement sei unvereinbar mit der von K abgegebenen Loyalitätserklärung. Aufgrund der getroffenen Feststellung könne es zweifelhaft sein, ob sich der Einbürgerungsbewerber i.S.d. § 10 Abs. 1 StAG zur freiheitlichen demokratischen Grundordnung bekenne.

B hörte K dazu am 18.4.2010 an. Daraufhin legte K eine Bestätigung des Ortsvereins S der Islamischen Gemeinschaft vor, wonach er seit dem 25.2.2009 nicht mehr im Vorstand des IGMG-Ortsverein S vertreten sei. Zugleich erklärte er, es könne ihm nicht zur Last gelegt werden, wenn dieser Umstand im Vereinsregister durch den jetzigen Vereinsvorstand noch nicht eingetragen worden sei. Auf die Bitte der B um weitere Auskünfte hierzu, erklärte K am 5.8.2010, er sei nach wie vor Mitglied der Islamischen Gemeinschaft. Dies beruhe jedoch nicht auf politischen Interessen, sondern es gehe ihm nur darum, Kontakt zu Landsleuten zu knüpfen und zu pflegen.

Mit Verfügung vom 5.9.2011 lehnte B den Antrag des K auf Einbürgerung in den deutschen Staatsverband ab. Zur Begründung heißt es, ein Einbürgerungsanspruch nach § 10 Abs. 1 StAG bestehe nicht, wenn der Einbürgerungsbewerber zwar ein Bekenntnis zur freiheitlich demokratischen Grundordnung i.S.d. Grundgesetzes abgegeben habe, jedoch tatsächliche Anhaltspunkte für eine verfassungsfeindliche oder extremistische Betätigung des Einbürgerungsbewerbers bestünden. Aufgrund des Verhaltens des K in der Vergangenheit biete dieser nicht die Gewähr dafür, sich zur freiheitlich demokratischen Grundordnung zu bekennen. Unter Darstellung der geschichtlichen Entwicklung und der Aktivitäten der IGMG heißt es sodann weiter, durch die Mitgliedschaft im Vorstand des Ortsvereins S und die verfahrenstaktische Reaktion auf die entsprechende Anfrage der B, bei der die weiter bestehende Mitgliedschaft zunächst nicht offenbart worden sei, bestünden tatsächliche Anhaltspunkte, dass der K Bestrebungen verfolgt bzw. unterstützt oder verfolgt bzw. unterstützt habe, die gegen die freiheitlich demokratische Grundordnung gerichtet sind und durch Anwendung von Gewalt oder darauf gerichtete Vorbereitungshandlungen auswärtige Belange der Bundesrepublik Deutschland gefährden. Damit liege ein Ausschlussgrund für die begehrte Einbürgerung gemäß § 11 S. 1 Nr. 1 StAG vor. K legte hiergegen ordnungsgemäß Widerspruch ein.

Mit Widerspruchsbescheid vom 18.4.2012 wies die zuständige Widerspruchsbehörde den Widerspruch zurück. Der Widerspruchsbescheid wurde K am 20.4.2012 zugestellt.

K hat am 21.5.2012, einem Montag, das Verwaltungsgericht mit dem Antrag angerufen, B unter Aufhebung ihrer Verfügung vom 5.9.2011 und des Widerspruchsbescheides vom 21.4.2012 zu verpflichten, ihn in den deutschen Staatsverband einzubürgern.

Zur Begründung beruft er sich auf sein bisheriges Vorbringen. Zu seinen Aktivitäten für die IGMG führt K aus, er habe früher bei seinem Vater unter derselben Anschrift gewohnt, wo auch der Ortsverein der IGMG seinen Sitz habe.

Dadurch habe er dort Leute kennen gelernt und Freunde gefunden. Er sei dann später von einem Vereinsfunktionär gefragt worden, ob er nicht eine Aufgabe im Vorstand übernehmen wolle, da er sehr gut deutsch spreche und auch über Kontakte zum damaligen Ausländerbeauftragten der Stadt verfügte. Er habe dem zugestimmt, ohne sich allerdings intensiv mit der Ideologie des Vereins zu beschäftigen. Er unterstütze aktiv die parlamentarische Demokratie der Bundesrepublik Deutschland und lehne andere Regierungs- und Staatsformen ab. Er habe noch nie verfassungsfeindliche Bestrebungen unterstützt und sei ein „lupenreiner" Demokrat.

Seitens der Behörde wird entgegnet, dass K keinen Anspruch auf die Einbürgerung habe, da eine etwaig erteilte Zusicherung jedenfalls konkludent mit der Versagung aufgehoben worden und die sie auch sonst nicht an eine derartige Zusicherung gebunden sei.

Wird K mit seiner Klage erfolgreich sein?

Abwandlung

K hat gegen den Widerspruchsbescheid nichts unternommen, sodass eine Klage gegen den ablehnenden Bescheid verfristet und eine Klage auf Einbürgerung aufgrund des entgegenstehenden ablehnenden Bescheides aussichtslos ist. Nach einiger Zeit erlangt K weitere, ihm vormals unbekannte Dokumente, die ihm nun den Nachweis ermöglichen, dass er tatsächlich nie ein aktiver Unterstützer der IGMG war und in jeder Hinsicht verfassungsfreundlicher Gesinnung ist.

Was kann K unternehmen, damit der ablehnende Bescheid aufgehoben wird? Erläutern Sie das Verhältnis der in Betracht kommenden Normen.

Bearbeitungsvermerk

Soweit erheblich, ist das Verwaltungsverfahrensgesetz des Bundes zugrunde zu legen. Ausführungsvorschriften des Landes zu § 61 Nr. 3 VwGO, § 78 Abs. 1 Nr. 2 VwGO und § 68 Abs. 1 S. 2 VwGO bestehen nicht. Es ist zu unterstellen, dass die Islamische Gemeinschaft (IGMG) tatsächlich Bestrebungen unternimmt, die gegen die freiheitliche demokratische Grundordnung gerichtet sind. § 8 und § 11 S. 1 Nr. 2 StAG sind nicht zu prüfen. Unterstellen Sie, dass – soweit eine konkludente Aufhebung möglich ist – die formellen Voraussetzungen erfüllt bzw. zumindest geheilt worden sind.

§ 162 BGB – Verhinderung oder Herbeiführung des Bedingungseintritts
(1) Wird der Eintritt der Bedingung von der Partei, zu deren Nachteil er gerei-
chen würde, wider Treu und Glauben verhindert, so gilt die Bedingung als eingetreten.
(2) Wird der Eintritt der Bedingung von der Partei, zu deren Vorteil er gereicht,
wider Treu und Glauben herbeigeführt, so gilt der Eintritt als nicht erfolgt.

§ 242 BGB – Leistung nach Treu und Glauben
Der Schuldner ist verpflichtet, die Leistung so zu bewirken, wie Treu und Glauben mit Rücksicht auf die Verkehrssitte es erfordern.

**§ 27 Ausländergesetz (zum 1.1.2005 außer Kraft getreten) –
Aufenthaltsberechtigung**
(1) Die Aufenthaltsberechtigung ist zeitlich und räumlich unbeschränkt. Sie
kann nicht mit Bedingungen und Auflagen verbunden werden. [...]

Schwerpunkte
Zusicherung
Wiederaufgreifen des Verfahrens
§ 51 VwVfG

Vertiefung
BVerwG NJW 1974, 1961, 1962; BVerwG NVwZ 1998, 1061; vgl. z.B. Urteil vom
8.11.1963 – IV C 123/62 – und vom 12.5.1966 – II C 84/63 – in Buchholz 310 Vorbem. III zu § 42 VwGO Ziff. 2 Nrn. 14 und 17; § 48 Abs. 4 VwVfG: BVerwGE GS 70,
356; VGH Mannheim, Urteil vom 8.5.2013 – 1 S 2046/12; vgl. Kopp/Ramsauer
VwVfG § 38 Rn. 35; BVerwG NVwZ 1987, 498

Gliederung

1. Komplex: Ausgangskonstellation
A.   Sachurteilsvoraussetzungen (+)
   I.   Rechtsweg (+)
   II.   Zuständigkeit (+)
   III.   Beteiligte (+)
   IV.   Statthafte Klageart

V. Besondere Sachurteilsvoraussetzungen (+)

  1. Besondere Prozessführungsbefugnis (+)

  2. Klagebefugnis (+)

  3. Ordnungsgemäßes Vorverfahren (+)

  4. Klagefrist (+)

    a)   Fristbeginn

    b)   Fristdauer

    c)   Zwischenergebnis

VI. Allgemeines Rechtsschutzbedürfnis (+)

VII. Zwischenergebnis

B. Begründetheit (+)

  I. Anspruch aus einer Zusicherung (+)

    1. Anspruchsgrundlage (+)

    2. Zustandekommen einer Zusicherung (+)

    3. Keine Nichtigkeit (+)

      a)   Absoluter Nichtigkeitsgrund (−)

      b)   Ausschluss der Nichtigkeit (−)

      c)   Generalklausel (−)

      aa) Rechtswidrigkeit der Zusicherung (+)

      (1)   Rechtswidrigkeit der Einbürgerung (+)

      (a)   Rechtsgrundlage (+)

      (b)   Voraussetzungen (−)

      (aa) Formelle Voraussetzungen (+)

      (bb) Materielle Voraussetzungen (−)

      (aaa) Voraussetzungen des § 10 Abs. 1 S. 1 Nr. 2–7 StAG

      (bbb) Voraussetzungen des § 10 Abs. 1 S. 1 Nr. 1 StAG/

            § 11 S. 1 Nr. 1 StAG (+/−)

      (c)   Zwischenergebnis

      (2)   Zwischenergebnis

      bb) Nichtigkeitsfolge (−)

      (1)   Handlungsformverbot (−)

      (2)   Sonstige Evidenz (−)

      d)   Zwischenergebnis

    4. Aufhebung der Zusicherung (−)

      a)   Verhältnis des § 38 Abs. 2 VwVfG zu § 38 Abs. 3 VwVfG

      b)   Konkludente Aufhebung der Zusicherung oder Umdeutung

      c)   Rechtmäßigkeit bzw. Wirksamkeit der Aufhebung der Zusicherung

      d)   Rechtswidrigkeit der Aufhebung der Zusicherung (+)

aa) Rechtswidrigkeit als Rücknahme (+)
(1) Rechtsgrundlage (+)
(a) Generalklauseln der §§ 48, 49 VwVfG i.V.m. § 38 Abs. 2 VwVfG (+)
(b) Rücknahme der Zusicherung Geld- oder teilbarer Sachleistungen
(2) Voraussetzungen (+)
(a) Formelle Voraussetzungen (+)
(b) Materielle Voraussetzungen (+)
(aa) Rechtswidrigkeit der Zusicherung (+)
(bb) Zwischenergebnis
(3) Rechtsfolge
(aa) Vertrauensschutz gemäß § 48 Abs. 2 VwVfg i.V.m. § 38 Abs. 2 VwVfG (–)
(bb) Präklusion gemäß § 48 Abs. 4 S. 1 VwVfG (+)
(cc) Ermessensausfall (+)
(4) Zwischenergebnis
bb) Rechtswidrigkeit als Widerruf (+)
(1) Rechtsgrundlage (+)
(2) Voraussetzungen (–)
(a) Formelle Voraussetzungen (+)
(b) Materielle Voraussetzungen (–)
(3) Zwischenergebnis
5. Bindung an die Zusicherung (+)
6. Zeitablauf (+/–)
7. Zwischenergebnis
II. Gesetzlicher Anspruch (–)
C. Ergebnis

2. Komplex: Abwandlung
I. § 51 VwVfG (+)
II. §§ 48, 49 VwVfG (+)
III. Ergebnis

Lösungsvorschlag

Die folgende Lösung ist als Lösungsvorschlag zu verstehen und ausführlicher, als es in der Klausurbearbeitung verlangt werden kann. Aufgrund der wissenschaftlichen Freiheit können andere Lösungswege vertreten werden, soweit sie dogmatisch begründbar sind. Die Nachweise aus Rechtsprechung und Literatur sowie die das Verständnis fördernden Randbemerkungen sind in der Examensklausur auszusparen. Die Abkürzung „Alt." steht für Alternativfall, nicht für Alternative.

1. Komplex: Ausgangskonstellation
Die Klage der K hat Erfolg, soweit die Sachurteilsvoraussetzungen erfüllt sind, die Klage zulässig und begründet ist.

A. Sachurteilsvoraussetzungen[1]
Die Sachurteilsvoraussetzungen können erfüllt sein.

I. Rechtsweg
Ein Rechtsweg kann eröffnet sein. Der Verwaltungsrechtsweg kann aufgrund einer aufdrängenden Sonderzuweisung, hilfsweise gemäß der Generalklausel des § 40 Abs. 1 S. 1 VwGO eröffnet sein, soweit keine abdrängende Sonderzuweisung besteht. Unter Umständen ergeht ein Verweisungsbeschluss i.S.d. § 17a Abs. 2 GVG i.V.m. § 173 VwGO.

Der Verwaltungsrechtsweg ist gemäß § 40 Abs. 1 S. 1 VwGO eröffnet, wenn die streitentscheidende öffentlich-rechtliche Norm einen Hoheitsträger einseitig berechtigt oder verpflichtet bzw. wenn aufgrund typisch hoheitlichen Handelns zwischen den Beteiligten ein Subordinationsverhältnis besteht.

---

1 Hinweis: Andere Aufbauvarianten werden vertreten (z.B. dreistufig oder Prüfung des Verwaltungsrechtsweges als Untergliederungspunkt der Zuständigkeit des Gerichts). Derartige Aufbauvarianten sind aber mit § 17a Abs. 2 GVG bzw. mit der Überschrift des 6. Abschnitts der VwGO sowie mit § 83 VwGO unvereinbar und daher bei exakter dogmatischer Zuordnung der Prüfungspunkte nicht zu empfehlen. Die Überschrift „Sachurteilsvoraussetzungen" anstelle der Überschrift „Zulässigkeit" ist sinnvoll, weil nach § 63 Nr. 3 VwGO auch der Beigeladene zu den Beteiligten gehört, das Fehlen einer notwendigen Beiladung i.S.d. § 65 Abs. 2 VwGO aber nur dazu führt, dass das Urteil keine materielle Rechtskraft entfaltet (zum Aufbau im Ganzen: Heinze/Starke JURA 2012, 175 ff.).

Als streitentscheidende Norm kommt § 10 Abs. 1 StAG in Betracht, während § 38 VwVfG als Norm bezüglich einer Zusicherung nicht maßgeblich ist, weil K zwar einen Anspruch aus einer Zusicherung haben könnte, sich aus § 38 VwVfG jedoch nur Anforderungen für eine Zusicherung als solche ergeben. Ein typisch hoheitliches Handeln im Sinne eines Subordinationsverhältnisses ist nicht anzunehmen, weil sich aus dem öffentlich-rechtlichen Charakter der Ablehnung der erstrebten Leistung nicht zwingend der öffentlich-rechtliche Charakter der Leistung, sondern lediglich ein Indiz für den öffentlich-rechtlichen Bezug ergibt. Jedenfalls besteht wegen der vorherigen Handlungen der Behörde und des Bezuges zum Staatsangehörigkeitsgesetz jedoch ein Sachzusammenhang zum öffentlichen Recht.

Eine abdrängende Sonderzuweisung besteht nicht, sodass es weder zu einem Verweisungsbeschluss gemäß § 17a Abs. 2 GVG i.V.m. § 173 VwGO noch zu einer Rechtswegkonzentration bzw. Rechtswegspaltung i.S.d. § 17 Abs. 2 S. 1 GVG i.V.m. § 173 VwGO kommen wird.

II. Zuständigkeit

Das Verwaltungsgericht ist gemäß § 45 VwGO als Eingangsinstanz für den Streit über den von der zuständigen Behörde der Bundesrepublik Deutschland zu erlassenden Verwaltungsakt sachlich zuständig, soweit die Voraussetzungen abweichender Regelungen wie z.B. die §§ 47, 50 VwGO bei besonderen Verfahren nicht erfüllt sind. Das Verwaltungsgericht ist auch i.S.d. § 52 VwGO örtlich zuständig, sodass kein Verweisungsbeschluss gemäß § 17a Abs. 2 GVG i.V.m. § 83 VwGO gefasst werden wird.[2]

III. Beteiligte

K und die Stadt B als Gebietskörperschaft öffentlichen Rechts können Beteiligte des Verfahrens sein. Beteiligte sind nach § 63 Nr. 1, 2 VwGO unter anderem der Kläger und der Beklagte, beteiligungsfähig nach § 61 Nr. 1 Alt. 1, 2 VwGO natürliche und juristische Personen. Auf Klägerseite gemäß § 63 Nr. 1 VwGO ist K gemäß § 61 Nr. 1 Alt. 1 VwGO als natürliche Person beteiligungsfähig und gemäß § 62 Abs. 1 Nr. 1 VwGO mangels gegenteiliger Anhaltspunkte prozessfähig.

---

2 Die örtliche Zuständigkeit ist nur anzusprechen, wenn es dafür im Sachverhalt Anhaltspunkte gibt. Gegebenenfalls ist die örtliche Zuständigkeit grundsätzlich im Anschluss an die sachliche Zuständigkeit zu prüfen. Ist sie jedoch gemäß § 52 Nr. 2 VwGO ausnahmsweise von der Klageart abhängig, sollte sie offen mit Verweis auf § 17a Abs. 2 GVG i.V.m. § 83 VwGO formuliert werden.

Beklagte gemäß § 63 Nr. 2 VwGO ist die Stadt B als Gebietskörperschaft des öffentlichen Rechts, vertreten durch die Behörde. Sie ist gemäß den § 61 Nr. 1 Alt. 2 VwGO beteiligungs- und mangels Anhaltspunkten bezüglich des für die Behörde handelnden Organwalters gemäß § 62 Abs. 3, 1 VwGO prozessfähig.

IV. Statthafte Klageart

Die statthafte Klageart richtet sich i.S.d. § 88 VwGO nach dem klägerischen Begehren unter Berücksichtigung des Anwendungsvorrangs maßnahmespezifischer Rechtsschutzformen und des rechtsstaatlichen Grundsatzes der Effektivität des Rechtsschutzes. Dem klägerischen Begehren entspricht in der Regel die effektivste Klageart, also nach Möglichkeit die Anfechtungsklage gemäß § 42 Abs. 1 Alt. 1 VwGO als Gestaltungsklage der Verwaltungsgerichtsordnung, es sei denn, das Ziel ist mit bloßer Gestaltung nicht erreichbar oder es gibt einen ausdrücklichen Antrag, der nicht überschritten werden darf. Voraussetzung der Anfechtungsklage ist, dass der Kläger die Aufhebung eines gegenwärtig wirkenden Verwaltungsaktes erstrebt. Ein Verwaltungsakt ist gemäß § 35 S. 1 VwVfG i.V.m. § 1 VwVfG jede Verfügung, Entscheidung oder andere hoheitliche Maßnahme, die eine Behörde zur Regelung eines Einzelfalls auf dem Gebiet des öffentlichen Rechts trifft und die auf unmittelbare Rechtswirkung nach außen gerichtet ist.

K erstrebt eine verbindliche endgültige Regelung seiner Einbürgerung durch die Behörde, also einen Verwaltungsakt. Es handelt sich bei seiner Klage um eine Verpflichtungsklage gemäß § 42 Abs. 1 Alt. 2 VwGO. Sollte bezüglich der Regelung, die durch die Verpflichtung erfolgen soll, gleichzeitig die Aufhebung eines entgegenstehenden ablehnenden Bescheides erfolgen müssen, ist die Aufhebung als gestaltendes Element im Rahmen einer Verpflichtungsklage in Form der Versagungsgegenklage enthalten.[3] Aus rechtsstaatlichen Effektivitätsgründen i.S.d. Art. 20 Abs. 3 GG wäre von einem solchen gestaltenden Element bei weiter Auslegung des § 42 Abs. 1 Alt. 2 VwGO auch ein entgegenstehender konkludent ausgesprochener Aufhebungsbescheid erfasst. Zwar ist dem entgegen-

---

3 Die Möglichkeit der Verpflichtungsklage mit gestaltendem Element (Versagungsgegenklage) sollte erwähnt werden, da bezüglich der konkludenten Aufhebung im Rahmen der Begründetheit eine konkludente Anfechtung in Kombination mit der Verpflichtung mittels der Versagungsgegenklage möglich ist. Es ist vertretbar, ein gesondertes konkludentes Anfechtungsbegehren anzunehmen, weil eine Aufhebung als eigenständiges Verfahren eingestuft werden könnte, wobei dann die Annahme der konkludenten Aufhebung nicht logisch erschiene (vgl. unten). Bei Annahme eines gesonderten konkludenten Anfechtungsantrages entstünde ein Stufenverhältnis mit der Anfechtung der Aufhebung auf der ersten Stufe und der Leistung der Einbürgerung auf der zweiten Stufe, sodass § 113 Abs. 4 VwGO maßgeblich wäre.

zuhalten, dass die Aufhebung eines unter Umständen konkludent ausgesprochenen Aufhebungsbescheides bezüglich der Zusicherung als ein über die Versagung hinausgehender Rechtssetzungsakt einzustufen ist, jedoch geht es letztlich zumindest mittelbar um denselben Inhalt, nämlich die Einbürgerung, sodass ihm auch i.S.d. Art. 19 Abs. 4 GG effektiver Rechtsschutz in Form der Ausweitung des gestaltenden Elementes der Verpflichtungsklage in Form der Versagungsgegenklage gegen etwaige konkludente Aufhebungen zu gewähren ist, ohne dass auf § 113 Abs. 4 VwGO zurückgegriffen werden muss.

V. Besondere Sachurteilsvoraussetzungen
Die besonderen Sachurteilsvoraussetzungen können erfüllt sein.

1. Besondere Prozessführungsbefugnis
Besonders prozessführungsbefugt ist gemäß § 78 Abs. 1 Nr. 1 VwGO die Gemeinde B als Körperschaft öffentlichen Rechts, da keine Ausführungsvorschrift i.S.d. § 78 Abs. 1 Nr. 2 VwGO ersichtlich ist.

2. Klagebefugnis
K muss klagebefugt sein. Die Klagebefugnis nach § 42 Abs. 2 VwGO setzt die Möglichkeit der Verletzung eines subjektiven Rechts voraus. Subjektive Rechte werden aus Sonderrechtsbeziehungen, einfachen Gesetzen, subsidiär aus Grundrechten abgeleitet, wobei jedenfalls aufgrund des weiten Schutzbereiches des Art. 2 Abs. 1 GG bei unmittelbaren Grundrechtseingriffen für das subjektive Recht direkt auf Grundrechte abgestellt werden kann.

Da K eine Leistung in Form der Einbürgerung erstrebt, gelten Grundrechte als originäre bzw. derivative Leistungsrechte und Teil der objektiven Werteordnung gemäß Art. 1 Abs. 3 GG nur subsidiär. Die Möglichkeit eines Anspruches für K ergibt sich aber einerseits aus der möglicherweise als Zusicherung i.S.d. § 38 Abs. 1 VwVfG zu qualifizierenden Zusage der Behörde an K vom 9.6.2007 als Sonderrechtsbeziehung mit dem Inhalt, ihn einzubürgern, bzw. aus § 10 Abs. 1 StAG als einfachgesetzlicher Norm. K ist klagebefugt.

3. Ordnungsgemäßes Vorverfahren
Ein Vorverfahren gemäß den §§ 68ff. VwGO ist nicht gemäß § 68 Abs. 1 S. 2 VwGO entbehrlich und wurde seitens des K ordnungsgemäß durchgeführt.

4. Klagefrist
Die Klagefrist von einem Monat gemäß § 74 Abs. 1 S. 1, Abs. 2 VwGO seit Zustellung des Widerspruchsbescheides muss eingehalten worden sein.

a) Fristbeginn
Die Klagefrist beginnt gemäß § 74 Abs. 1 S. 1 und Abs. 2 VwGO mit der Zustellung des Widerspruchsbescheides. Da es sich bei der Klagefrist nicht um eine Frist im Verwaltungsverfahren handelt, ist zu deren Berechnung nicht § 31 VwVfG maßgeblich, sondern die §§ 57 Abs. 2 VwGO, 222 Abs. 1 ZPO, 187 ff. BGB sind anzuwenden.

Ist für den Beginn einer Frist ein Ereignis – so die Zustellung bei K – maßgeblich, wird gemäß § 187 Abs. 1 BGB bei der Berechnung der Frist der Tag nicht mitberechnet, in welchen das Ereignis fällt. Die Zustellung des Widerspruchsbescheides bei K erfolgte am 20.4.2012. Die Frist begann somit am 21.4.2012 um 00:00 Uhr.

b) Fristdauer
Die Fristdauer der Monatsfrist aus § 74 Abs. 1 S. 1 und Abs. 2 VwGO wird nach den §§ 57 Abs. 2 VwGO, 222 Abs. 1 ZPO, 187 ff. BGB berechnet. Als nach Monaten berechnete Frist endete sie gemäß § 188 Abs. 2 BGB als solche Frist, deren Beginn ein Ereignis gemäß § 187 Abs. 1 BGB zugrunde liegt, mit dem Ablauf desjenigen Tages, welcher durch seine Benennung oder Zahl dem Tage entspricht, in welchen das Ereignis fällt. Das Ereignis war die Zustellung des Widerspruchsbescheides bei K am 20.4.2012, sodass die Frist am 20.5.2012 um 24:00 Uhr endete. Somit wäre die Klageerhebung am 21.5.2012 verspätet erfolgt. Da der 20.5.2012 allerdings ein Sonntag war, kam es gemäß §§ 57 Abs. 2 VwGO, 222 ZPO auf den Ablauf des nächsten Werktages an. Nächster Werktag war Montag, der 21.5.2012. Die Frist endete daher am 21.5.2012 um 24:00 Uhr. Da K die Klage an diesem Tag erhoben hat, erfolgte sie fristgerecht.

c) Zwischenergebnis
Die Monatsfrist gemäß § 74 Abs. 1 S. 1 und Abs. 2 VwGO hat K eingehalten.

VI. Allgemeines Rechtsschutzbedürfnis
Mangels gegenteiliger Anhaltspunkte besteht ein Rechtsschutzbedürfnis des K.

VII. Zwischenergebnis
Die Sachurteilsvoraussetzungen sind erfüllt und die Klage des K ist zulässig.

B. Begründetheit
Die Klage ist gemäß § 113 Abs. 5 S. 1, 2 VwGO begründet, soweit die Ablehnung der Einbürgerung rechtswidrig, die Klägerin dadurch in ihren Rechten verletzt und die Sache spruchreif bzw. soweit die Unterlassung der diesbezüglichen Bescheidung rechtswidrig oder die erfolgte Bescheidung fehlerhaft und der Kläger dadurch in seinen Rechten verletzt ist. Somit ist die Klage begründet, soweit der Kläger einen Anspruch auf zumindest fehlerfreie Bescheidung hat.

I. Anspruch aus einer Zusicherung[4]
Der Anspruch des K auf den Erlass eines Einbürgerungsbescheides kann sich aus einer einfachgesetzlichen Norm ergeben. Zwar könnten die gesetzlichen Regelungen durch Sonderrecht wie eine Zusicherung überlagert sein, sodass dieses vorrangig maßgeblich sein kann, jedoch kann sich aus gesetzlichen Regelungen andererseits eine Grenze für die Rechtmäßigkeit oder sogar Wirksamkeit einer Zusicherung – alle Staatsgewalt geht gemäß Art. 20 Abs. 2 S. 1 GG vom Volk aus, welches durch das Parlament repräsentiert wird – ergeben, sodass eine Berücksichtigung der gesetzlichen Vorgabe erforderlich ist. Daraus ergibt sich jedoch nicht die Vorrangigkeit des gesetzlichen Anspruches, sondern nur die Notwendigkeit der Wirksamkeit der Sonderrechtsbeziehung, zumal sich auch aus rechtswidrigen Sonderrechtsbeziehungen – Verwaltungsakten – ein Anspruch ergeben kann.

1. Anspruchsgrundlage
Ein Anspruch des K kann sich aus einer wirksamen Zusicherung als Sonderrechtsbeziehung ergeben.[5]

---

4 Bei dogmatischer Betrachtung muss aufgrund der Spezialität der Sonderrechtsbeziehung mit der Zusicherung begonnen werden. Da die Zusicherung aber ohnehin an den gesetzlichen Vorgaben zu messen ist und zudem Inzidentprüfungen vermieden werden könnten, wäre es klausurtaktisch vertretbar, mit dem einfachgesetzlichen Anspruch zu beginnen.

5 Bei Ansprüchen aus Sonderrechtsbeziehungen (öffentlich-rechtlicher Vertrag; Verwaltungsakt; Zusicherung, bezüglich derer strittig ist, inwieweit sie selbst als Verwaltungsakt einzustufen ist), ist zu prüfen:
– Zustandekommen

2. Zustandekommen einer Zusicherung

Die Zusicherung als Unterform der Zusage – es gibt gemäß § 38 Abs. 1 S. 1 VwVfG Zusagen, die auf den Erlass eines Verwaltungsaktes gerichtet sind, also Zusicherungen, und sonstige Zusagen – muss gemäß § 38 Abs. 1 VwVfG ordnungsgemäß zustande gekommen sein.

Der gegenüber K erfolgte Ausspruch zur zukünftigen Vornahme der Einbürgerung ist zunächst als verbindliche Zusage zum Erlass eines Verwaltungsaktes – die Einbürgerung stellt einen Rechtssetzungsakt der Verwaltung in Form eines Verwaltungsaktes gemäß § 35 S. 1 VwVfG dar – und ist somit als Zusicherung[6] und nicht als unverbindliche Behördenauskunft einzustufen, da insoweit eine Verbindlichkeit gewollt war, als K seine türkische Staatsangehörigkeit im Gegenzug aufgeben sollte und eine Staatenlosigkeit gemäß Art. 16 Abs. 1 S. 2 GG verfassungswidrig ist.

Formell hat die zuständige Einbürgerungsbehörde gehandelt.

Gemäß § 38 Abs. 1 S. 1 VwVfG ist die Zusicherung als Zusage, einen bestimmten Verwaltungsakt zu erlassen, schriftlich zu erteilen, wobei bezüglich der Schriftform gemäß § 3a Abs. 2 S. 1 VwVfG unter Umständen eine Ersetzung durch die elektronische Form erfolgen kann. Im Übrigen sind bezüglich der Schriftform analog § 62 S. 2 VwVfG die Vorschriften des Bürgerlichen Gesetzbuches anwendbar – z.B. § 126 BGB, wenngleich in Anlehnung an den Veraltungsakt für die Zusicherung § 37 Abs. 3 VwVfG maßgeblich sein kann. Darauf wird in § 38 Abs. 2 VwVfG zwar nicht verwiesen. Dennoch bedarf es bei verfassungskonformer Auslegung i.S.d. sich unter anderem aus Art. 20 Abs. 3 GG ergebenden Rechtsstaatsprinzips einer analogen Anwendung des § 37 Abs. 3 S. 1 VwVfG, weil eine Gegenseitigkeit wie bei Verträgen zumindest nicht erforderlich ist, wenn eine Niederschrift bei Gericht erfolgt (zum Ganzen: BVerwG – 11 C 29/93, Rn 21; andere Ansicht vertretbar, da genau genommen keine Regelungslücke). Die Regelungslücke ist zwar wegen des fehlenden Verweises in § 38 Abs. 2 VwVfG problematisch, jedoch ist es aufgrund der Einseitigkeit verfassungsrechtlich

---

- Wirksamkeit
- Fortfall.

[6] Die Rechtsnatur einer Zusicherung ist strittig: Sie könnte als Verwaltungsakt eingestuft werden (anders als Zusagen im Übrigen), wobei die Bezugnahme auf die Vorschriften über Verwaltungsakte in § 38 Abs. 2 VwVfG dann einerseits nur deklaratorisch, andererseits in ihrer Formulierung unzutreffend wäre, da eine „entsprechende Anwendung" geregelt ist. Somit erscheint es sinnvoll, die Zusicherung als eigenständigen Rechtssetzungsakt einzustufen, bezüglich dessen zumindest partiell die Vorschriften für Verwaltungsakte gelten. Da es für K um einen Anspruch **aus** einer Zusicherung und nicht auf einen Anspruch **auf** eine Zusicherung (dann z.B. für die Klageart relevant) geht, ist deren Rechtsnatur für die Falllösung aber zunächst irrelevant.

i.S.d. sich unter anderem aus Art. 20 Abs. 3 GG ergebenden Rechtsstaatsprinzips in Form des Bestimmtheitsgebotes notwendig, auf § 37 Abs. 3 VwVfG abzustellen.

B hat K bereits am 9.6.2007 eine Einbürgerungszusicherung erteilt. Diese erfolgte auch schriftlich, sodass die Zusicherung ordnungsgemäß zustande gekommen ist.[7]

3. Keine Nichtigkeit
Die Zusicherung darf nicht nichtig sein. Mangels spezieller Regelungen ist insoweit § 44 VwVfG i.V.m. § 38 Abs. 2 VwVfG maßgeblich.

a) Absoluter Nichtigkeitsgrund
Zunächst können die Voraussetzungen für einen absoluten Nichtigkeitsgrund i.S.d. § 44 Abs. 2 VwVfG i.V.m. § 38 Abs. 2 VwVfG erfüllt sein, sodass die Zusicherung ohne Auslegungsspielraum der Behörden und Gerichte aufgrund klarer gesetzlicher Vorgaben als nichtig einzustufen wäre. Ein absoluter Nichtigkeitsgrund ist jedoch nicht ersichtlich.

b) Ausschluss der Nichtigkeit
Ein Ausschluss der Nichtigkeit i.S.d. § 44 Abs. 3 VwVfG i.V.m. § 38 Abs. 2 VwVfG ist ebenfalls nicht ersichtlich.

c) Generalklausel
Die an B erteilte Zusicherung könnte gemäß § 44 Abs. 1 VwVfG i.V.m. § 38 Abs. 2 VwVfG nichtig sein. Ein Verwaltungsakt ist demnach nichtig, soweit er an einem besonders schwerwiegenden Fehler leidet und dies bei verständiger Würdigung aller in Betracht kommenden Umstände offensichtlich, also evident ist (zum Ganzen: BVerwG NJW 1974, 1961, 1962; BVerwG NVwZ 1998, 1061).

Demnach ist eine Zusicherung nicht schon deshalb nichtig und damit rechtlich unwirksam, weil sie unter Verstoß gegen zwingende gesetzliche Vorschriften oder ohne hinreichende rechtliche Grundlage ergangen ist. Zur Nichtigkeit führt vielmehr nur ein besonders schwerer Form- oder Inhaltsfehler, der mit der Rechtsordnung unter keinen Umständen vereinbar ist und überdies für den ur-

---

7 Es ist vertretbar, für die Schriftform anstelle des Bürgerlichen Gesetzbuches § 37 Abs. 3 VwVfG anzuwenden oder analog § 62 S. 2 VwVfG zu § 126 BGB zu gelangen.

teilsfähigen Bürger offensichtlich sein muss (vgl. z.B. Urteil vom 8.11.1963 – IV C 123/62 – und vom 12.5.1966 – II C 84/63 – in Buchholz 310 Vorbem. III zu § 42 VwGO Ziff. 2 Nr. 14 und 17).

Dazu bedarf es zunächst eines Fehlers, der die Nichtigkeit zur Folge hat. Da nichtige Zusicherungen also zumindest rechtswidrig sind, müsste die Zusicherung rechtswidrig und der etwaige Fehler müsste evident sein.

aa) Rechtswidrigkeit der Zusicherung

Die Zusicherung gemäß § 38 Abs. 1 S. 1 VwVfG ist rechtswidrig, soweit deren Inhalt rechtswidrig ist. Der Inhalt der Zusicherung ist wiederum rechtswidrig, soweit die versprochene Einbürgerung rechtswidrig ist.[8]

(1) Rechtswidrigkeit der Einbürgerung

Die gegenüber K zugesicherte Einbürgerung gemäß § 10 Abs. 1 S. 1 StAG kann rechtswidrig sein.

(a) Rechtsgrundlage

Als Rechtsgrundlage für eine Einbürgerung ist § 10 Abs. 1 S. 1 StAG maßgeblich.

(b) Voraussetzungen

Die Anspruchsvoraussetzungen des § 10 Abs. 1 S. 1 StAG könnten erfüllt sein.

(aa) Formelle Voraussetzungen

Der formell gemäß § 10 Abs. 1 S. 1 StAG erforderliche Antrag ist seitens des K gestellt worden.

(bb) Materielle Voraussetzungen

Die materiellen Voraussetzungen des § 10 Abs. 1 S. 1 StAG könnten erfüllt sein.

---

[8] Wäre der gesetzliche Anspruch vor dem Anspruch aus der Zusicherung geprüft worden, hätte die Rechtmäßigkeit der Einbürgerung nicht im Rahmen der Rechtmäßigkeit der Zusicherung inzident geprüft werden müssen. Die Zusicherung ist als Sonderrechtsbeziehung aber spezieller.

(aaa) Voraussetzungen des § 10 Abs. 1 S. 1 Nr. 2–7 StAG

Die Voraussetzungen des § 10 Abs. 1 S. 1 Nr. 2–7 StAG können erfüllt sein. Zunächst muss K gemäß § 10 Abs. 1 S. 1 Nr. 2 StAG ein unbefristetes Aufenthaltsrecht in der Bundesrepublik Deutschland zustehen, da er weder – anstelle des Erfordernisses des unbefristeten Aufenthaltsrechts – Staatsangehöriger der Schweiz noch ein Unionsbürger ist, weil die Türkei nicht Mitglied der Europäischen Union ist.

Das unbefristete Aufenthaltsrecht des K kann sich aus der ihm im Jahr 1997 ausgestellten Aufenthaltsberechtigung ergeben. Gemäß § 27 Abs. 1 S. 1 AuslG gelten Aufenthaltsberechtigungen zeitlich und räumlich unbeschränkt. Zwar ist das Ausländergesetz zum 1. Januar 2005 außer Kraft getreten, jedoch gelten gemäß § 101 Abs. 1 S. 1 AufenthG vor dem 1. Januar 2005 erteilte Aufenthaltsberechtigungen als Niederlassungserlaubnis fort. Gemäß § 9 Abs. 1 S. 1 AufenthG ist die Niederlassungserlaubnis als unbefristeter Aufenthaltstitel einzustufen. Die Voraussetzungen des § 10 Abs. 1 S. 1 Nr. 2 StAG sind somit erfüllt.

Zudem kann K für seine unterhaltsberechtigten Familienangehörigen und sich den Lebensunterhalt ohne Inanspruchnahme von Leistungen nach dem Zweiten und Zwölften Buch des Sozialgesetzbuches i.S.d. § 10 Abs. 1 S. 1 Nr. 3 StAG bestreiten. Er beabsichtigt, seine türkische Staatsangehörigkeit i.S.d. § 10 Abs. 1 S. 1 Nr. 4 StAG aufzugeben. Er ist gemäß § 10 Abs. 1 S. 1 Nr. 5 StAG weder zu einer Strafe verurteilt worden, noch ist ihm gegenüber mangels Schuldunfähigkeit eine Maßregel der Besserung und Sicherung angeordnet worden. K verfügt gemäß § 10 Abs. 1 S. 1 Nr. 6 StAG auch über hinreichende Sprachkenntnisse sowie aufgrund seines langjährigen Aufenthaltes in der Bundesrepublik Deutschland gemäß § 10 Abs. 1 S. 1 Nr. 7 StAG über Kenntnisse der Rechts- und Gesellschaftsordnung derselben und der Lebensverhältnisse in Deutschland. Die Voraussetzungen des § 10 Abs. 1 S. 1 Nr. 2–7 StAG sind erfüllt.

(bbb) Voraussetzungen der § 10 Abs. 1 S. 1 Nr. 1 StAG/§ 11 S. 1 Nr. 1 StAG

Fraglich ist, ob die Voraussetzungen des § 10 Abs. 1 S. 1 Nr. 1 StAG erfüllt sind. Dies ist letztlich nur relevant, wenn kein die Einbürgerung hindernder Umstand erfüllt ist.

Gemäß § 11 S. 1 Nr. 1 StAG ist eine Einbürgerung ausgeschlossen, wenn durch tatsächliche Anhaltspunkte die Annahme gerechtfertigt werden kann, dass der Ausländer Bestrebungen verfolgt oder unterstützt hat, die gegen die freiheitlich demokratische Grundordnung, den Bestand oder die Sicherheit des Bundes oder eines Landes gerichtet sind oder eine ungesetzliche Beeinträchtigung der Ausführung der Verfassungsorgane des Bundes oder eines Landes gerichtet sind oder eine ungesetzliche Beeinträchtigung der Amtsführung der

Verfassungsorgane des Bundes oder eines Landes oder ihrer Mitglieder zum Ziel haben oder die durch die Anwendung von Gewalt oder darauf gerichtete Vorbereitungshandlungen auswärtige Belange der Bundesrepublik Deutschland gefährden, es sei denn, der Ausländer macht glaubhaft, dass er sich von der früheren Verfolgung oder Unterstützung derartiger Bestrebungen abgewandt hat (zum Ganzen vgl. VG Stuttgart, Urteil vom 26.10.2005 – 11 K 2083/04 sowie OVG Koblenz, Urteil vom 24.5.2005 – 7 A 10953/04.OVG).

Als Unterstützung i.S.d. § 11 S. 1 Nr. 1 StAG ist jede eigene Handlung einzustufen, die für Bestrebungen i.S.d. Bestimmung objektiv vorteilhaft ist. Dazu zählen etwa die öffentliche oder nichtöffentliche Befürwortung von Bestrebungen i.S.d. § 11 S. 1 Nr. 1 StAG, die Gewährung finanzieller Unterstützung oder die Teilnahme an Aktivitäten zur Verfolgung oder Durchsetzung der inkriminierten Ziele. Allerdings muss eine Unterstützung der Bestrebungen gegen die freiheitliche demokratische Grundordnung bezweckende Zielrichtung des Handelns für den Ausländer regelmäßig erkennbar und ihm deshalb zurechenbar sein. Eine Unterstützung ist nicht anzunehmen, wenn jemand allein einzelne politische, humanitäre oder sonstige Ziele einer Organisation, nicht aber auch deren Bestrebungen gegen die freiheitliche demokratische Grundordnung befürwortet – sich hiervon gegebenenfalls deutlich distanziert – und lediglich dies durch seine vereinsrechtlich erlaubten mitgliedschaftlichen Tätigkeiten nach außen vertritt.

Dass der Einbürgerungsbewerber sicherheitsrelevante Bestrebungen in diesem Sinne unterstützt, muss nicht mit dem üblichen Grad der Gewissheit festgestellt werden. Erforderlich, aber auch ausreichend ist vielmehr ein tatsachengestützter hinreichender Tatverdacht. Damit soll auf der Grundlage des Gesetzes wegen der Nachweisprobleme gegenüber vielfach verkappt agierenden Aktivisten unter Senkung der Nachweisschwelle die Einbürgerung von PKK-Aktivisten oder radikalen Islamisten auch dann verhindert werden, wenn entsprechende Bestrebungen nicht sicher nachgewiesen werden können (vgl. BT-Drs. 14/533 S. 18 f.). Andererseits genügen allgemeine Verdachtsmomente, die nicht durch benennbare, konkrete Tatsachen gestützt sind, nicht. Erforderlich ist eine wertende Betrachtungsweise, bei der auch die den Ausländern zustehenden Grundrechte aus Art. 5 Abs. 1 GG – die Meinungs- und die Informationsfreiheit, die Presse-, Rundfunk- und Filmfreiheit – und aus Art. 9 Abs. 3 GG – die Vereinigungsfreiheit – zu berücksichtigen sind. Dabei können aber auch legale Betätigungen herangezogen werden. Mit § 11 S. 1 Nr. 1 StAG wird der Sicherheitsschutz im Einbürgerungsrecht weit vorverlagert in Handlungsbereiche, die strafrechtlich noch nicht beachtlich sind und für sich betrachtet auch noch keine unmittelbare Gefährdung der freiheitlichen demokratischen Grundordnung darstellen.

Gemessen an diesen Maßstäben ist die Annahme gerechtfertigt, dass der K die entsprechenden Bestrebungen des S e.V. (IGMG) unterstützt hat. Seine Tätigkeit als örtliches Vorstandsmitglied ist für die Aktivitäten einer solchen Organisation förderlich. Aber auch die vorausgesetzte Erkenn- und Zurechenbarkeit seiner Handlungen in Bezug auf die inkriminierten Bestrebungen ist anzunehmen. K ist – worauf B stets hingewiesen hat – ausweislich der zum Vereinsregister vorgelegten „Ernennungsurkunde" zum Vorstandsmitglied des Ortsvereins S ernannt worden, wie dies in der ebenfalls zum Vereinsregister vorgelegten örtlichen Vereinssatzung ausdrücklich vorgesehen ist. Jedenfalls genügt dieser tatsächliche Anhaltspunkt zur Rechtfertigung der Annahme, K habe entsprechende Bestrebungen unterstützt. K hat nicht glaubhaft gemacht, dass er sich von den nach § 11 S. 1 Nr. 1 StAG inkriminierten Bestrebungen abgewandt hat.

Auch eine Abwendung der IGMG von den maßgeblichen Bestrebungen – diese könnte im Rahmen des § 11 S. 1 Nr. 1 StAG am Ende ausreichen – ist nicht ersichtlich.

Eine etwaig den Voraussetzungen nach denkbare Einbürgerung des K gemäß § 10 Abs. 1 S. 1 StAG ist jedenfalls gemäß § 11 S. 1 Nr. 1 StAG ausgeschlossen.

(c) Zwischenergebnis

Die K versprochene Einbürgerung ist rechtswidrig.

(2) Zwischenergebnis

Als Folge der Rechtswidrigkeit einer Einbürgerung des K ist auch die gegenüber ihm ausgesprochene Zusicherung rechtswidrig.

bb) Nichtigkeitsfolge

Die Rechtswidrigkeit der Zusicherung müsste für die Annahme der Nichtigkeit gemäß § 44 Abs. 1 VwVfG i.V.m. § 38 Abs. 2 VwVfG evident fehlerhaft sein.

(1) Handlungsformverbot

Als evidenter Fehler wäre z.B. ein Handlungsformverbot wie in § 2 Abs. 2 BBesG oder § 3 Abs. 2 BeamtVG einzustufen. Ein solches ist jedoch nicht ersichtlich.

(2) Sonstige Evidenz

Eine Evidenz ist im Übrigen nur restriktiv anzunehmen, weil bei verfassungs-konformer Auslegung i.S.d. sich unter anderem aus Art. 20 Abs. 3 GG erge-benden Rechtsstaatsprinzips Rechtssicherheit geschaffen werden soll, indem Verwaltungsakte gemäß § 35 VwVfG bei Rechtswidrigkeit anders als abstrakt-generelle Regelungen, bezüglich derer ein rechtsstaatliches Nichtigkeitsdogma gilt, wirksam sein sollen. Dass K, trotz seiner Mitgliedschaft in der IGMG, die Einbürgerung zugesichert wurde, war zwar rechtswidrig, führt nach alledem jedoch mangels eines besonders schwerwiegenden evidenten Fehlers i.S.d. § 44 Abs. 1 VwVfG i.V.m. § 38 Abs. 2 VwVfG nicht zur Nichtigkeit der Zusicherung, weil sein Handeln schon aufgrund der unklaren Aktivität des K in der IGMG nicht offensichtlich rechtswidrig war. Anhaltspunkte für evidente Fehler beste-hen bezüglich der gegenüber K erteilten Einbürgerungszusicherung auch im Übrigen nicht, sodass die Voraussetzungen des § 44 Abs. 1 VwVfG i.V.m. § 38 Abs. 2 VwVfG nicht erfüllt sind.

d) Zwischenergebnis

Die gegenüber K gemäß § 38 Abs. 1 S. 1 VwVfG ausgesprochene Zusicherung ist rechtswidrig aber wirksam.

4. Aufhebung der Zusicherung

Die Zusicherung kann aufgehoben worden sein. Diesbezüglich sind gemäß § 38 Abs. 2 VwVfG die §§ 48, 49 VwVfG anwendbar. Die §§ 48, 49 VwVfG i.V.m. § 38 Abs. 2 VwVfG könnten jedoch gemäß § 38 Abs. 3 VwVfG verdrängt sein. Das wäre anzunehmen, soweit § 38 Abs. 3 VwVfG eine Spezialregelung zu § 38 Abs. 2 VwVfG darstellt.

a) Verhältnis des § 38 Abs. 2 VwVfG zu § 38 Abs. 3 VwVfG

Aufgrund der systematischen Stellung am Ende des § 38 VwVfG könnte § 38 Abs. 2 VwVfG, der „unbeschadet" des § 38 Abs. 3 VwVfG gilt, durch § 38 Abs. 3 VwVfG jedenfalls insoweit verdrängt sein, als es wie im Verhältnis zu § 49 Abs. 2 S. 1 Nr. 3 VwVfG Überschneidungen gibt. Gemäß § 38 Abs. 3 VwVfG ist eine Behörde an eine Zusicherung nicht mehr gebunden, soweit sich die Sach- oder Rechtslage nach Abgabe der Zusicherung derart ändert, dass die Behörde bei Kenntnis der nachträglich eingetretenen Änderung die Zusiche-rung nicht gegeben hätte oder aus rechtlichen Gründen nicht hätte geben dür-fen.

Trotz der systematischen Stellung des § 38 Abs. 3 VwVfG kann eine Spezialität jedoch nur insoweit bestehen, als die Regelungen deckungsgleich sind. Während bei Anwendung des § 38 Abs. 3 VwVfG die Zusicherung als zumindest mit einem Verwaltungsakt gemäß § 38 Abs. 2 VwVfG gleichgesetzter Rechtssetzungsakt bestehen bleibt, wird er gemäß den §§ 48, 49 VwVfG i.V.m. § 38 Abs. 2 VwVfG beseitigt. Es stellt einen Unterschied dar, ob ein unter Umständen rechtswidriger Rechtssetzungsakt besteht und lediglich die Bindung fehlt, oder nur keine Bindung besteht, insbesondere, weil es nicht ausgeschlossen ist, dass ein solcher Rechtssetzungsakt grundrechtsrelevant ist. Zudem bedeutet die Formulierung „unbeschadet" nur, dass § 38 Abs. 3 VwVfG auch anwendbar ist, jedoch – vergleichbar § 36 Abs. 2 VwVfG im Verhältnis zu § 36 Abs. 1 VwVfG – nicht, dass § 38 Abs. 2 VwVfG verdrängt wird (weit verbreitet insoweit jedoch Stelkens, in: Stelkens/Bonk/Sachs, Verwaltungsverfahrensgesetz, § 38, Rn 95 ff. m.w.N.).

Die Formulierung „unbeschadet" in § 38 Abs. 2 VwVfG ist somit dahingehend auszulegen, dass die Regelung nicht abschließend ist und § 38 Abs. 3 VwVfG bei rechtswidriger Aufhebung anwendbar bleibt und bei Nichtaufhebung anwendbar ist. § 38 Abs. 2 VwVfG ist somit nicht durch § 38 Abs. 3 VwVfG verdrängt und somit anwendbar.[9]

b) Konkludente Aufhebung der Zusicherung oder Umdeutung

Eine Umdeutung der Ablehnung der Einbürgerung gemäß § 47 Abs. 1 VwVfG in eine Aufhebung käme insoweit einerseits nicht in Betracht, weil die Behörde sonst rechtsstaatswidrig nicht über den Einbürgerungsantrag entschieden hätte und diesbezüglich noch ein Anspruch bestünde, andererseits die gebundene Entscheidung i.S.d. § 10 Abs. 1 StAG gemäß § 47 Abs. 3 VwVfG nicht in eine Ermessensentscheidung i.S.d. § 48 Abs. 1 S. 1 VwVfG i.V.m. § 38 Abs. 2 VwVfG umgedeutet werden dürfte, sodass insoweit ein Ermessensausfall erfolgen würde.

Die Zusicherung kann aufgehoben worden sein. Eine ausdrückliche Regelung ist nicht ersichtlich. Allerdings kommt eine konkludente Aufhebung in Betracht, wobei es dazu möglich sein muss, Zusicherungen konkludent aufzuheben. Eine konkludente Aufhebung – diese wäre als Verwaltungsakt einzustufen – einer Zusicherung könnte aufgrund des sich unter anderem aus Art. 20 Abs. 3 GG ergebenden und für Verwaltungsakte in § 37 Abs. 1 VwVfG spezifizierten Rechtsstaatsprinzips mangels Bestimmtheit ausgeschlossen sein – § 37 VwVfG gilt für die Aufhebung der Zusicherung als Verwaltungsakt unmittelbar,

---

9 Bezüglich des Verhältnisses des § 38 Abs. 2 VwVfG zu § 38 Abs. 3 VwVfG ist die Annahme der Vorrangigkeit des § 38 Abs. 3 VwVfG mit guter Argumentation vertretbar.

sodass der in § 38 Abs. 2 VwVfG fehlende Verweis irrelevant ist. Schließlich kann eine Zusicherung grundrechtsrelevant sein – durch sie kann z.B. eine Eigentumsposition im Rahmen der bereichsspezifischen Eigentumsdefinition gemäß Art. 14 Abs. 1 S. 2 GG begründet werden – mit der Folge, dass auch deren Aufhebung grundrechtsrelevant sein kann. Da es sich bei der Aufhebung der Zusicherung aber um die Aufhebung einer Leistung handelt, ist die Grundrechtsrelevanz regelmäßig begrenzt, sodass die Annahme einer konkludenten Aufhebung der Zusicherung grundsätzlich mit dem rechtsstaatlichen Bestimmtheitsgrundsatz vereinbar ist, zumal für Verwaltungsakte gemäß § 37 Abs. 3 S. 1 VwVfG keine Formvorgabe besteht.

Die Versagung der Einbürgerung kann als konkludente Aufhebung der Zusicherung eingestuft werden.[10]

c) Rechtmäßigkeit bzw. Wirksamkeit der Aufhebung der Zusicherung

Maßgeblich ist jedenfalls, ob die Aufhebung der Zusicherung wirksam ist. Bei Unwirksamkeit der Aufhebung der Zusicherung gilt die Zusicherung noch, sodass ein Anspruch des Klägers bestehen kann. Fraglich ist jedoch, ob es auch auf die Rechtmäßigkeit der Aufhebung der Zusicherung ankommt. Anders als bei Normen – insoweit gilt aufgrund des sich unter anderem aus Art. 20 Abs. 3 GG ergebenden Rechtsstaatsprinzips grundsätzlich ein Nichtigkeitsdogma – ist die Aufhebung der Zusicherung als Verwaltungsakt einzustufen, sodass Rechtswidrigkeit und Wirksamkeit nicht gleichbedeutend sind. Rechtswidrige Verwaltungsakte sind – das ergibt sich z.B. aus § 44 VwVfG – nur unwirksam, soweit besondere Nichtigkeitsgründe bestehen.

Die Rechtmäßigkeit der Aufhebung der Zusicherung ist für die Fortwirkung der Zusicherung nur maßgeblich, soweit die Aufhebung der Zusicherung angefochten ist. Bei der Klage des K handelt es sich zwar um eine Verpflichtungsklage, jedoch enthält eine Verpflichtungsklage in Form der Versagungsgegenklage ein gestaltendes Element, sodass eine Anfechtung der Aufhebung der Zusicherung bei weiter Auslegung des gestaltenden Elementes der Verpflichtungsklage in Form der Versagungsgegenklage konkludent im Klageantrag enthalten ist. Wenn eine konkludente Aufhebung der Zusicherung zugunsten der Behörde rechtsstaatlich möglich ist, muss rechtsstaatlich i.S.d. Art. 20 Abs. 3 GG und aus Gründen eines effektiven Rechtsschutzes i.S.d. Art. 19 Abs 4 GG vom Klage-

---

10 Es ist vertretbar, die konkludente Aufhebung der Zusicherung abzulehnen, wobei dies klausurtaktisch ungeschickt wäre, weil materielle und prozessuale Probleme (Verpflichtungsklage in Form der Versagungsgegenklage) entfallen würden und nur § 38 Abs. 3 VwVfG zu prüfen wäre.

antrag die konkludente Anfechtung der Aufhebung der Zusicherung erfasst sein.[11]

Somit ist nicht nur die Wirksamkeit, sondern auch die Rechtmäßigkeit der Aufhebung der Zusicherung für die Klage maßgeblich.

d) Rechtswidrigkeit der Aufhebung der Zusicherung

Die Aufhebung der Zusicherung könnte rechtswidrig sein.

aa) Rechtswidrigkeit als Rücknahme

Die Aufhebung der Zusicherung kann als Rücknahme rechtswidrig sein. Während rechtswidrige Verwaltungsakte bzw. Zusicherungen grundsätzlich zurückgenommen werden, werden rechtmäßige Verwaltungsakte bzw. Zusicherungen widerrufen. Da die Rücknahme unter geringeren Voraussetzungen möglich ist, ist eine solche primär maßgeblich.

(1) Rechtsgrundlage

Fraglich ist, welche Rechtsgrundlage für die Aufhebung der Zusicherung in Betracht kommt.

(a) Generalklauseln der §§ 48, 49 VwVfG[12] i.V.m. § 38 Abs. 2 VwVfG

Mangels einer ersichtlichen Spezialregelung für die Aufhebung von Zusicherungen sind die Generalklauseln der §§ 48, 49 VwVfG i.V.m. § 38 Abs. 2 VwVfG

---

11 Die konkludente Anfechtung der Aufhebung der Zusicherung könnte bereits im Rahmen der statthaften Klageart vollständig und ausschließlich erörtert werden. Das würde aber auch eine dezidierte Erläuterung der konkludenten Aufhebung der Zusicherung im Rahmen der Prozessstation voraussetzen. Das würde unverständlich wirken.

12 **System der §§ 48, 49 VwVfG:**

Rechtsgrundlage für die Rücknahme ist immer § 48 Abs. 1 S. 1 VwVfG mit unterschiedlichem Vertrauensschutz, wobei auch für die Vergangenheit zurückgenommen werden kann. Bei belastenden Verwaltungsakten besteht kein Vertrauensschutz, bei Geld- oder teilbaren Sachleistungen auf der Primärebene i.S.d. § 48 Abs. 1 S. 2 VwVfG i.V.m. § 48 Abs. 2 VwVfG, bei sonstigen Begünstigungen auf der Sekundärebene gemäß § 48 Abs. 3 VwVfG.

Rechtsgrundlage beim Widerruf:

– bei Belastungen § 49 Abs. 1 VwVfG ohne Vertrauensschutz für die Zukunft

– bei Geld- oder teilbaren Sachleistungen primär § 49 Abs. 3 S. 1 VwVfG auch für die Vergangenheit (Vertrauensschutz auf der Primärebene mittels der Voraussetzungen), sekun-

maßgeblich.[13] Während gemäß § 49 VwVfG i.V.m. § 38 Abs. 2 VwVfG die Aufhebung rechtmäßiger Zusicherungen, also der Widerruf, möglich ist – zu unterscheiden ist bezüglich der maßgeblichen Absätze der Regelung zwischen belastenden Zusicherungen sowie solchen, durch die eine teilbare Geld- oder Sachleistung zugesichert wird und sonstigen Begünstigungen –, können mittels der Regelung des § 48 VwVfG i.V.m. § 38 Abs. 2 VwVfG rechtswidrige Zusicherungen aufgehoben, also zurückgenommen werden, wobei ebenfalls zwischen belastenden Zusicherungen sowie solchen, durch die eine teilbare Geld- oder Sachleistung gewährt wird, und sonstigen Begünstigungen zu unterscheiden ist. Da rechtswidrige Zusicherungen unter geringeren Voraussetzungen aufhebbar sind, ist primär eine Aufhebung gemäß § 48 VwVfG i.V.m. § 38 Abs. 2 VwVfG maßgeblich.

Während bei belastenden Zusicherungen und bei Begünstigungen, die nicht als Geld- oder teilbare Sachleistung einzustufen sind, § 48 Abs. 1 S. 1 VwVfG i.V.m. § 38 Abs. 2 VwVfG als Rechtsgrundlage für die Aufhebung maßgeblich ist – bei derartigen Begünstigungen stellt die Regelung des § 48 Abs. 3 S. 1 VwVfG keine Rechtsgrundlage für die Aufhebung auf der Primärebene, sondern nur eine Ausgleichsregelung auf der Sekundärebene dar –, ist die Zuordnung der Rechtsgrundlage zur Rücknahme von Zusicherungen bezüglich Geld- oder teilbarer Sachleistungen problematisch.

Ob die Zusicherung der Einbürgerung als teilbare Sachleistung – unter Umständen ist eine Teilung bezüglich der Rechtsträger Bund, Land und Kommune

---

där ergänzend § 49 Abs. 2 VwVfG für die Zukunft (Vertrauensschutz auf der Sekundärebene gemäß § 49 Abs. 6 VwVfG)
– bei sonstigen Begünstigungen gemäß § 49 Abs. 2 VwVfG für die Zukunft (Vertrauensschutz auf der Sekundärebene gemäß § 49 Abs. 6 VwVfG).

13 Teilweise wird zur Bestimmung der Rechtsgrundlage (z.B. § 48 VwVfG oder § 49 VwVfG) eine Vorprüfung bezüglich der Rechtswidrigkeit des aufgehobenen Bescheides empfohlen. Das erscheint nicht vertretbar, weil eine Vorprüfung – so im Übrigen auch beim Versuch im Strafrecht – nicht im Gesetz steht. Daher ist es sinnvoll, mit einer Rechtsgrundlage zu beginnen und bei Nichterfüllung der Voraussetzungen die nächste Rechtsgrundlage zu prüfen. § 48 VwVfG sollte stets vor § 49 geprüft werden, weil einerseits die Voraussetzungen für die Aufhebung eines rechtswidrigen Bescheides geringer sind als die für die Aufhebung eines rechtmäßigen Bescheides. Andererseits kann ein aufgehobener Verwaltungsakt rechtswidrig sein, ohne dass die Voraussetzungen des § 48 VwVfG erfüllt sind. Dann ist es denkbar, dass der Verwaltungsakt analog § 49 VwVfG aufgehoben werden kann, denn wenn schon ein rechtmäßiger Verwaltungsakt aufgehoben werden kann, gilt das erst recht für einen rechtswidrigen Verwaltungsakt. Insoweit erscheint es übersichtlicher zunächst § 48 VwVfG, dann § 49 VwVfG und analog § 49 VwVfG zu prüfen als mit der direkten Anwendung des § 49 VwVfG zu beginnen, dann § 48 VwVfG zu erörtern, um analog § 49 VwVfG wieder eine andere Norm zu prüfen.

denkbar – einzustufen ist, ist irrelevant, soweit auch insoweit § 48 Abs. 1 S. 1 VwVfG i.V.m. § 38 Abs. 2 VwVfG als Rechtsgrundlage maßgeblich ist.

(b) Rücknahme der Zusicherung Geld- oder teilbarer Sachleistungen

Jedenfalls kommt § 48 Abs. 2 VwVfG i.V.m. § 38 Abs. 2 VwVfG nicht als Rechtsgrundlage in Betracht. Einerseits ist in § 48 Abs. 2 S. 1 VwVfG i.V.m. § 38 Abs. 2 VwVfG nur geregelt, wann eine Zusicherung nicht zurückgenommen werden darf, andererseits sind dort die Termini „Abwägung" und „öffentliches Interesse" benannt, welche für einen Tatbestand i.S.d. sich unter anderem aus Art. 20 Abs. 3 GG ergebenden Rechtsstaatsprinzips zu unbestimmt sind.

§ 48 Abs. 1 S. 2 VwVfG i.V.m. § 38 Abs. 2 VwVfG könnte daher als Rechtsgrundlage maßgeblich sein. Insoweit fehlt es aber an einem rechtsstaatlich erforderlichen Tatbestandsmerkmal, weil dort das Erfordernis der Rechtswidrigkeit nicht geregelt ist. Möglich erscheint es, als Rechtsgrundlage daher § 48 Abs. 1 S. 2 VwVfG i.V.m. § 48 Abs. 2 VwVfG einzustufen. Allerdings fehlt in § 48 Abs. 1 S. 2 VwVfG das maßgebliche Tatbestandmerkmal, welches zwar in § 48 Abs. 2 VwVfG enthalten ist, welcher jedoch im Übrigen für einen Tatbestand zu unbestimmt ist.[14]

Nach alledem ist § 48 Abs. 1 S. 1 VwVfG auch bezüglich der Rücknahme der Zusicherung Geld- bzw. teilbarer Sachleistung die maßgebliche Rechtsgrundlage mit der Besonderheit des Vertrauensschutzes gemäß § 48 Abs. 1 S. 2 VwVfG i.V.m. § 48 Abs. 2 VwVfG in der Rechtsfolge auf der Primärebene.

§ 48 Abs. 1 S. 1 VwVfG i.V.m. § 38 Abs. 2 VwVfG kommt als Rechtsgrundlage auch in Betracht, soweit es sich bei der Zusicherung der Einbürgerung um eine teilbare Sachleistung handelt.

(2) Voraussetzungen

Die Voraussetzungen des § 48 Abs. 1 S. 1 VwVfG i.V.m. § 38 Abs. 2 VwVfG könnten erfüllt sein.

(a) Formelle Voraussetzungen

Die formellen Voraussetzungen für den Erlass des Aufhebungsbescheides sind erfüllt.[15]

---

14 Es ist vertretbar, § 48 Abs. 1 S. 2 VwVfG i.V.m. § 48 Abs. 2 VwVfG als Rechtsgrundlage einzustufen.

15 Die formellen Voraussetzungen sind aufgrund des Bearbeitungsvermerks nicht zu prüfen.

(b) Materielle Voraussetzungen

Die materiellen Voraussetzungen des § 48 Abs. 1 S. 1 VwVfG i.V.m. § 38 Abs. 2 VwVfG könnten erfüllt sein. Materiell wird eine rechtswidrige Zusicherung vorausgesetzt.

(aa) Rechtswidrigkeit der Zusicherung

Die Zusicherung ist ihrerseits rechtswidrig, weil die Voraussetzungen für eine Einbürgerung des K nicht erfüllt sind.

(bb) Zwischenergebnis

Die Zusicherung ist rechtswidrig.

(3) Rechtsfolge

Bezüglich des § 48 Abs. 1 S. 1 VwVfG i.V.m. § 38 Abs. 2 VwVfG besteht in der Rechtsfolge Ermessen. Diesbezüglich sind in § 48 Abs. 1 S. 2 VwVfG i.V.m. § 48 Abs. 2 VwVfG – diese gelten nur bei Geld- oder teilbaren Sachleistungen – spezielle Ermessensvorgaben sowie in § 48 Abs. 4 S. 1 VwVfG eine Präklusionsfrist geregelt. Zudem dürfen im Übrigen keine Ermessensfehler bestehen.

(aa) Vertrauensschutz gemäß § 48 Abs. 2 VwVfG i.V.m. § 38 Abs. 2 VwVfG

Der Vertrauensschutz gemäß § 48 Abs. 2 S. 1 VwVfG i.V.m. § 38 Abs. 2 VwVfG ist nicht anwendbar, da es sich bei der Zusicherung der Einbürgerung letztlich nicht um eine Geld- oder teilbare Sachleistung handelt, weil eine Einbürgerung, welche wiederum den Inhalt der Zusicherung darstellt, anders als eine zeitlich begrenzbare Aufenthaltserlaubnis nicht teilbar ist.

(bb) Präklusion gemäß § 48 Abs. 4 S. 1 VwVfG

Erhält die Behörde von Tatsachen Kenntnis, durch welche die Rücknahme eines rechtswidrigen Verwaltungsaktes gerechtfertigt werden kann, ist die Rücknahme gemäß § 48 Abs. 4 S. 1 VwVfG i.V.m. § 38 Abs. 2 VwVfG nur innerhalb eines Jahres seit dem Zeitpunkt der Kenntnisnahme zulässig. Bei verfassungskonformer Auslegung (zum Ganzen bei § 48 Abs. 4 VwVfG: BVerwGE GS 70, 356) i.S.d. sich unter anderem aus Art. 20 Abs. 3 GG ergebenden Rechtsstaatsprinzips gilt die Frist nicht nur für Tatsachen, sondern auch für Rechtsanwendungsfehler. Aufgrund effektiver Verwaltung ist zudem die Kenntnis des einzelnen Bearbeiters in der Behörde – ausnahmsweise eines Handelnden einer Behördeneinheit, soweit rechtsstaatlich geboten – maßgeblich. Aus ebensolchen Effektivitätsgründen ist die Frist nicht als Bearbeitungsfrist, sondern als Entscheidungsfrist einzustufen, sodass sie erst beginnt, wenn alle zur Aufhebung erheblichen Tatsachen bzw. Rechtsfehler bekannt sind.

Seitens der B wurde bereits am 13.6.2009 in einem Aktenvermerk die Mitgliedschaft des K im Vorstand des Ortsvereins S der IGMG notiert. Da die konkludente Aufhebung der Zusicherung erst mit der Versagung der Einbürgerung am 5.9.2011 erfolgte, ist mehr als ein Jahr verstrichen, sodass mangels Anhaltspunkten für unterschiedliche Amtswalter – dann hätte aufgrund späterer Kenntnis des konkreten Amtswalters ein späterer Zeitpunkt für den Fristbeginn als der 13.6.2009 maßgeblich sein können – eine Präklusion eingetreten ist.

(cc) Ermessensausfall
Zudem ist die konkludente Aufhebung der Zusicherung aufgrund eines Ermessensausfalls bezüglich des gemäß § 48 Abs. 1 S. 1 VwVfG i.V.m. § 38 Abs. 2 VwVfG auszuübenden Rücknahmeermessens rechtswidrig (vgl. Kopp/Ramsauer, VwVfG, § 38, Rn 35), weil im Rahmen der Ablehnung der Einbürgerung als gebundene Entscheidung bezüglich der konkludenten Aufhebung der Zusicherung als Ermessensentscheidung kein Ermessen ausgeübt worden wäre, sodass ein Ermessensausfall bestünde.

(4) Zwischenergebnis
Die Aufhebung der Zusicherung ist als Rücknahme rechtswidrig.

bb) Rechtswidrigkeit als Widerruf
Die Aufhebung der Zusicherung könnte als Widerruf rechtmäßig sein. Insoweit ist zunächst maßgeblich, inwieweit eine Aufhebung ohne weiteres als Rücknahme oder Widerruf eingeordnet werden darf. Ist eine Aufhebung explizit als Rücknahme oder als Widerruf bezeichnet, könnte eine gegenüber der ausdrücklichen Bezeichnung abweichende Einordnung nur mittels einer Umdeutung gemäß § 47 Abs. 1 VwVfG möglich sein. Das würde jedoch voraussetzen, dass ein Verwaltungsakt in einen anderen Verwaltungsakt umgedeutet werden würde.

Ist eine Aufhebung jedoch als Rücknahme oder Widerruf bezeichnet, ist das tenorierte Ziel letztlich die Aufhebung. Lediglich die Voraussetzungen können unterschiedlich sein. Zwar hat sich die Behörde aufgrund des sich unter anderem aus Art. 20 Abs. 3 GG ergebenden Rechtsstaatsprinzips so behandeln zu lassen, wie sie gehandelt hat, nicht aber, wie sie hätte handeln müssen, jedoch sind Rücknahme und Widerruf als einheitliche Handlungen einzustufen, weil beide die Aufhebung zur Folge haben. Somit wäre eine Einstufung als Rücknahme oder Widerruf entgegen der ausdrücklichen Bezeichnung rechtsstaatlich i.S.d. Art. 20 Abs. 3 GG von einer Auslegung gedeckt. Eine Umdeutung i.S.d. § 47 Abs. 1 VwVfG wäre nicht erforderlich.

Da eine ausdrückliche Bezeichnung als Rücknahme oder Widerruf aufgrund der konkludenten Erklärung gegenüber K nicht erfolgte, bedarf es nicht einmal einer Auslegung, sodass eine Einstufung als Widerruf möglich ist.

(1) Rechtsgrundlage

Zunächst bedarf es einer passenden Rechtsgrundlage. Mangels spezialgesetzlicher Regelungen kommt für den Widerruf § 49 VwVfG i.V.m. § 38 Abs. 2 VwVfG in Betracht. Für den Widerruf belastender Zusicherungen ist § 49 Abs. 1 VwVfG i.V.m. § 38 Abs. 2 VwVfG maßgeblich, während für die eine Begünstigung enthaltenden Zusicherungen, die eine einmalige oder laufende Geldleistung oder teilbare Sachleistung enthalten, § 49 Abs. 3 S. 1 VwVfG i.V.m. § 38 Abs. 2 VwVfG die Rechtsgrundlage für den Widerruf auch für die Vergangenheit darstellt. § 49 Abs. 2 S. 1 VwVfG i.V.m. § 38 Abs. 2 VwVfG gilt insoweit ergänzend nur für die Zukunft.

Jegliche dieser Rechtsgrundlagen gilt jedoch direkt nur bezüglich einer rechtmäßigen Zusicherung. Somit kommt eine analoge Anwendung des § 49 Abs. 2 S. 1 VwVfG i.V.m. § 38 Abs. 2 VwVfG – K hat eine unteilbare Begünstigung erhalten – in Form eines „Erst-recht-Schlusses" in Betracht (vgl. BVerwG NVwZ 1987, 498). Soweit sogar die gegenüber der Rücknahme höheren Anforderungen zum Widerruf eines Verwaltungsaktes gemäß § 49 Abs. 2 S. 1 VwVfG i.V.m. § 38 Abs. 2 VwVfG erfüllt sind, können analog § 49 Abs. 2 S. 1 VwVfG i.V.m. § 38 Abs. 2 VwVfG erst recht rechtswidrige Verwaltungsakte aufgehoben werden. Bedenken, dass die dezidierte Regelung zum Vertrauensschutz in § 48 Abs. 2 VwVfG i.V.m. § 38 Abs. 2 VwVfG, die für den Widerruf mangels planwidriger Regelungslücke aufgrund der expliziten Regelung gemäß § 49a VwVfG nicht analog anwendbar ist, umgangen werden könnte, bestehen nicht.

Einerseits gilt der Vertrauensschutz i.S.d. § 48 Abs. 2 VwVfG i.V.m. § 38 Abs. 2 VwVfG nicht für unteilbare Sachleistungen. Über klare Ausgleichsregelungen gemäß § 49a VwVfG auf der Sekundärebene hinaus sind in § 49 Abs. 2 S. 1 VwVfG i.V.m. § 38 Abs. 2 VwVfG über den Widerrufsgrund Wertungen enthalten.

Nach alledem kommt eine Aufhebung der Zusicherung gegenüber K analog § 49 Abs. 2 S. 1 VwVfG i.V.m. § 38 Abs. 2 VwVfG in Betracht.

(2) Voraussetzungen
Die Voraussetzungen für einen Widerruf könnten erfüllt sein.

(a) Formelle Voraussetzungen
Die formellen Voraussetzungen für eine Aufhebung der Zusicherung für K sind erfüllt.

(b) Materielle Voraussetzungen
Materiell bedarf es gemäß § 49 Abs. 2 S. 1 VwVfG i.V.m. § 38 Abs. 2 VwVfG einer rechtmäßigen Zusicherung und eines Widerrufsgrundes. Da § 49 Abs. 2 S. 1 VwVfG i.V.m. § 38 Abs. 2 VwVfG nicht direkt, sondern analog angewendet wird, bedarf es keiner rechtmäßigen Zusicherung, sondern die gegenüber K erlassene rechtswidrige Zusicherung ist hinreichend. Es bedarf jedoch auch eines Widerrufsgrundes. Ein solcher ist jedoch nicht ersichtlich. Insbesondere ist gemäß § 49 Abs. 2 S. 1 Nr. 1 VwVfG i.V.m. § 38 Abs. 2 VwVfG der Widerruf der Zusicherung nicht durch Rechtsvorschrift zugelassen oder in dieser vorbehalten, und es sind gemäß § 49 Abs. 2 S. 1 Nr. 3 VwVfG i.V.m. § 38 Abs. 2 VwVfG auch keine nachträglichen Tatsachen eingetreten, weil K schon beim Erlass der Zusicherung Mitglied im Vorstand des Ortsvereins S der IGMG war. Auch eine Änderung der Rechtslage i.S.d. § 49 Abs. 2 S. 1 Nr. 4 VwVfG i.V.m. § 38 Abs. 2 VwVfG ist nicht ersichtlich.

(3) Zwischenergebnis
Die Aufhebung der Zusicherung ist auch als Widerruf nicht rechtmäßig.

5. Bindung an die Zusicherung
Die Behörde kann sich zudem nicht darauf berufen, an die Zusicherung gemäß § 38 Abs. 3 VwVfG nicht gebunden zu sein, da es an der dafür erforderlichen Änderung der Sach- oder Rechtslage nach Abgabe der Zusicherung fehlt.

6. Zeitablauf[16]

Der Zeitablauf der befristeten Zusicherung könnte dem Anspruch des K entgegenstehen, weil die Befristung auf den 8.6.2009 terminiert war und dieser verstrichen ist.

Zwar ist die Beifügung einer solchen Bestimmung grundsätzlich möglich. Der Inhalt einer Zusicherung und deren Bindungswirkung wird neben dem bindenden Versprechen, den zugesicherten Verwaltungsakt zu erlassen, auch von derartigen beigefügten Beschränkungen wie Vorbehalten, Bedingungen, Befristungen usw. bestimmt.

B ist jedoch gehindert, sich auf die abgelaufene Frist zu berufen, weil der Grundsatz von Treu und Glauben gemäß § 242 BGB in einer i.S.d. Art. 20 Abs. 3 GG einheitlichen Rechtsordnung auch im öffentlichen Recht beachtlich ist (vgl. z.B. BVerwG, Urteil vom 22.1.1993 – 8 C 46.91 –, NVwZ 1993, 1102; VGH Mannheim, Urteil vom 8.5.2013 – 1 S 2046/12). Danach darf sich i.S.d. § 162 BGB i.V.m. Art. 20 Abs. 3 GG niemand auf einen Fristablauf berufen, der zuvor allein für das Verstreichen dieser Frist verantwortlich war. K hat innerhalb der in der Einbürgerungszusicherung genannten Frist die einzige ihm danach noch auferlegte Bedingung, die Entlassung aus seiner ursprünglichen türkischen Staatsangehörigkeit herbeizuführen, erfüllt. Er erhielt Anfang 2009 die Genehmigung über den Austritt aus der türkischen Staatsangehörigkeit und informierte B bereits vorab über diese ihm erteilte Genehmigung. Selbst wenn ein entsprechender Aktenvermerk fehlt, muss angenommen werden – B begann ab dem 18.4.2009 mit der Aktualisierung der Unterlagen –, dass diese Unterrichtung an diesem Tag erfolgt ist. Nachdem aber keine geänderte Sach- und Rechtslage gegeben war, hätte B zu diesem Zeitpunkt, also noch innerhalb des Gültigkeitszeitraums der Einbürgerungszusicherung, die Einbürgerung des K vollziehen können und müssen. Für den weiteren Zeitablauf war allein B verantwortlich und darf sich auf den Ablauf der Zusicherung nicht berufen.

7. Zwischenergebnis

Ein Anspruch des K auf Einbürgerung aus der Zusicherung besteht.

---

[16] Die Prüfung des Zeitablaufes sollte nicht vor der Aufhebung geprüft werden, weil letztere unter Umständen ex tunc erfolgt und somit weitergehend ist.

II. Gesetzlicher Anspruch

Ein gesetzlicher Anspruch des K aus § 10 Abs. 1 S. 1 StAG besteht nicht, weil die Voraussetzungen für die Einbürgerung wegen des Ausschlussgrundes gemäß § 11 S. 1 Nr. 1 StAG nicht erfüllt sind.

C. Ergebnis

K wird mit seiner Klage Erfolg haben, da ein Anspruch aus der Zusicherung auf Einbürgerung besteht.

2. Komplex: Abwandlung
I. § 51 VwVfG[17]

K könnte einerseits aufgrund der neuen Beweismittel die Wiederaufnahme des Verfahrens, in dem der ablehnende Bescheid erlassen worden ist, gemäß § 51 Abs. 1 Nr. 2 VwVfG verlangen (zum Ganzen: vgl. Maurer, Hartmut: Allgemeines Verwaltungsrecht, 17. Aufl., München 2009, Seiten 317–325).

Die Wiederaufnahme gemäß § 51 VwVfG ist eine verfahrensrechtliche Regelung mit der Folge, dass ein zweistufiges Verfahren entsteht, in dem gemäß § 51 Abs. 1 Nr. 1 VwVfG neue und gemäß § 51 Abs. 1 Nr. 2, 3 VwVfG vergangene Einwände geltend gemacht werden können. Zunächst wird in einer ersten Stufe über die Wiederaufnahme als solche entschieden, um in einer zweiten Stufe über die materiell-rechtliche Aufhebung oder Änderung des Verwaltungsaktes zu entscheiden. Es bestehen letztlich drei Möglichkeiten der Behörde zur Entscheidung. Die Behörde kann bereits die Wiederaufnahme des Verfahrens ablehnen. Ebenso kann sie das Verfahren zwar wieder aufnehmen, jedoch in der Sache über die Aufhebung oder Änderung ablehnend bescheiden. Die dritte Möglichkeit besteht darin, das Verfahren wiederaufzugreifen und in der Sache aufzuheben bzw. zu ändern. Es handelt sich in allen drei Konstellationen um einen Rechtssetzungsakt in Form eines Verwaltungsaktes gemäß § 35 S. 1 VwVfG.[18]

Fraglich ist, welches materielle Recht bei der Wiederaufnahme des Verfahrens anwendbar ist. Vertretbar ist es, für die Aufhebung des Verwaltungsaktes

---

17 Drei Möglichkeiten bei § 51 VwVfG:
– Ablehnung der Wiederaufnahme des Verfahrens
– Wiederaufnahme des Verfahrens und ablehnende Entscheidung in der Sache
– Wiederaufnahme des Verfahrens und stattgebende Entscheidung in der Sache.
18 Vereinzelt wird ohne nachvollziehbare Begründung vertreten, die Ablehnung der Wiederaufnahme stelle keinen Verwaltungsakt dar.

auf die Regelungen über die Rücknahme und den Widerruf in Spezialgesetzen bzw. die §§ 48, 49 VwVfG abzustellen, zumal die § 48 Abs. 1 S. 1 VwVfG und § 49 Abs. 1 VwVfG gemäß § 51 Abs. 5 VwVfG anwendbar bleiben (vgl. Maurer, Hartmut: Allgemeines Verwaltungsrecht, 17. Aufl., München 2009, Seiten 317-325). Jedenfalls für die Änderung eines unanfechtbaren Verwaltungsaktes ist jedoch das jeweilige materielle Recht – für K § 10 Abs. 1 S. 1 StAG – maßgeblich.

Bei dogmatischer Betrachtung ist im Rahmen des § 51 VwVfG stets das materielle Recht anwendbar – auch für die Aufhebung. Anderenfalls wäre die Regelungstechnik des Gesetzgebers nicht sinnvoll, weil er die Aufhebung insoweit in den §§ 48, 49 VwVfG ermessenslenkend bezüglich der in § 51 VwVfG genannten Gründe hätte einbinden können. Würde die Regelung des § 51 Abs. 1 Alt. 1 VwVfG lediglich dazu führen, dass nach den §§ 48, 49 VwVfG aufgehoben werden könnte, würde unter erhöhten Einstiegsanforderungen auf erster Stufe etwas gewährt werden, was nach den §§ 48, 49 VwVfG ohnehin im Rahmen des Anspruches auf zumindest fehlerfreie Bescheidung bezüglich der Aufhebung nach den §§ 48, 49 VwVfG wegen des darin enthaltenen subjektivierten Ermessens enthalten ist. Die Normen sind schließlich partiell gemäß § 51 Abs. 5 VwVfG neben § 51 Abs. 1 VwVfG anwendbar.

Die erhöhten Einstiegsanforderungen des § 51 Abs. 1 S. 1 Alt. 1 VwVfG ergeben also nur Sinn, wenn bei Annahme dieser Einstiegsvoraussetzungen zum Wiederaufgreifen des Verfahrens eine gegenüber den §§ 48, 49 VwVfG erleichterte Aufhebung in der Sache möglich ist – z.B. ohne das Bedürfnis eines Widerrufsgrundes. Das ist nur anzunehmen, wenn bezüglich der Regelung des § 51 VwVfG stets das zugrunde liegende materielle Recht maßgeblich ist, welches im Rahmen der §§ 48, 49 VwVfG nur eine der Voraussetzungen darstellt, weil die Rechtmäßigkeit des aufzuhebenden Verwaltungsaktes auch als Voraussetzung der §§ 48, 49 VwVfG maßgeblich ist.

II. §§ 48, 49 VwVfG[19]

Da die §§ 48, 49 VwVfG subjektiviert sind und gemäß § 51 Abs. 5 VwVfG partiell anwendbar bleiben, ist neben dem Wiederaufgreifen des Verfahrens ein Antrag

---

19 Im Prüfungsaufbau erscheint es sinnvoll, mit § 51 VwVfG zu beginnen und erst danach die §§ 48, 49 VwVfG zu erörtern. Einerseits ist § 51 VwVfG nämlich als besondere Regelung einzustufen – in § 51 Abs. 5 VwVfG wird auf die §§ 48, 49 VwVfG als allgemeine Regelungen Bezug genommen –, andererseits gilt im Rahmen des § 51 VwVfG stets das materielle Recht und die Entscheidung über die Wiederaufnahme ist gebunden. Dem könnte zwar entgegengehalten werden, dass auch die Entscheidung im Rahmen der §§ 48, 49 VwVfG wegen einer Ermessensreduktion auf Null gebunden sein kann, sodass ohne vorherige Stufe der Entscheidung über die Wiederaufnahme entschieden werden könnte, jedoch ist das durch das im Rahmen des § 51

auf Aufhebung des Verwaltungsaktes gemäß den §§ 48, 49 VwVfG möglich, der gegebenenfalls mittels eines Widerspruchsverfahrens i.S.d. §§ 68 ff. VwGO bzw. einer Verpflichtungsklage i.S.d. § 42 Abs. 1 Alt. 2 VwGO geltend gemacht werden könnte. Die regelmäßig maßgebliche Anfechtungsfrist i.S.d. des § 74 Abs. 1 VwGO bzw. Widerspruchsfrist i.S.d. § 70 Abs. 1 VwGO bezüglich des bestandskräftig gewordenen Bescheides wird dadurch nicht unterlaufen, weil eine Leistung in Form der Aufhebung unter den erschwerten Voraussetzungen der §§ 48, 49 VwVfG eine andere Zielrichtung als eine Abwehr unter geringeren Voraussetzungen nach nur dem materiellen Recht hat.

III. Ergebnis

K kann einerseits die Wiederaufnahme des Verfahrens nach § 51 Abs. 1 Nr. 2 VwVfG wegen der neuen Beweismittel, andererseits die Aufhebung des ablehnenden Bescheides nach den §§ 48, 49 VwVfG beantragen, wobei die Aufhebung des Verwaltungsaktes nach den §§ 48, 49 VwVfG jedenfalls auch auf andere Gründe als die neuen Beweismittel gestützt werden könnte.

VwVfG im materiellen Recht ggf. eröffnete Ermessen bei einer Reduktion bzgl. der §§ 48, 49 VwVfG regelmäßig ebenfalls reduziert, denn auch bei der Prüfung der §§ 48, 49 VwVfG ist im Rahmen der Rechtmäßigkeit des Verwaltungsaktes das materielle Recht maßgeblich, durch welches das Aufhebungsermessen beeinträchtigt wird.

Die Prüfungsfolge ist ohnehin nur problematisch, soweit eine Überschneidung besteht – z.B. im Verhältnis des § 51 VwVfG zu § 49 Abs. 2 S. 1 Nr. 3, 4 VwVfG.

Allg. Verwaltungsrecht – Fall 21: „Sondermünzen für Autobauer – aber kein ‚Photo-Shooting‘?"

Im ländlich geprägten Bundesland L gibt es zwar eine Vielzahl von Arbeitsstellen in der Tourismusindustrie und der Landwirtschaft, jedoch ist es im Übrigen eher strukturschwach. Umso mehr werden die Mitglieder der Landesregierung durch die Sorgen um die Zukunft des Autoherstellers A – eine natürliche Person – um ihren wohlverdienten Schlaf gebracht, weil dieser angekündigt hat, seine Produktion aufgrund steigender Lohnkosten und der zum Teil mangelhaften Produktionsinfrastruktur aus L abzuziehen.

Da von den Mitgliedern der Landesregierung eine Abwahl im kommenden Jahr gefürchtet wird, falls die ohnehin geringe Zahl industrieller Arbeitsplätze in L noch geringer werden und die Arbeitslosigkeit aufgrund der befürchteten Entlassungen weiter steigen würde, beschließt die Regierung, dass dem Autobauer ein „Angebot gemacht werden muss, das dieser nicht ablehnen kann". Damit A auch zukünftig in L aktiv bleibt, lässt die zuständige Landesregierung einen Vertrag entwerfen, wonach er in den kommenden drei Jahren jeweils einen Betrag im niedrigen einstelligen Millionenbereich als Zuschuss zur Erneuerung des Werkes in L erhält. Im Gegenzug solle sich A verpflichten, noch vor der Landtagswahl 500 neue Arbeitsplätze zu schaffen. Außerdem müsse A zukünftig darauf verzichten, den Fußballverein aus dem angrenzenden Bundesland B, welcher dem Club aus der Landeshauptstadt des Bundeslandes L kürzlich zum wiederholten Mal die sicher geglaubte Deutsche Meisterschaft vor der Nase „weggestohlen" hat, als Sponsor finanziell zu unterstützen. A ist mit dem von L erteilten Vorschlag einverstanden, sodass es zu einer feierlichen Vertragsunterzeichnung zwischen A und dem Ministerpräsidenten als zuständige Vertretung der zuständigen Landesregierung in Anwesenheit der Lokalpresse kommt und die Tranche für das erste Jahr umgehend an A ausgezahlt wird – durch eine Zahlung, die mittels eines Koffers voller sondergeprägter Münzen erfolgt. Bei der Vertragsunterzeichnung hat jede Partei ein Vertragsexemplar – gleich lautende Urkunden – erhalten, auf dem die jeweils andere Partei unterschrieben hat.

Der Vorstand des X, dem zweiten großen Autobauer mit Werken in L, erfährt hiervon nochmals aus der Lokalzeitung und ist äußerst verärgert, da er – zu Recht – befürchtet, dass seine Werke in L aufgrund der nun von A anvisierten Investitionen technologisch und wirtschaftlich ins Hintertreffen geraten werden. Dennoch hatte er sich mit der „Subvention für A einverstanden" erklärt

und schriftlich zugestimmt, um im Bundesland L nicht als „Buhmann" dazustehen. Als der Vorstandsvorsitzende des X wenig später sein Gegenüber A beim
monatlichen Unternehmerfrühstück trifft, fragt er diesen, was denn „Brüssel zu
diesen Subventionen gesagt hat?". A berichtet daraufhin, ihm sei – dies trifft
zu – seitens der Landesregierung glaubhaft versichert worden, man müsse sich
um „Brüssel keine Sorgen machen, weil die sich nur für Zahlungen ab 10 Milli-
onen Euro im Jahr interessieren". Sicherheitshalber wurde dennoch die Zustimmung der Europäischen Kommission eingeholt, welche einen abschließenden Beschluss gefasst hat. Außerdem ist die Subvention vom Haushaltsplan
gedeckt.

1. Komplex

Bei der auf die Verkündung seines „Coups" folgenden Landtagssitzung wirft die
Opposition dem Ministerpräsidenten vor, sich durch „Rechtsbruch seine Wie-
derwahl erkaufen" zu wollen. Dieser ist sich keines Unrechts bewusst und will
dies auch durch ein Rechtsgutachten des wissenschaftlichen Dienstes des Landtages belegen, in welchem zunächst die Rechtsnatur und dann die Rechtmäßigkeit der Vereinbarung mit A vollumfänglich rechtlich dargelegt werden. Erstellen Sie dieses Gutachten.

2. Komplex

Überrascht durch das Ergebnis des Gutachtens erhebt die Landesregierung kurz
nach der Landtagswahl Klage gegen A auf Rückzahlung der bereits geleisteten
ersten Tranche in Form der Sondermünzen. Diese hat A im Vertrauen auf den
Vertrag bereits in neue Mitarbeiter und Maschinen investiert, sodass die Münzen nicht mehr auffindbar sind. Hat die Klage Erfolg?

3. Komplex

Nachdem der Ministerpräsident glaubte, nach der ganzen Aufregung nun endlich zur Ruhe gekommen zu sein, ruft ihn nun der Bürgermeister B der Gemeinde G im Land L an und bittet ihn um Rat. Da beide sich noch aus Studienzeiten
gut kennen, möchte der Ministerpräsident helfen. B sagt, es gäbe bundesweit
nur noch wenige öffentlich-rechtlich organisierte Badeanstalten wie in G. Mit
dieser schönen Einrichtung – der Stolz der G – hat er nun Probleme. Die Mode-
firma M möchte dort ein „Photo-Shooting" veranstalten und verlangt Zugang.
Besteht ein solcher Anspruch der M, wenn in der Gemeindeordnung keine passende Regelung enthalten ist, weil M nicht in der Gemeinde G ansässig ist?

Bearbeitungsvermerk

Soweit erheblich, ist das Verwaltungsverfahrensgesetz des Bundes zugrunde zu legen. Ausführungsvorschriften des Landes zu § 61 Nr. 3 VwGO, § 78 Abs. 1 Nr. 2 VwGO und § 68 Abs. 1 S. 2 VwGO bestehen nicht.

Verordnung (EG) Nr. 1998/2006 der Kommission vom 15. Dezember 2006
Artikel 2 – De-minimis-Beihilfen

(1) Beihilfen, die die Voraussetzungen der Absätze 2 bis 5 dieses Artikels erfüllen, gelten als Maßnahmen, die nicht alle Tatbestandsmerkmale von Artikel 87 Absatz 1 EG-Vertrag [Art. 107 Abs. 1 AEUV] erfüllen, und unterliegen daher nicht der Anmeldepflicht nach Artikel 88 Absatz 3 EG-Vertrag [Art. 108 Abs. 3 AEUV].

(2) Die Gesamtsumme der einem Unternehmen gewährten De-minimis-Beihilfen darf in einem Zeitraum von drei Steuerjahren 200.000 EUR nicht übersteigen. Der Gesamtbetrag der De-minimis-Beihilfe an ein Unternehmen, das im Bereich des Straßentransportsektors tätig ist, darf in einem Zeitraum von drei Steuerjahren 100.000 EUR nicht überschreiten. Diese Höchstbeträge gelten für De-minimis-Beihilfen gleich welcher Art und Zielsetzung und unabhängig davon, ob die von dem Mitgliedstaat gewährte Beihilfe ganz oder teilweise aus Gemeinschaftsmitteln finanziert wird. Der Zeitraum bestimmt sich nach den Steuerjahren, die für das Unternehmen in dem betreffenden Mitgliedstaat maßgebend sind.

Übersteigt der Beihilfegesamtbetrag einer Beihilfemaßnahme diesen Höchstbetrag, kann der Rechtsvorteil dieser Verordnung auch nicht für einen Bruchteil der Beihilfe in Anspruch genommen werden, der diesen Höchstbetrag nicht überschreitet. Der Rechtsvorteil dieser Verordnung kann in diesem Fall für eine solche Beihilfemaßnahme weder zum Zeitpunkt der Beihilfegewährung noch zu einem späteren Zeitpunkt in Anspruch genommen werden.
[...]

Schwerpunkte
Öffentlich-rechtlicher Vertrag
Subventionen
Einrichtungswidmung

Vertiefung
OVG Weimar – 3 KO 591/08; BVerwG – 7 C 48.82; vgl. BVerwGE 25, 72, 76; Achterberg, Allgemeines Verwaltungsrecht, 1982, S. 583; BVerwGE 52, 339

Gliederung

1. Komplex: Gutachten des wissenschaftlichen Dienstes

A. Rechtsnatur der Abrede

B. Wirksamkeit des Vertrages im weiten Sinne
- I. Zustandekommen (+)
  - 1. Zustandekommen nach Öffentlichem Recht (+)
    - a) Voraussetzungen des § 57 VwVfG (+)
    - b) Voraussetzungen des § 58 VwVfG (+)
    - aa) Voraussetzungen des § 58 Abs. 2 VwVfG (+)
    - bb) Voraussetzungen des § 58 Abs. 1 VwVfG (+)
  - 2. Zustandekommen nach den Vorschriften des Bürgerlichen Gesetzbuches (+)
- II. Zwischenergebnis

C. Wirksamkeit des Vertrages im engen Sinne (+/−)
- I. Handlungsformverbot (−)
- II. Öffentlich-rechtliche Nichtigkeitsgründe (+)
  - 1. Nichtigkeitsgrund gemäß § 59 Abs. 2 Nr. 4 VwVfG (+)
    - a) Subordinationsrechtlicher Vertrag (+)
    - b) Voraussetzungen des § 59 Abs. 2 Nr. 4 VwVfG im Übrigen (+)
    - aa) Anschaffung der Maschinen und Sicherung der Arbeitsplätze (+)
    - bb) Unterlassen der Unterstützung des Fußballvereins (−)
    - cc) Nichtigkeitsumfang
  - 2. Nichtigkeitsgrund gemäß § 59 Abs. 2 Nr. 1 VwVfG (−)
    - a) Rechtswidrigkeit des Subventionsbescheides (+/−)
    - aa) Rechtsgrundlage (−)
    - (1) Grundgesetz (−)
    - (2) Verwaltungsrichtlinie (−)
    - (3) Haushaltsplan (−)
    - (4) Gesetzesvorbehalt/Gesetzesvorrang
    - (a) Grundrechte (−)
    - (b) Wesentlichkeit (−)
    - (c) Abgeschwächter Gesetzesvorbehalt (−)
    - (d) Zwischenergebnis
    - bb) Voraussetzungen (+/−)
    - (1) Formell (+)
    - (2) Materiell (+/−)
    - (a) Haushaltsrecht (−)

(b) Unionsrecht (–)

(c) Art. 3 Abs. 1 GG i.V.m. der Richtlinie bzw. Verwaltungspraxis (–)

(d) Ermessensfehler im Übrigen (+)

(aa) Rechtmäßigkeit der Nebenbestimmung (–)

(aaa) Inhaltsbestimmung oder Nebenbestimmung

(bbb) Rechtsgrundlage (+)

(ccc) Voraussetzungen (–)

(ddd) Zwischenergebnis

(bb) Subvention ohne Nebenbestimmung (+)

cc) Zwischenergebnis

b) Nichtigkeitsfolge gemäß § 59 Abs. 2 Nr. 1 VwVfG

3. Nichtigkeitsgrund gemäß § 59 Abs. 2 Nr. 2 VwVfG

4. Zwischenergebnis

III. Zivilrechtlich begründete Nichtigkeitsgründe (–)

IV. Zwischenergebnis

D. Ergebnis

2. Komplex: Die Rückzahlung

A. Sachurteilsvoraussetzungen (+)

I. Rechtsweg (+)

II. Zuständigkeit (+)

III. Beteiligte (+)

IV. Statthafte Klageart

V. Besondere Sachurteilsvoraussetzungen (+)

VI. Allgemeines Rechtsschutzbedürfnis (+)

VII. Zwischenergebnis

B. Begründetheit (–)

I. Anspruchsgrundlage (+)

II. Anspruchsvoraussetzungen (–)

III. Zwischenergebnis

C. Ergebnis

3. Komplex: Zugang zur Badeanstalt (–)

I. Anspruchsgrundlage

1. Originäres Leistungsrecht

2. Derivatives Leistungsrecht

3. Zwischenergebnis

II. Widmung

III. Ergebnis

Lösungsvorschlag

Die folgende Lösung ist als Lösungsvorschlag zu verstehen und ausführlicher, als es in der Klausurbearbeitung verlangt werden kann. Aufgrund der wissenschaftlichen Freiheit können andere Lösungswege vertreten werden, soweit sie dogmatisch begründbar sind. Die Nachweise aus Rechtsprechung und Literatur sowie die das Verständnis fördernden Randbemerkungen sind in der Examensklausur auszusparen. Die Abkürzung „Alt." steht für Alternativfall, nicht für Alternative.

1. Komplex: Gutachten des wissenschaftlichen Dienstes

Die Vereinbarung des Landes mit A kann – abhängig von der Rechtsnatur – rechtswidrig und damit unwirksam sein.

A. Rechtsnatur der Abrede

Die Vereinbarung zwischen dem Land – vertreten durch die Landesregierung – und A ist jedenfalls als Vertrag und nicht etwa als Subventionsbescheid zuzüglich einer Nebenbestimmung ausgestaltet. Es kann sich dabei um einen öffentlich-rechtlichen Vertrag handeln.[1]

Öffentlich-rechtliche Verträge sind gesetzlich in § 54 VwVfG geregelt. Gemäß § 54 S. 1 VwVfG kann ein Rechtsverhältnis auf dem Gebiet des öffentlichen Rechts durch Vertrag begründet, geändert oder aufgehoben werden, soweit keine Rechtsvorschriften entgegenstehen. Insbesondere kann die Behörde gemäß § 54 S. 2 VwVfG anstatt einen Verwaltungsakt zu erlassen, einen öffentlich-rechtlichen Vertrag mit demjenigen schließen, an den sie sonst in einem Subordinationsverhältnis einen Verwaltungsakt richten würde, sodass insoweit ein subordinationsrechtlicher Vertrag zustande kommt.

---

1 **Rechtsetzung durch die Verwaltung:**
- Verordnung
- Satzung
- Verwaltungsakt
- Zusicherung (Rechtsnatur str.; wird aufgrund gesetzlicher Anordnung wie ein Verwaltungsakt behandelt)
- öffentlich-rechtlicher Vertrag.
  Keine Rechtsetzung:
- Flächennutzungsplan, da keine Außenwirkung für den Bürger (nur für öffentlich-rechtliche Rechtsträger)
- Realakte.

Ein Vertrag ist – vergleichbar der öffentlich-rechtlichen Streitigkeit gemäß
§ 40 Abs. 1 S. 1 VwGO – öffentlich-rechtlich, soweit die Vereinbarung auf Inhalte
bezogen ist, die in öffentlich-rechtlichen Normen geregelt sind. Im Übrigen ist
ein Vertrag auch öffentlich-rechtlich, soweit eine Leistungspflicht öffentlich-
rechtlich ist bzw. ein Sachzusammenhang zum öffentlichen Recht besteht.

Der Autohersteller A ist aufgrund der Vereinbarung staatlich subventioniert
worden, um unter anderem Arbeitsplätze zu sichern. Somit werden die Möglichkeiten staatlicher Daseinsvorsorge bzw. der Leistungsverwaltung genutzt.
Zwar ist keine der Subvention zugrunde liegende Norm ersichtlich, jedoch steht
die vertragliche Leistung des Staates im Sachzusammenhang zum öffentlichen
Recht. Leistungsverwaltung zur Erhaltung der Arbeitsplätze und der Infrastruktur hat öffentlich-rechtlichen Bezug. Es handelt sich bei der Vereinbarung des
Landes mit dem Autohersteller A nicht um einen Vertrag im Fiskalbereich, sondern um einen öffentlich-rechtlichen Vertrag i.S.d. § 54 VwVfG.

B. Wirksamkeit des Vertrages im weiten Sinne
Der Vertrag zwischen dem Land L und dem Autohersteller A ist wirksam, soweit
er zustande gekommen und wirksam im engen Sinne ist.

I. Zustandekommen
Der zwischen dem Land L und dem Autohersteller A geschlossene öffentlich-
rechtliche Vertrag könnte ordnungsgemäß zustande gekommen sein. Insoweit
sind primär einerseits spezielle öffentlich-rechtliche Vorgaben zu beachten und
sekundär ergänzende zivilrechtliche Grundlagen eines Vertrages.

1. Zustandekommen nach Öffentlichem Recht
Öffentlich-rechtlich sind in den §§ 58, 57 VwVfG spezielle Regelungen bezüglich
des Verfahrens und der Form geregelt worden, deren Anforderungen neben der
Zuständigkeit erfüllt sein können. Im Rahmen der Zuständigkeit hat die Landesregierung als zuständige Behörde des zuständigen Rechtsträgers – des Landes
als Gebietskörperschaft öffentlichen Rechts – gehandelt.

a) Voraussetzungen des § 57 VwVfG
Gemäß § 57 VwVfG ist ein öffentlich-rechtlicher Vertrag schriftlich zu schließen,
soweit nicht durch Rechtsvorschrift eine andere Form – z.B. die notarielle Beurkundung gemäß § 311b Abs. 1 S. 1 BGB – vorgegeben ist. Anderenfalls ist der

Vertrag gemäß § 125 S. 1 BGB i.V.m. § 62 S. 2 VwVfG nichtig, soweit die Schriftform nicht – dies ist möglich (vgl. OVG Lüneburg, Beschluss vom 26.5.2008, 1 ME 112/08) – abbedungen worden ist. Eine Ersetzung der Schriftform durch elektronische Form gemäß § 3a Abs. 2 VwVfG ist nicht ersichtlich. Die Einhaltung der Schriftform könnte gemäß § 37 Abs. 3 S. 1 VwVfG zu beurteilen sein. Zwar sind in § 37 Abs. 3 S. 1 VwVfG Verwaltungsakte als einseitige Rechtssetzungsakte erfasst, jedoch gibt es gemäß § 54 S. 2 VwVfG subordinationsrechtliche Verträge, bei denen ein Verwaltungsakt durch einen öffentlich-rechtlichen Vertrag ersetzt wird. Unabhängig davon, dass dies nur einen beschränkten Teil öffentlich-rechtlicher Verträge betrifft, ist § 37 Abs. 3 S. 1 VwVfG jedenfalls mangels ausdrücklichen Verweises im Rahmen der Vorschriften über öffentlich-rechtliche Verträge nicht direkt anwendbar, mangels vergleichbarer Interessenlage nicht analog anwendbar, weil ein öffentlich-rechtlicher Vertrag anders als ein Verwaltungsakt einen zweiseitigen Rechtssetzungsakt darstellt. Somit kann auch aus rechtsstaatlichen Gründen § 54 S. 2 VwVfG nicht als ausdrücklicher Verweis auf § 37 Abs. 3 S. 1 VwVfG eingestuft werden.

Somit gilt für die Schriftform i.S.d. § 57 VwVfG gemäß § 62 S. 2 VwVfG i.V.m. § 126 Abs. 2 S. 1 BGB,[2] dass beide Unterschriften auf derselben Urkunde erfolgen müssen. Bei zwei gleichlautenden Urkunden genügt es gemäß § 126 Abs. 2 S. 2 BGB, wenn jede Partei die für die andere bestimmte Urkunde unterzeichnet. A hat ein von den zuständigen Vertretern des Landes unterzeichnetes Urkundenexemplar erhalten, während das Land ein von den zuständigen Vertretern des Automobilherstellers A unterzeichnetes Exemplar erhalten hat. Die Schriftform gemäß § 57 VwVfG ist somit eingehalten worden.

b) Voraussetzungen des § 58 VwVfG
Die Voraussetzungen des § 58 VwVfG für das Verfahren können erfüllt sein.

aa) Voraussetzungen des § 58 Abs. 2 VwVfG
Verfahrensrechtlich ist gemäß § 58 Abs. 2 VwVfG bei einem anstelle eines Verwaltungsaktes geschlossenen Vertrag, bei dessen Erlass nach einer Rechtsvorschrift die Genehmigung, die Zustimmung oder das Einvernehmen einer anderen Behörde erforderlich ist, als Wirksamkeitsvoraussetzung die Mitwirkung der Behörde in der vorgeschriebenen Form erforderlich. Ein derartiges Erfordernis

---

2 In der Rechtsprechung wird von einer Anwendbarkeit des § 126 BGB für die Schriftform ausgegangen.

ist bezüglich der zwischen dem Land L und dem Autohersteller A geschlossenen Vereinbarung jedoch nicht ersichtlich.

bb) Voraussetzungen des § 58 Abs. 1 VwVfG
Gemäß § 58 Abs. 1 VwVfG wird ein Vertrag, durch den in die Rechte eines Dritten eingegriffen wird, erst wirksam, wenn der Dritte schriftlich zustimmt. Nach dem Wortlaut des § 58 Abs. 1 VwVfG wäre die Norm wegen der Formulierung „eingreift" nur beim Abschluss von Verfügungsverträgen, jedoch nicht beim Abschluss von Verpflichtungsverträgen anwendbar. Bei verfassungskonformer Auslegung i.S.d. sich unter anderem aus Art. 20 Abs. 3 GG ergebenden Rechtsstaatsprinzips sowie nach dem Sinn und Zweck der Regelung sollen Verträge zulasten Dritter vermieden werden, die auch durch Verpflichtungsverträge entstehen können. Zudem darf rechtsstaatlich durch die Wahl der Handlungsform der Behörde keine Regelung unterlaufen werden – das ergibt sich z.B. aus § 56 Abs. 2 VwVfG –, sodass systematisch auch die Regelung bezüglich der Zusicherung in § 38 Abs. 1 S. 2 VwVfG für die Auslegung des § 58 Abs. 1 VwVfG maßgeblich ist, weil bei der Zusicherung auch bezüglich der Verpflichtung die Zustimmung eines Dritten erforderlich ist. Somit gilt § 58 Abs. 1 VwVfG auch bezüglich der Verpflichtungsverträge. X als einziger Dritter hat jedoch schriftlich zugestimmt, wenngleich es sein Beweggrund war, im Land L nicht als „Buhmann" dazustehen. Ein Willensmangel oder eine Nichtigkeit ergibt sich aus diesem Beweggrund nicht. Die Voraussetzungen des § 58 Abs. 1 VwVfG sind erfüllt.

2. Zustandekommen nach den Vorschriften des Bürgerlichen Gesetzbuches
Darüber hinaus sind zwei übereinstimmende Willenserklärungen i.S.d. §§ 145 ff. BGB i.V.m. § 62 S. 2 VwVfG erforderlich, welche mittels der Vertreter des Landes L und des Automobilherstellers A ordnungsgemäß abgegeben worden sind. Probleme bezüglich einer Stellvertretung i.S.d. §§ 164 ff. BGB i.V.m. § 62 S. 2 VwVfG oder eine Nichtigkeit wegen einer Anfechtung gemäß § 142 Abs. 1 BGB i.V.m. § 62 S. 2 VwVfG sind ebenfalls nicht ersichtlich. Der Vertrag ist nach den zivilrechtlichen Vorschriften ordnungsgemäß zustande gekommen.

II. Zwischenergebnis
Der Vertrag ist wirksam zustande gekommen.

C. Wirksamkeit des Vertrages im engen Sinne

Der Vertrag zwischen dem Land L und dem Autohersteller A ist nur wirksam, soweit er auch wirksam im engen Sinne ist. Der Vertrag ist unwirksam im engen Sinne, soweit Nichtigkeitsgründe bestehen, aus denen sich zumindest die Teilnichtigkeit des Vertrages ergibt.

I. Handlungsformverbot

Ein Handlungsformverbot gemäß § 54 S. 1 VwVfG ist nicht ersichtlich.

II. Öffentlich-rechtliche Nichtigkeitsgründe[3]

Gemäß § 59 Abs. 2 Nr. 1–4 VwVfG sind öffentlich-rechtliche Verträge – wegen des Verweises auf § 54 S. 2 VwVfG sind nur subordinationsrechtliche Verträge erfasst – bei Erfüllung der Voraussetzungen der Norm nichtig. In § 59 Abs. 2 Nr. 1–2 VwVfG wird an die Leistung der Behörde angeknüpft, während in § 59 Abs. 2 Nr. 4 VwVfG die Leistung des Bürgers maßgeblicher Anknüpfungspunkt ist. Nach der speziellsten Regelung in § 59 Abs. 2 Nr. 4 VwVfG – in der Regelung wird wegen des Verweises auf § 56 VwVfG auf Austauschverträge abgestellt – als besonders dezidierte Regelung für subordinationsrechtliche Verträge in Form der Austauschverträge sind öffentlich-rechtliche Verträge nichtig, wenn die Behörde sich eine nach § 56 VwVfG unzulässige Gegenleistung versprechen lässt.

Ein subordinationsrechtlicher Vertrag in Form eines Vergleichsvertrages gemäß § 55 VwVfG ist gemäß § 59 Abs. 2 Nr. 3 VwVfG nichtig, wenn die Voraussetzungen zum Abschluss eines Vergleichsvertrages nicht vorlagen und ein Verwaltungsakt mit entsprechendem Inhalt nicht nur wegen eines Verfahrens- oder Formfehlers i.S.d. § 46 VwVfG rechtswidrig wäre.

Gemäß § 59 Abs. 2 Nr. 1 VwVfG und § 59 Abs. 2 Nr. 2 VwVfG, die für alle subordinationsrechtlichen Verträge gelten, sind Verträge nichtig, wenn ein Verwaltungsakt mit entsprechendem Inhalt nichtig wäre bzw. ein Verwaltungsakt mit entsprechendem Inhalt nicht nur wegen eines Verfahrens- oder Formfehlers i.S.d. § 46 VwVfG rechtswidrig wäre und dies den Vertragschließenden bekannt war.

---

3 Bezüglich der Prüfung der Nichtigkeitsgründe wird empfohlen mit den speziellen öffentlich-rechtlichen Nichtigkeitsgründen zu beginnen, um im Anschluss die an das Zivilrecht angelehnten Nichtigkeitsgründe zu prüfen, wenngleich insoweit keine zwingende Vorgabe besteht.

1. Nichtigkeitsgrund gemäß § 59 Abs. 2 Nr. 4 VwVfG

Bezüglich des Vertrages zwischen dem Land L und dem Autohersteller A kommt eine Nichtigkeit gemäß § 59 Abs. 2 Nr. 4 VwVfG in Betracht. Dann muss es sich zunächst um einen subordinationsrechtlichen Vertrag i.S.d. § 56 VwVfG – einen Austauschvertrag – handeln, weil in § 59 Abs. 2 Nr. 4 VwVfG Bezug auf § 56 VwVfG und dort zusätzlich zu dem in § 59 Abs. 2 VwVfG enthaltenen Verweis auf § 54 S. 2 VwVfG Bezug genommen wird.

a) Subordinationsrechtlicher Vertrag

Ein Vertrag ist subordinationsrechtlich, soweit bezüglich des Inhalts des Vertragsgegenstandes ein Über-/Unterordnungsverhältnis gegeben ist, wobei ein tatsächlich bestehendes Subordinationsverhältnis zwischen den Vertragsparteien nicht erforderlich ist (Kämmerer in BeckOK VwVfG, § 54, Rn 84). Bei der Gewährung öffentlich-rechtlicher Subventionen wird zur Erreichung staatlicher Ziele des Allgemeinwohls eine Leistung vom Staat als Hoheitsträger an den Bürger gewährt. Es handelt sich um eine hoheitliche Leistung und somit um einen subordinationsrechtlichen Vertrag in Form eines Austauschvertrages gemäß § 56 VwVfG.

b) Voraussetzungen des § 59 Abs. 2 Nr. 4 VwVfG im Übrigen

Der Vertrag zwischen dem Land L und dem Autohersteller A könnte nach § 59 Abs. 2 Nr. 4 VwVfG i.V.m. § 56 Abs. 2 VwVfG nichtig sein. Dazu müsste auf die Leistung der Behörde – also die Subvention – ein Anspruch in Form einer gebundenen Entscheidung bestanden haben und die Gegenleistung des A in Form der Unterlassung der Unterstützung des Fußballvereins aus dem Bundesland B als Nebenbestimmung i.S.d. § 36 VwVfG erlassen werden dürfen, soweit anstelle der Handlungsform des öffentlich-rechtlichen Vertrages durch einen Verwaltungsakt gehandelt worden wäre, damit § 36 VwVfG durch die Handlungsform nicht unterlaufen werden kann.[4] Ein derartiger Anspruch, der auf einer Reduktion des Subventionsermessens auf Null beruhen könnte, ist nicht ersichtlich.

Somit kann sich die Nichtigkeit lediglich aus § 59 Abs. 2 Nr. 4 VwVfG i.V.m. § 56 Abs. 1 S. 2 VwVfG ergeben. Gemäß § 56 Abs. 1 S. 1 VwVfG kann ein öffentlich-rechtlicher Vertrag i.S.d. § 54 S. 2 VwVfG, in dem sich der Vertragspartner der Behörde zu einer Gegenleistung verpflichtet, geschlossen werden, wenn die

---

4 Mit dem Verweis in § 56 Abs. 2 VwVfG auf § 36 VwVfG soll vermieden werden, dass die Verwaltung durch die Änderung der Handlungsform eine Gegenleistung des Bürgers erhält, die sie anderenfalls nicht bekommen hätte.

Gegenleistung für einen bestimmten Zweck im Vertrag vereinbart wird und der Behörde zur Erfüllung ihrer öffentlichen Aufgaben dient. Gemäß § 56 Abs. 1 S. 2 VwVfG muss die Gegenleistung den gesamten Umständen nach angemessen sein und im sachlichen Zusammenhang mit der vertraglichen Leistung der Behörde stehen.

aa) Anschaffung der Maschinen und Sicherung der Arbeitsplätze

Die Gegenleistung des Autoherstellers A zur Anschaffung neuer Maschinen und zum Erhalt der Arbeitsplätze steht im sachlichen Zusammenhang mit dem Subventionszweck der Infrastruktur des Landes. Für eine Subvention in Millionenhöhe erscheint diese Gegenleistung des Autoherstellers A nicht unangemessen.

bb) Unterlassen der Unterstützung des Fußballvereins

Die Gegenleistung des Automobilherstellers A, die Unterstützung des Fußballvereins zu unterlassen, steht allerdings in keinem Zusammenhang zum Subventionszweck der Förderung der Wirtschaft bzw. der Sicherung der Infrastruktur und somit nicht im Zusammenhang mit der Leistung der Behörde. Insoweit handelt es sich um eine sachwidrige Kopplung, sodass ein Nichtigkeitsgrund erfüllt ist.

cc) Nichtigkeitsumfang

Ist von der Nichtigkeit nur ein Teil des Vertrages betroffen, ist ein Vertrag gemäß § 59 Abs. 3 VwVfG im Ganzen nichtig, wenn nicht anzunehmen ist, dass er auch ohne den nichtigen Teil geschlossen worden wäre. Aufgrund des Gesamtpaketes der Subvention im Hinblick auf die Erhaltung und Förderung der Wirtschaft bzw. Infrastruktur des Landes wäre die Subvention auch erlassen worden, wenn die Gegenleistung in Form der Unterlassung der Unterstützung des Fußballvereins nicht vereinbart worden wäre. Der Vertrag ist gemäß § 59 Abs. 2 Nr. 4 VwVfG i.V.m. § 56 Abs. 1 S. 2 VwVfG somit nur bezüglich der Gegenleistung der Unterlassung der Unterstützung des Fußballvereins nichtig.

2. Nichtigkeitsgrund gemäß § 59 Abs. 2 Nr. 1 VwVfG

Eine Nichtigkeit gemäß § 59 Abs. 2 Nr. 1 VwVfG wäre anzunehmen, wenn ein Verwaltungsakt mit entsprechendem Inhalt nichtig wäre. Ein Verwaltungsakt ist – soweit keine speziellen Regelungen ersichtlich sind – nichtig, soweit er rechtswidrig ist und sich eine Nichtigkeitsfolge ergibt. Bezüglich der Nichtig-keitsfolge sind dann zunächst absolute Nichtigkeitsgründe gemäß § 44 Abs. 2 VwVfG maßgeblich. Bei Nichtgegebenheit eines absoluten Nichtigkeitsgrundes gemäß § 44 Abs. 2 VwVfG kann die Nichtigkeit gemäß § 44 Abs. 3 VwVfG ausge-schlossen sein, wobei im Übrigen die Generalklausel gemäß § 44 Abs. 1 VwVfG maßgeblich ist, bezüglich derer es auf eine Evidenz ankommt.

Ein Subventionsbescheid mit dem Inhalt des öffentlich-rechtlichen Vertra-ges müsste also rechtswidrig sein, wobei durch den zur Rechtswidrigkeit füh-renden Fehler die Nichtigkeit begründet werden müsste.

a) Rechtswidrigkeit des Subventionsbescheides

Ein Subventionsbescheid mit dem Inhalt des Vertrages könnte rechtswidrig sein.

aa) Rechtsgrundlage

Es könnte eine Rechtsgrundlage für die Subvention bestehen, die anzuwenden wäre.

(1) Grundgesetz

Aus dem Grundgesetz kommen als Rechtsgrundlagen allenfalls die Artt. 70 ff. GG und Art. 110 Abs. 1 GG in Betracht. Während die Artt. 70 ff. GG nur die Ge-setzgebungskompetenzen als Zuständigkeitsregelung betreffen, sind in Art. 110 Abs. 1 GG Vorgaben für die Aufstellung des Haushaltsplanes enthalten, sodass beide Normen keine Rechtsgrundlagen darstellen.

(2) Verwaltungsrichtlinie

Eine Verwaltungsrichtlinie zur Subventionierung stellt keine Rechtsgrundlage dar, weil eine derartige Verwaltungsvorschrift unmittelbar nur behördenintern wirkt, sodass es für deren Einordnung als Rechtsgrundlage an einer Außenwir-kung für den Bürger fehlt.

(3) Haushaltsplan

Möglicherweise ist der Haushaltsplan die maßgebliche Rechtsgrundlage für den Erlass eines Subventionsbescheides. Dann müsste das Haushaltsrecht jedoch – zunächst unabhängig von landesrechtlichen haushaltsrechtlichen Regelungen und einzelnen Haushaltsplänen – Außenwirkung haben. Maßstab für das Haushaltsrecht ist das Haushaltsgrundsätzegesetz, welches gemäß § 1 Abs. 1 S. 1, 2 HGrG für den Bund und die Länder gilt. Gemäß § 3 Abs. 1 HGrG wird zwar die Verwaltung durch den Haushaltsplan intern ermächtigt, Ausgaben zu leisten und Verpflichtungen einzugehen, jedoch werden gemäß § 3 Abs. 2 HGrG im Außenverhältnis zum Bürger Ansprüche oder Verbindlichkeiten weder begründet noch aufgehoben. Somit stellt ein Haushaltsplan im Außenverhältnis zum Bürger keine Rechtsgrundlage für einen Subventionsbescheid dar.

(4) Gesetzesvorbehalt/Gesetzesvorrang

Da eine anwendbare Rechtsgrundlage nicht ersichtlich ist, ist maßgeblich, ob i.S.d. Gesetzesvorbehaltes eine Rechtsgrundlage erforderlich ist. Sollte keine Rechtsgrundlage erforderlich sein, darf durch ein Verwaltungshandeln lediglich nicht gegen rechtliche Vorgaben verstoßen werden. Es gilt dann nur der Vorrang des Gesetzes. Neben dem aus rechtsstaatlichen Gründen i.S.d. Art. 20 Abs. 3 GG stets geltenden Vorrang des Gesetzes gilt der Vorbehalt mit dem Erfordernis einer Ermächtigungsgrundlage nur, wenn es im Grundgesetz bzw. in der Landesverfassung ausdrücklich vorgeschrieben ist – etwa bei Verordnungen z.B. in Art. 80 Abs. 1 GG – oder bei Grundrechtseingriffen sowie in sonst wesentlichen Konstellationen. Im Übrigen ist eine Grundlage anzuwenden, die der Gesetzgeber geschaffen hat, wenngleich der Gesetzgeber sie nicht hätte schaffen müssen. Diese Rechtsgrundlage ist jedoch von der Exekutive in einer rechtsstaatlichen Demokratie wegen der Gesetzesbindung der Verwaltung gemäß Art. 20 Abs. 3 GG anzuwenden. Da eine derartige Rechtsgrundlage nicht ersichtlich ist, kann sich das Erfordernis einer Ermächtigungsgrundlage nur aufgrund eines Grundrechtseingriffes oder sonstiger Wesentlichkeit der Konstellation ergeben.

(a) Grundrechte

Ob eine Rechtsgrundlage erforderlich ist, ist grundsätzlich objektiv bezüglich der verfassungsrechtlichen Grundlagen zu ermitteln, sodass es für die Ermittlung der Notwendigkeit einer Rechtsgrundlage für die Subvention insbesondere auf die Grundrechte des Konkurrenten X ankommt, für den die Subvention an A einen mittelbaren Grundrechtseingriff darstellen kann.

Ein derartiger mittelbarer Grundrechtseingriff in Form der Intention oder Intensität in die Berufsfreiheit gemäß Art. 12 Abs. 1 GG, das Eigentum gemäß Art. 14 Abs. 1 GG oder die Wettbewerbsfreiheit gemäß Art. 2 Abs. 1 GG ist jedoch nicht ersichtlich. Durch die Subvention soll weder X in Form der Intention geschädigt werden, noch bestehen konkrete Anhaltspunkte für eine Intensität in Form z.B. einer drohenden Insolvenz.

(b) Wesentlichkeit

Da die Subvention an A auch nicht sonst wesentlich im Sinne einer praktischen Konkordanz zwischen dem Demokratie- und dem Rechtsstaatsprinzip ist, ergibt sich auch insoweit nicht das Erfordernis einer Ermächtigungsgrundlage.

(c) Abgeschwächter Gesetzesvorbehalt

Weil die Voraussetzungen für das Erfordernis einer Grundlage nicht erfüllt sind und das Haushaltsrecht keine Außenwirkung entfaltet, bedarf es nach alledem keiner Grundlage, sodass nur der Vorrang des Gesetzes gilt. Eine Anwendung des Haushaltsrechts als abgeschwächte Rechtsgrundlage in einem abgeschwächten Gesetzesvorbehalt wäre nicht nur systemwidrig, sondern auch gesetzeswidrig, da eine derartige Annahme gegen § 3 Abs. 2 HGrG verstoßen würde.

(d) Zwischenergebnis

Nach alledem gilt nur der Vorrang des Gesetzes mit der Folge, dass es keiner Rechts- bzw. Ermächtigungsgrundlage bedarf.

bb) Voraussetzungen

Die Voraussetzungen können erfüllt sein.

(1) Formell

Formell handelte die zuständige Landesregierung, während Verfahrens- und Formfehler nicht ersichtlich sind.

(2) Materiell

Materiell bestehen mangels Grundlage auch keine tatbestandlichen Voraussetzungen, sodass nur eine Reduktion des subjektivierten Ermessens in Betracht kommt. Als ermessenslenkende Aspekte sind bei Subventionen insbesondere das Haushaltsrecht, das Unionsrecht sowie Art. 3 Abs. 1 GG i.V.m. der Verwaltungspraxis in Gestalt von Richtlinien bzw. der tatsächlichen Verwaltungspraxis zu berücksichtigen. Aus dem Haushaltsrecht ergibt sich gleichzeitig ein intendiertes Ermessen i.S.d. Wirtschaftlichkeit und Sparsamkeit i.S.d. § 6 Abs. 1 HGrG.

(a) Haushaltsrecht

Zwar gilt das Haushaltsrecht gemäß § 3 Abs. 2 HGrG nicht unmittelbar im Außenverhältnis zum Bürger, jedoch ist es aufgrund der sich unter anderem aus § 3 Abs. 1 HGrG ergebenden internen Bindung der Verwaltung im Subventionsermessen im Rahmen einer mittelbaren Außenwirkung zu berücksichtigen. Die Subvention an den Autohersteller A ist aber im Haushaltsplan vorgesehen, sodass ein Verstoß gegen den Haushaltsplan nicht erfolgt und somit insoweit eine Ermessensreduktion nicht ersichtlich ist.

(b) Unionsrecht

Das Subventionsermessen kann durch das Unionsrecht, insbesondere durch die als primäres Unionsrecht national unmittelbar geltenden Artt. 107, 108 AEUV reduziert sein, weil das Unionsrecht wegen des Anwendungsvorranges des Unionsrechts, der sich aus dem jeweiligen nationalen Rechtsanwendungsbefehl in Form des jeweiligen Zustimmungsgesetzes zur Übertragung der Hoheitsgewalt auf die Europäische Union i.V.m. Art. 23 GG bzw. aus dem Grundsatz der effektiven Umsetzung des Unionsrechts ergibt, die Nichtanwendung oder Auslegung des nationalen Rechts zur Folge haben kann. Die EU-Kommission hatte aber in einem abschließenden Beschluss i.S.d. § 108 Abs. 3 S. 3 AEUV – eine Subvention in Höhe eines einstelligen Millionenbetrages ist von der Norm erfasst – keine Bedenken gegen die Subvention für den Autohersteller i.S.d. Art. 107 Abs. 3 lit. c AEUV geäußert, sodass eine Vereinbarkeit der Subventionen mit dem primären Unionsrecht anzunehmen ist und letztlich kein Verstoß gegen Artt. 107 Abs. 1, 3, 108 AEUV besteht.

(c) Art. 3 Abs. 1 GG i.V.m. der Richtlinie bzw. Verwaltungspraxis

Die Verwaltung könnte durch die Vorgaben in der Richtlinie als Ausdruck der Verwaltungspraxis an diese gebunden sein. Durch Richtlinien bzw. eine tatsächliche Verwaltungspraxis kann eine Bindung i.V.m. Art. 3 Abs. 1 GG bestehen.

Durch eine Verwaltungsrichtlinie wird grundsätzlich die Verwaltungspraxis vorgegeben, welche die Verwaltung auszuüben hat. Vergleichbare Antragsteller können daran teilhaben – soweit die Richtlinie nicht rechtswidrig ist, da im Unrecht keine Gleichbehandlung verlangt werden kann – und andere Antragsteller können die Unterlassung der Praxis verlangen, soweit ihre subjektiven Rechte tangiert werden und insoweit jemand von einer Verwaltungspraxis begünstigt wird, obwohl er von ihr eigentlich nicht betroffen ist.

Verstöße gegen etwaige Verwaltungsrichtlinien oder eine Ungleichbehandlung im Recht im Rahmen einer tatsächlichen Verwaltungspraxis ist jedoch nicht ersichtlich.

(d) Ermessenfehler im Übrigen

Als Ermessensfehler im Übrigen sind gemäß § 40 VwVfG ein Ermessensausfall, eine Ermessensüberschreitung sowie ein Ermessensfehlgebrauch möglich. Eine Ermessensüberschreitung i.S.d. Subventionsermessens kann sich aus einer Verknüpfung der Subvention mit einer rechtswidrigen Nebenbestimmung ergeben. Eine solche könnte sich aus einer sachwidrigen Kopplung gemäß § 36 Abs. 3 VwVfG ergeben.

Ein Subventionsbescheid gegenüber A wäre somit wegen einer Ermessensüberschreitung rechtswidrig, falls die Kopplung mit einer Nebenbestimmung mit dem Inhalt der Aufforderung zur Unterlassung der Unterstützung des Fußballvereins rechtswidrig wäre und die Behörde den Subventionsbescheid nicht ohne die Nebenbestimmung erlassen hätte.

Ein Subventionsbescheid gegenüber A wäre wegen einer Ermessensüberschreitung jedenfalls rechtswidrig, falls die Kopplung mit der Nebenbestimmung rechtswidrig war und die Behörde den Subventionsbescheid nicht ohne die Nebenbestimmung erlassen hätte. Ob nur die Rechtswidrigkeit der Nebenbestimmung aufgrund einer einheitlichen Ermessensentscheidung und der dann fehlerhaften Ermessensausübung zum fehlerhaften Subventionsermessen führen würde, ist fraglich. In Anknüpfung an die materielle Teilbarkeit von Nebenbestimmungen könnte auch darauf abgestellt werden, dass die rechtswidrige Nebenbestimmung als Ausfluss rechtswidrigen Ermessens teilbar ist und somit der Subventionsbescheid im Übrigen rechtmäßig wäre. Wenngleich insoweit aufgrund der Einheitlichkeit der Ermessensentscheidung dennoch die Rechtswidrigkeit des Subventionsbescheides anzunehmen wäre, kann dies jedenfalls dahinstehen, soweit die Nebenbestimmung rechtswidrig ist und die Behörde einen Subventionsbescheid ohne Nebenbestimmung nicht erlassen hätte. Maßgeblich ist somit, ob die Nebenbestimmung bei Erlass eines Verwaltungsaktes rechtswidrig wäre, und ob die Behörde den Subventionsbescheid gegebenenfalls auch ohne die Nebenbestimmung erlassen hätte.

(aa) Rechtmäßigkeit der Nebenbestimmung

Die Nebenbestimmung bezüglich der Unterstützung des Fußballvereins könnte rechtswidrig sein. Dazu müsste es sich zunächst um eine Nebenbestimmung gleich welcher Art handeln.

(aaa) Inhaltsbestimmung oder Nebenbestimmung

Während mit einer Inhaltsbestimmung die Hauptregelung im Kern etwa durch eine negative Umschreibung der Hauptregelung definiert wird, wird mittels Nebenbestimmungen lediglich das Umfeld der Kernaussage der Hauptregelungen tangiert – z.B. durch Auflagen i.S.d. § 36 Abs. 2 Nr. 4 VwVfG und Bedingungen i.S.d. § 36 Abs. 2 Nr. 2 VwVfG. Während eine Hauptregelung ohne eine „einfache Auflage" zwar rechtswidrig sein kann, bleibt die Hauptregelung ohne diese einfache Auflage dennoch grundsätzlich wirksam mit der Folge, dass diese „einfache Auflage" nur als Zusatz in Form einer Nebenbestimmung einzuordnen ist. Eine „inhaltsmodifizierende Auflage" ist zwar dem Terminus nach eine Nebenbestimmung, jedoch ist die Hauptregelung ohne die inhaltsmodifizierende Auflage nicht hinreichend bestimmt und somit unwirksam mit der Folge, dass die inhaltsmodifizierende Auflage trotz des Terminus „Auflage" eine Inhaltsbestimmung darstellt und somit nicht gesondert suspendierbar ist.

Ohne die Vorgabe der Unterlassung der Unterstützung des Fußballvereins wäre die Subvention an A nicht nichtig, sodass es sich nicht um eine inhaltsmodifizierende Auflage handelt, sondern um eine Nebenbestimmung.

(bbb) Rechtsgrundlage

Mangels spezialgesetzlicher Grundlagen für eine solche Nebenbestimmung kommt nur die allgemeine Regelung des § 36 VwVfG in Betracht. Gemäß § 36 Abs. 1 Alt. 1 VwVfG kann eine Nebenbestimmung erlassen werden, soweit dies gesetzlich bestimmt ist, während sie gemäß § 36 Abs. 1 Alt. 2 VwVfG zur Tatbestandssicherung bzw. zur Ausfüllung eines Beurteilungsspielraumes erlassen werden kann.

Gemäß § 36 Abs. 2 VwVfG kann eine Nebenbestimmung als Ausfluss des Ermessens oder – unbeschadet des Absatzes 1 – zur Tatbestandssicherung bzw. zur Ausfüllung eines Beurteilungsspielraumes erfolgen. Da bezüglich der Subvention als für die Nebenbestimmung maßgebliche Hauptregelung nur der Vorrang des Gesetzes gilt und somit keine Rechtsgrundlage besteht, kann die Nebenbestimmung in Form der Aufgabe der Rechnungsvorlage nur Ausfluss des Subventionsermessens sein.

Maßgebliche Rechtsgrundlage für die Nebenbestimmung ist § 36 Abs. 2 VwVfG.

(ccc) Voraussetzungen

Die Nebenbestimmung ist rechtswidrig, soweit das Nebenbestimmungsermessen fehlerhaft ausgeübt wurde. Das Nebenbestimmungsermessen ist gemäß § 36 Abs. 3 VwVfG wegen sachwidriger Kopplung jedenfalls fehlerhaft ausgeübt worden, falls die Nebenbestimmung dem Zweck des Verwaltungsaktes zuwiderläuft.

Ebenso wie im Rahmen des § 59 Abs. 2 Nr. 4 VwVfG stellt die Verknüpfung der Subvention eines Automobilherstellers mit der Förderung eines Fußballvereins eine sachwidrige Kopplung dar mit der Folge, dass die Aufforderung zur Unterlassung der Unterstützung des Fußballvereins rechtswidrig wäre.

(ddd) Zwischenergebnis

Die Nebenbestimmung mit dem Inhalt der Aufforderung zur Unterlassung der Unterstützung des Fußballvereins wäre rechtswidrig.

(bb) Subvention ohne Nebenbestimmung

Das Subventionsermessen könnte aber dennoch fehlerfrei ausgeübt worden sein, soweit die Behörde den Subventionsbescheid auch ohne die Nebenbestimmung erlassen hätte. Gemäß § 6 Abs. 1 HGrG sind die Grundsätze der Wirtschaftlichkeit und Sparsamkeit zu berücksichtigen. Subventionen werden somit nur zugebilligt, soweit dies den Vorgaben des Gesetzgebers und den Vorgaben Vorgesetzter entspricht. Da durch die Subvention an den Autohersteller A die Infrastruktur und Arbeitsplätze gesichert werden sollen, wäre die Subvention auch ohne die Verpflichtung zur Unterlassung der Unterstützung des Fußballvereins möglich gewesen. Somit wäre auch eine fehlerfreie Ausübung des Subventionsermessens dahingehend möglich gewesen, einen Subventionsbescheid ohne die Unterlassungsverpflichtung als Nebenbestimmung zu erlassen, sodass das Ermessen nicht fehlerhaft ausgeübt und ein Subventionsbescheid rechtmäßig gewesen wäre.

Dafür spricht, dass Nebenbestimmungen in Gestalt von Auflagen, die Ausdruck eines rechtswidrig ausgeübten Ermessens sind, nicht nur prozessual, sondern auch materiell teilbar wären, wenn die Nebenbestimmung als Teil eines gesamten Bescheides angefochten würde.

cc) Zwischenergebnis

Ein Subventionsbescheid an den Autohersteller A wäre – abgesehen von einer etwaigen sachwidrigen Kopplung – rechtmäßig.

b) Nichtigkeitsfolge gemäß § 59 Abs. 2 Nr. 1 VwVfG

Selbst wenn die Ermessensentscheidung bezüglich des Subventionsermessens einschließlich der Nebenbestimmung als einheitlich anzusehen wäre und dies dazu führen würde, dass der gesamte Subventionsbescheid rechtswidrig wäre, ist es mangels Evidenz jedenfalls nicht ersichtlich, dass ein Subventionsbescheid, wäre er anstelle des öffentlich-rechtlichen Vertrages erlassen worden, über die Verpflichtung zur Unterlassung der Förderung des Fußballvereins hinaus nichtig i.S.d. § 44 VwVfG sondern allenfalls teilnichtig i.S.d. § 44 Abs. 4 VwVfG wäre, sodass auch der öffentlich-rechtliche Vertrag darüber hinaus nicht gemäß § 59 Abs. 2 Nr. 1 VwVfG nichtig ist. Somit ergibt sich aus § 59 Abs. 2 Nr. 1 VwVfG i.V.m. § 44 Abs. 1 VwVfG allenfalls eine Teilnichtigkeit gemäß § 59 Abs. 3 VwVfG bezüglich der Unterlassungsverpflichtung.

Bezüglich dieser vertraglich vereinbarten Gegenleistung zur Unterlassung der Förderung des Fußballvereins ist der Vertrag ohnehin gemäß § 59 Abs. 2 Nr. 4 VwVfG i.V.m. § 56 Abs. 1 S. 2 VwVfG nichtig, sodass es bei der Teilnichtigkeit des Vertrages bleibt.[5] Eine den verbleibenden Teil des Vertrages betreffende Nichtigkeit des Vertrages ist nicht ersichtlich.

3. Nichtigkeitsgrund gemäß § 59 Abs. 2 Nr. 2 VwVfG

Gemäß § 59 Abs. 2 Nr. 2 VwVfG ist ein öffentlich-rechtlicher Vertrag nichtig, wenn ein Verwaltungsakt mit entsprechendem Inhalt nicht nur wegen eines Verfahrens- oder Formfehlers i.S.d. § 46 VwVfG rechtswidrig wäre und dies den Vertragschließenden bekannt war. Die Rechtswidrigkeit eines Verwaltungsaktes mit dem Inhalt des Vertrages zwischen dem Land L und dem Autohersteller A könnte sich aus einem Verstoß gegen Unionsrecht – die Artt. 107, 108 AEUV – ergeben. Insoweit gilt der sich aus dem jeweiligen Zustimmungsgesetz zur Übertragung der Hoheitsgewalt auf die Europäische Union i.V.m. Art. 23 GG bzw.

---

5 Die Handlungsformen werden parallel behandelt: Der Vertrag ist teilnichtig, während der Verwaltungsakt teilrechtswidrig wäre (bezüglich der Nebenbestimmung). Um die Differenzierung zwischen Rechtswidrigkeit und Nichtigkeit bei Verwaltungsakten bei Wahl der Handlungsform des Vertrages auszugleichen, wurde auch der Nichtigkeitsgrund des § 59 Abs. 2 Nr. 4 VwVfG i.V.m. § 56 Abs. 1 S. 2 VwVfG geschaffen.

dem Effektivitätsgrundsatz auf Unionsebene ergebende Anwendungsvorrang des Unionsrechts.

Zwar sind Subventionen in Höhe von € 10.000.000,– gemäß der Verordnung 1998/2006 der Kommission erfasst, jedoch hat die Europäische Kommission diese mittels eines abschließenden Beschlusses gemäß Art. 108 Abs. 3 S. 3 AEUV genehmigt. Die Rechtswidrigkeit des Inhaltes eines Verwaltungsaktes mit dem Inhalt des Vertrages ist somit nicht ersichtlich. Der Vertrag ist in seinem verbleibenden Teil nicht nach § 59 Abs. 2 Nr. 2 VwVfG nichtig.

4. Zwischenergebnis

Der zwischen dem Land und dem Autohersteller A geschlossene Vertrag ist bezüglich der von A zu erbringenden Gegenleistung in Form des Unterlassens der Unterstützung des Fußballvereins gemäß § 59 Abs. 2 Nr. 4 VwVfG i.V.m. § 56 Abs. 1 S. 2 VwVfG teilnichtig.

III. Zivilrechtlich begründete Nichtigkeitsgründe

Ergänzend zu den speziellen öffentlich-rechtlich ausgestalteten Nichtigkeitsgründen kann sich aus dem in § 59 Abs. 1 VwVfG enthaltenen Verweis eine an das Zivilrecht angelehnte Nichtigkeit des öffentlich-rechtlichen Vertrages ergeben. Denkbar ist z.B. eine Sittenwidrigkeit gemäß § 138 BGB oder ein Verstoß gegen ein gesetzliches Verbot gemäß § 134 BGB. Als gesetzliche Verbote kommen z.B. unmittelbar geltendes Unionsrecht (BVerwGE 70, 45), formelle Gesetze sowie Satzungen oder Verordnungen in Betracht.

Soweit es um ein gesetzliches Verbot gemäß § 134 BGB geht und die Norm uneingeschränkt angewendet werden würde, könnte jegliche Rechtswidrigkeit im öffentlich-rechtlichen Sinne als gesetzliches Verbot eingestuft werden. Somit würde die in § 59 Abs. 2 Nr. 1, 2 VwVfG enthaltene Wertung unterlaufen, weil der Gesetzgeber als Voraussetzung für die Nichtigkeit des Vertrages die Rechtswidrigkeit zuzüglich objektiver bzw. subjektiver Evidenz angeordnet hat. Somit sind gesetzliche Verbote i.S.d. § 59 Abs. 1 VwVfG i.V.m. § 134 BGB systematisch, teleologisch und verfassungskonform i.S.d. sich unter anderem aus Art. 20 Abs. 3 GG ergebenden Rechtsstaatsprinzips dahingehend eng auszulegen, dass es einer qualifizierten Rechtswidrigkeit bedarf (BVerwGE 98, 58, 63). Eine solche besteht, soweit sich aus dem spezifischen Sinn und Zweck der Vorschrift im Rahmen der Einzelfallauslegung die Nichtigkeit auch einer von ihr abweichenden Regelung ergibt. Zumindest bei Erreichung des in § 59 Abs. 2 Nr. 1, 2 VwVfG vorausgesetzten Rechtswidrigkeitsgrades besteht eine qualifizierte Rechtswidrigkeit.

Unabhängig davon, inwieweit eine qualifizierte Rechtswidrigkeit bezüglich der Intensität zwischen einfacher Rechtswidrigkeit und Nichtigkeit anzunehmen sein mag, sind weitere Verstöße gegen gesetzliche Verbote nicht ersichtlich. Insbesondere ein Verstoß gegen die Artt. 107, 108 AEUV ist nicht erfolgt.

IV. Zwischenergebnis
Eine zusätzliche Nichtigkeit gemäß § 59 Abs. 1 VwVfG i.V.m. § 134 BGB besteht nicht.

D. Ergebnis
Der zwischen dem Land und dem Autohersteller A geschlossene öffentlich-rechtliche Vertrag ist gemäß § 59 Abs. 2 Nr. 4 i.V.m. § 56 Abs. 1 S. 2 VwVfG bezüglich der Verpflichtung des A zur Unterlassung der Förderung des Fußballvereins gemäß § 59 Abs. 3 VwVfG teilnichtig und somit im Übrigen wirksam.

2. Komplex: Die Rückzahlung
Die Klage des Landes L wird jedenfalls erfolgreich sein, soweit die Sachurteilsvoraussetzungen erfüllt sind und die Klage begründet ist.

A. Sachurteilsvoraussetzungen
Die Sachurteilsvoraussetzungen können erfüllt sein.

I. Rechtsweg
Der Verwaltungsrechtsweg kann mangels aufdrängender Sonderzuweisung gemäß § 40 Abs. 1 S. 1 VwGO eröffnet sein. Im Übrigen kommt ein Verweisungsbeschluss i.S.d. §§ 173 VwGO, 17a Abs. 2 GVG in Betracht. Der Verwaltungsrechtsweg ist eröffnet, wenn die streitentscheidende öffentlich-rechtliche Norm einen Hoheitsträger einseitig berechtigt oder verpflichtet bzw. wenn aufgrund typisch hoheitlichen Handelns zwischen den Beteiligten ein Subordinationsverhältnis besteht. Eine streitentscheidende Norm, durch welche das Land L als Hoheitsträger berechtigt wird, den überhöht gezahlten Betrag zurückverlangen zu können, ist nicht ersichtlich. Es handelt sich bei der Rückzahlung auch nicht um ein typisch hoheitliches Handeln im Subordinationsverhältnis. Maßgeblich ist somit der Sachzusammenhang.

Es könnte ein Sachzusammenhang der Rückzahlung zum Privatrecht beste-
hen, weil deren Grundlage ein bereicherungsrechtlicher Rückzahlungsanspruch
sein könnte. Ist allerdings die Zahlung aufgrund einer öffentlich-rechtlichen
Zahlungspflicht erfolgt, so ist die Kehrseite der Rückzahlung ebenfalls als öffentlich-rechtlich einzustufen (OVG Weimar – 3 KO 591/08). Die Zahlung des
Landes L erfolgte im Hinblick auf die Pflichten aus dem öffentlich-rechtlichen
Vertrag, also auf einen öffentlich-rechtlichen Rechtssetzungsakt. Somit ist das
Rückzahlungsbegehren auch dem öffentlichen Recht zuzuordnen. Da die Streitigkeit mangels doppelter Verfassungsunmittelbarkeit nicht verfassungsrechtlicher Art und eine abdrängende Sonderzuweisung nicht ersichtlich ist, bleibt es
bei der Eröffnung des Verwaltungsrechtsweges. Der Verwaltungsrechtsweg ist
gemäß § 40 Abs. 1 S. 1 VwGO eröffnet.

II. Zuständigkeit

Das Verwaltungsgericht ist gemäß § 45 VwGO als Eingangsinstanz für das Rückzahlungsbegehren des Landes L sachlich zuständig, da Anhaltspunkte für abweichende Regelungen wie z.B. § 50 VwGO nicht ersichtlich sind, sodass kein
Verweisungsbeschluss gemäß §§ 17a Abs. 2 GVG, 83 VwGO gefasst werden wird.
Von der örtlichen Zuständigkeit des angerufenen Verwaltungsgerichts ist auszugehen.

III. Beteiligte

Das Land L als Körperschaft öffentlichen Rechts und der Autohersteller A können Beteiligte des Verfahrens sein. Beteiligte sind nach § 63 Nr. 1, 2 VwGO unter
anderem der Kläger und der Beklagte, beteiligungsfähig nach § 61 Nr. 1 VwGO
natürliche und juristische Personen. Gemäß § 61 Nr. 3 VwGO i.V.m. dem Landesrecht sind Behörden im Land L nicht beteiligungsfähig. Als Kläger ist L gemäß
§ 61 Nr. 1 Alt. 2 VwGO beteiligungsfähig und gemäß § 62 Abs. 3 und Abs. 1 Nr. 1
VwGO prozessfähig.

Als Beklagter ist A als natürliche Person maßgeblich und gemäß § 61 Nr. 1
Alt. 1 VwGO beteiligungs- sowie gemäß § 62 Abs. 1 Nr. 1 VwGO prozessfähig.

IV. Statthafte Klageart

Die statthafte Klageart richtet sich gemäß § 88 VwGO nach dem klägerischen
Begehren unter Berücksichtigung des Anwendungsvorrangs maßnahmespezifischer Rechtsschutzformen und des rechtsstaatlichen Grundsatzes der Effektivität des Rechtsschutzes.

Da mit dem Land L eine Gebietskörperschaft des öffentlichen Rechts gegen einen Bürger klagt, gibt es jedoch keinen maßnahmespezifischen Rechtsschutz, weil ein Bürger keine hoheitlichen Rechtsakte setzen kann.

Somit ist für die Rückzahlung als natürliche Handlung die allgemeine Leistungsklage, welche nicht ausdrücklich geregelt aber z.B. in § 43 Abs. 2 S. 1 VwGO, § 111 VwGO und § 113 Abs. 4 VwGO angedacht ist, die statthafte Klageart.

V. Besondere Sachurteilsvoraussetzungen

Die besonderen Sachurteilsvoraussetzungen müssen erfüllt sein.

Das Land L kann klagebefugt sein. Die Klagebefugnis nach § 42 Abs. 2 VwGO setzt die Möglichkeit der Verletzung eines subjektiven Rechts bei Anfechtungs- und Verpflichtungsklagen voraus. Die Norm ist zwecks Vermeidung von Popularklagen bei allgemeinen Leistungsklagen analog anwendbar. Subjektive Rechte ergeben sich aus Sonderbeziehungen, einfachen Gesetzen, subsidiär aus Grundrechten, wobei jedenfalls aufgrund des weiten Schutzbereiches des Art. 2 Abs. 1 GG bei unmittelbaren Grundrechtseingriffen für das subjektive Recht direkt auf Grundrechte abgestellt werden kann. Ob ein Kläger tatsächlich in einem subjektiven Recht verletzt ist, ist für die Klagebefugnis irrelevant, da die Möglichkeit der Verletzung eines subjektiven Rechts genügt.

Da der Bürger keine Hoheitsgewalt hat und das Land L sich ohnehin allenfalls begrenzt auf Grundrechte berufen kann, kommt eine Möglichkeit der Verletzung eines subjektiven Rechts des Landes lediglich aus dem öffentlich-rechtlichen Vertrag als Sonderrechtsbeziehung in Betracht, aus dessen Unwirksamkeit sich ein Rückzahlungsanspruch ergeben könnte,[6] sodass L klagebefugt ist.

VI. Allgemeines Rechtsschutzbedürfnis

Es fehlt bezüglich des Landes L am allgemeinen Rechtsschutzbedürfnis, soweit das Land mittels eines Verwaltungsaktes gemäß § 35 VwVfG zurückfordern könnte. Aus § 61 S. 1 VwVfG ergibt sich jedoch, dass sich jede Vertragspartei in Verträgen gemäß § 54 S. 2 VwVfG – also subordinationsrechtlichen Verträgen – der sofortigen Vollstreckung aus dem Vertrag unterwerfen kann. Somit kann sich auch eine juristische Person des öffentlichen Rechts nicht auf andere einseitige ihr zur Verfügung stehende Handlungsformen stützen als die gewählte

---

6 Obwohl der Vertrag bereits im 1. Komplex geprüft wurde, ist die partielle Wirksamkeit nicht offensichtlich, sodass zumindest die Möglichkeit der Verletzung eines subjektiven Rechts des Landes besteht.

Vertragsform. Insoweit gilt – soweit spezialgesetzlich nichts anderes geregelt ist oder eine Unterwerfung unter die Vollstreckung stattgefunden hat – eine Waffengleichheit auf der Vertragsebene (Bonk, in: Stelkens/Bonk/Sachs, Verwaltungsverfahrensgesetz, § 61, Rn 9).

Somit kann seitens des Landes L kein Verwaltungsakt erlassen werden. Das allgemeine Rechtsschutzbedürfnis des Landes besteht.

VII. Zwischenergebnis

Die Klage des Landes L auf Rückzahlung ist zulässig und die Sachurteilsvoraussetzungen sind erfüllt.

B. Begründetheit

Die Klage des Landes L ist begründet, soweit ihm ein Anspruch auf Rückzahlung des zu viel gezahlten Betrages zusteht.

I. Anspruchsgrundlage

Als Anspruchsgrundlage kommt § 49a Abs. 1 S. 1 VwVfG in Betracht. Zwar enthält die Norm eine Spezialregelung des öffentlich-rechtlichen Erstattungsanspruches, jedoch lediglich zugunsten der öffentlich-rechtlichen Rechtsträger, wobei eine Festsetzung mittels eines Verwaltungsaktes gemäß § 49a Abs. 1 S. 2 VwVfG erfolgen muss. Da andere Spezialregelungen des öffentlich-rechtlichen Erstattungsanspruches nicht ersichtlich sind, kommt nur ein allgemeiner öffentlich-rechtlicher Erstattungsanspruch in Betracht.

Leistungen ohne Rechtsgrund und sonstige rechtsgrundlose Vermögensverschiebungen müssen rückgängig gemacht werden. Dieser Rechtsgedanke, der sich unmittelbar aus der Forderung nach wiederherstellender Gerechtigkeit ergibt, hat im bürgerlichen Recht seine Ausprägung in den Vorschriften der §§ 812ff. BGB über die ungerechtfertigte Bereicherung gefunden; im öffentlichen Recht ergibt er sich aus einer Vielzahl von Vorschriften, in denen für das jeweilige Rechtsgebiet die Rückgewähr des rechtsgrundlos Erlangten geregelt ist. Auch bei einer ausdrücklichen gesetzlichen Regelung müssen rechtsgrundlose Vermögensverschiebungen rückgängig gemacht werden. Es bedarf also eines allgemeinen öffentlich-rechtlichen Erstattungsanspruches.

Wegen der planwidrigen Regelungslücke im Gesetz kann sich dieser aus einer analogen Anwendung der §§ 812ff. BGB ergeben. Dazu fehlt es wegen des öffentlich-rechtlichen Bezuges aber möglicherweise an einer mit dem Privatrecht vergleichbaren Interessenlage, da im öffentlichen Recht teilweise hoheitliches Handeln zugrunde liegt. Denkbar ist eine Ableitung aus der Pflicht zum rechtmäßigen Handeln des Staates aus dem unter anderem in Art. 20 Abs. 3 GG verankerten Rechtsstaatsprinzip i.V.m. den §§ 812ff. BGB. Insoweit würde aber über das Rechtsstaatsprinzip ein Gesetzesvollziehungsanspruch gewährt werden, der verfassungs- und verwaltungsrechtlich nicht vorgesehen ist. Daher ergibt sich der allgemeine öffentlich-rechtliche Erstattungsanspruch grundsätzlich aus der analogen Anwendung des § 62 S. 2 VwVfG i.V.m. den §§ 812ff. BGB, da das Privatrecht im Bereich des öffentlich-rechtlichen Vertrages insoweit anwendbar ist, zumal er als Gewohnheitsrecht praktiziert wird, sodass insoweit ein eigenständiges Rechtsinstitut besteht (BVerwG – 7 C 48.82; vgl. BVerwGE 25, 72, 76; Achterberg, Allgemeines Verwaltungsrecht, 1982, S. 583).

Da es um die Rückabwicklung eines öffentlich-rechtlichen Vertrages geht, ist § 62 S. 2 VwVfG als ausdrückliche Regelung sogar direkt anwendbar, sodass als Anspruchsgrundlage § 812 Abs. 1 S. 1 Alt. 1 BGB i.V.m. § 62 S. 2 VwVfG maßgeblich ist.

II. Anspruchsvoraussetzungen

Die Anspruchsvoraussetzungen müssen erfüllt sein. Anspruchsbegründend muss A durch eine Leistung des L etwas ohne Rechtsgrund erlangt haben. Erlangt kann jeder vermögenswerte Vorteil, auch die Ersparnis von Aufwendungen sein. Leistung ist die bewusste zweckgerichtete Mehrung fremden Vermögens, wobei es am Rechtsgrund fehlt, soweit der Zweck der Erfüllung fehlgeschlagen ist. A hat vom Land L in Erfüllung des zwischen den Vertragsparteien geschlossenen Vertrages den Subventionsbetrag in Form von Sondermünzen erhalten und somit Eigentum und Besitz an den Münzen durch die Leistung des Landes erlangt.

Die Leistung müsste aber auch ohne Rechtsgrund erfolgt sein. Das ist anzunehmen, soweit der Zweck der Erfüllung fehlgeschlagen ist, also jedenfalls soweit der zugrunde liegende Vertrag nichtig ist. Der zwischen dem Land L und dem Autohersteller A geschlossene Vertrag ist jedoch nur bezüglich der Verpflichtung des A, die Unterstützung des Fußballvereins zu unterlassen, nichtig und im Übrigen wirksam. Somit erfolgte die Subventionsauszahlung seitens des Landes L mit Rechtsgrund.

III. Zwischenergebnis

Die Voraussetzungen des § 812 Abs. 1 S. 1 Alt. 1 BGB i.V.m. § 62 S. 2 VwVfG sind nicht erfüllt.

C. Ergebnis

Die Klage des Landes wird nicht erfolgreich sein und daher abgewiesen werden.

3. Komplex: Zugang zur Badeanstalt

M kann einen Anspruch auf Zulassung zur Badeanstalt haben.

I. Anspruchsgrundlage

Da eine spezialgesetzliche Anspruchsgrundlage z.B. aus dem Kommunalrecht nicht ersichtlich ist, kommen Grundrechte als originäre oder derivative Leistungsrechte in Betracht.

1. Originäres Leistungsrecht

Ein Anspruch der M kann sich aus einem Grundrecht als originärem Leistungsrecht ergeben. Grundrechte stellen in ihrer klassischen Funktion zwar Abwehrrechte gegen den Staat dar, können aber als objektive Werteordnung i.S.d. Art. 1 Abs. 3 GG auch Leistungsrechte begründen. Originär wird durch sie allerdings nur ein Leistungsrecht begründet, soweit es sich um eine atypische Konstellation handelt, die vom Gesetzgeber, der Wesentliches selbst zu regeln hat, typischerweise nicht geregelt werden konnte (zum Ganzen: BVerwGE 52, 339) und soweit es sich um eine besonders bedeutsame Grundrechtsausübung handelt.

Der Zugang zu einer Badeanstalt ist bezüglich der Schutzbereiche der Grundrechte – denkbar wäre die allgemeine Handlungsfreiheit aus Art. 2 Abs. 1 GG – jedenfalls nicht bedeutsam, zumal es seitens der Gemeinde um die Zurverfügungstellung einer öffentlich-rechtlichen Einrichtung geht, bezüglich derer die Grundrechtswirkung bei einem weit gefassten Grundrecht wie Art. 2 Abs. 1 GG gering ist.

2. Derivatives Leistungsrecht

Auch ein derivatives Leistungsrecht aus Art. 2 Abs. 1 GG i.V.m. Art. 3 Abs. 1 GG ist wegen bestehender privatrechtlich organisierter Schwimmbäder mangels Monopolstellung des Staates einerseits und andererseits mangels ersichtlicher Vergleichsgruppe, die Zugang bekommen hätte, nicht ersichtlich.

3. Zwischenergebnis

Eine Anspruchsgrundlage zugunsten der M besteht nicht und es ist auch nicht ersichtlich, dass aufgrund einer verfassungsrechtlichen Vorgabe, eines mittelbaren Grundrechtseingriffes oder wegen einer Wesentlichkeit eine Anspruchsgrundlage hätte geschaffen werden müssen.

II. Widmung

Da die Verwaltung bezüglich der Zurverfügungstellung von Leistungseinrichtungen in unwesentlichen Bereichen gemäß den §§ 3, 1 HGrG unter Beachtung des Gebotes der Wirtschaftlichkeit und Sparsamkeit gemäß § 6 Abs. 1 HGrG lediglich innerstaatlich durch die Haushaltsplanung gebunden ist, besteht im Übrigen Leistungsermessen. Insoweit gilt nur der Vorrang des Gesetzes, sodass nicht gegen Gesetz und Recht i.S.d. des Art. 20 Abs. 3 GG verstoßen werden darf. Somit könnte M einen Anspruch auf zumindest fehlerfreie Ermessensausübung haben. Da jedoch in einem Rechtsstaat kein Gesetzesvollziehungsanspruch besteht, muss dass Zulassungsermessen der G zugunsten der M subjektiviert sein. Nur insoweit besteht ein Anspruch auf zumindest fehlerfreie Ermessensausübung. Eine Subjektivierung des Ermessens kann sich aus der Selbstbindung der Verwaltung in Verbindung mit Art. 3 Abs. 1 GG ergeben.

Eine Selbstbindung der Verwaltung erfolgt letztlich durch eine Widmung der Einrichtung.[7] Während die Widmung im Straßenrecht als dinglicher Verwaltungsakt in Form einer Allgemeinverfügung gemäß § 35 S. 2 Var. 2 VwVfG einzustufen ist, erfolgt die Einrichtungswidmung konkludent durch Zurverfügungstellung bzw. unter Umständen durch die Bezeichnung. Die Widmung stellt insoweit eine spezielle Ausgestaltung des Gleichheitsgrundsatzes dar.

Ein Anspruch aus subjektiviertem Ermessen besteht jedenfalls innerhalb des Widmungszwecks und zudem regelmäßig insoweit, als die geforderte Leistung an den Widmungszweck angelehnt ist. Kein Anspruch auf zumindest fehlerfreie Ermessensausübung besteht außerhalb des Widmungszwecks. Außerhalb des Widmungszwecks ist das Ermessen objektiviert, sodass der Bürger keinen Anspruch auf die Leistung hat, der öffentlich-rechtliche Rechtsträger jedoch leisten kann.

---

7 **Maßgebliche Aspekte:**
– Widmungszweck
– Sondernutzung
– außerhalb des Widmungszwecks.

Widmungszweck einer Badeanstalt ist das Schwimmen innerhalb der Öffnungszeiten. Eine Sondernutzung wäre angelehnt an den Widmungszweck z.B. das Schwimmen außerhalb der Öffnungszeiten im Rahmen einer Sonderveranstaltung. Die seitens der M angestrebten Modeaufnahmen in der Badeanstalt sind nicht mehr an den Widmungszweck angelehnt, weil eine Badeanstalt nicht zur Anfertigung von Photographien gebaut ist.

Somit hat M keinen Anspruch auf zumindest fehlerfreie Ermessensausübung aus subjektiviertem Ermessen.

III. Ergebnis

Es besteht kein Anspruch der M auf Zulassung zur Badeanstalt und ebenso wenig auf eine fehlerfreie Ausübung des Ermessens.

www.ingramcontent.com/pod-product-compliance
Lightning Source LLC
Chambersburg PA
CBHW060418220326
41598CB00021BA/2215